급수 체계 개편에 따른

한국사

능력검정시험

심화 · 1·2·3급 대비서

본 교재의 강의는 TV와 모바일, EBS 중학사이트(mid.ebs.co.kr)에서 무료로 이용하실 수 있습니다.

교재 정답지 및 정오표 공지
교재 정답지와 발행 이후 발견된 정오사항을
EBS 중학사이트에서 확인할 수 있습니다.
EBS 중학사이트(mid.ebs.co.kr) → 교재학습자료
→ 교재 정답지/자료실, 교재 정오표

내용 문의 및 오류 신고
내용 문의나 공지된 정오 내용 외에
발견된 오류가 있다면 EBS에 알려주세요.
EBS 중학사이트(mid.ebs.co.kr) → 교재학습자료
→ 해당 교재 선택 → 교재 Q&A

KB185056

급수 체계 개편에 따른

한국사

능력검정시험

심화 1·2·3급 대비서

EBS 한국사능력검정시험 안내

🌿 한국사능력검정시험이란?

학교 교육에서 한국사의 중요성을 강조하고는 있지만, 주변 국가들은 역사 교과서를 왜곡하고 심지어 역사 전쟁을 도발하고 있습니다. 한국사의 위상을 더욱 더 바르게 확립하는 것이 무엇보다 시급한 실정입니다. 이러한 현실에서 우리 역사에 관한 패러다임의 혁신과 한국사 교육의 위상을 강화하기 위하여 국사편찬위원회에서는 한국사능력검정시험을 2006년부터 시행하고 있습니다. 국사편찬위원회는 우리 역사에 대한 관심을 제고하고, 한국사 전반에 걸쳐 역사적 사고력을 평가하는 다양한 유형의 문항을 개발하고 있습니다. 이를 통해 한국사 교육의 올바른 방향을 제시하고, 자발적 역사 학습을 통해 고차원적 사고력과 문제 해결 능력을 배양하고자 합니다.

🌿 한국사능력검정시험의 목적

- 우리 역사에 대한 관심을 확산 · 심화시키는 계기를 마련함
- 고차원적 사고력과 문제 해결 능력을 함양함
- 균형 잡힌 역사의식을 갖도록 함
- 역사 교육의 올바른 방향을 제시함

🌿 한국사능력검정시험의 출제유형

한국사능력검정시험의 문항은 역사 교육의 목표 준거에 따라 다음의 여섯 가지 유형으로 구분됩니다.

- **역사 지식의 이해**
  역사 탐구에 필요한 기본적인 지식을 갖고 있는가를 묻는 영역입니다. 역사적 사실 · 개념 · 원리 등의 이해 정도를 측정합니다.

- **연대기의 파악**
  역사의 연속성과 변화 및 발전을 이해하고 있는지를 묻는 영역입니다. 역사 사건이나 상황을 시대 순으로 정확하게 이해하고 인과관계를 파악할 수 있는가를 측정합니다.

- **역사 상황 및 쟁점의 인식**
  제시된 자료에서 해결해야 할 구체적 역사 상황과 핵심적인 논쟁점, 주장 등을 찾을 수 있는가를 묻는 영역입니다. 문헌자료, 도표, 사진 등의 형태로 주어진 자료에서 해결해야 할 과제를 포착하거나 변별해내는 능력이 있는지를 측정합니다.

- **역사 자료의 분석 및 해석**
  자료에 나타난 정보를 해석하여 그 의미를 파악할 수 있는가를 묻는 영역입니다. 정보의 분석을 바탕으로 자료의 시대적 배경과 사회적 의미를 해석할 수 있는가를 측정합니다.

- **역사 탐구의 설계 및 수행**
  제시된 문제의 성격과 목적을 고려하여 절차와 방법에 따라 역사 탐구를 설계하고 수행할 수 있는 능력이 있는가를 묻는 영역입니다.

- **결론의 도출 및 평가**
  주어진 자료의 타당성을 판별하고, 여러 자료를 종합하여 결론을 도출할 수 있는가를 묻는 영역입니다.

🌱 응시대상

한국사에 관심 있는 대한민국 국민 (외국인도 가능)

🌱 시험 주관 및 시행 기관   국사편찬위원회

🌱 급수 체계 개편   제47회 시험부터 (2020년 5월 시행)

▶ 현행

시험 종류	인증 등급	합격 점수	문항 수(객관식)
고급	1급	만점의 70%이상	50문항 (5지 택1)
고급	2급	만점의 60%이상	50문항 (5지 택1)
중급	3급	만점의 70%이상	50문항 (5지 택1)
중급	4급	만점의 60%이상	50문항 (5지 택1)
초급	5급	만점의 70%이상	40문항 (4지 택1)
초급	6급	만점의 60%이상	40문항 (4지 택1)

▶ 개편 후

시험 종류	인증 등급	합격 점수	문항 수(객관식)
심화	1급	만점의 80%이상	50문항 (5지 택1)
심화	2급	만점의 70%이상	50문항 (5지 택1)
심화	3급	만점의 60%이상	50문항 (5지 택1)
기본	4급	만점의 80%이상	50문항 (4지 택1)
기본	5급	만점의 70%이상	50문항 (4지 택1)
기본	6급	만점의 60%이상	50문항 (4지 택1)

🌱 활용 및 특전

- 2012년부터 한국사능력검정시험 2급 이상 합격자에 한해 인사혁신처에서 시행하는 5급 국가공무원 공개경쟁채용시험 및 외교관후보자 선발시험에 응시자격 부여
- 2013년부터 한국사능력검정시험 3급 이상 합격자에 한해 교원임용시험 응시자격 부여
- 국비 유학생, 해외파견 공무원, 이공계 전문연구요원(병역) 선발시 국사시험을 한국사능력검정시험(3급 이상 합격)으로 대체
- 일부 공기업 및 민간기업의 사원 채용이나 승진시 반영
- 2014년부터 한국사능력검정시험 2급 이상 합격자에 한해 인사혁신처에서 시행하는 지역 인재 7급 수습직원 선발시험에 추천 자격 요건 부여
- 일부 대학의 수시모집 및 육군 · 해군 · 공군 · 국군간호사관학교 입시 가산점 부여
- 2015년부터 공무원 경력경쟁채용시험에 가산점 부여
- 2018년부터 군무원 공개경쟁채용시험에서 국사 과목을 한국사능력검정시험으로 대체
- 2021년부터 국가 · 지방공무원 7급 공개경쟁채용시험에서 한국사 과목을 한국사능력검정시험으로 대체

EBS 한국사능력검정시험 합격 전략

한국사능력검정시험은 2006년 처음 실시된 이래 매년 40만 명 이상이 응시하는 국민 역사 시험으로 자리 잡았습니다. 또한 급수 체계 개편에 따라서 초급 · 중급 · 고급의 3종 시험이 심화 · 기본의 2종 시험으로 변경됩니다. 기존의 6개 인증 등급은 동일하게 유지하되 취득 점수에 따라 심화는 1~3급, 기본은 4~6급의 인증 등급을 부여합니다.

기본 시험의 난이도는 현행 초급 시험보다 약간 어려운 수준으로 조절하고 심화 시험의 난이도는 현행 고급 시험보다 평이한 수준으로 출제됩니다. 합격 점수와 시험 문항 수 및 선택지 수를 조정하여 등급 간 위계성 확보와 난이도 차별화를 하게 됩니다.

한국사는 학습해야 할 내용이 많아 공부하기에 부담이 큰 게 사실입니다. 국가 공무원 및 기업체 인재 채용에도 한국사능력검정시험 합격 인증 등급이 중요하게 부각되고 있습니다. 현대 사회의 필수 스펙이 된 한국사능력검정시험을 어떻게 준비하는 것이 효과적일까요?

❶ 한국사 흐름을 이해하기

한국사는 범위가 넓지만 각 대단원별 기본적인 특징을 이해하면서 흐름을 이해하는 게 중요합니다. 이렇게 정리하다 보면 시대별 흐름이 파악될 것입니다. 역사적 사실 관계에 의한 흐름을 이해한 후 각 시대마다 정치, 경제, 사회, 문화적 특징을 요약 · 정리하여 공부합니다.

❷ 기출 문제로 개념 확인하기

시대적 흐름에 따라 개념 정리를 마쳤다면 문제 풀이를 시작해야 합니다. 기출 문제 풀이는 출제 경향을 파악할 수 있습니다. 어느 단원과 내용이 출제 빈도가 높은지 확인하고 최근의 시험 출제 경향을 파악할 수 있기 때문에 꼭 필요한 과정입니다.

❸ 핵심 개념 복습하기

각 시대별 흐름을 이해하고 기출 문제로 개념을 확인하였다 하더라도 시간이 지나면 기억에서 사라질 수 있습니다. 단원별로 중요한 개념을 다시 한 번 복습하면서 전체적인 역사적 흐름을 반복하여 공부합니다.

"EBS한국사능력검정시험 기본"과 "EBS한국사능력검정시험 심화" 교재는 급수 체계 개편에 따라서 새롭게 개발하였습니다. EBS가 준비한 이 교재가 한국사능력검정시험 준비를 하는 모든 분에게 도움이 되어 합격하길 기원합니다. 아울러 우리 역사에 대한 좀 더 심층적인 관심과 흥미를 갖게 되길 바랍니다.

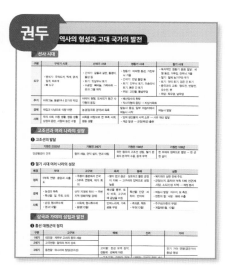

한국사능력검정시험 시험장 노트

시대별 핵심 개념과 흐름을 정리하여 시험 전 마무리 공부를 쉽게 할 수 있도록 구성한 코너입니다. 간편하게 잘라서 시험장에 가져갈 수 있습니다.

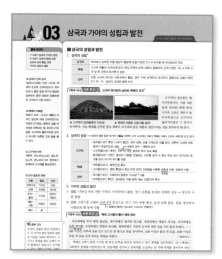

핵심 개념 정리

단원별로 중요한 핵심 개념을 간결하게 정리하였습니다. 어려운 용어나 추가 설명이 필요한 부분은 보조단과 첨삭을 통해 이해하기 쉽게 하였습니다. 더불어 시험에 빈출되는 주제는 출제 포인트를 통해 한 번 더 짚고 갈 수 있도록 구성하였습니다.

대표 기출 문제 분석

자주 출제되는 대표 기출 문제를 제시하고 문제에 대한 꼼꼼한 해설도 함께 수록하였습니다. 하단에는 기출 문제와 유사한 유형의 문제를 구성하였습니다. 대표 기출 문제와 닮은꼴 예상 문제를 통해 실전 감각을 탄탄하게 다져보세요!

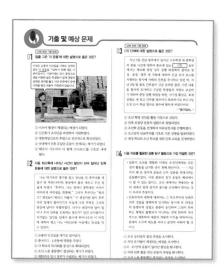

기출 및 예상 문제

단원별로 반복 출제되는 기출 문제들을 엄선하여 구성하였습니다. 더불어 출제 가능성이 높은 예상 문제도 수록하여 기출 문제만으로는 부족한 2%를 채우고자 하였습니다. 탄탄한 문제 풀이로 실력을 쑥쑥 키워 보세요!

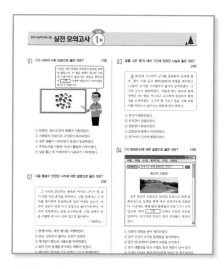

실전 모의고사

한국사능력검정시험의 실전과 동일한 유형의 문항과 배점의 모의고사를 수록하였습니다. 총 2회 분량으로, 시험 전에 시간을 정해 놓고 풀어보면서 자신의 실력을 점검해 보세요.

한눈에 보는 자료 특강

한국사능력검정시험에 자주 출제되는 유물, 유적, 각종 문화유산을 한 지면에 수록하였습니다. 시험을 앞두고 꼭 살펴보시기 바랍니다.

EBS 한국사능력검정시험

차례 ·심화·

I

우리 역사의 형성과
고대 국가의 발전

01 선사 시대

☑ 출제 포인트

- 구석기 시대의 도구와 생활 모습
- 신석기 시대 농경의 시작과 빗살무늬 토기 사용
- 청동기 시대 계급의 발생과 비파형 동검, 고인돌 제작
- 철기 시대 세형 동검의 제작과 중국과의 교류

◉ 막집
임시로 간단하게 지은 집이라는 뜻이다. 막집 터에서는 불 땐 자리, 기둥을 세우거나 담을 두른 흔적이 발견되었다.

◉ 가락바퀴

실을 뽑는 데 사용된 도구로 신석기 시대에 옷과 그물을 만들었음을 보여주는 유물이다.

◉ 움집(터)
신석기 시대 사람들은 땅을 파낸 뒤 기둥을 세우고 지붕을 얹어 움집을 지었다. 중앙에 난방이나 음식물 조리를 위한 화덕이 있었고, 4~5명의 한 가족이 살기에 알맞은 크기였다.

▲ 움집터

🍃 공부 꿀팁
구석기 시대나 신석기 시대의 유물을 제시하고 이 시대의 생활 모습을 묻는 문항이 자주 출제됩니다. 구석기 시대, 신석기 시대 사람들이 남긴 주요 유물과 사람들의 생활 모습을 정리해 두어야 합니다.

1 구석기 시대와 신석기 시대의 생활

1. 구석기 시대의 생활

시작 시기	약 70만 년 전부터 시작
주요 유적	평남 상원 검은모루 동굴, 경기도 연천 전곡리, 충남 공주 석장리, 함북 웅기군 굴포리, 충북 단양 수양개 등
도구	뗀석기 사용 - 사냥용 도구(주먹도끼, 찍개 등), 조리용 도구(긁개, 밀개 등)
주거	동굴, 바위 그늘, 강가의 막집◉에서 생활
사회	무리 지어 이동 생활 함, 사냥·채집으로 식량 마련함, 지배와 피지배 관계가 발생하지 않은 평등한 공동체 사회(경험이 많거나 나이가 많은 연장자가 지도함)

2. 구석기 시대에서 신석기 시대로의 전환

(1) 특징: 빙하기가 끝나고 기후가 따뜻해지면서 해수면이 상승하는 등 자연환경 변화
(2) 생활: 톱, 활, 창, 작살, 슴베찌르개 등 잔석기, 이음 도구 제작 → 작고 빠른 짐승 사냥에 사용
└ 작은 석기를 더욱 잔손질하여 만든 작고 가벼운 석기

시험에 나오는 지문 특강 📖 구석기 시대의 뗀석기

▲ 주먹도끼   ▲ 슴베찌르개

구석기 시대 사람들은 주로 뗀석기를 가지고 사냥과 채집을 하면서 생활하였다. 처음에는 주먹도끼 같은 도구를 가지고 여러 가지 용도로 썼으나 점차 뗀석기를 제작하는 기술이 발달함에 따라 용도가 뚜렷한 작은 석기들을 만들게 되었다. 구석기 시대 후기에는 이음 도구를 만들어 사용하였는데, 슴베(자루 속에 박히는 부분)가 달린 찌르개인 슴베찌르개를 나무 등에 박아 창과 같은 무기로 사용하기도 하였다.

3. 신석기 시대의 생활 • 대체로 강가나 바닷가에 분포되어 있다.

시작 시기	기원전 8000년경에 시작
주요 유적	서울 암사동, 황해도 봉산 지탑리, 강원도 양양 오산리, 부산 동삼동, 제주 고산리 유적 등
도구	• 간석기: 농경용 도구(돌괭이, 돌보습, 돌낫 등)와 조리용 도구(갈돌과 갈판 등)를 제작 • 토기: 빗살무늬 토기가 대표적 → 음식물의 저장과 조리에 사용 ┌ 초기에는 이른 민무늬 토기와 덧무늬 토기를 사용하였다. • 가락바퀴,◉ 뼈바늘: 옷과 그물을 제작하는 등 원시적 수공업이 이루어졌음을 보여줌
경제	농경(잡곡류 경작)과 목축이 시작, 물고기잡이와 사냥이 여전히 중요한 식량 확보 수단
주거	움집◉에서 생활(정착 생활)
사회	다른 씨족과의 혼인(족외혼)을 통해 부족 사회 형성, 평등 사회
신앙	농경이 시작되고 정착 생활이 이루어지면서 자연의 섭리 인식 → 애니미즘(정령 숭배), 토테미즘(동식물 숭배), 샤머니즘(무당과 주술을 믿음) 등 출현
예술	조개껍데기 가면과 치레걸이 등 제작

시험에 나오는 지문 특강 📖 신석기 시대의 간석기와 토기

갈돌
갈판

▲ 갈돌과 갈판

▲ 빗살무늬 토기

신석기 시대 사람들은 주로 간석기를 사용하였는데, 갈돌과 갈판, 돌도끼와 돌화살촉 등이 있다. 우리나라 신석기 시대의 대표적인 토기는 빗살무늬 토기인데, 대개 도토리나 달걀 모양의 뾰족한 밑 또는 둥근 모양을 하고 있으며, 크기도 다양하다.

2 청동기와 철기 시대의 생활

1. 청동기 시대의 생활

시작 시기	기원전 2000년경~기원전 1500년경부터 시작
주요 유적	부여 송국리 유적, 여주 흔암리 유적, 평양 남경 유적
도구	청동기(비파형 동검, 거친무늬 거울 등의 무기·제기), 간석기(반달 돌칼 등의 농기구), 토기(민무늬 토기, 미송리식 토기 등)
경제	농경과 목축이 확대, 일부 저습지에서 벼농사가 이루어짐
사회	사유 재산과 계급이 발생, 정복 전쟁의 과정에서 군장(족장)이 출현
주거	움집의 지상 가옥화(직사각형 바닥), 들판을 끼고 있는 구릉이나 강가에 취락이 형성
무덤	고인돌(지배층의 무덤, 탁자식·바둑판식), 돌널무덤 등

→ 여주 흔암리 유적에서 탄화된 쌀이 발견되었다.
→ 제사와 정치를 주관하고 하늘의 자손으로 자처하였다.

시험에 나오는 지문 특강 **청동기 시대의 비파형 동검과 반달 돌칼**

▲ 비파형 동검

▲ 반달 돌칼

청동기 시대 유적에서는 반달 돌칼, 바퀴날 도끼, 홈자귀 등의 석기와 비파형 동검, 거친무늬 거울 등의 청동기, 그리고 미송리식 토기, 민무늬 토기 등이 출토되고 있다. 청동기 시대의 대표적 동검인 비파형 동검은 만주로부터 한반도 전역에 이르는 넓은 지역에서 출토되고 있다. 반달 돌칼은 청동기 시대에 곡식의 이삭을 자르는 데 사용된 도구이다.

2. 철기 시대의 생활 → 철기 시대 초기에는 청동기와 철기가 함께 사용되었다.

시작 시기	기원전 5세기경 만주와 한반도에서 철기 보급 시작
유물	• 청동기: 세형 동검, 잔무늬 거울, 거푸집 → 독자적 청동기 문화 발달 • 철기: 철제 농기구, 철제 무기 사용 → 청동기는 의식용 도구화 • 토기: 민무늬 토기, 덧띠 토기, 검은 간 토기
무덤	독무덤, 널무덤 등
국가의 형성	농업 생산력 확대 → 경제 기반 확대 → 부여, 고구려, 삼한 등 건국
중국과 교류	명도전, 오수전, 반량전 등 중국 화폐 출토, 붓 출토(한자 사용)
청동기·철기 시대의 예술	울주 대곡리 반구대의 바위그림, 고령 양전동 장기리 바위그림 → 사냥과 생산의 성공 기원

시험에 나오는 지문 특강 **철기 시대 중국과의 교류**

▲ 명도전

▲ 반량전

▲ 오수전

▲ 다호리 붓

우리나라 철기 시대 유적에서 철기와 함께 출토되는 명도전은 중국 전국 시대의 연나라, 제나라 등에서 사용되던 청동 화폐이며, 반량전은 전국 시대를 통일한 진나라에서 사용된 청동 화폐이다. 또한 오수전은 한나라 때 주조되어 사용된 화폐이다. 이들의 출토를 통해 철기 시대에 중국과 활발하게 교류했음을 알 수 있다. 또한, 경남 창원 다호리 유적에서는 붓이 출토되었는데, 이는 당시에 이미 한자가 사용되고 있었음을 짐작하게 한다.

○ 고인돌(탁자식)

청동기 시대의 대표적 무덤인 고인돌은 제작 과정에 많은 인력이 동원되어 당시 지배층의 정치권력과 경제력을 반영하고 있다.

○ 세형 동검

주로 청천강 이남 지역에서 발견되고 있어 한국식 동검이라고도 불리며, 철기 시대에 한반도에서 독자적인 청동기 문화가 발달하였음을 보여준다.

○ 독무덤(위)과 널무덤(아래)

독무덤은 큰 독이나 항아리 등의 토기를 널로 사용한 무덤 양식이고, 널무덤은 구덩이를 파고 나무 널로 관을 만든 무덤 양식이다.

🌿 **공부 꿀팁**
청동기 시대와 철기 시대의 사회 모습은 빈출 주제입니다. 또한 청동기 시대와 철기 시대에 제작된 유물, 무덤, 철기 시대 중국과의 교류 내용을 알 수 있는 유물 등을 파악해야 합니다. 뿐만 아니라 구석기 시대·신석기 시대와 비교해서 정리해 두세요!

► 구석기 시대의 생활 모습

| 44회 1번 기출 |

(가) 시대의 생활 모습으로 옳은 것은?

이것은 경기도 고양시 도내동 유적 발굴 현장 모습입니다. 이 유적에서는 약 4~7만 년 전에 제작된 주먹도끼, 찌르개, 돌날 등 ___(가)___ 시대의 도구들이 8,000여 점이나 출토되었으며, 대규모의 석기 제작 공간이 있었던 것으로 추정됩니다.

① 소를 이용한 깊이갈이가 일반화되었다.
② 주로 동굴이나 강가의 막집에서 살았다.
③ 반량전, 명도전 등의 화폐를 사용하였다.
④ 지배층의 무덤으로 고인돌을 축조하였다.
⑤ 빗살무늬 토기를 이용하여 식량을 저장하였다.

문제 분석

제시된 자료에서 '주먹도끼', '찌르개', '돌날' 등을 통해 (가)시대가 구석기 시대임을 알 수 있다. 구석기 시대에는 뗀석기가 사용되었는데, 가장 대표적인 것이 주먹도끼이다. 주먹도끼는 사냥을 하고 짐승의 가죽을 벗기거나 나무뿌리를 채취하는 데 사용되었다. 찌르개, 돌날도 구석기 시대에 만들어진 뗀석기이다.
② 주로 동굴이나 막집에서 생활한 것은 구석기 시대의 사회 모습이다.

정답: ②

오답 거르기

① 소를 이용해 밭을 가는 우경의 시작은 사료상으로는 신라 지증왕 때부터라고 하지만, 이미 이전부터 시작되었을 것으로 보고 있다. 그러나 소를 이용한 깊이갈이가 일반화된 것은 고려 시대에 해당한다.
③ 반량전, 명도전 등의 중국 화폐는 우리나라 철기 시대 유적지에서 출토되고 있다.
④ 고인돌은 청동기 시대에 널리 제작된 지배자의 무덤으로 당시 계급이 분화되었음을 알려 준다.
⑤ 빗살무늬 토기는 신석기 시대의 대표적인 유물이다.

📖 닮은 꼴 예상 문제 •

▶ 정답과 해설 2쪽

(가) 시대의 사회 모습으로 옳은 것은?

제○○회 전곡리 ___(가)___ 축제

기간: ○○○○년 5월 1일~7일

모시는 글

경기도 연천 전곡리에서 열리는 이번 축제에 오셔서 주먹도끼, 긁개, 밀개 등을 만들어 보는 등 약 70만 년 전에 시작된 ___(가)___ 시대의 생활을 다양하게 체험해 보시기 바랍니다.

① 명도전, 반량전 등의 화폐를 사용하였다.
② 무리 사회를 이루어 이동 생활을 하였다.
③ 반달 돌칼을 이용하여 곡식을 수확하였다.
④ 빗살무늬 토기를 이용하여 식량을 저장하였다.
⑤ 가락바퀴와 뼈바늘을 사용하여 옷을 만들어 입었다.

대표 기출 문제 분석 ②

청동기 시대의 생활 모습

| 41회 1번 기출 |

(가) 시대의 생활 모습으로 옳은 것은?

이곳 여주 흔암리 선사 유적은 ___(가)___ 시대 한강 유역의 대표적인 유적입니다. 여기에서 확인된 20여 기의 집자리에서는 민무늬 토기, 반달 돌칼 등이 출토되었습니다. 특히 토기 안에서는 탄화된 쌀 · 겉보리 · 조 · 수수가 발견되어 이 시대에 벼농사가 이루어졌음을 알 수 있습니다.

① 주로 동굴이나 강가의 막집에서 살았다.
② 계급이 없는 평등한 공동체 생활을 하였다.
③ 오수전, 화천 등의 중국 화폐를 사용하였다.
④ 많은 인력을 동원하여 고인돌을 축조하였다.
⑤ 실을 뽑기 위해 가락바퀴를 처음 사용하였다.

문제 분석

여주 흔암리 선사 유적은 청동기 시대의 집터 유적으로 쌀, 보리, 수수, 조 등의 곡물이 발견되었다. 이와 함께 발견된 민무늬 토기와 반달 돌칼도 청동기 시대의 대표적인 유물이다. 청동기 시대에는 조, 피, 수수 등 밭농사가 중심이었으나 일부 저습지에서는 벼농사도 하였다.
④ 고인돌은 청동기 시대의 대표적인 무덤 양식으로, 거대한 규모를 통해 당시 지배층이 가진 정치권력과 경제력을 짐작할 수 있다.

정답: ④

오답 거르기

① 주로 동굴이나 강가의 막집에서 거주한 시기는 구석기 시대에 해당한다.
② 구석기 시대와 신석기 시대에는 평등한 공동체 생활을 하였다. 계급의 발생은 청동기 시대에 해당한다.
③ 오수전, 화천을 비롯해 명도전, 반량전 등의 중국 화폐는 우리나라 철기 시대 유적지에서 발견되었다. 따라서 철기 시대에 중국과 교류가 활발했음을 짐작할 수 있다.
⑤ 가락바퀴는 신석기 시대부터 사용되었는데, 실을 뽑을 때 사용한 도구이다.

닮은꼴 예상 문제

(가) 시대의 사회 모습으로 옳은 것은?

수행 평가 보고서

• 주제: ___(가)___ 시대의 사회 변화
• 조사 내용: 농사를 지을 때 반달 돌칼과 같은 더욱 발전된 형태의 석기가 사용되고, 식량 생산이 늘어났다. 이와 함께 빈부의 격차가 나타나고 계급이 발생하였으며, 거대한 고인돌이 축조되었다.
• 유물 · 유적: 비파형 동검, 민무늬 토기, 돌널무덤

① 농경과 목축을 시작하였다.
② 철제 농기구를 사용하였다.
③ 지배자인 군장이 등장하였다.
④ 영고라는 제천 행사를 거행하였다.
⑤ 주로 동굴이나 강가에 막집을 짓고 살았다.

기출 및 예상 문제

42회 1번 기출 문제

01 (가) 시대의 사회 모습으로 옳은 것은?

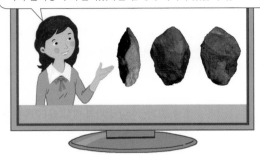

> 경상북도 예천군 삼강리 유적에서 (가) 시대를 대표하는 주먹도끼와 함께 몸돌·격지·찍개 등 160여 점의 다양한 유물이 출토되었습니다. 이 유적은 (가) 시대의 여러 문화층이 확인되었다는 점에서 의미가 있습니다.

① 가락바퀴를 이용하여 실을 뽑았다.
② 주로 동굴에 살면서 사냥과 채집을 하였다.
③ 거푸집을 이용하여 세형 동검을 제작하였다.
④ 빗살무늬 토기를 만들어 식량을 저장하였다.
⑤ 쟁기, 쇠스랑 등의 철제 농기구를 사용하였다.

02 밑줄 그은 '이 시대'의 사회 모습으로 적절한 것은?

서울 암사동 유적 세계유산 등재 기원
범국민 서명 캠페인

서울 암사동 유적은 움집터와 빗살무늬 토기, 갈돌, 갈판 등 각종 생활 유물들이 출토된 이 시대의 대표적인 문화유산입니다. 그 소중한 가치를 온 국민과 함께, 세계인과 함께 보존하고자 세계유산 등재를 추진하고 있습니다.

| 서명 참여하기 |

① 소도에서 제사를 지냈다.
② 농경 생활이 이루어졌다.
③ 비파형 동검을 만들었다.
④ 주로 동굴이나 막집에 거주하였다.
⑤ 영고라고 불리는 제천 행사를 거행하였다.

43회 1번 기출 문제

03 (가) 시대의 생활 모습으로 옳은 것은?

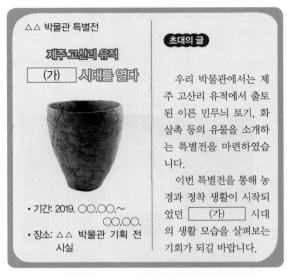

△△ 박물관 특별전

제주 고산리 유적
(가) 시대를 열다

• 기간: 2019. ○○.○○.~ ○○.○○.
• 장소: △△ 박물관 기획 전시실

초대의 글

우리 박물관에서는 제주 고산리 유적에서 출토된 이른 민무늬 토기, 화살촉 등의 유물을 소개하는 특별전을 마련하였습니다.
이번 특별전을 통해 농경과 정착 생활이 시작되었던 (가) 시대의 생활 모습을 살펴보는 기회가 되길 바랍니다.

① 주로 동굴이나 막집에 거주하였다.
② 가락바퀴를 이용하여 실을 뽑았다.
③ 명도전을 이용하여 중국과 교역하였다.
④ 철제 농기구를 사용하여 농사를 지었다.
⑤ 의례 도구로 청동 거울과 방울 등을 제작하였다.

04 (가)에 들어갈 문화유산으로 적절한 것은?

> 농경이 시작된 시대에 실을 뽑는 데 사용한 도구로 당시 옷이나 그물을 만들었음을 짐작하게 해 주는 유물입니다.

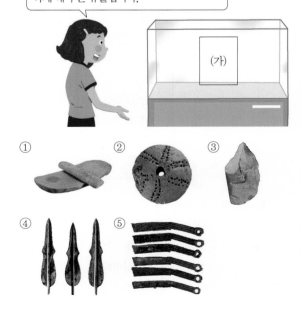

33회 1번 기출 문제 ▸

05 (가) 시대에 대한 설명으로 옳은 것은?

평창군 평창읍 하리 유적에서 （가） 시대의 것
으로 판단되는 비파형 동검과 인골이 출토되었습니다.
당시 시신 매장 방법과 장례 풍습 등의 연구에 중요한
자료로 활용될 것으로 보입니다.

평창 하리 유적에서 비파형 동검과 인골 출토

① 빗살무늬 토기를 제작하기 시작하였다.
② 주로 동굴이나 강가의 막집에서 살았다.
③ 반달 돌칼을 사용하여 곡물을 수확하였다.
④ 계급이 없는 평등한 공동체 생활을 하였다.
⑤ 실을 뽑기 위해 가락바퀴를 처음 사용하였다.

06 밑줄 그은 '이 시대'의 사회 모습으로 옳은 것은?

지금 보시는 문화유산은 계급이
발생한 이 시대에 만들어진 무덤
입니다. 무덤의 규모를 보아 당시
지배층의 무덤으로 생각됩니다.

① 농경과 목축이 시작되었다.
② 민무늬 토기가 사용되었다.
③ 대부분 동굴이나 막집에 거주하였다.
④ 천군이 소도에서 제사를 주관하였다.
⑤ 제가 회의에서 국가 중대사를 결정하였다.

37회 1번 기출 문제 ▸

07 (가) 시대에 대한 설명으로 옳은 것은?

●우리 고장의 유적●

부여 송국리 유적

▲ 유적 전경

부여 송국리
유적은 우리나
라 （가） 시대
를 대표하는 유
적이다. 발굴
조사를 통해 목
책(木柵)의 흔적과 100여 기 이상의 대규모
주거지가 발견되었다. 또한 '송국리식 토기'
라고 불리는 민무늬 토기를 비롯하여 비파
형 동검, 거푸집 등 다양한 유물이 출토되
어 （가） 시대의 생활 모습을 보여주
는 중요한 자료로 평가된다.

① 소를 이용한 깊이갈이가 일반화되었다.
② 반달 돌칼을 사용하여 곡물을 수확하였다.
③ 계급이 없는 평등한 공동체 생활을 하였다.
④ 사냥을 위해 슴베찌르개를 처음 제작하였다.
⑤ 정착 생활이 시작되면서 움집이 등장하였다.

08 (가) 시대에 처음 볼 수 있는 사회 모습으로 적절한 것은?

이 유물들은 （가）
시대 유적에서 출토된 유
물들입니다.

▲ 명도전   ▲ 다호리 유적
          출토 붓

① 빗살무늬 토기를 만드는 아이
② 비파형 동검을 제작하는 장인
③ 반량전으로 중국인과 거래하는 상인
④ 반달 돌칼을 사용하여 추수하는 농민
⑤ 가락바퀴와 뼈바늘로 옷을 만드는 여성

02 고조선과 여러 나라의 성장

◐ 고조선의 문화 범위

비파형 동검과 탁자식 고인돌의 분포를 통해 고조선과 관련된 문화 범위가 만주와 한반도 북부 지역 일대임을 짐작할 수 있다.

◐ 위만의 집권
위만은 왕이 된 뒤에도 나라 이름을 그대로 조선이라 하였고, 그의 정권에는 토착민 출신으로 고위 관직에 진출한 사람이 많았다. 따라서 위만 조선은 단군 조선을 계승한 것으로 볼 수 있다.

◐ 고조선의 8조법
사람을 죽인 자는 즉시 죽이고, 남에게 상처를 입힌 자는 곡식으로 갚는다. 도둑질을 한 자는 노비로 삼는다. 이를 용서받고자 하는 자는 한 사람마다 50만 전을 내게 한다. － 『한서』 －

🌸 공부 꿀팁
고조선의 문화 범위를 짐작하게 해주는 유물과 유적, 단군의 고조선 건국 이야기, 8조법을 시행한 고조선의 사회 모습을 묻는 문항이 자주 출제되고 있습니다. 고조선 관련 사료·유물·유적의 내용을 정리해 두세요!

① 고조선의 성립과 발전

1. 고조선의 건국
(1) 시기: 기원전 2333년에 단군왕검이 건국(『삼국유사』, 『동국통감』 등에 내용이 실려 있음)
(2) 단군의 고조선 건국 이야기 → 우리 민족이 어려움에 처했을 때 민족의 단결을 높이는 데 도움이 되었다.

의의	청동기 문화를 배경으로 한 고조선의 성립이라는 역사적 사실 반영
내용	환웅 부족과 곰을 숭배하는 부족의 연합(천손 사상, 토테미즘 반영)
고조선 사회의 모습 반영	농경 사회 형성, 계급 발생, 홍익인간의 통치 이념, 제정 일치의 지배자(단군왕검) 출현 등이 반영 단군은 제사장, 왕검은 정치적 군장을 의미

시험에 나오는 지문 특강 📖 단군의 고조선 건국 이야기

환인의 아들 환웅이 자주 하늘 아래에 뜻을 두고 인간 세상을 다스리고자 하였다. …… 환웅은 무리 3천을 거느리고 태백산 신단수 밑에 내려가 그곳을 신시라고 불렀다. 환웅은 풍백, 우사, 운사를 거느리고 곡식, 수명, 질병, 형벌, 선악 등 360여 가지 일을 주관하여 인간을 다스리고 가르쳤다. 이때 곰 한 마리와 호랑이 한 마리가 같은 굴에 살면서 늘 사람 되기를 환웅에게 빌었다. …… 곰은 삼칠일 동안 몸을 삼가 여자의 몸이 되었으나, 호랑이는 그렇지 못하였다. …… 환웅이 잠시 사람으로 변해 웅녀와 결혼하여 아들을 낳으니 이름을 단군왕검이라 하였다. － 『삼국유사』 －

『삼국유사』 등에 전해지는 단군 이야기를 통해 청동기 문화를 바탕으로 한 고조선의 성립 과정을 파악할 수 있다. 단군 이야기는 오랜 세월에 걸쳐 전해진 것으로, 이를 통해 청동기 문화를 가진 환웅 부족이 이동하여 곰을 숭배하는 부족과 연합하여 고조선을 건국하였음을 짐작할 수 있다.

2. 고조선의 발전
(1) 고조선의 성장

철기의 전래	기원전 5세기 무렵 철기 문화 등 선진 문물 수용
성장	• 대외 관계: 기원전 4세기~기원전 3세기경 중국의 연과 대립 → 연의 공격으로 고조선 세력 위축 • 왕위 세습: 기원전 3세기경 부왕·준왕 등이 등장하여 왕위 세습 • 관직 정비: 왕 밑에 상·대부·장군 등의 관직 설치

(2) 위만 왕조

위만의 집권	유이민의 유입: 중국의 진·한 교체기에 유이민 무리가 고조선으로 이주 → 고조선의 서쪽 변경에 정착 → 위만이 준왕을 몰아내고 왕위 차지(기원전 194)
위만 왕조의 발전	• 철기 문화를 본격적으로 수용, 진번·임둔을 복속하는 등 정복 활동으로 영토 확장, 통치 체제 정비 • 한반도 남부의 진과 중국의 한 사이에서 중계 무역을 통해 경제적으로 성장

(3) 멸망: 한 무제의 침략으로 멸망(기원전 108) → 일부 지역에 한 군현 설치
└ 낙랑, 진번, 임둔, 현도의 4군을 설치

3. 고조선의 사회
(1) 8조법
① 8조법 중 3개 조항이 전해짐
② 생명·노동력 중시, 사유 재산 보호, 농경 위주의 경제 활동, 형벌·노비 존재, 화폐가 사용되었음을 알 수 있음
(2) 법 조항 증가: 한 군현 설치 후 법률이 60여 조로 증가(엄한 율령으로 토착민 억압, 풍속 각박)

❷ 여러 나라의 성장

1. 부여 → 고대 국가로 발전하지 못하고 연맹 왕국 단계에서 멸망

발전 · 멸망	• 만주 쑹화강 유역의 평야 지대를 중심으로 성장 • 1세기 초부터 왕호 사용 → 3세기 말 선비족의 침략으로 위축 → 5세기 말 고구려에 병합
정치	5부족 연맹(왕이 중앙을 다스림, 마가 · 우가 · 저가 · 구가* 등이 사출도 지배), 왕권 미약
법률	살인자는 사형에 처하고 가족은 노비로 삼음, 도둑질을 하면 12배로 변상(1책 12법)
경제	농경과 목축, 특산물(말, 주옥, 모피)
풍습	순장, 형사취수제,* 영고(제천 행사, 12월), 소를 죽여 그 굽으로 점을 침

2. 고구려

발전	졸본에서 건국(기원전 37) → 국내성으로 천도, 한 군현을 공략하여 요동 지방으로 진출, 동쪽의 옥저 · 동예로부터 공물 수취
정치	• 5부족 연맹(왕 아래 상가 · 고추가 등의 대가들이 있고, 이들은 사자 · 조의 · 선인 등을 거느림) • 제가 회의(귀족 회의체)를 통해 중대 범죄자 처벌
풍습	서옥제, 형사취수제, 동맹(제천 행사, 10월), 집집마다 부경이라는 창고가 있었음

3. 옥저와 동예

정치	고구려의 압력으로 인해 연맹 왕국으로 성장하지 못함, 군장(읍군, 삼로)이 부족 지배
위치	옥저는 함경도 동해안에, 동예는 강원도 북부의 동해안에 위치
경제	• 옥저: 해산물 풍부, 토지 비옥, 고구려에 공납을 바침 • 동예: 특산물로 단궁 · 과하마 · 반어피 유명, 방직 기술 발달, 고구려에 공납을 바침
풍습	• 옥저: 민며느리제, 가족 공동 무덤* • 동예: 엄격한 족외혼, 책화,* 무천(제천 행사, 10월), 철(凸)자형과 여(呂)자형 집터

박달나무로 만든 활 · 사람을 태우고서 과실나무 가지 밑으로 지나갈 수 있는 말이라는 뜻으로 작은 말을 의미 · 바다표범 가죽

시험에 나오는 지문 특강 📖 서옥제와 민며느리제

(가) 혼인할 때에는 미리 약속을 하고 신부 집 뒤편에 작은 별채를 짓는다. 이것을 서옥이라 부른다. 해가 저물 무렵 신랑이 신부 집 문 밖에 와서 이름을 밝힌 뒤 무릎을 꿇고 절하고 신부와 잘 수 있게 해 달라고 청한다. …… 자식을 낳아서 장성하면 (남편은) 아내를 데리고 (자기) 집으로 돌아간다.

(나) 여자 나이 10살이 되기 전에 혼인을 약속한다. 신랑 집에서는 여자를 맞이하여 장성하도록 길러 아내로 삼는다. 여자가 어른이 되면 친정으로 되돌려 보냈다가 신랑 집에서 돈을 지불한 뒤 다시 신랑 집으로 돌아온다.
― 「삼국지」 위서 동이전 ―

(가)는 고구려의 서옥제, (나)는 옥저의 민며느리제이다. 서옥제는 혼인을 한 뒤 신랑이 처가에 살다가 자식이 자라면 신부와 함께 신랑 집으로 돌아가는 고구려의 혼인 풍속이다. 민며느리제는 며느리가 될 여자아이를 남자 집에서 데려다 키운 후, 성인이 되면 남자 쪽에서 여자 쪽에 예물을 건네주고 결혼하는 옥저의 혼인 풍속이다. 두 풍습 모두 노동력이 귀했던 시절, 혼인으로 인해 신부 집안에서 발생하는 노동력 손실을 신랑 측에서 보상해 주었던 점에서 그 의미가 비슷하다.

4. 삼한

형성	고조선 유이민과 한반도 남부 토착 세력의 결합 → 마한, 진한, 변한 성립
정치	• 목지국의 지배자가 삼한 전체 주도 • 군장(신지, 읍차)이 부족 지배, 천군(제사장), 소도*(신성 지역) → 제정 분리
경제와 풍습	벼농사 발달(두레 조직), 변한 지역에서 철 생산, 계절제(5월, 10월)
발전	백제(마한), 가야(변한), 신라(진한)로 성장

• 낙랑과 왜 등에 수출

◑ 여러 나라의 성장

◑ 가(加)
우두머리를 뜻하는 말로, 부여는 가축의 이름을 딴 마가 · 우가 · 저가 · 구가가 사출도를 지배하였다.

◑ 형사취수제
형이 죽으면 동생이 형수와 결혼하여 함께 사는 제도로, 형 집안의 재산과 자녀를 다른 부족에게 넘겨주지 않으려는 풍습으로 보인다.

◑ 가족 공동 무덤
가족이 죽으면 시신을 임시로 매장하였다가 나중에 그 뼈를 추려서 가족 공동 무덤인 목곽에 안치하는 장례 풍습이다.

◑ 책화
부족 또는 지역 간의 경계를 중시한 것으로, 만약 경계를 침범하여 수렵, 어로, 경작 행위 등을 하다가 적발되면 소나 말, 노비로 변상하게 하는 풍습이다.

◑ 소도
삼한에 존재하였던 신성 지역으로, 죄인이 이곳으로 도망을 가면 군장이 함부로 잡아갈 수 없었다.

🌿 공부 꿀팁
철기 시대에 성장한 부여, 고구려, 옥저, 동예, 삼한 사회의 모습과 풍습 등을 묻는 문항이 자주 출제되고 있습니다. 또한 지도에서 각 나라가 위치한 곳도 함께 정리해 두세요!

⊩ 고조선의 사회 모습

| 44회 2번 기출 |

밑줄 그은 '이 나라'에 대한 설명으로 옳은 것은?

> 누선장군 양복이 병사 7천 명을 거느리고 먼저 왕검성에 이르렀다. 이 나라의 우거왕이 성을 지키고 있다가 양복의 군사가 적음을 알고 곧 성을 나와 공격하자, 양복의 군사가 패배하여 흩어져 달아났다. 한편 좌장군 순체는 패수서군을 공격하였지만 이를 깨뜨리고 나아가지 못하였다. 한 무제는 두 장군이 이롭지 못하다 생각하고, 이에 위산으로 하여금 군사의 위엄을 갖추고 가서 우거왕을 회유하도록 하였다.

① 정사암에 모여 재상을 선출하였다.
② 10월에 동맹이라는 제천 행사를 열었다.
③ 읍락 간의 경계를 중시하는 책화가 있었다.
④ 제사장인 천군과 신성 지역인 소도가 있었다.
⑤ 사회 질서를 유지하기 위해 범금 8조를 두었다.

문제 분석

제시된 자료에는 한 무제의 고조선 침입이 나타나 있다. 고조선은 한의 침입에 맞서 1차의 접전(패수)에서 대승을 거두었다. 이후 약 1년에 걸쳐 한의 군대에 맞서 완강하게 대항하였으나, 결국 장기간의 전쟁으로 지배층의 내분이 일어나 왕검성이 함락되어 멸망하였다(기원전 108).
⑤ 고조선은 사회 질서를 유지하고자 8조법(8조 범금)을 시행하였는데, 그중 3개 조항이 전해지고 있다.

정답: ⑤

오답 거르기

① 백제에서는 귀족들이 정사암에 모여 국가 중대사를 의논하였는데, 이를 정사암 회의라고 한다.
② 고구려는 해마다 10월에 동맹이라는 제천 행사를 열었다.
③ 책화는 다른 부족의 영역을 함부로 침범했을 때에 노비나 소, 말로 배상하게 하였던 동예의 풍습이다.
④ 삼한의 소도는 신성 지역으로 군장의 세력이 미치지 못해 죄인이라도 도망을 하여 이곳에 숨으면 잡아가지 못하였다.

닮은 꼴 예상 문제 ·

▶ 정답과 해설 3쪽

(가) 국가에 대한 설명으로 옳은 것은?

> [(가)]의 왕 부가 죽고 아들 준이 왕이 되었다. 20여 년이 지나 중국에서 진승과 항우가 일어나 천하가 어지러워졌다. 연·제·조 백성들이 괴로워 하다가 차츰차츰 준에게 도망하였다. 준은 이들을 서쪽 지방에 살게 하였다. 한이 노관을 연왕으로 삼자 조선과 연은 패수를 경계로 삼게 되었다. 노관이 한을 배반하고 흉노로 도망한 뒤, 연나라 사람 위만도 망명하여 오랑캐 복장을 하고 동쪽으로 패수를 건너 [(가)]의 준왕에게 항복하였다.

① 영고라는 제천 행사가 있었다.
② 신지, 읍차 등이 부족을 다스렸다.
③ 혼인 풍습으로 민며느리제가 있었다.
④ 삼국유사에 건국 이야기가 실려 있다.
⑤ 제가 회의에서 국가의 중대사를 결정하였다.

대표 기출 문제 분석 ②

철기 시대 여러 나라의 성장

| 42회 3번 기출 |

(가), (나) 나라에 대한 설명으로 옳은 것은?

(가) 나라가 작아 큰 나라의 틈바구니에서 압박을 받다가 마침내 고구려에 예속되었다. 고구려는 그 [지역 사람] 중에서 대인(大人)을 두고 사자(使者)로 삼아 함께 통치하게 하였다. 또 대가(大加)로 하여금 조세를 책임지도록 하였고, 맥포(貊布), 어염(魚鹽) 및 해산물 등을 천리나 되는 거리에서 짊어져 나르게 하였다.

− 『삼국지』 동이전 −

(나) 해마다 10월이면 하늘에 제사를 지내는데, 밤낮으로 술 마시며 노래 부르고 춤추니 이를 무천(舞天)이라 한다. 또 호랑이를 신(神)으로 여겨 제사 지낸다. …… 낙랑의 단궁이 그 지역에서 산출된다. 바다에서는 반어피가 나며, 땅은 기름지고 무늬 있는 표범이 많고, 과하마가 나온다.

− 『삼국지』 동이전 −

① (가) − 혼인 풍속으로 민며느리제가 있었다.
② (가) − 읍락 간의 경계를 중시하여 책화가 있었다.
③ (나) − 여러 가(加)들이 별도로 사출도를 주관하였다.
④ (나) − 남의 물건을 훔쳤을 때에는 12배로 갚게 하였다.
⑤ (가), (나) − 제사장인 천군과 신성 지역인 소도가 존재하였다.

문제 분석

제시된 자료의 (가)는 옥저, (나)는 동예이다. 옥저는 어물과 소금 등 해산물이 풍부하였고, 토지가 비옥하여 농사가 잘 되었다. 그러나 고구려의 수탈에 시달려 소금, 어물 등을 공납으로 바쳤다. 동예는 토지가 비옥하고 해산물이 풍부하였는데, 특히 단궁, 과하마, 반어피 등의 특산물이 많이 생산되었다. 동예에서는 10월에 무천이라는 제천 행사를 하였다.
① 민며느리제는 여자의 나이가 어렸을 때 남자 집에서 데려다 키우고 나중에 정식으로 혼인을 하는 것으로 옥저의 풍습이다.

정답: ①

오답 거르기

② 동예는 다른 부족의 경계를 침범할 경우에 가축이나 노비로 변상해야 하는 책화의 풍습이 있었다.
③ 부여는 왕이 중앙 지역을 다스리고, 가축의 이름을 딴 마가, 우가, 저가, 구가 등이 각기 사출도라고 불리는 지역을 주관하였다.
④ 남의 물건을 훔쳤을 때 물건값의 12배로 갚게 한 제도는 부여와 고구려의 모습이다.
⑤ 삼한에는 천군이라고 불리는 제사장이 있었는데, 신성 지역인 소도에서 농경과 종교에 대한 의례를 주관하였다.

닮은 꼴 예상 문제

정답과 해설 3쪽

(가), (나) 나라에 대한 설명으로 옳은 것은?

(가) 나라에는 임금이 있었다. 모두 가축 이름으로 관직명을 정하였는데, 마가, 우가, 저가, 구가와 대사, 대사자, 사자였다. …… 여러 가(加)는 별도로 사출도를 다스렸는데, 큰 곳은 수천 집, 작은 곳은 수백 집이었다. …… 가뭄이 계속되어 오곡이 익지 않으면 그 허물을 왕에게 돌려 '왕을 바꾸어야 한다.'라고 하거나 '왕을 죽여야 한다.'라고 하였다.
(나) 나라에는 왕이 있고 벼슬로는 상가, 대로, 패자, 고추가, 주부, 우태, 승, 사자, 조의, 선인이 있다. 신분이 높고 낮음에 따라 각각 등급을 두었다. 모든 대가도 사자, 조의, 선인을 거느렸다. 그런데 그들의 명단을 반드시 왕에게 보고해야 하였다. 이들은 모임이 있으면 대가와 함께 참석하지만, 왕이 거느리는 사자, 조의, 선인과 같은 반열에 서지 못한다.

① (가) − 졸본에서 국내성으로 도읍을 옮겼다.
② (가) − 요서 지방을 경계로 중국의 연과 대립하였다.
③ (나) − 동맹이라는 제천 행사를 거행하였다.
④ (나) − 읍락 간의 경계를 중시하는 책화가 있었다.
⑤ (가), (나) − 연맹 왕국 단계에서 멸망하였다.

기출 및 예상 문제

01

42회 2번 기출 문제

(가)에 들어갈 내용으로 옳은 것은?

기원전 2세기경에 위만이 준왕을 몰아내고 왕이 된 이후 고조선의 상황에 대해 이야기해 볼까요?

(가)

우거왕이 왕검성을 침략한 한 무제의 군대에 맞서 저항했습니다.

① 지방의 여러 성에 욕살, 처려근지 등을 두었습니다.
② 제가 회의에서 나라의 중요한 일을 결정하였습니다.
③ 한(漢)과 진국(辰國) 사이에서 중계 무역을 하였습니다.
④ 전국 7웅 중 하나인 연과 대적할 만큼 성장하였습니다.
⑤ 부왕(否王) 등 강력한 왕이 등장하여 왕위를 세습하였습니다.

02 다음 법 조항이 있었던 나라에 대한 설명으로 옳은 것은?

사람을 죽인 자는 즉시 죽이고, 남에게 상처를 입힌 자는 곡식으로 갚는다. 도둑질을 한 자는 노비로 삼는다. 용서를 받고자 하는 자는 한 사람마다 50만 전을 내게 한다. 비록 용서를 받아 보통 백성이 되어도 풍속에 역시 이를 부끄럽게 여겨 혼인을 하고자 해도 짝을 구할 수 없다. 이러해서 백성은 모두 도둑질을 하지 않아 대문을 닫고 사는 일이 없었다.

— 『한서』 —

① 단군왕검에 의해 건국되었다.
② 영고라는 제천 행사를 열었다.
③ 혼인 풍속으로 민며느리제가 있었다.
④ 졸본에서 국내성으로 도읍을 옮겼다.
⑤ 군장의 세력이 미치지 못하는 소도가 있었다.

03

41회 2번 기출 문제

(가) 인물에 대한 설명으로 옳은 것을 〈보기〉에서 고른 것은?

연왕(燕王) 노관이 한(漢)을 배반하고 흉노로 들어가자, ___(가)___ 도 망명하였다. 무리 천여 명을 모아 상투를 틀고 오랑캐 복장을 하고서 동쪽으로 도망하여 요새를 나와 패수를 건너 진(秦)의 옛 땅인 상하장에 살았다.

— 『사기』 조선열전 —

⊣ 보기 ⊢

ㄱ. 준왕을 몰아내고 왕이 되었다.
ㄴ. 한 무제가 파견한 군대에 맞서 싸웠다.
ㄷ. 진번과 임둔을 복속시켜 세력을 확장하였다.
ㄹ. 연의 장수 진개의 공격을 받아 땅을 빼앗겼다.

① ㄱ, ㄴ ② ㄱ, ㄷ ③ ㄴ, ㄷ ④ ㄴ, ㄹ ⑤ ㄷ, ㄹ

04 밑줄 그은 '그'가 집권한 국가에 대한 설명으로 옳은 것은?

• 그는 오랑캐의 복장을 하고 동쪽으로 패수를 건너 망명하여 준왕에게 항복하였다. …… 준왕은 백 리의 땅을 주어 서쪽 변경을 지키게 하였다. …… 오히려 준왕을 공격하였다. 준왕은 그와 싸웠으나 상대가 되지 못하였다.

— 『삼국지』 —

• 그가 왕이 되어 왕검성에 도읍하였을 때는 마침 천하가 안정된 무렵이었다. …(중략)… 그는 왕위를 아들에게 전하였고 손자 우거에게까지 전해졌다. …(중략)… 진국(辰國)이 글을 올려 천자를 보고자 해도 가로막아 통하지 못하게 하였다.

— 『사기』 —

① 수도를 국내성으로 옮겼다.
② 마한을 통합하여 남해안까지 진출하였다.
③ 소도에서 농경과 종교 의례를 주관하였다.
④ 매년 10월에 무천이라는 제천 행사를 열었다.
⑤ 한과 한반도 남부 사이에서 중계 무역을 하였다.

44회 4번 기출 문제 ▶

05 교사의 질문에 대한 학생의 답변으로 옳은 것은?

> 이 유물은 지린성 마오얼산 유적에서 출토된 장신구입니다. 이 나라의 사람들은 금과 은으로 만든 장신구로 치장하는 것을 즐겼다고 합니다. 12월에 영고라는 제천 행사를 열었던 이 나라에 대해 발표해 볼까요?

① 민며느리제라는 혼인 풍습이 있었다.
② 철이 많이 생산되어 낙랑과 왜에 수출하였다.
③ 여러 가(加)들이 별도로 사출도를 주관하였다.
④ 단궁, 과하마, 반어피 등이 대표적인 특산물이다.
⑤ 대가들이 사자, 조의, 선인 등의 관리를 거느렸다.

06 자료의 풍속이 있었던 나라를 지도에서 옳게 고른 것은?

> 여자 나이 10살이 되기 전에 혼인을 약속한다. 신랑 집에서는 여자를 맞이하여 장성하도록 길러 아내로 삼는다. 여자가 어른이 되면 친정으로 되돌려 보냈다가 신랑 집에서 돈을 지불한 뒤 다시 신랑 집으로 돌아온다.
>
> – 『삼국지』 위서 동이전 –

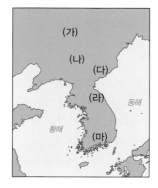

① (가)   ② (나)   ③ (다)   ④ (라)   ⑤ (마)

39회 2번 기출 문제 ▶

07 (가), (나) 나라에 대한 설명으로 옳은 것은?

> (가) 백성들은 노래와 춤을 좋아하여 촌락마다 밤이 되면 남녀가 무리지어 모여 서로 노래하며 즐긴다. …… 10월에 지내는 제천 행사는 국중대회(國中大會)로서 동맹이라 부른다. 그 나라의 풍속에 혼인을 할 때에는 말로 미리 정한 다음, 여자 집에서는 본채 뒤에 작은 집을 짓는데 그 집을 서옥이라 부른다.
>
> – 『삼국지』 동이전 –
>
> (나) 해마다 5월이면 씨뿌리기를 마치고 귀신에게 제사를 지낸다. 무리 지어 모여서 노래와 춤을 즐긴다. 춤은 수십 명이 모두 일어나서 뒤를 따라가고, 땅을 밟고 몸을 구부렸다 펴면서 손과 발로 장단을 맞추며 춘다. …… 10월에 농사일을 마치고 나서도 이렇게 한다.
>
> – 『삼국지』 동이전 –

① (가) – 남녀가 몸에 문신을 새기는 풍습이 있었다.
② (가) – 철이 많이 생산되어 낙랑과 왜에 수출하였다.
③ (나) – 신성 지역인 소도가 존재하였다.
④ (나) – 읍락 간의 경계를 중시하는 책화가 있었다.
⑤ (가), (나) – 물건을 훔친 자는 12배로 배상하게 하였다.

08 (가)에 들어갈 내용으로 적절한 것은?

① 영고라는 제천 행사를 열었다.
② 천군이 소도에서 제사를 주관하였다.
③ 민며느리제라는 혼인 풍습이 있었다.
④ 읍군 또는 삼로라고 불린 군장이 있었다.
⑤ 정사암 회의라는 귀족 회의를 운영하였다.

03 삼국과 가야의 성립과 발전

◑ 삼국의 건국 순서
「삼국사기」에는 신라, 고구려, 백제의 순으로 건국되었다고 되어 있으나, 중앙 집권 국가의 형성은 일찍부터 중국 문화와 접촉하였던 고구려가 가장 이르다.

◑ 백제의 지배층
백제가 부여·고구려 계통의 이주민 집단에 의해 건국되었다는 주장의 근거로는 왕족의 성을 부여씨로 하였다는 점, 온조의 건국 설화, 고구려의 돌무지무덤 양식과 유사한 석촌동 고분 등을 들 수 있다.

◑ 고구려의 5부
계루부, 연노부(소노부), 절노부, 순노부, 관노부의 5부 정치체가 존재하여 고구려를 형성하였다.

◑ 신라 왕호의 변화

구분	왕호	의미
박혁거세	거서간	군장
남해	차차웅	제사장
유리~흘해	이사금	연장자, 계승자
내물~지증	마립간	대군장
지증~	왕	

🌱 공부 꿀팁
삼국의 성립과 발전 과정에서는 각 국가의 왕의 업적과 관련된 사실을 사료로 제시하고, 그 시기나 특징을 묻는 문제가 자주 출제되고 있습니다. 국가별로 주요 국왕의 업적을 구분하여 정리해 두어야 합니다.

1 삼국의 성립과 발전

1. 삼국의 성립

고구려	부여에서 남하한 주몽 집단이 졸본에 도읍(기원전 37) → 유리왕 때 국내성으로 천도
백제	고구려 계통의 이주민(온조)이 한강 유역의 토착 세력과 결합하여 건국(기원전 18) → 마한 소국 및 한 군현과 맞서면서 성장
신라	진한 소국의 하나인 사로국에서 출발, 경주 지역 토착민과 유이민의 결합으로 성립(기원전 57), 박·석·김씨가 교대로 왕위 차지

시험에 나오는 지문 특강 📖 고구려 유이민의 남하와 백제의 건국

▲ 고구려의 장군총(중국 지린성)　　▲ 백제의 석촌동 고분(서울 송파)

고구려의 장군총은 돌무지무덤이다. 서울 석촌동에 위치한 백제 한성 시기의 고분은 계단식 돌무지무덤으로 고구려의 돌무지무덤과 그 양식이 유사하다. 이는 백제를 건국한 중심 세력이 고구려와 같은 계통의 집단이라는 것을 짐작하게 해 준다.

2. 삼국의 성장
→ 삼국이 중앙 집권 국가의 기틀을 마련한 시기: 고구려는 2세기, 백제는 3세기, 신라는 4세기로 보고 있다.

고구려	· 태조왕(1세기 후반~2세기 중반): 옥저 정복, 요동 지역으로 진출 추진, 계루부 고씨에 의해 왕위가 독점적으로 세습 ┌ 부족적 성격 → 행정적 성격 · 고국천왕(2세기 후반): 5부의 개편, 왕위의 부자 상속 확립 · 동천왕(3세기 전반): 중국과 낙랑을 연결하는 서안평 공격 → 중국 위의 장수 관구검의 공격을 받아 국가적 위기를 겪음
백제	· 개루왕(2세기): 북한산성 축조 · 고이왕(3세기): 영토 확장(→ 한강 유역 장악), 6좌평을 비롯한 관등제 마련, 관복제 시행 16관등
신라	· 유리왕(1세기): 지배자의 칭호로 '이사금' 사용 · 미추왕(3세기 후반): 김씨로는 처음 왕위 계승, 김알지의 후손

3. 가야의 성립과 발전
(1) 성립: 낙동강 하류 변한 지역의 구야국에서 출발, 철기 문화를 토대로 경제력 성장 → 점진적 사회 통합
(2) 성장: 3세기경 김해의 금관가야 중심으로 전기 가야 연맹 형성, 농경 문화 발달, 철을 생산하여 낙랑군과 왜 등에 수출 └ 알에서 태어난 김수로가 시조라고 전해진다.

시험에 나오는 지문 특강 📖 백제 고이왕의 통치 체제 정비

내신좌평을 두어 왕명 출납을, 내두좌평은 물자와 창고를, 내법좌평은 예법과 의식을, 위사좌평은 숙위 병사를, 조정좌평은 형벌과 송사를, 병관좌평은 지방의 군사에 대한 일을 각각 맡게 하였다. …… └ 왕호위 6품 이상은 자주색 옷을 입고 은으로 된 꽃으로 관을 장식하며, 11품 이상은 붉은 색 옷을, 16품 이상은 푸른 색 옷을 입게 하라는 명령을 내렸다. 　　　　　　　　　　　　 -「삼국사기」-

백제는 3세기 중엽 고이왕 때 한강 유역을 완전히 장악하고 정치 체제를 정비하였다. 당시 백제는 6좌평의 관제를 마련하였으며, 관등제를 정비하고 관복제를 도입하는 등 지배 체제를 정비하여 중앙 집권 국가의 토대를 형성하였다.

4. 4~6세기 삼국과 가야의 항쟁

(1) 4세기의 정세

국가	내용
고구려	• 미천왕: 서안평 점령, 낙랑군 · 대방군 축출 • 고국원왕: 전연의 침입으로 수도 피해, 백제의 공격으로 평양성에서 전사 • 소수림왕: 중국 전진과 교류하며 불교 수용(전진의 순도, 372), 인재 양성을 위해 태학 설립, 율령을 반포하여 국가 체제 정비
백제	• 근초고왕: 마한의 잔여 세력 정복, 고구려의 평양성 공격, 왕위의 부자 상속 확립, 중국의 동진 · 가야 · 왜 등과 교류, 역사서 『서기』 편찬　　중국-백제-왜를 잇는 해상 교역망 확보 • 침류왕: 중국의 동진으로부터 불교 수용
신라	내물왕: 김씨의 왕위 세습 확립, 왕호를 '이사금'에서 '마립간'으로 변경, 광개토 대왕의 도움을 받아 왜의 침입 격퇴(→ 이후 한동안 고구려의 간섭을 받음)
가야	4세기 말~5세기 초: 신라의 요청으로 파병된 고구려군의 공격으로 금관가야 중심의 전기 가야 연맹 해체, 낙동강 서쪽 지역으로 축소

(2) 5세기의 정세

국가	내용
고구려	• 광개토 대왕(4세기 말~5세기 초): 활발한 정복 활동으로 만주 지역 정복, 백제 공격(한강 이북 지역 장악), 신라에 침입한 왜 격퇴(가야 공략), '영락' 연호 사용 • 장수왕: 흥안령 일대 초원 지대 장악, 중국 남북조와 교류, 남진 정책을 추진하여 평양으로 천도(427), 백제 공격(한성 함락, 한강 유역 확보)　→ 이러한 사실을 알려주는 유물로 '충주 고구려비'를 들 수 있다.
백제	• 개로왕: 고구려의 공격으로 수도 한성 상실, 전사(475) → 문주왕 웅진 천도(475) • 동성왕(5세기 후반~6세기 초): 나 · 제 동맹 강화, 신흥 귀족 세력 등용으로 왕권 안정 추구
신라	• 눌지왕: 백제 비유왕과 나 · 제 동맹 체결 → 고구려 장수왕의 남진 정책에 대항 • 소지왕: 나 · 제 동맹 강화, 6부 정비　← 신라와 혼인 동맹 체결
가야	5세기 후반: 고령 지역의 대가야를 중심으로 후기 가야 연맹 형성

시험에 나오는 **지문 특강** 📖 **4~5세기 삼국과 가야의 정세**

▲ 4세기(백제의 전성기)

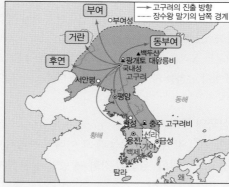

▲ 5세기(고구려의 전성기)

　백제는 4세기 근초고왕 때 마한 전 지역을 정복하여 그 세력이 전라도 남해안에 이르렀으며, 북으로는 고구려의 평양성까지 공격하였다. 백제는 중국의 동진, 왜의 규슈 지방과 교류하였으며, 중국의 요서 지방에 진출하는 등 활발한 대외 활동을 벌였다. 고구려는 5세기 광개토 대왕 때 백제를 공격하여 한강 이북 지역을 차지하고, 북으로는 요동을 포함한 만주 지역의 대부분을 차지하였다. 장수왕은 광개토 대왕의 업적을 기리기 위해 광개토 대왕릉비를 세웠다. 이어 남진 정책을 펼쳐 평양으로 천도하고, 백제와 신라를 공격하여 남한강 상류 지역까지 진출하였다.

○ 태학
고구려 소수림왕 때인 372년에 설치한 국립 교육 기관으로 중앙 귀족의 자제들에게 유교 경전과 역사서를 가르쳤을 것으로 짐작된다.

○ 호우명 그릇

경주 호우총에서 발견된 고구려 청동 그릇으로, 밑바닥에서 광개토 대왕의 명칭을 확인할 수 있다. 이를 통해 고구려와 신라의 관계를 짐작할 수 있다.

○ 백제의 도읍지 변천

구분	배경
한성 (한강 유역)	농업 · 철기 문화 발달, 선진 문화 수용에 유리
웅진 (공주)	고구려 장수왕의 공격으로 한강 유역 상실
사비 (부여)	왕권 강화 및 백제의 중흥 도모

○ 충주 고구려비

고구려는 장수왕 이후 충주 지역을 차지하면서 남한강 중상류 유역까지 진출하였다. 이와 관련하여 충주 고구려비에는 고구려와 신라의 관계를 짐작할 수 있는 내용이 있다.

○ 고구려의 독자적 천하관
고구려는 만주와 한반도에 걸치는 광대한 영토를 차지하여 동아시아의 강대국으로 성장하였으며 독자적 연호를 사용하고 중국과 대등하다는 인식을 가졌다.

◐ 담로
백제의 지방 행정 구역으로 중국의 군현과 같은 기능을 가진 것으로 보인다. 왕족 출신의 지방관이 파견되어 효과적으로 지방을 통제하도록 하였던 것으로 추정된다.

◐ 관산성 전투
554년 백제가 신라(진흥왕 15)의 관산성을 공격하다가 성왕이 전사한 전투이다. 이 전투로 나·제 동맹이 완전히 깨졌고, 이후 양국 관계는 백제가 멸망할 때까지 적대 관계가 계속되었다.

◐ 화랑도
화랑을 우두머리로 한 청소년 수련 단체로 교육과 군사 및 사교 단체의 역할을 하였다. 화랑도는 진흥왕 때 국가적 조직으로 개편되었다.

◐ 단양 신라 적성비

진흥왕 때 고구려의 영토였던 남한강 상류 지역의 단양 적성을 차지한 후 세운 비석으로 추정된다.

◐ 관등제와 관복제
관등제는 관리들의 등급을 정한 것으로, 종래의 족장적 성격을 띤 다양한 세력 집단이 왕 아래에 하나의 체계로 조직되어 상하 관계를 이룬 것이다. 관복제는 관리들의 옷을 등급에 따라 구분한 것으로, 이는 관료 체제가 정비되었음을 의미한다.

🌿 공부 꿀팁
삼국의 발전 과정에서 6세기 백제와 신라의 관계 및 신라의 발전 과정 등은 자주 출제되는 자료입니다. 삼국의 발전 내용을 사료를 통해 제시하고 해당 시기에 있었던 사실을 묻는 문제가 자주 출제되니 삼국의 발전 과정을 시기별·국가별로 비교하여 정리해 두세요!

(3) 6세기의 정세

국가	내용
고구려	왕위 계승 과정에서 권력 분쟁 발생 및 정복 활동의 침체, 귀족 연합 정권 체제 형성
백제	• 무령왕: 중국 남조의 양과 교류, 22담로◐에 왕족 파견(지방에 대한 통제 강화) • 성왕: 사비로 천도, 국호 '남부여'로 변경, 중국 남조 및 왜와 교류, 중앙 관청을 22부로 확대 정비, 행정 구역을 5부(수도)·5방(지방)으로 개편, 신라(진흥왕)와 연합하여 고구려 공격(한강 유역 일부를 일시적으로 수복하였으나 신라에 빼앗김) → 관산성 전투◐에서 전사
신라	• 지증왕: 우경 장려, 순장 금지, 국호 '신라' 확정, 왕호를 '마립간'에서 '왕'으로 변경, 우산국 복속, 수도에 동시전 설치 • 법흥왕: 상대등·병부 설치, 율령 반포, 공복 제정, 불교 공인, 골품제 정비, 금관가야 병합, '건원'이라는 연호 사용　신라가 중앙 집권 체제를 정비하는 과정에서 정복 또는 통합된 지역의 족장 세력을 서열화하면서 성립된 신분 제도 • 진흥왕: 화랑도◐를 국가적 조직으로 개편, 불교 교단 정비, 한강 유역 차지, 대가야 정복, 함경도 지역으로 진출(단양 신라 적성비,◐ 4개의 순수비) → 삼국 경쟁의 주도권 장악, 거칠부에게 명하여 『국사』 편찬
가야	• 6세기 초반: 신라와 결혼 동맹으로 백제 견제 • 6세기 중반: 신라의 대외 팽창으로 동맹 파기 → 금관가야 멸망(532), 신라와 백제의 확장으로 가야 남부 지역 상실 → 신라에 의해 대가야 멸망(562), 가야 연맹 완전 해체

시험에 나오는 지문 특강 📖 가야의 성쇠와 6세기 신라의 발전

▲ 가야의 세력 범위

▲ 6세기 신라의 발전

　가야 연맹은 3세기경에 여러 집단의 통합이 이루어지면서 김해 지역의 금관가야가 중심이 되어 연맹 왕국으로 발전하였다(전기 가야 연맹). 그러나 4세기 말에서 5세기 초, 신라의 구원 요청을 받은 고구려군의 공격을 받은 이후 고령의 대가야를 중심으로 재편되었다(후기 가야 연맹). 신라는 6세기 진흥왕 때 한강 유역을 차지하고, 대가야를 병합하는 한편, 고구려를 공격하여 함경도 지방까지 진출하였다.

5. 삼국의 통치 체제

(1) 관등제◐: 각 부의 귀족들과 그 아래의 관리가 왕의 신하로 편제 → 각 부의 부족적 성격이 행정적 성격으로 변화, 왕권의 강화 → 중앙 집권 체제 확립

(2) 삼국의 통치 조직

●6세기 후반 고구려의 국정을 총괄하는 관직 명칭으로 쓰였다.

구분		고구려	백제	신라
관등제		10여 관등	16관등	17관등
수상		대대로(막리지)	상좌평	상대등
행정 구역	수도	5부	5부	6부
	지방	5부	5방, 22담로	5주
귀족 회의		제가 회의	정사암 회의	화백 회의

만장일치제였다

② 고구려의 대외 항쟁과 신라의 삼국 통일

1. 고구려의 대외 항쟁 → 고구려가 중국의 한반도 침략을 저지하였다는 점에서 의미가 크다.

수의 침략	수의 중국 통일 → 고구려는 북쪽의 돌궐, 남쪽의 백제·왜와 연결하는 연합 세력 구축 → 수 문제와 양제의 고구려 침략 → 을지문덕의 살수 대첩(612) 승리
당의 침략	당 건국 → 고구려는 천리장성을 쌓고 방어 체제를 강화 → 당 태종의 침략 → 안시성 싸움(645)에서 당군 격퇴

2. 신라의 삼국 통일

(1) 백제와 고구려의 멸망

백제의 멸망	• 나·당 연합군의 공격: 대야성 전투(642) 이후 김춘추의 외교 활동으로 신라와 당이 연합 → 사비성 함락으로 백제 멸망(660) ● 의자왕이 보낸 백제군이 신라의 대야성 함락 • 백제 부흥 운동: 복신, 흑치상지, 도침은 왕자 풍을 왕으로 추대 → 주류성과 임존성을 거점으로 저항 → 왜의 지원군이 백강 전투에서 패배(663)
고구려의 멸망	• 고구려의 국력 쇠퇴: 수·당 전쟁으로 국력 소모, 연개소문이 죽은 후 지배층의 권력 쟁탈전 • 고구려의 멸망(668): 나·당 연합군의 공격으로 평양성 함락 • 고구려 부흥 운동: 검모잠이 안승 추대 → 고구려 유민을 모아 한성(황해도 재령)과 오골성을 근거지로 부흥 운동 전개 → 실패 ● 안승이 검모잠을 죽이고 신라에 투항하였다.

(2) 나·당 전쟁과 신라의 삼국 통일

① 당의 한반도 지배 야욕: 웅진 도독부(옛 백제), 안동 도호부(옛 고구려), 계림 도독부(신라) 설치 → 한반도 전체의 지배권 확보하려 함

② 나·당 전쟁: 신라의 고구려 부흥 운동 세력 후원, 백제 땅에 대한 지배권 장악 → 매소성에서 당의 20만 대군 격파, 기벌포(금강 하구)에서 당의 수군 섬멸 → 평양에 있던 안동 도호부를 요동성으로 축출 → 신라의 삼국 통일(676)   ● 안승을 보덕국왕으로 삼았다.

③ 삼국 통일의 의의와 한계: 삼국의 문화를 융합하여 민족 문화가 발전할 수 있는 기틀 마련, 외세 이용·대동강 이남에 한정된 불완전한 통일이었다는 한계

시험에 나오는 지문 특강 📖 나·당 연합과 나·당 전쟁

진덕 여왕 2년(648) 이찬 김춘추와 그 아들 문왕을 당나라에 파견하였다. 김춘추가 당 태종에게 말하기를 "신의 나라가 대국을 섬긴 지 여러 해가 되었습니다. 그러나 백제는 강성하고 교활하여 침략을 일삼아 왔습니다. …… 만약 폐하께서 군사를 보내 그 흉악한 무리들을 없애지 않는다면, 우리나라 백성들은 모두 포로가 될 것입니다. 육로와 수로를 거쳐 섬기러 오는 일도 다시는 기대할 수 없을 것입니다."라고 하였다.

– 『삼국사기』 –

신라의 삼국 통일 ▶

위 사료는 신라와 당의 연합이 이루어지는 상황을 보여주고 있다. 한강 유역을 빼앗긴 백제가 신라를 거듭 공격했다. 이에 신라는 고구려와 동맹을 꾀했으나, 성공하지 못하자 당과 군사 동맹을 맺고자 하였다. 고구려의 침략에 실패한 당도 신라를 이용하여 한반도를 장악하려는 야욕을 가지고 있어 나·당 연합이 결성되었다. 위 지도는 나·당 전쟁과 신라의 삼국 통일 과정을 보여주고 있다. 당은 백제 옛 땅에 웅진 도독부를, 고구려 옛 땅에 안동 도호부를, 경주에도 계림 도독부를 두고 한반도 전체에 대한 지배권을 확보하고자 하였다. 이에 신라는 고구려 부흥 운동 세력을 후원하는 한편, 매소성과 금강 하구의 기벌포에서 당군을 섬멸하여 당의 세력을 완전히 몰아냈다.

○ 동북아시아 국제 정세(6세기 말~7세기)
6세기 말 수가 중국을 통일하자, 고구려는 북쪽의 돌궐과 연결하고, 남쪽으로 백제, 왜와 연결하는 남북 연합 세력을 구축하였다. 이에 신라는 수·당과 연결하는 동서 연합 세력을 이루어 대응하였다.

○ 천리장성
고구려가 당의 침략에 대비하여 631년에 쌓기 시작하여 647년에 완성한 장성이다. 동북쪽으로는 부여성에서 서남쪽으로는 발해만의 비사성에 이른다.

○ 백강 전투
백강은 지금의 금강 일대를 말한다. 복신 등 백제 부흥군이 왜에 구원병을 요청하자 왜에서는 대규모 함대를 파견하였다. 하지만 백강 전투에서 400여 척의 배가 침몰하면서 백제의 부흥 운동도 실패로 끝났다.

○ 연개소문
천리장성 축조 공사를 감독하면서 요동의 군사력을 장악한 뒤 정변을 일으켜 대막리지에 올랐다. 당은 연개소문의 정변을 구실로 고구려를 침략하였다.

○ 안승과 보덕국
신라 문무왕은 고구려 부흥 운동을 지원하여 안승을 비롯한 고구려 유민들을 옛 백제 땅 금마저(전라북도 익산)에 자리 잡게 하였다. 그리고 나·당 전쟁이 한창이던 674년에 안승을 보덕국왕에 책봉하였다.

🌾 공부 꿀팁
삼국 통일 과정과 고구려·백제의 부흥 운동은 자주 출제되는 자료입니다. 시기별 순서, 부흥 운동의 주요 인물 등을 구분하여 정리해 두세요!

대표 기출 문제 분석 ①

▶ 고구려의 발전

| 40회 4번 기출 |

(가), (나) 사이의 시기에 있었던 사실로 옳은 것은?

> (가) 영락 6년 병신(丙申)에 왕이 친히 군사를 이끌고 백제[百殘]를 토벌하였다. …… 백제가 의(義)에 복종치 않고 감히 나와 싸우니 왕이 크게 노하여 아리수를 건너 정병(精兵)을 보내 그 도성에 육박하였다. …… 이에 백제왕[殘主]이 …… 이제부터 영구히 고구려왕의 노객(奴客)이 되겠다고 맹세하였다.
>
> (나) 고구려의 대로 제우, 재증걸루, 고이만년 등이 북쪽 성을 공격한지 7일 만에 함락시키고 남쪽 성으로 옮겨 공격하자, 성 안이 위험에 빠지고 개로왕이 도망하여 나갔다. 고구려 장수 재증걸루 등이 왕을 보고 …… 그 죄를 책망하며 포박하여 아차성 아래로 보내 죽였다.

① 의자왕이 대야성을 함락하였다.
② 미천왕이 서안평을 점령하였다.
③ 동성왕이 나·제 동맹을 강화하였다.
④ 성왕이 한강 하류 지역을 수복하였다.
⑤ 장수왕이 국내성에서 평양으로 천도하였다.

◀ 문제 분석 ▶

제시된 자료에서 '영락 6년', '백제[百殘]를 토벌', '아리수를 건너 정병(精兵)을 보내', '백제왕[殘主]이', '고구려왕의 노객(奴客)이 되겠다고 맹세' 등을 통해 (가)는 396년 고구려 광개토 대왕이 백제의 한강 유역을 공격한 내용임을 알 수 있다. '고구려의', '남쪽 성을 공격하자', '개로왕이 도망', '고구려 장수', '아차산 아래로 보내 죽였다.' 등을 통해 (나)는 475년 고구려 장수왕이 백제의 수도 한성을 공격하여 백제의 개로왕을 죽인 내용임을 알 수 있다.
⑤ 고구려 광개토 대왕의 뒤를 이은 장수왕은 427년에 평양으로 천도하여 국내 정세를 안정시켰다.

정답: ⑤

◀ 오답 거르기 ▶

① 백제 의자왕은 642년에 신라를 공격하여 대야성을 비롯한 40여 성을 빼앗았다.
② 고구려 미천왕은 311년에 서안평을 점령하였다.
③ 백제 동성왕은 493년에 신라 이벌찬 비지의 딸을 맞아 혼인함으로써 나·제 동맹이 강화되었다.
④ 백제 성왕은 551년에 신라와 연합하여 고구려의 한강 유역을 공격하였다. 그 결과 백제는 한강 하류의 6군을 회복했고 신라는 한강 상류의 10군을 차지하게 되었다.

📖 닮은 꼴 예상 문제 ●

▶ 정답과 해설 4쪽

(가), (나) 사이의 시기에 있었던 사실로 옳은 것은?

> (가) 신라가 사신을 보내 말하기를, "왜인이 국경에 가득차 성을 부수었으니, 노객(신라왕)은 백성된 자로서 왕에게 귀의하여 분부를 청합니다."라고 하였다. …… 보병과 기병 5만을 보내 신라를 구원하게 하였다.
>
> (나) 신라군이 당군과 함께 평양성을 포위하였다. 고구려왕은 연남산(淵男産) 등을 보내 항복을 요청하였으며, 당군은 보장왕과 왕자 등 20여만 명을 이끌고 당나라로 돌아갔다. 대아찬 등이 이들을 따라갔다.

① 신문왕이 관료전을 지급하였다.
② 장보고가 청해진을 설치하였다.
③ 소수림왕이 불교를 수용하였다.
④ 고이왕이 한강 유역을 장악하였다.
⑤ 장수왕이 광개토 대왕릉비를 건립하였다.

대표 기출 문제 분석 02

► 6세기 신라의 발전

| 44회 3번 기출 |

밑줄 그은 '왕'에 대한 설명으로 옳은 것은?

> 왕 6년 가을 7월에 이찬 이사부가 아뢰기를, "국사(國史)라는 것은 군주와 신하의 선악을 기록하여 만대에 포폄(褒貶)*을 보여주는 것이니 편찬하지 않으면 후대에 무엇을 보이겠습니까?"라고 하였다. 이에 왕이 진실로 그렇다고 여겨서 대아찬 거칠부 등에게 명하여 널리 문사들을 모아서 [이를] 편찬하도록 하였다.
>
> ─ 『삼국사기』 ─

*포폄(褒貶): 칭찬과 비판을 하거나 또는 시비와 선악을 판단하여 결정함

① 백성에게 정전을 지급하였다.
② 국가적인 조직으로 화랑도를 개편하였다.
③ 국학을 설립하여 유학 교육을 실시하였다.
④ 최고 지배자의 칭호를 마립간이라 하였다.
⑤ 지방관 감찰을 위하여 외사정을 파견하였다.

문제 분석

제시된 자료에서 '이사부', '국사(國史)', '거칠부' 등을 통해 밑줄 그은 '왕'이 신라 진흥왕임을 알 수 있다. 신라는 진흥왕 때 거칠부가 『국사』를 편찬하였다. 이러한 역사서의 편찬에는 국력을 과시하고 왕의 권위를 높이려는 의도가 담겨 있었다.
② 화랑도는 신라 원시 사회의 청소년 집단에서 기원하였다. 진흥왕 때 국가 조직으로 공인되어 여성 중심의 원화가 남성 조직으로 확대되었다. 진골 귀족 자제 중에서 선발된 화랑을 지도자로 삼고, 귀족은 물론 평민까지 망라한 많은 낭도로 구성되었다.

정답: ②

오답 거르기

① 정전은 통일 신라의 성덕왕이 백성에 대한 국가의 지배권을 강화하려는 목적에서 지급한 토지이다.
③ 국학은 유학 교육 기관으로 통일 신라 신문왕 때에 세워졌다.
④ 신라는 4세기 내물왕 때에 왕호를 이사금에서 마립간으로 바꾸었다. 이후 6세기에 이르러 지증왕 때 왕호를 마립간에서 '왕'이라는 칭호로 바꾸었다.
⑤ 외사정은 지방관의 비행을 감찰하기 위해 문무왕 때 설치되었다. 9주에 2인씩, 군(郡)에는 각 1인씩 두었다. 중앙 감찰 기구인 사정부의 지시를 받는 관원이었을 것으로 추정하고 있다.

닮은꼴 예상 문제

▶ 정답과 해설 4쪽

다음 정책을 실시한 국왕에 대한 설명으로 옳은 것은?

> 왕 4년, 처음으로 병부를 설치하였다.
> 왕 7년, 율령을 반포하고 처음으로 관리들의 관복을 제정하였다.
> 왕 18년, 이찬 철부를 상대등으로 임명하고 나랏일을 총괄하게 하였다. 상대등이라는 벼슬이 이때 시작되었다.
> 왕 23년, 처음으로 연호를 정해 건원(建元) 원년이라 정하였다.

① 국학을 설립하였다.
② 우산국을 복속하였다.
③ 금관가야를 병합하였다.
④ 웅진에서 사비로 천도하였다.
⑤ 백제의 수도 한성을 함락하였다.

기출 및 예상 문제

01 (가), (나) 사이의 시기에 있었던 사실로 옳은 것은?

> (가) 백제왕이 태자와 함께 정병 3만을 거느리고 고구려의 평양성을 공격하였다. 고구려왕이 이를 맞아 싸우다가 화살을 맞고 전사하였다.
>
> (나) 백제왕이 신라의 관산성을 공격해 왔다. 이에 신라 장수 김무력이 군사를 이끌고 나아가 교전하였는데, 비장인 삼년산군(충북 보은)의 고간 도도가 백제 왕을 죽였다.

① 수가 고구려를 침입하였다.

② 고구려가 평양으로 천도하였다.

③ 신라가 9주 5소경 체제를 정비하였다.

④ 백제가 나·당 연합군의 공격을 받았다.

⑤ 당이 매소성 전투에서 신라에 패하였다.

32회 2번 기출 문제 ●

02 밑줄 그은 '왕'의 업적으로 옳은 것은?

> 고구려가 군사를 동원하여 공격해 왔다. 왕이 이를 듣고 패하(浿河) 강가에 군사를 매복시키고 그들이 오기를 기다려 급히 치니 고구려 군사가 패하였다. 그해 겨울, 왕이 태자와 함께 정병 3만 명을 거느리고 고구려에 침입하여 평양성을 공격하였다. 고구려왕 사유가 힘을 다해 싸우다가 화살에 맞아 사망하였다.
> — 『삼국사기』 —

① 익산에 미륵사를 창건하였다.

② 신라를 공격하여 대야성을 함락시켰다.

③ 동진으로부터 전래된 불교를 수용하였다.

④ 사비로 천도하고 국호를 남부여로 고쳤다.

⑤ 고흥으로 하여금 서기를 편찬하게 하였다.

39회 5번 기출 문제 ●

03 다음 사건이 일어난 이후의 사실로 옳은 것은?

> 왕이 보병과 기병 등 5만 명을 보내 신라를 구원하게 하였다. 고구려군이 남거성을 거쳐 신라성에 이르렀는데, 그곳에 왜적이 가득하였다. 고구려군이 도착하자 왜적이 퇴각하였다.

① 고구려가 옥저를 복속시켰다.

② 백제가 고구려의 평양성을 공격하였다.

③ 가야 연맹이 대가야를 중심으로 재편되었다.

④ 신라 지배자의 칭호가 차차웅으로 바뀌었다.

⑤ 고구려가 대방군을 축출하고 영토를 확장하였다.

38회 7번 기출 문제 ●

04 (가), (나) 사이의 시기에 있었던 사실로 옳은 것은?

> (가) [장수왕] 15년, 평양으로 도읍을 옮겼다.
> — 『삼국사기』 —
>
> (나) 고구려왕 거련이 몸소 군사를 거느리고 백제를 공격하였다. 백제왕 경(慶)이 아들 문주를 [신라에] 보내 구원을 요청하였다. 왕이 군사를 내어 구해 주려 하였으나 미처 도착하기도 전에 백제가 이미 [고구려에] 함락되었고, 경(慶) 역시 피살되었다.
> — 『삼국사기』 —

① 광개토 대왕이 신라에 침입한 왜를 물리쳤다.

② 진흥왕이 화랑도를 국가 조직으로 개편하였다.

③ 소수림왕이 태학을 설립하고 율령을 반포하였다.

④ 개로왕이 고구려를 견제하고자 북위에 국서를 보냈다.

⑤ 근초고왕이 평양성을 공격하여 고국원왕을 전사시켰다.

05 밑줄 그은 '이 왕'에 대한 설명으로 옳은 것은?

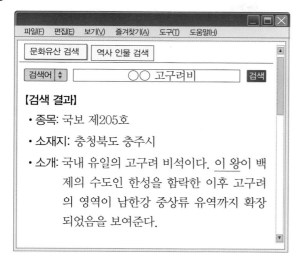

【검색 결과】
- 종목: 국보 제205호
- 소재지: 충청북도 충주시
- 소개: 국내 유일의 고구려 비석이다. 이 왕이 백제의 수도인 한성을 함락한 이후 고구려의 영역이 남한강 중상류 유역까지 확장되었음을 보여준다.

① 평양으로 도읍을 옮겼다.
② 기인 제도를 마련하였다.
③ 22담로에 왕족을 파견하였다.
④ 전진으로부터 불교를 수용하였다.
⑤ 신라를 구원하여 왜를 격퇴하였다.

06 (가), (나) 사이의 시기에 있었던 사실로 옳은 것은?

(가)   (나)

① 백제가 평양을 공격하였다.
② 신라가 우산국을 복속하였다.
③ 고구려가 태학을 설립하였다.
④ 신라와 당이 연합하여 백제를 멸망시켰다.
⑤ 고구려가 당의 침입에 대비해 천리장성을 쌓았다.

44회 6번 기출 문제

07 밑줄 그은 '전투' 이후에 있었던 사실로 옳은 것은?

"생각건대 신라가 우리의 땅을 빼앗아 군현으로 삼아서, [그곳의] 백성들이 가슴 아파하고 원망스러워하며 부모의 나라를 잊은 적이 없습니다. 원컨대 대왕께서는 저를 어리석고 못나다 생각하지 마시고 저에게 군사를 주신다면, 단번에 우리 땅을 반드시 되찾겠습니다."라고 온달이 왕에게 아뢰었다. …… 마침내 온달이 출전하여 신라군과 아단성 아래에서 전투를 하였는데, 날아오는 화살에 맞아 쓰러져 사망하였다.

① 관구검의 공격으로 환도성이 함락되었다.
② 연개소문이 정권을 장악하고 신라를 압박하였다.
③ 미천왕이 서안평을 공격하여 영토를 확장하였다.
④ 태조왕이 옥저를 정복하고 동해안으로 진출하였다.
⑤ 장수왕이 평양으로 천도하고 남진 정책을 본격화하였다.

30회 4번 기출 문제

08 교사의 질문에 대한 학생의 답변으로 옳은 것은?

이 유물은 고령 지산동 32호분에서 출토된 것입니다. 이러한 유물을 만든 나라에 대해서 발표해 보세요.

① 후기 가야 연맹을 주도하였습니다.
② 귀족 합의제인 화백 제도를 운영하였습니다.
③ 지방을 통제하기 위해 22담로를 설치하였습니다.
④ 대가(大加)들이 사자, 조의, 선인을 거느렸습니다.
⑤ 위화부 등 13부를 두고 행정 업무를 분담하였습니다.

기출 및 예상 문제

09 (가), (나) 칭호를 사용했던 시기의 사실로 옳은 것을 〈보기〉에서 고른 것은?

〈신라 왕호의 변천〉

거서간 → 차차웅 → 이사금(가) → 마립간(나) → 왕

┤ 보기 ├
ㄱ. (가) - 백제를 공격하여 한강 유역을 빼앗았다.
ㄴ. (가) - 박, 석, 김의 3성이 교대로 왕위를 차지하였다.
ㄷ. (나) - 백제와 동맹을 맺어 고구려에 맞섰다.
ㄹ. (나) - 불교를 공인하여 왕권 강화를 꾀하였다.

① ㄱ, ㄴ ② ㄱ, ㄷ ③ ㄴ, ㄷ ④ ㄴ, ㄹ ⑤ ㄷ, ㄹ

10 (가)에 들어갈 내용으로 가장 적절한 것은?

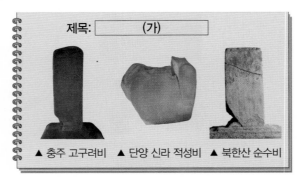

제목: (가)

▲ 충주 고구려비 ▲ 단양 신라 적성비 ▲ 북한산 순수비

① 6세기에 건립된 삼국 시대의 비석
② 진흥왕의 영토 확장과 순수비 건립
③ 삼국 시대 한강 유역을 둘러싼 항쟁
④ 5세기에 만들어진 다양한 형태의 비석
⑤ 고구려의 영향력 아래 있었던 신라 유물

11 (가)에 들어갈 내용으로 적절하지 않은 것은?

한국사 신문 ○○○○년 ○○월 ○○일

중흥을 위해 천도가 단행되다

가상 대담
기자: 국왕 폐하! 웅진에서 사비로 천도하신 것을 축하드립니다.
왕: 고맙소. 백성들이 잘 따라 준 덕분이오.
기자: 앞으로의 계획을 말씀해 주시죠.
왕: (가)

① 나라 이름을 남부여로 고칠 것이오.
② 불교를 공인하여 왕권을 강화시킬 것이오.
③ 신라와 연합하여 한강 유역을 되찾을 것이오.
④ 수도와 지방을 각각 5개로 나누어 다스릴 것이오.
⑤ 중앙에 22개의 관청을 두어 실무를 담당시킬 것이오.

12 다음 자료의 상황이 나타난 시기를 연표에서 옳게 고른 것은?

○ 신기한 계책은 천문에 통달했고
묘한 계략은 땅의 이치를 알았도다.
전투마다 이겨 공이 이미 높았으니
만족한 줄 알고 그만두기를 바라노라.
○ 군사가 반쯤 강을 건너려 할 때 아군이 뒤에서 후군을 공격하자, …… 처음 우문술 등의 구군(九軍)이 요수를 건넜을 때 35만 5,000명이었는데 요동성에 돌아온 것은 단지 2,700명이었다.

	(가)	(나)	(다)	(라)	(마)	
금관가야 멸망	관산성 전투	대야성 전투	안시성 전투	황산벌 전투	기벌포 해전	

① (가) ② (나) ③ (다) ④ (라) ⑤ (마)

13 44회 9번 기출 문제 ◦ 밑줄 그은 '나라'에 대한 설명으로 옳은 것은?

> 김구해가 아내와 세 아들, 즉 큰 아들 노종, 둘째 아들 무덕, 셋째 아들 무력과 함께 나라의 창고에 있던 보물을 가지고 와서 항복하였다. [법흥]왕이 예로써 그들을 우대하여 높은 관등을 주고 본국을 식읍으로 삼도록 하였다.
>
> – 『삼국사기』 –

① 만장일치제로 운영된 화백 회의가 있었다.
② 빈민을 구제하기 위해 진대법을 실시하였다.
③ 박, 석, 김의 3성이 번갈아 왕위를 차지하였다.
④ 시조 김수로왕의 설화가 삼국유사에 전해진다.
⑤ 오경박사, 의박사, 역박사 등을 일본에 파견하였다.

14 42회 8번 기출 문제 ◦ 밑줄 그은 '왕'의 재위 기간에 있었던 사실로 옳은 것은?

> 왕이 장군 윤충을 보내 군사 1만 명을 거느리고 신라의 대야성을 공격하게 하였다. 성주 품석이 처자를 데리고 나와 항복하자 윤충이 그들을 모두 죽이고 품석의 목을 베어 왕도(王都)에 보냈다. 남녀 1천여 명을 사로잡아 서쪽 지방의 주·현에 나누어 살게 하고 군사를 남겨 그 성을 지키게 하였다.
>
> – 『삼국사기』 –

① 익산에 미륵사를 창건하였다.
② 사비로 천도하고 국호를 남부여로 고쳤다.
③ 수와 외교 관계를 맺고 친선을 도모하였다.
④ 평양성을 공격하여 고국원왕을 전사시켰다.
⑤ 계백의 결사대를 보내 신라군에 맞서 싸웠다.

15 44회 7번 기출 문제 ◦ 밑줄 그은 '이 왕'의 재위 시기에 있었던 사실로 옳은 것은?

> 소정방이 당의 내주에서 출발하니, 많은 배가 천리에 이어져 물길을 따라 동쪽으로 내려왔다. …… 무열왕이 태자 법민을 보내 병선 100척을 거느리고 덕물도에서 소정방을 맞이하게 하였다. 소정방이 법민에게 말하기를, "나는 백제의 남쪽에 이르러 대왕의 군대와 만나서 <u>이 왕</u>의 도성을 격파하고자 한다."라고 말하였다.

① 백제가 사비로 천도하였다.
② 백제가 대야성을 점령하였다.
③ 고구려가 낙랑군을 축출하였다.
④ 신라가 매소성에서 당군을 물리쳤다.
⑤ 신라가 안승을 보덕국왕으로 임명하였다.

16 다음 상황이 나타난 시기를 연표에서 옳게 고른 것은?

> 당의 장수가 170척의 전함을 이끌고 백강에 진을 쳤다. …… 백제의 부여 풍과 왜의 장수가 기상을 살피지 않고 "우리가 선제공격을 하면 당군이 물러날 것이다."라고 말하였다. 이후 전열을 가다듬지 않은 채 당군을 공격하였으나, 당군의 포위 공격을 받아 눈 깜짝할 사이에 패하고 말았다. …… 부여 풍은 몇 사람과 배를 타고 고구려로 도망갔다.

612	645	660	668	676	698
(가)	(나)	(다)	(라)	(마)	
살수대첩	안시성 전투	백제 멸망	고구려 멸망	삼국 통일	발해 건국

① (가) ② (나) ③ (다) ④ (라) ⑤ (마)

04 삼국의 경제·사회·문화

① 삼국의 경제

1. 삼국의 경제 정책

(1) 초기: 정복 활동을 통해 토지와 노동력 확보 ➔ 귀족이나 병사에게 전쟁 포로를 노비로 지급, 군 공자에게 토지와 농민을 분배

(2) 수취 체제의 정비: 중앙 집권 체제를 정비하면서 조세 제도 마련

조세	재산의 정도에 따라 호를 나누어 곡물과 포 징수, 지방 특산물을 공물◦ 형태로 징수
노동력 징발	15세 이상의 남자를 왕궁, 성, 저수지 등의 축조에 동원

(3) 농민 경제 안정책: 농업 생산력을 높일 수 있는 시책과 구휼 정책 시행 ➔ 철제 농기구 보급, 소를 이용한 우경 장려, 황무지 개간 권장(경작지 확대), 저수지 축조(가뭄 대비), 흉년 시에 가난한 백성에게 관청의 곡식 대여(고구려의 진대법)
- 4~5세기경부터 점차 보급 → 6세기경 확대
- 고국천왕 때 실시

(4) 산업 정책

수공업	초기에는 기술이 뛰어난 노비가 국가 필요품 생산 ➔ 수공업 제품을 생산하는 관청 설치, 수공업자를 배정하여 물품 생산
상업	• 대도시에 시장 형성 • 신라: 경주에 시장 개설(5세기 말), 6세기 초 지증왕 때 동시전(시장 감독 관청) 설치
무역	• 고구려: 남북조 및 북방 민족과 무역 • 백제: 남중국 및 왜와 무역 • 신라: 고구려·백제를 통해 중국과 무역 ➔ 한강 유역 진출 이후 당항성◦을 통해 중국과 직접 교역

삼국의 경제 활동 ▶

2. 귀족의 경제 생활

(1) 경제 기반: 본래 자신이 소유하였던 토지와 노비, 국가에서 준 녹읍◦·식읍◦·노비 등

(2) 농민 수탈: 귀족 지배하에 있는 농민 동원, 수확물의 착취, 고리대 이용 ➔ 농민의 토지 수탈, 농민을 노비로 만들어 재산 증식

3. 농민의 경제 생활

(1) 경제 기반: 자기 소유의 토지나 부유한 자의 토지를 빌려 경작

(2) 농민의 몰락: 국가와 귀족의 과도한 수취, 자연재해나 고리대 등으로 몰락 가능성 증대

시험에 나오는 지문 특강 📖 **삼국의 수취 제도**

(가) 고구려
　세(인두세)는 포목 5필에 곡식 5섬이다. 조(租)는 상호가 1섬이고, 그 다음이 7말이며, 하호는 5말을 낸다.
(나) 백제
- 세는 포목, 명주실과 삼, 쌀을 내었는데, 풍흉에 따라 차등을 두어 받았다.
- 2월, 한수 북부 사람 가운데 15세 이상 된 자를 징발하여 위례성을 수리하였다.

　(가) 고구려는 인두세로 포목과 곡식을 징수할 때, 재산의 정도에 따라 상·중·하의 세 등급으로 호를 나누어 징수하였다. (나) 백제는 풍흉의 정도에 따라 차등있게 조세를 징수하였음을 알 수 있다. 또한 백제에서 노동력을 동원할 때는 15세 이상의 남자를 대상으로 하였음을 알 수 있다.

- 삼국의 경제(농업 생산력 증대를 통해 경제 성장 추구), 수취 제도
- 삼국 시대의 신분제 및 귀족 사회의 특징
- 삼국의 학문과 종교(불교) 및 문화유산

◦ **공물**
지방의 토산물을 현물로 내는 조세 제도로, 삼국 시대에는 주로 베나 비단과 같은 직물과 과실류를 바쳤을 것으로 추정된다.

◦ **당항성**
지금의 경기도 화성에 있는 삼국 시대의 산성. 신라 진흥왕이 한강 유역을 장악하면서 이곳을 통해 중국과 직접 교역하였다.

◦ **녹읍**
국가에서 관료 귀족에게 지급한 일정 지역의 토지로서, 조세를 수취할 뿐만 아니라 그 토지에 딸린 노동력을 징발할 수 있었다. 689년(신문왕 9) 왕권 강화책으로 귀족 세력을 억압하기 위하여 녹읍을 폐지하였으나, 귀족의 반발로 757년(경덕왕 16)에 다시 부활하였다.

◦ **식읍**
국가가 왕족·공신 등에게 나누어 준 일정 지역의 토지와 가호로서, 조세와 공물을 수취하고 노동력을 징발할 수 있었다.

🌿 **공부 꿀팁**
신라의 시장, 삼국의 무역과 교역 관계 등이 종종 출제되었습니다. 이와 관련하여 국가나 시기를 묻는 문제에 혼동하기 쉬운 선지를 제시하는 경우가 있으니 잘 정리해 두어야 합니다.

2 삼국의 사회

1. 신분제 사회의 성립 → 개인의 능력이 아니라 그가 속한 친족의 사회적 위치에 따라 결정

(1) 사회 계층과 신분 제도
  ① 성립: 여러 부족이 통합되는 과정에서 지배층 간의 위계 서열 마련 → 신분 제도로 발전
  농업에 종사하는 평민을 말한다.
  ② 부여, 초기 고구려의 신분: 가(대가)⃝ – 호민 – 하호 – 노비(천민층)
  ③ 삼국 시대: 귀족, 평민, 천민의 신분 제도 성립 → 읍락의 중간 지배층으로 가(대가)의 하호 지배를 보조하는 역할을 하였다.

(2) 각 신분의 특징

귀족	왕족을 비롯한 옛 부족장 세력 – 정치권력과 사회·경제적 특권 소유
평민	대부분이 농민 – 자유민, 조세 납부, 노동력 징발의 대상(군역, 요역 부담)
천민	대부분이 노비 – 전쟁 노비, 형벌 노비, 부채 노비 등 → 통일 신라 이후 전쟁 노비 점차 소멸

2. 삼국 사회의 모습

(1) 고구려의 사회 모습
  ① 자연환경: 산간 지역, 식량 부족 → 대외 정복 활동 활발, 씩씩한 기풍
  ② 법률: 매우 엄격한 형벌 → 통치 질서와 사회 기강 유지
  ③ 지배층: 왕족 고씨, 5부 출신의 귀족 → 스스로 무장하여 전쟁 참가
  ④ 혼인 풍습: 형사취수제, 서옥제

(2) 백제의 사회 모습
  무예와 용맹을 숭상하는 것
  ① 특징: 언어, 풍속, 의복, 상무적 기풍, 엄격한 형법 등이 고구려와 비슷, 일찍부터 중국과 교류
  ② 지배층: 왕족 부여씨와 8성의 귀족, 독서 즐김, 한문에 능숙

(3) 신라의 골품 제도와 화랑도
  화백 회의, 화랑도
  ① 특징: 고구려, 백제에 비해 중앙 집권화가 늦음 → 초기 전통을 오랫동안 유지
  ② 화백 회의⃝: 귀족 합의제, 귀족 단결 강화, 국왕과 귀족 간의 권력 조절 기능(왕권 견제)
  ③ 골품 제도⃝: 개인의 정치·사회 활동의 범위 및 일상생활 제한, 골품에 따라 관등 승진 제한
  ④ 화랑도: 원시 사회의 청소년 집단에서 기원

구성	화랑(귀족)과 낭도(귀족, 평민) → 계층 간의 대립과 갈등을 조절·완화
활동	제천 의식, 사냥과 전쟁 교육 → 전통적 사회 규범과 협동·단결 정신 습득, 심신 연마
확대	진흥왕 때 국가 차원에서 조직 확대, 원광의 세속 5계⃝(화랑도의 행동 규범 제시)

시험에 나오는 지문 특강 📖 신라의 화랑도

> 진흥왕 37년 봄에 처음으로 원화를 받들었다. …… 두 여자는 차츰 아름다움을 다투어 서로 질투하게 되었고 …… 그 후 다시 아름다운 남자들을 뽑아서 …… 이를 받들게 하였는데 그 무리들이 구름같이 모여들었다. 가무를 즐기면서 산수를 유람하는데 찾지 않은 곳이 없었다. 이로 인하여 인간의 옳고 그름을 알게 되고 그 중에서 훌륭한 사람을 선발하여 조정에 추천하게 되었다. …… 최치원의 「난랑비서(鸞郞碑序)」에는 "우리나라에 현묘한 도가 있으니 이를 풍류라 이른다. 그 가르침의 기원은 이전 역사서에 자세히 실려 있다. 이는 실로 3교를 포함하여 여러 사람을 가르친다. 집에 들어오면 효도하고 나가면 나라에 충성하는 것은 공자의 가르침이며, 하였다고 자랑함이 없는 일을 하고 말없는 가르침을 행하는 것은 노자의 가르침이며, 모든 나쁜 일을 하지 않고 착한 일만을 행하는 것은 석가의 가르침 그대로이다."라고 하였다.
> – 「삼국사기」 –

> 자료를 통해 화랑도가 진흥왕 때 국가 차원에서 조직이 확대되는 것을 알 수 있으며, 인재를 양성하는 기능을 하였음을 알 수 있다. 최치원의 「난랑비서」에서 화랑도의 기본 사상이 유교, 도교, 불교를 종합한 것임을 알 수 있다

⃝ 가(대가)
호민을 통해 읍락을 지배하는 지배층으로 자신의 관리와 군사력을 지니고 정치에 참가하였다. 중앙 집권화 과정에서 귀족으로 편제되었다.

⃝ 화백 회의
상대등이 주관하던 신라의 귀족 회의체로 만장일치제로 운영되었으며, 이곳에서 국왕을 폐위시키거나 새로운 국왕을 추대하기도 하여 왕권을 견제하는 역할을 하였다.

⃝ 골품 제도

골품제는 신라 귀족의 배타적 신분 제도였다. 신분에 따라 개인의 정치적·사회적 활동의 범위가 제한되었으며, 일상생활까지 규제하는 기준이 되었다.

⃝ 세속 5계
'사군이충'과 '사친이효'에서 충과 효의 이념을 제시하였고, '교우이신'에서는 벗들 간의 신의를 강조하였다. 그리고 삼국 간의 대립과 전쟁이 빈번했던 시대적 상황에 따라 '임전무퇴'를 중시하였고, 불교적 정신인 '살생유택'을 제시하였다.

🍂 공부 꿀팁
고구려, 백제, 신라 각국의 사회적 특징을 구분하여 비교하는 문제가 자주 출제되고 있습니다. 특히 법률과 풍습을 중심으로 삼국을 비교해서 정리해 두어야 합니다.

임신서기석

신라의 젊은이 두 사람이 맹세한 내용을 기록한 비석으로, 그 내용은 3년 동안 『시경』, 『상서』, 『예기』, 『춘추좌씨전』을 습득하겠다는 것이다.

업설

왕과 귀족의 우월한 지위는 선한 공덕을 많이 쌓은 결과라는 해석을 통해 왕의 권위와 귀족의 특권을 정당화하였다.

미륵불 신앙

석가모니에 이어 중생을 구제할 미래의 부처인 미륵을 믿는 신앙이다.

사신도

사방의 별자리를 상징적인 동물상으로 나타낸 것으로 동쪽에는 청룡을, 서쪽에는 백호를, 남쪽에는 봉황과 비슷하게 생긴 주작을, 북쪽에는 뱀이 거북을 감고 있는 현무를 그렸다. 주로 무덤의 동서남북을 수호하고 귀신을 물리치는 것을 목적으로 장식하였다.

칠지도

4세기 후반 백제에서 제작하여 일본에 보낸 칼로 추정되며, 당시 금속 기술의 발달을 짐작할 수 있다.

천마총에서 출토된 천마도

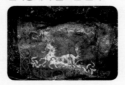

현재 남아 있는 신라의 대표적인 회화 작품으로, 천마총에서 출토된 말의 안장 양쪽에 달아 늘어뜨리는 장니(말다래)에 그려진 말 그림이다.

③ 삼국의 문화

1. 삼국의 학문, 종교, 과학 기술

(1) 학문의 발달

① 교육: 교육 기관 설치(고구려의 태학·경당), 박사 제도 운영(백제), 청소년들에게 유학 교육 실시(신라의 임신서기석) 등

> 태학은 수도에, 경당은 지방에 설치되었다.

② 역사서 편찬: 고구려의 『유기』 100권(작자 미상), 『신집』 5권(영양왕 때 이문진), 백제의 『서기』(근초고왕 때 고흥), 신라의 『국사』(진흥왕 때 거칠부) 등 - 모두 현재 전해지지 않음

> 『유기』 100권을 요약하여 5권으로 편찬하였다.

(2) 불교와 도교

불교	• 시기: 주로 4세기, 중앙 집권 체제의 확립과 지방 세력을 통합하는 시기에 수용 • 역할: 국가 정신 확립, 왕권 강화의 사상적 뒷받침, 선진 문화 수용에 기여 • 신라의 불교: 왕권과 밀착하여 성행(불교식 왕명 사용), 업설·미륵불 신앙 유행
도교	산천 숭배나 신선 사상과 결합, 귀족 사회 중심으로 발달 → 백제(산수무늬 벽돌, 백제 금동 대향로), 고구려(사신도)

시험에 나오는 지문 특강 📖 삼국 시대 도교의 전래

  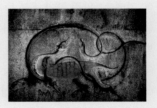

백제 산수무늬 벽돌	백제 금동 대향로	고구려 강서대묘의 벽화 사신도 중 현무

> 삼국에는 도교가 전래되어 산천 숭배나 신선 사상과 결합하여 귀족 사회를 중심으로 환영을 받았다. 도교적인 예술품들은 주로 자연과 신선들의 이상 세계를 표현하였으며, 도교의 방위신으로 그린 사신도는 죽은 자의 사후 세계를 지켜 주리라는 믿음을 표현하고 있다.

(3) 과학 기술

천문학	농경과 밀접, 왕의 권위를 하늘과 연결 → 고구려의 천문도·고분 벽화의 별자리, 신라의 첨성대, 『삼국사기』의 매우 정확한 관측 기록(일식·월식, 혜성의 출현, 기상 이변)
수학	고분과 탑 건축에 정밀한 수학적 지식 이용
금속 기술	고구려(철의 제련으로 무기·도구 등 제작), 백제(칠지도, 백제 금동 대향로), 신라(금 세공 기술 발달 → 금관 제작)

2. 삼국의 문화유산

(1) 건축: 궁궐, 사찰 등의 터 잔존 → 안학궁터(고구려), 미륵사지(백제), 황룡사지(신라) 등

(2) 고분

> 돌로 쌓아 만든 무덤으로, 청동기 시대부터 삼국 시대까지 만들어졌다.

고구려	돌무지무덤(초기, 장군총) → 굴식 돌방무덤(시신을 모신 돌방에 다양한 벽화 존재, 안악3호분, 강서대묘, 무용총 등)
백제	• 한성 시기: 계단식 돌무지무덤(석촌동 고분 등) • 웅진 시기: 굴식 돌방무덤(송산리 고분군), 벽돌무덤(중국 남조의 영향, 무령왕릉) • 사비 시기: 굴식 돌방무덤(능산리 고분군)
신라	돌무지덧널무덤 축조, 거대한 규모, 구조상 도굴이 어려워 많은 껴묻거리 출토(황남대총, 천마총 등)

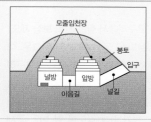

고구려 굴식 돌방무덤의 구조

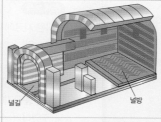

백제 벽돌무덤의 구조

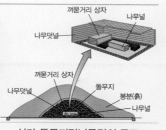

신라 돌무지덧널무덤의 구조

굴식 돌방무덤은 돌로 널길과 널방을 짜고 그 위에 흙을 덮어 봉분을 만든 무덤으로, 널방의 벽과 천장에 벽화를 그리기도 하였다. 고구려 굴식 돌방무덤에는 모줄임천장● 구조가 사용되기도 하였다. 벽돌무덤은 널방을 벽돌로 쌓은 백제 무덤으로 중국 남조의 영향을 받았다(무령왕릉●이 대표적). 돌무지덧널무덤은 나무로 덧널을 짜고 그 위에 돌을 쌓은 뒤 흙으로 봉분을 쌓는 무덤이다. 구조상 도굴이 어려워 껴묻거리가 많이 남아 있다. 벽화는 그릴 수 없다.

(3) **탑과 불상**

구분	탑			불상
고구려	• 현재 전하는 탑 없음 • 목탑 축조 추정			금동 연가 7년명 여래 입상
백제	익산 미륵사지 석탑	부여 정림사지 5층 석탑 ●1층 탑신부에는 당의 소정방이 쓴 시가 새겨져 있다.	서산 용현리 마애여래 삼존상	금동 미륵보살 반가 사유상 (일본 고류사의 목조 미륵보살 반가 사유상에 영향을 줌)
신라	경주 분황사 모전 석탑	황룡사 9층 목탑(모형)	경주 배동 석조 여래 삼존 입상	

3. **삼국의 문화 교류**●

백제의 아비지가 신라의 황룡사 9층 목탑 건축

(1) **삼국 간의 문화 교류**: 경쟁 구도에서도 삼국은 언어적 동질성을 기반으로 서로 문화를 교류함

(2) **일본으로의 문화 전파**: 선진 문물 전파로 아스카 문화 발전에 영향

  ① **백제**: 일본과 가장 밀접, 아직기(한자), 왕인(천자문, 논어), 노리사치계(불상, 불경) ➡ 호류사의 백제 관음상 제작, 백제 가람 양식

  ② **고구려**: 담징(종이와 먹의 제조법, 호류사 금당 벽화를 그렸다고 전함), 혜자(쇼토쿠 태자의 스승), 혜관(불교 전파), 다카마쓰 고분 벽화(고구려의 수산리 고분 벽화와 유사)

  ③ **신라**: 조선술과 축제술 전파 ➡ '한인의 연못' 축조에 영향

  ④ **가야**: 철제 도구 전래, 토기 제작 기술 전래(일본 스에키 제작에 영향)

◉ **모줄임천장**

모줄임천장은 고구려 굴식 돌방 무덤에서 볼 수 있는 양식으로, 사각의 천장 네 모서리에 세모의 굄돌을 올려 반복해서 모를 줄여 가며 천장을 완성하는 구조이다. 완성된 천장을 올려보면 사각형과 마름모가 나타난다.

◉ **무령왕릉**

중국 남조의 영향을 받아 연꽃 등 우아하고 화려한 백제 특유의 무늬를 새긴 벽돌로 무덤 내부를 쌓았다. 무덤의 주인공을 알려 주는 지석이 발견되어 연대를 확실히 알 수 있다.

◉ **삼국 · 가야와 서역의 교류**

고구려 고분 벽화에 서역인이 등장하였고, 서역의 궁전 벽화(아프라시아브 궁전 벽화)에 고구려 사신(추정)이 그려져 있다. 또한 신라의 돌무지덧널무덤에서 서역의 유리그릇, 금제 장식 보검 등이 발견되었다. 가야의 무덤에서는 유라시아 지역에서 사용된 청동솥이 출토되었다.

🌸 **공부 꿀팁**

삼국의 고분, 탑, 불상은 자주 출제되는 주제입니다. 또한 각 유물의 발굴과 관련한 이야기를 소재로 해당 유물을 파악하는 문제도 자주 출제되니 나라별로 그 특징을 파악해 두어야 합니다.

고구려의 사회 보장 제도

| 39회 4번 기출 |

밑줄 그은 '대책'으로 옳은 것은?

역사와 오늘

고구려에서 찾은 사회 보장 제도

사회 보장 제도란 빈곤, 질병 등 사회적 위험으로부터 국민을 보호하기 위한 국가의 조직적 행정을 말한다. 전통 사회의 구휼 정책도 그 범주에 넣을 수 있는데, 고구려에서도 유사한 사례를 찾을 수 있다. 삼국사기에 따르면, 사냥을 나갔던 고국천왕이 길에서 슬피 우는 사람을 만나 그 연유를 물었더니, "가난하여 품을 팔며 어머니를 간신히 모셨는데, 올해는 흉년이 극심해 품을 팔 곳도 찾을 수 없고 곡식을 구하기도 어려워 어찌 어머니를 봉양할까 걱정되어 울고 있습니다."라고 답하였다. 왕이 그를 불쌍히 여겨 위로하고, 재상 을파소와 논의하여 대책을 마련하였다.

---

① 진대법을 실시하여 빈민을 구제하였다.
② 상평창을 설치하여 물가를 조절하였다.
③ 구황촬요를 간행하여 기근에 대비하였다.
④ 구제도감을 설립하여 백성을 구호하였다.
⑤ 혜민국을 마련하여 병자에게 약을 지급하였다.

문제 분석

제시된 자료에서 '고구려에서 찾은 사회 보장 제도', '고국천왕', '재상 을파소' 등을 통해 밑줄 그은 '대책'이 진대법임을 추론할 수 있다. 진대법은 고구려 고국천왕 때 재상 을파소의 건의로 실시되었다. 흉년이나 춘궁기(봄)에 국가가 농민에게 양식을 대여해 주었다가 수확기(가을)에 갚도록 한 빈민 구제 제도이다.

① 2세기 고구려의 고국천왕은 먹을거리가 부족한 봄에 곡식을 빌려주었다가 가을에 추수한 것으로 갚도록 하는 진대법을 실시하였다. 이는 가난한 농민을 구제하여 국가 재정과 국방력을 유지하고, 귀족 세력이 커지는 것을 막는 기능을 하였다.

정답: ①

오답 거르기

② 고려 성종은 12목에 상평창을 설치해 물가 조절의 기능을 맡게 하였다.
③ 조선 명종 때 『구황촬요』 등을 간행·보급하여, 기아로 죽어가는 사람을 살리는 법이나 도토리, 나무껍질, 솔잎, 콩잎, 칡 등의 식물을 구하고 조리하는 법 등을 소개하였다.
④ 고려 예종은 1109년에 구제도감을 설치하여 질병에 걸린 환자를 치료하고 죽은 사람을 매장하는 일을 맡아보게 하였다.
⑤ 고려 예종은 1112년에 백성의 질병을 고치기 위해 혜민국을 설치하였다.

닮은 꼴 예상 문제

▶ 정답과 해설 6~7쪽

(가)에 들어갈 내용으로 가장 적절한 것은?

겨울 10월에 왕이 질양에서 사냥하실 때 길가에서 어떤 사람이 앉아 우는 것을 보고 어째서 우느냐고 물었다. 대답하되 "신은 가난하여 품팔이로 어머니를 봉양하였는데, 올해는 흉년이 들어 품팔이를 할 수 없고 한 되, 한 말의 양식도 얻어 쓸 수 없어 웁니다."라고 하였다. 왕이 말하기를 "아! 내가 백성의 부모가 되어 백성을 이러한 극한 지경에 이르게 하니 나의 죄다."하고 의복과 먹을 것을 주어 살아가게 하였다. 또한 (을파소 등) 관리에게 명하여 ⬚ (가) ⬚

---

① 흑창을 운영하였다.
② 순장을 금지하였다.
③ 진대법을 마련하였다.
④ 경주에 동시전을 설치하였다.
⑤ 지방의 22담로에 왕족을 파견하였다.

대표 기출 문제 분석 02

삼국의 학문, 종교, 과학 기술

| 45회 5번 기출 |

다음 기획전에 전시될 문화유산으로 적절한 것을 〈보기〉에서 고른 것은?

특별 기획전

**문화유산을 통해 보는
백제의 도교 문화**

도교는 삼국 시대에 전래되어 우리나라 문화에 많은 영향을 주었습니다. 우리 △△박물관에서는 백제의 도교 문화를 살펴볼 수 있는 특별 기획전을 마련하였습니다. 많은 관람 바랍니다.

- 기간: 2019년 ○○월 ○○일~○○월 ○○일
- 장소: △△박물관 기획 전시실

┤ 보기 ├

ㄱ.

ㄴ.

ㄷ.

ㄹ.

① ㄱ, ㄴ　　② ㄱ, ㄷ　　③ ㄴ, ㄷ　　④ ㄴ, ㄹ　　⑤ ㄷ, ㄹ

문제 분석

제시된 자료를 통해 백제의 도교 문화와 관련된 문화유산을 고르는 문항임을 알 수 있다. 삼국 시대에는 불교뿐 아니라 도교도 전래되어 귀족 사회에 널리 퍼졌다. 도교는 산천 숭배나 신선 사상과 결합하여 불로장생과 현세구복을 추구하였다. 백제의 산수무늬 벽돌과 백제 금동 대향로에는 도교의 이상 세계가 표현되어 있다.
ㄴ. 백제의 산수무늬 벽돌이다.
ㄹ. 백제 금동 대향로이다.

정답: ④

오답 거르기

ㄱ. 가야 철제 갑옷이다. 가야에서는 철이 많이 생산되어 철제 갑옷을 제작하고 화폐처럼 사용하기도 하였고, 낙랑군 · 왜 등으로 수출하였다.
ㄷ. 고구려의 불상인 금동 연가 7년명 여래 입상이다.

닮은 꼴 예상 문제 •

▶ 정답과 해설 6~7쪽

다음 자료를 모두 활용한 수업 주제로 가장 적절한 것은?

  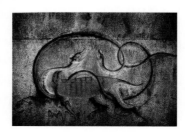

① 불교의 전래
② 호족 세력의 성장
③ 도교의 수용과 확산
④ 몽골 침입기 대몽 항쟁
⑤ 성리학적 생활 규범의 정착

33회 4번 기출 문제

01 다음 연보에 해당하는 왕의 업적으로 옳은 것은?

- 500년 즉위
- 502년 순장을 금지하고 우경(牛耕)을 장려
- 503년 신하들의 건의를 받아들여 국호를 '신라'로 확정하고 '왕'이라는 칭호 사용
- 505년 이사부를 실직주의 군주로 삼음

① 유학 교육을 위해 국학을 설립하였다.
② 건원이라는 독자적인 연호를 사용하였다.
③ 인재를 등용하고자 독서삼품과를 시행하였다.
④ 시장을 관리하는 관청인 동시전을 설치하였다.
⑤ 자장의 건의로 황룡사 구층 목탑을 건립하였다.

02 다음 자료를 바탕으로 삼국의 경제를 추론한 내용으로 적절한 것을 〈보기〉에서 고른 것은?

- 세(인두세)는 포목 5필에 곡식 5섬이다. 조(租)는 상호가 1섬이고, 그 다음이 7말이며, 하호는 5말을 낸다.   – 『수서』 –
- 세는 포목, 명주실과 삼, 쌀을 내었는데, 풍흉에 따라 차등을 두어 받았다.   – 『주서』 –
- 2월, 한수 북부 사람 가운데 15세 이상 된 자를 징발하여 위례성을 수리하였다.   – 『삼국사기』 –

┤ 보기 ├
ㄱ. 공물에서 방납의 폐단이 심하였다.
ㄴ. 자연재해가 있을 경우 세금을 줄여 주었다.
ㄷ. 재산 소유 정도에 따라 차등을 두어 세금을 거두었다.
ㄹ. 소의 거주민은 군현민에 비해 더 많은 세금 부담을 졌다.

① ㄱ, ㄴ   ② ㄱ, ㄷ   ③ ㄴ, ㄷ
④ ㄴ, ㄹ   ⑤ ㄷ, ㄹ

28회 8번 기출 문제

03 (가) 단체에 대한 설명으로 옳은 것은?

역사 용어 사전

__(가)__

국선도, 풍월도라고도 한다. 명산대천을 돌아다니며 도의를 연마하였고, 무예를 수련하여 유사시 전투에 참여하였다. 원광이 제시한 '세속 5계'를 행동 규범으로 삼았으며, 신라가 삼국을 통일하는 데 크게 기여하였다.

① 경당에서 글과 활쏘기를 배웠다.
② 진흥왕 때 국가적인 조직으로 정비되었다.
③ 박사와 조교를 두어 유교 경전을 가르쳤다.
④ 정사암에 모여 국가의 중대사를 결정하였다.
⑤ 귀족들로 구성되어 만장일치제로 운영되었다.

04 밑줄 그은 '이 나라'에 대한 설명으로 옳은 것은?

왼쪽의 그림은 「양직공도」 중에서 중국 남조의 양나라에 파견된 이 나라 사신의 모습입니다.

① 혼인 풍습으로 민며느리제가 있었다.
② 변한 지역의 구야국에서 출발하였다.
③ 동시전을 두어 시장을 감독하게 하였다.
④ 왕족인 부여씨와 8성이 지배층을 이루었다.
⑤ 도둑질한 자는 물건값의 12배를 배상하게 하였다.

05 (가) 제도에 대한 설명으로 옳은 것은?

설계두는 신라 귀족 가문의 자손이다. 일찍이 가까운 친구 4명과 함께 모여 술을 마시면서 각자 자신의 뜻을 말하였다. 설계두가 이르기를, "신라에서는 사람을 등용하는 데 　(가)　을/를 따져서 진실로 그 족속이 아니면 비록 큰 재주와 뛰어난 공이 있더라도 [그 한도를] 넘을 수가 없다. 나는 원컨대, 중국으로 가서 세상에서 보기 드문 지략을 떨쳐서 특별한 공을 세우고 싶다. 그리고 영광스러운 관직에 올라 고관대작의 옷을 갖추어 입고 천자의 곁에 출입하면 만족하겠다."라고 하였다.

① 진대법이 실시되는 배경이 되었다.
② 원성왕이 인재 등용 제도로 제정하였다.
③ 후주 출신인 쌍기의 건의로 실시되었다.
④ 권문세족에 대한 견제를 목적으로 시행되었다.
⑤ 집과 수레의 크기 등 일상생활까지 규제하였다.

06 (가), (나) 제도에 대한 설명으로 옳지 않은 것은?

(가) 진덕 여왕 때 알천공, 유신공 등이 남산에 모여 국사를 논의할 때 …… 여러 사람들은 유신의 위세에 복종하였다. …… 네 군데 신성한 장소가 있어 장차 큰 일을 의논할 때는 대신들이 반드시 그곳에 모여 도모하면 성사되었다.
(나) 일찍이 왕과 신하들이 인물을 알아볼 방법이 없어서 걱정하다가 무리들이 함께 모여서 놀게 하고 그 행동을 살펴본 후에 발탁해서 쓰려고 하였다. …… 아름다운 남자들을 뽑아서 단장하고 화랑(花郎)이라 이름하여 받들게 하였는데 무리들이 구름같이 모여들었다.

① (가) - 국왕의 추대와 폐위에 영향력을 끼쳤다.
② (가) - 정사암에서 귀족들이 국가의 중대사를 결정하였다.
③ (나) - 원광의 세속 5계를 규범으로 삼았다.
④ (나) - 진흥왕 때 국가 차원에서 조직이 확대되었다.
⑤ (가), (나) - 신라 사회에서 마련되었다.

07 (가)에 들어갈 내용으로 가장 적절한 것은?

〈한국사 수행 평가 계획서〉
1. 과제: 역사 신문 만들기
2. 주제: 삼국의 사회·경제 생활
3. 시기: 삼국 시대
4. 기사 제목
 • 고구려 관련 지면: 진대법, 농민 구휼책으로 마련되다
 • 백제 관련 지면: 바둑과 장기, 지배층 사이에서 유행하다
 • 신라 관련 지면: 　(가)　

① 경종, 전시과 제도를 마련하다
② 골품제, 진골 귀족의 특권을 보장하다
③ 서옥제, 지배층의 혼인 풍속으로 자리잡다
④ 벽돌무덤, 중국 남조의 고분 양식이 도입되다
⑤ 농사직설, 우리 실정에 알맞은 농서가 편찬되다

08 다음 자료를 통해 알 수 있는 사실로 옳은 것은?

임신년 6월 16일 두 사람이 함께 맹서하여 쓴다. 하늘 앞에 맹서하노니, 지금부터 3년 이후에 충(忠)과 도(道)를 체득하고 과실이 없기를 맹서한다. 만약 이 일을 그르치면 하늘로부터 큰 죄를 얻을 것을 맹서한다. …… 또 따로 이보다 앞서 신미년 7월 22일 크게 맹서하였는데, 『시경』·『상서』·『예기』·『춘추전』을 차례로 습득하기를 맹서하되 3년으로 하였다.
－ 임신서기석 －

① 신라 청소년들이 유교 경전을 공부하였다.
② 고구려는 유교 교육 기관인 태학을 설립하였다.
③ 백제는 오경박사를 두어 유교 경전을 가르쳤다.
④ 발해는 주자감이라는 최고 교육 기관을 설치하였다.
⑤ 신라에서 관리 등용을 위한 독서삼품과가 마련되었다.

09 다음 고분에 대한 탐구 활동으로 가장 적절한 것은?

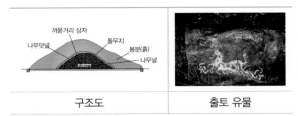

구조도	출토 유물

① 신라 돌무지덧널무덤의 구조를 알아본다.
② 널방의 벽과 천장에 벽화가 그려진 배경을 알아본다.
③ 중국 남조의 영향을 받아 만들어진 무덤을 찾아본다.
④ 무덤의 둘레돌에 조각된 12지 신상의 의미를 분석한다.
⑤ 백제 초기 무덤과 고구려 초기 무덤의 유사성을 파악한다.

43회 3번 기출 문제

10 (가) 국가의 문화유산으로 옳은 것은?

○○신문

제△△호 　　　　　　　　○○○○년 ○○월 ○○일

고분 벽화 특별전 개최

　○○ 박물관에서는 ' (가) ' 고분 벽화 특별전'을 개최한다. 이번 특별전에서는 북한의 예술들이 모사한 강서대묘 사신도, 무용총 수렵도 등의 고분 벽화 수십 점이 전시된다. 또한 안악 3호분 등 (가) 의 무덤 양식인 굴식 돌방무덤의 실물 모형도 함께 전시된다.

사신도(현무)

38회 5번 기출 문제

11 (가), (나) 무덤 양식에 대한 설명으로 옳은 것은?

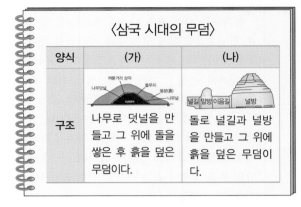

〈삼국 시대의 무덤〉

양식	(가)	(나)
구조	나무로 덧널을 만들고 그 위에 돌을 쌓은 후 흙을 덮은 무덤이다.	돌로 널길과 널방을 만들고 그 위에 흙을 덮은 무덤이다.

① (가) – 모줄임천장 구조로 되어 있다.
② (가) – 무덤의 둘레돌에 12지 신상을 새겼다.
③ (나) – 대표적인 무덤으로 황남대총이 있다.
④ (나) – 내부의 천장과 벽에 그림을 그리기도 하였다.
⑤ (가), (나) – 중국 남조의 영향을 받아 만들어졌다.

39회 11번 기출 문제

12 (가)에 들어갈 문화유산으로 옳은 것은?

문화유산 카드

(가)

● 종목: 국보 제84호
● 소재지: 충청남도 서산시
● 소개: 이 석불은 6세기 말에서 7세기 초, 서산 일대에서 부여로 가는 길목에 조성된 것으로 '백제의 미소'로 널리 알려져 있다. 연꽃잎을 새긴 대좌 위와 여래상은 전체 얼굴 윤곽이 둥글고 풍만하여 백제 불상 특유의 자비로운 인상을 보여준다.

① ② ③
④ ⑤

13 (가) 나라의 문화유산으로 옳은 것은?

> 왕인 박사는 ＿＿(가)＿＿ 사람으로 일본 고대 문화 형성에 큰 영향을 끼쳤다. 이를 기념하여 우리나라와 일본에서는 왕인 박사의 업적을 기리는 행사가 해마다 열리고 있다.

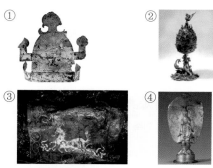

① ②

③ ④

⑤

14 (가), (나) 시기 백제의 상황으로 옳은 것은?

〈백제의 수도 변천〉

수도	(가)	웅진	(나)
주요 문화 유산	석촌동 고분	무령왕릉	정림사지 5층 석탑

① (가) – 마한의 남은 영토를 정복하였다.
② (가) – 박씨, 석씨, 김씨의 3성이 왕위를 차지하였다.
③ (나) – 지방을 9주 5소경 체제로 정비하였다.
④ (나) – 고구려의 침입으로 한강 유역을 빼앗겼다.
⑤ (가), (나) – 귀족에게 녹읍을 하사하였다.

44회 5번 기출 문제 ▸

15 (가)~(마) 문화유산에 대한 설명으로 옳은 것은?

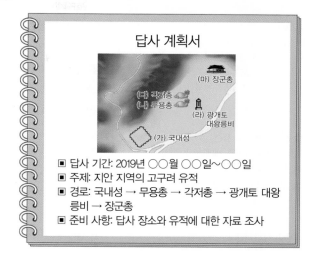

답사 계획서

- 답사 기간: 2019년 ○○월 ○○일~○○일
- 주제: 지안 지역의 고구려 유적
- 경로: 국내성 → 무용총 → 각저총 → 광개토 대왕릉비 → 장군총
- 준비 사항: 답사 장소와 유적에 대한 자료 조사

① (가) – 백제의 공격으로 고국원왕이 전사한 곳이다.
② (나) – 당시 생활상을 담은 수렵도 등의 벽화가 남아 있다.
③ (다) – 돌무지덧널무덤으로 다양한 껴묻거리가 출토되었다.
④ (라) – 김정희의 금석과안록에서 비의 설립 시기가 고증되었다.
⑤ (마) – 벽돌 무덤으로 중국 양나라와의 문화적 교류를 보여 준다.

16 (가)에 들어갈 내용으로 가장 적절한 것은?

수업 주제: ＿＿(가)＿＿

▲ 아프라시아브 궁전 벽화
▲ 황남대총 출토 유리 그릇
◀ 각저총 씨름도

① 가야 문화의 독자성
② 고조선과 한의 대립
③ 남북국 시대의 경제생활
④ 삼국과 서역의 대외 교류
⑤ 한국 고대 문화의 일본 전파

05 남북국의 성립과 발전

출제 포인트

- 통일 신라 신문왕의 정책
- 통일 신라의 중앙 정치 조직과 지방 행정 제도
- 신라 말 사회 혼란
- 발해의 성장과 통치 체제

● 김흠돌의 모역 사건
신문왕이 즉위하던 해에 왕의 장인 김흠돌의 모역 사건이 있었다. 이 사건에 많은 귀족들이 관련되어 있어서 귀족들에 대한 대대적인 숙청이 행해졌고, 이를 계기로 왕권이 강화되었다.

● 집사부 시중
집사부는 왕명을 받들고 기밀 사무를 관장하는 곳이다. 시중은 집사부의 장관으로 경덕왕 때까지는 중시라고 하였으나 그 뒤에 시중으로 바뀌었다.

● 신라의 5소경

5소경은 수도인 금성이 지나치게 동남쪽에 치우쳐 있음으로써 나타나는 지방 통치의 어려움을 보완하기 위해 설치한 것이었다. 아울러 정복한 국가의 귀족들을 강제로 이주시켜 이들을 통제하고, 각 지방의 균형 있는 발전을 꾀하고자 하였다.

● 상수리 제도
지방 세력을 통제하기 위해 지방 세력가나 그 자제를 일정 기간 수도(금성)에 와서 거주하게 한 것으로, 고려 시대의 기인 제도로 계승되었다.

1 통일 신라의 성쇠(신라 중대)

1. 강력한 왕권의 확립
(1) 문무왕: 삼국 통일 완수(고구려 멸망, 나·당 전쟁 승리)
(2) 신문왕: 김흠돌의 모역 사건을 계기로 귀족 세력 숙청, 중앙 정치 기구와 군사 조직 정비, 지방 행정 조직 완비(9주 5소경), 관료전 지급, 녹읍 폐지, 국학 설립(유학 강조)
→ 귀족들의 경제 기반 약화 → 경덕왕 때 귀족들의 요구로 녹읍 부활

2. 통일 신라의 통치 체제

중앙 통치 조직	• 집사부와 시중의 기능 강화, 행정 업무를 분담(위화부를 비롯한 13부) • 사정부(감찰 기구)와 국학(국립 대학) 설치 → 상대등의 세력 약화
지방 행정 제도	• 9주의 행정 기능 강화, 5소경 설치로 지방의 균형 발전을 꾀함 → 중앙 집권 체제로 재정비 • 특수 행정 구역: 향, 부곡 • 중앙 집권 강화: 외사정 파견(지방관 감찰), 상수리 제도(지방 세력 견제)
군사 제도	• 중앙군 9서당: 고구려, 백제, 말갈족까지 포함하여 민족 융합을 꾀함 • 지방군 10정: 9주에 1정씩(한주에는 2정) 배치

2 신라 말의 사회 혼란과 후삼국의 성립(신라 말기)

1. 왕권 약화와 사회 혼란
┌ 최초의 진골 출신 왕이었던 태종 무열왕 이후 무열왕 직계 자손이 왕위 계승
(1) 왕권 약화: 혜공왕 사후 무열왕계 왕실 소멸, 진골 귀족들의 왕위 쟁탈전 가속(지방 세력 가담 – 김헌창의 난, 장보고의 난 등) → 귀족 연합적 정치 운영 → 중앙 정부의 지방 통제력 약화
(2) 농민의 동요: 자연재해, 왕실과 귀족의 사치와 향락 → 강압적 농민 수탈 → 농민 몰락, 농민 봉기
(3) 호족 세력 성장: 중앙 정부의 통제에서 벗어나 성주, 장군을 자처하면서 반독립적인 세력으로 성장 → 지방의 행정권과 군사권 장악
(4) 6두품 세력, 선종 승려: 골품제 비판, 새로운 정치 이념 제시(도당 유학생 출신의 최치원이 시무책 10여조 제시 등) → 은거하거나 호족 세력과 연계하여 사회 개혁 추구

2. 후삼국의 성립

	후백제	후고구려
건국	견훤, 완산주(전주)에 도읍(900)	궁예, 송악(개성)에 도읍(901)
발전	차령산맥 이남의 충청·전라도 지역 차지, 중국과 외교 관계 체결, 신라 압박	국호를 마진(후에 태봉으로 변경)으로 바꾸고 철원으로 도읍을 옮기고 새로운 정치 추구
한계	신라에 적대적, 농민에게 과중한 조세 수취, 호족 세력 포섭에 실패 → 경애왕 죽게 함	전쟁을 치르려고 지나치게 수취, 미륵 신앙 이용, 전제 정치 → 궁예는 신망을 잃어 축출됨

시험에 나오는 지문 특강 📖 신문왕의 개혁

- 원년(681), 소판 김흠돌, 파진찬 흥원, 대아찬 진공 등이 모반하였으므로 이들을 죽였다.
- 2년, 국학을 설립하였다.
- 5년, 완산주를 설치하고 용원을 총관으로 삼았다. …… 청주를 설치하여 9주를 갖추었다.
- 7년, 문무 관료전을 지급하되, 차등을 두었다.
- 9년, 녹읍을 혁파하고 매년 조(租)를 내리되, 차등이 있게 하여 영원한 법식으로 삼았다. – 「삼국사기」 –

> 삼국을 통일한 문무왕의 뒤를 이어 즉위한 신문왕은 김흠돌의 난을 계기로 귀족 세력을 숙청하여 정치 세력을 다시 편성하였다. 이어 9주 5소경 체제로 지방 행정 조직을 완비하였으며, 관리에게 관료전을 지급하고 녹읍을 폐지하였다. 이러한 일련의 개혁 과정을 거치면서 왕권이 강화되었다.

③ 발해의 성쇠

1. 건국과 성장

(1) **건국**: 고구려 장군 출신° 대조영, 고구려 유민과 말갈 집단을 모아 길림성 동모산 기슭에서 건국 (698) → 신라와 발해가 공존하는 남북국의 형세 형성

시험에 나오는 지문 특강 📖 남북국의 성립

> 부여씨와 고씨가 망한 다음에 김씨의 신라가 남에 있고 대씨의 발해가 북에 있으니 이것이 남북국이다. 여기에는 마땅히 남북국사가 있어야 할 터인데 고려가 편찬하지 않은 것은 잘못이다. 저 대씨는 어떤 사람인가 바로 고구려 사람이다. 그들이 차지하고 있던 땅은 어떤 땅인가. 바로 고구려의 땅이다.
>
> – 『발해고』 –

> 발해는 대조영을 중심으로 한 고구려 유민이 말갈족을 이끌고 건국한 나라이다. 지배층은 왕족인 대씨와 귀족인 고씨 등 고구려계 사람들이 대부분을 차지하였다. 발해의 건국으로 한반도와 만주 지역은 남북국의 형세를 이루었으며, 발해는 영역을 확대하여 옛 고구려 영토의 대부분을 차지하였다.

(2) **성장**

무왕 (8세기 전반)	• 영토 확장: 동북방의 여러 세력 복속, 북만주 일대 장악 • 당과 대립: 장문휴의 수군이 산둥 지방을 공격, 요서 지역에서 당군과 격돌 • 돌궐, 일본과 연결하며 당과 신라 견제	
문왕 (8세기 중·후반)	당과 친선 관계(당의 문물 수용), 신라와 대립 관계 해소 노력(신라와 상설 교통로인 '신라도°' 개설), 상경으로 천도, 독자적인 연호° 사용(대흥)	
선왕 (9세기 전반)	대부분의 말갈족 복속, 요동 지역 진출, 지방 제도 완비(5경 15부 62주) → 이후 전성기를 맞이한 발해를 중국인들이 '해동성국'이라 부름	▲ 발해의 영역

시험에 나오는 지문 특강 📖 발해와 당의 대립

> 성덕왕 32년(733) 가을 7월에 당 현종은 발해가 바다를 건너 등주(登州)로 쳐들어오자, 태복원외경 김사란을 (신라로) 귀국하게 하여, …… 군사를 일으켜 남쪽 마을을 치도록 하였다. (신라가 군사를 출병시켰는데) 마침 큰 눈이 한 자 넘게 쌓이고 산길이 험하여 절반이 넘는 병사들이 죽고 아무 공 없이 돌아왔다.
>
> – 『삼국사기』 –

> 발해는 건국 초기 당과 대결하며 고구려 옛 땅을 회복하는 데 주력하였다. 발해의 성장에 불안을 느낀 당은 신라와 흑수 말갈을 이용하여 발해를 견제하였다. 이에 무왕은 당의 등주를 선제 공격하였으며 요서 지방에서 당군과 격돌하였다. 이때 당은 신라에 지원병을 요청하였다.

(3) **발해의 통치 체제**

중앙°	당의 3성 6부 수용 후 독자적으로 변용
지방	전국을 5경, 15부, 62주로 정비, 그 아래에 현·촌 존재
군사 제도	중앙군은 10위(왕궁·수도 경비), 지방군은 지방 행정 조직에 따라 편성

→ 정당성 중심으로 국정 운영(장관 대내상), 중정대(관리 감찰), 문적원(서적 관리), 주자감(국립 교육 기관) 등의 관청 설치

→ 지방 행정 중심

→ 수도인 상경을 비롯한 주요 도시

2. 멸망

(1) **쇠퇴**: 지배층의 내분 → 거란의 침략 → 상경 함락으로 발해 멸망(926)

(2) **부흥 운동**: 유민들이 후발해·정안국·대발해국 등을 세웠으나 실패 — • 발해 왕자 대광현은 무리를 이끌고 고려에 망명

° **발해의 고구려 계승 의식**
고구려 멸망 이후 30여 년 만에 발해가 건국되었다. 발해의 지배층은 고구려 계승을 표방하였는데, 발해가 일본에 보낸 국서 등을 통해 이를 파악할 수 있다.

° **신라도**
발해와 신라의 교통로로, 발해의 동경에서 신라의 국경까지 39개의 역이 설치되어 있었다.

° **발해의 연호**

무왕	인안
문왕	대흥
선왕	건흥

° **발해의 중앙 정치 구조**

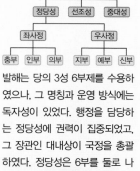

발해는 당의 3성 6부제를 수용하였으나, 그 명칭과 운영 방식에는 독자성이 있었다. 행정을 담당하는 정당성에 권력이 집중되었고, 그 장관인 대내상이 국정을 총괄하였다. 정당성은 6부를 둘로 나누어 관할하였는데, 6부의 명칭에는 유교 이념이 반영되어 있다.

🌿 **공부 꿀팁**
신문왕 등 신라 중대 주요 국왕의 업적, 중대와 말기의 내용 비교 등은 자주 출제되니 두 시기를 비교해서 정리해 두어야 합니다. 발해에서는 고왕(대조영), 무왕, 문왕, 선왕 대의 역사적 사실을 묻는 문항이 자주 출제되니 각 시기의 특징을 정리해 두세요!

대표 기출 문제 분석 ❶

➤ 통일 신라의 지방 행정 조직

| 38회 10번 기출 |

교사의 질문에 대한 학생의 답변으로 옳은 것은?

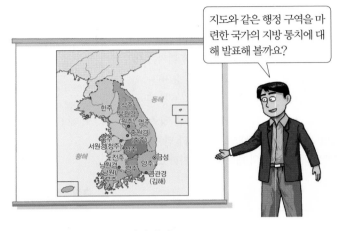

> 지도와 같은 행정 구역을 마련한 국가의 지방 통치에 대해 발표해 볼까요?

① 경재소를 두어 유향소를 통제하였어요.
② 지방의 22담로에 왕족을 파견하였어요.
③ 전국의 주요 지역에 12목을 설치하였어요.
④ 지방관을 감찰하기 위해 외사정을 두었어요.
⑤ 관찰사를 보내어 관할 고을의 수령을 감독하였어요.

문제 분석

제시된 지도에 나타난 9주 5소경을 통해 통일 신라의 지방 통치와 관련된 내용임을 알 수 있다. 통일 신라의 신문왕은 삼국 통일 이후 넓어진 영토와 늘어난 백성을 효율적으로 통치하기 위해 9주 5소경의 지방 행정 조직을 정비하였다.
④ 외사정은 지방관의 비행을 감찰하기 위해 문무왕 13년(673)에 설치되었다. 9주에 2인씩, 군(郡)에는 각 1인씩 두었다.

정답: ④

오답 거르기

① 조선은 서울에 경재소를 설치해 유향소와 정부 사이의 연락 기능을 맡겨 유향소를 중앙에서 통제하였다. 이를 통해 조선은 향촌 자치를 부분적으로 허용하면서 중앙 집권 체제를 강화할 수 있었다.
② 6세기 초 백제 무령왕은 지방의 22담로에 왕족을 파견하여 지방에 대한 통제를 강화하였다.
③ 고려 성종은 최승로의 건의를 받아들여 지방의 주요 지점에 12목을 설치하고 지방관을 파견하였다.
⑤ 조선 시대에 각 도에 파견된 관찰사는 도의 행정을 담당하며 관할 지역 수령을 감찰하였다.

📖 닮은꼴 예상 문제 ●

> 정답과 해설 9쪽

다음 지방 행정 조직을 운영하였던 국가에서 볼 수 있는 모습으로 가장 적절한 것은?

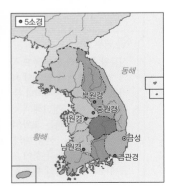

① 주자감에서 유학을 공부하는 학생
② 선종 승려의 승탑을 건립하는 석공
③ 과전법 실시를 환영하는 신진 사대부
④ 살수에서 수의 군대를 물리치는 장군
⑤ 22담로에 왕족의 파견을 명령하는 국왕

발해의 발전

(가)에 들어갈 내용으로 옳은 것은?

| 43회 6번 기출 |

인안이라는 연호를 내세워 당과 대등하다는 의식을 표방한 발해의 제2대 왕에 대해 말해 볼까요?

일본에 사신과 국서를 보내 교류를 시작했어요.

(가)

① 낙랑군을 몰아냈어요.
② 국호를 남부여로 바꿨어요.
③ 장문휴를 보내 등주를 공격했어요.
④ 3성 6부의 중앙 관제를 정비했어요.
⑤ 5경 15부 62주의 지방 행정 제도를 확립했어요.

문제 분석

제시된 자료에서 '인안이라는 연호', '발해의 제2대 왕', '일본에 사신과 국서를 보내' 등을 통해 (가)에는 발해 무왕과 관련된 내용이 들어가야 한다는 것을 알 수 있다. 대조영에 이어 즉위한 무왕은 연호를 인안으로 정한 후 영토 확장에 나섰고, 일본에 국서를 보내 외교적 고립을 탈피하고자 하였다.
③ 8세기 초 발해 무왕은 장문휴에게 수군을 이끌고 가서 당의 산둥 지방에 있는 등주를 공격하게 하였다.

정답: ③

오답 거르기

① 4세기 초 고구려 미천왕은 낙랑군을 몰아내고 대동강 유역을 확보하였다.
② 6세기 전반 백제 성왕은 국가의 중흥을 위해 사비로 천도하였고, 국호를 남부여로 바꾸었다.
④ 8세기에 발해 문왕은 당의 3성 6부를 받아들여 관제를 정비하였는데, 그 명칭과 운영 방식은 독자적이었다.
⑤ 9세기 전반 발해 선왕은 5경 15부 62주의 지방 통치 체제를 완비하였다.

📖 닮은꼴 예상 문제

▶ 정답과 해설 9쪽

(가) 국왕의 재위 시기에 있었던 사실로 옳은 것은?

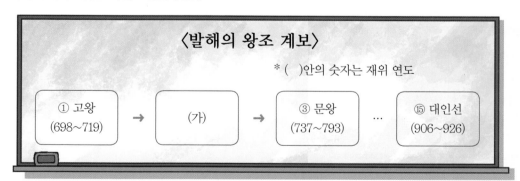

〈발해의 왕조 계보〉

* ( )안의 숫자는 재위 연도

| ① 고왕 (698~719) | → | (가) | → | ③ 문왕 (737~793) | ⋯ | ⑮ 대인선 (906~926) |

① 중경에서 상경으로 천도하였다.
② 전진으로부터 불교를 받아들였다.
③ 유학 교육 기관으로 국학을 설립하였다.
④ 수군을 보내 당의 산둥 지방을 공격하였다.
⑤ 장보고의 건의를 받아들여 청해진을 설치하였다.

기출 및 예상 문제

01
다음은 어느 국왕에 대한 검색 결과이다. 이 국왕에 대한 설명으로 옳은 것은?

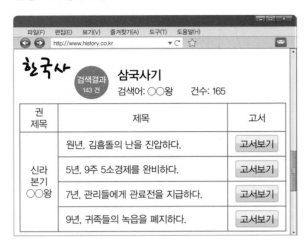

① 백성에게 정전을 지급하였다.
② 이사부를 보내 우산국을 복속하였다.
③ 구휼 정책으로 진대법을 실시하였다.
④ 유학 교육 기관인 국학을 설치하였다.
⑤ 이차돈의 순교를 계기로 불교를 공인하였다.

36회 7번 기출 문제

02
교사의 질문에 대한 학생의 답변으로 옳은 것은?

이와 같은 중앙 통치 체제를 운영한 국가의 지방 통치에 대해 발표해 볼까요?

① 전국의 주요 지역에 12목을 설치했어요.
② 경재소를 설치하여 유향소를 통제했어요.
③ 국경 지역인 양계에 병마사를 파견했어요.
④ 상수리 제도를 실시하여 지방 세력을 견제했어요.
⑤ 각 도에 관찰사를 보내 관할 고을의 수령을 감독했어요.

44회 11번 기출 문제

03
다음 시나리오의 상황 이후에 전개된 사실로 옳은 것은?

> S# 17. 완산주의 궁궐 안
>
> 왕이 넷째 왕자인 금강을 총애하여 왕위를 물려주려 하자, 첫째 왕자가 신하 신덕과 영순의 권유를 받아들여 왕을 금산사에 유폐한 뒤 앞으로의 대책을 논의한다.
>
> 첫째 왕자: 이제 어찌하면 좋겠소?
> 신덕: 금강을 살려두면 반드시 후환이 생길 것입니다.
> 영순: 옳습니다. 속히 사람을 보내 처치하십시오.

① 신숭겸이 공산 전투에서 전사하였다.
② 궁예가 정변으로 왕위에서 축출되었다.
③ 견훤이 경주를 습격하여 경애왕을 죽게 하였다.
④ 신검이 일리천 전투에서 고려군에 패배하였다.
⑤ 왕건이 고창 전투에서 후백제군을 상대로 승리하였다.

04
다음 시기의 상황으로 옳지 않은 것은?

① 호족이라 불린 지방 세력이 성장하였다.
② 김헌창과 아들 범문이 반란을 일으켰다.
③ 수행과 참선을 중시한 선종이 유행하였다.
④ 진골 귀족들의 왕위 쟁탈전이 전개되었다.
⑤ 왕의 장인인 김흠돌이 반란을 모의하였다.

05 (가) 국가에 대한 설명으로 옳은 것은?

> [(가)] 중대성이 일본국 태정관에게
> 보내는 첩(牒)
>
> 귀국에 가서 알현할 사신 정당성 좌윤 하복
> 연과 그 일행 105명을 파견합니다. …… 일본
> 땅은 동쪽으로 멀리 있고, 요양(遼陽)은 서쪽
> 으로 멀리 있으니, 양국이 서로 떨어져 있는
> 거리가 1만 리나 되고도 남음이 있습니다. …
> …

① 옥저를 정복하고 동해안으로 진출하였다.
② 5경 15부 62주의 지방 행정 제도를 갖추었다.
③ 광덕, 준풍 등의 독자적인 연호를 사용하였다.
④ 상수리 제도를 실시하여 지방 세력을 견제하였다.
⑤ 내신 좌평, 위사 좌평 등 6좌평의 관제를 마련하였다.

06 교사의 질문에 대한 학생의 답변으로 가장 적절한 것은?

> 다음과 같이 당의 3성 6부제를 수용하
> 면서도 자국의 실정에 맞게 독자적으
> 로 운영한 국가에 대해 발표해 볼까요?

① 남부여로 국호를 변경했어요.
② 상수리 제도를 운영하였어요.
③ 교육 기관으로 주자감을 설립하였어요.
④ 전국을 5도 양계로 나누어 통치하였어요.
⑤ 제가 회의에서 국가의 중대사를 결정하였어요.

07 (가) 왕에 대한 설명으로 옳은 것을 〈보기〉에서 고른 것은?

> [(가)] 이/가 산둥반도의 등주성에 장문휴
> 를 보내 당의 군대를 격파하였습니다.

┤ 보기 ├
ㄱ. 중경 현덕부에서 상경 용천부로 천도하였다.
ㄴ. 고구려 유민을 이끌고 동모산에서 건국하였다.
ㄷ. 인안(仁安)이라는 독자적인 연호를 사용하였다.
ㄹ. 대문예로 하여금 흑수 말갈을 정벌하게 하였다.

① ㄱ, ㄴ   ② ㄱ, ㄷ   ③ ㄴ, ㄷ
④ ㄴ, ㄹ   ⑤ ㄷ, ㄹ

08 밑줄 그은 '왕'이 재위한 시기의 사실로 옳은 것은?

> • 발해 왕이 말하였다. "흑수 말갈이 처음에는 우리에
> 게 길을 빌려 당과 통교하였다. 그런데 지금 당에
> 관직을 요청하면서 우리에게 알리지 않으니 이는
> 반드시 당과 함께 우리를 공격하려는 것이다." 이어
> 문예와 임아에게 군사를 거느리고 흑수를 공격하게
> 하였다.
> • 왕이 열국(列國)을 주관하고 제번(諸蕃)을 거느려,
> 고구려의 옛 땅을 회복하고 부여의 유속(遺俗)을 잇
> 게 되었습니다. …… 오늘에야 옛날의 예에 맞추어
> 선린을 도모하고자 귀국(일본)에 사신으로 영원장
> 군 낭장 고인의(高仁義) 외 24인을 외교 문서와 함
> 께 보내게 되었습니다.

① 인안이라는 독자적인 연호를 사용하였다.
② 5경 15부 62주의 지방 행정 제도를 갖추었다.
③ 고구려 유민과 말갈족을 이끌고 발해를 건국하였다.
④ 전성기를 맞이하여 중국인들이 해동성국이라 불렀다.
⑤ 수도를 중경에서 상경으로 옮겨 지배 체제를 정비하였다.

06 남북국의 경제·사회·문화

☑ 출제 포인트

- 통일 후 신라의 수취 제도, 토지 제도 정비
- 발해의 경제, 대외 관계
- 남북국의 사상과 학문
- 남북국의 불교 문화

◐ 관료전
신문왕 때 문무 관리에게 관직에 복무하는 대가로 지급한 토지로서, 식읍·녹읍과는 달리 해당 지역의 조세를 수취할 수 있는 권리(수조권)만 지급하였다. 이는 국가가 귀족들의 직접적인 백성 지배를 막기 위한 조치였다.

◐ 정전(丁田)
정(丁)은 삼국 시대부터 조선 시대까지 각종 조세와 국역을 부담하던 양인(良人) 남자를 가리키는 말이다. 정전은 성덕왕 때 백성에게 지급한 토지로, 본래 이것은 토지가 없는 농민에게 국유지를 지급했음을 뜻하나 이전부터 농민이 소유한 토지도 정전에 포함시킴으로써 녹읍 등을 통한 귀족의 토지 지배를 배제시키고자 하였다.

◐ 청해진
통일 신라 흥덕왕 때 장보고의 요청에 따라 설치된 수군 기지이다. 장보고는 청해진 대사로 군사 1만 명을 이끌고 청해진을 거점으로 해적 소탕과 해상 무역 활동을 전개하였다.

◐ 향·부곡
정복 활동을 통해 영토를 확장하던 시기에 정복 지역의 주민들을 통제하기 위하여 만든 말단 행정 구역으로, 이곳 주민들은 일반 농민보다 더 많은 공물 부담을 져야 했다.

🌿 공부 꿀팁
통일 신라의 수취 제도를 보여 주는 민정 문서와 신라의 대외 무역은 종종 출제되고 있습니다. 민정 문서는 사료, 대외 무역은 지도와 함께 관련 내용을 정리해 두기 바랍니다.

1 남북국의 경제

1. 통일 신라의 경제 정책
(1) 수취 제도의 정비: 조세(통일 이전보다 완화하여 생산량의 10분의 1 수취), 공물(촌락 단위로 그 지역의 특산물 징수), 역(군역과 요역, 16~60세 미만의 남자를 대상으로 부과) ● 토목 공사에 동원하는 것
(2) 촌락 지배: 매년 촌락의 변동 사항을 조사하여 3년마다 문서 작성(민정 문서) ➡ 조세, 공물, 부역 징수의 근거
(3) 토지 제도: 식읍 제한, 관료전●을 지급하고 녹읍 폐지, 백성에게 정전● 지급 ➡ 귀족 견제, 왕권 강화, 농민 경제 안정 추구 (신문왕 / 성덕왕)

시험에 나오는 지문 특강 📖 신라의 민정 문서(촌락 문서)

사해점촌을 조사해 보았는데, …… 민호(民戶)는 11호가 된다. 이 가운데 중하가 4호, 하상이 2호, 하하가 5호이다. …… 이 중 예부터 계속 살아 온 사람과 3년간 태어난 자를 합하면 145명이 된다. 남자는 정(丁: 16~57세)이 29명, 조자(助子)는 7명, 추자(追子) 12명, 소자(小子) 10명, 3년간 태어난 소자 5명, 제공(除公) 1명, 여자는 정녀(丁女) 42명 …… 다른 마을에서 이사 온 추자 1명, 소자 1명이다. 말은 22마리에 3마리가, 소는 17마리에 5마리가 보태졌다. 논은 102결 정도인데, 관모전 4결, 내시령답 4결, 연수유답이 94결이며, 그 가운데 19결은 촌주가 받았다. …… 잣나무는 모두 120그루이다.

> 1933년 일본 도다이사의 쇼소인에서 발견된 통일 신라 때의 문서로, 당시 촌락의 경제 상황과 국가의 세무 행정을 알 수 있는 자료이다. 민정 문서에는 통일 신라 때 서원경(지금의 청주) 부근의 4개 촌락에 대한 토지의 종류와 면적, 소와 말의 수, 뽕나무·잣나무의 수 등을 3년마다 조사한 내용이 기록되어 있다. 특히, 인구 변동은 성별, 연령별로 구분하고, 호(戶)는 9등급으로 나누어 기록하였다.

2. 통일 신라의 활발한 경제 활동

상업	경주의 인구 증가, 상품 생산 증가 ➡ 통일 이전의 동시 외에 서시와 남시 설치
수공업	왕실과 귀족이 사용하는 물품을 만드는 관청 정비(장인, 노비가 물품 제조)
국제 무역	당과의 무역(공무역과 사무역 발달), 일본과의 무역(초기에는 교류 제한, 8세기 이후 무역 활발), 이슬람과의 무역(이슬람 상인들이 울산까지 왕래)
장보고의 활동	9세기 초 완도에 청해진● 설치, 남해와 황해의 해상 무역권 장악(산둥 지역에 법화원 건립)
신라인의 중국 진출	당의 산둥반도와 양쯔강 하류에 신라방과 신라촌(신라인 거주지), 신라소(신라인을 다스리는 자치 기구), 신라관(여관), 신라원(절) 설치

3. 통일 신라 귀족·농민의 경제생활

귀족	식읍과 녹읍의 농민을 지배하여 조세·공물을 징수하고 노동력 동원, 물려받은 토지·노비·목장·섬 등 소유, 서민을 상대로 한 고리대업 ➡ 호화로운 생활
농민	• 시비법의 미발달, 척박한 토지 소유 ➡ 생계를 위해 남의 토지를 빌려 경작 • 향·부곡●의 주민: 일반 군현에 사는 농민보다 더 많은 공물 부담 수확량의 반 이상을 납부

4. 발해의 경제 발달
(1) 수취 제도: 통일 신라와 마찬가지로 조세·공물·부역 징수
(2) 귀족의 경제생활: 대토지 소유, 무역을 통해 당의 비단·서적 등 수입 ➡ 호화로운 생활 영위

(3) 산업의 발달: 9세기 이후 사회의 안정으로 농업, 수공업, 상업 등 발달

농업	밭농사 중심, 일부 지역에서 벼농사 실시
목축업	돼지 · 말 · 소 등을 사육, 말은 주요 수출품, 활발한 수렵으로 모피 · 녹용 등 생산 · 수출
수공업	금속 가공업(철, 구리, 금, 은 등), 직물업(삼베, 명주, 비단 등), 자기(발해 삼채 등) 제조
상업	수도 상경 용천부 등 대도시 · 교통 요충지에 시장 설치, 발해 5도(영주도, 거란도, 압록도, 신라도, 일본도)를 이용한 대외 무역 전개, 해로 · 육로를 통한 대당 무역 활발, 산둥반도 등주의 발해관 이용, 일본과 큰 규모의 무역 성행, 주변국에 모피 · 토산물 · 자기 등 수출, 비단 · 책 등 귀족 수요품 수입

▲ 통일 신라와 발해의 해외 무역로

→ 발해가 주변국과 연결한 무역로를 말하며, 발해는 이 교역로를 통하여 당, 일본, 신라 등과 교역하였다.

② 남북국의 사회

1. 통일 후 신라 사회의 변화

민족 문화 발전	삼국의 혈연적 동질성, 문화적 공통성을 바탕으로 민족 문화가 발전하는 계기
민족 통합 노력	백제와 고구려 지배층에게 신라 관등 수여, 백제와 고구려 유민을 9서당❸에 편성
진골 귀족 중심	중앙 관청과 지방의 장관직 독점, 귀족 간의 합의를 통해 국가 중대사 결정
6두품❸의 성장	학문과 실무 능력을 바탕으로 국왕을 보좌하며 정치 진출 활발, 신분적 제약으로 중앙 관청의 우두머리나 지방 장관은 되지 못함(3두품~1두품은 점차 평민화되어 감)

2. 발해의 사회 구조

(1) 지배층: 왕족 대씨, 귀족 고씨 등 고구려계가 대부분 → 주요 관직 차지, 노비와 예속민 소유

(2) 피지배층: 다수가 말갈인 → 일부는 지배층으로 편입, 촌락의 우두머리로 국가 행정 보조

(3) 당에 유학생 파견: 빈공과❸ 응시, 당의 제도와 문물 수용

(4) 사회 모습: 고구려와 말갈 사회의 전통적인 생활 모습 유지 → 명칭과 운영에서는 독자성을 유지하였다.

3. 신라 말의 사회 모순

(1) 중앙 귀족: 정권 다툼, 대토지 소유 확대

(2) 호족의 등장: 지방의 무장 조직을 아우른 큰 세력가

(3) 농민: 조세 부담 가중(자영농 몰락) → 9세기 말 농민 봉기 확산(원종과 애노의 난, 적고적의 난 등)

시험에 나오는 지문 특강 📖 신라 말의 사회 모습

- 지금 군읍(郡邑)은 모두 도적의 소굴이 되었고, 산천은 모두 전쟁터가 되었으니, 어찌 하늘의 재앙이 우리 해동에만 흘러 드는 것입니까!
  ─ 「동문선」 ─

- 나라 안의 여러 주군(州郡)에서 공부(貢賦)를 바치지 않으니 창고가 비어 버리고 나라의 쓰임이 궁핍해졌다. 왕이 사신을 보내어 독촉하자, 이로 말미암아 곳곳에서 도적이 벌떼처럼 일어났다. 이 때 원종과 애노 등이 사벌주를 근거로 반란을 일으켰다.
  ─ 「삼국사기」 ─

제시된 두 사료 모두 신라 말의 사회 모습이 나타나 있다. 9세기에 들어와 귀족, 사원의 대토지 소유가 더욱 확산됨에 따라 몰락 농민이 늘어났다. 여기에 국가의 가혹한 조세 수취와 귀족, 사원의 이중적인 수탈로 인해 살기 어려워진 농민들은 봉기를 통해 저항하였다. 특히, 진성 여왕 때에는 정부의 독촉으로 인해 농민들의 불만이 폭발하였고, 9세기 말에는 전국적인 규모의 봉기로 확대되었다. 사벌주 지방에서 원종과 애노가 주도한 봉기를 시작으로, 896년에는 옛 백제 지방에서 붉은 바지를 입은 적고적이라는 세력이 경주 부근까지 쳐들어오기도 하였다.

◑ 발해관
발해인이 이용할 수 있도록 당이 산둥반도의 등주에 설치한 여관이다.

◑ 9서당

녹금 서당	
자금 서당	신라인
비금 서당	
백금 서당	백제인
청금 서당	
황금 서당	고구려인
벽금 서당	보덕국인
적금 서당	
흑금 서당	말갈인

신문왕 때 완성된 중앙 군대로 신라인을 비롯하여 옛 고구려인 · 백제인 · 말갈인 등 귀속민과 포로 중에서 용감한 자를 뽑아 조직하였다.

◐ 6두품
신라의 삼국 통일 직후인 중대에는 국왕을 보좌하면서 중앙 정계에서 활발히 활동하였으나, 신라 말기에는 왕권이 약해지면서 6두품도 중앙 정계에서 배척되는 경향이 나타났다. 그래서 말기에는 주로 호족과 결탁하는 경우가 많았다.

◐ 빈공과
당에서 외국인을 위해 실시한 과거이다. 신라와 발해인이 다수 합격하여 당의 관리가 되기도 하였다. 통일 신라의 최치원도 빈공과에 합격하여 당의 관리가 되었으며, 황소의 난을 토벌할 때 종사관으로 참여하였다.

🌿 공부 꿀팁
신라 말 6두품과 사회 모순 시기의 상황이 자주 출제됩니다. 특히 6두품의 활동, 호족의 성장, 농민 봉기 등을 묻는 경우가 많으므로 이들 세력의 시기별 동향을 정리해 두세요!

③ 남북국의 문화

1. 학문의 발달

구분	통일 신라	발해
교육	• 국학: 경덕왕 때 태학감으로 명칭 변경, 박사와 조교를 두어 『논어』, 『효경』 등 유교 경전 교육 • 독서삼품과(788): 원성왕 때 유교 경전의 이해 수준 시험 → 학문과 유학 보급에 기여	• 주자감: 유교 경전 교육 • 도당 유학생: 당과 친선 관계를 맺은 후 당에 많은 유학생 파견, 빈공과에서 신라 유학생과 경쟁
유학	• 김대문: 『화랑세기』, 『고승전』, 『한산기』(주체적 문화 의식) • 강수: 외교 문서를 잘 지은 문장가(김인문 석방 요청서인 '청방인문표' 작성) • 설총: 이두 정리, 『화왕계』(유교적 도덕 정치 강조) • 최치원: 당의 빈공과에 급제하고 문장가로 유명. 귀국 후 개혁안 10조 건의, 『계원필경』 저술, 은둔 생활 ┌ 진골 귀족이 미수용 └ '토황소격문'을 써서 황소의 난 진압에 공을 세움	• 한문학 발달: 정혜 공주와 정효 공주의 묘지에서 세련된 4·6변려체의 문장 구사 • 외교 사신이나 승려 중에도 한시에 능한 사람이 많음(양태사, 왕효렴 등)

2. 불교 사상의 발달

(1) 통일 신라

① 원효와 의상

구분	저술	내용	비교
원효	금강삼매경론, 대승기신론소, 십문화쟁론	불교의 이해 기준 마련, 일심 사상 및 화쟁 사상 강조 → 종파 통합	아미타 신앙 → 불교의 대중화에 기여
의상	화엄일승법계도	화엄 사상 정립	관음 신앙

└ 당에서 유학하고 들어와 화엄종 개창

시험에 나오는 지문 특강 📖 원효의 아미타 신앙

원효가 계율을 어겨 설총을 낳은 뒤로 속인의 옷으로 갈아입고 스스로 소성거사라 불렀다. …… 방방곡곡을 돌아다니며 노래와 춤을 통해 부처의 가르침을 전하였다. 이로 말미암아 가난하고 무지몽매한 사람들까지도 부처의 이름을 알게 되었고 '나무아미타불'을 외게 되었으니, 그의 교화가 자못 크다.

– 『삼국유사』 –

원효는 누구나 '나무아미타불'을 외우면 내세에는 서방 정토에 태어날 수 있다고 하여 불교 대중화에 기여하였다. 또한 모든 것이 한 마음에서 나온다는 일심 사상을 바탕으로 불교 종파 간의 대립을 완화하고자 노력하였으며, 『대승기신론소』 등을 저술하여 불교 이해의 기준을 마련하였다.

┌ 인도와 중앙아시아의 풍물 기록 남김

② 혜초: 인도 순례, 『왕오천축국전』 저술

(2) 발해의 불교: 고구려 불교 계승, 왕실과 귀족 중심의 불교(상경 등 5경에서 절터 다수 발견, 문왕은 스스로를 불교적 성왕으로 인식)

(3) 신라 말 선종과 풍수지리설의 유행

① 선종: 참선과 실천 수행 중시, 지방 호족 세력과 결탁하여 각 지방에 근거지 마련 → 9산 선문 성립

② 풍수지리설: 산세와 수세를 살펴 도읍, 주택, 묘지 등을 선정하는 인문 지리적 학설 → 경주 중심의 지리 개념에서 탈피

9산 선문 ▶

왼쪽 여백

◑ 독서삼품과
관리 등용을 위해 국학 학생들의 유교 경전 이해 수준을 시험하는 제도로 원성왕 때 실시되었으나 진골 귀족의 반대로 소기의 성과를 거두지 못하였다.

◑ 통일 신라의 불교

신라 중대의 불교	고구려, 백제 불교를 수용하여 이론적으로 심화, 원효·의상 등의 활약으로 불교 대중화
신라 말기의 불교	선종 유행, 9산 선문 성립 → 호족의 후원, 새로운 사회 질서 형성에 영향

◑ 일심 사상과 화쟁 사상
일심 사상은 모든 것이 '한 마음'에서 나온다는 주장이고, 화쟁 사상은 여러 대립하는 이론을 조화시키려는 논리이다. 원효는 이 두 사상을 통해 불교의 대중화와 불교계의 화합을 꾀했다.

◑ 화엄 사상
모든 존재가 서로 의존적 관계에 있으면서 조화를 이루고 있다는 사상이다.

◑ 관음 신앙
자비로 중생의 괴로움을 구제한다는 불교의 관음보살을 믿는 신앙이다.

◑ 선종
경전의 이해를 통해 깨달음을 추구하는 교종과 달리 실천 수행을 통해 깨달음을 구하는 종파로 신라 말에 유행하였다.

◑ 풍수지리설
산세와 지형적 요인이 인간의 길흉화복에 영향을 끼친다는 사상. 풍수지리설은 점차 미래를 예측하는 도참 신앙과 결합되어 산수의 생김새로 미래를 예측하는 경향이 나타났다.

시험에 나오는 지문 특강 📖 **신라 말 선종의 유행**

　　도의가 지장의 깊은 뜻을 보고 심인(心印)을 취하여 당에서 돌아와 처음으로 선(禪)을 말하였다. ……
도의와 홍척의 뒤를 이어 혜철국사, 현욱, 혜소, 도윤, 범일, 무염 등이 중국에서 선을 배우고 돌아왔
다. 이들은 진리의 종조(宗祖)로서, 덕(德)이 두터워 중생의 아버지가 되고, 도(道)가 높아 왕의 스승이
되었다.

- 봉암사 지증대사비 -

　봉암사 지증대사비문은 최치원의 사산비명 중 하나로 지증대사 도헌의 행적을 기록한 것이다. 도
헌은 신라 말 선종 9산문 희양산파의 종조로 알려져 있다. 선종은 스스로 사색하여 진리를 깨닫는
참선과 수양을 강조하고, 정신 세계를 중요시하였으므로 개인적인 경향이 강하였다. 이러한 선종 불
교의 성격은 신라 말에 각 지방에서 독자적 세력을 구축하려는 호족들의 정치적 성향과 잘 어울렸다.

3. 남북국의 문화유산

(1) 과학 기술: 목판 인쇄술 발달(무구정광대다라니경◉), 뛰어난 금속 주조 기술(성덕 대왕 신종◉), 천
문학과 수학의 발전

(2) 문화재

구분	통일 신라	발해
고분	• 화장 유행(불교 영향): 문무왕릉(호국적 성격) • 굴식 돌방무덤(둘레돌, 12지 신상): 김유신묘, 괘릉, 성덕대왕릉 　　　　원성왕의 능으로 추정됨	• 정혜 공주 묘: 굴식 돌방무덤, 모줄임천장 구조(고구려 문화 계승) • 정효 공주 묘: 당의 영향, 도교적, 묘지석과 벽화 발굴
건축과 탑	• 동궁과 월지(안압지): 신라 조경술의 극치. 연못과 인공섬을 자연스럽게 배치 • 불국사, 석굴암: 불국토의 이상 반영 • 감은사지 3층 석탑, 불국사 3층 석탑, 다보탑 석가탑 • 신라 말기: 진전사지 3층 석탑(신라 말에 기단과 탑신에 부조로 불상을 새긴 탑 등장), 승탑◉과 탑비 유행(선종)	고구려 문화 계승 상경성(주작대로 → 당의 장안성 모방), 온돌 장치 〈상경 용천부 평면도〉
불상과 공예	석굴암(본존불, 보살상), 법주사 쌍사자 석등, 성덕 대왕 신종의 비천상, 상원사 종	이불병좌상, 벽돌과 기와 무늬(고구려 영향), 돌사자상, 석등

• 중국 영향을 받은 벽돌무덤이지만 고구려의 무덤 축조 양식도 반영되었으며 널방에 벽화가 그려져 있어 발해인의 모습을 살펴볼 수 있다.

동과 서에 동일한 모양의 탑이 마주 보고 있다.

시험에 나오는 지문 특강 📖 **남북국의 석탑과 불상**

| 불국사 3층 석탑 | 석굴암 본존불 | 영광탑 | 이불병좌상 |

　불국사 3층 석탑은 이상적인 비례를 통해 조화와 균형미가 뛰어나고, 이중 기단 위에 3층으로 탑을
쌓는 통일 신라 시대의 전형적인 석탑 양식을 갖추고 있다. 통일 신라 시대를 대표하는 불상인 석굴
암 본존불도 뛰어난 균형미로 인체의 아름다움을 나타내고 있다. 발해에서는 무덤 위에 벽돌로 전탑
을 쌓았는데 현존하는 대표적인 탑으로는 영광탑이 있다. 부처 둘이 나란히 앉아 있는 모습을 한 발
해의 이불병좌상은 고구려의 불상 양식을 계승하였음을 보여 준다.

◉ **무구정광대다라니경**

경주 불국사 3층 석탑에서 발견
된 다라니경으로, 현존하는 세계
에서 가장 오래된 목판 인쇄물로
평가받고 있다.

◉ **성덕 대왕 신종**

통일 신라 시대에 만들어졌는데,
우리나라에서 현재 남아 있는 종
중에서 가장 크다. 표면에는 우아
한 모습의 비천상이 공양을 하는
모습이 새겨져 있다.

◉ **화순 쌍봉사 철감선사탑(승탑)**

신라 말에는 선종이 널리 퍼지면
서 승려의 사리를 봉안하는 승탑
과 탑비가 유행하였다. 화순 쌍봉
사 철감선사탑은 신라 말 대표적
인 승탑이다.

🌿 **공부 꿀팁**

통일 신라와 발해의 문화유산
을 구분할 줄 아는지 묻는 문제
가 자주 출제됩니다. 각 문화유
산의 사진이 자료나 답지로 제
시되고 있으니 각 문화유산이
제작된 국가와 문화유산의 특
징을 사진과 함께 정리해 두어
야 합니다.

대표 기출 문제 분석 01

▶ 신라 말 선종의 유행

| 45회 9번 기출 |

밑줄 그은 '이 종파'에 대한 설명으로 옳은 것은?

이것은 전라남도 화순군 쌍봉사에 있는 국보 제57호 철감선사 승탑입니다. 승려의 사리를 봉안하는 승탑은 이 종파가 수용된 이후 9세기부터 유행하였습니다. 이 종파는 도의 선사가 가지 산문을 개창한 이래 9산 선문을 형성하였습니다.

① 동경대전을 경전으로 삼았다.
② 단군을 숭배의 대상으로 하였다.
③ 대성전을 세워 옛 성현에 제사를 지냈다.
④ 참선과 수행을 통해 깨달음을 얻고자 하였다.
⑤ 마음속에 한울님을 모시는 시천주를 강조하였다.

문제 분석

제시된 자료에서 '철감선사 승탑', '9세기', '9산 선문' 등을 통해 밑줄 그은 '이 종파'가 선종임을 알 수 있다. 철감선사는 통일 신라의 선종 승려이다. 신라 말에 선종이 유행하면서 고승의 사리를 봉안하는 승탑이 많이 만들어졌다.
④ 신라 말에 유행한 선종은 경전의 이해를 통하여 깨달음을 추구하는 교종과 달리 참선과 수행을 통하여 마음속에 내재된 깨달음을 얻고자 하였다.

정답: ④

오답 거르기

① 19세기 후반 동학의 제2대 교주인 최시형은 『동경대전』과 『용담유사』를 펴내어 교리를 정리하였다.
② 1909년 나철, 오기호 등은 예로부터 내려오던 단군 신앙을 기반으로 새로운 종교로서 대종교를 일으켰다.
③ 대성전은 공자에게 제사를 지내는 곳으로 유교의 사당이다.
⑤ 동학은 마음속에 한울님을 모시는 시천주(侍天主)와 '사람이 곧 하늘'이라는 인내천(人乃天) 사상을 바탕으로 인간의 존엄성과 평등을 강조하였다.

📖 **닮은 꼴 예상 문제**

▶ 정답과 해설 10쪽

다음 문화재가 만들어진 시기의 사회 모습으로 적절하지 <u>않은</u> 것은?

• 종목: 국보 제57호
• 명칭: 쌍봉사 철감선사탑
• 소재지: 전남 화순 쌍봉사
• 설명: 전형적인 팔각원당형의 모습을 하고 있는 승탑으로, 기단부 위에 탑신과 옥개석(지붕돌)이 남아 있다.

① 선종이 널리 유행하였다.
② 관료전이 지급되고 녹읍이 폐지되었다.
③ 지방 호족의 정치적 역량이 성장하였다.
④ 6두품 세력이 호족과 연계하여 개혁을 추구하였다.
⑤ 자기 근거지에서 성주나 장군으로 자처하는 사람이 늘어났다.

대표 기출 문제 분석 02

발해의 문화

| 44회 8번 기출 |

(가) 국가에서 볼 수 있는 모습으로 가장 적절한 것은?

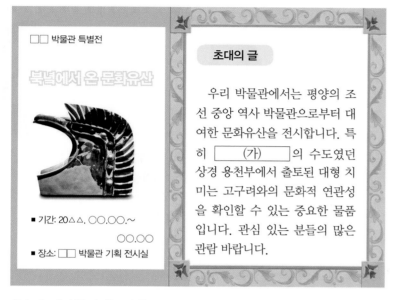

□□ 박물관 특별전

북녘에서 온 문화유산

■ 기간: 20△△. ○○.○○.~
　　　　　　　　　　○○.○○
■ 장소: □□ 박물관 기획 전시실

초대의 글

　우리 박물관에서는 평양의 조선 중앙 역사 박물관으로부터 대여한 문화유산을 전시합니다. 특히 ▢▢▢(가)▢▢▢의 수도였던 상경 용천부에서 출토된 대형 치미는 고구려와의 문화적 연관성을 확인할 수 있는 중요한 물품입니다. 관심 있는 분들의 많은 관람 바랍니다.

① 녹읍 폐지를 명하는 국왕
② 백강 전투에 참전하는 왜의 수군
③ 청해진에서 교역 물품을 점검하는 군졸
④ 솔빈부의 특산물인 말을 판매하는 상인
⑤ 지방에 설치된 22담로에 파견되는 왕족

문제 분석

제시된 자료에서 '수도였던 상경 용천부', '고구려와의 문화적 연관성' 등을 통해 (가) 국가가 발해임을 알 수 있다. 발해의 첫 수도는 지린 성 둔화의 동모산 일대였다. 무왕은 중경 현덕부로 천도하였다. 문왕은 756년에 상경 용천부로, 780년대 후반에는 동경 용원부로 수도를 옮겼다. 794년 성왕은 상경으로 환도하였다.
④ 발해의 솔빈부는 오늘날 러시아의 체르냐치노 일대로, 넓은 초원이 펼쳐져 있어 튼튼한 말이 잘 자랐다. 그래서 솔빈부의 말은 발해의 특산물로 유명하였다.

정답: ④

오답 거르기

① 통일 신라의 신문왕은 귀족의 경제 기반을 약화시키기 위해 수조권만을 인정한 관료전을 지급하고 녹읍을 폐지하였다.
② 663년 왜의 수군이 백제 부흥군을 지원하기 위해 백강 입구까지 왔으나 백강 전투에서 나·당 연합군에게 패하였다.
③ 청해진은 통일 신라 말에 장보고의 건의에 따라 완도에 설치되었다.
⑤ 백제의 무령왕은 지방의 22담로에 왕족을 파견하여 지방에 대한 통제를 강화하였다.

닮은꼴 예상 문제

▶ 정답과 해설 10쪽

(가) 국가에서 볼 수 있는 모습으로 적절한 것은?

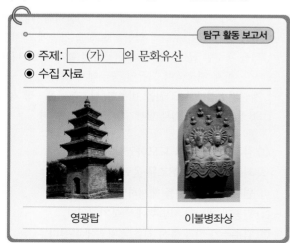

탐구 활동 보고서

● 주제: ▢▢(가)▢▢의 문화유산
● 수집 자료

| 영광탑 | 이불병좌상 |

① 독서삼품과 마련을 명하는 국왕
② 주자감에서 유학을 공부하는 학생
③ 정림사지 5층 석탑을 건립하는 장인
④ 제가 회의에서 국정을 논의하는 귀족
⑤ 벽란도에서 송나라 상인과 무역하는 상인

01 밑줄 친 '이 문서'가 제작된 국가에서 볼 수 있는 모습으로 적절하지 <u>않은</u> 것은?

일본 도다이사 쇼소인에서 발견된 이 문서는 서원경(청주) 부근 4개 촌락에 대한 기록이 담겨 있다. 4개 촌락의 이름과 촌의 영역, 호구 수, 소와 말의 수, 토지 면적, 유실수의 수와 3년 동안의 변동 내용이 적혀 있는데, 사람은 남녀로 구분되고 나이에 따라 6등급으로 나누어 기록되어 있다.

① 독서삼품과를 준비하는 학생
② 정효 공주 묘를 건립하는 장인
③ 원종과 애노의 난을 진압하는 관군
④ 선종 승려의 설법을 경청하는 호족
⑤ 성덕 대왕 신종을 제작하는 기술자

41회 10번 기출 문제 •

02 (가), (나) 사이의 시기에 있었던 사실로 옳은 것은?

(가) 3월에 웅천주 도독 헌창이 아버지 주원이 왕이 되지 못함을 이유로 반란을 일으켜, 국호를 장안이라 하고 연호를 세워 경운 원년이라 하였다. 무진 · 완산 · 청(菁) · 사벌의 4개 주 도독과 국원경 · 서원경 · 금관경의 사신(仕臣), 여러 군현의 수령을 협박해 자기 소속으로 삼았다.
－ 『삼국사기』 －

(나) 진성왕 3년, 나라 안의 모든 주 · 군에서 공물과 부세를 보내지 않아 창고가 비고 재정이 궁핍해졌다. 왕이 관리를 보내 독촉하니 곳곳에서 도적이 벌떼처럼 일어났다. 이때 원종, 애노 등이 사벌주를 근거지로 반란을 일으켰다.
－ 『삼국사기』 －

① 왕명으로 거칠부가 국사를 편찬하였다.
② 왕의 장인인 김흠돌이 반란을 일으켰다.
③ 병부 등을 설치하여 지배 체제를 정비하였다.
④ 장보고가 청해진을 거점으로 반란을 도모하였다.
⑤ 관리들에게 관료전이 지급되고 녹읍이 폐지되었다.

03 (가)에 들어갈 내용으로 가장 적절한 것은?

한국사 스피드 퀴즈 시간입니다.
(가)

① 관료전을 지급하고 녹읍을 폐지한 국왕은?
② 중국으로부터 풍수지리설을 들여온 사람은?
③ 살수 대첩을 통해 수의 침입을 물리친 장군은?
④ 청해진을 근거지로 해상 무역을 장악한 인물은?
⑤ 아미타 신앙을 전파하여 불교 대중화에 기여한 승려는?

43회 9번 기출 문제 •

04 다음 글을 작성한 인물이 활동한 시기의 사실로 옳은 것은?

신은 나이 12세에 중국으로 건너갔는데, 배를 타고 떠날 즈음에 아버지께서 훈계하기를 "앞으로 10년 안에 진사에 급제하지 못하면 나의 아들이라고 말하지 마라. 가서 부지런히 공부에 힘을 기울여라."라고 하였습니다. 신이 부친의 엄한 가르침을 가슴에 새겨 노력을 경주한 끝에 6년 만에 빈공과에 합격하였습니다. …… 이제 귀국하여 그동안 중국에서 지은 글을 모아 계원필경집 1부 20권을 비롯한 시 · 부 · 표 · 장 등의 28권을 소장(疏狀)과 함께 올리게 되었습니다.

① 김흠돌이 반란을 도모하였다.
② 최승로가 시무 28조를 올렸다.
③ 원광이 세속 5계를 제시하였다.
④ 원종과 애노가 사벌주에서 봉기하였다.
⑤ 김춘추가 진골 출신 최초로 왕위에 올랐다.

43회 10번 기출 문제 •

05 (가)에 들어갈 문화유산으로 옳은 것은?

사진으로 보는 우리나라의 탑

(가)

이 탑은 신문왕 2년에 세워진 것으로, 국보 제112호로 지정된 쌍탑 중 동탑이다. 이 탑은 삼국 통일 이후 조성된 석탑 양식의 전형을 보여주는 것으로 지붕돌, 몸돌 등 각 부분이 여러 개의 석재로 조립되었다는 점이 특징이다. 이 탑이 있는 절은 삼국을 통일한 문무왕의 유업을 이어받아 아들인 신문왕이 완공하였다.

①   ②   ③

④   ⑤

06 밑줄 그은 '그'의 활동으로 옳은 것은?

그가 이미 계를 잃어 설총을 낳은 후에는 속인의 옷으로 바꾸어 입고 스스로를 소성거사라고 하였다. …… 화엄경의 한 구절인 '일체에 걸림이 없는 사람은 한 길로 생사에서 벗어난다.'는 구절을 따다 '무애(無㝵)'라 하고, 노래를 지어 세상에 유행하게 하였다. 이 도구를 가지고 일찍이 수많은 마을을 돌며 노래하고 춤을 추며 교화시키고 읊다가 돌아오니 이로 말미암아 가난한 사람이나 무지한 사람들도 부처의 이름을 알고, 나무아미타불을 일컫게 하였으니 그의 교화는 참으로 커다란 것이었다.
－『삼국유사』－

① 수선사 결사 운동을 전개하였다.
② 화랑도의 정신적 기반을 제공하였다.
③ 선종을 포용하기 위해 해동 천태종을 창시하였다.
④ 유불 일치설을 주장하며 심성의 도야를 강조하였다.
⑤ 일심 사상을 바탕으로 종파들의 대립을 극복하고자 하였다.

45회 7번 기출 문제 •

07 (가) 국가에 대한 설명으로 옳은 것은?

답사 보고서

■ 주제: (가) 의 유적을 찾아서
■ 기간: 2019년 ○○월 ○○일~○○월 ○○일
■ 답사지: 러시아 연해주 콕샤로프카성 일대
 1. 콕샤로프카 평지성 내부의 온돌 유적

이 유적은 전체 둘레가 1645m에 이르는 대규모 성곽으로, 내부 건물지에서 고구려 계통의 온돌 시설과 토기  등이 발굴되었다. 이러한 유적과 유물은 해동성국으로 불린 (가) 이/가 고구려의 문화를 계승하였음을 보여준다.
 2. 콕샤로프카 성벽

① 지방관 감찰을 위해 외사정을 파견하였다.
② 지방을 통제하기 위해 22담로를 설치하였다.
③ 5경 15부 62주의 지방 행정 제도를 갖추었다.
④ 집사부 외 13부를 두고 행정 업무를 분담하였다.
⑤ 상수리 제도를 시행하여 지방 세력을 견제하였다.

08 밑줄 그은 '이 나라'의 문화유산으로 옳은 것은?

대무예가 장수 장문휴를 보내 등주를 공격하였다. 당의 황제가 조서를 내려 대응하게 하였으며, 또한 김사란을 신라로 보내 병사를 일으켜 이 나라 남쪽 국경을 공격하게 하였다.

①  ②  ③

④   ⑤

II

고려의 건국과 발전

◐ 고려의 발해 유민 포용
발해 멸망(926)을 전후하여 고려에 온 발해 유민 가운데에는 관리, 장군, 학자, 승려 등 상류층이 많았는데, 태조는 이들을 받아들여 후삼국 통일에 활용하였다. 특히, 발해의 왕자 대광현을 우대하여 동족 의식을 분명히 하였다.

◐ 사심관 제도
고려 태조에게 항복한 신라 경순왕을 경주의 사심관으로 임명한 것에서 비롯되었다. 중앙의 고위 관직에 진출한 지방 세력을 출신 지역의 사심관으로 임명하여 부호장 이하의 관직 임명과 치안을 담당하도록 한 제도이다.

◐ 취민유도(取民有度)
백성들에게 조세를 수취할 때 일정한 법도가 있어야 한다는 뜻으로, 유교적 민본 이념을 나타내는 말이다.

◐ 만부교 사건
942년 거란이 고려에 사신을 파견하여 낙타 50필을 보내왔다. 고려 태조는 거란을 발해를 멸망시킨 무도한 나라로 인식하였기 때문에 사신을 섬으로 귀양 보내고 낙타를 개경의 만부교 아래에 묶어 놓아 굶어 죽게 하였다. 이를 계기로 고려와 거란의 적대 관계가 본격화되었다.

🌿 공부 꿀팁
고려의 건국과 집권 체제의 정비 과정에서 태조, 광종, 성종의 정책을 묻는 문항이 자주 출제되고 있습니다. 각 국왕의 정책을 구분하여 정리해 두기 바랍니다.

① 고려의 건국과 집권 체제의 구축

1. 고려의 건국과 민족의 재통일

(1) 고려 건국(918): 왕건을 왕으로 추대 → 고구려 계승 표방(국호 '고려'), 송악으로 천도
    └ 송악의 호족 출신, 후고구려를 세운 궁예의 신하가 되어
       한강 유역 점령, 금성(나주) 점령 등 큰 공을 세움

(2) 민족의 재통일

▲ 고려의 후삼국 통일

926	발해 멸망(→ 이후 고려는 발해 유민 포용)
927	공산 전투(후백제가 신라를 침략하자 이를 돕기 위해 출전한 고려군이 공산(대구)에서 후백제에게 패함)
930	고창 전투(고려군이 후백제군을 고창(안동)에서 크게 격퇴함)
935	견훤 귀순(후백제에 왕위 계승 다툼이 벌어지자 맏아들 신검이 견훤을 금산사에 유폐 → 견훤이 고려 태조 왕건에게 귀순), 신라 항복(신라 경순왕이 스스로 고려에 항복)
936	후백제 멸망(고려군은 일리천 전투에서 신검의 후백제군을 물리침. → 고려의 후삼국 통일)

2. 집권 체제의 구축

(1) 태조의 정책

① 호족에 대한 회유와 통제   ●─ '왕'씨 성 하사

회유책	· 혼인 정책과 사성(賜姓) 정책을 통해 호족 세력 포섭 ●─ 고려의 전시과 제도가 형성되기 전에 시행 · 후삼국 통일 과정에서 공을 세운 신하들에게 토지(역분전) 지급
통제책	· 사심관 제도: 고위 관리에게 출신 지방의 호족을 관리하게 함 · 기인 제도: 호족의 자제를 인질로서 중앙에 파견하게 함 ●─ 빈민 구제 기관 └ 신라의 상수리 제도에서 비롯되었다.

② 민생 안정: 취민유도(取民有度)를 내세우며 조세 수취 완화(1/10로 낮춤), 흑창 설치

③ 북진 정책: 고구려 계승 표방, 서경을 북진 정책의 전진 기지로 개발, 청천강~영흥의 국경선 확보, 반거란 정책 실시(만부교 사건),

④ 왕권 안정책: 『정계』, 『계백료서』를 지어 관리들이 지켜야 할 규범 제시, 후대 왕들이 지켜야 할 훈요 10조 제시

시험에 나오는 지문 특강 📖 훈요 10조

첫째, 우리나라의 대업은 반드시 모든 부처가 보호하고 지켜주는 힘에 의지하고 있으므로, 선종과 교종의 사원을 창건하고 주지를 파견하라.

넷째, 우리나라는 옛날부터 당의 풍속을 흠모하여 문물과 예악이 다 그 제도를 따랐으나, 지역이 다르고 인성도 각기 다르므로 꼭 같게 할 필요는 없다. 거란은 짐승과 같은 나라로 풍속이 같지 않고 말도 다르니 복식 및 제도 등을 삼가 본받지 말라.

일곱째, 백성들은 때를 가려 일을 시키고 요역과 부세를 가볍게 하며 농사일의 어려움을 알아주면, 저절로 백성의 마음을 얻게 되어 나라는 부강하고 백성은 편안해질 것이다. ─ 『고려사』 ─

훈요 10조는 태조가 말년에 후손에게 남긴 가르침으로 왕실과 국가의 안녕을 바라는 태조의 사상과 정책 방향이 담겨 있다. 위 자료에서 볼 수 있듯이 불교와 풍수지리설 중시, 거란 배척, 덕치와 애민 강조 등의 내용이 포함되어 있다.

(2) **정종의 정책**: 거란의 침입에 대비하고 왕권 강화를 위해 광군(일종의 예비군) 설치

(3) **광종의 왕권 강화 노력**

노비안검법 실시	불법으로 노비가 된 사람들을 양인으로 해방시킴 → 공신 및 호족 세력의 경제력·군사력 약화 ┌ 국가 기반 강화 └ 후주에서 귀화한 인물이다.	
과거제 실시	쌍기의 건의로 실시, 시험으로 관리 선발, 신진 관료 등용 → 신구 세력의 교체	
공복 제정	관리의 복색을 관등에 따라 구분 → 관리의 위계 질서 확립	
칭제건원 표방	• 황제 칭호의 사용, '광덕'·'준풍'의 독자적 연호 사용 • 개경을 황도, 서경을 서도로 부름	
주현공부법 실시	주·현 단위로 조세와 공물, 부역 등 부과 → 국가 재정 안정	

시험에 나오는 지문 특강 📖 광종의 정책

(가) 삼국 이전에는 과거의 법이 없었다. 고려 태조가 처음으로 학교를 세웠으나 과거로 인재를 뽑는 데까지는 이르지 못하였다. 광종이 쌍기의 건의를 받아들여 과거를 통해 인재를 선발하니, 이로부터 학문을 숭상하는 풍조가 일어났다. 대체로 과거에 관한 규정은 당의 제도를 채용하였다.

(나) 우리 나라의 예식과 복장 제도는 삼한 시대부터 나라별로 풍속을 지켜왔다. …… 고려 태조가 나라를 세울 때 새로 시작하는 것이 많아서 관복은 신라 제도를 물려받았으나 …… 비로소 백관의 공복을 제정하여 이때부터 귀천과 상하의 구별이 명확해졌다.
　　　　　　　　　　　　　　　　　　　　　　　　　　　　　　　　　　　－「고려사」－

　(가)는 과거제 실시, (나)는 공복 제도 실시가 나타난 자료이다. 광종은 후주 출신 쌍기의 건의로 새로운 관리 등용 방법인 과거제를 시행하였다. 광종은 학문적 소양을 갖춘 신진 관료를 등용하여 기존의 공신 및 호족 세력을 견제하는 등 신구 세력의 교체를 꾀하였다. 아울러 관료의 기강을 바로 세우고자 관리의 공복 제도를 실시하였다.

(4) **경종의 정치**: 광종의 정책을 뒷받침했던 신진 세력 제거, 전시과 제도 실시

(5) **성종의 통치 체제 정비**(최승로의 시무 28조 수용) ┌ 6두품 출신의 유학자들이 국정 주도

중앙 정치 기구 정비	2성 6부 체제 마련(당의 3성 6부제와 신라·태봉 제도 참작) → 이후 송의 관제(중추원, 삼사) 수용, 고려의 실정에 맞게 도병마사와 식목도감 설치
지방 세력 견제	12목을 설치하여 지방관 파견, 향리 제도 정비
유교 교육 진흥	국자감 정비, 12목에 경학박사와 의학박사 파견
민생 안정	의창(빈민 구제 기관) 설치

(6) **현종의 정치**: 지방 제도 정비(12목 → 4도호부, 8목, 경기와 5도 양계의 지방 통치 제도 확립)

시험에 나오는 지문 특강 📖 최승로의 시무 28조

제7조 태조께서 나라를 통일한 후에 지방관을 두고자 하였으나 …… 시행할 겨를이 없었습니다. …… 청컨대 지방관을 두소서.

제13조 우리나라에서는 봄에는 연등회를, 겨울에는 팔관회를 열어 사람을 많이 동원하여 힘든 일을 시키니, 이를 줄여서 백성이 힘을 펴게 하소서.

제20조 불교를 행하는 것은 수신의 근본이요, 유교를 행하는 것은 치국의 근원입니다. 수신은 내생의 복을 구하는 것이며, 치국은 금일의 중요한 임무입니다. 금일은 아주 가깝고 내생은 아주 먼데, 가까운 것을 버리고 먼 것을 구하는 것은 잘못된 일입니다.
　　　　　　　　　　　　　　　　　　　　　　　　　　　　　　　　　　　－「고려사절요」－

　고려 성종 때 최승로는 시무 28조를 올려 유교의 진흥과 지방관 파견, 과도한 재정 낭비를 가져오는 불교 행사의 억제 등을 건의하였다. 성종은 이를 받아들여 12개의 주요 지역에 지방관을 파견하고, 향리 제도를 정비하였다. 또한 연등회를 축소하고 팔관회를 폐지(현종 때 부활)하는 등 국가적인 불교 행사를 억제하였다.

◑ 노비안검법
안검은 조사하여 살핀다는 것으로, 본래 양민이었으나 불법적으로 노비가 된 사람을 조사하여 양민 신분을 회복시켜 준 정책이다. 노비안검법은 공신 및 호족 세력의 경제력과 군사력을 약화시키고 국가의 기반을 강화하려는 의도에서 실시되었다.

◑ 광종의 공복 제정
광종은 지배층의 위계 질서를 확립하기 위하여 관리들의 공복(公服)을 자·단·비·녹색으로 나누어 구분하게 하였다.

◑ 주현공부법
광종 때 왕권 강화 정책의 일환으로 실시된 것으로, 국가 수입 증대를 위해 지방의 주·현 단위로 해마다 바치는 공물과 부역의 액수를 정한 법이라고 할 수 있다.

◑ 전시과 제도
문무 관리 등에게 전지(경작지)와 시지(땔감을 구할 수 있는 땅)를 지급한 제도를 일컫는다.

◑ 최승로
신라 6두품 출신의 유학자로, 고려 성종이 5품 이상의 관리들에게 정책의 잘잘못을 논하는 글을 올리게 했을 때, 유교 사상에 입각하여 시무 28조의 개혁안을 바쳤다.

◑ 향리 제도
지방 세력을 견제하기 위해 지방의 호족을 향리로 편입하여 통제한 제도이다.

● 고려의 2성 6부
당의 3성 6부를 고려 실정에 맞게 재조정한 것이다. 당의 3성은 조칙을 작성하는 중서성, 조칙을 심의하는 문하성, 집행하는 상서성으로 구성되었다.

● 태봉
궁예는 송악(현재 개성)에 도읍을 정하고 후고구려를 건국하였다(901). 이후 도읍을 철원으로 옮기고 국호를 마진으로 바꿨다가, 다시 태봉으로 고치고 새로운 정치를 추구하였다. 이후에 궁예는 왕건에 의해 왕위에서 축출되고 뒤이어 고려가 성립된다.

● 고려 6부의 특징
• 6부 직계제로 국가 행정의 중심 기구 지위에 있었다. 6부가 왕에게 직주(직접 아뢰고 처리)하는 제도는 국왕이 정부 기구를 통합하는 권한을 갖게 되는 것을 의미한다.
• 6부의 역할: 이부는 문관 인사, 병부는 무관의 인사와 국방, 호부는 호구·공부(貢賦) 등 파악, 형부는 법률·소송·노비 문제, 예부는 예의·제사·외교·과거·교육, 공부는 도로·교량·도량형 등을 담당하였다.

● 간쟁, 봉박, 서경
간쟁은 왕의 잘못이나 정책의 잘못을 비판하는 것, 봉박은 잘못된 명령을 시행하지 않고 되돌려 보내는 것, 서경은 관리의 임명이나 법령의 개정·폐지에 동의하는 것을 말한다.

🌱 **공부 꿀팁**
고려 중앙 정치 조직 중 주요 기구의 특징을 묻는 문제가 종종 출제되고 있습니다. 고려 귀족 정치의 특징을 보여주는 기구, 대간의 역할 등을 비롯해 조선의 중앙 정치 조직과 비교하여 정리해 두기 바랍니다.

2 통치 체제의 정비

1. 중앙 정치 조직

(1) 2성 6부*: 태봉* 및 당, 송의 제도를 수용하고 고려의 실정에 맞게 조정
　① 2성: 중서문하성(최고 관서, 문하시중이 국정 총괄), 상서성(6부를 통해 정책 집행)
　② 6부: 실제 정무를 나누어 담당 → 재신과 낭사로 구성

시험에 나오는 지문 특강 📖 재신과 낭사

• 재신(宰臣): 중서문하성의 재부(宰府)에 속한 2품 이상의 재상을 재신이라고 한다. 재신은 국정 집행 기관인 상서성 6부의 판사(判事)가 되어 각 부를 관할하여 운영하였다. 재신은 중추원의 추밀(樞密)과 더불어 재추라 부르고, 국가의 중대사를 협의하는 합좌 기구인 도병마사와 식목도감에 참여하였다.
• 낭사(郎舍): 중서문하성에 소속된 정3품 이하의 관원이다. 간관(諫官)이라고도 하였으며, 어사대 관원과 합해 대간(臺諫)이라고도 불렸다. 1401년(조선 태종 1) 문하부가 혁파되고 의정부로 개편되면서 사간원으로 독립하였다.

(2) 중추원: 군사 기밀을 담당하는 추밀(2품 이상)과 왕명을 담당하는 승선(3품 이하)으로 구성

(3) 삼사: 화폐와 곡식의 출납에 대한 회계 담당

(4) 어사대: 정치의 잘잘못을 논하고 관리의 비리 감찰

(5) 도병마사와 식목도감

도병마사	국방 문제를 담당하는 임시 기구 → 후기에 도평의사사(도당)로 개편되면서 구성원이 확대되고 국정 전반에 걸친 중요 사항을 담당하는 최고 정무 기구로 발전	재신과 추밀이 함께 모여 회의로 국가의 중대사 결정 → 고려 귀족 정치의 특징 반영
식목도감	국내 정치에 관한 법의 제정이나 각종 시행 규정을 다루던 임시 기구	

시험에 나오는 지문 특강 📖 도병마사

　국가가 도병마사를 설치하여 시중·평장사·참지정사·정당문학·지문하성사로 판사를 삼고, 판추밀 이하로 사(使)를 삼아 큰일이 있을 때마다 회의하였다. 한 해에 한 번 모이기도 하고 여러 해 동안 모이지 않기도 하였다.
－『역옹패설』－

　도병마사는 중서문하성의 재신과 중추원의 추밀 등의 고관들로 구성된 합좌(合坐) 기구이다. 고려 초기에 서북면과 동북면에 파견된 병마사를 통제하기 위해 성종 때 설치한 병마판사제에 기원하며, 국경 지역의 군사 문제를 논의하는 임시 회의 기구였다. 고려 후기 고종 말년에는 도병마사를 도당(都堂)이라 칭하고, 재신과 추밀이 모여 국가 중대사를 논의·결정하였다. 이후 원 간섭기인 충렬왕 5년(1279)에 도병마사를 도평의사사(都評議使司)로 바꾸었다. 도평의사사는 고려 후기로 갈수록 구성과 기능이 더욱 확대되어 국정 전반의 중요 사항을 결정하는 최고 기구로 발전하였다.

(6) 대간: 어사대의 관원과 중서문하성의 낭사로 구성 → 간쟁, 봉박, 서경*의 권한 행사 → 왕이나 고위 관리들의 활동을 지원하거나 제약하여 정치 운영에 견제와 균형 추구

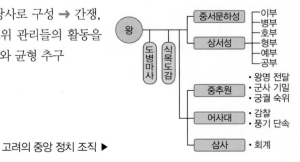

고려의 중앙 정치 조직 ▶

2. 지방 행정 조직의 정비

(1) 조직: 전국을 5도 · 양계 · 경기로 나누고, 그 안에 3경 · 4 도호부 · 8목과 군 · 현 · 진 등을 설치

① 5도: 일반 행정 구역, 안찰사 파견, 도 아래에 주 · 부 · 군 · 현 설치

② 양계(북계, 동계): 군사 행정 구역(북방 국경지대에 설치), 병마사 파견, 국방상의 요충지에 진 설치

(2) 특징

① 지방관이 파견되는 주현보다 파견되지 않은 속현이 다수 차지
향리가 사실상 행정 실무 담당

② 향 · 부곡 · 소: 특수 행정 구역, 일반 군현에 비해 차별

③ 향리: 향촌 사회의 지배층인 토착 세력(영향력이 강함), 조세나 공물 징수, 노역 징발 등 실제적인 행정 업무 담당

▲ 고려의 지방 행정 조직

3. 군사 제도

	중앙군	지방군
구성	2군(국왕의 친위 부대), 6위(수도 경비와 국경 방어 담당)	주진군(양계에 주둔, 상비군), 주현군(5도의 일반 군현에 주둔)
편성	직업 군인으로 편성, 군인전을 지급받고 그 역은 자손에게 세습	군적에 오르지 못한 일반 농민으로 16세 이상 장정들로 조직

4. 관리 등용 제도

(1) 과거 제도: 법제적으로 양인 이상이면 응시 가능

① 문신 채용 시험: 제술과(문학적 능력 시험), 명경과(경전에 대한 이해 능력 시험)

② 기술관 채용 시험: 잡과(의학, 천문, 지리 등 실용 기술학 시험)

(2) 음서: 공신 · 5품 이상 고위 관료의 자손은 과거를 거치지 않고도 관료가 될 수 있는 혜택을 받음 → 고려 관료 체제의 귀족적 특성

무과는 거의 실시되지 않았다.

문과 → 제술과(문학), 명경과 → 문관
음서 → 문관
잡과 → 기술관
승과 → 교종선, 선종선 → 승관

시험에 나오는 지문 특강 📖 고려의 관리 임용 제도

(가) 문생(門生)이 종백(宗伯: 과거를 맡아 합격자를 선발하는 시험관으로, 좌주(座主)라고도 한다.)을 대할 때는 아버지와 자식 사이의 예를 차린다. …… 평장사 임경숙은 4번 과거의 시험관이 되었는데, 몇 해 지나지 않아 그의 문하에 벼슬을 한 사람이 10여 명이나 되었고 …… (유경이) 문생들을 거느리고 들어가 뜰 아래에서 절하니 임경숙은 마루 위에 앉아 있고, 악공들은 풍악을 울렸다. 보는 사람들이 하례하고 찬탄하지 않는 이가 없었다.
— 『보한집』 —

(나) 삼가 생각하건대 신은 …… 일찍이 과거에 뜻을 두었으나 논리 정연하게 글 쓰는 능력이 없고 문서를 다루는 데도 익숙하지 않아 우연히 문음(음서)으로 인연하여 관리의 이름을 얻게 되었습니다. 그러나 만약 유학으로 말미암지 않고 입신한다면 무슨 면목으로 벼슬살이를 하겠습니까? 더구나 조상들은 모두 이 길을 따라 빛난 자취를 남겼는데 자손으로서 다른 길로 출세할 수 있겠습니까?
— 『동국이상국집』 —

과거 응시는 양인 이상이면 가능하였으나 실제로 제술과와 명경과는 주로 귀족, 향리의 자제들이 응시하였다. 시험을 관장하는 사람을 좌주(座主)라 하고 그 합격자를 문생(門生)이라 하였는데, (가)에 나타나 있듯이 이 둘은 서로 아버지와 자식의 예를 차릴 정도로 강한 결속을 보이며 인맥을 형성하였다. 한편, 고려 시대 귀족들은 음서의 혜택이 있었지만 과거를 거쳐 관직을 얻은 것을 더 명예롭게 생각하였음을 (나)를 통해 알 수 있다.

○ 고려의 지방 행정 제도 정비
고려 태조부터 경종 때까지는 지방 호족의 자치권이 인정되었으며, 고려 성종 때 최승로의 건의로 지방 행정 제도를 정비하기 시작해 12목을 설치하고 지방관을 파견하였다. 고려 현종 때 3경, 4 도호부, 8목이 설치되었으며, 고려 중기 이후 5도 양계가 설치되면서 완비되었다.

○ 5도 양계
도의 장관은 안찰사로 도내의 주현을 돌아다니면서 수령을 감찰하고, 조세 징수 등을 하였다. 양계는 변경 지대로서 장관인 병마사는 군사 업무를 담당할 뿐만 아니라 수령을 감찰하고 관할 지역을 순시하며 조세 징수 등을 하였다.

○ 고려의 3경
수도인 개경 주변을 경기라 하였으며 개경과 서경, 동경(후기에는 동경 대신 남경)을 3경이라 하였다.

○ 주현과 속현
주현은 지방관이 파견된 현을, 속현은 지방관이 파견되지 않은 현을 의미한다. 주현의 지방관이 속현의 향리를 통해 간접적으로 속현을 통치하였다.

○ 향 · 부곡 · 소
향 · 부곡민은 주로 농업에 종사하였고, 소의 주민은 광물, 자기 등의 공물 생산에 종사하였다. 향 · 부곡 · 소의 거주민은 신분상으로는 양인이었지만, 일반 군현민에 비해 차별 대우를 받았다.

🌿 공부 꿀팁
고려 지방 제도의 특징, 5도 양계 체제, 지방관이 파견되지 않은 속현이 많았다는 점, 향 · 부곡 · 소라는 특수 행정 구역이 있었다는 점 등이 종종 출제되고 있습니다. 조선 시대의 지방 제도와 구분하여 정리해 두기 바랍니다.

대표 기출 문제 분석 01

▶ 고려 초 집권 체제 구축

| 32회 14번 기출 |

밑줄 그은 '이 정책'으로 옳은 것은?

> 중앙의 5품 이상 관리에게 국정에 관한 의견을 받으셨는데, 구체적으로 어떻게 활용하실 계획인가요?

> 왕권을 강화하고 유교적 통치 체제를 확립하는 데 활용할 것이오. 특히, 최승로의 건의를 받아들여 이 정책을 실시할 것이오.

① 노비안검법을 실시하였다.
② 12목에 지방관을 파견하였다.
③ 인사권을 가진 정방을 폐지하였다.
④ 경순왕 김부를 경주의 사심관으로 삼았다.
⑤ 인재를 등용하기 위해 과거제를 도입하였다.

문제 분석

제시된 자료에서 '중앙의 5품 이상 관리에게 국정에 관한 의견을 받으셨는데', '최승로의 건의' 등을 통해 밑줄 그은 '이 정책'이 고려 성종의 정책임을 알 수 있다. 고려 성종은 즉위 후 국가의 오랜 폐단을 없애고 국정을 쇄신하기 위하여 중앙의 5품 이상의 관리들로 하여금 그 동안의 정치에 대한 비판과 정책을 건의하는 글을 올리게 하였다. 대표적으로 최승로의 시무 28조와 김심언의 봉사 2조가 있다.
② 고려 성종은 최승로의 시무 28조를 받아들여 12목을 설치하고 지방관을 파견하는 한편, 지방의 중소 호족을 향리로 편입시켰다.

정답: ②

오답 거르기

① 노비안검법은 광종 때인 956년에 시행된 정책으로, 이를 통해 호족 세력을 약화시키고 국가의 재정 기반을 확충하고자 하였다.
③ 고려 무신 집권기 최우가 설치한 정방은 고려 말 공민왕 때 폐지되었다.(완전 폐지는 창왕 때)
④ 사심관 제도는 태조 왕건이 신라의 마지막 왕인 경순왕(김부)이 항복해오자 그를 경주의 사심관으로 삼은 데서 비롯되었다.
⑤ 과거제는 고려 광종 때 처음 도입되었다.

▶ 닮은꼴 예상 문제

다음 주장을 수용한 국왕에 대한 설명으로 옳은 것은?

> 제7조 태조께서 나라를 통일한 후에 지방관을 두고자 하였으나 …… 시행할 겨를이 없었습니다. …… 청컨대 지방관을 두소서.
>
> 제13조 우리나라에서는 봄에는 연등회를, 겨울에는 팔관회를 열어 사람을 많이 동원하여 힘든 일을 시키니, 이를 줄여서 백성이 힘을 펴게 하소서.
>
> 제20조 불교를 행하는 것은 수신의 근본이요, 유교를 행하는 것은 치국의 근원입니다. 수신은 내생의 복을 구하는 것이며, 치국은 금일의 중요한 임무입니다.

① 토지 제도로 전시과를 마련하였다.
② 2성 6부의 중앙 관제를 정비하였다.
③ 교정도감을 활용하여 권력을 행사하였다.
④ 노비안검법을 실시하여 왕권을 강화하였다.
⑤ 청천강에서 영흥에 이르는 국경선까지 영토를 넓혔다.

대표 기출 문제 분석 02

고려의 중앙 정치 조직

| 44회 12번 기출 |

(가), (나) 기구에 대한 설명으로 옳은 것을 〈보기〉에서 고른 것은?

이번에 　(가)　의 수장인 문하시중의 자리에 오르셨다고 들었습니다. 영전을 축하드립니다.

고맙네. 자네가 　(나)　에서 맡고 있는 어사대부 직책도 중요하니 열심히 하시게.

┤ 보기 ├
ㄱ. (가) – 화폐, 곡식의 출납과 회계를 맡았다.
ㄴ. (가) – 국정을 총괄하는 최고 중앙 관서였다.
ㄷ. (나) – 원 간섭기에 도평의사사로 개편되었다.
ㄹ. (나) – 관리 임명에 대한 서경권을 행사하였다.

① ㄱ, ㄴ　　② ㄱ, ㄷ　　③ ㄴ, ㄷ　　④ ㄴ, ㄹ　　⑤ ㄷ, ㄹ

문제 분석

제시된 자료에서 '문하시중'을 통해 (가)가 중서문하성임을 알 수 있고, '어사대부'를 통해 (나)가 어사대임을 알 수 있다. 고려의 최고 관서인 중서문하성은 2품 이상의 고위 관리인 재신과 3품 이하의 관리인 낭사로 구성되었다.
ㄴ. 중서문하성이 국가 정책을 계획하여 결정하였고, 그 장관인 문하시중은 국정을 총괄하였다.
ㄹ. 어사대는 중서문하성의 낭사와 함께 대간이라 불렸다. 대간은 왕의 잘못을 논하는 간쟁, 잘못된 왕명을 시행하지 않고 되돌려 보내는 봉박, 관리 임명과 법령 개폐에 동의하는 서경 등의 권리를 행사하며 정치 권력의 균형을 잡는 역할을 하였다.

정답: ④

오답 거르기

ㄱ. 고려 시대 삼사는 곡식의 출납과 회계 관련 사무를 관장하였으며, 호부는 파악한 세원을 바탕으로 조세를 거두고 지출하는 재정 운영을 계획·총괄하는 역할을 하였다.
ㄷ. 고려 시대 국방 문제를 논의하던 임시 회의 기구였던 도병마사는 고려 후기에 도평의사사로 개편되었다.

닮은꼴 예상 문제

▶ 정답과 해설 12쪽

㉠~㉤에 대한 설명으로 옳지 <u>않은</u> 것은?

〈○○○의 연보〉

연도 미상	㉠ 음서로 관직에 오름
1110년	㉡ 중추원의 전중감 동지원사에 임명됨
1111년	㉢ 어사대의 대부가 됨
1113년	㉣ 상서성의 좌복야에 오름
1116년	㉤ 중서문하성의 문하시랑평장사 판상서이부사에 임명됨
1123년	서경의 판유수사에 임명됨
1126년	척준경과 함께 난을 일으켰다가 이후 유배 후 사망함

① ㉠ – 왕실과 공신의 후손, 5품 이상 관료의 자손에게 부여되었다.
② ㉡ – 군사 기밀과 왕명의 출납을 담당하였다.
③ ㉢ – 화폐 및 곡식의 출납 등 회계를 맡았다.
④ ㉣ – 6부를 두고 실제 정무를 나누어 집행하였다.
⑤ ㉤ – 최고 관서로서 재신과 낭사로 구성되었다.

29회 11번 기출 문제

01 다음 왕의 업적으로 옳은 것은?

> 이제 백성들을 위해 조(租)를 수확량의 10분의 1로 하여 지나친 세금 징수를 금하고, 가난한 백성들을 위해 흑창을 설치하라.

① 12목에 처음으로 지방관을 파견하였다.
② 서경을 북진 정책의 전진 기지로 삼았다.
③ 쌍기의 건의를 받아들여 과거제를 실시하였다.
④ 전시과 제도를 마련하여 관리에게 토지를 지급하였다.
⑤ 권문세족을 견제하기 위해 전민변정도감을 설치하였다.

42회 13번 기출 문제

02 (가) 왕이 시행한 정책으로 옳지 않은 것은?

> 발해가 거란의 군사에게 격파되자 그 나라 세자인 대광현 등이 우리나라가 의(義)로써 흥기하였으므로 남은 무리 수만 호를 거느리고 밤낮으로 길을 재촉하여 달려왔습니다. [(가)]께서는 이들을 더욱 가엾게 여기시어 영접과 대우가 매우 두터웠고, 성과 이름을 하사하시기까지 이르렀습니다. 또한 그들을 종실의 족보에 붙이고, 본국 조상들의 제사를 받들도록 하셨습니다.
>
> – 『고려사』 –

① 평양을 서경으로 삼아 중시하였다.
② 민생 안정을 위해 흑창을 설치하였다.
③ 경순왕 김부를 경주의 사심관으로 삼았다.
④ 국자감에 7재라는 전문 강좌를 개설하였다.
⑤ 계백료서를 지어 관리의 규범을 제시하였다.

30회 11번 기출 문제

03 (가), (나) 제도에 대한 설명으로 옳은 것은?

> (가) 신라왕 김부가 와서 항복하자 신라국을 없애 경주라 하고, 김부를 경주의 사심(事審)으로 임명하여 부호장 이하 관직 등을 주관토록 하였다.
>
> – 『고려사』 –
>
> (나) 국초에 향리의 자제를 뽑아 개경에서 볼모로 삼고 또한 출신지의 일에 대한 자문에 대비하도록 하였는데, 이를 기인(其人)이라 하였다.
>
> – 『고려사』 –

① (가) – 후주 출신 쌍기의 건의로 도입되었다.
② (가) – 젊고 유능한 관리를 재교육하기 위해 시행되었다.
③ (나) – 5품 이상 문무 관리를 대상으로 마련되었다.
④ (나) – 좌수와 별감이라는 향임직을 두어 운영되었다.
⑤ (가), (나) – 지방 세력에 대한 통제를 목적으로 실시되었다.

04 다음 자료를 남긴 국왕이 추진한 정책으로 옳은 것은?

> 첫째, 우리나라의 대업은 반드시 모든 부처가 보호하고 지켜주는 힘에 의지하고 있으므로, 선종과 교종의 사원을 창건하고 주지를 파견하라.
> …
> 넷째, 우리나라는 옛날부터 당의 풍속을 흠모하여 문물과 예악이 다 그 제도를 따랐으나, 지역이 다르고 인성도 각기 다르므로 꼭 같게 할 필요는 없다. 거란은 짐승과 같은 나라로 풍속이 같지 않고 말도 다르니 복식 및 제도 등을 삼가 본받지 말라.
> …
> 일곱째, 백성들은 때를 가려 일을 시키고 요역과 부세를 가볍게 하며 농사일의 어려움을 알아주면, 저절로 백성의 마음을 얻게 되어 나라는 부강하고 백성은 편안해질 것이다.

① 기철 등 친원 세력을 숙청하였다.
② 관리들에게 전지와 시지를 지급하였다.
③ 중앙 관제로 2성 6부 체제를 마련하였다.
④ 교정도감을 설치하여 국정을 운영하였다.
⑤ 청천강에서 영흥에 이르는 국경선을 확보하였다.

05 (가), (나) 사이의 시기에 있었던 사실로 옳은 것은?

> (가) 쌍기가 처음으로 과거 제도의 실시를 건의하였고, 마침내 지공거가 되어 시(詩)·부(賦)·송(頌)·책(策)으로써 진사갑과에 최섬 등 2인, 명경업(明經業)에 3인, 복업(卜業)에 2인을 선발하였다.
>
> (나) 최승로가 상서하기를, "······ 지금 살펴보면 지방의 세력가들은 매번 공무를 핑계 삼아 백성을 침탈하므로 백성이 그 명을 감당하지 못합니다. 청컨대 외관(外官)을 두소서."라고 하였다.

① 국가 주도로 해동통보가 발행되었다.
② 인사 행정을 담당하던 정방이 폐지되었다.
③ 관학 진흥을 위해 전문 강좌인 7재가 개설되었다.
④ 호구의 정확한 파악을 위해 호패법이 실시되었다.
⑤ 처음으로 직관·산관 각 품의 전시과가 제정되었다.

06 밑줄 그은 '왕'에 대한 설명으로 옳은 것은?

> • <u>왕</u> 7년에 노비를 조사해서 옳고 그름을 분명히 밝히도록 명령하였다. 이 때문에 주인을 배반하는 노비들을 도저히 억누를 수 없으므로, 주인을 업신여기는 풍속이 크게 유행하였다.
> • <u>왕</u> 9년에 쌍기의 의견을 받아들여 처음으로 과거로 인재를 뽑게 하였다. 이 때문에 문풍(文風)이 일어났고, 그 법은 대체로 당나라 제도를 따른 것이다.

① 신돈을 등용하여 개혁을 추진하였다.
② 관료전을 지급하고 녹읍을 폐지하였다.
③ 태학을 설립하여 유학 교육을 실시하였다.
④ 12목에 경학박사와 의학박사를 파견하였다.
⑤ 공복을 제정하여 관료의 기강을 확립하였다.

07 다음 국왕에 대한 설명으로 옳은 것은?

> 이번에 노비안검법을 실시한 배경은 무엇입니까?
>
> 호족들이 거느리고 있는 노비들 중에는 본래 양인이었다가 억울하게 노비가 된 사람들이 많소. 그들을 양인으로 풀어 주는 것은 당연한 일이 아니겠소.

① 과거제를 도입하였다.
② 12목을 설치하고 지방관을 파견하였다.
③ 사심관 제도와 기인 제도를 마련하였다.
④ 거란의 침입에 대비해 광군을 설치하였다.
⑤ 경기와 5도 양계의 지방 통치 제도를 확립하였다.

08 (가) 국왕의 재위 시기에 볼 수 있는 모습으로 적절한 것은?

> 이것은 개성 만월대 유적에서 출토된 용머리 조각으로, 하늘로 오르는 듯 머리를 치켜 든 용의 모습을 통해 고려의 강건한 기상을 엿볼 수 있다. 용은 본래 황제의 권위를 상징하는 존재로 궁궐에 용머리상을 만든 것은 고려가 황제의 나라로 자부하였음을 보여 준다. 이러한 인식은 (가) 이/가 개경을 황도로 칭하고 광덕, 준풍 등의 연호를 사용한 것을 통해 파악할 수 있다.

① 22담로에 파견되는 왕족
② 과거제 도입을 건의하는 관리
③ 청해진을 근거지로 해적 소탕에 나서는 장군
④ 제가 회의에서 국가 중대사를 논의하는 귀족
⑤ 서원에서 선현에 대한 제사를 준비하는 사족

09

17회 10번 기출 문제 •

(가)에 대한 설명으로 옳지 않은 것은?

> ___(가)___ 은(는) 중서문하성의 낭사와 어사대의 관원으로 구성되었다. 소속 관원은 비록 직위가 낮았지만 정치 운영 과정에서 견제와 균형의 기능을 수행하였다. 직무가 중요했던 만큼 가문과 능력 등을 심사한 뒤 엄격하게 선발되었다.

① 관리의 비리를 규찰하고 탄핵하였다.
② 왕의 과실을 비판하여 시정을 건의하였다.
③ 왕의 관리 임명에 대해 서경권을 행사하였다.
④ 화폐와 곡식의 출납에 대한 회계를 맡아 보았다.
⑤ 왕의 잘못된 명령을 시행하지 않고 되돌려 보냈다.

10

32회 17번 기출 문제 •

(가)에 들어갈 내용으로 옳은 것은?

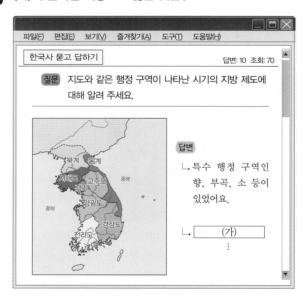

① 경재소를 설치하여 유향소를 통제하였어요.
② 전국의 모든 군현에 지방관을 파견하였어요.
③ 상수리 제도를 실시하여 지방 세력을 견제하였어요.
④ 5소경을 설치하여 수도의 편재성을 보완하고자 하였어요.
⑤ 국경 지대에 병마사를 파견하여 적의 침입에 대비하였어요.

11

35회 13번 기출 문제 •

다음 제도를 운영한 국가의 지방 통치에 대한 설명으로 옳은 것은?

> 6위를 설치하였다. …… 6위에 직원(職員)과 장수를 배치하였다. 그 후에 응양군과 용호군 2군을 설치하였는데, 2군은 6위보다 지위가 높았다.

① 전국을 5경 15부 62주로 나누었다.
② 특수 행정 구역으로 향, 부곡, 소가 있었다.
③ 지방 장관으로 욕살, 처려근지 등을 두었다.
④ 상수리 제도를 실시하여 지방 세력을 견제하였다.
⑤ 수도의 위치가 치우친 것을 보완하기 위해 5소경을 설치하였다.

12

밑줄 그은 '이들'이 속한 정치 기구를 (가)~(마)에서 골라 옳게 짝지은 것은?

> 고려 시대 이들은 왕의 잘못을 논하는 간쟁과 잘못된 왕명을 시행하지 않고 되돌려 보내는 봉박, 관리의 임명과 법령의 개정이나 폐지 등에 동의하는 서경권을 가지고 있었다. 이들은 비록 지위는 낮았지만, 왕이나 고위 관리들의 활동을 지원하거나 제약하여 정치 운영에 견제와 균형을 이루었다.

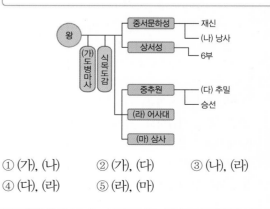

① (가), (나)   ② (가), (다)   ③ (나), (라)
④ (다), (라)   ⑤ (라), (마)

13 (가), (나) 제도에 대한 설명으로 옳은 것을 〈보기〉에서 고른 것은?

> (가) 제술업·명경업의 두 업(業)과 의업·복업(卜業)·지리업·율업·서업·산업(算業) …… 등의 잡업이 있었는데, 각각 그 업으로 시험을 쳐서 벼슬길에 나아가게 하였다.
> ― 『고려사』 ―
>
> (나) 무릇 조상의 공로[蔭]로 벼슬길에 나아가는 자는 모두 나이 18세 이상으로 제한하였다.
> ― 『고려사』 ―

┤ 보기 ├
ㄱ. (가) ― 재가한 여자의 자손은 응시에 제한을 받았다.
ㄴ. (가) ― 향리의 자제가 중앙 관직으로 진출하는 통로가 되었다.
ㄷ. (나) ― 후주 출신 쌍기의 건의로 시작되었다.
ㄹ. (나) ― 사위, 조카, 외손자에게 적용되기도 하였다.

① ㄱ, ㄴ   ② ㄱ, ㄷ   ③ ㄴ, ㄷ   ④ ㄴ, ㄹ   ⑤ ㄷ, ㄹ

14 다음과 같은 업무를 수행한 고려의 정치 기구에 대한 설명으로 옳은 것은?

> • 국자감의 학부별 입학 자격, 교육 과정, 수업 연한 및 학생 정원 등을 규정한 학칙을 상세하게 제정하였다.
> • 첨사부*에 지급할 공해전의 규모, 소속 관원을 보조할 수행원의 정원 배정 등 첨사부 운영에 필요한 여러 가지 시행 규정을 정하였다.
>
> *첨사부: 동궁 사무를 관장한 관청

① 도평의사사로 명칭이 바뀌었다.
② 관리들을 감찰하는 업무를 맡았다.
③ 재신과 추밀의 합의제로 운영되었다.
④ 군사 기밀과 왕명 출납 업무를 하였다.
⑤ 6부를 관리하며 정책의 집행을 담당하였다.

15 지도의 (가), (나) 지역에 대한 설명으로 옳지 않은 것은?

① (가)는 동계와 함께 양계라고 불렸다.
② (가)에는 중앙에서 병마사가 파견되었다.
③ (나)에서는 주현의 지방관이 속현을 통솔하였다.
④ (나)에는 안찰사가 파견되어 도내의 행정을 살폈다.
⑤ (가)에는 9서당이, (나)에는 10정이 배치되었다.

16 (가) 국가에서 볼 수 있는 사회 모습으로 적절한 것은?

> 11월에 ____(가)____ 의 수도인 개경에서 팔관회를 열었다. 왕이 신봉루로 나가서 관리들에게 술과 음식을 내리고, 법왕사에 행차하였다. 이튿날 큰 행사를 열고 음악 연주를 관람하였다. …… 송의 상인과 여진 및 탐라의 사절도 선물을 바치니, 그들에게 좌석을 마련하여 주고 예식을 보게 하였다.

① 동시전의 설치를 명하는 국왕
② 진대법을 통해 지원을 받는 농민
③ 문생의 관리 생활을 조언하는 좌주
④ 독서삼품과 실시를 환영하는 6두품
⑤ 강화도에서 프랑스군에 맞서 싸우는 병사

02 문벌 귀족 사회와 무신 정권

출제 포인트

· 문벌 귀족 사회의 동요와 이자겸의 난
· 묘청의 서경 천도 운동
· 무신 정변
· 무신 정권기 농민과 천민의 항쟁

● 왕실과 경원 이씨의 혼인 관계

고려 전기에 경원 이씨 가문은 80여 년 동안 무려 10명의 왕비를 배출하였다.

● 풍수지리설
풍수지리설에 따라 도읍이나 묘자리를 정하였는데, 고려 시대에는 서경 길지설이 유행하여 묘청의 서경 천도 운동의 이론적 근거가 되었다.

● 신채호의 서경 천도 운동 인식
신채호는 묘청의 서경 천도 운동을 낭가와 불교 양가 대 유교의 싸움, 국풍파와 한학파의 싸움, 독립당 대 사대당의 싸움, 진취 사상 대 보수 사상의 싸움으로 보고, 묘청은 전자의 대표, 김부식은 후자의 대표로 보았다. 신채호는 묘청의 서경 천도 운동이 실패한 것을 '조선 역사상 제일대사건'이라 하였다.

🌿 공부 꿀팁
묘청의 서경 천도 운동은 자주 출제되는 주제입니다. 묘청을 비롯한 서경파의 주장과 서경 천도를 반대한 개경 귀족의 입장을 비교하여 정리해 두기 바랍니다.

1 문벌 귀족 사회의 형성과 동요

1. 문벌 귀족 사회의 형성

(1) **문벌 귀족**: 여러 세대에 걸쳐 고위 관직자를 배출한 집안

출신 배경	개국 공신 · 지방 호족 출신의 중앙관료, 6두품 계통의 유학자
특권	음서와 공음전의 혜택, 서로 중첩된 혼인 관계, 외척으로 성장

▲ 문벌 귀족의 형성

(2) **문벌 귀족 사회**: 문벌 귀족이 정치 · 경제적 특권을 독점 → 사회적 모순 발생

2. 문벌 귀족 사회의 동요

(1) **배경**: 문벌 귀족 간의 갈등, 과거로 중앙 정계에 진출한 지방 출신 세력과 문벌 귀족 간의 대립

(2) **이자겸의 난(1126)**

배경	경원 이씨의 권력 장악(이자겸) → 인종과 측근 세력이 이자겸 축출 시도
과정	이자겸이 척준경과 함께 난을 일으켜 권력 장악 → 인종이 척준경을 포섭하여 이자겸 세력 제거 → 척준경 탄핵
결과 및 의의	중앙 지배층의 분열 노출, 문벌 귀족 사회의 동요

(3) **묘청의 서경 천도 운동**

① 개경파와 서경파의 대립 → 배경: 이자겸의 난 이후 인종이 묘청과 정지상 등 서경 세력을 이용하여 개혁 추진 → 김부식 등 보수적 개경 세력과 대립

구분	개경파	서경파
주요 세력	중앙의 문벌 귀족(김부식)	지방 출신의 개혁적 관리(묘청, 정지상)
사상	· 유교 사상 기반 → 사대 정책 · 신라 계승 의식 표방	· 풍수지리설, 전통 사상 → 북진 정책 · 고구려 계승 의식 표방
주장	서경 천도 반대, 유교 이념을 통한 사회 질서 확립, 금에 사대	왕권 강화, 서경 천도, 금 정벌, 칭제건원 주장

▲ 묘청의 서경 천도 운동

② 경과: 묘청의 서경 천도 주장(인종이 서경 임원역에 대화궁 신축) → 개경파의 반대로 서경 천도 실패 → 묘청이 서경에서 난을 일으킴(1135) → 김부식이 이끈 관군의 공격으로 진압(1136)

③ 결과: 문벌 귀족 사회의 분열 심화 └ 국호 '대위', 연호 '천개'

시험에 나오는 지문 특강 📖 **서경 천도를 둘러싼 묘청과 김부식의 주장**

(가) 저희들이 보건대 서경 임원역의 땅은 음양가들이 말하는 대화세(大華勢, 명당)의 땅입니다. 만약 이곳에 궁궐을 짓고 옮겨 앉으시면 천하를 다스릴 수 있습니다. 또한 금이 예물을 가지고 와서 스스로 항복할 것이요, 주변의 서른여섯 나라가 모두 머리를 조아릴 것입니다. – 「고려사」 –

(나) 금년 여름 서경 대화궁에 30여 군데나 벼락이 떨어졌습니다. 서경이 만약 좋은 땅이라면 하늘이 이렇게 하였을 리 없습니다. …… 또 서경은 아직 추수가 끝나지 않았습니다. 지금 행차하시면 농작물을 짓밟을 것입니다. 이는 백성을 사랑하고 물건을 아끼는 뜻과 어긋납니다. – 「고려사」 –

(가)에는 서경이 풍수지리설에서 말하는 명당임을 내세운 묘청의 서경 천도 주장이 나타나 있다. 특히 묘청은 서경을 근거지로 삼아 금을 정벌하자고 강조하였다. 하지만 (나)에서 볼 수 있듯이 김부식 등 개경 세력은 민생 안정을 이유로 서경 천도와 금 정벌에 반대하였다.

② 무신 정권의 성립과 변천

1. 무신 정변
(1) 배경: 문벌 귀족 지배 체제의 동요, 무신에 대한 차별 대우, 하급 군인들의 불만
(2) 전개(1170): 이의방·정중부가 주도, 의종을 폐위 → 무신들이 중방을 중심으로 권력 행사
(3) 초기 무신 정권: 권력 쟁탈전 전개(이의방 → 정중부 → 경대승 → 이의민 → 최충헌)

2. 최씨 무신 정권 → 4대 60여 년 간 지속되었으며 교정도감의 우두머리인 교정별감을 세습하였다.

최충헌	정적을 제거하고 독재 정권 확립, 사회 개혁책으로 봉사 10조 제시(→ 실효를 거두지 못함), 농민 항쟁 진압, 대토지 확대	
	교정도감	정적 제거 및 국정 총괄, 최고 집정부의 역할
	도방	신변 경호를 위해 설치한 사병 집단(경대승에 의해 처음 설치)
최우	최충헌의 뒤를 이어 집권, 문신을 우대하고 적극 활용, 집권기에 몽골의 침략·강화 천도	
	정방	문·무관의 인사 행정 실무를 담당하는 기구로 최우의 사저에 설치
	서방	문인들의 숙위 기구(→ 무신 정권 붕괴와 함께 폐지)
	삼별초	치안 유지를 위해 야별초 설치(→ 좌·우별초, 신의군)

└ 군사적 기반

3. 무신 정권의 붕괴
(1) 변천: 유경·김준 등이 최의 주살 → 김준 집권 → 임연이 김준 제거 → 임연 사후 임유무 집권
↑ 임연 아들
(2) 개경 환도(1270): 임유무 제거, 무신 정권의 몰락 및 왕정 회복

	1170	1174	1179	1183	1196	1219	1249	1257	1258	1268	1270
집권자	이의방	정중부	경대승	이의민	최충헌	최우	최항	최의	김준	임연	임유무
권력 기구	중방				교정도감						
구분	성립기				확립기(최씨 정권기)			붕괴기			

▲ 무신 정권의 변천

4. 무신 정권에 대한 저항과 하층민의 봉기
(1) 무신 정권에 대한 저항: 김보당과 조위총의 저항
(2) 하층민의 저항
① 배경: 무신들의 수탈과 중앙 정부의 지방 통제력 약화, 하층민 중에서 최고 권력자로 성장한 사례 존재, 하극상의 풍조 → 하층민의 사회의식 변화
② 하층민의 봉기: 망이·망소이의 봉기, 김사미·효심의 봉기, 만적의 봉기
(3) 삼국 부흥 운동의 전개: 경주 농민 봉기(신라 부흥), 이연년 형제의 봉기(백제 부흥), 최광수의 난(고구려 부흥)

▲ 무신 정권기의 주요 봉기

시험에 나오는 지문 특강 만적의 봉기

노비 만적 등 6명이 북산에 나무하러 갔다가 공·사 노비들을 모아 놓고 말하기를, "우리나라에서는 경인년과 계사년 이래 고위 관리들이 천민과 노비에서 많이 나왔다. 장군과 재상이 어찌 타고난 씨가 따로 있겠는가? 때만 만나면 누구나 될 수 있는 것이다. 우리라고 어찌 뼈 빠지게 일만 하고 채찍 아래에서 고통만 당하겠는가?"라고 하였다. 여러 노비가 모두 옳은 말이라 여겼다. － 「고려사」 －

최충헌이 정권을 장악한 시기에 노비 만적이 신분 해방 운동을 시도하였다. 만적은 누구나 공경대부가 될 수 있다고 주장하며 신분 차별에 저항하였다. 이는 하층민이 최고 권력자가 될 수 있었던 당시 무신 정권기의 분위기를 반영한 것으로 볼 수 있다.

● 무신 정변
1170년(의종 24) 의종의 보현원 행차 때 무신 차별에 불만을 가진 정중부, 이의방 등이 정변을 일으켜 김돈중 등 문신들을 제거하고 권력을 장악하였다.

● 중방
중앙군인 2군 6위의 상장군과 대장군으로 구성된 회의 기구였다. 무신 정변 직후 모든 정치 문제를 다루는 최고 권력 기구로 이용되었다.

● 교정도감
최충헌에 대한 제거 시도가 있자 관련자를 색출하기 위해 설치한 임시 기구였으나 이후 계속 존속시켜 최씨 정권의 반대 세력을 제거하고 국정을 총괄하는 기구로 기능하였다.

● 삼별초
최우가 집권하면서 치안 유지를 위해 설치한 야별초에서 시작되었다. 야별초가 좌별초와 우별초로 분리되었고, 몽골에 포로로 잡혀갔던 병사들로 조직된 신의군까지 포함되어 구성되었다.

● 무신 정권에 대한 저항
명종 때 동북면 병마사 김보당이 의종의 복위를 꾀하며 난을 일으켰으며 서경 유수 조위총이 무신 정권에 항거하였다. 교종 승려들도 무신 정권에 반발하였다.

🌿 공부 꿀팁
무신 정변이 발발하게 된 상황과 무신 집권기 하층민의 봉기에 대해 묻는 문제가 출제되니 당시의 역사적 정황과 각 사건이 갖는 역사적 의의를 꼭 파악하도록 합니다.

문벌 귀족 사회의 동요

| 45회 19번 기출 |

밑줄 그은 '왕'의 재위 기간에 있었던 사실로 옳은 것은?

> 백관을 소집하여 금을 섬기는 문제에 대한 가부를 의논하게 하니 모두 불가하다고 하였다. 유독 이자겸, 척준경만이 "금이 …… 정치를 잘하고 병력도 강성하여 날로 강대해지고 있습니다. 또 우리와 서로 국경이 맞닿아 있어 섬기지 않을 수 없는 상황입니다. 게다가 작은 나라로서 큰 나라를 섬기는 것은 선왕의 도리이니, 사신을 보내 먼저 예를 갖추어 찾아가는 것이 옳습니다."라고 하니 왕이 이 말을 따랐다.
>
> – 『고려사』 –

① 최충헌이 봉사 10조를 올렸다.
② 명학소의 망이 · 망소이가 봉기하였다.
③ 최무선의 건의로 화통도감이 설치되었다.
④ 강조가 정변을 일으켜 김치양을 제거하였다.
⑤ 묘청이 수도를 서경으로 옮길 것을 주장하였다.

문제 분석

제시된 자료에는 1126년(인종 4년) 금이 고려에 사대 요구를 하자 당시 실권자였던 이자겸 세력이 이를 받아들이자고 주장하는 내용이 나타나 있다. 따라서 밑줄 그은 '왕'은 고려 인종(재위 1122~1146)이다.

⑤ 고려 인종 때 묘청 등은 서경 천도를 주장하였으나 김부식 등 개경을 중심으로 한 문벌 귀족은 그에 반대하였다. 묘청 등은 서경 천도가 어렵게 되었다고 판단하고 1135년(인종 13) 서경에서 반란을 일으켰다. 김부식이 이끈 관군의 공격으로 반란은 약 1년 만에 진압되었다.

정답: ⑤

오답 거르기

① 1196년(명종 26) 최충헌은 권력을 장악하고 명종에게 흐트러진 국가 질서의 재확립을 촉구하는 한편, 봉사 10조의 개혁안을 제출하였다
② 1176년(명종 6) 공주 명학소에서 망이 · 망소이 형제가 과도한 수취에 반발하여 봉기하였다.
③ 1377년(우왕 3) 최무선의 건의에 따라 화약 및 화기의 제조를 담당하는 화통도감이 설치되었다.
④ 1009년(목종 12) 강조는 군사를 일으켜 김치양 일파와 함께 목종까지 시해하고 현종을 즉위시켰다.

닮은 꼴 예상 문제 •

▶ 정답과 해설 14쪽

(가), (나) 사이의 시기에 있었던 사실로 옳은 것은?

> (가) 이자겸이 다른 성씨가 왕비가 되어 권력과 총애가 나뉘어질까 염려하여 셋째 딸을 왕비로 바쳤다. 이어 넷째 딸도 왕비로 바쳤다. 왕은 이자겸을 제거하고자 신하들을 불러 논의하였는데, 이자겸의 심복이었던 척준경이 화가 나서 칼을 빼어 들고 군사들로 하여금 활을 쏘면서 공격하니 화살이 왕 앞까지 날라 왔다. 밤에 왕이 산호정까지 도망갔는데, 따라오는 자들이 10여 명에 불과하였다.
>
> (나) 왕(의종)이 보현원 문에 들어서고 신하들이 곧 뒤로 물러나려 하였다. 이때 이고 등이 왕의 심복이었던 한뢰, 임종식 등을 죽이니 무릇 문관, 대소 신료 등이 모두 해를 당하였다. …(중략)… 정중부가 왕을 핍박하여 군기감으로 옮기고 태자는 영은관으로 옮겼다. 정중부, 이의방, 이고 등은 군사를 거느리고 왕의 아우인 익양공 호(명종)를 맞이하여 즉위시켰다.

① 임술 농민 봉기가 전개되었다.
② 원종과 애노의 난이 일어났다.
③ 묘청이 서경에서 난을 일으켰다.
④ 홍경래가 평안도에서 봉기하였다.
⑤ 만적이 신분 해방 운동을 시도하였다.

대표 기출 문제 분석 02

▶ 무신 정권기 최우의 활동

| 39회 15번 기출 |

(가) 인물에 대한 설명으로 옳은 것은?

> • 고종 12년, …… 이때부터 (가) 은/는 정방을 자기 집에 설치하고 문사를 선발하여 여기에 소속시켰으니, 이를 비칙치라고 불렀다.
> — 『고려사』 —
>
> • 고종 14년, (가) 의 문객들은 당대에 이름난 학자들이 많았는데, 이들을 3번(番)으로 나누어 돌아가면서 서방에서 숙직하도록 하였다.
> — 『고려사』 —

① 칭제건원과 금국 정벌을 주장하였다.
② 봉사 10조를 올려 시정 개혁을 제안하였다.
③ 보현원에서 정변을 일으켜 정권을 장악하였다.
④ 강화도로 도읍을 옮겨 몽골의 침략에 대비하였다.
⑤ 전민변정도감의 판사가 되어 권문세족을 견제하였다.

문제 분석

제시된 자료의 (가)인물은 무신 집권기 최우이다. 고려 최씨 무신 집권기에 최우는 정방을 설치하여 인사권을 장악하였다. 또한, 서방을 설치하여 문학과 행정 능력을 갖춘 문인들이 정책을 자문하도록 하였으며, 이들 중 일부를 관료로 추천하였다.

④ 몽골의 1차 침입 당시 고려는 몽골과 강화를 체결하였으나, 이후 몽골이 요구하는 막대한 공물과 인질, 군대 징발 등은 고려에게 큰 부담이 되었다. 이에 집권자 최우는 1232년에 정권 유지와 장기 항전을 위해서 수도를 강화도로 옮겼다.

정답: ④

오답 거르기

① 12세기 전반 묘청 세력은 서경에 대화궁이라는 궁궐을 짓고, 황제를 칭할 것(칭제건원, 稱帝建元)과 금 정벌을 주장하였다.
② 12세기 말 최충헌은 권력을 장악한 후 국가 질서의 재확립을 촉구하기 위해 봉사 10조의 개혁안을 명종에게 올렸다.
③ 12세기 후반 정중부와 이의방 등은 보현원에서의 연회를 계기로 무신 정변을 일으켰다.
⑤ 고려 말 공민왕은 승려였던 신돈을 등용하고 전민변정도감을 설치하였다. 전민변정도감의 판사가 된 신돈은 권문세족이 빼앗은 토지와 노비를 원래의 주인에게 돌려주거나 양민으로 해방시켰다.

📖 닮은 꼴 예상 문제 •

▶ 정답과 해설 14쪽

밑줄 그은 '그'에 대한 설명으로 옳은 것은?

> 그는 임금을 폐하고 세우는 것을 자기 마음대로 하였다. 또한 항상 조정 안에 있으면서 자기 부하들과 함께 가만히 정안*(政案)을 가지고 벼슬을 내릴 후보자로 자기 당파에 속하는 자를 추천하는 문서 초안을 작성하고, 승선이라는 벼슬아치에게 주어 임금께 아뢰게 하면 임금이 어쩔 수 없이 그대로 좇았다. 그리하여 그의 아들 이(후에 우), 손자 항, 항의 아들 의의 4대가 정권을 잡아 그런 관행이 일반화되었다.
>
> *정안: 관리들의 근무 성적을 매긴 것

① 위화도 회군을 통해 권력을 장악하였다.
② 국정을 총괄하는 교정도감을 설치하였다.
③ 수도를 강화도로 옮겨 대몽 항쟁을 주도하였다.
④ 국가 체제 정비 내용을 담은 시무 28조를 제시하였다.
⑤ 무력 충돌을 피하기 위해 금의 군신 관계 요구를 수용하였다.

01 (가) 정치 세력에 대한 설명으로 옳은 것은?

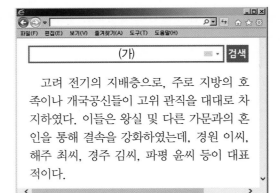

(가) [검색]

고려 전기의 지배층으로, 주로 지방의 호족이나 개국공신들이 고위 관직을 대대로 차지하였다. 이들은 왕실 및 다른 가문과의 혼인을 통해 결속을 강화하였는데, 경원 이씨, 해주 최씨, 경주 김씨, 파평 윤씨 등이 대표적이다.

① 향과 부곡에 거주하였다.
② 음서와 공음전의 혜택을 받았다.
③ 중방을 통해 권력을 유지하였다.
④ 서원과 향약을 기반으로 성장하였다.
⑤ 불교를 배척하고 성리학을 신봉하였다.

33회 15번 기출 문제 ·

02 (가) 인물에 대한 설명으로 옳은 것은?

제△△호 　　　　**역사 신문**　　　○○○○년 ○○월 ○○일

서경 천도를 주장하던 세력의 반란, 진압되다

'서경 임원역 지세가 궁궐을 짓기에 매우 좋은 땅'이라며 천도를 주장해오던 　(가)　 이/가 서경에서 반란을 일으켰다. 그는 국호를 대위, 연호를 천개라고 칭하며 1년여 간 중앙 정부와 대치하였다. 그러나 반란 세력은 김부식이 이끄는 정부군에 의해 진압되었다.

① 불씨잡변을 저술하였다.
② 봉사 10조를 국왕에게 올렸다.
③ 무신 정권을 타도하고자 하였다.
④ 칭제건원과 금국 정벌을 주장하였다.
⑤ 반정 공신의 위훈 삭제를 시도하였다.

31회 14번 기출 문제 ·

03 밑줄 그은 '그'의 활동으로 옳은 것은?

그가 동생과 함께 봉사(封事)를 올리기를 "살펴보건대 적신 이의민은 성품이 사납고 잔인하여 윗사람을 업신여기고 아랫사람을 능멸하여 임금의 자리를 흔들고자 하였습니다. 재앙의 불길이 성하여 백성이 편히 살 수 없었습니다. 신 등이 폐하의 위엄과 정신에 힘입어 일거에 소탕하여 제거하였습니다. 원컨대 폐하께서는 옛 것을 개혁하고 새로운 것을 도모하셔서 태조의 바른 법을 한결같이 따라 이를 행하여 빛나게 중흥하소서."라고 하였다.
　　　　　　　　　　　　　　－『고려사』 －

① 교정별감이 되어 국정을 장악하였다.
② 왕권을 제약하던 기구인 정방을 폐지하였다.
③ 시무 28조를 올려 지방관 파견을 건의하였다.
④ 삼별초를 이끌고 진도로 이동하여 대몽 항쟁을 펼쳤다.
⑤ 전민변정도감의 책임자로 임명되어 권문세족을 견제하였다.

04 (가), (나)를 주장한 세력에 대한 설명으로 옳은 것은?

(가) 저희들이 보건대 서경 임원역의 땅은 음양가들이 말하는 대화세(大華勢, 명당)의 땅입니다. 만약 이곳에 궁궐을 짓고 옮겨 앉으시면 천하를 다스릴 수 있습니다. 또한 금이 예물을 가지고 와서 스스로 항복할 것이요, 주변의 서른여섯 나라가 모두 머리를 조아릴 것입니다.

(나) 금년 여름 서경 대화궁에 30여 군데나 벼락이 떨어졌습니다. 서경이 만약 좋은 땅이라면 하늘이 이렇게 하였을 리 없습니다. …… 또 서경은 아직 추수가 끝나지 않았습니다. 지금 행차하시면 농작물을 짓밟을 것입니다. 이는 백성을 사랑하고 물건을 아끼는 뜻과 어긋납니다.

① (가) – 무신 정변으로 권력을 장악하였다.
② (가) – 국호를 대위라 칭하며 난을 일으켰다.
③ (나) – 삼국유사를 편찬하였다.
④ (나) – 풍수지리설을 신봉하였다.
⑤ (가), (나) – 성리학을 수용하였다.

05 (가) 인물에 대한 설명으로 옳은 것은?

그동안 횡포를 부렸던 이의민 일당을 제거했다니, 공의 노고가 컸소.

황공합니다. 앞으로의 개혁을 위해 제가 봉사 10조를 올리겠나이다.

(가)

① 교정도감을 설치하였다.
② 이자겸 세력을 축출하였다.
③ 과거제 실시를 건의하였다.
④ 묘청의 서경 천도 운동을 진압하였다.
⑤ 정방을 통해 관직에 대한 인사권을 장악하였다.

35회 19번 기출 문제 ▶

06 다음 사건이 일어난 시기를 연표에서 옳게 고른 것은?

> 남쪽 지방에서 적도들이 벌떼처럼 일어났다. 그중 심한 것은 운문에 웅거한 김사미와 초전에 자리 잡은 효심인데, 이들은 유랑하는 무리들을 불러 모아 각 고을을 노략질하였다. 왕이 이를 근심하여 대장군 전존걸에게 장군 이지순 등을 이끌고 가서 남적을 토벌하도록 하였다.
>
> – 『고려사』 –

918		1009		1126		1170		1270		1388
	(가)		(나)		(다)		(라)		(마)	
고려 건국		강조의 정변		이자겸의 난		무신 정변		개경 환도		위화도 회군

① (가)　② (나)　③ (다)　④ (라)　⑤ (마)

44회 13번 기출 문제 ▶

07 (가)~(라)를 일어난 순서대로 옳게 나열한 것은?

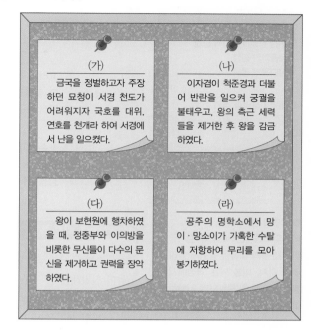

(가)
금국을 정벌하고자 주장하던 묘청이 서경 천도가 어려워지자 국호를 대위, 연호를 천개라 하여 서경에서 난을 일으켰다.

(나)
이자겸이 척준경과 더불어 반란을 일으켜 궁궐을 불태우고, 왕의 측근 세력들을 제거한 후 왕을 감금하였다.

(다)
왕이 보현원에 행차하였을 때, 정중부와 이의방을 비롯한 무신들이 다수의 문신을 제거하고 권력을 장악하였다.

(라)
공주의 명학소에서 망이·망소이가 가혹한 수탈에 저항하여 무리를 모아 봉기하였다.

① (가) – (나) – (다) – (라)　② (가) – (나) – (라) – (다)
③ (나) – (가) – (다) – (라)　④ (나) – (가) – (라) – (다)
⑤ (다) – (가) – (나) – (라)

08 다음 상황이 나타난 시기의 사실로 옳은 것은?

> 노비 만적 등 6명이 북산에 나무하러 갔다가 공·사 노비들을 모아 놓고 말하기를, "우리나라에서는 경인년과 계사년 이래 고위 관리들이 천민과 노비에서 많이 나왔다. 장군과 재상이 어찌 타고난 씨가 따로 있겠는가? 때만 만나면 누구나 될 수 있는 것이다. 우리라고 어찌 뼈 빠지게 일만 하고 채찍 아래에서 고통만 당하겠는가?"라고 하였다. 여러 노비가 모두 옳은 말이라 여겼다. …… 이에 약속하기를, "우리가 성 안에서 봉기하여 최충헌 등을 죽인 뒤 각기 그 주인을 죽이고 천인의 문서를 불태워 버리면, 공경장상(公卿將相)이 모두 될 수 있을 것이다."라고 하였다.

① 지방에서 호족 세력이 성장하였다.
② 삼정의 문란으로 민생이 피폐해졌다.
③ 무신 정변 이후 하극상의 풍조가 만연하였다.
④ 홍건적과 왜구의 침입으로 국가 재정이 악화되었다.
⑤ 도당 유학생 출신 6두품 세력이 사회 개혁을 주장하였다.

고려의 대외 관계와 고려 후기의 정치적 변화

◉ 거란의 침입과 격퇴

◉ 강조의 정변(1009)
목종의 모후 천추태후와 김치양이 자신들의 아들을 왕위에 올리려고 하자, 이를 막는 과정에서 강조가 목종을 폐위시켜 시해하고, 현종을 옹립한 사건이다.

◉ 별무반
기병으로 이루어진 여진의 군대에 대처하기 위해 편성된 특수 부대이다. 신기군(기병), 신보군(보병), 항마군(승병)으로 편성되었다.

◉ 강동성 전투
강동성(江東城: 지금의 평안남도 강동)에 침입한 거란을 고려·몽골의 연합군이 섬멸한 전투이다.

◉ 몽골의 침입과 고려의 항전

1 고려의 대외 관계

1. 거란과의 전쟁

	1차 침입(993)	2차 침입(1010)	3차 침입(1018)
배경	고려의 친송 정책 → 거란이 송 침략을 위해 송과의 관계 단절 요구	고려의 친송 외교 지속, 강조의 정변	현종의 친조 약속 불이행, 요의 강동 6주 반환 요구(고려의 거절)
과정과 결과	소손녕이 80만 대군을 이끌고 침입 → 서희의 외교 담판 → 강동 6주 획득	개경 주변을 둘러싸는 성을 쌓았다. 거란(요) 성종의 침입 → 양규의 분전 → 개경 함락 → 고려 현종의 친조를 조건으로 강화 └ 고려의 왕이 요의 왕을 보러 가는 일이다.	· 소배압의 10만 대군 침입 → 강감찬의 귀주 대첩 → 거란과 강화 · 송·고려·거란의 균형 유지, 나성과 천리장성 축조

압록강 어귀에서 도련포에 이르는 장성을 쌓아 거란과 여진의 침입에 대비하였다.

시험에 나오는 지문 특강 📖 서희의 외교 담판과 강동 6주의 획득

소손녕이 서희에게 말하기를 "그대 나라는 신라 땅에서 일어났고 고구려 땅은 우리의 소유인데 그대들이 침범해왔다. …… 만일 땅을 떼어서 바치고 통교한다면 무사할 것이다."라고 하였다. 서희가 말하기를 "아니다. 우리나라가 곧 고구려의 옛 땅이다. 그러므로 국호를 고려라 하고 평양에 도읍하였으니 …… 만일 여진을 내쫓고 우리 옛 땅을 되찾아 성과 요새를 쌓고 도로를 만들면 어찌 교빙하지 않겠는가?……" 라고 하였다.
－『고려사』 －

거란의 1차 침입 당시 거란이 송과 고려가 연합하는 것을 두려워 한다는 것을 간파한 서희는 국호를 고려라고 한 점, 고구려 수도(평양)를 서경으로 삼은 점 등 근거를 제시하며 '고려가 신라를 계승한 나라'라는 거란의 주장을 일축하였고, 거란으로 가는 교통로를 확보해 줄 것을 요구하여 강동 6주를 획득하였다.

2. 여진과의 관계

과정	세력이 커진 여진이 천리장성 부근까지 남하하여 고려와 충돌 → 고려군의 잇따른 패배
여진 정벌과 결과	· 여진 정벌: 윤관의 건의로 별무반 편성 → 여진 정벌 후 동북 9성 축조 · 동북 9성의 반환: 관리의 어려움과 여진의 간청으로 동북 9성 반환
금과의 관계	· 금 건국: 아구다가 여진을 통합하고 금 건국(1115) · 금이 거란(요)를 멸망시킨 후 고려에 군신 관계 요구 → 이자겸 등 문벌 세력이 수용

3. 몽골과의 항쟁

(1) **몽골의 성장**: 테무친이 부족을 통일하고 칭기즈칸에 오름 → 서하(탕구트) 정복, 금 정벌

(2) **몽골과 고려와의 접촉**: 강동성 전투(1218~1219) → 몽골의 무리한 공물 요구 → 관계 악화

(3) **몽골의 침입** 노군은 관청의 공노비를 임시 무장한 것으로 여겨지며, 잡류란 관청에서 기술 잡역에 종사하거나 관료를 시종하는 사람이다.

과정	· 1차 침입: 몽골 사신의 피살을 구실로 살리타가 대군을 이끌고 침입 → 박서(귀주)의 항전, 충주성 전투(지배층은 도망가고 노군과 잡류로 이루어진 별초군이 주도하여 저항)의 승리 · 2차 침입: 최우의 강화 천도 → 살리타의 재침입 → 김윤후가 처인성 전투에서 살리타 사살 · 이후에도 여러 차례 침입하여 고려를 황폐화시킴
결과	· 최씨 무신 정권 붕괴 → 몽골과 강화 후 개경 환도 · 문화재 손실: 초조대장경과 황룡사 9층 목탑 등 소실 · 삼별초의 항쟁 (1270~1273): 개경 환도에 반발하여 배중손 지휘 하에 봉기 → 진도, 제주도로 옮겨다니며 항전 → 고려와 몽골 연합군에게 진압당함

고려와 몽골 연합군이 진도를 공격하자, 김통정은 탈출하여 남은 무리를 이끌고 제주도에서 저항하였다.

4. 홍건적과 왜구의 침입

홍건적	원 말 한족 반란군 세력으로 원에 쫓겨 두 차례 고려에 침입, 2차 침입 때에는 개경이 함락되기도 함 → 공민왕의 안동 피난
왜구	• 주요 전투: 최영(홍산 대첩), 이성계(황산 대첩), 최무선·나세 (진포 해전), 박위(쓰시마 섬 정벌) • 영향: 국가 재정 악화, 해안 지방 황폐화, 화포 등 무기 개발 활발

2 고려 후기의 정치 변화

1. 원 간섭기의 내정 간섭과 자주성 손상: 몽골에 굴복하여 강화 체결 후 개경으로 환도(1270)

(1) 내용

지위 격하	국왕이 원의 부마(사위)가 되는 관행 → 왕실 호칭과 격, 고려의 관제 격하
일본 원정	정동행성 설치 후 두 차례의 원정(1274, 1281) → 태풍 등으로 원정 실패(고려는 몽골의 요구로 전함 건조·수군 동원 등 인적·물적 자원 수탈당함)
영토 상실	쌍성총관부(철령 이북 지역), 동녕부(자비령 이북 지역), 탐라총관부(제주도) 설치 └●충렬왕 때 돌려받았다.
내정 간섭	정동행성을 통해 일시적으로 고려 정치 간섭, 다루가치 파견, 만호부 설치 └●1278년에 폐지되었다.
자원 수탈	공녀·내시 차출, 금·은·베·인삼·약재·매(응방 설치) 등 특산물 징발 └●원의 요구로 고려가 원에 바친 여인을 뜻한다.

(2) 영향: 몽골풍의 유행, 권문세족 등 친원 세력 성장, 자주성 손실

몽골풍	변발, 호복, 은장도, 족두리, 연지 등 몽골 풍습이 고려에서 유행
고려양	고려의 의상 등 여러 가지 풍습이 몽골에 전해짐 └●몽골인의 복식

2. 공민왕의 반원 개혁 정치

(1) 개혁 정책의 추진(배경: 원·명 교체기 → 원의 세력 약화, 권문세족의 횡포)

왕권 강화 정책	정방 폐지, 신돈을 등용하여 전민변정도감 설치(권문세족의 경제 기반을 약화시키고 국가 재정 확대 추진), 유학 교육 강화(성균관 개혁) 및 과거제 개혁 → 개혁 세력 양성 노력
반원 자주 정책	기철 등 친원 세력 숙청, 정동행성 이문소 폐지, 쌍성총관부 공격(철령 이북 지역 수복), 왕실 호칭 및 관제 복구, 몽골풍 금지(변발 금지, 호복 폐지 등)

(2) 결과: 권문세족의 반발 → 신돈 제거, 공민왕 시해 → 개혁 실패

시험에 나오는 지문 특강 📖 원의 공녀 요구

> 들리는 말에 의하면 고려에서는 딸을 낳으면 곧 비밀로 하고, 오로지 소문이 날까 우려하여 비록 이웃이라도 볼 수 없다 합니다. 매번 중국에서 사신이 오면 얼굴빛을 바꾸면서 서로 돌아보고 말하기를 "왜 왔을까? 동녀를 구하는 것인가? 처첩을 데려가려는 건 아닌가?"라고 합니다. …… 한 번 사신이 올 때마다 나라 안이 소란해지니 닭과 개조차도 편안할 수 없습니다.
> ─ 「가정집」

> 원에서 공녀를 바치라고 요구한 것은 1274년(원종 15)부터 공민왕 초에 이르기까지 80여 년간 50여 건 정도 된다. 이에 따라 고려인들은 딸을 낳으면 이를 숨기고 혹 들킬까 걱정하여 이웃이라도 보지 못하게 하고 일찍 결혼시키는 풍습까지 생겨났다.

3. 새로운 세력의 성장과 고려의 멸망

(1) 새로운 세력의 성장

신진 사대부	무신 정권기부터 과거를 통해 중앙 정계로 진출 → 공민왕의 개혁 정치에 힘입어 성장 → 이성계 등 신흥 무인 세력과 연합하여 개혁 추진(성리학 수용, 권문세족과 불교 비판)
신흥 무인 세력	홍건적과 왜구 격퇴 과정에서 성장(최영, 이성계 등)

(2) 고려의 멸망: 위화도 회군(이성계와 신진 사대부 세력이 정치·군사적 실권 장악) → 전제 개혁
(과전법, 신진 사대부의 경제적 기반 마련) → 정몽주 제거 → 이성계 즉위 및 조선 왕조 개창
 └●공양왕으로부터 선양의 형식으로 왕위를 물려받았다.

◐ 원 간섭기의 관제 격하

원의 압력으로 관제 격하뿐만 아니라, 왕의 시호도 충○왕, 폐하를 전하, 태자를 세자 등으로 격하시켰다.

◐ 응방

원 간섭기에 매 사냥을 즐겨 하던 원의 황실이 매를 공물로 요청하자 설치한 기구이다. 농민들을 괴롭히는 일이 많았다.

◐ 전민변정도감

고려 후기에 권문세족이 부당하게 빼앗은 토지와 노비를 원래 주인에게 돌려주고, 불법적으로 노비가 된 자를 양민 신분으로 회복시켜 주기 위해 설치되었던 임시 기구를 말한다. 여러 차례에 걸쳐 설치와 폐지가 반복되었다.

◐ 기철

누이동생이 원 순제의 제2황후가 되어 태자를 낳자 기황후와 원을 등에 업고 권세를 부렸던 인물이다.

◐ 공민왕의 영토 수복

🌿 **공부 꿀팁**

원 간섭기에 자주성을 손상당했던 사실과 공민왕의 개혁 정책에 대해서는 아주 빈번하게 출제되고 있습니다. 특히 공민왕의 정책과 실시 결과에 대해서는 꼼꼼하게 정리해 두는 것이 좋습니다.

대표 기출 문제 분석 01

거란의 3차 침입과 귀주 대첩의 시기

| 45회 15번 기출 |

다음 상황이 나타난 시기를 연표에서 옳게 고른 것은?

> 거란군이 귀주를 지날 때 강감찬 등이 동쪽 교외에서 맞아 싸웠다. …… 고려군이 용기백배하여 맹렬하게 공격하니, 거란군이 북으로 도망치기 시작하였다. …… 거란군의 시신이 들판에 널렸고, 사로잡은 포로와 획득한 말, 낙타, 갑옷, 무기는 헤아릴 수 없이 많았다. 살아서 돌아간 자가 겨우 수천 명이었으니, 거란의 패배가 이토록 심한 적이 없었다.
>
> — 『고려사』 —

918	993	1104	1170	1232	1270
(가)	(나)	(다)	(라)	(마)	
고려 건국	서희의 외교 담판	별무반 조직	무신 정변	강화 천도	개경 환도

① (가)　　② (나)　　③ (다)　　④ (라)　　⑤ (마)

문제 분석

제시된 자료는 강감찬의 귀주 대첩 내용이다. 1018년 거란은 현종이 친조 약속을 이행하지 않고 강동 6주를 반환하라는 요구에 불응했다는 이유로 소배압이 10만 군사를 이끌고 3차 침입을 하였다. 이에 고려는 강감찬으로 하여금 20만 대군을 이끌고 거란군을 맞아 싸우게 하였다. 강감찬은 귀주에서 거란군을 거의 전멸시키는 대승을 거두었다. 이를 귀주 대첩이라고 한다. 따라서 서희의 외교 담판이 있었던 거란의 1차 침입과 윤관의 별무반 조직 사이 시기에 해당한다.

정답: ②

오답 거르기

① 918년 왕건은 궁예를 내쫓고 고려를 건국하였다.
③ 여진이 천리장성으로 남하하여 고려군에게 패배를 안겼다. 이에 고려는 기병의 양성을 목적으로 별무반을 편성하여 여진을 정벌하고 동북 9성을 쌓았다.
④ 1170년 차별 대우를 받던 무신들이 정변을 일으켜 문신들을 숙청하고 권력을 장악하였다.
⑤ 1232년 몽골에 대항하기 위하여 강화도로 천도하였던 고려 조정은 몽골과 강화를 맺고 1270년 개경으로 환도하였다.

닮은 꼴 예상 문제

▶ 정답과 해설 15쪽

지도에 표시된 전쟁에 대한 설명으로 옳은 것은?

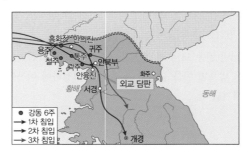

① 서경 천도 운동의 계기가 되었다.
② 별무반을 설치하는 배경이 되었다.
③ 압록강 동쪽의 6주를 확보하는 성과를 얻었다.
④ 초조대장경, 황룡사 9층 목탑이 소실되는 피해를 입었다.
⑤ 고려가 일본을 두 차례에 걸쳐서 원정하는 결과를 가져왔다.

대표 기출 문제 분석 02

공민왕의 업적

| 44회 16번 기출 |

밑줄 그은 '이 왕'의 재위 기간에 있었던 사실로 옳은 것은?

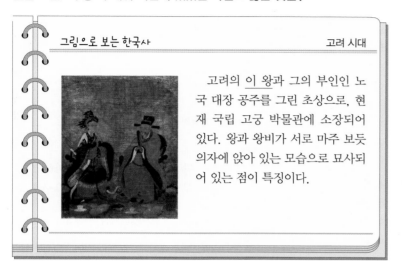

그림으로 보는 한국사 　　　　　　　　　　　　고려 시대

고려의 이 왕과 그의 부인인 노국 대장 공주를 그린 초상으로, 현재 국립 고궁 박물관에 소장되어 있다. 왕과 왕비가 서로 마주 보듯 의자에 앉아 있는 모습으로 묘사되어 있는 점이 특징이다.

① 유인우, 이자춘 등이 쌍성총관부를 수복하였다.
② 나세, 심덕부 등이 진포에서 왜구를 격퇴하였다.
③ 좌별초, 우별초, 신의군의 삼별초가 조직되었다.
④ 서희가 외교 담판을 벌여 강동 6주를 획득하였다.
⑤ 명의 철령위 설치에 반발하여 요동 정벌이 추진되었다.

문제 분석

제시된 자료에서 부인이 노국 대장 공주라는 내용을 통해 밑줄 그은 '이 왕'이 공민왕임을 알 수 있다. 1351년 왕위에 올라 고려의 중흥을 꾀하는 많은 개혁을 시도하였다.

① 공민왕은 반원 자주 정책의 일환으로 상실하였던 영토 중 그때까지 돌려받지 못했던 쌍성총관부를 유인우를 시켜 공격하여 회복하였다. 당시 이 지역의 토착 세력인 이자춘이 호응하였는데 이자춘의 아들이 이성계이다.

정답: ①

오답 거르기

② 우왕 6년인 1380년 8월, 왜구가 쌀을 약탈하기 위해 전라도 진포(현재 군산)에 침입한 것을 나세, 심덕부, 최무선 등이 격퇴한 진포 해전이다.
③ 고려 고종 때 최우가 도적을 잡기 위해 설치한 야별초의 군사가 많아지자 좌·우별초로 나누었고, 몽골에 잡혀갔다가 탈출해온 군사를 모아 부대를 창설하여 신의군이라 불렀다. 이를 합쳐 삼별초라고 하였다.
④ 서희가 외교 담판을 벌여 강동 6주를 획득한 시기는 거란의 1차 침입(993, 성종 12) 때이다.
⑤ 1388년(우왕 14) 명나라가 철령 이북 지역에 철령위를 설치하려는 것에 반발하여 고려가 요동을 경략(經略)하기 위해 추진되었다.

닮은꼴 예상 문제

> 정답과 해설 15쪽

밑줄 그은 '왕'에 대한 설명으로 옳은 것은?

　신돈이 전민변정도감을 설치할 것을 왕에게 청하고 스스로 판사가 되어 전국에 방을 붙여 알리기를, "근래에 기강이 크게 무너져서 탐욕을 부리는 것이 풍습이 되었으며, …… 사람들이 대대로 업으로 이어온 전민(田民)을 호강한 집에서 거의 다 빼앗아 점유하였다. 일부는 이미 판결이 났는데도 그대로 가지고 있고 일부는 백성을 노예로 만들기도 하였으며, …… 이제 도감을 설치하여 바로잡고자 하여 개경[京中]은 15일을 기한으로 하여, 여러 도(道)는 40일을 기한으로 하여 스스로 잘못을 알고 고치는 자는 [죄를] 묻지 않을 것이나, 기한을 넘겨 일이 발각되는 자는 죄를 조사하여 다스릴 것이며 …… 처벌하겠다."라고 하였다. 명령이 나가자 권세가 중에 전민을 빼앗은 자들이 그 주인에게 많이 돌려주었으며, 전국에서 기뻐하였다.

① 정방을 폐지하였다.
② 과전법을 실시하였다.
③ 주현공부법을 시행하였다.
④ 노비안검법을 실시하였다.
⑤ 도읍을 강화로 천도하였다.

기출 및 예상 문제

42회 14번 기출 문제 •

01 (가)~(라)를 일어난 순서대로 옳게 나열한 것은?

> (가) 강감찬이 수도에 성곽이 없다 하여 나성을 쌓을
> 것을 요청하니, 왕이 그 건의를 따라 왕가도에게
> 명령하여 축조하게 하였다.
>
> (나) 양규가 흥화진으로부터 군사 7백여 명을 이끌고
> 통주까지 와서 군사 1천여 명을 수습하였다. 밤중
> 에 곽주로 들어가서 지키고 있던 거란군을 급습
> 하여 모조리 죽인 후 성 안에 있던 남녀 7천여 명
> 을 통주로 옮겼다.
>
> (다) 묘청 등이 왕에게 말하기를, "신들이 보건대 서경
> 의 임원역은 음양가들이 말하는 대화세(大華勢)
> 이니 만약 이곳에 궁궐을 세우고 옮기시면 천하
> 를 병합할 수 있을 것이요, 금이 공물을 바치고
> 스스로 항복할 것입니다."라고 하였다.
>
> (라) 윤관이 여진을 평정하고 6성을 새로 쌓았다 하여
> 하례하는 표를 올렸고, 임언에게 공적을 칭송하
> 는 글을 짓게 하여 영주(英州) 남청(南廳)에 걸었
> 다. 또 공험진에 비를 세워 경계로 삼았다.

① (가) – (나) – (다) – (라) ② (가) – (나) – (라) – (다)
③ (나) – (가) – (라) – (다) ④ (나) – (다) – (가) – (라)
⑤ (다) – (라) – (나) – (가)

43회 13번 기출 문제 •

02 다음 상황 이후에 전개된 사실로 옳은 것은?

> 여진이 이미 그 소굴을 잃자 보복하고자 맹세하며,
> 땅을 돌려달라는 것을 빌미로 여러 추장들이 해마다
> 와서 다투었다. …… 또 개척한 땅이 크고 넓어서 9성
> 사이의 거리가 아득히 멀고, 골짜기가 험하고 깊어서
> 적들이 여러 차례 매복하여 오고가는 사람들을 노략
> 질하였다. …… 이때에 이르러 왕이 여러 신하들을 모
> 아 의논하여 끝내 9성을 여진에게 돌려주었으며, 전쟁
> 에 쓰이는 도구와 군량을 내지(內地)로 옮기고 그 성
> 에서 철수하였다.   － 『고려사』 －

① 강감찬이 귀주에서 외적을 격퇴하였다.
② 강조가 정변을 일으켜 왕을 폐위하였다.
③ 이자겸이 금의 사대 요구 수용을 주장하였다.
④ 서희가 외교 담판을 벌여 강동 6주를 획득하였다.
⑤ 부여성에서 비사성에 이르는 천리장성이 축조되었다.

03 오른쪽 지도에 나타난 당시 동아시아 정세에 대한 설명으로 옳은 것을 〈보기〉에서 고른 것은?

10~12세기의 동아시아 정세 ▶

> **보기**
> ㄱ. 강감찬은 귀주에서 (가)의 군대를 대파하였다.
> ㄴ. 이자겸과 문벌 세력은 (가)의 사대 요구를 수용
>   하였다.
> ㄷ. 서희는 (나)와 담판을 벌여 강동 6주를 획득하였다.
> ㄹ. 윤관은 (다)를 정벌하기 위한 별무반 설치를 건
>   의하였다.

① ㄱ, ㄴ   ② ㄱ, ㄷ   ③ ㄴ, ㄷ
④ ㄴ, ㄹ   ⑤ ㄷ, ㄹ

42회 16번 기출 문제 •

04 (가) 국가의 침입에 대한 고려의 대응으로 옳지 않은 것은?

> • ____(가)____의 장수 합진과 찰랄이 군사를 거느리고
>   …… 거란을 토벌하겠다고 말하면서 화주, 맹주, 순
>   주, 덕주의 4개 성을 공격하여 격파하고 곧바로 강
>   동성으로 향하였다. …… 조충과 김취려가 합진, 완
>   안자연 등과 함께 병사를 합하여 강동성을 포위하
>   니 적들이 성문을 열고 나와 항복하였다.
>   － 『고려사』 －
>
> • ____(가)____에서 조서를 보내 이르기를, "…… 너희들
>   이 모의하여 [우리 사신] 저고여를 죽이고서는 포선
>   만노의 백성들이 죽였다고 한 것이 세 번째 죄이다.
>   ……"라고 하였다.
>   － 『고려사』 －

① 강화도로 도읍을 옮겨 항전하였다.
② 김윤후가 처인성 전투에서 활약하였다.
③ 화포를 이용하여 진포에서 대승을 거두었다.
④ 다인철소 주민들이 충주 지역에서 저항하였다.
⑤ 대장도감을 설치하여 팔만대장경판을 만들었다.

05 다음 자료에 나타난 시기의 사회 모습으로 옳은 것은?

> 공주의 겁령구* 등에게 성과 이름을 하사하였는데, 홀랄대는 인후로, 삼가는 장순룡으로, 차홀대는 차신으로 하고 관직은 모두 장군으로 하였다. …… 첨의부에서 아뢰기를, "제국 대장 공주의 겁령구와 관료들이 좋은 땅을 많이 차지하여 산천으로 경계를 정하고, 사패(賜牌)를 받아 조세를 납입하지 않으니, 청컨대 사패를 도로 거두소서."라고 하였다.
>
> *겁령구: 시종인

① 서얼이 통청 운동을 전개하였다.
② 웅천주 도독 김헌창이 반란을 일으켰다.
③ 만적이 개경에서 신분 해방을 도모하였다.
④ 변발과 호복이 지배층을 중심으로 유행하였다.
⑤ 망이 · 망소이가 가혹한 수탈에 저항하여 봉기하였다.

06 교사의 질문에 대한 학생의 대답으로 옳은 것은?

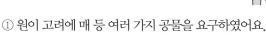

고려 시대의 지배 계층
1. (가)
(1) 성격
① 관직 진출: 음서 이용 ➡ 도평의사사 장악
② 경제: 대농장 소유

> (가) 이/가 권력을 장악한 시기의 정치 상황에 대하여 말해 볼까요?

① 원이 고려에 매 등 여러 가지 공물을 요구하였어요.
② 노비안검법 등이 실시되어 호족 세력이 약화되었어요.
③ 심하게 차별 대우를 받던 무신들이 정변을 일으켰어요.
④ 강동성 전투의 협력을 빌미로 몽골이 무리한 공물을 요구하였어요.
⑤ 지역적 기반이 서로 다른 문벌 귀족들이 군사적으로 충돌하였어요.

07 (가) 왕의 정책으로 옳은 것은?

변발, 호복 등 몽골풍을 금지하였어.

(가) 의 반원 개혁 정책에 대해 말해 보자.

쌍성총관부를 공격하였지.

① 별무반을 편성하였다.
② 요동 정벌을 추진하였다.
③ 전민변정도감을 설치하였다.
④ 22담로에 왕족을 파견하였다.
⑤ 처음으로 과거제를 실시하였다.

08 (가) 인물에 대한 설명으로 옳은 것은?

> 4월, 봉주에 머물렀다. (우왕이) (가) 에게 "과인이 요동을 공격하고자 하니 경 등은 마땅히 힘을 다하라." 하였다. (가) 이/가 아뢰기를, "지금 출병하는 일은 네 가지의 옳지 못한 점이 있습니다. 작은 나라로서 큰 나라에 거역하는 것이 첫 번째 옳지 못함이요, 여름철에 군사를 동원하는 것이 두 번째 옳지 못함이요, 온 나라 군사를 동원하여 멀리 정벌하면, 왜적이 그 허술한 틈을 탈 것이니 세 번째 옳지 못함이요, 지금 한창 장마철이므로 활은 아교가 풀어지고 많은 군사가 역병을 앓을 것이니 네 번째 옳지 못함입니다."라고 하였다. 우왕이 이를 자못 옳게 여겼다.

① 위화도 회군을 단행하여 정권을 장악하였다.
② 기병 중심의 별무반을 편성하자고 건의하였다.
③ 진포 해전에서 화약을 사용하여 왜구를 물리쳤다.
④ 몽골과의 강화와 개경 환도에 반발하여 봉기하였다.
⑤ 기황후의 동생으로 원 황실을 등에 업고 권세를 부렸다.

04 고려의 경제·사회·문화

● 농상집요

중국 원 왕조에서 옛날부터 전해 오는 농서를 참고하여 정리한 농서이다. 고려 말 이암에 의해 국내에 소개되었으며, 『농사직설』이나 『농가집성』 등 조선 시대의 농서 편찬에 많은 영향을 주었다.

● 전시과의 정비 과정

● 조운

각 지방에서 수취한 조세는 육로와 해로를 이용하여 수도로 운반하였다. 그런데 도로망의 부실과 운송 수단의 제약 등으로 인해 육로 수송은 크게 발전하지 못하였고, 해로를 이용하는 조운의 비중이 더 컸다.

● 공물의 종류

- 상공: 매년 정기적인 공물
- 별공: 필요에 따라 수시로 징수하는 공물

🌿 공부 꿀팁

고려의 토지 제도인 전시과의 특징과 변천 과정, 수취 체제의 특징을 꼭 기억해두어야 합니다. 그 중에서도 전시과 체제의 변화 과정과 특징은 자주 출제되고 있습니다.

1 고려의 경제

1. 경제 정책

(1) 농업 중심의 경제 정책

① 농민 안정 정책: 개간 장려, 농번기에 잡역 금지, 재해시 조세 감면 등

② 농업 기술 개발 노력: 소를 이용한 깊이갈이 일반화, 수리 시설 개선, 시비법 발달, 2년 3작(윤작법) 확산, 고려 말 일부 지역에 모내기법 보급, 목화 전래, 중국의 『농상집요』가 소개됨

> 동물의 분뇨를 풀이나 갈대 등과 함께 섞어서 퇴비로 사용하는 방법이 개발되어 농업 생산력이 향상되었다.

> 이앙법 | 공민왕 때 문익점이 들여왔다.

(2) 재정 운영

① 양안(토지 대장)과 호적(호구 장부) 작성: 재정 운영의 기본 자료 → 토지와 인구 상황 관리

② 재정 운영 관청: 6부 중 호부(토지와 인구 관리 담당), 삼사(곡식의 출납과 회계 담당)

2. 토지 제도

(1) 역분전(태조): 후삼국을 통일하는 과정에서 공을 세운 사람에게 지급

> 전지는 경작지를 말하고, 시지는 땔감을 얻을 수 있는 땅을 말한다.

> 토지에서 조세를 거둘 수 있는 권리를 말한다.

(2) 전시과 제도: 관료에게 전지와 시지를 과전으로 지급, 수조권만 지급, 원칙적으로는 세습 불가

구분	시기	지급 대상	특징	비고
시정 전시과	경종	직·산관	인품과 관품을 동시에 고려	
개정 전시과	목종	직·산관	관품만 고려	18품 구분
경정 전시과	문종	현직 관료	관품만 고려	18품 구분

> 직관은 실직이 있는 관료, 산관은 관료의 자격만 가지고 있는 관료를 의미한다.

(3) 과전 외의 토지

공음전	5품 이상 관료에게 지급, 자손에게 세습 가능(귀족의 경제 기반)
한인전	6품 이하 관료 자제 중 관직에 오르지 못한 자에게 지급(관인 신분 세습)
구분전	하급 관료와 군인의 유가족에게 지급
군인전	군역(2군 6위 군인)의 대가로 지급(군역 세습에 따라 자손에게 세습)
그 외의 토지	내장전(왕실 경비용으로 지급), 공해전(각 관청의 경비용으로 지급), 외역전(향리의 직역 대가로 지급, 직역 세습과 함께 토지도 세습)

(4) 민전: 귀족이나 일반 평민이 소유한 토지, 상속·개간·매매 등이 가능

시험에 나오는 지문 특강 📖 전시과 시행

- 경종 원년 11월에 비로소 직관(職官)·산관(散官)의 각 품(品)의 전시과를 제정하였다.
- 목종 원년에 문무 양반 및 군인의 전시과를 개정하였다.
- 문종 30년에 양반 전시과를 경정(다시 개정)하였다.

> 고려 태조 때에는 통일하는 과정에서 공을 세운 사람에게 토지를 지급하는 역분전이 시행되었으나, 관료 제도가 정비됨에 따라 전시과가 마련되어 상황에 따라 두 차례 더 개정되면서 시행되었다.

3. 수취 체제

조세	• 징수: 논과 밭의 비옥도에 따라 3등급으로 구분 → 생산량의 1/10 징수 • 운송: 지방에서 거둔 조세는 각 군현의 조창을 통해 조운으로 개경(경창)까지 운송됨
공물	중앙 정부에서 주현에 부과 → 지방관이 관할 행정 구역(주현, 속현, 향·부곡·소 등)에 따라 할당 → 향리가 호(戶)를 기준으로 토산물 징수
역	• 특징: 16세 이상 60세 미만의 양민 남자를 대상으로 노동력 징발 • 구분: 군역(일정 기간 국방의 의무 수행), 요역(국가의 공사에 동원되거나 세곡 운반 등에 동원)

> 지방관이 파견되는 현을 주현, 파견되지 않는 현을 속현이라고 부른다.

4. 귀족과 농민의 경제생활

귀족	• 경제 기반: 상속 토지와 노비, 관리가 되어 받은 과전과 녹봉, 농장 등 • 경제 생활: 경제적 기반을 바탕으로 사치 생활(별장 소유, 수입품 애용, 관영 상점♥ 애용)
농민	• 경제 활동: 자영농은 민전 경작, 소작농은 국·공유지나 타인의 소유지 경작(지대 납부) • 경작 확대: 황무지와 진전, 산전 개간 노력, 12세기 이후 강화도 해안·저습지 간척 활발

　┗━ 한때 농경지였으나 경작을 하지 않아 황폐해진 토지

시험에 나오는 지문 특강 📖 농민의 경제 생활

　　처음 이 정자를 지을 때에 일꾼들에게 자신들의 식량을 싸 오게 하였다. 그런데 한 일꾼이 매우 가난해서 마련하지 못하여 일꾼들이 밥 한 숟가락씩 나누어 주며 먹게 하였다. 하루는 그의 아내가 음식을 갖추어 가지고 와서 남편에게 먹이고 말하기를, "친한 사람을 불러서 함께 먹으시오."라고 하였다. 일꾼이 말하기를, "집이 가난한데 어떻게 장만했는가. 다른 남자와 관계하고 얻어 왔는가, 아니면 남의 것을 훔쳐 왔는가."라고 하였다. 그러자 아내가 말하기를 "얼굴이 추하니 누가 가까이하며, 성질이 옹졸하니 어찌 도둑질을 하겠소. 다만 머리카락을 잘라 팔아서 사 가지고 왔소."라고 하고, 이내 그 머리를 보였다. 그 일꾼은 목이 메어 먹지 못하고, 듣는 자도 슬퍼하였다.　　　　　　　　　　　－『고려사절요』－

　　고려 시대 귀족들은 별장을 짓고, 섬을 차지하여 사냥을 하는 정도로 사치스럽게 살았으나, 농민들의 생활은 아주 곤궁하였다. 중미정을 지을 때 동원된 농민의 삶은 도둑질, 혹은 머리카락을 잘라 팔거나 하여야만 생활을 유지할 정도였다는 것을 알 수 있다.

5. 수공업의 발달

　　　　　　　　　　　┏━ 공장안이라는 장부에 올리고 물품을 생산하도록 관리

관청 수공업	관청에 소속된 기술자를 이용하여 필요 물품 생산
소 수공업	소 거주민들이 광물, 자기 등을 생산하여 관청에 공물로 납부
사원 수공업	사원에 소속된 노비나 승려가 베, 모시, 기와, 소금 등을 생산
민간 수공업	주로 농민이 가내 수공업으로 베, 모시 등을 생산

6. 상업의 발달과 대외 무역

(1) 상업

　① 도시: 개경과 대도시에 시전 및 관영 상점 설치, 경시서에서 시전의 상행위에 대한 감독

　② 지방: 관아 근처에서 일시적으로 시장 개설(백성들의 물품 교환 수준), 행상의 활동

　③ 고려 후기의 상업: 개경은 점차 도성 밖으로 상업 활동이 확대됨, 지방에서는 육상로가 개척됨에 따라 원(院)이 발달함.　┏━ 요즘 지명 중에 원이 붙어 있는 경우, 예전에 원이 있었다는
　　　　　　　　　　　　　　　　　　증거로 볼 수 있다. 대표적으로 장호원, 사리원 등

(2) 소금 전매제: 충선왕 때 국가 재정 수입을 늘리기 위해 실시

(3) 화폐: 건원중보♥(성종, 철전), 삼한통보·해동통보·해동중보(숙종, 동전), 은병♥(숙종, 활구) 등 발행 → 유통 부진, 일반적인 거래에는 곡식이나 삼베 사용 ┏━ 숙종은 대각국사 의천의 건의에 따라
　　　　　　　　　　　　　　　　　　　　　　　　주전도감을 설치하고 화폐를 발행하였다.

(4) 대외 무역♥: 벽란도가 국제 무역항으로 발전, 송·거란·여진·일본·아라비아 상인 등이 왕래

시험에 나오는 지문 특강 📖 고려의 대외 무역

　　(덕종 3년) 11월에 팔관회를 열었다. 신봉루(神鳳樓)에 들러 모든 관료에게 큰 잔치를 베풀었다. …… 송(宋)의 상인과 동서번(東西蕃), 그리고 탐라국(耽羅國)도 또한 특산물을 바쳤으므로 자리를 내주어 음악을 관람하게 하였는데, 이후에는 상례(常例)가 되었다.

　　고려의 교역 범위가 동서번(여진), 현재의 제주도인 탐라와 송 등 비교적 다양했음을 짐작할 수 있다. 고려 시대의 특산물 교역 대상은 송에만 국한되었던 것이 아니라 거란이나 여진, 송, 탐라 등을 넘어 아라비아(대식국)에까지 미치고 있었던 것이다.

◑ 관영 상점

고려 정부가 귀족들의 소비와 화폐 유통을 활성화시키기 위하여 개경, 서경, 동경 등 대도시에 서적점, 약점, 주점 등을 설치하여 운영하였다.

◑ 건원중보

원래 당의 화폐로 고려에서 처음 만들 때에는 중국과 구별하기 위해 뒷면에 동국이라는 글자를 새겨 넣었다.

◑ 은병

은 1근으로 만든 고액 화폐로, 활구라고도 하였다. 우리나라의 지형을 본 떠 만든 것은 화폐의 기능뿐만 아니라 고려의 국력을 과시하기 위한 목적도 있었다.

◑ 고려의 대외 무역

🌿 공부 꿀팁

고려의 전반적인 경제생활에 대한 문제가 출제되는 경향도 있습니다. 특히 화폐의 발행과 그 특징, 귀족과 농민의 삶, 대외 무역 중의 벽란도에 대한 내용을 잘 정리해 두어야 합니다.

● 백정
조선 시대의 백정은 육류 판매업 등에 종사하는 천민 계층을 의미하지만, 고려 시대의 백정은 향·부곡·소민은 제외하고 특정한 직역이 없는 일반 농민 등을 의미한다.

● 신공
외거 노비는 관청이나 주인에게 직접 노동력을 제공하지 않는 대신 매년 일정액의 곡물 등을 몸값으로 납부하였다.

● 솔거 노비와 외거 노비
- 솔거 노비: 주인집에 거주하면서 가내 노동이나 경작을 담당하면서 대대로 신분이 세습되는 경우가 많았다.
- 외거 노비: 주인집 바깥에서 독립된 가정을 꾸리고 살면서 생산량의 일부를 신공으로 내는 경우가 많았으며, 경제적으로는 일반 농민보다 나은 경우도 있었다.

● 보(제위보 등)
기금을 조성하여 공공사업의 경비를 조달하고자 만든 재단이다. 교육을 위한 학보, 불경 간행을 위한 경보, 빈민 구제를 위한 제위보 등 고려 시대에는 다양한 보가 존재하였다.

● 매향 활동
미륵 신앙의 한 형태로 향나무를 바닷가에 묻는 의식을 말한다. 매향 활동에는 미륵을 만나 구원을 받고자 하는 백성의 염원이 담겨 있다.

☆ 공부 꿀팁
고려의 사회 제도에서는 향·부곡·소 거주민에 대한 것과 향도의 변천 내용, 상속과 여성의 지위에 대한 문제들이 자주 출제되었습니다. 고려 사회가 가지고 있었던 사회 구조의 특징을 잘 정리해 두시기 바랍니다.

② 고려의 사회

1. 신분 제도

(1) 신분 구성

귀족	• 고려의 최고 지배층으로 왕족·고위 관료 등으로 구성됨, 음서·공음전의 혜택, 개경에 거주하며 유력 가문 간에 혼인 관계를 맺음 • 지배 세력의 변천: 문벌 귀족 → 무신(무신 정권기) → 권문세족(원 간섭기)
중류층	• 중간 지배층: 서리(중앙 관청의 행정 실무 담당)·남반(궁중의 실무 담당)·향리(지방 행정 실무 담당)·군반(직업 군인)·역리(역 관리) 등 포함 • 직역의 대가로 토지를 지급받으며, 자손에게 직역과 토지 세습
양민	• 농업, 상업, 수공업 등에 종사 • 농민: 양민의 대다수를 차지하며 백정으로 불림, 조세·공물·역 부담 ┐ 거주지 이전의 자유 제한, 과거 응시 금지 등 • 향·부곡·소 주민: 신분상으로는 양민이나 일반 군현의 주민에 비해 차별 대우를 받음
천민	• 노비가 대다수 차지, 매매·상속·증여 가능, 부모 중 한쪽이 노비이면 그 자녀도 노비가 되는 것이 원칙 ┐ 신공 납부 • 노비의 종류: 공노비(입역 노비, 외거 노비)와 사노비(솔거 노비, 외거 노비)

(2) 고려 사회의 신분 변동
① 특징: 신라 골품제 사회에 비해 개방성이 증대됨 → 부분적으로 신분 간의 이동 가능
② 사례: 상층 향리가 과거로 문관에 진출, 군인이 군공으로 출세, 향·부곡·소 출신이 공을 세울 경우 해당 지역이 일반 군현으로 승격
└→ 반대로 일반 군현에서 난이 일어나면 부곡 등으로 강등되기도 하였다.

2. 사회 정책과 농민 공동체

(1) 사회 정책 ┌ 흑창을 개칭한 것이다.
① 농민 생활 안정책 시행: 농민 몰락에 의한 세금 부담 계층의 감소를 막기 위해 실시
② 사회 제도: 의창(빈민 구제 기관), 상평창(물가 조절 기관), 동·서 대비원(가난한 환자의 진료, 빈민 구휼 담당), 혜민국(의약 전담), 제위보(기금 마련 후 이자로 빈민 구제), 구제도감·구급도감(재해시 임시로 백성을 구제하기 위해 설치한 기관) 등
└→ 개경, 서경, 12목에 각각 설치되었다.

(2) 향도(농민 공동체)
① 기원: 매향 활동을 하는 불교의 신앙 조직에서 출발
② 역할: 일상 의례와 공동 노동 등을 통하여 공동체 의식 함양 → 초기에는 매향 활동과 불상·석탑 제작 등에 노동력과 비용 제공, 후기에는 마을 공동 의식을 주관하는 농민 공동체로 발전

3. 혼인 제도와 여성의 지위

(1) 혼인: 여자는 18세 전후, 남자는 20세 전후 → 대체적으로 일부일처제
(2) 가족 제도: 균분 상속(자녀에게 고르게 재산 상속), 부모 봉양과 제사도 자녀가 동등하게 부담, 아들이 없는 경우 딸이 제사를 지냄, 호적에 남녀 구분 없이 태어난 순서대로 기재
(3) 여성의 지위: 가족생활에서 남성에 비해 큰 차별을 받지 않음 → 여성도 호주 가능, 사위·외손자에게도 음서 혜택 적용, 여성의 재가가 비교적 자유로움

시험에 나오는 지문 특강 📖 고려의 상속

> 나익희는 성품이 분명하고 …… 그 어머니가 재산을 나누어 주는데, 별도로 노비 40구를 남겨주니 사양하며 말하기를, "한 아들이 다섯 명의 딸 사이에 있으면서, 어찌 차마 구차하게 그 [유산을] 차고 넘치게 얻음으로써 자식에게 고르게 나누어주시려는 마음에 누가 되게 하겠습니까."라고 하였다. 어머니가 의롭게 여겨 이를 허락하였다.
> ─ 「고려사절요」 ─

> 어머니가 아들인 나익희에게 노비를 더 주려고 하자, 다른 자식과 같이 받겠다고 균분 상속을 주장하는 나익희의 글을 통해 고려 시대 가족 제도에서 균분 상속이 이루어지고 있음을 알 수 있다.

3 고려의 문화

1. 유학의 발달과 역사서의 편찬

(1) 유학의 발달

초기	• 태조: 6두품 계열의 유학자 등용(최언위, 최응, 최지몽 등) • 광종: 과거 제도 실시 • 성종: 유교 정치 이념 정립(최승로의 시무 28조 수용), 유학 교육 기관(국자감) 정비
중기	• 유학의 보수화: 문벌 귀족 사회의 안정으로 유학의 보수화 경향 대두 • 최충(해동공자의 칭호, 9재 학당[●] 건립), 김부식(보수적 · 현실적 성격의 유학을 대표함)
후기	무신 정변 이후 문벌 귀족 세력의 몰락으로 유학 위축

(2) 성리학[●]의 전래: 원 간섭기인 충렬왕 때 안향이 고려에 소개

(3) 교육 기관의 성립

① 관학: 중앙의 국자감(유학부와 기술학부 설치)과 지방의 향교

② 사학: 최충의 9재 학당을 비롯한 사학 12도가 융성 → 국자감의 관학 교육 위축

③ 관학 진흥책: 서적포를 설치함(숙종), 7재와 양현고 설치(예종), 경사 6학 정비(인종) 등

④ 고려 말의 유학 교육: 국자감을 성균관으로 개편, 문묘 건립, 공민왕 때 성리학 교육 강화
 └ 7종의 전문   └ 공자를 모시는 사당
   └ 장학 재단
   강좌

시험에 나오는 **지문 특강** 📖 9재 학당

무릇 사학으로는 문종 때 태사중서령 최충이 후진들을 불러 모아 부지런히 가르치자 선비와 평민의 자제들이 모여들어 그 집 앞의 문과 거리를 가득 채웠다. 마침내 9재(九齋)로 나누어 그 명칭을 낙성(樂聖) · 대중(大中) · 성명(誠明) · 경업(敬業) · 조도(造道) · 솔성(奉性) · 진덕(進德) · 대화(大和) · 대빙(待聘)이라 했는데, 이를 일컬어 시중최공도(侍中崔公徒)라고 불렀다. 과거에 응시하는 양반 자제들은 반드시 먼저 공도에 들어가 공부해야 했다.
— 『고려사』 —

최충의 9재 학당에서 배운 학생들이 과거에서 좋은 성적을 올리면서 9재 학당의 명성이 국학인 국자감을 능가하게 되면서, 비슷한 시기에 유학자들이 만든 학교가 총 12곳이 되었다. 그 설립자들이 모두 고관 출신이었을 뿐 아니라 대부분이 과거 시험관인 지공거를 지냈다.

(4) 사서의 편찬

초기	『7대실록』(태조~목종의 실록), 『구삼국사』 편찬 → 전하지 않음
중기	『삼국사기』(김부식): 유교적 합리주의 사관, 기전체[●] 사서 → 신라 계승 의식 반영
무신 집권기	• 『해동고승전』(각훈): 삼국 시대 승려 30여 명의 전기 수록, 현재 일부 전래 • 『동명왕편』(이규보): 동명왕(주몽)을 칭송한 영웅 서사시, 고구려 계승 의식 반영
원 간섭기	• 『삼국유사』[●]: 불교사 중심, 고대의 민간 설화나 전래 기록, 단군 기록 • 『제왕운기』[●]: 우리 역사를 중국과 대등하게 파악, 유 · 불 · 도교 포용, 단군 기록
말기	『사략』(이제현): 성리학적 유교 사관(정통 의식과 대의명분 중시)

시험에 나오는 **지문 특강** 📖 삼국유사의 집필 동기

대체로 옛 성인들은 예악으로 나라를 일으키고 인의로 가르침을 베푸는 데 있어 괴력난신을 말하지 않았다. 그러나 제왕이 장차 일어날 때는 …… 반드시 보통 사람과는 다른 점이 있으니, …… 그러므로 삼국의 시조들이 모두 신기한 일로 탄생했음이 어찌 괴이하겠는가. 이것이 책 첫머리에 기이편(紀異篇)이 실린 까닭이며, 그 의도도 여기에 있는 것이다.
— 『삼국유사』 —

일연은 중국의 사례를 들어 말하면서, 우리 삼국 시조가 모두 신비스러운 일로 탄생했다는 것도 전혀 괴이하지 않은 것이라 역설하고 있다. 그러면서 이것이 첫머리에 '기이편'을 싣는 까닭임을 밝히며 『삼국유사』의 편찬 의도와 사관을 뚜렷이 하였다.

◐ **9재 학당**
해동공자로 불리는 최충이 세운 사학으로 과거 응시를 위한 예비 학교의 성격을 지녔다. 최충이 죽은 후 그의 시호를 따서 문헌공도라고도 부른다. 9재 학당의 성과가 커지 여러 유학자들이 유사한 사학을 만들었는데, 이를 사학 12도라 한다.

◐ **성리학**
• 특징: 인간의 심성과 우주의 원리를 철학적으로 규명하고자 한 유학 → 고려에서는 형이상학적인 측면보다 실천적 기능 강조
• 보급: 백이정 → 이제현 · 박충좌 → 이색 → 정몽주 · 권근 · 정도전 등
• 영향: 유교 의식의 확산, 불교에 대한 비판

◐ **고려의 관학**

◐ **기전체**
군주의 정치 관련 기사인 본기, 신하들의 개인 전기인 열전, 제도 · 문물 등을 분류해 정리한 지(志)와 연표 등으로 기록하는 역사 편찬 체제를 말한다. 사마천의 『사기』를 효시로 본다.

◐ **삼국유사와 제왕운기**
『삼국사기』에서는 언급하지 않은 단군을 우리 역사의 시조로 서술하는 등 민족적 자주의식이 반영되어 있다.

🌿 **공부 꿀팁**
성리학의 전래, 관학의 특징, 역사서의 특징(삼국사기와 삼국유사의 비교) 등은 매우 자주 출제되는 문제입니다. 역사서가 편찬된 시기의 배경과 역사 계승 의식에 대해 알아둔다면 문제 해결에 큰 도움이 됩니다.

2. 불교의 발달

(1) **불교 정책**: 숭불 정책 유지 → 왕실의 자문 역할을 담당하였다.

태조	훈요 10조를 통해 불교를 중시할 것을 당부
광종	승과 제도 및 국사·왕사 제도 정비, 사원에 면세 혜택

(2) **불교 통합 운동의 전개**

① 배경: 11세기 이후부터 고려 불교계는 여러 교단과 종파로 나뉘어 대립

② 숙종 때 대각국사 의천이 교종을 중심으로 선종을 통합

종파 통합	해동 천태종 창시
교관겸수° 제시	이론의 연마와 실천을 함께 강조 → 교종을 중심으로 선종을 통합하고자 함 → 의천이 죽은 뒤 교단 다시 분열

(3) **결사 운동과 조계종** → 배경: 무신 정변 이후 불교계의 분열과 타락

결사 운동	• 내용: 불교계 본연의 자세 확립을 주장하는 새로운 종교 운동 • 수선결사: 보조국사 지눌이 결사 제창(현재 순천 송광사 중심) • 백련결사: 강진의 만덕사를 중심으로 요세가 결성 → 토호와 지방민의 호응
조계종	• 지눌: 정혜쌍수°와 돈오점수°를 바탕으로 조계종 발전 → 선종 위주의 교종 통합 노력 • 혜심: 유·불 일치설 주장하며 심성의 도야 강조 → 성리학 수용의 토대 제공

(4) **고려 말 불교계의 폐단**: 권문세족과 연결되어 세속화 → 막대한 토지와 노비 소유 → 신진 사대부에게 비판받음

📖 시험에 나오는 **지문 특강** 　지눌의 결사 운동

> 하루는 동학(同學) 10여 명과 함께 다음과 같은 약속을 하였다. "이 모임 후 마땅히 명예와 이익을 버리고 산림에 은둔하여 함께 수행하는 모임을 결성한다. 항상 선정(禪定)을 익히고 지혜(智慧)를 고르게 하기에 힘쓰며 예불하고 경 읽으며 나아가서는 힘써 일한다. 각기 맡은 일을 경영하고 인연에 따라 심성을 수양하여 한평생을 자유롭게 호쾌하게 지낸다." - 「권수정혜결사문」 -

> 무신 집권기에는 불교계의 세속화를 비판하면서 승려 본연의 자세로 돌아가자는 결사 운동이 전개되었다. 지눌은 수선사(송광사)를 중심으로 결사 운동을 전개하여 개혁적인 승려와 지방민으로부터 호응을 얻었으며, 교종을 견제하려는 무신 정권에게도 지원을 받았다.

(5) **대장경 및 교장의 간행**: 대장경은 경(經)·율(律)·논(論) 등 삼장의 불교 경전을 총칭

초조대장경	현종 때 거란의 침입에 대응하여 제작 → 몽골 침입으로 소실
교장	• 의천이 국내, 송, 요, 일본으로부터 장소(章疏) 수집 → 「신편제종교장총록」 작성 • 흥왕사에 교장도감° 설치 → 10여 년간 4,700여 권의 교장 간행
팔만대장경 (재조대장경)	• 몽골의 침입을 격퇴하기 위해 판각(목판 인쇄본의 진수), 현재 합천 해인사 장경판전°에 보관 • 최우 정권이 강화도와 남해에 대장도감을 설치하여 조판

📖 시험에 나오는 **지문 특강** 　대장경을 각판하면서 기도하며 올리는 글

> 원하옵건대 제불성현 33천(天)은 간곡하게 비는 것을 살피시고 신통한 힘을 빌려주시어 흉악한 오랑캐를 물리치고 다시는 우리 국토를 밟는 일이 없게 해 주소서. 전쟁이 그치고 나라 안팎이 편안하며, 모후(母后)와 저군(儲君)이 무강한 수를 누리고 나라의 국운이 만세토록 유지되게 해 주소서.
> └ 임금의 어머니 　└ 왕의 자리를 이을 사람으로 보통 세자를 의미한다. 　- 『동국이상국집』 -

> 이규보가 쓴 글로, 1236년(고종 23년) 몽골군을 물리치기 위해 대장경을 판각하면서 임금과 신하의 기도를 올리는 글이다. 부처님을 비롯한 33천의 힘을 빌어 몽골군을 물리치고 세상을 평안하게 하고 고려의 국운이 만세토록 영원히길 바라는 마음이 담겨 있다

3. 도교, 풍수지리설의 발달

도교	불로장생과 현세 구복 추구, 초제 거행, 팔관회 거행, 교단 형성은 실패
풍수지리설	서경 중시(북진 정책, 묘청의 서경 천도 운동에 영향), 양주가 남경으로 승격되기도 함

• 도교와 민간 신앙 및 불교가 어우러진 행사

4. 과학 기술의 발달

천문학	• 사천대(서운관) 설치: 천문 관측과 역법 계산을 중심으로 발전 • 역법: 초기에는 당의 선명력을 사용 → 후기에는 원의 수시력 채용
의학	• 태의감: 의료 업무와 의학 교육 실시 • 『향약구급방』 편찬: 현존하는 최고의 의학 서적, 독자적 치료법 적용 시작
인쇄술	• 목판 인쇄술: 한 종류의 책을 다량으로 인쇄하는 데 유리(초조대장경, 팔만대장경) • 금속 활자: 세계 최초로 금속 활자 발명, 『상정고금예문』과 『직지심체요절』(1377) 등 인쇄
화약	• 고려 말 왜구의 잦은 침입으로 효율적인 무기 개발 필요 → 최무선이 화약 제조 성공 • 화통도감 설치: 화약과 화포 제작 → 진포 해전에서 왜구 격퇴에 활용

5. 귀족 문화의 발달

• 청자의 겉 부분을 파낸 후에 그 자리에 백토나 흑토를 채워 무늬를 만들어내는 방법

자기	독자적 비취색 순수 청자 발달(11세기) → 상감 청자 개발(12세기) → 원 간섭기 이후 쇠퇴
공예	• 금속 공예: 은입사 기술 발달(청동 향로, 청동 정병) → 자기의 상감법에 영향 • 나전 칠기: 옻칠한 바탕에 자개를 붙여 무늬 새김
문학	초기에는 향가와 한문학 발달 → 후기에는 경기체가와 장가(속요) 유행
서예	초기에는 구양순체 유행 → 후기에는 원의 조맹부체(송설체) 유행
그림	천산대렵도(공민왕, 원의 북화 영향), 혜허의 관음보살도(불화), 사경화
음악	아악(송의 대성악이 궁중 음악으로 발전), 향악(우리 고유의 음악)

• 불교 경전을 그림으로 설명

6. 건축과 불교 예술의 발달

• 현존하는 목조 건물 중 가장 오래되었다.

건축	• 주심포 양식: 안동 봉정사 극락전, 영주 부석사 무량수전, 예산 수덕사 대웅전 • 다포 양식: 사리원 성불사 응진전 → 조선 시대 건축에 영향
석탑	개성 불일사 오층 석탑, 평창 월정사 팔각 구층 석탑(다각 다층탑 대표), 개성 경천사지 십층 석탑 (원의 영향)
승탑	여주 고달사지 승탑, 원주 법천사지 지광국사 현묘탑
불상	• 하남 하사창동 철조 석가여래 좌상: 초기에 유행한 대형 철불 • 논산 관촉사 석조 미륵보살 입상 · 안동 이천동 마애여래 입상: 지역적 특색, 대형 불상 • 영주 부석사 소조여래 좌상: 신라 양식 계승

• 우리나라에서 조성된 가장 큰 석조불상

시험에 나오는 지문 특강 📖 고려 시대의 석탑과 불상

▲ 개성 불일사 오층 석탑

▲ 평창 월정사 팔각 구층 석탑

▲ 개성 경천사지 십층 석탑

▲ 논산 관촉사 석조 미륵보살 입상

▲ 하남 하사창동 철조 석가여래 좌상

▲ 안동 이천동 마애여래 입상

▲ 영주 부석사 소조여래 좌상

◐ 초제
도교 의례의 하나로 국가와 왕실의 안녕을 위해 하늘에 제사를 지냈다.

◐ 금속 활자 인쇄술
금속 활자 인쇄는 금속 주조 기술, 인쇄에 필요한 먹과 종이의 발달 등 다양한 과학 기술이 융합되어야 가능하다. 고려 후기에 간행된 『직지심체요절』은 현존하는 세계에서 가장 오래된 금속 활자본으로 인정받고 있다.

◐ 상감 청자

◐ 경기체가
고려 후기에 발생하여 조선 전기까지 약 350년간 지속된 장형의 시가로, 연이 나누어지고 여음이 있는 속악 가사의 형식을 따라 만든 사대부들의 노래였다.

◐ 주심포 양식과 다포 양식

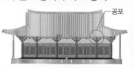

주심포 양식: 공포를 기둥 위에만 설치하였다.

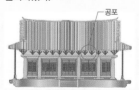

다포 양식: 공포를 기둥과 기둥 사이에도 설치하였다.

🌿 공부 꿀팁
고려 시대 인쇄술, 청자와 더불어 불상과 석탑은 자주 출제되는 문제 형식입니다. 예술품들의 이름만 기억하지 말고 실물 모습을 눈에 익혀 두는 것도 유리합니다.

대표 기출 문제 분석 ①

고려 시대 사서 편찬

| 43회 18번 기출 |

밑줄 그은 '이 책'에 대한 설명으로 옳은 것은?

승려 일연이 편찬한 이 책에 대해 말씀해 주십시오.

이 책은 왕력편, 기이편, 흥법편 등 5권 9편으로 구성되어 있으며, 불교 중심의 역사적 사실과 함께 민간 설화 등이 수록되어 있습니다.

① 기전체 형식으로 서술되었다.
② 남북국이라는 용어를 처음 사용하였다.
③ 사초, 시정기 등을 바탕으로 편찬되었다.
④ 단군왕검의 건국 이야기가 기록되어 있다.
⑤ 현존하는 우리나라 최고(最古)의 역사서이다.

문제 분석

제시된 자료에서 승려 일연이 편찬했고, 왕력편, 기이편 등 5권 9편으로 구성되었다는 내용을 통해 밑줄 그은 '이 책'은 『삼국유사』임을 알 수 있다.
④ 현존하는 역사서 중에서 단군왕검의 건국 이야기를 담고 있는 것으로는 가장 오래된 역사서이다. 이후 『제왕운기』, 조선 시대의 『동국통감』, 『동국여지승람』 등에 단군 이야기가 기록되었다. 『삼국사기』에는 단군 이야기가 실려 있지 않다.

정답: ④

오답 거르기

① 기전체 형식의 대표적인 예는 『삼국사기』이다. 『삼국유사』는 자유로운 형식의 역사서이다.
② 남북국이라는 용어는 유득공의 『발해고』에서 가장 먼저 사용되었다. 신라를 남국, 발해를 북국으로 보아 남북국이라는 용어를 쓰면서 만주사에 대한 관심을 촉구하였다.
③ 사초와 시정기 등은 왕조 실록을 편찬할 때 사용한다.
⑤ 현존하는 우리나라에서 가장 오래된 역사서는 『삼국사기』이다.

닮은 꼴 예상 문제

▶ 정답과 해설 16~17쪽

다음 글이 실려 있는 역사책에 대한 설명으로 옳은 것은?

> 첫머리에 말한다. 대체로 옛 성인들은 예악으로 나라를 일으키고 인의로 가르침을 베푸는 데 있어 괴력난신(怪力亂神)을 말하지 않았다. 그러나 제왕이 장차 일어날 때는 부명(符命)을 받고 도록(圖籙)을 얻어 반드시 보통 사람과는 다른 점이 있으니, 그런 뒤에야 능히 큰 변화를 타서 제왕의 지위를 얻고 대업을 이루었다. …… 그러므로 삼국의 시조들이 모두 신기한 일로 탄생했음이 어찌 괴이하겠는가. 이것이 책 첫머리에 기이편(紀異篇)이 실린 까닭이며, 그 의도도 여기에 있는 것이다.

① 현존하는 가장 오래된 역사서이다.
② 고려 시대의 역사를 자주적 입장에서 재정리하였다.
③ 유교적 합리주의 사관에 기초하여 기전체로 서술하였다.
④ 객관적인 서술을 위하여 500여 종의 국내외 사서를 인용하였다.
⑤ 불교사를 중심으로 고대의 민간 설화와 전래 기록을 수록하였다.

대표 기출 문제 분석 02

| 45회 12번 기출 |

밑줄 그은 '이 자기'에 해당하는 문화유산으로 옳은 것은?

> 이 자기는 상감 기법으로 고려 시대에 제작한 문화유산입니다. 상감은 겉 부분을 파낸 후에 그 자리에 백토나 흑토를 메우면서 무늬를 만들어 내는 방식으로, 이를 통해 다양한 무늬를 만들 수 있습니다.

① ② ③ ④ ⑤

문제 분석

고려 시대에 겉 부분을 파낸 후에 그 자리에 백토나 흑토를 메우면서 무늬를 만들어 내는 방식의 상감 기법으로 제작한 문화유산이라는 내용에서 밑줄 그은 '이 자기'가 상감 청자임을 알 수 있다.

④ 상감 기법은 세계 각지에서 기원을 전후로 하여 목칠 · 금속 공예품 · 유리 공예품 등에 문양을 넣는 기법으로 일반화되어 있던 것이지만, 자기질 청자에 유약을 입히기 전에 문양을 넣는 것은 고려 시대에 창안된 독자적인 기법이다.

정답: ④

오답 거르기

① 조선 전기에는 분청사기가 만들어지다가 차차 백자로 전환되어 갔다. 사진은 조선 전기에 많이 만들어진 순백자이다.

② 상감 청자가 나오기 전 만들어진 비취색의 청자이다.

③ 조선 시대 철화 백자이다. 백토로 그릇을 만들어 초벌구이를 한 후 그릇 표면에 산화철 안료로 무늬를 그리고 그 위에 백자 유약을 입혀 구워낸 것으로 문양은 다갈색이나 흑갈색으로 나타낸다.

⑤ 조선 후기에 유행한 청화 백자이다. 조선 후기에는 백자에 그림을 그려 구웠을 때 파란색으로 나타나는 청화 백자가 유행하였다.

 닮은 꼴 예상 문제

▶ 정답과 해설 16~17쪽

밑줄 그은 '자기'에 대한 설명으로 옳은 것을 〈보기〉에서 고른 것은?

> 왼쪽에 보이는 자기는 표면에 문양을 새긴 뒤 파인 자리에 백토 · 흙토 등을 채워 넣은 상감법으로 만든 다음에 유약을 발라서 구워 내는 것이다. 전라도 강진과 부안이 대표적인 생산지로 유명하다.

보기

ㄱ. 금속 공예 은입사 기술의 영향을 받았다.
ㄴ. 강화도 천도를 전후하여 많이 만들어졌다.
ㄷ. 백자가 본격적으로 유행하면서 퇴조하였다.
ㄹ. 호족 세력의 후원으로 전성기를 맞이하였다.

① ㄱ, ㄴ ② ㄱ, ㄷ ③ ㄴ, ㄷ ④ ㄴ, ㄹ ⑤ ㄷ, ㄹ

40회 13번 기출 문제 •

01 (가), (나)에 해당하는 토지 제도에 대한 설명으로 옳은 것을 〈보기〉에서 고른 것은?

> (가) 경종 원년(976) 11월, 처음으로 직관(職官)과 산관(散官) 각 품의 전시과를 제정하였다.
> (나) 공양왕 3년(1391) 5월, 도평의사사가 글을 올려 과전을 주는 법을 정하자고 요청하니 왕이 따랐다.

┤ 보기 ├
ㄱ. (가) – 전지와 시지를 지급하여 수취의 권리를 행사하게 하였다.
ㄴ. (가) – 관리의 사망 시 유가족에게 수신전과 휼양전을 지급하였다.
ㄷ. (나) – 지급 대상 토지를 원칙적으로 경기 지역에 한정하였다.
ㄹ. (나) – 관리의 인품과 공복을 기준으로 하여 토지를 지급하였다.

① ㄱ, ㄴ ② ㄱ, ㄷ ③ ㄴ, ㄷ ④ ㄴ, ㄹ ⑤ ㄷ, ㄹ

02 다음 자료에 나타난 시기의 농업 상황으로 옳은 것은?

> 문익점은 진주 강성현 사람이다. …… 원나라에 사신으로 갔다가 머물며 덕흥군 편에 붙었다가 그가 패배한 후 귀국하였다. (그는) 돌아오는 길에 목화씨를 얻어와 장인인 정천익에게 부탁하여 심도록 하였다. 처음에는 재배하는 방법을 몰라 거의 말라 죽이고 한 줄기만 살았는데, 3년 만에 크게 번식하였다. 목화씨를 뽑는 씨아와 실을 뽑는 물레는 모두 정천익이 만들었다.

① 철제 농기구가 보급되고 우경이 시작되었다.
② 상업의 발달로 상품 작물의 재배가 확대되었다.
③ 시비법이 발달하면서 휴경지가 점차 줄어들었다.
④ 농업 생산력을 높이기 위해 농사직설이 간행되었다.
⑤ 수리 시설 확충으로 모내기법이 전국으로 확대되었다.

03 다음 상황이 나타난 국가의 경제 상황으로 옳은 것은?

> 선왕께서 옛 법제에 따라 조서를 내려 청부(靑蚨)를 주조하게 하였는데 수년 만에 돈 꿰미 줄이 창고에 가득 찼고 두루두루 쓰기에 편하였다. 그리하여 대신들에게 명령을 내려 축하연을 베풀고 좋은 날을 택하여 통용시켰다. 이때부터 철전이 계속 유통되어 왔다. 과인이 분수 넘치게 왕위를 계승하고 삼가 부왕께서 남기신 뜻을 받들어 특히 화폐로 매매하는 밑천을 풍부하게 하고 이를 준엄히 행하는 제도를 엄격히 세웠다. …… 농사에 힘쓰게 하려는 마음을 가지고 철전 통용의 길을 막으려 한다. 차(茶)나 술, 음식 등을 파는 각종 상점들에서 매매하는 데는 이전과 같이 돈을 쓰게 하고 그 이외에 백성들이 자기네끼리 매매하는 데는 토산물을 마음대로 쓰도록 할 것이다.

① 벽란도가 교통과 상업의 중심지로 크게 번성하였다.
② 시전 상인들이 종로의 상점가를 중심으로 활동하였다.
③ 중강 개시와 후시를 통한 중국과의 교역이 활발하였다.
④ 동전에 대한 수요가 증가하여 동전 부족 현상이 나타났다.
⑤ 자금과 원료를 미리 받아 제품을 생산하는 선대제가 성행하였다.

43회 15번 기출 문제 •

04 다음 자료에 나타난 시기의 경제 상황으로 옳은 것은?

> 11월에 팔관회가 열렸다. [왕이] 신봉루에 들러 모든 관료에게 큰 잔치를 베풀었다. 그리고 다음날 대회(大會)에서 또 술과 음식을 하사하고 음악을 관람하였다. …… 송의 상인과 탐라국도 특산물을 바쳤으므로 자리를 내주어 음악을 관람하게 하였는데, 이후에는 상례(常例)가 되었다.

① 집집마다 부경이라는 창고가 있었다.
② 경시서가 수도의 시전을 감독하였다.
③ 감자, 고구마 등의 구황 작물이 재배되었다.
④ 모내기법 등을 소개한 농가집성이 편찬되었다.
⑤ 국경 지대에 개시 무역과 후시 무역이 이루어졌다.

05 (가) 항구를 중심으로 이루어진 무역 활동에서 볼 수 있었던 모습으로 가장 적절한 것은?

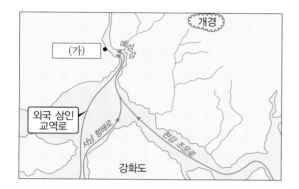

① 왜관에서 은을 곡식으로 바꾸는 일본 상인
② 황해와 남해의 해상 무역권을 장악한 장보고
③ 개시와 후시를 통해 대중국 무역을 하고 있는 만상
④ 수은, 향료, 산호 등을 들여와서 거래하고 있는 대식국 상인
⑤ 낙랑과 규슈 지방에 철을 수출하면서 중계 무역을 하는 가야인

45회 18번 기출 문제 ◆

06 다음 장면에 등장하는 왕의 재위 기간에 있었던 경제 모습으로 옳은 것은?

일전에 나의 아우인 의천이 화폐를 사용하면 쌀 운반의 수고를 덜고, 간교한 무리의 속임수를 막을 수 있으며, 녹봉 지급과 국가 재정 관리에 편하다고 건의하였다. 이제 주전도감에서 화폐를 발행하도록 하라.

① 해동통보가 주조되어 유통되었다.
② 전환국에서 백동화가 발행되었다.
③ 중국 화폐인 명도전, 반량전이 널리 사용되었다.
④ 공인이 상평통보를 사용하여 물품을 조달하였다.
⑤ 궁궐 중건 비용을 마련하기 위해 당백전을 발행하였다.

40회 18번 기출 문제 ◆

07 (가)에 들어갈 내용으로 옳지 **않은** 것은?

① 물가 조절을 위해 상평창을 설치하였어요.
② 병자에게 의약품을 제공하는 혜민국이 있었어요.
③ 기근에 대비하기 위해 구황촬요를 간행하였어요.
④ 환자 치료와 빈민 구제를 위해 개경에 동·서 대비원을 두었어요.
⑤ 기금을 모아 그 이자로 빈민을 구제하는 제위보를 운영하였어요.

08 다음 발원문을 만든 조직에 대한 설명으로 옳은 것을 〈보기〉에서 고른 것은?

1천 명이 계(契)를 맺어 매향(埋香)하며 발원하여 지은 글 빈도(貧道)와 수천 명의 사람들이 함께 커다란 서원(誓願)을 일으켜 침향목을 묻고 자씨(慈氏 : 미륵불)의 하생(下生)과 용화삼회(龍華三會)를 기다리려 합니다. 이 향을 지니고 있다가 미륵여래에게 봉헌 공양하여 청정한 법을 듣고 무생인(無生忍)을 깨달아 불퇴지(不退地)를 이루고자 합니다. …… 자씨여래(慈氏如來)께서는 보시고 우리를 위하여 증명하시어 우리가 미리 이 나라에서 태어나 설법을 듣고 도를 깨달아 일체가 모두 갖추어져 바른 깨달음을 이룰 수 있게 하소서.

┤ 보기 ├
ㄱ. 지방 사족들의 자치 조직이었다.
ㄴ. 불교 의식과 관련된 신앙 조직이었다.
ㄷ. 신진 사대부들에 의해 음사(淫祀)로 몰려 약화되었다.
ㄹ. 상호 부조를 위한 공동체 조직으로 발전하였다.

① ㄱ, ㄴ ② ㄱ, ㄷ ③ ㄴ, ㄷ ④ ㄴ, ㄹ ⑤ ㄷ, ㄹ

09 밑줄 그은 '정책'의 내용으로 옳은 것을 〈보기〉에서 고른 것은?

> 고려 중기에 문벌 귀족 사회가 자리 잡으면서 유교는 사회 개혁보다 지배 체제의 안정을 추구하는 보수적인 성격으로 바뀌어 갔다. 해동공자로 칭송받은 최충은 고려의 유학을 한 차원 높은 수준으로 발전시켰는데, 중앙 집권적 귀족 정치를 강조함으로써 문벌 귀족 사회의 안정을 추구하였다. …… 한편, 최충은 관직에서 물러난 후 9재 학당을 설립하여 제자를 양성하였다. 이를 계기로 사학 12도가 등장하여 크게 발전했는데, 사학에서 교육받은 학생이 과거에서 좋은 성적을 거두자 국자감의 관학 교육이 위축되었다. 이에 고려 정부에서는 관학을 진흥시키기 위한 정책을 펼쳤다.

┤ 보기 ├
ㄱ. 독서삼품과를 실시하였다.
ㄴ. 초계문신제를 실시하였다.
ㄷ. 전문 강좌인 7재를 개설하였다.
ㄹ. 장학 재단인 양현고를 설립하였다.

① ㄱ, ㄴ ② ㄱ, ㄷ ③ ㄴ, ㄷ ④ ㄴ, ㄹ ⑤ ㄷ, ㄹ

45회 14번 기출 문제 •

10 교사의 질문에 대한 학생의 답변으로 옳은 것은?

> 신라, 고구려, 백제가 기틀을 잡고 세 세력이 서로 대립하면서 …… 삼가, 본기 28권, 연표 3권, 지(志) 9권, 열전 10권을 찬술하였습니다. 여기에 표문(表文)을 붙여 성상께 올립니다. - 「진삼국사표(進三國史表)」 -

> 이 글은 왕명을 받들어서 역사서 편찬을 주도한 인물이 왕에게 올린 진삼국사표입니다. 이 글과 함께 올린 역사서에 대해 발표해 볼까요?

① 기전체 형식으로 서술하였다.
② 조선 건국의 정통성을 강조하였다.
③ 남북국이라는 용어를 처음 사용하였다.
④ 단군 조선에서 고려까지의 역사를 정리하였다.
⑤ 불교사를 중심으로 고대의 민간 설화 등을 수록하였다.

---

11 (가) 인물에 대한 설명으로 옳은 것은?

> [(가)] 이/가 원공과 작별 인사를 하고 천태산에 이르렀다. 정광불롱(定光佛隴)의 봉우리에 올라 지자대사가 친히 쓴 발원문을 보고, 지자대사 탑 앞에서 예를 올린 후 동녘 땅에 돌아가서 천태종을 전할 것을 맹세하였다. 양공이 이를 기록하고, 승려 중립이 비석을 세웠다. …… 곧 서울로 달려가 다시 흥왕사에 거처하면서 교리를 처음과 같이 강의하였다. 정축년 여름 5월 국사는 국청사에 주지로 있으면서 처음으로 천태교를 강의하였다. 이 천태종은 옛날에 이미 우리나라에 전해졌으나 중간에 폐지되었다.

① 유·불 일치설을 주장하며 심성의 도야를 강조하였다.
② 이론의 연마와 실천을 강조한 교관겸수를 제창하였다.
③ 아미타 신앙을 직접 전도하며 불교 대중화의 길을 열었다.
④ 화엄 사상을 바탕으로 교단을 형성하고 부석사를 창건하였다.
⑤ 독경과 선 수행, 노동에 고루 힘쓰자는 결사 운동을 전개하였다.

43회 16번 기출 문제 •

12 (가)에 들어갈 내용으로 옳은 것은?

'불일보조국사'라는 시호를 받은 인물에 대해 말해 보자.

수선사 결사를 제창하여 불교계를 개혁하려고 했어.

(가)

① 무애가를 지어 불교 대중화에 힘썼어.
② 화엄일승법계도를 지어 화엄 사상을 정리했어.
③ 불교 교단 통합을 위해 해동 천태종을 개창했어.
④ 인도와 중앙아시아를 여행하고 왕오천축국전을 남겼어.
⑤ 돈오점수를 주장하며 수행 방법으로 정혜쌍수를 내세웠어.

13 (가), (나)에 대한 설명으로 옳은 것을 〈보기〉에서 고른 것은?

- 고려의 [(가)]은/는 팔만대장경의 제작 과정에서 최고의 기술 수준에 도달하였다.
- 12세기 말이나 13세기 초에는 이미 [(나)]이/가(이) 발명되었으리라 추측되며, 몽골과 전쟁 중 강화도에서는 상정고금예문이 인쇄되었다.

┤ 보기 ├
ㄱ. (가) – 여러 가지 책을 소량으로 인쇄하는 데 적합하였다.
ㄴ. (가) – 통일 신라 시대부터 발달하여 불경 간행에 이용되었다.
ㄷ. (나) – 초기에는 식자판을 조립하여 만들었다.
ㄹ. (나) – 청동 주조 기술과 제지술의 발달을 배경으로 하였다.

① ㄱ, ㄴ　② ㄱ, ㄷ　③ ㄴ, ㄷ　④ ㄴ, ㄹ　⑤ ㄷ, ㄹ

44회 17번 기출 문제 •

14 (가)에 들어갈 내용으로 옳은 것을 〈보기〉에서 고른 것은?

〈주제: ○○ 시대 과학 기술의 발달〉
△△ 모둠 발표

가장 오래된 금속 활자본인 직지심체요절이 간행되었어요.

사천대에서 천체와 기상을 관찰했어요.

(가)

┤ 보기 ├
ㄱ. 기기도설을 참조하여 거중기를 제작했어요.
ㄴ. 화통도감을 설치하여 화약과 화포를 제작했어요.
ㄷ. 우리의 약재를 소개한 향약구급방을 편찬했어요.
ㄹ. 농업 기술 혁신 방안을 제시한 임원경제지가 저술됐어요.

① ㄱ, ㄴ　② ㄱ, ㄷ　③ ㄴ, ㄷ　④ ㄴ, ㄹ　⑤ ㄷ, ㄹ

44회 15번 기출 문제 •

15 (가)~(마)에 들어갈 내용으로 적절하지 않은 것은?

〈답사 안내〉

고려 시대의 불교 문화를 찾아서

우리 박물관에서는 고려 시대의 불교 문화를 탐색하기 위한 문화유산 답사를 실시합니다. 시민 여러분들의 많은 관심과 참여 부탁드립니다.

◆ 답사 기간: 2019년 ○○월~○○일
　※매월 마지막 주 토요일 09:00~17:00
◆ 답사 일정

순서	답사 장소	답사 주제
1회차	안동 봉정사	(가)
2회차	논산 관촉사	(나)
3회차	순천 송광사	(다)
4회차	합천 해인사	(라)
5회차	강진 백련사	(마)

◆ 주관: □□ 박물관

① (가) – 팔상전을 통해 본 오층 목탑의 구조
② (나) – 석조 미륵보살 입상의 조형적 특징
③ (다) – 보조국사 지눌의 생애와 주요 활동
④ (라) – 팔만대장경의 운반 과정과 보관 경위
⑤ (마) – 법화 신앙을 바탕으로 한 요세의 신앙 결사 운동

16 다음 설명에 해당하는 문화유산으로 옳은 것은?

국보 제323호로 우리나라 석조불상 중에서 가장 큰 불상으로서 크기가 17.8m이다. 일명 '은진미륵(恩津彌勒)'이라고도 하는 이 불상은 고려 시대인 968년경에 조성되었으며 거대하고 투박하면서도 지역적 특색을 담고 있다.

① 　② 　③

④ 　⑤

Ⅲ

조선의 건국과 발전

01 통치 체제의 정비

☑ 출제 포인트

· 조선 초기 왕의 업적
· 통치 기구의 특징과 역할
· 군역 제도의 특징
· 관리 등용과 인사 제도

◐ 6조 직계제
6조가 의정부를 거치지 않고 왕에게 직접 보고하고 지시를 받아 업무를 수행하는 것으로, 태종과 세조 때에 의정부의 권한을 약화시키고 국왕 중심의 정치를 강화하려는 목적에서 실시되었다.

◐ 의정부 서사제
의정부의 정승들이 6조의 업무를 먼저 심의한 후 국왕에게 보고하고, 국왕의 지시도 의정부를 거친 후 각 관서에 전달하는 방식이다.

◐ 경국대전
세조 때 시작하여 성종 때 완성되었다. 이 법전은 조선 왕조 통치의 기틀이 되는 기본 법전으로 중앙 관서의 6조 직능에 맞추어 6전으로 구성되었다.

◐ 조선의 중앙 정치 조직

☆ 공부 꿀팁
조선 시대의 행정 조직은 자주 출제됩니다. 특히 3사의 기능과 역할 등이 자주 출제되며, 고려의 삼사와 비교되기도 합니다. 고려 시대 행정 조직과 혼동을 주기 위해 오답으로 서로 자주 출제되니까 잘 정리해 둘 필요가 있습니다.

1 조선의 건국과 체제 정비

1. 조선의 건국
→ 위화도 회군(1388)으로 신흥 무인 세력과 신진 사대부가 협력하여 정치적 실권 장악
(1) 건국 과정: 급진 개혁파가 정몽주 등 온건 개혁파 제거 → 이성계를 왕으로 추대
(2) 국가의 기틀 마련과 문물 제도의 정비

왕족이나 공신들의 사병들을 없애고, 병조로 귀속시킴으로써 왕이 군사권을 장악할 수 있게 되었다.

태조	· 조선 건국: 국호를 '조선'으로 제정하고 한양으로 천도 · 정치: 정도전 등 개국 공신이 정치 주도 → 성리학적 통치 이념 마련
태종	· 국왕 중심의 통치 체제 정비: 6조 직계제 실시, 사병 혁파, 사간원 독립, 신문고 설치 · 국가의 경제 기반 확충: 양전 사업, 호구 조사, 호패법 실시, 사원전 몰수
세종	· 왕권과 신권의 조화: 정치 체제를 의정부 서사제로 바꿈 → 왕도 정치 추구 · 학문과 정책 연구: 집현전 설치 · 영토 확장 및 국방 강화: 여진 정벌 → 4군 6진 개척, 쓰시마(대마도) 정벌 · 문화 정책: 훈민정음 창제, 『농사직설』·『칠정산』 편찬, 갑인자(활자) 주조
세조	왕권 강화 정책: 6조 직계제 부활, 집현전과 경연 폐지, 직전법 실시
성종	집현전을 계승한 홍문관 설치 및 경연 활성화, 『경국대전』 완성

→ 16세 이상의 남자들이 소지한 신분증이다.

→ 아라비아와 중국의 역법을 참고하여 우리 역사상 처음으로 한성을 기준 삼아 만든 역법서이다.

2. 통치 체제의 정비

3사 중에서 사헌부와 사간원은 국왕이나 대신의 잘못된 정책이나 행실에 대하여 간하고(간쟁), 임금이 내리는 명령이 합당하지 못할 경우 이를 봉합하여 되돌려 공박하거나(봉박), 관리의 임명이나 법령의 제정 등에 있어 대간이 서명을 하는 것(서경)을 거부할 수 있었다. 홍문관은 대간을 지원하였다.

(1) 중앙 정치 조직
① 의정부와 6조

의정부	국정을 총괄하는 최고 정무 기구, 재상들의 합의로 정책을 심의·결정
6조	정책 집행 담당, 행정의 전문성과 효율성 부여

② 3사: 사헌부(관원의 비리 감찰), 사간원(국왕이나 대신의 정책 비판), 홍문관(국정 자문과 경연 주관)으로 구성 → 권력의 독점과 부정 방지, 언론 기능 담당(간쟁·봉박·서경)
③ 기타: 승정원(왕명 출납, 국왕 비서 기구), 의금부(국왕 직속 사법 기구, 반역죄 등 처리), 한성부(수도의 행정과 치안 담당), 춘추관(역사서 편찬과 보관), 성균관(최고 교육 기관)

시험에 나오는 지문 특강 📖 정도전의 재상론
어리석거나 똑똑하거나, 강력하거나 여리거나

총재는 위로는 군부(君父)를 받들고, 아래로는 백관(百官)을 통솔하며 만민(萬民)을 다스리는 것이니 그 직책이 크다. 또 임금의 자질에는 혼명강약(昏明强弱)의 차이가 있으니, 총재는 임금의 아름다운 점은 순종하고 나쁜 점은 바로잡으며, 옳은 일은 받들고 옳지 않은 것은 막아 임금으로 하여금 대중(大中)의 경지에 들게 해야 한다. 그러므로 "상(相)"이라 함은, 곧 돕는다는 뜻이다.　　　－『조선경국전』－

정도전은 군주의 능력이 모두 뛰어나지 않기 때문에 오직 총재(재상)의 지도를 받아야 한다고 주장하였다. 새로 건국한 왕조(조선)의 기틀을 구축하기 위한 재상의 역할, 즉 재상론(宰相論)을 역설하였던 것이다. 이와 같은 정도전의 재상 중심 국가 통치론(의정부 서사제)은 왕권의 전제화를 통한 국왕 중심의 통치론(6조 직계제)을 추구하는 이방원(태종)과의 충돌을 불러왔다.

(2) 지방 행정 조직
→ 고려 시대의 향·부곡·소 및 속현은 일반 군·현으로 승격되거나 통폐합
① 행정 구역: 전국을 8도로 나누고, 그 아래 부·목·군·현 설치
② 지방관 파견: 8도에는 관찰사, 모든 군·현에 수령을 파견함

관찰사	수령을 지휘·감독, 각 도의 행정·사법·군사 업무 등을 총괄
수령	지방의 행정·사법·군사 업무 담당, 상피제 적용
향리	수령을 보좌하고 행정 실무 담당, 고려 시대에 비해 지위가 낮아짐

③ 유향소와 경재소

유향소	지방 사족으로 구성(좌수 및 별감)된 향촌 자치 기구, 수령 보좌·향리 비리 감시·풍속 교정
경재소	유향소를 통제하기 위하여 설치한 중앙 기구, 정부의 고관이 자기 출신 지역의 경재소 관장

시험에 나오는 지문 특강 유향소

"신의 생각으로는 다시 유향소를 세우는 것이 국정(國政)에 해가 되지는 않을 것입니다. 유향소에서 폐단을 일으키는 데 대해서는 국가에서 정한 법이 있으니 견제하기 어렵지 않을 것인데, 또 무슨 걱정을 하겠습니까?" 하였다. 심회 등의 의논에 따랐다. - 『성종실록』 -

　향촌 자치 기구인 유향소와 이를 통제하기 위한 경재소를 설치하여 조선은 향촌 자치를 허용하면서도 중앙 집권 체제를 강화할 수 있었다.

3. 군사 제도

(1) **군역**: 16세 이상 60세 미만의 양인 남자에게 부과(양인개병제), 정군과 보인으로 편성(현직 관리·향리·학생 면제), 농병일치제

> 정군은 실제로 군대에 가서 군무를 담당하였고, 보인은 직접 군무를 하지 않는 군역 대상자로 정군을 경제적으로 뒷받침하였다.

(2) **군사 조직**: 중앙군(5위 - 궁궐, 수도 방어)과 지방군(육군과 수군)

(3) **봉수제와 역참제**

봉수제	국경 지역의 군사적인 위급 상황 연락	국방과 중앙 집권적 행정 운영의 효율성 증대 목적으로 시행
역참제	물자 수송과 통신 담당(파발◉)	

4. 관리 등용 제도

(1) **채용 방법**: 법제적으로는 양인 이상이면 응시 가능(실질적으로 농민 등 피지배 계층은 응시가 어려움)

　　　↱ 합격자는 성균관 입학, 대과 응시, 하급 관리 진출 가능

과거	문과	• 실시 시기: 정기 시험(3년마다 보는 식년시), 별시(증광시, 알성시 등) • 소과: 생원시와 진사시로 구분 • 대과: 문관 선발 시험
	무과	무관 선발 시험: 문과와 같은 절차로 진행되며 총 28명 선발
	잡과	기술관 선발 시험: 3년마다 실시, 분야별 정원, 해당 관청에서 선발
특별 채용	천거	주로 기존 관리를 대상으로 하는 추천제
	음서	고려에 비해 특권 축소: 문과에 합격하지 않으면 고위 관료로 승진 불가능
	취재	간단한 시험을 통해 하급 실무직에 필요한 인원 선발

(2) **인사 관리 제도**: 상피제◉(권력의 집중과 부정 방지)와 서경제◉(인사의 공정성 확보) 실시

5. 교육 제도

(1) **성균관**: 한성에 설치된 최고 교육 기관으로 유학 교육 실시, 처음에는 소과 합격자만 입학 가능

(2) **향교**: 지방 군현에 설치되어 유학 교육 담당, 국립 교육 기관

(3) **서당**: 한문과 초보적 유학 교육을 실시(사립)

시험에 나오는 지문 특강 과거 응시 제한 대상

　영구히 서용(敍用)하지 못하도록 처벌하는 죄를 지은 자, 장오죄(贓汚罪: 공물 횡령죄)를 지은 관리의 아들, 재가(再嫁)하거나 행실이 부정한 부녀자의 아들과 손자, 서얼(庶孼)의 자손(子孫)에게는 문과 및 생원시와 진사시에 응시하는 것을 허락하지 않고, 본도(本道)에 거주하지 않는 자와 현직에 있는 조정의 선비에게는 향시(鄕試)에 응시하는 것을 허락하지 않는다. - 『경국대전』 -

　조선 시대에는 사대부들이 문과를 통하여 고위 관료로 등용되었기 때문에 상당히 엄격하게 문과 응시자를 제한하였다. 큰 죄를 짓거나 탐관오리의 아들, 재가녀의 아들과 손자, 서얼 등은 문과에 응시하지 못하였다.

◉ **조선의 지방 행정 제도**

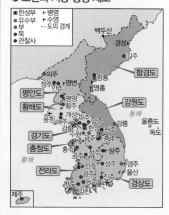

◉ **파발**
말을 사용하여 보다 신속히 전달하는 기발(騎撥)과 사람의 도보에 의해서 전달하는 보발(步撥)로 나뉘어져 있었다.

◉ **과거 응시 제한**
• 문과의 경우 탐관오리의 아들, 재혼한 여자의 아들과 손자, 서얼에게는 응시를 제한하였다.
• 무과·잡과는 제한이 없었다.

◉ **상피제**
고려·조선 시대에, 일정한 범위 내의 친족 간에 동일한 관아 또는 통속 관계의 관아에 근무하지 못하게 하거나 연고지의 벼슬을 피하게 하던 제도이다.

◉ **서경제**
5품 이하의 관리를 임명할 때 사간원과 사헌부의 동의를 얻는 제도이다. 이들이 거부할 경우에는 관료가 되지 못하는 경우도 있었다.

🌱 **공부 꿀팁**
유향소를 비롯한 지방 제도와 관리 등용 제도는 출제가 빈번한 편입니다. 특히 과거의 종류와 문과의 시행 방법 등을 알아 두면 유리합니다.

세조의 정책

(가) 왕에 대한 설명으로 옳은 것은?

| 40회 20번 기출 |

〈답사 자료 안내집〉

[(가)] 이/가 묻힌 광릉을 가다

⊙ 광릉 이야기　　한명회, 권람 등과 함께 변란을 일으킨 후 왕위에 오른 [(가)] 은/는 육조 직계제를 실시하고 군제를 개편하는 등 왕권 강화에 노력하였다. 그는 자신의 무덤에 석실과 석곽을 마련하지 말라는 유언을 남겼는데, 이에 따라 내부는 석회다짐으로 막았고, 봉분 둘레에도 병풍석을 세우지 않았다. 이는 백성의 부담을 줄이기 위한 것으로 후대 왕릉 축조의 전범(典範)이 되었다.

① 4군 6진을 설치하여 북방 영토를 개척하였다.
② 대전회통을 편찬하여 통치 체제를 정비하였다.
③ 기유약조를 체결하여 일본과의 무역을 재개하였다.
④ 균역법을 시행하여 백성들의 군역 부담을 줄여주었다.
⑤ 직전법을 실시하여 현직 관리에게만 수조권을 지급하였다.

문제 분석

제시된 자료는 조선 시대 왕릉 중의 하나인 광릉이다. 광릉에는 계유정난으로 왕위를 찬탈한 수양대군(세조)이 잠들어 있다.
⑤ 현직 관리뿐만 아니라 산관(散官: 관직은 없고 관계만 가지고 있는 사람)에게도 수조지를 나누어 주던 과전법이 과전의 세습화와 관리 수의 증가 등으로 경기도에 국한된 과전의 부족을 초래하는 문제점을 드러내자, 세조가 이를 타개하기 위하여 동왕 12년(1466)에 현직 관리에게만 수조권을 주는 직전법을 시행하였다.

정답: ⑤

오답 거르기

① 4군 6진을 설치하여 북방으로 영토를 확장한 왕은 세종이다. 세종 시기에 쓰시마(대마도) 정벌도 있었다.
② 대전회통은 1865년(고종 2) 왕명에 따라 영의정 조두순, 좌의정 김병학 등이 편찬한 조선 시대 마지막 법전이다.
③ 임진왜란 이후 일본의 요청으로 기유약조를 체결한 왕은 광해군이다(1609).
④ 군적의 문란으로 농민들의 군포 부담이 가중되자, 영조가 1750년(영조 26)에 양인에게 군포 2필씩을 징수하던 것을 1필로 감하고 그 세수의 감액 분을 결작미, 어·염·선세, 선무군관포 등으로 충당케 한 균역법을 실시하였다.

닮은 꼴 예상 문제

▶ 정답과 해설 19쪽

밑줄 그은 '내'에 대한 설명으로 옳은 것은?

> 의정부에 명을 내리기를, "상왕(단종)께서 나이가 어리시어 모든 조치를 의정부 대신에게 맡겨 의논해서 시행하였다. 그러나 이제 내가 명을 받아 왕통을 계승하면서 국가와 군사에 관한 일을 모두 친히 보고받고 결단하여 모든 옛 제도를 회복하였다. 따라서 이제부터는 형조의 사형수를 제외한 모든 업무를 6조에서 각기 그 직무에 따라 의정부를 거치지 말고 나에게 직접 보고하라."고 하였다.

① 사간원을 독립시키고 호패법을 시행하였다.
② 조광조를 중용하여 유교 정치를 실시하였다.
③ 경국대전을 반포하여 통치 체제를 확립하였다.
④ 왜구를 척결하기 위하여 대마도를 정벌하였다.
⑤ 왕권 강화를 위해 집현전과 경연을 폐지하였다.

대표 기출 문제 분석 02

| 43회 19번 기출 |

다음 자료에 해당하는 정치 기구에 대한 설명으로 옳은 것은?

> 정치를 논하여 바르게 이끌고, 백관을 규찰하고, 풍속을 바로잡고, 원통하고 억울한 것을 풀어주고, 외람되고 거짓된 것을 금하는 등의 일을 관장한다. …… 집의 1명, 장령 2명, 지평 2명, 감찰 24명을 둔다.

① 수도의 치안과 행정을 담당하였다.
② 고려의 삼사와 같은 역할을 하였다.
③ 조광조를 비롯한 사림의 건의로 혁파되었다.
④ 임진왜란을 거치면서 국정 최고 기구로 성장하였다.
⑤ 5품 이하 관리의 임명 과정에서 서경권을 행사하였다.

문제 분석

제시된 자료의 내용 중에서 특히 백관을 규찰하고 등을 통해 자료의 기구가 조선 시대 사헌부임을 알 수 있다. 조선 시대 3사는 고려의 삼사와는 달리 사헌부, 사간원, 홍문관을 통칭해서 부르던 용어이다. ⑤ 사헌부는 사간원과 더불어 서경권을 가지고 있었다. 사헌부와 사간원은 간쟁, 봉박, 서경을 통해 권력의 부정과 비리에 대항하였다.

정답: ⑤

오답 거르기

① 수도의 행정과 치안을 담당한 부서는 한성부이다.
② 고려의 삼사는 하나의 기구로 곡식과 화폐의 출납을 담당하였다. 조선에서는 호조가 그 역할을 하였다.
③ 조광조 등 중종 때 권력을 장악한 사림들은 도교와 관련된 제천 행사를 담당하는 소격서를 혁파하라고 건의하였다.
④ 처음에는 여진족과 왜구를 막기 위하여 세워진 비변사가 임진왜란을 거치면서 내정과 외교를 모두 담당하는 국정 최고 기구가 되었다.

📖 닮은 꼴 예상 문제

▶ 정답과 해설 19쪽

선생님의 질문에 대한 학생의 답변으로 옳은 것은?

> 다음은 조선 시대 어느 관리의 업무를 가상으로 적었어요. 이 관리가 속한 기구에 대해 발표해볼까요?

○○년 ○일의 업무

오전 △시: 경연(조강참석)
오전 △시: 강원도 관찰사 탄핵 건의
오전 △시: 병조좌랑에 대한 서경
오전 △시: 한성부 관리 비리 규찰 결과 보고

① 성종 때 학문 연구를 위해 설치되었다.
② 홍문관, 사간원과 함께 삼사로 불렸다.
③ 수령을 보좌하고 향리의 비리를 감시하였다.
④ 반역죄를 포함한 국가의 큰 죄인을 처벌하였다.
⑤ 최고 교육 기관으로 과거와 밀접하게 연결되었다.

01 밑줄 그은 '전하'의 재위 기간 중 있었던 사실로 옳은 것은?

이번에 경이 지어 올린 전각의 이름 중 근정전에는 어떤 뜻이 있는 것이오?

천하의 일은 부지런하면 다스려지고, 부지런하지 못하면 다스려지지 못하는 것이 당연한 일입니다. 이에 전하와 후대 군주들께서 항상 정사를 부지런히 돌보시라는 의미를 담은 전각입니다.

① 집현전을 계승한 홍문관이 세워졌다.
② 법령을 정비한 경국대전이 반포되었다.
③ 백성의 유망을 막기 위한 호패법이 실시되었다.
④ 금위영이 설치되면서 5군영 체제가 정비되었다.
⑤ 왕위 계승을 둘러싸고 1차 왕자의 난이 벌어졌다.

41회 27번 기출 문제 •

02 (가) 기구에 대한 설명으로 옳은 것은?

그림과 좌목(座目)으로만 구성된 「상대계첩(霜臺契帖)」은 (가) 소속 감찰직 관원들의 계모임을 기념하여 제작되었습니다. 여기에는 그들이 근무하는 청사가 그려져 있고 당시 모인 사람들의 명단이 적혀 있습니다. 상대란 서릿발 같은 관리 감찰 때문에 붙여진 (가) 의 다른 이름으로, 그 수장은 대사헌이라고 하였습니다.

① 사림의 건의로 중종 때 폐지되었다.
② 왕명 출납을 맡은 왕의 비서 기관이었다.
③ 국왕의 친위 부대로 서울과 수원에 배치되었다.
④ 왕에게 경서와 사서를 강론하는 경연을 주관하였다.
⑤ 5품 이하 관리의 임명 과정에서 서경권을 행사하였다.

43회 20번 기출 문제 •

03 밑줄 그은 '이 왕'의 재위 기간에 있었던 사실로 옳은 것은?

이 서사시는 조선의 건국 시조들을 찬양하고 왕조의 창업을 합리화한 것으로, 이 왕이 정인지, 권제 등에게 명하여 훈민정음으로 편찬하도록 하였습니다.

제1장
해동의 여섯 용이 나시어서 그 행동하신 일마다 모두 하늘이 내리신 복이시니 그러므로 옛날의 성인의 하신 일들과 부절을 합친 것처럼 꼭 맞으시니
제2장
뿌리가 깊은 나무는 아무리 센 바람에도 움직이지 아니하므로, 꽃이 좋고 열매도 많으니
......

① 훈련 교범인 무예도보통지가 편찬되었다.
② 전통 한의학을 정리한 동의보감이 간행되었다.
③ 최초로 100리 척을 사용한 동국지도가 제작되었다.
④ 우리 풍토에 맞는 농법을 소개한 농사직설이 간행되었다.
⑤ 각 도의 지리, 풍속 등이 수록된 동국여지승람이 편찬되었다.

04 (가)에 대한 설명으로 옳은 것은?

임금께서 말하기를, "그대는 이미 (가) 을/를 지냈으니, 백성을 다스리는 데 무엇을 먼저 하겠는가?" 하니, 변징원이 대답하기를, "마땅히 칠사(七事)를 먼저 할 것입니다." 하였다. 임금께서 말하기를, "칠사라는 것은 무엇인가?" 하니, 변징원이 대답하기를, "농상(農桑, 농사와 양잠)을 성(盛)하게 하는 일, 학교를 일으키는 일, 소송을 간략하게 하는 일, 간활(奸猾, 간사하고 교활함)을 없애는 일, 군정(軍政)을 닦는 일, 호구를 늘리는 일, 부역을 고르게 하는 일이 바로 칠사입니다."라고 하였다.

– 『성종실록』 –

① 잡과를 통해 선발되었다.
② 왕에게 경서 강론의 일을 담당하였다.
③ 왕의 명령을 받들어 관리에게 하달하였다.
④ 지방의 행정 · 사법 · 군사권을 행사하였다.
⑤ 역사서를 편찬하고 사고에 보관하는 일을 주관하였다.

39회 18번 기출 문제 ·

05 (가)에 대한 설명으로 옳은 것은?

> • 사헌부 대사헌 허응 등이 시무 7조를 올렸다. "……
> 주 · 부 · 군 · 현에 각각 수령이 있는데, 향원(鄕愿)
> 가운데 일 삼기를 좋아하는 무리들이 ▢(가)▢ 을/
> 를 설치하고, 아무 때나 무리지어 모여서 수령을 헐
> 뜯고, 사람을 올리고 내치고, 백성들을 핍박하는 것
> 이 교활한 향리보다 심합니다. 원하건대, 모두 혁거
> (革去)하여 오랜 폐단을 없애소서."
>
> ― 『태종실록』 ―
>
> • 헌납 김대가 아뢰기를, "백성을 괴롭힘은 향리보다
> 더한 자가 없는데, 수령도 반드시 다 어질 수는 없
> 습니다. 그래서 백성이 편안하게 살 수 없는데, 비
> 록 경재소가 있더라도 귀와 눈이 미치지 못하는 곳
> 은 규명해 낼 수가 없습니다. …… ▢(가)▢ 의 법은
> 매우 훌륭했습니다만 중간에 폐지하여 이러한 큰
> 폐단이 생겼으니, 다시 세우는 것이 어떻겠습니
> 까?"라고 하였다.
>
> ― 『성종실록』 ―

① 좌수와 별감을 선발하여 운영되었다.
② 대성전을 세워 선현에 제사를 지냈다.
③ 옥당이라고 불리며 경연을 담당하였다.
④ 농민들로 구성된 공동 노동의 작업 공동체였다.
⑤ 매향(埋香) 활동 등 각종 불교 행사를 주관하였다.

06 다음 군역 제도에 대한 내용으로 옳은 것을 〈보기〉에서
고른 것은?

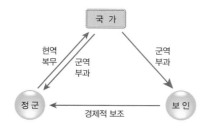

> ┤ 보기 ├
> ㄱ. 정군은 상민, 보인은 천민으로 구성되었다.
> ㄴ. 정군은 국가에서 일정한 급료를 지급받았다.
> ㄷ. 군역은 양인개병과 농병일치에 기반을 두었다.
> ㄹ. 보인은 현역 복무 대신 정군의 군역 비용을 담당
> 하였다.

① ㄱ, ㄴ   ② ㄱ, ㄷ   ③ ㄴ, ㄷ   ④ ㄴ, ㄹ   ⑤ ㄷ, ㄹ

07 (가), (나) 과거 제도에 대한 설명으로 옳은 것을 〈보기〉에
서 고른 것은?

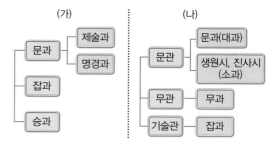

> ┤ 보기 ├
> ㄱ. (가) - 대부분 무관을 선발하지 않았다.
> ㄴ. (가) - 서얼에게는 응시를 제한하였다.
> ㄷ. (나) - 문과를 중심으로 운영되었다.
> ㄹ. (나) - 승과도 항상 포함하여 실시되었다.

① ㄱ, ㄴ   ② ㄱ, ㄷ   ③ ㄴ, ㄷ   ④ ㄴ, ㄹ   ⑤ ㄷ, ㄹ

42회 23번 기출 문제 ·

08 (가)에 대한 설명으로 옳은 것은?

① 좌수와 별감에 의해 운영하였다.
② 지방의 사림 세력이 주로 설립하였다.
③ 전국의 부 · 목 · 군 · 현에 하나씩 설립되었다.
④ 최고의 관립 교육 기관으로 성현의 제사도 지냈다.
⑤ 흥선 대원군에 의해 47개소를 제외하고 철폐되었다.

☑ 출제 포인트

· 사림의 형성
· 4대 사화
· 붕당의 발생
· 서원과 향약

◐ 조의제문
김종직이 세조의 왕위 찬탈을 풍자하여 1457년에 지은 문서로 항우가 초의 의제를 폐하고 초왕의 지위를 차지한 것을 세조가 단종을 폐하고 왕위를 찬탈한 것에 비유하였다.

◐ 윤씨 폐출 및 사사
연산군의 생모인 윤씨는 질투가 심해 왕비의 체통에 벗어난 행동을 많이 했다는 이유로 1479년(성종 10)에 폐서인이 되었으며, 3년 후에 사사(賜死)되었다.

◐ 기묘사화 과정
· 중종반정(1506): 연산군의 폭정에 반발하여 신하들이 반정을 일으켜 중종을 추대 → 반정 공신의 권력 장악
· 중종의 사림 등용: 공신 세력을 견제하기 위해 조광조 등 사림 세력 등용
· 조광조의 개혁 정치: 사림(인재) 등용을 위한 현량과 실시, 경연과 언론의 활성화, 도교 행사를 주관하는 소격서 폐지, 『소학』보급(유교 윤리 확산 목적), 공납 제도 개선 주장, 위훈 삭제

🌿 공부 꿀팁
사화는 크게 중요하지는 않지만 일어난 순서대로 찾는 문제가 출제되기도 합니다. 또한 조광조와 기묘사화에 대한 문제가 가장 잘 출제되지요. 사림이 대두하게 된 과정과 네 차례 사화의 전개 과정을 정리하여 기억하면 좋습니다.

1 사림의 대두

1. 사림의 성장

(1) 훈구와 사림

구분	훈구	사림
성장	세조 집권 이후 공신으로 정치적 실권 장악, 왕실과 혼인을 통해 세력 확대	15세기 중반 이후 영남과 기호 지방을 중심으로 성장한 지방 사족
특징	관학을 통해 성장 → 성리학 이외의 학문에 대한 포용적 태도 견지	사학을 통해 성장 → 성리학 외의 학문에 대해 배타적, 성리학적 향촌 질서 확립 주장
성향	중앙 집권, 부국강병 추구	향촌 자치, 왕도 정치 주장 └→ 도덕과 의리를 바탕으로 하는 정치
영향	15세기 문물 제도 정비	16세기 이후 성리학의 발달 견인

(2) 사림의 정치적 성장: 성종의 사림 등용(훈구 세력 견제 목적) → 김종직과 그 문인들이 중앙 진출 → 과거를 통해 전랑과 3사의 언관직으로 성장

2. 사화의 발생

무오사화 (1498, 연산군 4)	· 사림의 훈구 세력 비리와 부패에 대한 비판 → 사림과 훈구 세력의 갈등 격화 · 실록 편찬 과정에서 김종직의 「조의제문」을 제자 김일손이 사초로 삼은 것을 훈구 세력이 문제 삼아 사림 축출
갑자사화 (1504, 연산군 10)	연산군이 자신의 생모인 폐비 윤씨 폐출 및 사사 사건을 이유로 사림과 훈구 세력을 제거한 사건
기묘사화 (1519, 중종 14)	남곤 · 홍경주 등의 훈구 세력에 의해 조광조 등의 신진 사림 세력이 숙청당함
을사사화 (1545, 명종 즉위)	왕실 외척 간의 권력 투쟁(윤원형 일파 소윤이 윤임 일파 대윤을 숙청하면서 사림이 크게 화를 입은 사건)

시험에 나오는 지문 특강 📖 사화(士禍)

· 우리 세조 대왕께서 국가가 어려워지는 것을 당하여, 간신이 난을 꾀하여 화의 기틀이 일어나려는 찰나에 역적 무리들을 베어 없앰으로써 종묘사직이 위태롭다가 다시 편안하여 자손이 서로 계승하여 오늘에 이르렀으니, 그 공과 업이 높고 커서 덕이 백왕(百王)의 으뜸이시다. 그런데 뜻밖에 김종직이 그 문도들과 성덕(聖德)을 속이고 논평하여 김일손으로 하여금 역사에 거짓을 쓰는 지경에까지 이르렀으니, 이 어찌 하루 아침저녁의 연고이겠느냐. 속으로 불신(不臣)의 마음을 가지고 세 조정을 내리 섬겼으니, 나는 이제 생각할 때 두렵고 떨림을 금치 못하겠다. 동 · 서반(東 · 西班) 3품 이상과 대간 · 홍문관원으로 하여금 형을 의논하여 아뢰도록 하라. – 『연산군일기』 –

· 임금께서 홍경주에게 비밀히 이르시기를 "조광조 등의 우익(羽翼)이 이미 생겨났다. 당초 현량과를 두고자 할 때에 나도 좋다고 생각했었는데, 이제 와서 생각하니 실로 우익을 심은 것이므로 모두 다 제거하려 하였으나, 경의 사위 김명윤도 그 가운데에 있으므로 하지 않았다."라고 하는데, 이 말이 이미 밖에 퍼졌습니다. – 『중종실록』 –

조선 성종 대부터 진출한 사림 세력은 훈구 세력과 학문적 · 정치적으로 대립하였다. 사화는 무오사화 이후에도 세 차례(갑자 · 기묘 · 을사) 일어났다. 갑자 · 을사사화는 사림 세력과 훈구 세력의 갈등으로 일어난 것은 아니지만, 사림 세력도 역시 큰 피해를 당했다. 잇따른 사화로 사림은 큰 타격을 받았으나, 서원과 향약을 바탕으로 향촌 사회에서 세력을 확대하다가 16세기 후반 선조 대에 들어와 중앙 정계를 장악하였다.

❷ 붕당 정치의 성립

1. 붕당의 형성
• 배경: 사림이 사화에 따른 피해에도 불구하고 서원과 향약을 바탕으로 꾸준히 세력을 확대하여 선조 즉위 초부터 정국을 주도함

(1) 형성 과정: 척신 정치 청산과 이조 전랑 임명 문제를 둘러싸고 기성 사림과 신진 사림의 갈등이 발생함 ➡ 동인과 서인의 붕당이 형성됨
• 을사사화를 전후하여 전개된 척신 정치의 잔재를 청산하는 문제를 둘러싸고 기성 사림과 신진 사림이 대립

(2) 동인과 서인

동인	• 선조 때 중앙 정계에 진출한 신진 사림 ➡ 척신 정치 청산에 적극적 입장 • 이황 · 조식 · 서경덕의 학문을 계승(영남학파)
서인	• 명종 때부터 정치에 참여한 기성 사림 ➡ 척신 정치 청산에 소극적 입장 • 이이와 성혼의 문인 중심(기호학파)

• 사림의 정치적 입장에 동조하는 척신 포용 주장

2. 붕당 정치의 구조와 성격
(1) 구조: 서원과 향교를 통해 지방 사족의 여론 수렴, 3사 언관과 이조 전랑❶의 정치적 비중 증대
(2) 성격: 정파적 성격과 학문적 성격 가짐, 상호 견제와 비판

시험에 나오는 지문 특강 📖 붕당의 발생

전랑(銓郎)으로 있던 오건이 김효원을 추천하여 이조 전랑 자리를 맡기려 했으나 심의겸이 이를 막았다. 김효원은 청렴하면서 가난한 선비로 후배(後輩)들의 으뜸이 되었다. …… "김효원은 윤원형의 문객(門客)일 뿐인데 그런 사람을 천거하다니."라고 배척하였던 것이다. …… 그때 심의겸의 동생 심충겸이 전랑의 후임으로 적합하다면서 추천하는 사람이 있었다. 그러자 김효원이 말하기를 "이조(吏曹)의 관원 자리가 어찌 외척들의 집안 물건이냐?"며 저지하였다. …… 이들은 동인이라고 불렸다. 김효원이 한양의 동쪽인 건천동에 살고 있었기 때문이다. …… 심의겸을 지지했는데, 이들은 서인이라고 불렸다. 심의겸이 한양의 서쪽인 정릉방에 살고 있었기 때문이다.
― 『당의통략』 ―

사림은 외척 정치의 잔재를 청산하는 문제를 두고 서로 갈등을 빚었다. 여기에 인사권을 지닌 이조 전랑 문제로 갈등은 더욱 격화되어 마침내 동인과 서인의 붕당이 등장하였다.

❸ 성리학적 질서의 확산

1. 서원과 향약: 성리학적 윤리 확산과 사림의 지위 강화에 기여

서원	• 기능: 선현에 대한 제사, 학문 연구 ➡ 성리학과 향촌의 문화 발전에 기여, 학풍과 정치 여론 형성 • 설립: 풍기 군수 주세붕이 최초로 백운동 서원 설립(소수 서원으로 사액 받음) • 구조❷: 사당(제사 공간), 강당(학습 공간), 재(기숙사), 장서각(서적 보관) • 확산: 사림의 중앙 정계 진출, 사액 서원으로 지정 ➡ 서원 수 급격히 증가 • 폐단: 면세 · 면역 특권으로 국가 재정 악화에 영향, 향촌 농민에 대한 수탈 자행
향약	• 특징: 전통적 농촌 공동체 조직에 유교 윤리를 가미한 향촌의 자치 규약 혹은 조직 • 시행: 조광조 등이 「여씨향약」 도입 · 보급 ➡ 사림의 노력으로 향촌 사회에 확산 • 기능: 향촌 사회의 풍속 교화, 향촌의 질서와 치안 유지 ➡ 사림의 농민 지배 강화

2. 성리학적 질서의 강화
(1) 성리학의 확산: 16세기 이후 일상생활에서 성리학적 기본 질서 확대
(2) 성리학 윤리의 보급
① 윤리서 간행: 『주자가례』, 『소학』, 『이륜행실도』 등을 간행, 보급
② 성리학적 향촌 질서 유지 노력: 향약 보급, 향사례 · 향음주례❸ 실시
(3) 예학❹과 보학의 발달: 양반 사대부의 신분적 우월성 강조, 양반 문벌 제도 강화에 기여
① 예학: 성리학적 도덕 윤리(삼강오륜 등) 강조, 김장생 『가례집람』❺ 저술 ➡ 신분 질서 안정 추구
② 보학: 가묘(사당) 건립, 족보 편찬 ➡ 종적 관계 확인으로 내부 결속 강화

◐ 이조 전랑
정5품 이조 정랑과 정6품 이조 좌랑을 함께 부르는 말이다. 품계는 그리 높지 않았지만 3품 이하 문관의 천거와 3사 청요직 선발권, 후임 전랑 추천권 등 여러 특권을 가지고 있었다.

◐ 서원의 구조

◐ 사액 서원
국왕으로부터 편액(서원 이름이 쓰여 있는 현판)을 받은 서원으로 토지, 서적, 노비 등을 하사받아 권위를 인정받았다.

◐ 향사례와 향음주례
• 향사례: 지방 수령이 활쏘기 행사 등 연회를 베풀면서 향촌민에게 선을 권하고 악을 징계하는 의례이다.
• 향음주례: 향촌의 선비들이 학덕과 연륜이 높은 어른을 모시고 주연을 베풀면서 예법을 익히는 의례이다.

◐ 예학
성리학 이론을 윤리 강령이나 행동 규범으로 구체화한 것으로, 17세기 김장생에 의해 학문적 차원으로 발전하였다.

◐ 가례집람
김장생이 주자의 『가례』를 중심으로 증보 · 해설하여 편찬한 예법서이다.

🌸 공부 꿀팁
서원과 향약의 기능이나 영향에 대하여 자주 출제되는 문제입니다. 주로 서원은 관학 교육 기관인 향교 등과 비교되며, 향약은 고려 시대 공동체인 향도와 비교하여 출제되는 경향이 높습니다. 차이점을 정리해두면 좋습니다.

대표 기출 문제 분석 ①

기묘사화의 발생 시기

| 42회 22번 기출 |

(가), (나) 사이의 시기에 있었던 사실로 옳은 것은?

> (가) 왕이 어머니 윤씨가 폐위되고 죽은 것이 엄씨와 정씨의 참소 때문이라고 여기고, 밤에 엄씨와 정씨를 대궐 뜰에 결박하여 놓고 손수 마구 치고 짓밟았다. …… 왕이 장검을 들고 자순왕대비 침전 밖에 서서 …… 말하기를 "대비는 어찌하여 내 어머니를 죽였습니까?"라고 하며 불손한 말을 많이 하였다.
>
> (나) 정유년 이후부터 조정의 신하들 사이에는 대윤이니 소윤이니 하는 말들이 있었다. …… 인종이 승하한 뒤에 윤원형이 기회를 얻었음을 기뻐하여 비밀리에 보복할 생각을 품었다. …… 자전(慈殿)*은 밀지를 윤원형에게 내렸다. 이에 이기 · 임백령 · 정순붕 · 허자가 고변하여 큰 화를 만들어냈다.
>
> *자전(慈殿): 임금의 어머니

① 왕자의 난으로 정도전 등이 피살되었다.
② 위훈 삭제를 주장한 조광조가 제거되었다.
③ 서인이 반정을 일으켜 정권을 장악하였다.
④ 성삼문 등이 상왕의 복위를 꾀하다 처형되었다.
⑤ 이조 전랑 임명을 둘러싸고 사림이 동인과 서인으로 나뉘었다.

문제 분석

제시된 자료의 (가)는 연산군이 어머니인 폐비 윤씨에 대한 내용을 알고 일으킨 갑자사화(1504)이고, (나)는 대윤과 소윤의 대립으로 일어난 을사사화(1545)이다.
② 위훈 삭제를 추진하다가 조광조 등 사림 세력이 화를 입은 것은 기묘사화(1519)이다.

정답: ②

오답 거르기

① 이방원에 의해 정도전 등이 제거된 1차 왕자의 난은 1398년 태조 재위 시기이다.
③ 서인이 반정을 일으켜 정권을 잡은 사건은 광해군을 쫓아낸 인조반정으로 1623년이다.
④ 성삼문 등이 단종의 복위를 추진하다가 발각되어 처형된 단종 복위 사건은 1456년 세조 재위 기간이다.
⑤ 이조 전랑 자리를 두고 사림 세력이 동인과 서인으로 분화된 것은 선조 때 척신 정치 잔재 청산을 두고 대립하면서 나타났다.

닮은 꼴 예상 문제

▶ 정답과 해설 20쪽

(가), (나) 사이의 시기에 있었던 사실로 옳은 것은?

> (가) "지금 그 제자 김일손이 찬수한 사초 내에 부도한 말로 선왕조의 일을 터무니없이 기록하고, 또 그 스승 김종직의 「조의제문」을 실었다. …… 속으로 불신(不臣)의 마음을 가지고 세 조정을 내리 섬겼으니, 나는 이제 생각할 때 두렵고 떨림을 금치 못하겠다. 동 · 서반 3품 이상과 대간 · 홍문관원으로 하여금 형을 의논하여 아뢰도록 하라." 하였다.
>
> (나) "…… 비밀스럽게 전지를 내렸다는 것은 잘못 들은 것이다. 김명윤의 일이 퍼진 것도 잘못된 것이다. 대저 현량과는 조종조(祖宗朝)에 해 온 일이 아니므로 반드시 할 것 없다고 하였을 뿐이다. 어찌 죄다 없애버린다고 하였겠는가? 이는 잘못 전해진 것이다." 하였다.

① 성종이 경국대전을 반포하였다.
② 광해군이 중립 외교를 실시하였다.
③ 연산군을 쫓아내고 중종이 즉위하였다.
④ 수양대군이 단종을 폐위시키고 왕위에 올랐다.
⑤ 김종직이 과거를 통해 중앙 정계로 진출하였다.

대표 기출 문제 분석 ②

├ 서원의 특징

| 39회 20번 기출 |

(가) 교육 기관에 대한 설명으로 옳은 것은?

> 주세붕이 처음 [(가)]을/를 세울 때 세상에서는 의심하였습니다. 주세붕은 뜻을 더욱 가다듬어 많은 비웃음을 무릅쓰고 비방을 물리쳐 지금까지 누구도 하지 못했던 장한 일을 이루었습니다. 아마도 하늘이 [(가)]을/를 세우는 가르침을 동방에 흥하게 하여 [우리나라가] 중국과 같아지도록 하려는 것인가 봅니다.
> — 『퇴계선생문집』 —

① 학술 연구 기구로 청연각이 설치되었다.
② 전국의 부·목·군·현에 하나씩 설립되었다.
③ 중앙에서 파견된 교수나 훈도가 지도하였다.
④ 유학을 비롯하여 율학, 서학, 산학을 교육하였다.
⑤ 국왕으로부터 현판과 함께 노비 등을 받기도 하였다.

문제 분석 ►

제시된 자료에서 주세붕이 처음 세웠다는 점, 중국과 같아진다는 점 등을 통해 (가) 교육 기관이 서원임을 알 수 있다. 서원은 사림이 성리학 교육과 선현에 대한 제사를 위해 세운 사설 교육 기관으로 우리나라 성리학자를 성현으로 모셨다. 이는 성리학과 향촌 문화 발전에 기여하였다.
⑤ 사액 서원에 대한 설명이다. 중요한 선현을 제사지내고 인재 양성에 기여한 경우, 국가로부터 현판과 서적, 토지, 노비 등을 받아 사액 서원이 되었다.

정답: ⑤

오답 거르기

① 고려 예종(1105~1122) 때 경서를 강론하고 도서와 서화를 보관하기 위해 궁궐에 설치한 비각이다.
② 전국의 부·목·군·현에 하나씩 설치된 교육 기관은 관립 학교인 향교이다.
③ 중앙에서 파견된 교수나 훈도가 학생들을 지도한 것은 관립 학교인 향교이다.
④ 유학과 함께 율학·서학·산학을 가르친 교육 기관은 고려 시대 국자감이다. 조선 시대에는 잡학을 해당 관서에서 주관하였다.

닮은 꼴 예상 문제 •

▶ 정답과 해설 20쪽

선생님의 질문에 대한 대답으로 옳은 것을 <보기>에서 고른 것은?

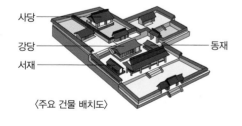

사당
강당
서재
동재

〈주요 건물 배치도〉

> 그림은 주세붕이 처음 세운 이후 급격하게 확산된 교육 기관의 구조도입니다. 이 교육 기관에 대하여 발표해볼까요?

─┤ 보기 ├─
ㄱ. 중앙에서 파견된 교수와 훈도가 교육을 담당했습니다.
ㄴ. 중종 때 조광조 등이 도입한 여씨 향약에서 비롯되었습니다.
ㄷ. 우리나라의 뛰어난 성리학자들을 성현으로 모셔 제사를 지냈습니다.
ㄹ. 국왕으로부터 편액을 받을 경우에는 면역과 면세의 특권을 누렸습니다.

① ㄱ, ㄴ   ② ㄱ, ㄷ   ③ ㄴ, ㄷ   ④ ㄴ, ㄹ   ⑤ ㄷ, ㄹ

01 (가) 정치 세력에 대한 설명으로 옳은 것을 〈보기〉에서 고른 것은?

> 조선은 건국 후 약 100여 년 동안 나라의 기틀을 다지는 데 노력하였다. 이 과정에서 조선 건국 세력은 체제 정비에 큰 공을 세웠다. 그러나 훈구 세력이 점차 권력을 독점하면서 문제점이 드러나게 되었다. 이렇듯 정치 상황이 어지러운 현실에서 [(가)]은/는 15세기 말 김종직을 필두로 중앙 정치 무대에 본격적으로 진출하였으며, 주로 3사에서 언론과 학술을 담당하였다.

┤ 보기 ├
ㄱ. 중앙 집권과 부국강병을 추구하였다.
ㄴ. 향촌 자치와 왕도 정치를 추구하였다.
ㄷ. 서원과 향약을 바탕으로 세력을 확대하였다.
ㄹ. 세조의 집권을 도와 정치적 실권을 장악하였다.

① ㄱ, ㄴ   ② ㄱ, ㄷ   ③ ㄴ, ㄷ
④ ㄴ, ㄹ   ⑤ ㄷ, ㄹ

39회 23번 기출 문제 •

02 밑줄 그은 '그'에 대한 설명으로 옳은 것은?

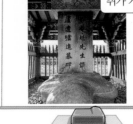

> 이것은 위훈 삭제 등 개혁 정치를 추진하다가 훈구파의 반발로 유배되어 사사당한 그의 옛 자취가 기록된 비입니다.

① 사화의 발단이 된 조의제문을 작성하였다.
② 소학의 보급과 공납의 개선을 주장하였다.
③ 기축봉사를 올려 명에 대한 의리를 강조하였다.
④ 예안 향약을 시행하여 향촌 교화를 위해 노력하였다.
⑤ 사변록에서 유교 경전에 대한 독자적 해석을 시도하였다.

38회 18번 기출 문제 •

03 (가), (나) 사이의 시기에 있었던 사실로 옳은 것은?

> (가) [임금이] 전지하기를, "…… 지금 김일손이 찬수한 사초에 부도한 말로써 선대의 일을 거짓으로 기록하고 또한 그의 스승 김종직의 조의제문을 실었도다. …… 대간, 홍문관으로 하여금 형을 의논하여 아뢰도록 하라."라고 하였다.
> (나) 대사헌 조광조 등이 아뢰기를, "…… 반정 때 공이 있었다면 기록되어야 하겠으나, 이들은 또 그다지 공도 없습니다. 무릇 이들을 공신으로 중히 여기면 공(功)과 이(利)를 탐내게 되니 임금을 죽이고 나라를 빼앗는 일이 다 이것에서 비롯됩니다. 임금이 나라를 잘 다스리고자 한다면 먼저 이(利)의 근원을 막아야 합니다. ……"라고 하였다.

① 외척 간의 권력 다툼으로 윤임이 제거되었다.
② 인현왕후가 폐위되고 남인이 권력을 장악하였다.
③ 공신 책봉에 불만을 품고 이괄이 반란을 일으켰다.
④ 이조 전랑 임명을 둘러싸고 사림이 동인과 서인으로 나뉘었다.
⑤ 폐비 윤씨 사사 사건의 전말이 알려져 김굉필 등이 처형되었다.

04 밑줄 그은 '이 사건'이 발생한 배경으로 옳은 것은?

> 이 사건은 1498년 『성종실록』 편찬 때 김종직이 쓴 「조의제문」(중국 진나라 때 항우가 초의 의제를 폐한 것과 단종을 폐위, 사사한 사건을 비유해 은근히 단종을 조의한 글)과 훈구 세력인 이극돈이 세조비 정희왕후의 국상 때 전라감사로 있으면서 근신하지 않고 장흥의 기생과 어울렸다는 불미스러운 사실을 사초에 올린 것이 직접적인 동기가 되어 사림에 대한 참혹한 박해를 빚어낸 것이다.

① 예송의 발생
② 훈구와 사림의 대립
③ 문벌 귀족의 무신 차별
④ 서경 천도 운동의 대두
⑤ 권문세족과 신진 사대부의 갈등

05 다음 상황이 전개된 시기를 연표에서 옳게 고른 것은?

> 이윽고 무인일 저녁에 모두 훈련원에 모여 희안이, 김수동·김감에게 달려가 함께 가자고 하니, 감은 즉시 따랐고 수동은 두려워 망설이다가 결국 따랐다. 또 유자광이 지모가 많고 경력이 많다고 하여, 역시 불러 함께 하는 한편 용사들을 임사홍과 신수근·신수영의 집에 보내어 추살(椎殺)하고, 또 사람을 보내어 신수겸을 개성부에서 베니, …… 대비의 명에 의하여 전왕을 폐위 연산군으로 강봉하여 교동(喬桐)에 옮기고, 왕비 신씨를 폐하여 사제(私第)로 내쳤으며, 세자 이황 및 모든 왕자들을 각 고을에 안치시키고 ……

	(가)	(나)	(다)	(라)	(마)	
연산군 즉위		무오 사화	갑자 사화	기묘 사화	을사 사화	선조 즉위

① (가) ② (나) ③ (다) ④ (라) ⑤ (마)

37회 21번 기출 문제 ▸

06 (가)에 대한 설명으로 옳은 것을 〈보기〉에서 고른 것은?

> 하나, 나이가 많고 덕망과 학술을 지닌 1인을 여러 사람들이 도약정(都約正)으로 추대하고, 학문과 덕행을 지닌 2인을 부약정으로 삼는다. (가) 의 구성원 중에서 교대로 직월(直月)과 사화(司貨)를 맡는다. ……
> 하나, 세 가지 장부를 두어 (가) 에 가입하기를 원하는 자들, 덕업(德業)이 볼 만한 자들, 과실(過失)이 있는 자들을 각각의 장부에 기록한다. 이를 직월이 맡았다가 매번 모임이 있을 때 약정에게 알려서 각각 그 순위를 매긴다.
> – 『율곡전서』 –

┤ 보기 ├
ㄱ. 흥선 대원군에 의해 철폐되었다.
ㄴ. 지방 사족이 주요 직임을 맡았다.
ㄷ. 대성전을 세워 선현에 제사 지냈다.
ㄹ. 풍속 교화와 향촌 자치의 역할을 하였다.

① ㄱ, ㄴ ② ㄱ, ㄷ ③ ㄴ, ㄷ ④ ㄴ, ㄹ ⑤ ㄷ, ㄹ

---

07 (가), (나)가 당시 사회에 끼친 공통적인 영향으로 가장 적절한 것은?

> 1. 16세기 향촌 사회의 모습
> (1) (가)
> ① 배경: 조광조가 시행을 주장함
> ② 특징: 전통적 농촌 공동체 조직에 유교 윤리를 가미한 향촌 자치 규약
> (2) (나)
> ① 배경: 주세붕이 처음 세움
> ② 특징: 선현에 대한 제사와 성리학 연구

① 수령과 향리의 권한을 강화시켰다.
② 무오사화가 일어나는 원인이 되었다.
③ 신진 사대부가 성장하는 기반이 되었다.
④ 개경파와 서경파가 대립하는 계기가 되었다.
⑤ 향촌 사회에 대한 사림의 지배력을 확대시켰다.

33회 25번 기출 문제 ▸

08 (가) 붕당에 대한 설명으로 옳지 않은 것은?

> 김효원이 이조 전랑의 물망에 올랐을 때, 심의겸이 이전의 잘못을 지적하였다. 그 후에 심의겸의 동생 심충겸이 이조 전랑으로 천거되자, 이번에는 김효원이 나서 외척이라 하여 반대하였다. 이로 인해 양쪽으로 편이 갈라져 서로 배척하였는데, 김효원을 지지하는 사람들을 동인, 심의겸을 지지하는 사람들을 (가) (으)로 부르기 시작했다.

① 광해군을 축출한 인조반정으로 집권하였다.
② 이이와 성혼의 문인을 중심으로 형성되었다.
③ 정여립 모반 사건을 빌미로 기축옥사를 주도하였다.
④ 선조 때 왕세자 책봉 문제로 정치적 입지가 약화되었다.
⑤ 효종비의 사망 이후 전개된 예송의 결과 정국을 주도하였다.

03 조선 전기의 대외 관계와 양 난

1 조선 전기의 대외 관계

1. 명과의 관계

(1) 태조: 정도전을 중심으로 요동 정벌을 추진하면서 명과 일시적 긴장 관계 형성

(2) 태종 이후: 사대 외교(책봉과 조공◦ 형식)를 통해 친선 관계 유지
  → 정치적 안정을 추구한 실리 외교, 선진 문물 수용을 위한 문화 외교

2. 주변국과의 관계

여진	강경책	세종 때 4군 6진◦ 지역을 개척하여 압록강~두만강의 국경 확정
	회유책	여진족의 귀순 장려, 국경 지역에 무역소, 한양에 북평관을 설치하여 교역 허용
	사민 정책	삼남 지방의 주민을 북방으로 이주시킴(북방 개척과 국토의 균형 발전 추구)
일본	강경책	세종 때 이종무가 왜구의 소굴인 쓰시마(대마도)를 토벌◦
	회유책	3포(부산포 · 제포 · 염포)를 개방, 제한된 범위 내에서 교역 허용(계해약조◦)
기타	유구(류큐), 시암, 자와(자바) 등 동남아시아 여러 나라와도 교류	

2 일본의 침략과 극복

1. 임진왜란의 발발(1592)

배경	3포 왜란◦(1510)과 을묘왜변(1555) 등 조선과 일본의 갈등 심화(3포 왜란을 계기로 조선은 비변사 설치), 일본의 전국 시대를 통일한 도요토미 히데요시가 대외 침략 욕구를 드러냄
침략	전쟁 초기 관군의 잇따른 패배 → 조선은 명에 지원군 요청 및 선조는 의주로 피란

2. 수군과 의병의 활약

→ 수군이 남해와 황해를 돌아 물자를 조달하면서 육군과 합세하려 하였다.

수군	이순신의 남해 제해권 장악: 전라도 곡창 지대 수호, 왜군의 수륙병진 작전 차단
의병	의병들이 익숙한 지형과 그에 맞는 전술을 활용하여 왜군 격퇴(곽재우, 고경명, 조헌 등)

3. 전란의 극복

(1) 전세의 역전: 관군의 재정비 · 명의 지원군 도착 → 조 · 명 연합군의 반격으로 평양성 탈환 및 권율의 행주 대첩 → 왜군은 경상도 해안까지 철수 → 왜군 제의로 명과 일본이 휴전 회담 진행 → 조선군의 전열 정비(훈련도감 설치, 속오법 실시) → 휴전 회담 결렬
  → 포수, 사수, 살수의 삼수병으로 구성되었으며, 급료를 받는 상비군으로 유성룡의 건의로 설치되었다.

(2) 정유재란(1597): 왜군의 재침입 → 직산 전투와 명량 해전에서 왜군을 격퇴함 → 도요토미 히데요시 사망 후 왜군 철수함

4. 왜란의 영향

(1) 조선: 인구 감소, 농토 황폐화, 토지 대장 및 호적 소실(국가 재정 악화), 문화재의 소실 및 피탈
  → 불국사 · 경복궁 · 사고 등 소실

(2) 명: 왜란 참전으로 막대한 전쟁 비용을 소비하여 국력 쇠퇴

(3) 여진: 왜란을 틈타 성장하여 누르하치가 후금 건국 → 명 · 청 교체로 이어짐

(4) 일본: 도요토미 정권이 무너지고 에도 막부 성립, 조선에서 약탈한 문화재와 납치한 학자 · 기술자를 통해 성리학과 도자기 문화 발전

3 호란의 발발

1. 광해군의 정치와 인조반정

(1) 광해군의 정책

전후 복구 사업	• 양안과 호적 재작성, 경기도에 대동법 실시, 국방강화, 『동의보감』 완성
중립 외교 정책	• 배경: 명이 쇠퇴하고 후금이 강성해지는 상황에서 명이 조선에 지원군 파병 요청 • 대응: 명과 후금 사이에서 실리를 취하는 중립적인 외교 전개 → 강홍립의 항복(후금)

출제 포인트

- 조선 전기의 대외 관계
- 임진왜란의 전개 과정과 영향
- 광해군의 중립 외교
- 정묘 · 병자호란의 전개 과정과 영향

책봉과 조공

- 책봉: 중국 황제가 주변 여러 나라의 군주나 통치자에게 관직을 수여하여 군신 관계를 맺는 외교 방식이다.
- 조공: 책봉을 받은 주변 국가의 국왕이나 사절이 중국 황제를 알현하고 토산물 등을 바치고 답례품을 받아오는 일종의 공무역이다.

4군 6진

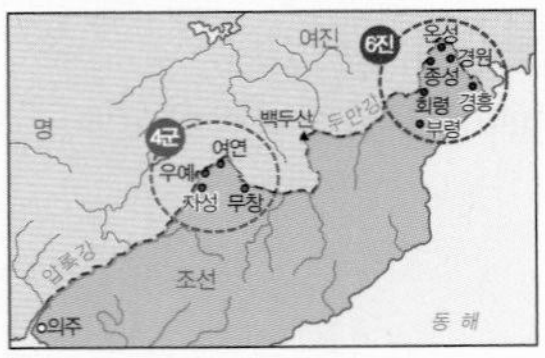

이종무의 대마도 정벌

잇따른 토벌에도 왜구의 약탈이 계속되자 세종 때 이종무가 병선과 군사를 거느리고 가서 대마도를 토벌하였다.

계해약조

1443년(세종 25) 조선 정부와 대마도주가 무역에 관해 맺은 조약으로, 세견선의 수와 일본인의 체류 기간 등을 규정하였다.

3포 왜란

중종 때 3포에서 왜인들이 난동을 부린 사건으로, 조선은 이에 대한 제재 조치로 일본에 대한 무역을 더욱 제한하였다.

공부 꿀팁

가끔 조선 초기 여진이나 일본과의 강경책과 회유책이 문제로 출제되기도 합니다. 그리고 임진왜란은 자주 나오는 문제입니다. 조선의 대외 관계와 임진왜란의 전개 과정 및 영향을 잘 정리해 두세요.

(2) 인조반정: 광해군의 인목대비 폐위 및 영창 대군 살해, 중립 외교 등을 이유로 서인이 광해군과 북인 정권 축출

2. 정묘호란과 병자호란

주화론과 주전론의 대립
→ 주전론의 우세

구분	정묘호란(1627)	병자호란³(1636)
배경	서인 세력의 친명배금 정책, 명 공격 전에 배후를 안정시키려는 후금의 의도	국력이 강해진 후금(청)이 조선에 군신 관계 요구 → 조선의 군신 관계 거부
전개	후금이 이괄의 난¹을 구실로 침략 → 인조의 강화도 피난, 관군과 의병 활약(정봉수, 이립 등)	청 태종의 조선 침략 → 인조가 남한산성에서 항전(45일) → 청에 항복(삼전도의 굴욕)
결과	화의 성립(형제의 맹약 체결)	청과 군신 관계 체결, 청에 인질로 끌려감(소현 세자, 봉림대군 등), 공물 납부

4 양 난 이후 대외 관계

1. 청과의 관계

(1) 북벌 운동 추진
① 청에 당한 치욕을 씻고 명과의 의리를 지키기 위해 청을 정벌하자는 주장
② 효종 때 왕성하게 추진: 송시열(기축봉사² 올림), 송준길·이완 등을 중심으로 군대 양성과 성곽 수리 등

(2) 북학론의 대두: 연행사³를 통해 청의 발전상이 조선에 소개됨 → 18세기 이후 일부 실학자(북학파)를 중심으로 북학론이 제기됨

(3) 백두산정계비(1712) ┌→ 부국강병을 위해 청의 발달된 문물을 수용하자는 주장

과정	숙종 때 압록강과 토문강을 경계로 국경을 확정하고 정계비 건립
영향	간도 영유권 문제: 19세기 후반 토문강 위치에 대해 조선과 청이 서로 다른 주장을 펴면서 발생

(4) 나선 정벌: 효종 때 청과 러시아의 국경 분쟁 발생 → 청의 요청으로 두 차례 조총 부대 파견
└→ 러시아를 한자음으로 표기한 것이다.

2. 일본과의 관계

(1) 국교 재개: 왜란 이후 에도 막부의 요청으로 국교 정상화

(2) 통신사 파견: 에도 막부의 요청으로 대규모 외교 사절 파견 → 조선의 문화를 일본에 전하여 일본 문화 발전에 큰 영향을 줌, 양국 간에 긴급한 문제를 해결하는 역할을 수행함

(3) 안용복의 영토 수호 활동: 안용복이 울릉도에 침입한 일본 어민 축출 → 일본에 건너가 에도 막부로부터 울릉도와 독도가 조선 영토임을 확인받음

시험에 나오는 지문 특강 📖 주전론과 주화론

- 부교리 윤집이 상소하기를 "화의(和議)가 나라를 망친 것은 어제 오늘의 일이 아니고 옛날부터 그러하였으나 오늘날처럼 심한 적은 없었습니다. …… 차라리 나라가 망할지언정 의리상 구차스럽게 생명을 보전할 수 없다고 생각하셨을 것입니다. 그러나 병력이 미약하여 모두 출병시켜 정벌에 나가지 못하였지만, 또한 어찌 차마 이런 시기에 다시 화의를 제창할 수 있겠습니까?" — 『인조실록』 —
- 강화(講和)를 하여 (국가를) 보존하는 것보다 차라리 의를 지켜 망하는 것이 옳다고 했으나 이것은 신하가 절개를 지키는 데 쓰이는 말입니다. …… 정묘년(1627)의 맹약을 아직 지켜서 몇 년이라도 화를 늦추고, 그동안을 이용하고 인정을 베풀어 민심을 수습하고 성을 쌓으며, 군량을 저축하여 변방의 방어를 더욱 튼튼하게 하되 군사를 집합시켜 움직이지 않으며 적의 허점을 노리는 것이 우리로서는 최상의 계책일 것입니다. — 『지천집』 —

청이 군신 관계를 요구하자, 최명길을 중심으로 하는 주화론과 김상헌을 중심으로 하는 주전론이 대립하였다. 주전론이 우세한 상황에서 병자호란이 일어났고, 결국 조선은 청에 항복하였다(삼전도의 굴욕).

◉ 이괄의 난
인조반정 때 참여한 이괄이 공이 컸음에도 불구하고 2등 공신으로 책봉되고 더구나 평안병사 겸 부원수로 임명되어 외지에 부임하게 된 데 앙심을 품고 일으킨 난이다. 난은 진압되었으나, 이괄의 잔당이 후금으로 도망가서 인조반정의 부당함을 호소하였다. 이에 후금은 광해군을 위해 보복한다는 핑계로 조선을 침략하였다.

◉ 병자호란

◉ 기축봉사
송시열이 올린 장문의 상소로 존주대의(중화를 높이자는 주장)와 삼전도의 굴욕에 대한 복수를 주장한 글이다.

◉ 연행사
조선 후기 청나라에 보낸 조선 사신을 부르는 이름으로, 명에 보낸 '조천사'라는 높이는 칭호를 쓰기 싫어서 '연경으로 가는 사신'이라는 의미로 낮추어 불렸다.

🌿 공부 꿀팁
광해군의 중립 외교 부분과 호란에 대한 내용은 자주 출제됩니다. 특히 인조반정부터 호란 이후 청과의 관계를 연대기 형태로 정리해 두면 좋습니다.

임진왜란 시기의 사실

| 41회 23번 기출 |

밑줄 그은 '국문 교서'가 발표된 이후의 사실로 옳은 것은?

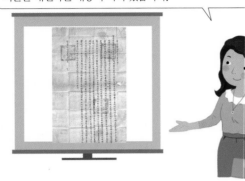

> 이것은 의주로 파천한 국왕이 내린 국문 교서입니다. 어쩔 수 없이 왜군에게 잡혀가 협조한 백성의 죄는 묻지 않으며, 왜군을 잡아오거나 포로가 된 우리 백성을 많이 데리고 나오는 사람에게 벼슬을 내린다는 내용이 적혀 있습니다.

① 이순신이 명량에서 왜의 수군을 대파하였다.
② 신립이 탄금대에서 배수의 진을 치고 항전하였다.
③ 이종무가 왜구의 근거지인 쓰시마 섬을 정벌하였다.
④ 계해약조가 체결되어 세견선의 입항이 허가되었다.
⑤ 조선 정부의 통제에 반발하여 3포 왜란이 일어났다.

문제 분석

제시된 자료에서 국왕이 의주로 파천하였다는 내용과 왜군에게 잡혀가 어쩔 수 없이 협조한 백성의 죄는 묻지 않는다는 내용을 통해 밑줄 그은 '국문 교서'는 임진왜란이 벌어져서 선조가 의주로 간 이후에 발표한 것임을 알 수 있다.

① 임진왜란 초기에는 전세가 불리하여 충주 전투에서 패배한 이후 선조는 의주로 피난하고 명에 원군을 요청하였다. 이후 이순신이 이끄는 수군과 의병의 활약으로 전세를 회복할 수 있었다. 정유재란이 벌어지자 이순신은 명량 해전에서 왜의 수군을 대파하였다.

정답: ①

오답 거르기

② 신립이 충주 탄금대에서 배수의 진을 치고 왜군에게 대항하였으나, 패배하자 선조는 의주로 피난하였다.
③ 이종무가 왜구의 근거지인 쓰시마(대마도)를 정벌한 것은 1419년(세종 1)의 사실이다.
④ 계해약조는 1443년(세종 25)에 조선이 왜를 회유하는 정책으로 체결한 조약이다.
⑤ 삼포왜란은 1510년(중종 5)에 남해안 3개의 포구(부산포·제포·염포)에 거주하던 왜인들이 대마도의 왜인들과 연합하여 일으킨 폭동 사건이다.

닮은 꼴 예상 문제 •

▶ 정답과 해설 21쪽

밑줄 그은 '이번 전쟁' 중에 있었던 사실로 옳은 것은?

> 장군님은 이번 전쟁에서 어떤 활약을 하셨나요?

> 한산도 대첩과 명량 해전 등 수없이 많은 해전에서 승리하였습니다.

① 이괄의 난이 일어났다.
② 나선 정벌이 전개되었다.
③ 국왕이 남한산성으로 피신하였다.
④ 명의 요청으로 강홍립을 파견하였다.
⑤ 불국사, 실록 등 문화재가 소실되었다.

대표 기출 문제 분석 02

인조 재위 시기에 있었던 사실

| 44회 21번 기출 |

밑줄 그은 '왕'에 대한 설명으로 옳은 것은?

> 왕 1년 3월 14일　광해를 폐하여 군으로 봉하다.
> 　　　　　　　　이광정, 이귀, 김류 등에게 관직을 제수하다.
> 　　　　　3월 15일　영창 대군 등의 관봉(官封)을 회복하도록 명하다.
> 　　　　　　　　인목대비의 의복을 바꿀 시일을 정하도록 예조에 하교하다.
> 　　　　　3월 25일　반정에 공이 있는 김자점 등을 6품직에 제수하다.

① 이시애의 난을 진압하고 유향소를 폐지하였다.
② 문신의 재교육을 위한 초계문신제를 실시하였다.
③ 총융청과 수어청을 설치하여 도성을 방비하였다.
④ 전제상정소를 설립하고 전분 6등법을 제정하였다.
⑤ 변급, 신류 등을 파견하여 나선 정벌을 단행하였다.

문제 분석

제시된 자료에서 광해를 폐하여 군으로 봉하고, 영창 대군의 관봉을 회복하며, 인목대비의 의복을 바꾼다는 내용을 통해 밑줄 그은 '왕'이 인조임을 알 수 있다.

③ 청에게 굴복한 삼전도의 굴욕을 당한 인조는 이괄(李适)의 난에서, 그 반군이 수도 외곽인 경기도의 방어망을 쉽게 뚫고 서울을 점령하게 되는 취약성이 드러난 것을 계기로 총융청을 설치하였다(1623). 한편 후금(청)을 방비하기 위해 남한산성 중심의 수어청도 설치하였다(1626).

정답: ③

오답 거르기

① 이시애의 난은 1467년(세조 13)에 세조의 중앙 집권 정책으로 함길도의 특혜가 없어지자 불만과 위기감이 누적된 토호층이 이시애를 중심으로 일으킨 난이다.
② 초계문신제는 1781년(정조 5)에 인재 양성과 당파 근절을 위해 정조의 주도하에 규장각에 마련된 제도이다.
④ 전제상정소는 세종 때 공법(貢法)의 제정과 실시를 위해 설치된 관서로, 전분 6등법과 연분 9등법을 주관하였다.
⑤ 나선 정벌은 청이 러시아와 국경 분쟁이 발생하자, 조선에 군사적 지원을 요청한 사건이다. 효종은 1654년, 1658년 두 차례에 걸쳐 조총 부대를 파견하였다.

닮은꼴 예상 문제

▶ 정답과 해설 21쪽

밑줄 그은 '임금'에 대한 설명으로 옳은 것은?

> 임금께서 의병을 일으켜 왕대비(王大妃)를 받들어 복위시킨 다음 대비의 명으로 경운궁에서 즉위하였다. 광해군을 폐위시켜 강화도로 내쫓고 이이첨 등을 처형한 다음 전국에 대사령을 내렸다. …… 임금께서 윤리와 기강이 이미 무너져 종묘와 사직이 망해 가는 것을 보고 억울하고 원통해 하며 난리를 평정하고 세상 질서를 회복하고자 했다.

① 조의제문을 빌미로 무오사화를 일으켰다.
② 병자호란을 맞아 삼전도의 굴욕을 겪었다.
③ 체제 정비를 위하여 경국대전을 반포하였다.
④ 조광조를 등용하여 공신 세력을 견제하였다.
⑤ 명과 후금 사이에서 중립 외교를 추진하였다.

기출 및 예상 문제

39회 19번 기출 문제 ●

01 밑줄 그은 ㉠에 대한 조선의 대외 정책으로 옳은 것을 〈보기〉에서 고른 것은?

이 작품은 야연사준도로 김종서가 ㉠두만강 일대에 흩어져 살던 야인들을 몰아 내고 동북면의 6진을 개척한 뒤의 일화를 그린 것이다. 그림 속에는 연회 중 갑자기 화살이 날아와 큰 술병에 꽂히자, 다른 장수들은 겁을 먹었지만 김종서는 침착하게 연회를 진행하였다는 이야기가 묘사되어 있다.

┤ 보기 ├
ㄱ. 강경책의 일환으로 대마도를 정벌하였다.
ㄴ. 경성과 경원에 무역소를 설치하여 회유하였다.
ㄷ. 초량에 왜관을 설치하고 개시 무역을 실시하였다.
ㄹ. 한양에 북평관을 개설하여 조공 무역을 허용하였다.

① ㄱ, ㄴ   ② ㄱ, ㄷ   ③ ㄴ, ㄷ
④ ㄴ, ㄹ   ⑤ ㄷ, ㄹ

02 밑줄 그은 '이 나라'에 대한 조선의 대외 정책으로 옳은 것은?

동해의 가운데 자리 잡은 나라가 하나만이 아니나, 그 중 이 나라가 가장 오래되고 또 크다. 그 지역이 흑룡강(黑龍江) 북쪽에서 비롯하여 우리 제주 남쪽에까지 이르고, 유구(琉球)와 더불어 서로 맞대어 그 지형이 매우 길다.

① 선진 문물 수입을 위해 사대 정책을 펼쳤다.
② 4군과 6진을 개척하여 국경선을 확정하였다.
③ 군사적 지원 요청에 대해 강홍립 등을 파병하였다.
④ 이종무를 시켜 왜구의 소굴인 대마도를 토벌하였다.
⑤ 국경 지방 안정을 위해 사민 정책과 토관 제도를 시행하였다.

43회 24번 기출 문제 ●

03 밑줄 그은 '이 부대'에 대한 설명으로 옳은 것은?

① 최씨 무신 정권의 군사적 기반이었다.
② 급료를 받는 상비군이 주축을 이루었다.
③ 국경 지역인 북계와 동계에 배치되었다.
④ 이종무의 지휘 아래 대마도 정벌에 참여하였다.
⑤ 국왕의 친위 부대로 수원 화성에 외영을 두었다.

04 다음 자료의 전투가 있었던 전쟁의 영향으로 적절하지 않은 것은?

전라도 순찰사 권율(權慄)이 적병을 행주에서 격파하였다. 당시 경성에는 적들은 연합하여 주둔하고 있었기 때문에 그 기세가 등등하였는데 권율은 명나라 군사와 연대하여 경성을 탈환하려고 군사를 주둔시키고 있었다. …… 적이 결국 패해 후퇴하면서 시체를 네 무더기로 쌓아 놓고 풀로 덮고 태웠는데, 그 냄새가 몇 리 밖까지 풍겼다. 우리 군사가 나머지 시체를 거두어 참획한 것만도 130급이나 되었다.

① 명이 쇠퇴하고 여진족이 급성장하였다.
② 직업 군인으로 편성된 훈련도감을 설치하였다.
③ 의정부와 6조 대신 비변사가 국정을 총괄하였다.
④ 국방력을 강화하기 위해 중앙군으로 5위를 편성하였다.
⑤ 일본의 성리학과 도자기 문화가 발달하는 계기가 되었다.

43회 25번 기출 문제 ●

05 다음 자료를 활용한 탐구 활동으로 가장 적절한 것은?

최명길이 아뢰기를, "종묘사직의 존망이 호흡하는 사이에 달려 있어 해볼 만한 일이 없으니, 청컨대 혼자 말을 타고 달려가서 적장을 보고 까닭 없이 군사를 발동하여 몰래 깊이 쳐들어온 뜻을 묻겠습니다. 오랑캐가 만일 다시 신의 말을 듣지 않고 신을 죽인다면 신은 마땅히 말발굽 아래에서 죽을 것이요, 다행히 서로 이야기가 되면 잠시라도 그들의 칼날을 멈추게 할 것이니, 한성 가까운 곳에서 방어할 만한 땅은 남한산성만한 데가 없으니, 청컨대 전하께서는 [도성의] 수구문을 통해 나가신 후 서둘러 산성으로 옮기시어 일의 추이를 보소서"라고 하였다. — 『연려실기술』 —

① 삼별초의 이동 경로를 찾아본다.
② 통신사의 활동 내용을 살펴본다.
③ 위화도 회군의 결과를 알아본다.
④ 계해약조의 체결 과정을 조사한다.
⑤ 삼전도비의 건립 배경을 파악한다.

06 (가)에 들어갈 내용으로 옳은 것은?

〈조선 후기 대외 관계〉

임진왜란 이후 광해군이 중립 외교 정책을 펼쳤다.

↓

인조반정으로 집권한 서인이 친명배금 정책을 내세웠다.

↓

(가)

↓

청에 당한 수치를 씻자는 북벌 운동이 전개되었다.

① 명은 조선에 원군을 파견하였다.
② 두 차례에 걸친 호란이 벌어졌다.
③ 정인홍, 곽재우 등이 의병을 일으켰다.
④ 기유약조의 체결로 일본과 국교가 재개되었다.
⑤ 중국 왕조 교체기를 틈타 요동 정벌이 추진되었다.

42회 24번 기출 문제 ●

07 밑줄 그은 '이 왕'의 재위 기간에 있었던 사실로 옳은 것은?

제시된 자료는 이 왕이 세자 시절 쓴 칠언시입니다. 척화를 주장했던 신하들과 함께 청에 볼모로 잡혀갔다 돌아온 후에 지은 것으로 보입니다.

세상의 뜬 이름 모두 다 헛되니
물가에서 뛰어난 흥취를 한 잔 술에 붙이노라.
높은 수레 발이 묶여 참으로 부끄러운데
샘물 소리 도도하니 나의 한도 끝이 없노라.

① 나선 정벌에 조총 부대가 동원되었다.
② 왕권 강화를 위해 장용영이 설치되었다.
③ 청과의 경계를 정한 백두산정계비가 건립되었다.
④ 역대 문물을 정리한 동국문헌비고가 편찬되었다.
⑤ 전통 한의학을 집대성한 동의보감이 완성되었다.

08 그림과 관련된 외교 사절에 대한 설명으로 옳은 것을 〈보기〉에서 고른 것은?

▲ 에도 막부의 요청으로 파견된 조선 사신의 행렬 모습

보기
ㄱ. 개항 전까지 정기적으로 파견되었다.
ㄴ. 조선의 선진 문화를 일본에 전파하였다.
ㄷ. 비공식적으로 파견된 민간 사절단이었다.
ㄹ. 양국 간의 현안을 해결하는 역할을 하였다.

① ㄱ, ㄴ   ② ㄱ, ㄷ   ③ ㄴ, ㄷ
④ ㄴ, ㄹ   ⑤ ㄷ, ㄹ

04 조선 전기의 경제·사회·문화

☑ 출제 포인트

- 토지 제도의 변천
- 수취 체제의 정비와 문란
- 조선 시대 신분 제도의 특징
- 조선 전기의 사회 제도
- 민족 문화와 실용 문화
- 성리학의 발달

● 수신전과 휼양전

- 수신전: 과전을 받은 관리가 죽었을 때, 재혼하지 않은 부인에게 지급된 토지이다.
- 휼양전: 과전을 받은 관리 부부가 다 죽고 자녀가 어릴 때, 그 자녀에게 지급된 토지이다.

● 조운로와 잉류 지역

```
— 조운 수로
→ 조창까지의 육·수운
● 조창(강창, 해창)
▨ 잉류 지역
백두산
경성
길주
의주
함흥
영흥
조읍포창
평양
소양강창
황해
해주  한성 금강
금곡포창                    강릉      울릉도
양양
경창  ●      원주
덕성창  ●  충주  상주
법성포창  ●  전주  대구  동해
제주
영산창
```

● 수미법

조선 중기 공납제의 폐단을 시정하기 위해 이이·유성룡 등에 의해 제기된 재정 정책으로 공납을 미곡으로 바치자고 하는 주장이다.

● 대립과 방군수포

- 대립: 다른 사람을 사서 대신 입역(立役)시키는 방법
- 방군수포: 군포를 받고 군역을 면제해 주는 것

🐝 공부 꿀팁

토지 제도의 변천 과정과 그 특징에 대한 문제가 출제되기도 합니다. 또한 수취 체제의 내용과 문란상에 대해서 나오기도 합니다. 따라서 토지 제도의 변화 과정과 수취 체제의 변화 내용을 정리해 두면 문제 해결에 편리합니다.

1 조선 전기의 경제

1. 농본주의 정책과 토지 제도의 변화

(1) 경제 정책: 국가 재정 확충과 민생 안정 도모 → 상공업 통제 및 중농주의 정책 시행(농본주의)
└ 유교의 검약 정신을 강조하여 사치를 조장하는 상공업을 천시하는 경향이 있었다.

(2) 토지 제도의 변화

과전법 (고려 공양왕)	• 배경: 국가 재정 기반 및 신진 사대부의 경제적 기반 확보 필요 • 특징: 경기 지역에 한정하여 전·현직 관리에게 수조권 지급 → 사망 시 반납 원칙 ┌ 일부 수신전·휼양전 명목으로 세습 가능
직전법 (세조)	• 배경: 수신전·휼양전의 명목으로 세습 토지 증가 → 신진 관료에게 지급할 토지 부족 • 특징: 현직 관리에게만 수조권 지급, 수신전·휼양전 폐지 └ 토지에 부과된 세금을 걷을 수 있는 권리를 의미한다.
관수관급제 (성종)	• 배경: 관리들의 과도한 수취(수조권 남용) → 농민 부담 증가 • 특징: 관청에서 조세를 거두어 관리에게 지급 → 국가의 토지 지배력 강화
녹봉제 (명종)	• 특징: 관리들에게 수조권 지급 폐지 → 직접 곡식이나 베 등 현물 지급 • 영향: 양반들의 토지 사유 욕구 증가 → 지주 전호제 확산

시험에 나오는 지문 특강 📖 지주 전호제의 확산 ┌ 중국 고대의 토지 제도이다.

정전법(井田法)을 비록 지금은 시행할 수 없지만, 만일 전지(田地)를 한정하여 함부로 점유하지 못하게 한다면 겸병(兼幷)하는 폐단이 없게 될 것입니다. …… 겸병하는 폐단 때문에 부자는 전지가 서로 잇닿아 있고 가난한 사람은 송곳 하나 세울 땅도 없습니다. 똑같은 왕의 백성으로 부유함과 가난함이 서로 같지 않으니 어찌 크게 공변된 왕정의 도(道)이겠습니까. 임금이 된 이는 의당 백성의 어려운 생활에 유념하여야 합니다.
– 「명종실록」 –

정유길이라는 시강관이 지주 전호제의 확대를 막아야 한다는 주장을 건의하는 내용이다. 당시 가난한 소농민은 계속 토지를 잃고 부자들은 전지를 확대하여 겸병하는 폐단을 지적한 것으로, 이는 명종 대에 직전법이 폐지되면서 수조권적 지배가 사라지고 지주 전호제의 생산 방식이 확대되어 가는 모습을 보여준다.

2. 수취 체제의 정비

조세	┌토지 비옥도와 풍흉에 따라 토지 1결당 최고 20두에서 최하 4두까지 차등 징수하였다. • 수확량의 1/10 징수(초기) → 전분 6등법·연분 9등법 제정(공법, 세종) • 조운: 군현에서 조세를 조창으로 운반 → 바다와 강을 통해 경창으로 운송 • 잉류 지역: 함경도와 평안도는 군사비 및 사신 접대비로 직접 사용(중앙으로 보내지 않음)
공납	각 군현에 종류와 수량을 할당하면 수령이 집집마다 배정하여 지역의 토산물을 징수함 ┌ 한강 연안의 중심부에 위치한 중앙 창고였다.
역	• 대상: 호적에 등재된 16세 이상 60세 미만의 정남 • 종류: 정군과 보인으로 근무(군역), 토지 8결당 1인 기준으로 연간 6일 이내 동원(요역) └ 성종 때 확립되었다.

3. 수취 체제의 문란(16세기)

(1) 공납: 공물 생산량의 감소 또는 생산지의 변화 → 방납(상인이나 관원이 공물을 대신 납부하고 중간 이윤을 얻는 행위)의 폐단 발생 → 농민 부담의 가중 → 수미법 주장 대두(이이, 유성룡 등)

(2) 군역
└ 도망간 대상자의 친척에게 걷는 것(족징), 이웃에서 걷는 것(인징), 어린아이에게도 걷는 것(황구첨정), 60세 이상 노인 및 사망자에게도 걷는 것(백골징포)

① 군역의 요역화: 불법적 대립·방군수포 성행 → 군포 징수제 시행(군포를 받고 실제 복무 면제)

② 군적 부실: 군포 부담 가중(족징, 인징, 황구첨정, 백골징포 성행)

(3) 환곡: 가난한 농민에게 곡물을 빌려주고 1/10 정도의 이자를 걷는 구휼 제도 → 지방 수령과 향리가 사적으로 이용하여 고리대로 변질

(4) 유민 증가: 수취 제도 문란에 따른 농민 생활 악화 → 유민 증가 → 유민의 도적화
└ 토지를 빼앗기고 떠돌아다니는 농민을 말한다. └ 명종 대 임꺽정의 활동

4. 조선 전기의 경제생활

(1) 농업
① 권농 정책: 개간 장려(일정 기간 면세), 각종 수리 시설 보충 · 확충, 농서의 간행 보급(『농사직설』, 『금양잡록』 등) ┌ 조선 전기 문신 강희맹이 관직에서 물러나 금양(지금의 시흥 부근)에서 직접 농사를 지어본 경험을 바탕으로 만든 농서이다.
② 농업 기술의 발달: 조 · 보리 · 콩의 2년 3작 확대, 남부 일부 지방의 모내기 실시, 시비법 발달로 휴경지 소멸, 농기구 개량(쟁기, 낫 등), 목화 재배 확대로 의생활 개선, 약초와 과수 재배 확대
③ 농민의 생활: 자연재해, 고리대, 세금 부담 등으로 생활의 어려움 → 농민 유망 방지를 위해 호패법 · 오가작통법 등 농민 통제책 실시

(2) 수공업
① 체제: 장인(匠人)을 공장안에 등록 → 중앙과 지방 관청에서 필요한 물품을 제작하여 공급(부역으로 동원되는 기간 외에는 사적으로 제작한 물건 판매 가능)
② 변화: 16세기 부역제의 해이와 상업의 발전으로 관영 수공업 쇠퇴, 민영 수공업 발달

(3) 상업 활동
① 통제 강화: 유교적인 경제관에 입각하여 고려 시대에 비해 상공업 통제, 중농주의 경제를 강조
② 중앙

시전	정부가 종로 일대에 상점을 지어 상인에게 대여 → 점포세와 상세 징수
시전 상인	왕실과 관청에 물품을 공급하는 대신 특정 상품에 대한 독점 판매권 부여받음
육의전	명주 · 종이 · 어물 · 모시 · 삼베 · 무명을 파는 가장 중요한 여섯 개의 시전
경시서	고려 시대에 이어 시전의 불법적인 상행위의 통제를 목적으로 국가에서 설치

③ 지방

장시	15세기 후반 전라도 일대에서 장시 출현 → 16세기 중엽 전국적으로 확대
보부상	장시를 돌며 농산물 · 수공업 제품 · 수산물 등을 판매, 장시를 하나의 유통망으로 형성하는데 기여

┌ 닥나무 껍질로 만들어 쓰던 화폐로 노비 신공 납부 등에 사용되었다.
④ 화폐: 저화와 조선통보 등을 발행하였으나 유통 부진, 쌀과 면포가 여전히 화폐의 기능을 함
⑤ 무역: 명(조공 무역 형태의 공무역 중심), 여진(국경 지대에 설치한 무역소를 통해 교역), 일본(3포에 왜관이 설치되어 운영됨)

2 조선 전기의 사회

1. 조선의 신분 제도
① 양천제: 모든 사회 구성원을 법제적으로 양인(자유민)과 천인(비자유민)으로 구분
② 양인: 전세 · 공납 · 역의 의무 부담, 과거 응시 가능
③ 천인: 국역의 의무 없음, 천역 담당

2. 신분 질서의 확립: 현실적으로 네 신분으로 구분

양반	각종 국역을 면제받고 과거 · 음서 · 천거를 통해 관직 진출, 과전 · 녹봉 · 자기 소유의 토지와 노비 등의 경제적 기반을 바탕으로 풍요로운 생활을 누림
중인	• 기술관 · 향리 · 서리 · 서얼로 구성 • 기술관과 하급 관리: 전문 기술과 행정 실무 담당, 대부분 직역 세습 • 서얼: 중인과 비슷한 신분상의 대우를 받음, 문과 응시 금지
상민	• 농업, 수공업, 상업 등 생산 활동에 종사함, 조세와 국역의 의무를 부담함 • 신량역천: 신분은 양인이나 천역을 담당하는 계층
천민	• 대부분 노비(매매 · 상속 · 증여 가능), 백정 · 광대 · 무당 · 창기 등 • 대체적으로 부모 중 한쪽이 노비이면 그 자녀도 노비가 되는 법에 따라 결정(일천즉천)

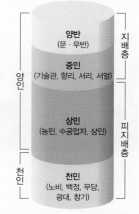

○ 농사직설
세종 때 편찬된 조선의 농서로, 농민의 실제 경험을 토대로 제작하여 우리나라의 기후와 풍토에 맞게 편찬되었다.

○ 보부상
행상인 부상(등짐장수)과 보상(봇짐장수)을 총칭하는 명칭으로 전통 사회에서 지방 시장을 돌아다니면서 상행위를 하던 상인이다.

○ 조선의 신분 구조

조선은 양천제를 법제화하였으나, 양반이 하나의 신분으로 자리 잡으면서 점차 양반, 중인, 상민, 천민으로 분화되었다.

○ 서얼
양반의 양인 첩에게서 태어난 '서자'와 천민 출신 첩에게서 태어난 '얼자'를 합쳐 부르는 말이다.

○ 신량역천
수군, 조례(관청의 잡역), 나장(형벌 업무), 일수(지방 고을 잡역), 봉수군(봉수 업무), 역졸(역의 업무), 조졸(조운 업무) 등 힘든 일에 종사한 일곱 부류로, 칠반천역이라고도 한다.

🍀 공부 꿀팁
조선 전기의 경제 상황을 다른 시기 경제 상황과 비교하여 출제되는 경향이 있습니다. 또한 신분 제도에 대해서는 적은 듯하지만, 신량역천 · 일천즉천 등의 관련된 용어들을 이해하면 편리하다.

곁다리 내용 (좌측 여백)

◑ 조선왕조실록
한 국왕이 죽으면 다음 국왕 때 춘추관을 중심으로 실록청을 설치하고 사초(사관이 매일 기록한 원고)와 시정기(각 관청의 문서를 모아 만든 책) 등을 종합하여 작성하였다.

◑ 편년체
역사 기록을 연·월·일순으로 정리하는 편찬 체제이다. 동양에서 가장 보편적이고 오래된 역사 편찬 체제이다.

◑ 혼일강리역대국도지도

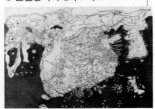

태종 때에 제작된 세계 지도로, 아프리카와 유럽까지 포함되어 있다. 지도의 중앙에 중국이 가장 크게 그려져 있고, 동쪽에 조선이 위치하고 있다. 이를 통해 중화사상이 반영되어 있음을 알 수 있다

◑ 성학십도

이황이 국왕인 선조가 성리학의 원리를 쉽게 이해할 수 있도록 그림과 함께 설명한 것이다.

🖋 공부 꿀팁
사회 제도는 고려 시대의 사회 제도와 비교되거나 공통성을 찾는 문제가 나올 수 있으니 특징을 파악해야 합니다. 또한 『조선왕조실록』 등 역사서 등의 편찬 사적의 특징과 칠정산 등 과학 기술 내용, 그리고 이이와 이황에 대해서도 꼭 알아두면 좋습니다.

본문

3. 사회 제도와 법률 제도

사회 제도	• 빈민 구제 제도: 환곡제(의창·상평창에서 운영), 사창제(양반 지주들이 주도한 자치적 구휼 기구) • 의료 시설: 혜민서(의약과 서민의 질병 치료), 동·서 대비원(동·서 활인서로 개칭, 수도권 서민 환자 구제 및 약재 판매)
법률 제도	• 형사: 「경국대전」과 「대명률」 적용, 반역죄와 강상죄는 연좌제 시행 ┐ • 민사: 지방관이 법률과 관습법에 따라 처리 　　　　　└ 범죄인과 친족 관계에 있는 자에게 연대 책임을 지우는 제도이다.

③ 조선 전기의 문화
• 배경: 민생 안정과 부국강병의 목적으로 실용적 학문과 기술 우대

1. 민족 문화의 발달

(1) 훈민정음 창제

① 목적: 백성들이 문자를 쉽게 익혀 자신의 의사를 표현하게 하려는 목적에서 창제함

② 활용: 유교 윤리 보급, 하급 관리의 행정 실무에 이용됨

③ 의의: 우리 민족이 고유 문자를 가지게 됨, 문화 민족의 자긍심을 높임

(2) 편찬 사업

역사서	• 『조선왕조실록』: 태조 ~철종(편년체) → 유네스코 세계 기록 유산으로 등재됨 • 『고려사』(기전체), 『고려사절요』(편년체): 고려의 자주적 정리 • 『동국통감』(성종): 고조선부터 고려 말까지 서술한 편년체(단군 기록 있음)
지도·지리서	• 「혼일강리역대국도지도」(태종): 동양에서 가장 오래된 세계 지도 • 『동국여지승람』(성종): 군현의 연혁·지세·인물·풍속 정리
윤리·의례서	• 『삼강행실도』(세종): 충신·효자·열녀 등의 행적을 글과 그림으로 설명 • 『국조오례의』(성종): 국가의 행사에 필요한 의례 정비
법전	『조선경국전』(정도전), 『경국대전』(성종) → 유교적 통치 질서와 문물 제도 정비

시험에 나오는 `지문 특강` 📖 고려사의 편찬

　　신 등이 다 같이 천박한 재질로서 중대한 부탁을 받아 민간의 풍문과 소문을 수집하던 말단 관원의 잡록(雜錄)을 채택하기도 하고, 관부의 옛 장서들을 들추어서 3년간 노력을 기울여 마침내 고려의 일대 역사를 완성하였습니다. 전대(前代)의 남긴 사적을 참고하고, 필법에는 공정을 기하여 역사의 밝은 거울을 후대 사람들에게 보이며 선악의 사실들을 영원히 전하도록 하였습니다.　　　　　　　－『고려사』－

　　『고려사』는 조선 건국 합리화라는 정치적 목적과 아울러 이전 왕조인 고려의 무신 정권기~우왕·창왕기까지의 폐정을 권계하고 교훈을 찾고자 하는 목적으로 편찬되었지만, 사료 선택의 엄정성과 객관적인 서술 태도를 유지하였다.

(3) 과학 기술의 발달
• 중국의 수시력과 아라비아의 회회력 참고

천문	• 「천상열차분야지도」 제작(태조): 고구려의 천문도를 바탕으로 제작된 천문도 • 『칠정산』 편찬(세종): 한성을 기준으로 천체 운동을 계산해 편찬한 역법서 • 기구 제작: 간의(천체 관측 기구), 앙부일구(해시계), 자격루(물시계), 측우기(강우량 측정)
의학	• 『향약집성방』(세종): 우리 풍토에 맞는 약재와 치료법 개발·정리 • 『의방유취』(세종): 의학 백과 사전
인쇄술	주자소(태종) 설치, 활자 개량(태종 때 계미자, 세종 때 갑인자), 조지서(종이 생산) 설치
무기	거북선 제작(태종), 신기전 제작(세종), 병서 편찬(문종 때 『진법』 편찬 → 영조 때 『병장도설』로 복간)

(4) 성리학의 발달(16세기 중반 이후 독자적 성리학 체계 형성)

① 이황: 도덕적 행위의 근거로 심성을 중시하고 이상주의적 경향이 강함, 『성학십도』·『주자서절요』를 저술하고 일본 성리학 발달에 영향을 줌(영남학파 형성)

② 이이: 이황에 비해 현실적·개혁적 성격이 강함, 『동호문답』·『성학집요』를 저술(기호학파 형성)

시험에 나오는 **지문 특강** 📖 조선 전기의 과학 기술

천상열차분야지도 각석	앙부일구	신기전	측우기

조선 전기에는 민생 안정과 부국강병을 위해 국가적 지원과 전통문화 위에 서역과 중국의 과학 기술을 수용하여 실용적인 학문이 발달하였다. 특히 부국강병을 위한 군사 무기와 농업과 밀접한 관련이 있는 천문학이 크게 발달하였고, 각종 측정 기구들이 제작되기도 하였다.

2. 건축과 예술

	15세기	16세기
문학	『동문선』 편찬(성종)	시조와 가사 문학 유행
음악	박연의 아악 정리(세종), 조선 시대의 의궤와 악보를 교정하기 위한 『악학궤범』(성종) 편찬	－
건축	• 궁궐 · 관아 · 성곽 · 도성문 건축 중심 • 불교 건축: 무위사 극락전, 서울 원각사지 십층 석탑 ← 청자에 백토의 분을 칠한 것	• 서원 건축(불교 사찰의 가람 배치와 조선 주택 양식 결합) 중심 • 경주 옥산 서원, 안동 도산 서원 등
공예	분청사기 유행 ← 중국의 화풍을 선택적으로 수용	백자 유행
그림	독자적 화풍 개척(안견의 「몽유도원도」, 강희안의 「고사관수도」 등)	산수화 · 사군자 등 양반 문화 중심의 미술과 다양한 화풍 발달(신사임당의 「초충도」 등)

시험에 나오는 **지문 특강** 📖 조선 전기의 예술

몽유도원도	고사관수도	초충도

15세기에는 전문 화원 출신 안견이 안평대군의 꿈 이야기를 듣고 현실 세계와 이상 세계를 능숙하게 묘사한 「몽유도원도」가 가장 대표적이다. 또한 「고사관수도」는 15세기 문인 화가인 강희안이 간결하고 과감한 필치로 자연 속의 인간의 모습을 정감 있게 표현하였다. 16세기에는 전문 화원 출신의 그림도 있지만, 선비들의 지조와 절개를 표현한 사군자가 유행하였다. 또한 신사임당 같은 여류 화가도 등장하였다.

3. 도교와 풍수지리설

도교	• 초기: 소격서를 설치하고 마니산 참성단에서 초제 거행 • 16세기 이후: 사림의 중앙 정계 진출 → 조광조의 건의 → 소격서 폐지(도교 행사 폐지)
풍수지리설	• 조선 초기 이래 풍수지리설과 도참 사상이 중요시되어 한양 천도에 반영됨 • 양반 사대부의 묘지 선정에 적용(산송 문제), 명당 선호 └ 분묘 및 분묘 주변의 산지를 대상으로 하는 소송

◎ 서울 원각사지 십층 석탑

국보 제2호, 조선 세조 때 건립되었다. 고려 말에 건립된 개성 경천사지 십층 석탑의 영향을 받았다.

◎ 분청사기와 백자

조선 초에는 고려 말부터 유행하던 분청사기가 계속 제작되었고, 16세기 이후에는 선비의 취향과 잘 어울렸던 백자가 유행하였다.

◎ 명당도

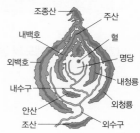

🐝 **공부 꿀팁**

조선 전기의 건축과 공예를 중심으로 문제가 자주 출제되는 편이니 문화유산을 종류별 · 시기별로 정리하기 바랍니다. 또한 문화의 자주성을 기억해 두어야 하며, 소격서를 조광조와 연결하여 익혀야 합니다.

대표 기출 문제 분석 ①

조선 전기의 토지 제도

| 43회 21번 기출 |

(가), (나) 사이의 시기에 있었던 사실로 옳은 것은?

> (가) 도평의사사가 글을 올려 과전을 주는 법을 정하자고 요청하니 왕이 따랐다. ······ 경기는 사방의 근원이니 마땅히 과전을 설치하여 사대부를 우대하였다. 무릇 경성에 살며 왕실을 보위하는 자는 현직 여부에 상관없이 직위에 따라 과전을 받게 하였다.
>
> (나) 한명회 등이 아뢰기를, "직전(職田)의 세(稅)는 관(官)에서 거두어 관에서 주면 이런 폐단이 없을 것입니다."라고 하였다. [대왕대비가] 전지하기를, "직전의 세는 소재지의 지방관으로 하여금 감독하여 거두어 주도록 하라."라고 하였다.

① 백성에게 정전을 지급하였다.
② 양전 사업을 실시하여 지계를 발급하였다.
③ 관등에 따라 관리에게 전지와 시지를 차등 지급하였다.
④ 개국 공신에게 인품, 공로를 기준으로 역분전을 지급하였다.
⑤ 수신전, 휼양전 등의 명목으로 세습되는 토지를 폐지하였다.

문제 분석

제시된 자료의 (가)는 고려 말에 과전법 제정에 대한 내용이며, (나)는 조선 성종 때 관수관급제의 실시에 대한 내용이다. 조선 시대의 토지 제도는 과전법에서 직전법(세조)으로 변경되었다. 또한 수조권에 대해서는 관수관급제가 실시되었다(성종).

⑤ 전직·현직 관리 모두에게 과전을 지급하는 과전법 체제에서 수신전과 휼양전의 명분으로 세습까지 이루어지자, 신진 관료에게 줄 토지가 모자라게 되었다. 이에 세조는 현직 관료에게만 과전을 지급하고, 수신전과 휼양전을 폐지하는 직전법을 실시하였다.

정답: ⑤

오답 거르기

① 정전은 722년(성덕왕 21) 백성 가운데 정(丁)의 연령층에게 주었던 토지이다.
② 양전 사업을 실시하여 우리나라 최초로 개인의 토지 소유권을 인정한 지계를 발급한 왕은 대한 제국의 고종이다.
③ 관등에 따라 관리에게 전지와 시지를 차등 지급한 것은 고려 시대 토지 제도인 전시과로 시정 전시과는 경종이 실시하였다.
④ 개국 공신에게 인품, 공로를 기준으로 역분전을 지급한 왕은 고려 태조 왕건이다.

닮은꼴 예상 문제

> 정답과 해설 22쪽

(가), (나) 토지 제도의 공통점으로 옳은 것은?

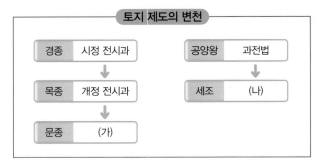

토지 제도의 변천

경종 — 시정 전시과 → 목종 — 개정 전시과 → 문종 — (가)

공양왕 — 과전법 → 세조 — (나)

① 인품과 공로에 따라 토지를 나누어 주었다.
② 현직 관료만을 대상으로 토지를 지급하였다.
③ 관료의 등급에 따라 전지와 시지를 지급하였다.
④ 과전 지급 대상 토지를 경기 지역으로 한정하였다.
⑤ 관리의 유가족에게 수신전과 휼양전을 지급하였다.

조선 전기의 문화

| 44회 14번 기출 |

(가) 왕의 업적으로 옳은 것은?

조선 전기 편찬 사업의 특징에 대해 말씀해 주시겠습니까?

이 시기에는 우리의 역사, 문학, 지리, 음악 등 다양한 분야에서 편찬 사업이 활발하게 이루어졌습니다. 특히 [(가)]은/는 동문선, 동국여지승람, 악학궤범 등을 편찬하게 하였습니다.

조선 전기의 문화

① 문하부 낭사를 분리하여 사간원으로 독립시켰다.
② 국호를 조선으로 바꾸고 수도를 한양으로 옮겼다.
③ 한양을 기준으로 한 역법서인 칠정산을 만들었다.
④ 경국대전을 완성하여 국가의 통치 규범을 마련하였다.
⑤ 직전법을 제정하여 현직 관리에게만 수조권을 지급하였다.

문제 분석

제시된 자료에서 『동문선』, 『동국여지승람』, 『악학궤범』 등이 편찬되었다는 내용을 통해 (가) 왕이 조선 성종임을 알 수 있다. 성종 재위 시기에는 다양한 분야에서 편찬 사업이 활발하였다.

④ 성종 대에 완성되어 반포된 『경국대전』은 조선 왕조 건국 전후부터 1484년(성종 15)에 이르기까지 약 100년간의 왕명·교지·조례 중 영구히 준수할 것을 모아 엮은 법전이다. 이에 따라 유교적 통치 질서와 문물 제도가 정비되었다.

정답: ④

오답 거르기

① 대신들의 권력 장악을 방지하기 위하여 문하부 낭사를 분리하여 사간원으로 독립시킨 왕은 태종이다.
② 고려를 무너뜨리고 나라를 건국하여 국명을 '조선'으로 바꾸고 수도를 개경에서 한양으로 옮긴 왕은 태조 이성계이다.
③ 한양을 기준으로 한 역법서인 '칠정산'은 세종 때 편찬되었다. '칠정산'은 중국의 수시력과 아라비아의 회회력을 많이 참고하였다.
⑤ 세습 토지가 많아지자 직전법을 제정하여 현직 관리에게만 수조권을 지급한 왕은 세조이다.

닮은꼴 예상 문제

▶ 정답과 해설 22쪽

밑줄 그은 '왕'의 재위 기간에 있었던 사실로 옳은 것은?

이 책은 국가의 기본 예식인 오례, 즉 길례(吉禮)·가례(嘉禮)·빈례(賓禮)·군례(軍禮)·흉례(凶禮)에 대해 규정한 예전(禮典)이다. 왕의 명령으로 신숙주와 정척 등에 의해 완성되었다. 권두에 강희맹의 서문과 신숙주의 「진국조오례의전」이 있다.

① 고려사를 자주적으로 정리한 고려사가 편찬되었다.
② 고구려 천문도를 바탕으로 천상열차분야지도가 제작되었다.
③ 군현의 풍속, 산물, 교통 등이 수록된 동국여지승람이 편찬되었다.
④ 한성을 기준으로 천체 운동을 계산해 정리한 칠정산이 편찬되었다.
⑤ 동양에서 가장 오래된 지도인 혼일강리역대국도지도가 만들어졌다.

01 (가)에 들어갈 내용으로 가장 적절한 것은?

과전의 일부가 유족에게 수신전, 휼양전 등으로 세습되고 있어 새로 등용되는 관리들에게 줄 토지가 부족하다 하옵니다.

(가)

① 인품과 공로를 참작하는 역분전을 실시하시오.
② 관료전을 지급하면서 차차 녹읍을 없애도록 하시오.
③ 현직 관리에게만 토지를 지급하는 직전법을 실시하시오.
④ 토지를 5품 이상의 관료에게만 세습할 수 있도록 하시오.
⑤ 권문세족의 농장을 몰수하여 관리들에게 나누어 주도록 하시오.

---

02 39회 25번 기출 문제 •

밑줄 그은 '왕'이 실시한 정책으로 옳은 것은?

이번에 정초와 변효문이 새로운 농서를 편찬했다는군.

우리 풍토에 맞는 농법을 보급하기 위한 서적을 편찬하라는 왕의 명을 받았다고 하네.

① 결작을 징수하여 재정 부족 문제에 대처하였다.
② 연분 9등법을 시행하여 수취 체제를 정비하였다.
③ 기유약조를 체결하여 일본과의 무역을 재개하였다.
④ 설점수세제를 시행하여 민간의 광산 개발을 허용하였다.
⑤ 직전법을 실시하여 현직 관리에게만 수조권을 지급하였다.

---

03 다음은 조선 전기의 수취 체제의 내용이다. (가)~(다)에 대한 설명으로 옳은 것은?

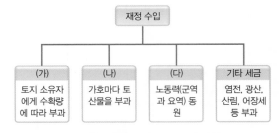

		재정 수입		
(가)	(나)	(다)	기타 세금
토지 소유자에게 수확량에 따라 부과	가호마다 토산물을 부과	노동력(군역과 요역) 동원	염전, 광산, 산림, 어장세 등 부과

① (가) – 토지를 3등급으로 나누어 부과하였다.
② (가) – 함경도와 평안도는 잉류 지역으로 설정하였다.
③ (나) – 16세에서 60세 미만의 정남이 부담하였다.
④ (나) – 대립이 성행하여 농민의 부담이 증가하였다.
⑤ (다) – 쌀로 대신 거두자는 수미법 주장이 제기되기도 하였다.

---

04 38회 19번 기출 문제 •

(가) 상인에 대한 설명으로 옳은 것은?

이곳은 조선 시대의 상점 터가 확인된 종로 피맛골 발굴 현장입니다. 조선 정부는 이 일대에 행랑을 지어 상가를 조성하고 [(가)]에게 빌려 주었습니다. [(가)] 중에는 육의전 상인이 대표적이었습니다.

① 혜상공국을 통해 보호받았다.
② 금난전권이라는 특권을 부여받았다.
③ 전국에 송방이라는 지점을 설치하였다.
④ 책문 후시를 통해 대청 무역을 주도하였다.
⑤ 포구에서 중개 · 금융 · 숙박업 등에 주력하였다.

05 다음 제도가 적용되었을 당시 볼 수 있었던 모습으로 가장 적절한 것은?

> 1. 연분을 9등으로 나누고 10분 비율로 정하여 전실(全實)을 상상년(上上年)으로 하고, …… 2분을 수확하면 하하년이 됩니다. 상중년 1등 전지의 조세는 27말로 하고 …… 6등 전지의 조세는 1말 5되입니다.
> 2. 6등급의 전지 결복(結卜)의 실지 면적을 평방으로 계산할 때는 1면에 대한 숫자에 가끔 몇 치[寸] 몇 푼[分]의 끝수가 있어서 계산이 매우 곤란하게 되므로, 6등급의 전지를 매(每) 1면(面)마다 백으로 평분하여 그 땅에 대한 계량의 척도로 합니다.

① 관청에 공물을 납부하는 소의 주민
② 은병으로 대규모 거래를 하는 상인
③ 다점에서 해동통보로 거래하는 상인
④ 벽란도에서 아라비아 상인과 교역하는 상인
⑤ 부산포에서 쌀을 매입하는 세견선을 타고 온 일본 상인

06 다음 상황이 나타난 시기에 볼 수 있었던 모습으로 적절하지 않은 것은?

> 사헌부가 아뢰기를, "근래에 [임꺽정 같은] 도적이 벌떼처럼 일어나 공공연하게 노략질을 하며 양민을 학살합니다. 방자한 행동이 거리낌이 없는데도 주현(州縣)에서 금하지 못하고 병사(兵使)도 제대로 잡지 못합니다. 그들의 기세가 점점 뻗쳐 여러 곳에 널리 퍼져 있습니다. 심지어는 서울에서도 나라를 어지럽히는 간사한 무리가 떼로 일어나 빈 집에 진을 치고 밤이면 모였다가 새벽이면 흩어집니다. 간혹 칼로 사람을 다치게 하는데도 포도대장이란 자가 도적을 잡았다는 말은 한 번도 듣지 못했으니 매우 한심합니다. 포도대장 등을 심문하여 죄를 다스린 후에 도적을 잡기 위한 대책을 각별히 계획하소서." 하였다.
> – 『명종실록』 –

① 환곡을 갚지 못해 도망가는 농민
② 생산량의 절반을 소작료로 받는 지주
③ 오가작통법을 강화해야 한다고 주장하는 관리
④ 지주의 결작을 대신 내야 한다며 한숨 쉬는 소작농
⑤ 공물을 대신 내고 그 대가를 챙기는 중앙 관청의 서리

07  (가)에 대한 설명으로 옳은 것은?

> **역사 용어 해설**
>
> **(가)**
>
> 고려 시대의 재인(才人)과 화척(禾尺)을 조선 초기에 하나로 합쳐서 부른 이름이다. 고려 시대의 재인과 화척은 유랑 생활을 하던 존재로 천인 취급을 받았다. 세종 때에는 천하게 여겨지던 재인이나 화척 대신 고려 시대 일반 백성을 일컬었던 **(가)** (이)라는 이름을 붙였다.

① 매매, 상속, 증여의 대상이 되었다.
② 장례원을 통해 국가의 관리를 받았다.
③ 사신을 수행하면서 통역을 담당하였다.
④ 일제 강점기에 형평 운동을 전개하였다.
⑤ 청요직 진출을 요구하는 상소를 집단으로 올렸다.

08 밑줄 그은 '이 역사서'에 대한 설명으로 옳은 것을 <보기>에서 고른 것은?

> 이 역사서는 조선 시대 제1대 왕 태조로부터 제25대 왕 철종에 이르기까지 25대 472년간의 역사를 적어 놓았다. 총 1,893권 888책으로 구성되었으며, 정족산본과 태백산본 등이 일괄적으로 국보 제151호로 지정되었다.

| 보기 |
ㄱ. 전국 8도에서 관찰사 책임 하에 보관하였다.
ㄴ. 사초, 시정기 등을 종합 정리하여 편찬하였다.
ㄷ. 유네스코가 지정한 세계 기록 유산으로 등록되어 있다.
ㄹ. 유교적 합리주의 사관에 기초하여 기전체로 서술되었다.

① ㄱ, ㄴ   ② ㄱ, ㄷ   ③ ㄴ, ㄷ
④ ㄴ, ㄹ   ⑤ ㄷ, ㄹ

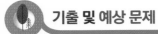

기출 및 예상 문제

09 밑줄 그은 '이 왕'의 업적으로 옳은 것은?

41회 19번 기출 문제

이 책은 동래선생교정북사상절(東萊先生校正北史詳節)의 일부로 이 왕 때 주자소에서 제작한 계미자를 이용하여 간행되었습니다. 또한 이 왕 때에는 세계 지도인 혼일강리역대국도지도가 제작되기도 하였습니다.

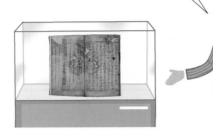

① 전통 한의학을 정리한 동의보감을 간행하였다.
② 문하부 낭사를 분리하여 사간원으로 독립시켰다.
③ 경국대전을 반포하여 국가 통치 규범을 마련하였다.
④ 붕당 정치의 폐해를 극복하고자 탕평비를 건립하였다.
⑤ 한양을 기준으로 한 역법서인 칠정산 내편을 만들었다.

10 밑줄 그은 '이 시기'의 문화 활동으로 옳은 것을 〈보기〉에서 고른 것은?

향약(鄕藥)론에 따라 이 시기에 이르러 총 85권 30책의 방대한 분량의 의서가 처음으로 편찬되었다. 이 의서는 고려 시대에 편찬된 『향약구급방』, 『향약간이방』 등에 비하여 질병을 체계적으로 분류하고 향약재에 관한 다양한 정보를 집대성한 것이었다. 특히 향토에서 나는 풀이 약재가 될 수 있을 뿐만 아니라 오히려 중국의 그것보다도 우리나라 사람에게 더욱 잘 맞는 것임을 강조하였다.

┤ 보기 ├
ㄱ. 거북선과 신기전을 제작하여 강병책을 도모하였다.
ㄴ. 주자소를 설치하고 활자를 계미자, 갑인자 등으로 개량하였다.
ㄷ. 사천대를 설치하여 천체를 관측하였으며 당의 선명력을 사용하였다.
ㄹ. 우리나라 승려 30여 명의 전기가 수록된 해동고승전을 저술하였다.

① ㄱ, ㄴ ② ㄱ, ㄷ ③ ㄴ, ㄷ
④ ㄴ, ㄹ ⑤ ㄷ, ㄹ

11 밑줄 그은 '내'가 시행한 정책으로 옳은 것을 〈보기〉에서 고른 것은?

어제(御製)에, "나랏말이 중국과 달라 한자(漢字)와 서로 통하지 아니하므로, 우매한 백성들이 말하고 싶은 것이 있어도 마침내 제 뜻을 잘 표현하지 못하는 사람이 많다. 내 이를 딱하게 여기어 새로 28자(字)를 만들었으니, 사람들로 하여금 쉬 익히어 날마다 쓰는 데 편하게 할 뿐이다."

┤ 보기 ├
ㄱ. 칠정산 편찬   ㄴ. 국조오례의 편찬
ㄷ. 4군 6진 개척   ㄹ. 천상열차분야지도 제작

① ㄱ, ㄴ ② ㄱ, ㄷ ③ ㄴ, ㄷ
④ ㄴ, ㄹ ⑤ ㄷ, ㄹ

42회 20번 기출 문제

12 (가)에 들어갈 내용으로 옳은 것은?

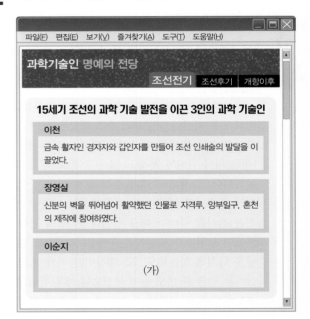

① 기기도설을 참고하여 거중기를 설계하였다.
② 최초로 100리 척 축척법을 사용하여 지도를 만들었다.
③ 홍역에 관한 국내외 자료를 종합하여 의서를 편찬하였다.
④ 한양을 기준으로 천체 운동을 계산한 역법서를 저술하였다.
⑤ 체질에 따라 처방을 달리해야 한다는 사상 의학을 확립하였다.

13 밑줄 그은 '이 시기'에 제작된 그림으로 옳은 것은?

> 관학파가 주도하던 이 시기에는 민생 안정과 부국 강병을 위한 실용적인 학문이 발달하였다. 또한 그림 에서는 중국의 화풍을 선택적으로 수용하여 독자적 화풍을 개발하였다. 이 시기의 대표적인 화가로는 전 문 화원인 안견이나 문인 화가였던 강희안 등이 활약 하였다.

①  ②

③ ④

⑤

43회 23번 기출 문제 •

14 다음 검색창에 들어갈 인물의 활동으로 옳은 것은?

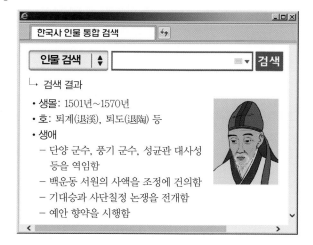

> 한국사 인물 통합 검색
>
> 인물 검색 | 검색
>
> └ 검색 결과
> • 생몰: 1501년~1570년
> • 호: 퇴계(退溪), 퇴도(退陶) 등
> • 생애
> − 단양 군수, 풍기 군수, 성균관 대사성 등을 역임함
> − 백운동 서원의 사액을 조정에 건의함
> − 기대승과 사단칠정 논쟁을 전개함
> − 예안 향약을 시행함

① 양명학을 연구하여 강화 학파를 형성하였다.
② 명에 대한 의리를 내세워 기축봉사를 올렸다.
③ 군주의 도를 도식으로 설명한 성학십도를 지었다.
④ 다양한 개혁 방안을 제시한 동호문답을 저술하였다.
⑤ 재상 중심의 정치를 강조한 조선경국전을 편찬하였다.

44회 20번 기출 문제 •

15 (가)에 해당하는 문화유산으로 옳은 것은?

문화유산 발표 대회

> 이것은 조선 전기의 석탑으로 국보 제2호 입니다. 원나라 탑 양 식의 영향을 받았으 며, 화려한 조각이 돋 보이는 석탑입니다.

① ② ③

④ ⑤

40회 19번 기출 문제 •

16 (가)에 들어갈 내용으로 옳은 것은?

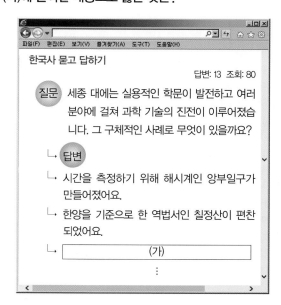

> 한국사 묻고 답하기
> 답변: 13 조회: 80
>
> 질문 세종 대에는 실용적인 학문이 발전하고 여러 분야에 걸쳐 과학 기술의 진전이 이루어졌습 니다. 그 구체적인 사례로 무엇이 있을까요?
>
> └ 답변
> └ 시간을 측정하기 위해 해시계인 앙부일구가 만들어졌어요.
> └ 한양을 기준으로 한 역법서인 칠정산이 편찬 되었어요.
> └ (가)
> ⋮

① 개량된 금속 활자인 갑인자가 주조되었어요.
② 폭탄의 일종인 비격진천뢰가 만들어졌어요.
③ 기기도설을 참고하여 거중기가 설계되었어요.
④ 100리 척을 사용한 동국지도가 제작되었어요.
⑤ 사상 의학을 정립한 동의수세보원이 편찬되었어요.

05 조선 후기의 정치 변화

☑ 출제 포인트

· 비변사와 5군영의 강화
· 붕당 정치의 변질과 탕평 정치
· 세도 정치의 전개와 폐단

◐ 5군영

훈련도감 (1593)	· 임진왜란 중 설치 · 포수, 사수, 살수의 삼수병 체제 · 급료를 받는 상비군
어영청 (1623)	· 인조반정 직후 설치 · 수도 방어와 국왕 호위
총융청 (1624)	· 인조 때 설치 · 경기 서북 지역 방어
수어청 (1626)	· 인조 때 설치 · 남한산성 일대 방어
금위영 (1682)	· 숙종 때 설치 · 수도 방어와 국왕 호위

◐ 정여립 사건

정여립은 대동계라는 조직을 결성하고 세력을 확대하다가 모반을 꾀했다는 혐의로 관군이 포위해오자 진안군 죽도로 피신하여 자결하였다. 서인을 중심으로 사건이 조사되면서 동인의 주요 인물들이 거의 제거되었다. 그 결과 동인은 크게 위축되고 서인이 정국을 주도하게 되었다. 선조가 다시 서인을 견제하면서 동인이 정국을 주도했다. 이후 동인은 서인에 대한 입장 차이로 남인과 북인으로 나뉘었다.

◐ 예송

예법에 관한 논쟁이다. 조선 후기에 효종과 효종비에 대한 자의대비의 복상 기간을 두고 벌어진 예송이 대표적이다.

🌿 공부 꿀팁

비변사와 훈련도감은 중요한 내용으로 임진왜란과 연계되어 출제되거나 단독으로 출제되고 있습니다. 또한 붕당 정치의 전개 과정도 꼭 알고 있어야 할 내용입니다.

1 통치 체제의 변화

1. 비변사의 기능 강화와 3사의 기능 변질

(1) 비변사의 변화: 3포왜란을 계기로 여진족과 왜구의 침입에 대비하기 위한 임시 기구로 설치(중종) → 을묘왜변을 계기로 상설 기구화(명종)━━● 정승과 판서, 5군영 대장 등 대부분의 고위 관료가 참여하였다.

(2) 비변사의 기능 강화: 임진왜란을 거치며 구성원이 확대되고 군사 · 외교 · 재정 · 사회 · 인사 등 국정을 총괄하는 역할을 담당하는 최고 정치 기구로 변화(왕권 약화, 의정부와 6조의 기능 약화 초래)

시험에 나오는 지문 특강 📖 비변사

임시로 비변사(備邊司)를 설치했습니다. 재상으로서 이 일을 맡은 사람을 지변재상(知邊宰相)이라고 불렀습니다. 그러나 이것은 일시적인 전쟁 때문에 설치한 것으로서 국가의 중요한 모든 일들을 참으로 다 맡긴 것은 아니었습니다. 그런데 오늘에 와서는 큰일이건 작은 일이건 중요한 것으로 취급되지 않는 것이 없습니다. 그 결과 정부는 한갓 헛이름만 지니고 육조는 모두 그 직임을 상실하였습니다. 명칭은 '변방의 방비를 담당하는 것[備邊]'이라고 하면서 과거 시험에 대한 판하(判下)나 비빈(妃嬪)을 간택하는 등의 일까지도 모두 여기를 경유하여 나옵니다.
— 『효종실록』 —

초기에는 임시로 설치되었다가 국방 문제로 점점 역할을 확대하던 비변사의 기능은 임진왜란을 거치면서 더욱 강화되었다. 따라서 의정부와 6조가 제 기능을 하지 못하고 왕권이 약화되는 결과를 초래하였기 때문에 혁파해야 한다는 주장이 나왔으나, 흥선 대원군이 집권해서야 혁파되었다.

(3) 3사의 언론 기능 변질: 공론 반영보다 상대 세력에 대한 비판과 견제에 치중 → 이조 전랑의 추천권을 이용하여 각 붕당이 자기 세력 확대 노력━━● 지금의 여론처럼 다양한 의견을 의미하는데, 이 당시에는 특히 산림들의 의견까지 반영하였다.

2. 군사 제도의 변화

중앙군	15세기 말 이후 군역의 대립(代立) 현상 → 5위 기능의 약화, 임진왜란으로 중앙군 재정비 필요성 대두 → 임진왜란 중 훈련도감 설치 → 5군영 체제 확립(17세기 말)
지방군	진관 체제(15세기) → 제승방략 체제(16세기) → 임진왜란 이후 진관 복구와 속오군 체제로 정비

━━● 양반부터 노비까지 모든 남성 편성, 평상시 생업 종사 및 농한기 훈련 → 유사시 동원

2 붕당 정치의 전개

1. 붕당 정치의 전개

선조	사림이 동인과 서인으로 분화 → 정여립 사건을 계기로 동인이 남인과 북인으로 분화
광해군	광해군 즉위에 힘을 쓴 북인이 정국을 주도하였으나, 서인 주도의 인조반정으로 북인 몰락
인조	서인이 남인 일부와 연합하여 정국 운영

2. 현종: 예송의 발생

구분	배경	서인의 주장	남인의 주장	결과
기해예송 (1차, 1659)	효종 사망 후 자의대비의 복제 문제	송시열, 송준길의 1년설 주장(왕도 사대부와 같은 예법 적용)	허목, 윤선도의 3년설 주장(왕은 사대부와 다른 예법 적용)	서인 주장(1년설) 채택 → 윤선도 유배
갑인예송 (2차, 1674)	효종비 사망 후 자의대비의 복제 문제	9개월설 주장	1년설 주장	남인 주장(1년설) 채택 → 송시열 유배

3. 숙종: 붕당 정치의 변질(환국의 발생)

(1) 의미: 숙종이 왕권 안정을 위하여 여러 차례 환국을 단행함(서인과 남인이 번갈아 집권) → 권력을 독점하게 된 붕당이 상대 붕당을 탄압 · 보복하면서 붕당 정치가 변질됨

(2) 환국의 발생

경신환국 (1680, 숙종 6)	남인에게 정권을 빼앗긴 서인이 남인의 일부가 복창군을 왕으로 옹립하려 한다는 삼복의 변을 통해 남인의 허목, 윤휴 등을 축출하고 정권 장악
기사환국 (1689, 숙종 15)	숙종비 민씨가 왕자를 낳지 못하고 대신 소의 장씨가 아들을 낳자, 이를 숙종이 세자로 책봉하려고 했을 때 서인 송시열 등이 반대 → 숙종이 남인 이현기 등을 등용하여 서인을 숙청하고 남인에게 정권을 넘겨줌
갑술환국 (1694, 숙종 20)	서인이 민비 복위 운동을 전개하면서 소론도 참여 → 남인 정권이 서인들을 탄압하려고 하였으나, 숙종의 노여움을 사서 소론이 권력 장악(이후 남인은 정계에서 몰락)

기사환국 행: 인현왕후 / 희빈 장씨

(3) 서인의 분화: 서인이 남인을 배척하는 과정에서 노론(강경파)과 소론(온건파)으로 분화

3 탕평 정치의 전개

1. 탕평론의 대두
(1) 탕평론: 강력한 왕권을 토대로 국왕이 정치의 중심에 서서 세력 균형을 유지하려 함
(2) 숙종의 탕평론: 인사 관리를 통해 세력 균형 유지 → 실제로는 편당적 인사 관리로 환국 초래

2. 영조와 정조의 탕평 정치
(1) 영조의 탕평 정치

탕평책	• 초기: 탕평 교서 발표 → 이인좌의 난(소론의 반발) → 노론이 정국 주도 • 탕평 정책에 동의하는 인물(탕평파)을 등용하여 정국 운영(노론 강경파 제거, 소론·남인 온건파 등용) → 성균관에 탕평비 건립 • 붕당의 근거지인 서원 대폭 정리, 산림의 존재 부정, 이조 전랑의 권한 약화(후임자 추천권과 3사 추천권 폐지)
개혁 정치	• 농민의 군포 부담을 줄여주는 균역법 시행 ┌• 장정 1인당 2필씩 징수하던 군포를 1필로 줄이도록 한 정책 • 백성의 억울함을 풀어 주고 여론을 직접 정치에 반영하기 위해 신문고 제도를 부활시킴 • 가혹한 형벌 폐지 및 사형수에 대한 삼심제 시행, 노비종모법 시행 • 편찬 사업: 『속대전』, 『속오례의』, 『동국문헌비고』 편찬

(2) 정조의 탕평 정치

탕평책	영조 때 득세하던 외척 제거 및 노론·소론·남인의 세력 균형 유지
왕권 강화	• 규장각을 권력과 정책을 뒷받침하는 기구로 육성, 초계문신제 실시 • 국왕의 친위 부대인 장용영 설치(한성과 수원) • 정치·군사적 기능을 갖춘 수원 화성 축조 • 군현 단위의 향약을 수령이 직접 주관하여 수령의 권한 강화 (지방 사족의 지배력 억제)
개혁 정치	• 서얼에 대한 차별 완화 • 육의전을 제외한 시전 상인들의 금난전권을 폐지하는 통공 정책 실시(신해통공) • 편찬 사업: 『대전통편』, 『동문휘고』, 『탁지지』, 『무예도보통지』 등 편찬

4 세도 정치와 정치 기강의 문란

1. 세도 정치의 전개

배경	정조 사후 어린 순조가 즉위하면서 일부 외척 세력이 권력을 장악함
전개	3대(순조, 헌종, 철종) 60여 년 동안 안동 김씨, 풍양 조씨 등 몇몇 가문이 권력 독점 → 비변사의 고위 관직과 5군영의 주요 보직 장악
결과	왕권이 약화되고 정권의 사회적 기반이 약화됨

2. 세도 정치의 폐단
(1) 정치 기강의 문란: 과거 시험의 부정과 돈을 받고 관직을 파는 매관매직 성행
(2) 삼정의 문란: 탐관오리가 수취 제도를 악용해 농민 수탈 → 전정·군정·환곡의 폐단 심화

강제로 환곡을 떠맡기거나 빌리지 않아도 이자 징수

각종 불법적 부가세 징수

○ 삼복의 변
조선 숙종 때의 정승 허적의 서자 허견이 종실 복창군, 복선군, 복평군의 3형제와 역모를 꾸민다고 고발한 사건이다. 이 사건으로 허견과 허적이 사사되고, 허견과 직접 관련이 없는 윤휴가 사사당했으며, 허목 역시 죄인으로 몰려 파직, 지방으로 쫓겨났다. 결국 이 사건은 경신환국으로 이어졌다.

○ 이인좌의 난
1728년(영조 4) 소론 강경파와 남인 일부가 경종의 죽음에 영조와 노론이 관계되어 있다고 주장하면서 일으킨 반란 사건이다.

○ 탕평비

영조가 탕평의 의지를 알리기 위해 성균관 앞에 세운 비이다.

○ 규장각
왕실 도서관의 기능을 담당하였으나, 정조가 비서실 기능을 부여하고 과거 시험과 관리 교육까지 담당하게 하는 등 강력한 정치 기구로 육성하였다.

○ 초계문신제
정조가 젊고 유능한 관리들을 선발하여 규장각에 소속시켜 학문을 연마하게 한 제도이다. 이를 통해 정조는 자신의 정치 기반을 강화하였다.

🌿 공부 꿀팁
예송과 환국의 자세한 내용보다는 전개 과정에 대한 내용과 영향 등이 더 중요하게 출제됩니다. 더불어 영조와 정조의 탕평책이나 개혁 내용을 구분하여 알아두어야만 출제 문제를 해결할 수 있습니다.

대표 기출 문제 분석 01

▶ 비변사의 특징

| 40회 26번 기출 |

(가)에 대한 설명으로 옳은 것을 〈보기〉에서 고른 것은?

> 변방의 일은 병조가 주관하는 것입니다. …… 그런데 근래 변방 일을 위해 ___(가)___ 을/를 설치했고, 변방에 관계되는 모든 일을 실제로 다 장악하고 있습니다. …… 혹 병조 판서가 참여하는 경우가 있기는 하지만 도리어 지엽적인 입장이 되어버렸고, 참판 이하의 당상관은 전혀 일의 내용을 모르고 있습니다. …… 청컨대 혁파하소서.

┌ 보기 ┤
ㄱ. 왕명 출납을 맡은 왕의 비서 기관이었다.
ㄴ. 임진왜란 이후 조직과 기능이 확대되었다.
ㄷ. 조광조를 비롯한 사림의 건의로 혁파되었다.
ㄹ. 세도 정치 시기에 외척의 세력 기반이 되었다.

① ㄱ, ㄴ　　② ㄱ, ㄷ　　③ ㄴ, ㄷ　　④ ㄴ, ㄹ　　⑤ ㄷ, ㄹ

문제 분석

제시된 자료에서 변방의 일을 병조가 맡아야 하는데 (가)가 주관한다고 하였고, (가)의 역할이 너무 커져서 병조가 하는 일이 없게 된 까닭으로 혁파하자고 주장하는 것을 보아 (가)는 비변사임을 알 수 있다.

④ 비변사는 ㄴ. 중종 때 임시 기구로 설치되었다가 명종 때 상설 기구가 되었고, 임진왜란을 거치면서 국정을 총괄하는 최고 기관이 되었다.

ㄹ. 붕당 정치기에는 노론, 세도 정치기에는 외척들이 비변사를 장악하여 세력 기반으로 삼았다.

정답: ④

오답 거르기

ㄱ. 조선 시대에 왕명 출납을 맡아서 왕의 권력을 지원한 기구는 승정원이다.

ㄷ. 중종 때 정국을 주도한 조광조 등 사림 세력들이 주장하여 없앤 기구는 도교 행사를 주관하던 소격서이다.

▶ 닮은 꼴 예상 문제

> ▶ 정답과 해설 25쪽

(가) 기구에 대한 설명으로 옳은 것은?

> 임시로 ___(가)___ 을/를 설치했습니다. …… 그러나 이것은 일시적인 전쟁 때문에 설치한 것으로서 국가의 중요한 모든 일들을 참으로 다 맡긴 것은 아니었습니다. 그런데 오늘에 와서는 큰일이건 작은 일이건 중요한 것으로 취급되지 않는 것이 없습니다. 그 결과 정부는 한갓 헛이름만 지니고 육조는 모두 그 직임을 상실하였습니다. 명칭은 '변방의 방비를 담당하는 것[備邊]'이라고 하면서 과거 시험에 대한 판하(判下)나 비빈(妃嬪)을 간택하는 등의 일까지도 모두 여기를 경유하여 나옵니다.
> － 『효종실록』 －

① 일종의 왕실 도서관 기능을 담당하였다.
② 왕권에 도전한 큰 죄인을 다스리는 기관이었다.
③ 명종 때 을묘왜변을 계기로 상설 기구로 승격하였다.
④ 관청의 공문 전달과 공물 수송을 운송하는 제도였다.
⑤ 지방의 유력한 사족으로 구성되어 향촌 자치를 담당하였다.

▶ 예송의 발생 원인

| 43회 26번 기출 |

(가)에 대한 설명으로 옳은 것은?

> 현종 때 일어난 (가) 에 대해 말씀해 주십시오.

> (가) 은/는 효종 사후 인조의 계비인 자의대비의 복상 기간을 두고 벌어진 논쟁입니다.

① 사림과 훈구의 갈등이 원인이 되었다.
② 서인과 남인 사이에 발생한 전례 문제이다.
③ 북인이 정국을 주도하던 시기에 전개되었다.
④ 외척 세력인 대윤과 소윤의 대립으로 일어났다.
⑤ 동인이 남인과 북인으로 분열되는 결과를 가져왔다.

문제 분석

제시된 자료에서 현종 때 일어났으며, 인조의 계비인 자의대비가 효종이 죽은 후 몇 년 동안 상복을 입을 것인지에 대하여 벌어진 논쟁이라고 했으므로 1차(기해) 예송이다.
② 효종이 죽자 계모인 자의대비의 상복 입는 기간을 두고 서인은 사대부의 예에 따라 1년설을, 남인은 사대부의 예에 따를 필요가 없다고 3년설을 각각 주장하였다. 이때 서인이 승리하였으며, 남인의 대표격인 윤선도는 유배를 갔다.

정답: ②

오답 거르기

① 사림과 훈구의 갈등이 원인이 되어 일어난 사건은 사화이다. 조선 전기에는 4대 사화가 있었는데, 그 중 훈구가 사림을 공격한 사화는 무오사화와 기묘사화가 대표적이다.
③ 북인이 정국을 주도한 시기는 광해군이 재위하던 시기로 이 시기에는 인조반정이 일어났다.
④ 외척 세력인 대윤과 소윤의 대립으로 일어난 사건은 명종 때의 을사사화이다.
⑤ 동인이 남인과 북인으로 분열되는 계기가 된 사건은 정여립 사건으로, 동인이 다시 정권을 장악한 후 서인에 대한 처리에 따라 남인과 북인으로 갈라졌다.

📖 닮은꼴 예상 문제

▶ 정답과 해설 25쪽

다음 논의가 이루어진 시기의 상황을 이해하기 위한 탐구 활동으로 가장 적절한 것은?

> 돌아가신 효종 대왕을 장자의 예로 하여 대왕대비의 복상 기간을 3년간 하자고 주장하는 남인과 1년만 하자고 주장하는 서인들이 대립하고 있습니다.

> 이번 대왕대비 복상 기간은 1년간 하는 것으로 결정하겠소.

① 붕당의 출현
② 예송의 발생
③ 사화의 전개
④ 탕평론의 대두
⑤ 세도 정치의 결과

01 (가)에 대한 설명으로 옳은 것을 〈보기〉에서 고른 것은?

> 아뢰기를, "임경업이 올린 장계의 점목에 대하여 전교하기를 '이 군병들은 앞으로 해야 할 일이 있을 듯한데, 휴식시켜야 한다는 말은 무슨 일인가?'라고 하셨습니다. 임경업이 거느리고 있는 양서(兩西)의 군병에는 ⋯⋯ _____(가)_____ 가운데에는 공사천(公私賤)도 있어서 모두 각처의 사환(使喚) 및 수포(收布)·납공(納貢) 등의 일이 있어 신역(身役)을 면제받지 못하고 있습니다. 임경업이 1년간 휴식시켜야 한다고 청한 것은 관서 지방 백성들의 사정을 반드시 잘 알고 말한 것이기 때문에 신 등도 그대로 회계하였던 것입니다."
>
> - 『비변사등록』 -

┤ 보기 ├
- ㄱ. 제승방략 체제를 토대로 운영되었다.
- ㄴ. 임진왜란 때 속오법에 의해 편제되었다.
- ㄷ. 포수, 사수, 살수의 삼수병으로 편성되었다.
- ㄹ. 평시에는 생업에 종사하다가 유사시에 동원되었다.

① ㄱ, ㄴ ② ㄱ, ㄷ ③ ㄴ, ㄷ ④ ㄴ, ㄹ ⑤ ㄷ, ㄹ

39회 26번 기출 문제 ›

02 (가) 왕이 추진한 정책으로 옳은 것은?

> 이곳은 _____(가)_____ 이/가 후금의 위협에 대비하여 축조한 남한산성의 4개 장대 중 유일하게 남아 있는 건물로 장수들이 군사를 지휘하던 곳입니다.

① 왕권 강화를 위하여 장용영을 신설하였다.
② 나선 정벌을 위하여 조총 부대를 파견하였다.
③ 수도의 방어를 담당하는 어영청을 설치하였다.
④ 청과의 국경을 정한 백두산정계비를 건립하였다.
⑤ 농민들의 군역 부담을 줄여주고자 균역법을 시행하였다.

03 다음 주장이 전개된 시기의 정세를 알아보기 위한 탐구 활동으로 가장 적절한 것은?

> 장령 허목이 그 상소문에 경전을 인용하고 의리에 입각하여 매우 장황한 논설을 하였습니다. 신이 ⋯⋯ 의심되는 곳이 없지 않습니다. 『의례(儀禮)』에서 "아버지가 장자(長子)를 위하여"라고 한 것은 위아래를 통틀어 한 말입니다. 만약 허목의 말대로라면 가령 사대부의 적처(適妻) 소생이 10여 명인데, 첫째 아들이 죽어 그 아비가 그를 위하여 3년복을 입었습니다. 그런데 둘째가 죽으면 그 아비가 또 3년을 입고 불행히 셋째가 죽고 넷째, 다섯째, 여섯째가 차례로 죽을 경우 그 아비가 다 3년을 입어야 하는데, 아마 예의 뜻이 결코 그렇지는 않을 것입니다.

① 북인이 정국을 주도할 수 있었던 이유를 살펴본다.
② 탕평책의 추진이 각 붕당에게 미친 영향을 파악한다.
③ 훈구와 사림 사이에 사화가 일어난 배경을 알아본다.
④ 김종직과 그의 제자들이 중앙에 진출한 계기를 찾아본다.
⑤ 왕위 계승의 정통성을 둘러싼 서인과 남인의 갈등을 조사한다.

42회 25번 기출 문제 ›

04 다음 상황 이후에 전개된 사실로 옳은 것은?

> 인평 대군의 아들 여러 복(복창군·복선군·복평군)이 본래 교만하고 억세었는데, 임금이 초년에 자주 병을 앓았으므로 그들이 몰래 못된 생각을 품고 바라서는 안 될 자리를 넘보았다. ⋯⋯ 남인에 붙어서 윤휴와 허목을 스승으로 삼고 ⋯⋯ 그들이 허적의 서자 허견을 보고 말하기를 "임금에게 만약 불행한 일이 생기면 너는 우리를 후사로 삼게 하라. 우리는 너에게 병조 판서를 시킬 것이다."라고 하였다. ⋯⋯ 이 때 김석주가 남몰래 그 기미를 알고 경신년 옥사를 일으켰다.
>
> - 『연려실기술』 -

① 자의대비 복상 문제로 예송이 전개되었다.
② 정여립 모반 사건으로 서인이 정국을 주도하였다.
③ 이괄의 난이 일어나 반란군이 도성을 장악하였다.
④ 북인이 서인과 남인을 배제한 채 정국을 독점하였다.
⑤ 희빈 장씨 소생의 원자 책봉 문제로 환국이 발생하였다.

39회 30번 기출 문제

05 다음 상황 이후에 전개된 사실로 옳은 것은?

기사년 원자 명호(名虎)를 정한 것에 반대한 송시열의 관직을 회복시키고 제사를 지낼 수 있도록 하라.

① 소론과 노론이 정국을 주도하였다.
② 외척 간의 대립으로 을사사화가 일어났다.
③ 허적과 윤휴 등 남인들이 대거 축출되었다.
④ 북인이 서인과 남인을 배제하고 권력을 장악하였다.
⑤ 정여립 모반 사건으로 인해 기축옥사가 발생하였다.

43회 27번 기출 문제

06 밑줄 그은 '이 왕'의 업적으로 옳지 않은 것은?

이 그림은 한성의 홍수 예방을 위하여 이 왕이 시행한 청계천 준설 공사의 모습을 그린 기록화입니다. 이 왕은 신문고를 다시 설치하여 백성의 억울함을 듣고자 하였습니다.

① 속대전을 편찬하여 통치 체제를 정비하였다.
② 기유약조를 체결하여 일본과의 무역을 재개하였다.
③ 동국문헌비고를 간행하여 역대 문물을 정리하였다.
④ 균역법을 실시하여 군역의 부담을 줄이고자 하였다.
⑤ 탕평비를 건립하여 붕당의 폐해를 경계하고자 하였다.

07 밑줄 그은 '임금'에 대한 설명으로 옳은 것은?

임금이 말하기를, "영상(領相)이 바야흐로 지문(誌文)을 짓고 있거니와, 선대왕의 사업과 실적은 곧 균역·탕평·준천이다. 탕평은 50년 동안의 대정인데, 말을 만들어 갈 적에 단지 탕평 두 글자만 쓴다면 혼돈하게 될 염려가 없지 않다. 충신과 역적을 구분하는데 이쪽이 옳고 저쪽이 그른 것과, 저쪽이 객이고 이쪽은 주인 구별을 분명하게 말하지 않을 수 없다. 내가 이광좌·최석항·조태억을 추탈한 것도 또한 선조의 뜻을 받든 것이다. 탕평은 의리에 방해받지 않고 의리는 탕평에 방해받지 않은 다음에야 바야흐로 탕탕평평(蕩蕩平平)의 큰 의리라 할 수 있다. 지금 내가 한 말은 곧 의리의 탕평이지, 혼돈의 탕평이 아니다."라고 하였다.

① 집현전을 설치하였다.
② 규장각을 육성하였다.
③ 서원을 대폭 정리하였다.
④ 관수관급제를 도입하였다.
⑤ 비변사를 상설 기구화 하였다.

08 (가) 시기에 있었던 사실로 옳은 것은?

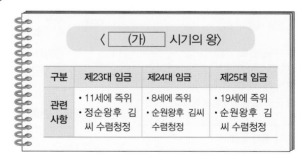

구분	제23대 임금	제24대 임금	제25대 임금
관련 사항	• 11세에 즉위 • 정순왕후 김씨 수렴청정	• 8세에 즉위 • 순원왕후 김씨 수렴청정	• 19세에 즉위 • 순원왕후 김씨 수렴청정

(가) 시기의 왕

① 탕평파를 중심으로 정국이 운영되었다.
② 삼수병으로 구성된 훈련도감이 설치되었다.
③ 비변사가 국정을 총괄하는 핵심적인 기구였다.
④ 훈구 세력을 견제하기 위해 사림 세력이 등용되었다.
⑤ 정치적 이념과 학문적 경향에 따라 붕당이 결성되었다.

06 조선 후기의 경제·사회

◐ 대동세의 징수와 운송

◐ 모병제

자발적으로 군에 지원해 복무하는 지원병 제도로 조선 시대에는 훈련도감에서부터 비롯되었다. 훈련도감의 병사들은 급료를 받고 근무하는 경우가 많으며, 상비 군적인 성격을 가지게 되었다.

◐ 결작

균역법을 실시하면서 모자라게 된 재정을 보완하기 위한 방법으로 토지 1결당 쌀 2두씩 지주에게 걷었던 세금이다.

◐ 선무군관포

균역법 실시 후 일부 부유한 상민에게 선무군관이라는 칭호를 주고 군포 1필을 납부하게 하였다.

🌸 공부 꿀팁

조선 후기에 조선 정부가 개편한 대동법, 균역법은 자주 출제되는 문제입니다. 내용과 결과에 대하여 잘 파악하여야 하며, 농촌 경제의 변화 부분도 농업 기술의 발달 및 농업 경영의 변화 내용을 잘 정리해두면 유용합니다.

1 조선 후기의 경제 변화

1. 수취 체제의 개편

(1) 영정법의 실시

배경	전분 6등법·연분 9등법이 원칙대로 시행되지 못함(전세의 문란), 양 난 이후 농경지의 황폐화
내용	전세의 정액화: 풍흉에 관계없이 전세를 토지 1결당 쌀 4~6두 징수
결과	전세 인하로 지주의 부담 감소 → 전세 이외의 여러 명목의 부가세 증가로 농민의 부담은 오히려 증가

(2) 대동법의 실시

세금을 납부하는 과정에서 추가로 징수되는 각종 수료, 운송비 등을 말한다.

방납 관련자들과 지주층의 반대로 전국적 시행에 100년 정도의 시간이 소요됨

배경	16세기 이후 방납의 폐단이 극심해지면서 농민의 부담 증가
시행	광해군 때 경기도에 처음 실시됨, 점차 확대되어 숙종 때 평안도 등을 제외한 전국에 실시됨
내용	공납의 전세화 및 금납화: 공납을 토지 결수에 따라 쌀(1결당 12두), 무명이나 베, 동전 등으로 징수
결과	• 토지가 적거나 없는 농민의 부담 크게 감소(그러나 대동세를 지주가 전가하여 농민 부담은 점차 증가), 진상 및 별공은 여전히 농민 부담으로 작용 • 상품 화폐 경제의 발달: 관청에 물품을 납품하는 공인 등장, 화폐 유통 증가

대동법 실시에 따라 등장한 상인으로, 각 관청이 필요로 하는 물품을 구입하여 납품하는 역할을 하였다.

시험에 나오는 지문 특강 📖 대동법

> 경기·삼남(三南)에는 밭과 논을 통틀어 1결에 쌀 12말을 거두고, 관동도 이와 같게 하되 토지 조사가 되지 않은 읍에는 4말을 더하며, 영동(嶺東)에는 2말을 더하고, 해서에는 상정법(詳定法)을 시행하여 15말을 거두니, 통틀어 명칭하기를 '대동(大同)'이라 하였다.
> − 『만기요람』 −

> 대동법은 공물(貢物)을 쌀로 통일하여 바치게 한 납세 제도이다. 공납 제도는 각 지방의 특산물을 현물로 수취하는 제도인데, 지역별로 부담이 불공평하고 수송과 저장에도 불편이 많았다. 이를 이용하여 중간에서 공물을 대납하고 이익을 취하는 방납(防納) 행위가 확산되어 국가 재정은 악화되고, 농민은 어렵게 되었다. 이런 상황에서 광해군 때 경기도를 시작으로 대동법을 실시하였다.

(3) 균역법의 실시

배경	• 군역 대신 군포를 징수하는 경우가 확대됨(5군영과 모병제 실시) • 군적이 제대로 정비되지 못하고 군포 징수 과정에서도 규정보다 많이 징수하는 문제가 발생함
내용	농민에게 군포 1필 징수 → 줄어든 군포 수입을 보충하기 위해 결작과 선무군관포 등을 징수, 왕실 수입인 어장세·선박세·염세를 국가 재정으로 편입 ┘ 염전에 부과하던 세금이다.
결과	농민의 군포 부담이 일시적으로 감소 → 납속과 공명첩 매입 등으로 면역자가 증가하고 도망 등 군포 부담을 회피하려는 경향이 확대되면서 군포 징수 과정에서 폐단이 지속됨

2. 농촌 경제의 변화

파종기에 가뭄이 들 경우에는 심각한 피해를 입기 때문에 정부에서는 모내기법을 제한하였다.

농업 기술의 발달	• 논농사: 모내기법(이앙법)의 확산 → 노동력이 절감되고 단위 면적당 생산력이 증대되었으며, 벼와 보리의 이모작이 널리 행해짐 ┐ 가뭄에도 씨앗의 발아가 용이하고 통풍이 잘되며 김매기를 쉽게 할 수 있는 장점이 있었다. • 밭농사: 골뿌림법(견종법, 밭고랑에 씨를 뿌리는 방식)
농업 경영의 변화	• 광작: 모내기법이 확산되면서 노동력이 절감됨 → 1인당 경작 면적이 확대되어 넓은 토지를 경작하는 광작 성행 ┘ 밭을 논으로 바꾸는 현상이 활발해졌다. • 쌀의 상품화, 인삼·면화·담배·고추·채소 등의 상품 작물 재배 확대
지대 납부 방식의 변화	수확량의 일정 비율을 소작료로 내는 타조법 대신에 수확량의 일정액을 소작료로 내는 도조법 등장

3. 수공업의 발달

배경	대동법의 시행으로 상품 화폐 경제의 발달, 도시 인구의 증가 ➡ 관청과 민간에서 수공업 제품 수요 증가 ➡ 관영 수공업 쇠퇴, 민영 수공업 발달
선대제의 성행	수공업자가 상인에게 자금과 원료를 미리 받아 제품을 생산하는 방식(수공업이 상인 자본에 예속) ➡ 18세기 후반 독립 수공업자 출현

4. 광업의 발달

배경	수공업 발달에 따라 광물 수요 증대, 청과의 무역이 확대되면서 은의 수요 증가 ➡ 은광 개발 성행 ➡ 정부가 민간에게 은광 설치를 허가하고 세금을 걷는 방식을 취함(설점수세제)
내용	• 민영 광산의 확대 ➡ 상인 물주에게 자금을 지원받아 덕대(전문 경영인)가 경영을 담당하는 방식 출현(채굴 및 제련 기술의 분업화) ➡ 분업에 토대를 둔 협업으로 진행 • 잠채: 정부가 농민 집중을 막기 위해 광산 개발을 억제하자 민간인이 몰래 광산을 채굴하는 잠채 성행

5. 상품 화폐 경제의 발달

(1) **배경**: 농업 생산력 증대, 수공업 생산 활발, 광업 생산력 증가, 소작료의 금납화, 대동법 시행에 따른 공인의 활동, 통공 정책의 시행(신해통공*), 도시 인구의 증가 등

農民의 지대나 부역 의무가 현물 납부에서 • 화폐 납부로 전환되었던 현상이다.

(2) **상업 활동의 변화**: 공인과 사상이 주도

관허 상인	• 시전 상인: 종로를 중심으로 활동 ➡ 금난전권으로 사상 억압 • 보부상: 지방 장시를 하나의 유통망으로 연결, 보부상단을 결성하여 활동
공인	• 대동법 시행으로 등장한 어용 상인 ➡ 17세기 이후 상업 주도 • 정부에 필요한 물품을 공급하며 독점적 도매상인인 도고*로 성장 ➡ 지방 장시와 수공업자에게 물건을 공급받음 ➡ 상품 화폐 경제 발달에 기여
사상(私商)	• 난전 상인*의 대두: 종로·이현·칠패를 중심으로 활동 ➡ 시전 상인의 상권 잠식 └ 국가의 허락을 받지 않은 상인 • 신해통공(1791, 정조): 육의전을 제외한 금난전권의 폐지 ➡ 사상 활동의 확대에 기여 • 경강상인: 한강을 무대로 운송업에 종사하며 성장 ➡ 서남 연해안을 오가며 미곡·소금·어물 등 거래(조운 제도를 대신함) • 송상(개성상인): 개성 중심, 인삼의 재배와 판매로 성장, 전국에 송방이라는 지점 설치 ➡ 만상과 내상을 매개로 청·일 간의 중계 무역에 종사 • 만상: 의주 중심, 청과의 무역 활동 주도 • 내상: 동래 중심, 일본과의 무역 활동 주도

시험에 나오는 지문 특강 📖 도고의 폐단

> 근래에는 기강이 엄하지 않아 간사한 무리들이 어물(魚物)과 약재(藥材) 등의 물종은 물론이고, 도고(都庫)라 이름 하면서 중앙에서 이익을 독점하는 폐단이 그 단서가 한둘이 아닙니다. 그래서 전후하여 대조(大朝: 영조)께서 여러 차례 번거롭게 엄칙하였으나, 근래에는 이 법이 점차 더욱 해이해져 온갖 물건이 등귀한 것이 오로지 이에서 말미암은 것이라고 합니다.
> – 『영조실록』 –

> 조선 후기에는 상품 화폐 경제가 발달하면서 공인이나 사상 중에 부를 축적하여 독점적 도매상인인 도고로 성장하는 경우가 많았으며, 이들의 활동으로 물가가 오르는 등 폐단이 심하였다.

(3) 지방 상권의 발달

장시	• 15세기 말 남부 지방에서 처음 등장 ➡ 16세기에 전국적으로 확산 • 18세기 중엽 전국에 1,000여 개의 장시 개설 ➡ 보통 5일장, 일부는 상설 시장화 • 지방민의 교역 장소이자 지역 상업의 중심지로 성장 ➡ 보부상의 활동으로 연계됨
포구	• 상업 활동 중심지: 세곡·소작료 운송 기지 ➡ 상업 중심지화(강경포·원산포 등) • 선상: 선박을 이용해 각 지방의 산물을 포구에서 거래(하나의 유통망 형성) • 객주·여각: 포구·장시에서 상품 매매·중개·운송·보관·숙박·금융업에 종사

◑ 신해통공
채제공의 건의에 따라 1791년(정조 15)에 육의전을 제외한 시전 상인들의 금난전권을 폐지한 정책이다. 이는 일반 상인들의 자유로운 상업 활동이 전개되는데 큰 영향을 주었다.

◑ 도고
원래는 공인들이 공납품을 미리 쌓아두는 창고를 의미하였으나, 조선 후기에는 상품의 매점매석으로 이윤의 극대화를 노리던 행위나 상인(조직)을 의미하였다.

◑ 난전 상인
조선 후기에 등장한 난전은 종루(종각 부근을 비롯한 4대문 안), 이현(동대문 부근), 칠패(남대문 밖)에 만들어졌으며, 시전 상인들이 금난전권을 강화하자, 한양으로 오는 길목인 송파(광주), 수원 등으로 상권을 확대하였다.

◑ 조선 후기의 상업과 무역 활동

🌿 공부 꿀팁
조선 후기 수공업, 민영 광산의 개발(덕대 등장), 공인과 사상의 활동에 대해서는 자주 출제되는 문제이므로 분야별로 정리해 두는 것이 좋습니다. 특히 송상, 만상, 내상, 경강상인, 객주와 여각, 보부상의 특징을 이해하는 것이 중요합니다.

(4) **대외 무역의 발달**: 개시[*] 무역(공무역)과 후시[*] 무역(사무역)의 발달

대청 무역	국경을 중심으로 개시와 후시 무역 발달, 은·인삼·무명 등(수출), 비단·약재·문방구 등(수입)
대일 무역	왜관을 중심으로 이루어짐, 인삼·쌀 등(수출), 은·구리·황 등(수입)

(5) **화폐 유통**: 상공업의 발달로 상평통보가 전국적으로 유통됨

① 상인이나 대지주들이 화폐를 고리대나 재산 축적에 이용 → 유통 화폐가 부족해지는 전황 발생

② 신용 화폐 보급: 대규모 거래에서 환[*], 어음[*] 등의 신용 화폐 사용

시험에 나오는 지문 특강 📖 **전황**

> 영의정 정존겸(鄭存謙, 1722~1794)이 아뢰기를, "저자의 백성들이 도성에 전황(錢荒)이 든 것을 근래의 큰 폐해로 여기고 있습니다. 폐해를 구제하는 방도는 오직 돈을 주조하는 것에 있는데, 다만 매우 큰 역사여서 경솔하게 의논할 수 없습니다."라고 하였다.
> – 『정조실록』 –

> 전황은 조선 후기 상품 화폐 경제가 발전함에 따라 나타난 동전 유통량 부족 현상을 일컫는데, 특히 18세기 초~19세기 초에 일반 유통계에서 거의 만성적으로 동전 유통량 부족 현상이 일어났다.

2 조선 후기의 사회

1. 신분제의 동요

(1) **양반층의 신분 변화**

양반층의 분화	붕당 정치의 변질과 일당 전제화 현상 → 권력을 가진 일부 양반을 제외한 다수의 양반 몰락 → 향촌에서 겨우 위세를 유지하는 향반이 되거나 몰락하여 잔반이 되기도 함
신분제의 동요	부를 축적한 상민들이 양반 신분 획득 → 양반의 수 증가 → 양반 중심의 신분제 동요

(2) **중간 계층의 신분 상승 운동**

서얼	임진왜란 이후 정부의 서얼 차별 완화 → 영·정조 때 서얼의 등용 확대(정조 때 규장각 검서관으로 활약) → 철종 때 서얼의 문과 응시 차별 폐지(1851)
기술관	전문적 지식과 실무 능력을 바탕으로 재산 축적 철종 때 관직 진출 제한을 없애 달라는 대규모 소청 운동[*] 전개 → 지배층의 반대로 실패

(3) **상민층의 신분 변화** └─ 새로운 계층의 등장: 부농층, 상업 자본가, 독립 수공업자 등

농민층의 분화	일부 농민은 부농층으로 성장, 대다수 농민은 임노동자나 소작농으로 전락
신분 변동	부유층은 군역 면제와 지배층 수탈에서 벗어나기 위해 신분 상승 노력 → 납속 및 공명첩[*] 구입, 족보 구입 및 위조로 양반 지위 획득 → 상민의 수 감소

(4) **노비 해방**

배경	• 신분 변화: 군공과 납속, 노비종모법[*] 등으로 신분 상승 • 정부 정책: 공노비 유지 비용이 과다하여 효율성 감소 → 납공 노비[*]로 전환
내용	• 공노비 해방(순조, 1801): 중앙 관청 노비 66,000여 명 해방 → 양인 확보 목적 • 노비 세습제 폐지(고종, 1886), 공·사 노비 제도 폐지(갑오개혁, 1894)

시험에 나오는 지문 특강 📖 **공노비 해방**

> 하교하기를, "선조께서 내노비(內奴婢)와 시노비(寺奴婢)를 일찍이 혁파하고자 하셨으니, 내가 마땅히 이 뜻을 이어받아 지금부터 일체 혁파하려 한다." …… 승지에게 명하여 내사와 각 궁방 및 각 관사의 노비안을 돈화문 밖에서 불태우고 아뢰도록 하였다.
> – 『순조실록』 –

> 양인을 확대하기 위하여 순조 때 중앙 관청에 속한 공노비 66,000여 명을 해방시켰다. 1894년(고종 31년) 나머지 공노비와 사노비도 해방됨에 따라 우리나라 노비 제도는 1894년 법적으로 폐지되었다.

◐ 개시와 후시
국경 지대를 중심으로 이루어진 공무역을 개시, 사무역을 후시라고 한다.

◐ 환과 어음
• 환: 화폐 대신 큰 거래에 사용되던 신용 전표이다.
• 어음: 환보다는 규모가 작은 거래에 사용되던 전표이다. 환과 어음은 상품 화폐 경제가 활성화된 18세기 이후 보편화되었다.

◐ 소청 운동
국왕에게 집단적으로 상소를 올리는 것을 소청 운동이라고 하는데, 중인들의 소청 운동이 대표적이다.

◐ 공명첩

이름을 적는 곳이 비어 있는 명예 관직 임명장이다. 임진왜란 이후 재정 부족 문제를 해결하기 위해 정부가 발급하였다.

◐ 노비종모법
양인 인구를 늘리기 위해 아버지가 노비고 어머니가 양인인 경우 자녀는 어머니 신분을 따라 양인화한 제도로 영조가 실시하였다.

◐ 납공 노비
공노비는 관청에 살면서 일을 하는 입역 노비와 관청의 토지에서 농사를 지면서 신공을 바치는 납공 노비로 구성되었다.

🐝 공부 꿀팁
화폐 관련 내용 중에서 전황과 신분제의 동요 부분에서 중인의 신분 상승 운동, 노비종모법의 시행, 공노비 해방 등의 내용 출제가 잦은 편입니다. 이 부분들을 잘 정리하면 문제 해결에 유리합니다.

2. 가족 제도의 변화

(1) 가족 제도: 성리학적 사회의식과 예법의 강조 → 부계 중심의 가부장적 가족 제도 확립(족보 편찬)

(2) 혼인: 혼인 후 여자가 남자 집에서 생활 → 집성촌 형성, 재가한 여성의 자식에 대한 차별 심화

(3) 상속: 장자 중심 상속, 장자가 제사 독점
  └• 동성 마을
  └• 아들이 없을 경우 양자 입적 일반화

3. 향촌 질서의 변화

배경	• 신분제 동요, 상품 화폐 경제 발달: 양반층의 분화, 부농층의 등장 • 사족 양반의 향촌 지배력 약화: 관권과 결탁한 부농층이 향촌 지배에 도전
양반의 권위 약화	양반의 지위 유지 노력: 부계 중심의 족보 제작, 청금록*과 향안에 등록하여 양반 신분 과시, 동약 실시, 문중 중심의 서원이나 사우* 건립
부농층의 활동	• 관권(수령·향리)과 결탁: 정부의 부세 제도 운영에 참여, 향임직에 진출(신향) → 기존의 양반(구향)에 대신하여 향촌 사회 장악 시도 └• 지방 사족들의 총회이다. • 향전 발생: 신향의 향권 지배 도전, 향안 등록, 향회 장악 시도 → 구향과 대립
관권 강화	정조 때부터 수령이 향청(유향소) 장악, 향약 운영 주관 → 향회가 수령의 부세 자문 기구로 전락 → 세도 정치기에 수령과 향리가 농민을 수탈할 수 있는 원인으로 작용

시험에 나오는 지문 특강 📖 향전

향전(鄕戰)은 통렬히 금해야 할 일이다. 달포 전에 해서(海西)의 유생이 임금께 글을 올린 데 대해 맘에 들지 않는다는 뜻을 넌지시 보여 주었으니, 하나는 지나친 경쟁을 억제하려는 것이고 또 하나는 진정시키기 위해서였다. …… 한쪽의 공초만을 편파적으로 신뢰하여 그 사이에서 한쪽을 편들고 다른 한쪽을 억누른다면, 이는 분란을 조장하는 것이나 다름이 없다.
                                                                            – 『일성록』 –

조선 후기 향촌 사회에서는 향권(鄕權)을 둘러싸고 다툼이 일어났다. 기존 향권을 장악하고 있던 사족 세력인 구향과 도전하는 세력인 신향 사이에 대립 현상이 나타나면서 향전이 전개되었다.

4. 사회 변혁의 움직임

┌• 조선 후기 민간에서 널리 유행한 예언서의 하나   ┌• 조선 후기에 우리나라 연해에 나타난 서양 선박을 가리킨다.

예언 사상의 대두	• 민심의 동요: 삼정의 문란, 화적과 수적의 출몰, 이양선 출몰 • 비기·도참의 유행: 『정감록』·미륵 신앙 등 확산 → 민중의 변혁 의지 반영
서학(천주교) 전래	• 청을 왕래하던 사람들에 의해 서양 학문으로 소개됨 → 18세기 후반 남인 계열의 일부 실학자들이 신앙으로 수용 • 평등과 내세 사상을 내세우며 확산됨: 유교의 제사 의식 거부 → 정부에서 사교(邪敎)로 규정 → 정부의 탄압(신유박해, 1801), 황사영 백서 사건 발생*
동학 창시	• 경주의 몰락 양반 최제우가 창시함(1860) → 서학에 반대하여 동학이라고 함 • 시천주와 인내천 사상, 현세 구복과 보국안민, 후천 개벽 강조 → 인간 평등 성격 • 정부의 반응: 혹세무민의 죄목으로 최제우 처형 → 동학교도 탄압 • 교세 확산: 2대 교주 최시형이 『동경대전』(경전), 『용담유사』 등 정리, 포접제 정비

5. 농민 봉기*

              ┌• 동학의 모임 장소인 접소에 책임자인 접주를 두고, 전국을 포와 접으로 나누어 관리한 동학의 교단 조직

(1) 배경: 세도 정치의 폐단, 자연재해와 전염병 유행, 이양선 출몰 → 사회 불안 고조

(2) 농민의 항거 방법의 변화: 벽서·괘서(소극적 저항) → 농민 봉기(적극적 저항)

(3) 홍경래의 난(1811)과 임술 농민 봉기(1862)
    └• 비방이나 민심 선동을 위하여 공공장소에 몰래 붙이는 게시물로 벽서와 같은 의미로 쓰인다.

	홍경래의 난(1811)	임술 농민 봉기(1862)
원인	평안도 지역에 대한 차별과 지배층의 수탈	삼정의 문란(지배층의 수탈)
전개	홍경래가 신흥 상공업 세력과 광산 노동자, 빈농 등을 규합하여 봉기 → 청천강 이북의 일부 군현 장악 → 5개월 만에 관군에게 패배	단성·진주 농민 봉기를 계기로 전국으로 확산 └• 몰락 양반인 유계춘 주도

(4) 정부의 대응: 삼정의 문란을 개혁하기 위해 암행어사 파견 및 삼정이정청* 설치 → 미봉책에 불과

◐ 청금록
서원이나 향교에 출입하는 양반들의 명부로, 여기에 등재되어야 양반으로 인정받을 수 있었다.

◐ 사우(祠宇)
사우는 처음부터 선조에 대한 제사와 향촌민의 교화만을 목적으로 건립되었다. 따라서 교육의 기능은 없었다.

◐ 황사영 백서 사건
신유박해가 일어나자 천주교 신자였던 황사영이 중국 베이징에 있던 선교사에게 박해의 실태를 전하고 서양 함대의 파견을 요청하는 글을 비단에 써서 보내려고 하다가 발각된 사건이다.

◐ 농민 봉기 발생 지역

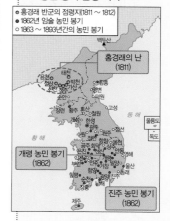

●홍경래 반군의 점령지(1811~1812)
●1862년 임술 농민 봉기
○1863~1893년간의 농민 봉기

홍경래의 난 (1811)
개령 농민 봉기 (1862)
진주 농민 봉기 (1862)

◐ 삼정이정청
조선 후기 삼정(三政)의 잘못을 바로잡는 임시 관서로, 1862년(철종 13) 5월에 설치한 관서이다.

🌿 공부 꿀팁
조선 후기 사회 변화에 대한 문제가 자주 출제되는 편입니다. 당시 사회 모습이나 사상을 보여 주는 지문을 주고 이를 통해 천주교와 동학 등 새로운 사상의 확산, 홍경래의 난 등의 농민 봉기에 대해 묻는 문제가 출제되니 잘 정리해 두어야 합니다.

⬤ 조선 후기 사상의 활동

| 44회 24번 기출 |

(가), (나)에 대한 설명으로 옳은 것은?

조선 후기에 활동한 상인에 대해 말해볼까요?

개성 상인인 (가) 은/는 사개치부법이라는 회계법을 고안했어요.

(나) 은/는 한강을 무대로 정부의 세곡 운송을 주도했고, 강상(江商)이라 불리기도 했어요.

① (가) – 혜상공국을 통해 정부의 보호를 받았다.
② (가) – 전국 각지에 송방이라는 지점을 설치하였다.
③ (나) – 책문 후시를 통해 청과의 무역을 주도하였다.
④ (나) – 금난전권을 행사해 사상의 활동을 억제하였다.
⑤ (가), (나) – 근대적 상회사인 대동 상회를 설립하였다.

문제 분석

제시된 자료에서 (가)는 개성상인이라고 했으므로 송상이며, (나)는 한강을 무대로 세곡 운송을 주도했고 강상(江商)이라고 했으므로 경강상인이다.
② 송상은 개성을 중심으로 인삼의 재배와 판매로 성장하였다. 전국에 송방이라는 지점을 설치하였고, 만상과 내상을 매개로 청·일 간의 중계 무역에 종사하여 부를 축적하였다.

정답: ②

오답 거르기

① 혜상공국은 1883년(고종 20) 보부상이 중심이 되어 조직된 상인 조합으로 개항 이후 자본주의적 시장 침투를 막고, 상업의 자유화에 밀려 위협을 받게 된 보부상을 보호할 목적으로 혜상공국을 설치하였다.
③ 책문 후시를 통하여 청과의 무역을 주도한 상인은 만상이다.
④ 시전 상인들은 금난전권을 행사하여 난전을 단속하였다. 육의전 외 시전 상인의 금난전권은 정조 때 신해통공으로 폐지되었다.
⑤ 대동 상회는 1883년(고종 20) 평안도 상인의 자본을 기반으로 인천에서 설립되었던 회사이다.

📖 닮은 꼴 예상 문제

▶ 정답과 해설 26쪽

(가) 상인에 대한 설명으로 옳은 것은?

◀ 조선 후기 사상의 활동

① 한강을 무대로 운송업에 종사하여 성장하였다.
② 책문 후시를 중심으로 대청 무역을 주도하였다.
③ 일본과의 교역을 담당하여 상업 자본을 축적하였다.
④ 주로 인삼을 재배, 판매하고 송방이라는 지점을 두었다.
⑤ 장시를 중심으로 활동했으며, 국가 대사나 위기 시에 조정의 일을 도왔다.

조선 후기 신분 질서의 변화

| 44회 23번 기출 |

밑줄 그은 '주상'의 재위 기간에 있었던 사실로 옳은 것은?

주상께서 각 궁방과 중앙 관서의 공노비를 해방시켜 모두 양인으로 삼도록 허락하셨네.

노비안을 모아 돈화문 밖에서 불태우라고 하셨다더군.

① 신유박해로 다수의 천주교도가 처형되었다.
② 박규수의 건의로 삼정이정청이 설치되었다.
③ 명의 요청으로 강홍립의 부대가 파견되었다.
④ 붕당의 폐해를 경계하기 위한 탕평비가 건립되었다.
⑤ 통치 체제를 정비하기 위해 대전회통이 편찬되었다.

문제 분석

제시된 자료에서 각 궁방과 중앙 관서의 공노비를 해방시킨다는 내용을 통해 순조 때 실시된 공노비 해방령에 대한 내용임을 알 수 있다. 조선 후기에 공노비의 수는 계속 감소하였고, 비용 대비 효율성도 떨어졌다. 이에 국가 재정 보완을 위해 순조 때 공노비를 해방하였다.

① 정조가 죽고 어린 순조가 즉위하자 벽파는 정조의 후원을 받던 남인 시파의 세력을 꺾기 위해 1801년(순조 1)에 신유박해를 일으켰다. 천주교에 관련된 많은 남인 시파 인물들이 연루되어 처형당하였다.

정답: ①

오답 거르기

② 진주 농민 봉기가 일어나자 파견되었던 박규수가 봉기의 원인이 삼정의 문란과 관련된 탐관오리의 수탈이라고 철종에게 보고하면서 삼정이정청의 설치를 건의하였다.
③ 광해군 때 명의 요청으로 강홍립의 군대가 후금과 맞서기 위해 출병하였으나, 광해군의 중립 외교로 후금에게 항복하였다.
④ 붕당의 폐해를 경계하기 위해 영조는 성균관에 탕평비를 건립하였다.
⑤ 『대전회통』은 조선 후기 고종 재위 시 흥선 대원군이 조선의 법 체계를 변화하고 발전한 사회에 맞게 재정비하여 편찬하였다.

📖 닮은 꼴 예상 문제

▶ 정답과 해설 26쪽

밑줄 그은 '어린 임금'의 재위 기간에 있었던 사실로 옳은 것은?

> 정순왕후 대왕대비 김씨가 어린 임금의 수렴청정을 하게 되자, 벽파는 남인 시파의 세력을 꺾기 위하여 대왕대비를 움직여 시파와 종교적 신서파(信西派)에 대하여 일대 정치적 공세를 취하게 되었다. 벽파는 천주교를 무부무군(無父無君)의 멸륜지교(滅倫之敎)로 몰아붙여 탄압을 가하였다. 또한 그의 배후 정치 세력을 일소하고자 1801년 대왕대비 언교(諺敎)로 박해령을 선포, 전국의 천주교도를 수색하여 강경하게 처벌하였다.

① 동학이 창시되었다.
② 균역법이 시행되었다.
③ 공노비가 해방되었다.
④ 노비 세습제가 폐지되었다.
⑤ 임술 농민 봉기가 일어났다.

기출 및 예상 문제

01

밑줄 그은 '이 제도'에 대한 설명으로 옳은 것은?

이원익 대감의 건의로 경기도에 이 제도를 시행한다고 하네. 방납의 폐단이 경기도에서 특히 심하다더군.

이제 각 고을에서는 공물을 현물 대신 쌀로 거두어 선혜청으로 납부한다는군.

① 양반에게도 군포가 부과되었다.
② 양전 사업을 실시하여 지계를 발급하였다.
③ 풍흉에 따라 전세를 9등급으로 차등 부과하였다.
④ 부족한 재정의 보충을 위해 선무군관포를 징수하였다.
⑤ 관청에 물품을 조달하는 공인이 등장하는 배경이 되었다.

02

자료에 나타난 문제를 해결하기 위하여 실시된 정책 내용으로 옳은 것은?

한 사람의 신포(身布) 비용이 4~5냥의 돈인데, 한 집의 4~5인이 모두 납입하면 해당되는 비용은 20여 냥입니다. …… 1년에 수확하는 것이 대부분 10석을 넘지 못하는데, 그 반을 전토의 주인에게 주면 남는 것이 얼마나 되겠습니까? 그것을 가지고 20여 냥의 돈을 낼 수 있겠습니까. 비록 날마다 매질을 가하더라도 내어 바칠 수 있는 계책이 없어 결국에는 죽지 않으면 도망갑니다. 도망한 자와 죽은 자들을 또 그 대신으로 충당시킬 방법이 없습니다. 이에 백골징포(白骨徵布)와 황구첨정(黃口簽丁)의 폐단이 있게 되었으며, 징족(徵族) · 징린(徵隣)으로 죄수들이 감옥에 가득하고 원통하여 울부짖는 소리가 심해져서 화기(和氣)를 손상시키게 되었습니다.
－『영조실록』－

① 전세를 1결당 미곡 4~6두로 고정시켰다.
② 호(戶)를 기준으로 정남을 공사에 동원하였다.
③ 농민에게 곡식을 빌려주고 10분의 1의 이자를 거두었다.
④ 군역 부담을 절반으로 줄여 군포를 1필만 내도록 하였다.
⑤ 토산물 대신 쌀, 삼베나 무명, 동전 등으로 납부하게 하였다.

03

자료에 나타난 시기의 농촌 경제 상황으로 옳지 않은 것은?

서울 안팎과 번화한 큰 도시에 파 · 마늘 · 배추 · 오이 밭 따위는 10묘의 땅에서 얻은 수확이 돈 수만을 헤아리게 된다. 서도 지방의 담배 밭, 북도 지방의 삼 밭, 한산의 모시 밭, 전주의 생강 밭, 강진의 고구마 밭, 황주의 지황 밭에서의 수확은 모두 상상등전(上上等田)의 논에서 나는 수확보다 그 이익이 10배에 이른다. 그리고 근년에는 인삼을 또 밭에 심어서 그 남는 이익이 혹 천만이나 되는데, 이것은 전지 등급으로 말할 수 없다.
－『경세유표』－

① 목화가 도입되어 재배가 시작되었다.
② 지대 납부 방식이 도조법으로 바뀌어갔다.
③ 장시에서 쌀이 상품으로 활발하게 거래되었다.
④ 모내기법의 보급으로 경작 가능 면적이 확대되었다.
⑤ 토지를 잃은 농민은 광산, 포구의 임노동자가 되기도 하였다.

04

(가) 농법에 대한 설명으로 옳은 것을 〈보기〉에서 고른 것은?

일반적으로 (가) 을/를 귀중하게 여기는 이유는 세 가지가 있다. 김매기의 수고를 줄이는 것이 첫째이다. 두 땅의 힘으로 하나의 모를 서로 기르는 것이 둘째이다. 옛 흙을 떠나 새 흙으로 가서 고갱이를 씻어 내어 더러운 것을 제거하는 것이 셋째이다. 어떤 사람은 모낸 모가 큰 가뭄을 만나면 모든 노력이 허사가 된다 하여 (가) 을/를 위험한 방도라고 말한다. 그러나 여기에는 그렇지 않은 점이 있다. 무릇 벼를 심는 논에는 물을 끌어들일 수 있는 하천이나 물을 댈 수 있는 저수지가 꼭 필요하다. 이러한 것이 없다면 벼 논이 아니다.
－『임원경제지』－

〈보기〉
ㄱ. 지주 전호제가 등장하는 배경이 되었다.
ㄴ. 1인당 경작 면적이 확대되는 결과를 가져왔다.
ㄷ. 벼 · 보리 이모작이 가능해지는 계기가 되었다.
ㄹ. 땅을 묵히지 않고 매년 농사지을 수 있게 되었다.

① ㄱ, ㄴ   ② ㄱ, ㄷ   ③ ㄴ, ㄷ
④ ㄴ, ㄹ   ⑤ ㄷ, ㄹ

▶ 정답과 해설 27~28쪽

40회 24번 기출 문제 •

05 다음의 가상 대화가 이루어진 시기의 경제 상황으로 옳지 <u>않은</u> 것은?

얼마 전 종로의 연초 가게에서 어떤 전기수가 영웅 소설을 읽어주고 있었는데, 주인공인 임경업이 어려움이 빠지는 대목에서 듣고 있던 한 사람이 흥분하여 전기수를 살해하는 사건이 발생했다네.

소설 때문에 황당한 사건이 벌어졌군. 하긴 집안일을 내버려두고 소설을 빌려보는 것에 정신이 팔려 가산을 탕진하는 사람도 많다고 하네.

① 금속 화폐인 건원중보가 주조되었다.
② 고구마 등의 구황 작물이 재배되었다.
③ 독점적 도매상인인 도고가 활동하였다.
④ 여러 장시가 하나의 유통망으로 연계되었다.
⑤ 송상, 만상이 대청 무역으로 부를 축적하였다.

41회 30번 기출 문제 •

06 다음 자료의 상황이 나타난 시기에 볼 수 있는 모습으로 적절하지 <u>않은</u> 것은?

백목전 상인이 말하기를, "서양목(西洋木)이 나온 이후 토산 면포가 소용이 없게 되어 망할 지경이 되었습니다. 연경을 왕래하는 상인들의 물건 수입을 일절 금지하거나 아니면 오로지 우리 전에 속하게 해야 할 것입니다."라고 하였다. ─『일성록』─

① 청화 백자를 제작하는 도공
② 시사를 조직하여 활동하는 중인
③ 담배 등의 상품 작물을 재배하는 농민
④ 저잣거리에서 이야기책을 읽어 주는 전기수
⑤ 과전법에 의해 토지의 수조권을 지급받는 관리

07 자료에서 제기된 문제점을 해결하기 위해 시행한 정책으로 옳은 것은?

우리나라 시장의 법은 오로지 육의전이 위로 나라의 일에 순응하기 때문에 그들로 하여금 이익을 독차지하게 하자는 것입니다. 근래 빈둥거리며 노는 무뢰배들이 삼삼오오 떼를 지어 스스로 가게 이름을 만들고, 무릇 사람들의 생필품에 관계되는 것들을 제각기 멋대로 전부 주관합니다. 크게는 말이나 배에 실은 물건부터 작게는 머리에 이고 손에 든 물건까지 길목에서 사람을 기다렸다가 싼값으로 억지로 사는데, 만약 물건 주인이 듣지 않으면 …… 형조와 한성부에 잡아 넣습니다. 그러므로 물건을 가진 사람들이 간혹 본전도 되지 않는 값에 어쩔 수 없이 눈물을 흘리며 팔아버리게 됩니다. ─『정조실록』─

① 공인의 도고 행위를 허용하였다.
② 장시의 설립과 운영을 지원하였다.
③ 사상의 상업 활동을 일체 금지하였다.
④ 보부상이 도성에 출입하는 것을 제한하였다.
⑤ 육의전을 제외한 시전의 금난전권을 폐지하였다.

08 밑줄 그은 '이들'에 대한 설명으로 옳은 것은?

이들은 조선 후기에 연안의 각 포구에서 먼 거리를 여행하는 상인들에게 숙박을 제공하고, 상인들의 물건을 보관해 주기도 하였습니다. 점차 취급하는 물량이 많아지자 숙소와 큰 창고를 보유하고 심지어 우마를 재울 수 있는 마방(馬房)을 설치하기도 하였습니다.

① 동래 지방을 중심으로 일본과의 무역을 주도하였다.
② 국가에 물품을 공급하고 독점 판매권을 행사하였다.
③ 전국에 송방이라는 지점을 개설하여 상권을 확대하였다.
④ 대동법 시행에 따라 등장하여 관청 물품을 대량으로 취급하였다.
⑤ 상업의 중심지에서 거래 중개, 위탁 판매, 금융 업무 등을 하였다.

42회 29번 기출 문제

09 다음 상황이 나타난 시기의 경제 모습으로 옳지 <u>않은</u> 것은?

> 호조 판서 이성원이 말하기를, "종전에 허다하게 주조한 돈을 결코 작년과 금년에 다 써버렸을 리가 없고, 경외(京外) 각 아문의 봉부동전(封不動錢)* 역시 새로 조성한 것이 아닙니다. 작년과 금년에 전황(錢荒)이 극심한 것은 아마도 부상(富商)과 대고(大賈)가 이 때를 틈타 갈무리해 두고 이익을 취하려는 것으로 보이는데, 그 폐단을 바로잡을 방책이 없습니다."라고 하였다. — 『비변사등록』 —
>
> *봉부동전(封不動錢): 창고에 넣고 쓰지 못하도록 봉해 둔 비상 대비용 돈

① 덕대가 광산을 전문적으로 경영하였다.
② 담배와 면화 등이 상품 작물로 재배되었다.
③ 수조권이 세습되는 수신전, 휼양전이 있었다.
④ 송상, 만상이 대청 무역으로 부를 축적하였다.
⑤ 왜관에서 개시 무역과 후시 무역이 이루어졌다.

10 자료의 상황이 나타나게 된 배경으로 적절한 것을 〈보기〉에서 고른 것은?

> 옷차림은 신분의 귀천을 나타내는 것인데, 요즘은 상민과 천민도 갓을 쓰고 도포를 입어 조정의 관리나 선비같이 하니 진실로 한심스럽군.

> 시전 상인이나 군역을 지는 상민들도 서로 양반이라고 합니다. 하찮은 아전들조차 길에서 양반을 만나도 절을 하지 않는다는군요.

| 보기 |
ㄱ. 도망이나 군공으로 노비의 수가 감소하였다.
ㄴ. 부농층이 향안에 등록하고 향회를 장악하였다.
ㄷ. 공명첩이 남발되어 양반의 수가 크게 늘어났다.
ㄹ. 부계 중심의 족보가 편찬되고 사우가 세워졌다.

① ㄱ, ㄴ   ② ㄱ, ㄷ   ③ ㄴ, ㄷ
④ ㄴ, ㄹ   ⑤ ㄷ, ㄹ

39회 22번 기출 문제

11 다음 상황이 나타난 시기에 볼 수 있는 사회 모습으로 적절하지 <u>않은</u> 것은?

> 임금이 백성을 대할 때는 귀천이 없고 내외 없이 균등하게 적자(赤子)로 여겨야 하는데, 노(奴)라고 하고 비(婢)라고 하여 구분하는 것이 어찌 똑같이 동포로 여기는 뜻이겠는가. 내노비(內奴婢) 36,974명과 시노비(寺奴婢) 29,093명을 모두 양민으로 삼도록 허락하고 승정원에 명을 내려 노비 문서를 모아 돈화문 밖에서 불태우도록 하라.

① 청화백자를 제작하는 장인
② 상평통보로 물건을 구매하는 농민
③ 제포에서 왜인과 교역을 하는 상인
④ 시사(詩社)를 조직하여 활동하는 중인
⑤ 여러 장시를 돌며 물품을 판매하는 보부상

12 자료의 소설이 유행하던 시기의 사회 모습으로 옳은 것을 〈보기〉에서 고른 것은?

> 길동이 점점 자라 8세가 되자, 총명하기가 보통을 넘어 하나를 들으면 백 가지를 알 정도였다. 그래서 공은 더욱 귀여워하면서도 출생이 천해, 길동이 늘 아버지니 형이니 하고 부르면, 즉시 꾸짖어 그렇게 부르지 못하게 하였다. 길동이 열 살이 넘도록 감히 부형을 부르지 못하고, 종들로부터 천대받는 것을 뼈에 사무치게 한탄하면서 마음 둘 바를 몰랐다.

| 보기 |
ㄱ. 호적에는 태어난 순서대로 기재되었다.
ㄴ. 혼인 후 여자가 남자 집에서 생활하였다.
ㄷ. 아들이 없는 경우 딸이 제사를 받들었다.
ㄹ. 재가한 여성의 자식에 대한 차별이 심하였다.

① ㄱ, ㄴ   ② ㄱ, ㄷ   ③ ㄴ, ㄷ
④ ㄴ, ㄹ   ⑤ ㄷ, ㄹ

---

13 자료의 상황이 전개되던 시기의 사회 모습으로 옳지 <u>않</u>은 것은?

> 향전(鄕戰)은 통렬히 금해야 할 일이다. …… 채정곤이 임금께 올린 글을 보건대, 대체로 그들이 향임(鄕任)의 권한을 빙자하여 함부로 날뛰는 조짐이 없었다면 해당 수령이 어찌 이와 같이 처결하였겠는가. …… 이 재판은 시행하지 말고, 조정으로 하여금 말을 잘 만들어 해당 관찰사를 엄히 꾸짖게 하되, 관찰사가 임금이 허가한 내용을 가지고 모든 마을의 유생을 거듭 타일러서 구향(舊鄕)과 신향(新鄕)으로 하여금 각각 구습을 통렬히 혁파하고 기어코 화합하게 하라.
> – 『일성록』 –

① 상층 향리는 과거를 통해 중앙 관리로 진출하였다.
② 일부 부농들이 향촌의 부세 제도 운영에 참여하였다.
③ 수령이 세금을 부과할 때 향회가 자문 역할을 하였다.
④ 동족 마을이 만들어지고 서원과 사우가 많이 세워졌다.
⑤ 양반 중 일부는 몰락하여 향반이나 잔반이 되기도 하였다.

42회 28번 기출 문제

14 (가) 종교에 대한 설명으로 옳은 것은?

> 18세기 말부터 19세기 중엽까지 (가) 을/를 사교로 몰아 탄핵한 여러 기록을 모은 책이다. 이승훈·정약용 등이 교리를 토의하다 적발된 사건, 전라도 진산의 윤지충·권상연이 조상에 대한 제사를 폐지하여 처형당한 사건 등이 수록되어 있다.

벽위편

① 단군 숭배 사상을 전파하였다.
② 동경대전과 용담유사를 경전으로 삼았다.
③ 하늘에 제사를 지내는 초제를 거행하였다.
④ 청을 다녀온 사신들에 의하여 서학으로 소개되었다.
⑤ 유·불·선을 바탕으로 민간 신앙의 요소까지 포함하였다.

43회 29번 기출 문제

15 밑줄 그은 '이 시기'에 볼 수 있는 모습으로 적절하지 <u>않</u>은 것은?

> 이곳은 강화도의 용흥궁으로 철종이 왕위에 오르기 전에 살았던 곳이다. 농사를 짓던 그는 헌종이 후사 없이 승하하자 안동 김씨인 순원왕후의 영향력으로 왕위에 올랐다. 그는 순원왕후의 수렴청정을 받고, 김문근의 딸을 왕비로 맞이하면서 안동 김씨의 세도에 눌려 제대로 된 정치를 할 수 없었다. 이러한 상황은 소수의 외척 가문이 비변사의 요직을 독점하며 권력을 장악한 이 시기에 왕권이 약화된 모습을 보여준다.

① 이양선의 출몰을 보고하는 수군
② 군정의 문란으로 고통 받는 농민
③ 삼정이정청 설치를 건의하는 관리
④ 조선통보를 주조하는 관청 소속 장인
⑤ 왕조의 교체를 예언한 정감록을 읽고 있는 양반

42회 30번 기출 문제

16 (가) 사건에 대한 설명으로 옳은 것은?

> 이곳은 유계춘의 무덤입니다. 그는 경상 우병사 백낙신의 탐학과 향리들의 횡포에 맞서 농민들과 함께 (가) 을/를 일으켰습니다. 이를 계기로 농민 봉기가 삼남 지방으로 확산되었습니다.

① 청의 군대에 의해 진압되었다.
② 최제우가 동학을 창시하는 계기가 되었다.
③ 왕이 도성을 떠나 공산성으로 피란하였다.
④ 남접과 북접이 연합하여 조직적으로 전개되었다.
⑤ 사건의 수습을 위해 박규수가 안핵사로 파견되었다.

07 조선 후기의 문화

☑ 출제 포인트

- 성리학의 절대화와 그 비판
- 호락논쟁과 양명학
- 실학과 국학 연구
- 서민 문화의 발달
- 회화, 건축, 공예 등의 변화

◐ 사문난적

유교의 윤리를 어지럽히고 유교 사상에 어긋나는 행동을 하는 사람을 말한다. 원래의 의미는 '성현의 가르침을 어지럽히는 자'라는 뜻으로, 주자 성리학의 절대적인 권위를 내세우는 서인들이 상대 붕당을 공격하는 명분으로 삼았다.

◐ 인물성이론과 인물성동론

- 인물성이론(人物性異論): 인간과 사물의 본성이 다르다는 주장으로, 이는 양반 중심의 사회 질서를 옹호하고 화이론적인 국제 질서를 받아들여야 한다고 보았다.
- 인물성동론(人物性同論): 인간과 사물의 본성이 같다는 주장으로, 이것이 확대되어 오랑캐라고 배척하였던 청의 문물도 수용해야 한다는 북학 사상에 영향을 끼쳤다.

◐ 양명학

- 심즉리: 인간의 마음이 곧 이치라는 뜻이다.
- 치양지: 누구나 가지고 있는 선천적·보편적 마음의 본체를 양지라고 하는데, 그것을 실천해야 한다는 뜻이다.
- 지행합일: 아는 것과 행동하는 것이 모두 마음의 활동으로 하나이며, 나아가 앎과 행동이 일치해야 한다는 뜻이다.

🐝 공부 꿀팁

성리학의 절대화 과정에서 사문난적으로 몰린 학자와 호락논쟁의 내용, 정제두와 양명학의 특징, 실학의 대두 배경이 자주 출제되는 문제입니다. 특징들을 잘 파악해 두세요.

1 성리학의 변화

1. 성리학의 절대화 경향과 반발
→ 성리학의 개혁적·실천적 측면 약화
(1) 성리학의 절대화: 집권 세력인 서인의 의리 명분론 강조 → 주자 중심의 성리학 절대화(송시열)
→ 노론의 대표적 학자로 성리학의 절대화에 앞장섰다.
(2) 성리학에 대한 비판
　① 사회적 모순을 해결하기 위한 사상적 기반을 6경과 제자백가 등에서 찾으려는 노력 대두
　② 윤휴(남인): 서경덕의 영향 받음, 유교 경전에 대해 주자와는 다른 독자적인 해석 ┐사문난적으로
　③ 박세당(소론): 양명학과 노장 사상의 영향 받음, 주자 학설 비판 ────────── ┘배척 받음

2. 성리학의 발달

서인의 분화	• 노론: 송시열 중심, 이이 학풍 계승, 주자 중심의 성리학 절대화 • 소론: 윤증 중심, 절충적 성격의 성혼 학풍 계승, 양명학 수용, 성리학 이해에 탄력적 경향
이기론 논쟁	• 이황 학파의 남인(주리론)과 이이 학파의 노론(주기론) 사이에서 벌어진 이론 논쟁 • 예학의 발달(17세기): 사회 질서 유지 목적 → 예송까지 나타남
호락 논쟁 (18세기)	• 충청 지역의 노론과 서울·경기 지역의 노론 사이에서 벌어진 이론 논쟁 • 호론: 호서(충청) 지역의 노론, 인물성이론 주장 → 위정척사·의병에 영향 • 낙론: 낙하(서울·경기) 지역의 노론, 인물성동론 → 북학파와 개화사상에 영향

3. 양명학의 수용: 성리학의 절대화와 형식화 비판
→ 명 대의 왕수인(호가 양명)에 의해 주창된 유학의 한 계통

특징	심즉리(心卽理)·치양지(致良知)·지행합일(知行合一), 실천성 강조
수용	• 조선 중기 중종 때 전래, 서경덕 학파와 왕실 종친들 사이에서 확산 • 이황 등이 이단으로 배척 → 정권에서 소외된 경기 지방의 소론 학자들에 의해 명맥 유지
발전	• 정제두의 학문적 체계화: 일반 백성들을 도덕 실천의 주체로 상정, 양반 신분제 폐지 주장 • 강화학파 형성: 18세기 초 정제두가 강화도로 이주하여 많은 제자 양성 • 영향: 실학에 영향 끼침 → 대한 제국 말기 국학 운동(박은식, 정인보 등)에 영향

시험에 나오는 지문 특강 📖 정제두의 양지(良知)

　"사람이 배우지 않고도 잘하는 것은 양능(良能)이요, 생각하지 않고도 아는 것은 양지(良知)이다. 어린아이도 그 부모를 사랑할 줄 알지 못한 이가 없고 장성한 뒤에는 그 형을 공경할 줄 알지 못한 이가 없다. 친한 이를 친하는 것이 인(仁)이요, 어른을 공경하는 것이 의(義)이니 다른 방법이 아니라 이를 천하에까지 도달하게 하는 것이다."라고 하였다.
　　　　　　　　　　　　　　　　　　　　　　　　　　　　　　　　　　　　－『하곡집』－

　정제두는 심즉리설·치양지설·지행합일설 등으로 일컬어지는 왕수인의 학설을 받아들였지만, 논리 전개는 주자학의 영향을 많이 받았다. 특히 그는 양지란 인간이 본래 타고나는 것이라고 주장하였다.

2 실학의 발달

1. 실학의 대두
(1) 배경: 성리학만으로는 조선 후기 사회·경제적 변동에 따른 사회 모순 해결에 한계, 서학의 전래, 고증학의 영향 등
(2) 특징: 현실 사회 문제 비판과 사회 개혁 주장 → 실사구시(실용적·실증적·근대 지향적 학문)

2. 농업 중심의 개혁론: 농민 생활 안정을 위한 토지 제도 개혁 강조 → 자영농 육성 중시
(1) 유형원: 『반계수록』 저술 →• 중농학파, 경세치용 학파라고도 한다.
　① 양반 문벌제·과거 제도·노비 제도 등을 비판 → 병농일치(군사) 사농일치(교육)의 확립 주장
　② 균전론 주장: 농민에게 일정한 면적의 농지를 분배하여 자영농 육성 필요 강조

(2) 이익: 『성호사설』 저술 ────→ 육두론이라고 한다. 두(蠹)는 좀이라는 뜻이다.
　　① 나라를 좀먹는 여섯 가지 폐단(노비제, 과거제, 문벌, 사치와 미신, 승려, 게으름) 지적
　　② 한전론 주장: 최소한의 생활을 유지하는 데 필요한 농지(영업전)를 지정해 매매 금지
　　③ 성호학파 형성, 중국 중심의 역사관 탈피 주장, 화폐 유통에 부정적(폐전론 주장)
(3) 정약용: 실학 집대성
　　① 여전론 주장: 마을 단위의 공동 농장 제도 운영 → 말년에는 현실적인 이유로 정전제 주장
　　② 과학 기술과 상공업 발달에도 많은 관심 → 수원 화성 건설에 거중기 제작 · 사용
　　③ 저서: 『목민심서』(지방관의 의무와 지방 행정 쇄신), 『경세유표』(행정 기구의 개편과 제도의 개선), 『흠흠신서』(형법서) 저술, 『마과회통』(홍역 치료법을 다룬 의학서) 편찬

시험에 나오는 지문 특강 📖 정약용의 여전론

　　산계(山谿)와 천원(川原)의 형세를 따라 획정하여 경계를 하고, 경계의 안을 이름하여 여(閭)라고 말한다. …… 무릇 1여의 토지는 1여의 사람들로 하여금 공동으로 경작하게 하고, 내 땅 네 땅의 구분 없이 오직 여장의 명령만을 따른다. 매 사람마다의 노동량은 매일 여장이 장부에 기록한다. 가을이 되면 무릇 오곡의 수확물을 모두 여장의 집으로 보내어 그 식량을 분배한다. 먼저 국가에 바치는 공세를 제하고, 다음으로 여장의 녹봉을 제하며, 그 나머지를 날마다 일한 것을 기록한 장부에 의거하여 여민들에게 분배한다.

－ 『여유당전서』 －

　　여전론은 토지의 개인 소유는 인정하지만, 마을 단위나 일정 면적을 기준으로 농업 공동체를 만들어 토지의 공동 경작과 생산물의 공동 수확 및 노동량에 따른 수확물의 분배 등을 주요 내용으로 하고 있다.

3. 상공업 중심의 개혁론(북학파): 청의 문물 수용을 통한 상공업 진흥과 기술 혁신 주장
(1) 유수원: 『우서』 저술 ────→ 중상학파, 이용후생 학파라고도 한다.
　　① 북학파의 선구자: 상공업의 진흥과 기술 혁신 강조
　　② 사 · 농 · 공 · 상의 직업적 평등과 전문화 강조
(2) 홍대용: 『의산문답』, 『담헌서』 저술
　　① 기술 혁신 및 문벌제도 철폐 주장 → 성리학의 극복을 부국강병의 근본으로 주장
　　② 지전설 수용: 중국 중심의 세계관 비판
(3) 박지원: 『열하일기』 저술, 『양반전』 · 『허생전』 · 『호질』 등의 한문 소설 저술
　　① 수레와 선박의 이용 및 화폐 유통의 필요성 주장(유통 활성화)
　　② 양반 문벌제도의 비생산성 비판(한문 소설)
　　③ 영농 방법의 혁신, 상업적 농업, 수리 시설 확충 등 강조 → 토지 제도로 한전법 제기
(4) 박제가: 『북학의』 저술
　　① 수레와 선박 이용 강조, 절약보다 소비의 필요성 주장
　　② 청 문물의 적극적 수용 및 상공업 발달 강조, 청과의 통상 주장

시험에 나오는 지문 특강 📖 박제가의 소비관

　　재물은 대체로 샘과 같다. 퍼내면 차고, 버려두면 말라버린다. 비단옷을 입지 않아서 나라에 비단 짜는 사람이 없게 되면 여공이 쇠퇴하고, 쭈그러진 그릇을 싫어하지 않고 기교를 숭상하지 않아서 공장(工匠)이 도야(陶冶)하는 일이 없게 되면 기예가 망하게 되며, 농사가 황폐해져서 그 법을 잃게 되므로 사농공상의 사민이 모두 곤궁하여 서로 구제할 수 없게 된다.

－ 『북학의』 －

　　박제가는 상공업 발전을 목표로 생산을 촉진하기 위해서는 소비를 해야 한다고 주장하였다. 이와 같이 상공업의 발전을 내세우며, 청의 문물과 기술을 수용하자고 주장하였던 상공업 중심의 개혁론자들을 '북학파'로 부르는데, 박제가의 『북학의』에서 그 명칭이 유래하였다.

○ 성호학파
조선 후기 경기 지방을 중심으로 활동한 성호 이익과 그의 문도들로 남인이 중심을 이루었다. 대표적인 학자로는 안정복, 윤동규, 신후담 등을 들 수 있으며, 이중환, 이가환, 정약용 등도 큰 영향을 받았다.

○ 정전제
토지를 '정(井)'자로 나누어 9등분해 중앙을 공전(公田)으로 하고 주위를 사전(私田)으로 하던 고대 중국의 토지 제도이다.

○ 거중기

중국에서 들여온 『기기도설』을 참고하여 제작하였다.

○ 지전설
지구는 하루에 한 번 자전한다는 이론으로 우리나라에서는 김석문이 처음으로 주장하였으며, 이후 홍대용에게서 체계화되었다.

○ 박제가의 소비관
박제가는 생산과 소비를 우물에 비유하면서 적절한 소비를 통해 생산 활동을 자극하는 것이 필요하다고 강조하였다. 종래 유학자들이 중시하던 유교적 검약 사상을 배격하고 소비를 미덕이라고 생각하였다.

🍀 공부 꿀팁
조선 후기의 사회 · 경제적 변동에 따른 모순을 해결하기 위해 등장한 실학의 분류(농업 중심 · 상공업 중심) 개혁론의 공통점과 차이점을 파악하고, 각 실학자들의 주장에 대해서 자세히 알고 있어야 합니다.

● 국학
민족의 역사, 지리, 언어 등을 연구하는 학문을 말한다. 조선 후기의 실학자들은 민족의 전통과 현실에 대한 관심이 깊어지면서 우리의 역사, 지리, 언어 등을 활발히 연구하였다.

● 금석과안록
조선 후기 실학자 김정희가 진흥왕 순수비 가운데 황초령비와 북한산비의 두 비문을 판독·고증한 고증서이다.

● 대동여지도

김정호의 대동여지도는 전체가 22첩으로 되어 있어서 접으면 책자가 되고, 2, 3첩씩 합쳐서 볼 수도 있었다. 또한 모두 펼치면 전도(全圖)가 된다.

● 동의보감
우리나라의 전통적인 한의학을 체계적으로 정리한 의학서로, 어떠한 증상이나 병에 대한 처방과 필요한 약재를 한눈에 파악할 수 있도록 서술되었다. 일본과 중국에 전해져 동아시아 의학 발전에 큰 영향을 끼쳤으며, 유네스코 세계 기록 유산으로 등재되었다.

● 사상 의학
사람의 체질을 태양인, 소양인, 태음인, 소음인으로 분류하여 체질에 맞는 치료 방법을 제시하였다.

🐝 **공부 꿀팁**
국학과 조선 후기 과학 기술은 구체적으로 출제되는 형태의 문제입니다. 각 저술과 지은이를 연결할 줄 알아야 하고 과학 기술의 내용에 대해서도 기억해둘 필요가 있습니다.

4. 국학 연구의 확대

역사	• 안정복: 『동사강목』 저술 → 독자적 정통론 제시, 중국 중심의 역사관에서 탈피 • 유득공: 『발해고』 저술 → 발해를 우리 역사에 편입시킴, 남북국 용어 사용 • 이종휘: 『동사』 저술 → 고구려 중심의 민족사 서술, 고구려와 발해 연구 • 이긍익: 『연려실기술』 저술 → 조선의 정치와 문화를 실증적 정리 • 한치윤: 『해동역사』 저술 → 500여종의 역사서 참고, 민족사의 인식의 폭 확대 • 김정희: 『금석과안록』 저술 → 북한산비가 신라 진흥왕 순수비임을 확인
지리	• 한백겸: 『동국지리지』 저술 → 고대 지명을 새롭게 고증한 역사 지리서 • 정약용: 『아방강역고』 저술 → 백제의 수도가 서울이며 발해의 중심지가 백두산 동쪽이라고 서술 • 이중환: 『택리지』 저술 → 자연환경·인물·풍속 등을 기록한 인문 지리서 • 정상기: 『동국지도』 제작 → 최초로 100리 척을 사용하여 지도의 정확성을 높임 • 김정호: 『대동여지도』 제작 → 산맥·하천·포구·도로망을 정밀하게 표시(10리마다 눈금)
언어	• 신경준: 『훈민정음운해』 저술 → 훈민정음 연구 • 유희: 『언문지』 저술 → 훈민정음 연구 • 이의봉: 『고금석림』 저술 → 우리나라 방언과 해외의 어휘 정리
백과 사전	• 사찬: 『지봉유설』(이수광), 『성호사설』(이익), 『청장관전서』(이덕무), 『오주연문장전산고』(이규경) • 관찬: 『동국문헌비고』(영조) → 우리나라 역대 문물 정리(한국학 백과사전)

3 과학 기술의 발달

1. **서양 문물의 수용:** 중국을 왕래하던 사신과 표류해온 서양인들을 통해 수용 → 세계 지도(곤여만국전도), 화포, 천리경, 자명종 등 전래

┌ 17세기에 표류해온 벨테브레이와 하멜 등에 의해 서양 문물이 전래되었다.

┌ 명에 온 선교사 마테오리치가 제작한 지도로 조선인의 세계관 확대에 큰 영향을 끼쳤다.

2. **과학 기술의 발달**

천문학	• 김석문(우리나라 최초로 지전설 주장), 홍대용(지전설·우주 무한론 주장) → 성리학적(중국 중심) 세계관 비판, 전통적 우주관에서 벗어나 근대적 우주관 접근 • 김육: 청의 시헌력 도입
의학	• 허준: 『동의보감』 → 전통 한의학을 체계적으로 정리 • 허임: 『침구경험방』 → 침놓는 법과 뜸뜨는 법 정리 • 이제마: 『동의수세보원』 → 사상 의학 정립 • 정약용: 『마과회통』 → 마진(홍역) 연구, 박제가와 종두법 공동 연구
농서	• 신속: 『농가집성』 → 벼농사 중심의 농법 소개, 모내기법 확산에 공헌 • 박세당: 『색경』 → 우리 풍토에 맞는 한전농법 연구 • 홍만선: 『산림경제』 → 향촌 사회의 생활 경제 지침서, 곡식과 특용 작물 재배법 등 정리 • 서유구: 『임원경제지』 → 농촌 생활 백과사전
어업	정약전: 『자산어보』 → 흑산도 일대의 해양 생물 정리
기술 개발	정약용: 기술 혁신을 강조한 '기예론' 주장, 거중기 제작(화성 건축에 이용), 한강 배다리 설계

시험에 나오는 지문 특강 📖 **거중기의 발명과 화성 축조**

이 방법은 무거운 물건을 들어 올리는 데는 가장 간단하고 보잘것없는 것입니다. 그러나 사람의 힘을 줄이는 것은 상당합니다. 만일 크고 작은 바퀴가 서로 통하고 서로 튕기는 방법을 이용하면 천하에 무거운 물건이 없습니다. 또 나사를 돌려서 저것과 이것이 서로 튕기는 방법을 이용하면 조그마한 어린아이의 손 하나 힘으로 수만 근의 무게를 들어 올릴 수 있습니다. 그러나 이번 성을 쌓는 데에는 석재가 그리 무겁거나 크지 않으니, 닭을 잡는 데 소를 잡는 연장을 쓸 필요는 없습니다.
－『여유당전서』－

이 「기중도설」의 내용은 거중기의 원리를 간략하게 설명한 것이다. 정약용은 수원 화성(華城)을 쌓을 때 직접 거중기(起重機)를 고안하여 공사가 수월하게 진행되도록 하였는데, 『화성성역의궤(華城城役儀軌)』에도 거중기의 완전히 조립된 모습의 전체 그림과 각 부분을 분해한 그림이 실려 있다.

4 서민 문화의 발달과 한문학

1. 서민 문화의 발달 내용

한글 소설	• 『홍길동전』(허균): 서얼 차별 비판, 탐관오리 응징을 통한 이상 사회 건설 추구
	• 『춘향전』, 『별주부전』, 『심청전』, 『장화홍련전』 등 유행 → 소설을 읽어주는 전기수 등장
사설시조	자유로운 형식으로 서민의 감정을 구체적으로 표현, 남녀 간의 사랑이나 현실에 대한 비판
판소리	• 창과 사설(아니리)로 감정을 직접적이고 솔직하게 표현 → 서민 문화의 중심 역할
	• 19세기 후반 신재효가 정리(춘향가, 심청가, 흥보가, 적벽가, 수궁가 등)
탈놀이	말뚝이 · 취발이 등 하층 서민을 등장시켜 양반과 승려들의 부패와 위선 풍자

2. 한문학과 시사 조직

(1) 한문학

① 정약용: 삼정의 문란을 폭로하고 사회의 부조리한 현실을 비판한 한시 저술(애절양 등)

② 박지원: 양반 사회의 허구성 비판 → 『양반전』 · 『허생전』 · 『호질』 등 저술

(2) 시사 조직: 중인층과 서민층의 문학 창작 활동 활발

└→ • 시인 동호회라는 의미로, 주로 양반들의 전유물이었다. 그러나 조선 후기에는
중인, 상민들의 시사가 등장하였으며, 천인이 포함되기도 하였다.

5 예술의 새 경향

1. 회화

진경산수화	우리나라의 자연을 사실적으로 묘사 → 정선(금강전도, 인왕제색도 등)
풍속화	• 김홍도: 서민의 생활을 소탈하고 익살스러운 필치로 묘사(씨름, 서당 등)
	• 신윤복: 양반들의 풍류와 남녀 간의 애정을 감각적 · 해학적으로 묘사(단오풍정 등)
서양 화풍 도입, 복고적 화풍	• 서양 화풍 도입: 강세황(영통동구도) → 명암법 · 원근법 도입
	• 복고적 화풍: 김정희(세한도)
민화	• 특징: 서민들의 미적 감각 표현, 생활공간 장식
	• 소재: 해, 달, 나무, 꽃, 동물, 물고기 등 → 장수와 기복 등 민중의 소망 표현

2. 서예, 공예, 음악

(1) 서예: 이광사의 동국진체, 김정희의 추사체

(2) 공예: 백자가 민간에까지 널리 사용됨, 청화백자의 유행, 서민들은 주로 옹기 사용

(3) 음악: 양반(가곡, 시조 애창), 서민(민요), 기생과 광대의 창작(판소리, 산조와 잡가 등)

조선 후기 서민들이 지어 부르던 노래를 총칭하는 말이다.

남도 소리의 시나위와 예인 광대들의 음악인 판소리를 바탕으로 만들어진 기악 독주곡 형식의 음악이다.

3. 건축

17세기	다층 불교 사원 건립: 김제 금산사 미륵전, 구례 화엄사 각황전, 보은 법주사 팔상전 등
18세기	장식성 강한 사원 건립: 논산 쌍계사, 부안 개암사, 안성 석남사 등, 수원 화성 건축
19세기	경복궁 중건: 근정전, 경회루 → 화려하고 장중한 건물

시험에 나오는 지문 특강 📖 조선 후기의 회화

| 인왕제색도(정선) | 씨름(김홍도) | 단오풍정(신윤복) | 영통동구도(강세황) |

조선 후기에는 우리나라의 산수를 사실적으로 묘사하는 진경산수화, 서민과 양반들의 생활 모습을 묘사한 풍속화, 서양 화풍을 도입한 강세황의 그림, 민화 등 다양하게 발전하였다.

◑ 서민 문화의 대두

• 배경: 상공업의 발달, 서민의 경제력 향상, 서당 교육의 확대, 서민 의식의 향상 등

• 특징: 서민들의 솔직한 감정 표현, 양반의 위선 비판, 사회 현실에 대한 풍자와 고발

◑ 애절양

정약용이 지은 한시로 '절양(絕陽)'은 남성의 생식기를 자른다는 것이다. 이 시는 군포 부담을 이겨 내지 못한 농민에게 일어난 비극적 사건을 슬퍼하는 작자의 심경을 읊은 것이다.

◑ 청화백자

흰 바탕에 푸른 색깔로 그림을 그린 도자기로 조선 후기에 유행하였다.

◑ 수원 화성

정조가 자신의 이상 정치를 실현하기 위한 상징적 도시로 건설한 성이다. 서양식 건축법이 도입되었으며, 거중기가 사용되었다.

🌸 공부 꿀팁

조선 후기 예술의 새 경향은 자주 출제되는 부분입니다. 특히 서민 문화의 배경과 내용, 회화 부분의 비교, 청화백자의 유행 등은 계속 출제되고 있습니다. 그림도 같이 알아두세요.

실학자 박지원의 활동

| 43회 28번 기출 |

다음 글을 쓴 인물에 대한 설명으로 옳은 것은?

> 중국의 재산이 풍족할 뿐더러 한 곳에 지체되지 않고 골고루 유통함은 모두 수레를 쓴 이익일 것이다. …… 평안도 사람들은 감과 귤을 분간하지 못하며, 바닷가 사람들은 멸치를 거름으로 밭에 내건만 서울에서는 한 웅큼에 한 푼씩 하니 이렇게 귀함은 무슨 까닭인가. …… 사방이 겨우 몇 천 리 밖에 안 되는 나라에 백성의 살림살이가 이다지 가난함은 한마디로 표현한다면 수레가 국내에 다니지 못한 까닭이라 하겠다.
>
> ― 『열하일기』 ―

① 양반전에서 양반의 위선과 무능을 풍자하였다.
② 북학의에서 절약보다 적절한 소비를 강조하였다.
③ 곽우록에서 토지 매매를 제한하는 한전론을 제시하였다.
④ 우서에서 사농공상의 직업적 평등과 전문화를 주장하였다.
⑤ 색경에서 담배, 수박 등의 상품 작물 재배법을 소개하였다.

문제 분석

제시된 자료에서 수레 사용을 적극적으로 주장하고 출처가 『열하일기』라는 내용을 통해 글을 쓴 사람은 박지원임을 알 수 있다. 상공업 중심의 개혁론을 주장한 박지원은 수레 · 화폐의 사용을 통하여 유통의 중요성을 강조하였다.
① 박지원은 『양반전』, 『허생전』, 『호질』 등의 한문 소설을 통해 양반 문벌제도의 비생산성을 비판하였다.

정답: ①

오답 거르기

② 『북학의』에서 절약보다는 적절한 소비를 강조한 인물은 박제가이다. 그는 샘물은 너무 퍼 써도 안되지만 전혀 안 퍼 써도 결국 말라버린다는 샘물론을 통해 소비가 미덕임을 강조하였다.
③ 『곽우록』에서 토지 매매를 제한한 한전론을 제시한 인물은 이익이다. 그는 한 가정의 생활을 유지하는데 필요한 농지인 영업전을 지정해 매매하지 못하도록 하여 자영농을 육성해야 한다고 주장하였다.
④ 『우서』에서 사농공상의 직업적 평등과 전문화를 강조한 인물은 북학파의 선구자인 유수원이다.
⑤ 『색경』에서 상품 작물 재배법을 소개한 인물은 박세당이다.

닮은 꼴 예상 문제

> 정답과 해설 29쪽

다음 토지 개혁안을 제시한 인물에 대한 설명으로 옳은 것은?

> 산계(山谿)와 천원(川原)의 형세를 따라 획정하여 경계를 하고, 경계의 안을 이름하여 여(閭)라고 말한다. …… 무릇 1여의 토지는 1여의 사람들로 하여금 공동으로 경작하게 하고, 내 땅 네 땅의 구분 없이 오직 여장의 명령만을 따른다. 매 사람마다의 노동량은 매일 여장이 장부에 기록한다. 가을이 되면 무릇 오곡의 수확물을 모두 여장의 집으로 보내어 그 식량을 분배한다. 먼저 국가에 바치는 공세를 제하고, 다음으로 여장의 녹봉을 제하며, 그 나머지를 날마다 일한 것을 기록한 장부에 의거하여 여민들에게 분배한다.

① 기기도설을 참고하여 거중기를 설계하였다.
② 허생전을 저술하여 양반 사회의 허구성을 비판하였다.
③ 동사강목을 저술하여 우리 역사의 정통론을 체계화하였다.
④ 성호사설에서 나라를 좀먹는 여섯 가지 폐단을 지적하였다.
⑤ 북학의에서 생산 촉진을 위해 절약보다 소비를 강조하였다.

대표 기출 문제 분석 02

조선 후기의 풍속화

| 43회 30번 기출 |

다음 특별전에 전시될 그림으로 가장 적절한 것은?

단원 특별전

우리 미술관에서는 풍속화, 산수화, 기록화, 초상화 등 다양한 분야에서 뛰어난 작품을 남긴 단원의 예술 세계를 만날 수 있는 특별전을 마련하였습니다.

▲ 옥순봉도　　　▲ 자화상

- 기간: 2019년 ○○월 ○○일~○○월 ○○일
- 장소: △△미술관

---

① 　② 　③

④ 　⑤

문제 분석

제시된 자료에서 '단원 특별전'이라는 주제와 단원의 예술 세계라는 내용에서 김홍도의 풍속화가 전시되어야 함을 알 수 있다.

③ 「타작도」는 소작하는 농민들의 가을걷이와 이를 감독하는 마름을 주인공으로 하여 그린 김홍도의 그림이다. 마름이란 순수한 우리말로, 지주로부터 소작지의 관리를 위임받아 일하는 사람을 일컫는다.

정답: ③

오답 거르기

① 어느 한적한 봄날 농가의 앞마당에서 병아리를 물고 도망치는 고양이 때문에 생긴 한순간의 정경을 묘사한 김득신의 「파적도」이다.
② 조선 전기 여류 화가인 신사임당의 「초충도」이다.
④ 서울 인왕산을 사실적으로 묘사한 정선의 「인왕제색도」이다. 이는 진경산수화의 특징을 잘 보여준다.
⑤ 선비의 절개를 묘사한 김정희의 「세한도」이다.

닮은 꼴 예상 문제

▶ 정답과 해설 29쪽

다음 상황을 표현한 그림으로 옳은 것은?

- 민중들의 미적 감각을 정감 있게 표현하였으며, 소박한 우리 정서가 짙게 배어있다.
- 해, 달, 나무, 꽃, 동물, 물고기 등을 소재로 삼아 소원을 기원하였으며 생활공간을 장식하였다.

① 　② 　③

④ 　⑤

01 (가), (나) 주장에 대한 설명으로 옳은 것을 〈보기〉에서 고른 것은?

> (가) 사람과 사물이 귀하고 천함의 차이가 있다고 해도 하늘이라는 절대적 관점에서 보면 균등하다. 사물을 천하게 보고 인간을 가장 귀한 존재로 보는 생각이야말로 진리를 해치는 가장 근본 요인이다.
>
> (나) 물(物)에도 인의예지라는 도덕성이 있다. 다만 인간은 그 전체를 가지고 있지만 물(物)은 일부분만 가지고 있다. 사람과 동물은 고차원적인 도덕성에서는 본질적인 차이를 가지고 있다.

┤ 보기 ├
ㄱ. (가) - 서울·경기 지역 노론의 주장이다.
ㄴ. (가) - 위정척사와 의병 운동에 영향을 주었다.
ㄷ. (나) - 화이론의 입장에서 청을 오랑캐로 보았다.
ㄹ. (나) - 윤휴와 박세당이 대표적인 학자이다.

① ㄱ, ㄴ ② ㄱ, ㄷ ③ ㄴ, ㄷ ④ ㄴ, ㄹ ⑤ ㄷ, ㄹ

29회 23번 기출 문제 ›

02 (가) 인물에 대한 설명으로 옳은 것은?

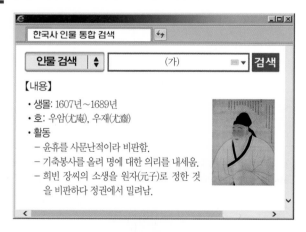

① 집현전을 통한 유교 정치의 활성화를 꾀하였다.
② 도교 행사를 주관하던 소격서의 폐지를 주장하였다.
③ 호락 논쟁에 참여하여 사람과 사물의 본성이 같다고 주장하였다.
④ 효종의 사망에 따른 자의대비의 복상 문제에 대해 기년설을 주장하였다.
⑤ 성호사설을 저술하여 자영농 육성을 위한 토지 제도 개혁론을 제시하였다.

37회 29번 기출 문제 ›

03 (가) 인물에 대한 설명으로 옳은 것은?

> 『하곡집』은 [(가)]의 글을 모아 펴낸 문집이다. 그는 학변(學辯), 존언(存言) 등의 글에서 심(心)과 이(理)를 구별하는 주자의 견해를 비판하였다. 또한 지(知)와 행(行)을 둘로 구분하는 것은 물욕에 가려진 것이라고 하면서 양지(良知)의 본체에서 보면 지와 행은 하나라고 주장하였다. 그의 학문은 스승인 박세채, 윤증과의 교류를 통해 심화되었다.

① 계유정난을 계기로 정계에서 축출되었다.
② 일본에 다녀와서 해동제국기를 편찬하였다.
③ 서얼 출신으로 규장각 검서관에 임용되었다.
④ 양명학을 연구하여 강화학파 형성의 기초를 마련하였다.
⑤ 성학집요를 저술하여 군주가 수양해야 할 덕목을 제시하였다.

04 (가)에 들어갈 내용으로 옳은 것을 〈보기〉에서 고른 것은?

┤ 보기 ├
ㄱ. 이이 학파를 중심으로 확산되었어.
ㄴ. 청과 교류가 활발해지면서 수용되었지.
ㄷ. 대한 제국 말기 국학 운동에 영향을 끼쳤어.
ㄹ. 교조화된 성리학을 비판하면서 실천성을 강조했지.

① ㄱ, ㄴ   ② ㄱ, ㄷ   ③ ㄴ, ㄷ
④ ㄴ, ㄹ   ⑤ ㄷ, ㄹ

05 밑줄 그은 '이 학문'이 나타난 배경으로 적절한 것을 〈보기〉에서 고른 것은?

제△△호　　　　　**역사 신문**　　　　○○○○년 ○○월 ○○일

[특집] 실사구시의 학문이 대두하다

성리학이 절대화하는 가운데 일부 학자들 사이에서 성리학의 비현실성을 비판하면서 그 한계성을 극복하려는 노력이 전개되고 있다. 강화학파의 양명학 연구가 있기는 하였지만, 현실 개혁의 방안을 제시하지는 못하였다. 반면에 이수광, 한백겸, 김육을 거치면서 현실에 대한 사회 개혁을 주장하는 새로운 학문이 정착되어 가고 있다. 이 학문은 비판적이며 실증적인 논리를 펴며 농업과 상공업 중심의 개혁론과 국학 연구 등으로 확산되어 가고 있다.

┤ 보기 ├
ㄱ. 서학의 전래　　　　ㄴ. 고증학의 영향
ㄷ. 이양선의 출몰　　　　ㄹ. 삼정이정청의 설치

① ㄱ, ㄴ　② ㄱ, ㄷ　③ ㄴ, ㄷ　④ ㄴ, ㄹ　⑤ ㄷ, ㄹ

06 자료의 토지 개혁론을 주장한 인물에 대한 설명으로 옳은 것은?

돈이 있어 사고자 하는 자는 비록 천백 결(結)이라도 모두 허가하고, 토지가 많아 팔고자 하는 자도 단지 영업전 몇 부 이 외에는 역시 허가한다. 많아도 팔기를 원하지 않는 자는 강요하지 않고, 모자라도 사지 못하는 자는 독촉하지 않는다. 오직 영업전 몇 부 이내에서 매매하는 자가 있으면 소재지의 지방관이 적발하여 산 자에게는 남의 영업전을 빼앗은 죄로 다스리고, 판매자에게도 역시 몰래 판 죄로 다스린다. 그리고 산 자에게는 가격을 논하지 말고 이를 되돌려 주도록 하고, 또한 전주(田主)로 하여금 스스로 관아에 고하여 죄를 면하고 자기의 토지를 되찾도록 한다.

① 거중기를 제작하여 화성 건축에 사용하였다.
② 나라를 좀먹는 여섯 가지의 폐단을 지적하였다.
③ 북학의를 저술하여 상공업의 진흥을 주장하였다.
④ 양명학을 연구하여 강화학파의 선구자가 되었다.
⑤ 신분에 따라 차등 있게 토지의 재분배를 주장하였다.

38회 25번 기출 문제 ●

07 밑줄 그은 '그'에 대한 설명으로 옳은 것은?

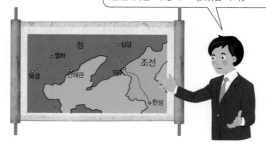

제시된 지도는 그가 연행사를 따라서 열하에 이른 경로를 나타낸 것입니다. 연암이라는 호를 쓴 그는 청에서 보고 들은 것을 여행기로 남겼습니다.

① 양명학을 연구하여 강화학파를 형성하였다.
② 서얼 출신으로 규장각 검서관에 임명되었다.
③ 양반전에서 양반의 위선과 무능을 지적하였다.
④ 의산문답에서 중국 중심의 세계관을 비판하였다.
⑤ 우서에서 사농공상의 직업적 평등과 전문화를 내세웠다.

40회 29번 기출 문제 ●

08 다음 인물에 대한 설명으로 옳은 것은?

● 이 달의 문화 인물 ●

그림에도 두각을 나타낸 실학자, 초정(楚亭) 선생

초정 선생은 조선 후기의 대표적인 실학자로, 문인화풍의 산수화와 생동감이 넘치는 꿩, 물고기 그림 등을 잘 그렸다. 그는 청에 다녀온 후 북학의를 저술하여 조선 사회의 모순을 지적하고 개혁 방안을 제시하였는데, 특히 재물을 우물에 비유하여 절약보다 소비를 권장하였다.

① 양반전을 지어 양반의 허례와 무능을 풍자하였다.
② 북한산 신라 진흥왕 순수비를 처음으로 고증하였다.
③ 서얼 출신으로 규장각 검서관에 발탁되어 활동하였다.
④ 곽우록에서 토지 매매를 제한하는 한전론을 제시하였다.
⑤ 우서를 통해 사농공상의 직업적 평등과 전문화를 주장하였다.

09 밑줄 그은 ㉠의 내용을 반영한 적절한 자료를 〈보기〉에서 고른 것은?

> 조선 후기에는 민족의 전통과 현실에 대한 깊은 관심을 바탕으로 중국 중심의 세계관을 극복하고 우리의 역사 · 지리 · 국어 등 국학을 적극적으로 연구하였다. 특히 ㉠역사에 대한 시각을 한반도 중심의 협소한 시각에서 벗어나 만주 지역으로 관심을 돌렸는데, 고구려사와 발해사에 대한 연구가 이루어졌다.

┤ 보기 ├
ㄱ. 이종휘의 동사
ㄴ. 유득공의 발해고
ㄷ. 안정복의 동사강목
ㄹ. 이긍익의 연려실기술

① ㄱ, ㄴ　　② ㄱ, ㄷ　　③ ㄴ, ㄷ
④ ㄴ, ㄹ　　⑤ ㄷ, ㄹ

39회 29번 기출 문제 ·

10 다음 인물에 대한 설명으로 옳은 것은?

역사 인물 카드
· 생몰: 1786년~1856년
· 호: 추사(秋史), 완당(阮堂) 등
· 출신지: 충청남도 예산
· 주요 활동
　- 역대 서체를 연구하여 추사체 창안
　- 제주도 유배 생활 중 세한도를 그림
　- 옹방강, 완원 등 청의 학자와 교류

① 거중기를 제작하여 수원 화성 건설에 이용하였다.
② 양반전을 지어 양반의 허례와 무능을 풍자하였다.
③ 최초로 100리 척을 활용한 동국지도를 제작하였다.
④ 북학의를 저술하여 수레와 배의 이용을 권장하였다.
⑤ 금석과안록에서 북한산비가 진흥왕 순수비임을 고증하였다.

38회 24번 기출 문제 ·

11 다음 가상 인터뷰의 왕이 추진한 정책으로 옳은 것은?

팔순을 맞이하여 재위 기간의 치적을 쓰신 어제문업에는 어떤 내용이 있나요?

탕평, 청계천 준설 등 여섯 가지 치적을 기록하였소.

① 집현전을 계승한 홍문관을 설치하였다.
② 국경을 정한 백두산정계비를 건립하였다.
③ 왕실의 권위를 세우고자 경복궁을 중건하였다.
④ 역대 문물을 정리한 동국문헌비고를 편찬하였다.
⑤ 삼정의 문란을 해결하고자 삼정이정청을 설치하였다.

12 다음 주장을 한 학자에 대한 설명으로 옳은 것은?

> 천체가 운행하는 것이나 지구가 자전하는 것은 그 세가 동일하니, 분리해서 설명할 필요가 없소. 다만 9만 리의 둘레를 한 바퀴 도는 데 이처럼 빠르며, 저 별들과 지구와의 거리는 겨우 반경 밖에 되지 않는데도 몇 천 만억의 별들이 있는지 알 수 없는데, 하물며 은하계 밖에도 또 다른 별들이 있지 않소. 우주 공간은 끝이 없으니, 별의 숫자 역시 한정이 없을 것이오. 별들이 우주 한 바퀴 도는 것을 가지고 말한다면, 너무나 멀어서 헤아릴 수가 없소.

① 천주교 서적을 읽고 신앙생활을 하였다.
② 우리 풍토에 맞는 약재와 치료 방법을 정리하였다.
③ 지전설을 주장하여 성리학적 세계관을 비판하였다.
④ 토지 제도를 개혁하여 자영농을 육성하자고 주장하였다.
⑤ 외국 자료를 참고한 역사서를 지어 민족사 인식의 폭을 넓혔다.

13 밑줄 그은 '이 지도'가 제작된 시기의 문화 상황으로 적절하지 <u>않은</u> 것은?

> 이전의 우리나라 지도들은 산천과 도로의 표시가 실제와 다르고 동서남북의 위치가 바뀌어 지도를 보고 가고 싶은 곳이 있어도 도움이 되지 못했다. 그러나 이 지도는 모든 산천의 험하고 평탄한 곳을 표시하고, 도로의 원근을 자로 재서 실제 지형대로 백 리를 1척(尺)으로 하고 십 리가 1촌(寸)이 되게 하였다.

① 홍길동전, 춘향전 등 한글 소설이 유행하였다.
② 우리나라 역대 문물을 정리한 동국문헌비고가 편찬되었다.
③ 언문지, 훈민정음운해 등 훈민정음 연구 서적이 저술되었다.
④ 지전설이 제기되어 성리학적 세계관을 비판하는 근거가 되었다.
⑤ 군현의 연혁, 지세, 인물 등을 기록한 동국여지승람이 제작되었다.

38회 22번 기출 문제 •

14 다음 그림이 그려진 시기에 볼 수 있는 모습으로 적절하지 <u>않은</u> 것은?

> 이 그림은 김득신이 그린 풍속화로 병아리를 물고 도망가는 고양이와 이에 놀란 닭, 긴 담뱃대로 이를 제지하려는 남성의 모습 등이 묘사되어 있다. 조용한 여염집에서 벌어진 소동을 그렸기 때문에 파적도(破寂圖)라 불리기도 한다.

① 생선을 팔고 상평통보를 받는 상인
② 장시에서 탈춤 공연을 벌이는 광대
③ 시사(詩社)를 조직하여 활동하는 중인
④ 직전법에 의해 수조권을 지급받는 관리
⑤ 고추, 인삼 등을 상품 작물로 재배하는 농민

39회 31번 기출 문제 •

15 (가)에 들어갈 그림으로 가장 적절한 것은?

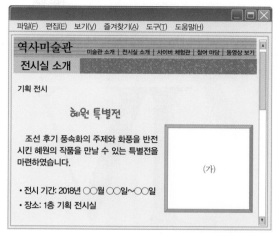

①   ②

③   ④

⑤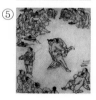

---

16 (가), (나) 건축물이 세워진 시기의 문화 상황으로 옳지 <u>않은</u> 것은?

▲ 화성(경기 수원)

▲ 법주사 팔상전(충북 보은)

① 서민의 생활을 그린 풍속화와 민화가 성행하였다.
② 청자에 백토의 분을 칠한 분청사기가 유행하였다.
③ 감정을 솔직하게 표현하는 사설시조가 성행하였다.
④ 현실적인 세계를 배경으로 한 한글 소설이 저술되었다.
⑤ 창과 사설로 이야기를 엮어 가는 판소리가 공연되었다.

IV

근대 국가 수립 운동

01 외세의 침략적 접근과 조선의 대응

IV. 근대 국가 수립 운동

출제 포인트

- 흥선 대원군의 왕권 강화 정책과 민생 안정 정책
- 양요의 배경과 결과
- 강화도 조약과 조·미 수호 통상 조약의 체결 배경 및 주요 내용

● 당백전

경복궁 중건 비용을 마련하기 위해 발행한 것으로, 액면가로는 당시 통용되던 상평통보의 100배 가치를 가진 고액 화폐이다. 그러나 실제 가치는 그에 미치지 못하였다.

● 척화비

"서양 오랑캐가 침범하는데도 싸우지 않는 것은 곧 화친하는 것이요, 화친을 주장하는 것은 나라를 파는 일이다. 병인년에 짓고 신미년에 세우다."라는 글이 새겨져 있다.

🌸 공부 꿀팁

흥선 대원군이 추진하였던 개혁 정책 중 양반 유생의 반발이 심했던 호포제 실시, 서원 철폐 등을 파악하고, 통상 수교 거부 정책 과정에서 일어난 병인양요와 신미양요의 원인과 경과 및 결과에 대해서도 알아 두어야 합니다.

1 흥선 대원군의 정치

1. 통치 체제 재정비

(1) 배경: 세도 정치와 삼정의 문란으로 전국에서 농민 봉기 발생, 천주교와 동학의 확산 ┈┈→ 철종 말년인 1862년에 전국적으로 일어난 임술 농민 봉기가 대표적이다.

(2) 내용: 왕권 강화와 민생 안정을 위한 개혁 추진

정치 개혁	• 세도 정치 타파: 안동 김씨 세력 약화, 능력에 따른 인재 등용 • 비변사 기능 축소·폐지: 의정부(정치)와 삼군부(군사)의 기능 부활 • 법전 편찬: 『대전회통』, 『육전조례』
경복궁 중건	• 목적: 임진왜란 때 불탄 경복궁 중건을 통해 왕실의 권위 회복 • 과정: 원납전 징수, 당백전 발행, 도성문의 통행세 징수, 양반의 묘지림 벌목, 백성의 노동력 징발 등 → 양반과 백성의 반발
삼정의 문란 시정	• 전정: 양전을 실시하여 은결 색출, 지방관과 토호의 토지 겸병 금지 • 군정: 호포제 실시(양반에게도 군포 징수) • 환곡: 사창제 실시(마을 단위로 사창을 설치하고 주민들이 자치적으로 운영)
서원 철폐	• 배경: 서원의 폐단 심화(붕당의 근거지, 면세 혜택, 농민 수탈) • 과정: 전국 600여 개 서원 중 47개 소만 남기고 철폐, 서원의 토지와 노비 몰수, 만동묘 철폐 • 영향: 민생 안정, 국가 재정 확충에 기여, 양반 유생들의 반발(최익현의 상소)

시험에 나오는 지문 특강 📖 흥선 대원군의 서원 철폐

나라 안의 서원과 사묘(祠廟)를 모두 철폐하고 남긴 것은 48개소에 불과하였다. …… 만동묘는 철폐한 후 그 황묘위판(皇廟位版)은 북원*의 대보단으로 옮겨 봉안하였다. …… 서원을 창설할 때에는 매우 좋은 뜻으로 시작하였지만 오랜 세월이 흐르는 동안 날로 폐단이 심하였다. …… 그러므로 서원 철폐령을 내린 것을 어찌 막을 수 있겠는가? 그 일이 대원군으로부터 나온 것이라고 해서 모두 비방할 일은 아니다. *북원: 창덕궁 금원
― 『매천야록』 ―

> 만동묘는 명의 제13대 황제 신종과 명의 마지막 황제인 의종의 제사를 지내기 위해 송시열의 제자들이 충북 괴산에 세운 사당이다. 만동묘는 이후 유생들의 집합장소가 되어 그 폐단이 서원보다 더욱 심해졌다. 이에 흥선 대원군이 내린 서원 철폐령에 따라 1865년에 만동묘가 철폐되었다.

(3) 의의와 한계: 국가 기강 확립과 민생 안정에 기여, 전통 체제 내 개혁에 불과

2. 통상 수교 거부 정책과 양요

(1) 배경: 서양 세력의 침략적 접근, 이양선 출몰과 천주교 교세 확산, 러시아의 연해주 차지(1860)

(2) 양요의 발생

병인양요 (1866)	• 배경: 흥선 대원군이 프랑스를 이용하여 러시아를 견제하려는 시도 실패, 천주교 금지 여론 고조 → 프랑스인 선교사 9명과 천주교 신자 수천 명 처형(병인박해) • 경과: 병인박해를 구실로 프랑스 함대가 강화도 침략 → 문수산성에서 한성근 부대, 정족산성에서 양헌수 부대 항전 → 프랑스군 철수(외규장각 도서와 각종 문화재 약탈)
오페르트의 남연군 묘 도굴 사건(1868)	• 내용: 독일 상인 오페르트의 통상 요구 → 거절당하자 덕산에 있는 흥선 대원군의 아버지인 남연군의 묘를 도굴하려다 실패 • 영향: 서양인에 대한 반감 확산, 흥선 대원군의 통상 수교 거부 의지 강화
신미양요 (1871)	• 배경: 미국이 제너럴 셔먼호 사건(1866)을 빌미로 조선에 배상금과 통상 요구 → 거부당함 • 경과: 미국 함대의 강화도 침략 → 광성보 전투에서 어재연 부대의 항전 → 미군 철수 • 영향: 전국에 척화비 건립 → 서양과의 통상 수교 거부 의지 천명

(3) 의의와 한계: 외세 침략을 일시적으로 저지, 변화하는 국제 정세 파악 미흡 → 근대화 지연 ┈┈→ 미국 상선 제너럴 셔먼호가 대동강을 거슬러 올라와 통상을 요구하는 과정에서 사상자가 발생하자, 분노한 평양 관민이 제너럴 셔먼호를 불태워 침몰시킨 사건이다.

② 개항과 서양 열강에 대한 문호 개방

1. 개항의 배경

국내 상황	흥선 대원군 하야와 고종의 친정, 통상 개화론의 대두
국외 상황	일본과 서계 문제* 발생, 일본 내 정한론 대두 → 운요호 사건(1875) → 조선에 문호 개방 요구

> 서양 세력의 침략을 막고 부국강병을 이루려면 문호를 열고 통상하자는 주장으로 박규수, 오경석, 유홍기 등이 제기하였다.

> 일본이 군함 운요호를 강화도에 파견하여 초지진을 공격하고 영종도를 침략한 사건이다.

2. 일본과 조약 체결

(1) 강화도 조약(조 · 일 수호 조규, 1876)

① 내용: 부산과 2개 항구(원산, 인천) 개항, 해안 측량권 허용, 영사 재판권(치외 법권)* 인정 등

② 성격: 조선이 외국과 맺은 최초의 근대적 조약, 조선의 자주권을 침해한 불평등 조약

③ 수신사 파견: 조약 체결 후 일본의 요청에 따라 김기수를 수신사로 하는 사절단 파견

시험에 나오는 지문 특강 📖 **강화도 조약(조 · 일 수호 조규, 1876)**

제1관 조선국은 자주국이며 일본국과 평등한 권리를 가진다.
제4관 조선국은 부산과 제5관에서 제시하는 두 항구를 개항하고 일본인이 와서 통상을 하도록 허가한다.
제7관 …… 일본국 항해자가 자유로이 해안을 측량하도록 허가한다.
제10관 일본국 인민이 조선국이 지정한 항구에서 머무르는 동안 죄를 범한 것이 조선국 인민에게 관계된 사건일 때에는 모두 일본국 관원이 심판한다.

> 제1관은 조선에 대한 청의 간섭을 차단하려는 일본의 의도가 담겨 있고, 제4관은 부산 이외에 원산과 인천을 개항하는 근거가 되었다. 제7관은 해안 측량권, 제10관은 영사 재판권을 인정한 것이다.

(2) 부속 조약 체결(1876)

조 · 일 수호 조규 부록	개항장 10리 이내에서 일본인의 무역 허가(거류지 무역), 개항장에서 일본 화폐 유통 허용, 일본 외교관의 여행 자유 허용
조 · 일 무역 규칙	양곡의 수출입 규정(일본 상인에 의해 양곡의 무제한 유출 가능), 일본 상선의 항세 면제 허용(이후 일본의 수출입 상품에 대한 무관세 허용)

3. 서양 열강과의 조약 체결

조 · 미 수호 통상 조약 (1882)	• 배경: 『조선책략』* 유포, 청의 알선(조선과 미국의 수교를 주선하여 러시아와 일본을 견제하고 조선에 대한 종주권을 국제적으로 인정받으려는 의도) • 내용: 거중 조정, 협정 관세, 영사 재판권, 최혜국 대우* 등 규정 • 성격: 조선이 서양과 맺은 최초의 조약이자 불평등 조약 • 영향: 미국 공사 푸트의 한성 부임, 조선은 미국에 보빙사 파견(1883)
서양 각국과의 수교	• 영국 · 독일(1883), 러시아(청의 알선 없이 수교, 1884), 프랑스(천주교 포교 허용, 1886) • 특징: 영사 재판권과 최혜국 대우를 인정한 불평등 조약

> 민영익을 단장으로 홍영식, 유길준 등 모두 11명으로 구성되었다.

시험에 나오는 지문 특강 📖 **조 · 미 수호 통상 조약(1882)**

제1관 사후 대조선국 군주와 대미국 대통령과 아울러 그 인민은 각각 모두 영원히 화평하고 우호를 다진다. 만약 타국이 어떤 불공평하게 하고 경시하는 일이 있으면 통지를 거쳐 반드시 서로 도와주며 중간에서 잘 조정해 두터운 우의와 관심을 보여 준다.
제14관 현재 양국이 의논해 정한 이후 대조선국 군주가 어떤 혜택 · 은전의 이익을 타국 혹은 그 나라 상인에게 베풀면 바다를 건너 배를 운항해 통상 · 무역 · 왕래하는 일을 막론하고 미국과 그 상인이 종래 점유하지 않고 이 조약에 없는 것 또한 미국 관민이 일체 균점하도록 승인한다.

> 조 · 미 수호 통상 조약은 우호 협력을 강조한 거중 조정(제1관), 관세 조항 등을 규정하고 있지만, 영사 재판권과 최혜국 대우(제14관)의 내용을 담은 불평등 조약이었다.

○ **서계 문제**
일본은 1868년 메이지 유신으로 국왕 중심의 신정부를 수립한 후 조선에 서계(외교 문서)를 보내 국교 수립을 요구하였다. 그러나 서계에 황실, 봉칙 등 상국(上國)의 용어가 들어 있어 조선 정부가 문서 접수를 거부하였다. 이에 일본의 일부 인사들이 조선을 정벌하자는 '정한론'을 주장하였다.

○ **영사 재판권(치외 법권)**
영사가 주재국에서 자국민에 대한 재판을 본국의 법에 따라 실시하는 것이다. 이는 외국인이 현재 거주하는 나라의 법률을 적용받지 않을 특권이다.

○ **『조선책략』**
일본에 있던 중국 외교관 황준헌이 쓴 책이다. 조선이 러시아의 남하를 막으려면 중국과 친하고, 일본과 결속하며 미국과 연합해야 한다는 내용이 실려 있다. 이 책은 조선이 미국에 문호를 개방하는 데 큰 영향을 주었으나, 유생들의 거센 반발을 샀다.

○ **최혜국 대우**
조약을 맺은 한 나라가 제3국에 부여한 가장 유리한 조건을 조약 상대국에도 부여하는 것이다. 조선은 미국에게 최초로 최혜국 대우를 인정하였다.

🌿 **공부 꿀팁**
강화도 조약과 조 · 미 수호 통상 조약이 맺어진 배경, 조약의 내용과 성격, 조약 체결이 미친 영향 등을 파악하고, 두 조약의 공통점과 차이점을 잘 정리해 두어야 합니다.

흥선 대원군의 정책

| 43회 31번 기출 |

(가) 인물이 추진한 정책으로 옳은 것은?

나라 안의 서원과 사묘(祠廟)를 모두 철폐하고 남긴 것은 48개소에 불과하였다. …… 만동묘는 철폐한 후 그 황묘위판(皇廟位版)은 북원*의 대보단으로 옮겨 봉안하였다. …… 서원을 창설할 때에는 매우 좋은 뜻으로 시작하였지만 오랜 세월이 흐르는 동안 날로 폐단이 심하였다. …… 그러므로 서원 철폐령을 내린 것을 어찌 막을 수 있겠는가? 그 일이 [(가)](으)로부터 나온 것이라고 해서 모두 비방할 일은 아니다.

*북원: 창덕궁 금원

– 『매천야록』 –

① 나선 정벌을 위해 조총 부대를 파견하였다.
② 청과의 경계를 정한 백두산정계비를 세웠다.
③ 신유박해로 수많은 천주교인들을 처형하였다.
④ 대전통편을 편찬하여 통치 체제를 정비하였다.
⑤ 환곡의 폐단을 시정하고자 사창제를 실시하였다.

문제 분석

제시된 자료는 서원 철폐에 대한 내용으로 (가) 인물은 흥선 대원군이다. 서원은 원래 선현에 대한 제사와 교육을 목적으로 세워졌으나, 면세·면역의 혜택을 누려 국가 재정을 악화시키고 제사 비용 등의 명목으로 백성을 수탈하였다. 이에 흥선 대원군은 만동묘를 비롯해 전국의 서원 중 47개만 남기고 철폐하고, 서원에 딸린 토지와 노비를 몰수하여 국가 재정을 확충하였다.
⑤ 흥선 대원군은 삼정 가운데 고리대로 변질되어 농민에게 가장 큰 피해를 주었던 환곡의 폐단을 개선하기 위해 사창제를 실시하였다. 이는 마을 단위로 사창을 설치하고 덕망과 경제적 여유를 가진 사람을 뽑아 운영을 맡기는 방식이었다.

정답: ⑤

오답 거르기

① 나선 정벌은 청의 요청에 따라 조선의 효종이 1654년과 1658년 두 차례 조총 부대를 파견하여 청군과 연합해 러시아군과 벌인 전투이다.
② 백두산정계비는 숙종 때인 1712년에 조선과 청 사이에 백두산 일대의 국경을 확정하기 위해 세운 비석이다.
③ 신유박해는 순조 때인 1801년에 일어난 천주교도에 대한 탄압으로, 이승훈, 이가환, 정약종 등 남인 학자와 청 신부 주문모가 처형되었다.
④ 대전통편은 정조 때인 1785년에 『경국대전』과 『속대전』을 토대로 편찬한 법전이다.

닮은꼴 예상 문제

▶ 정답과 해설 31쪽

(가) 인물이 시행한 정책으로 옳은 것을 〈보기〉에서 고른 것은?

8도의 선비들이 서원을 건립하여 명현을 제사하고 …… 무리를 모아 교육시키는데 그 폐단이 백성의 생활에 미쳤다. [(가)]은/는 만동묘를 철폐하고 폐단이 큰 서원을 각도에 명하여 철폐하도록 하였다. 선비들 수만 명이 대궐 앞에 모여 만동묘와 서원을 다시 설립할 것을 청하니, [(가)]이/가 크게 노하여 한성부의 조례(皂隷)와 병졸로 하여금 한강 밖으로 몰아내게 하고 드디어 1,000여 개소의 서원을 철폐하고 그 토지를 몰수하여 관에 속하게 하였다. 이 때문에 선비들의 기운이 크게 막혔다.

– 『대한계년사』 –

┤ 보기 ├
ㄱ. 경복궁 중건   ㄴ. 사간원 독립
ㄷ. 호포제 실시   ㄹ. 장용영 설치

① ㄱ, ㄴ   ② ㄱ, ㄷ   ③ ㄴ, ㄷ   ④ ㄴ, ㄹ   ⑤ ㄷ, ㄹ

조 · 미 수호 통상 조약

| 41회 32번 기출 |

다음 조약에 대한 설명으로 옳은 것은?

> 제1관 사후 대조선국 군주와 대미국 대통령과 아울러 그 인민은 각각 모두 영원히 화평하고 우호를 다진다. 만약 타국이 어떤 불공평하게 하고 경시하는 일이 있으면 통지를 거쳐 반드시 서로 도와주며 중간에서 잘 조정해 두터운 우의와 관심을 보여 준다.
>
> 제14관 현재 양국이 의논해 정한 이후 대조선국 군주가 어떤 혜택 · 은전의 이익을 타국 혹은 그 나라 상인에게 베풀면 …… 미국과 그 상인이 종래 점유하지 않고 이 조약에 없는 것 또한 미국 관민이 일체 균점하도록 승인한다.

① 양곡의 무제한 유출 조항을 포함하고 있다.
② 외국 상인의 내지 통상권을 최초로 규정하였다.
③ 청의 알선으로 서양 국가와 맺은 최초의 조약이다.
④ 스티븐스가 외교 고문으로 부임하는 계기가 되었다.
⑤ 부산, 원산, 인천에 개항장이 설치되는 결과를 가져왔다.

문제 분석

제시된 자료는 1882년에 체결한 조 · 미 수호 통상 조약이다. 전문 14개조로 구성된 조약의 주요 내용은 제1관의 거중 조정, 제4관의 영사 재판권, 제5관의 관세 부과, 제14관의 최혜국 대우 등이다. 이 조약의 체결로 1883년 조선 주재 미국 초대 공사로서 푸트(Lucius H. Foote)가 입국하고, 조선 정부도 민영익을 수반으로 한 보빙사 일행을 미국에 파견하였다.

③ 조선이 강화도 조약으로 일본에 개항하자, 미국은 처음에 일본을 통해 조선과의 교섭을 시도하였으나 조선의 거부로 실패하였다. 이에 청은 러시아와 일본을 견제하기 위해 조선과 미국의 수교를 적극적으로 알선하였다. 그 결과 조선은 서양 국가 가운데 최초로 미국과 조 · 미 수호 통상 조약을 체결하게 되었다.

정답: ③

오답 거르기

① 양곡의 수출입 규정은 강화도 조약의 부속 조약으로 체결된 조 · 일 무역 규칙에 포함되어 있다.
② 임오군란을 계기로 체결된 조 · 청 상민 수륙 무역 장정에서 최초로 청 상인의 내지 통상권을 규정하였다.
④ 러 · 일 전쟁 중 체결된 제1차 한 · 일 협약에 따라 스티븐스가 대한 제국의 외교 고문으로 부임하였다.
⑤ 강화도 조약에 따라 1876년에 부산, 1880년에 원산, 1883년에 인천이 개항하였다.

닮은꼴 예상 문제

> 정답과 해설 31쪽

조선이 (가) 국가와 맺은 조약의 내용으로 옳은 것은?

> 조선의 땅은 실로 아시아의 요충에 자리 잡고 있어서 그 형세가 반드시 싸우는 곳이 되니, 조선이 위태로우면 동아시아의 형세가 날로 급해질 것이다. 러시아가 강토를 공략하고자 하면 반드시 조선으로부터 시작할 것이다. …… 그러므로 오늘날 조선의 책략은 러시아를 막는 일보다 더 급한 것이 없을 것이다. 러시아를 막는 책략은 무엇인가? 중국과 친하고 일본과 결속하며, ___(가)___ 와/과 연결함으로써 자강을 도모할 따름이다.

① 최혜국 대우 규정
② 해안 측량권 허용
③ 방곡령 선포 규정
④ 부산 외 2개 항구 개항
⑤ 천주교 포교 자유 인정

39회 34번 기출 문제

01 (가) 인물에 대한 설명으로 옳은 것은?

> 이곳 운현궁은 [(가)]의 개인 저택으로 그의 아들인 고종이 태어나 12살까지 살았던 잠저입니다. 원래 운현은 저택이 위치한 곳의 지명이었는데, 고종이 즉위하면서 궁의 칭호를 받아 운현궁이 되었습니다.

① 주자소를 설치하여 계미자를 주조하였다.
② 속대전을 편찬하여 통치 체제를 정비하였다.
③ 양반에게도 군포를 징수하는 호포제를 추진하였다.
④ 삼정의 문란을 개선하기 위해 삼정이정청을 설치하였다.
⑤ 육의전 이외 시전 상인의 특권을 폐지하는 신해통공을 실시하였다.

02 다음 상소가 이루어진 배경으로 적절한 것은?

> ······ 당백전을 혁파하는 것입니다. 전하께서 경비가 부족한 것을 근심하시어 이렇게 의로운 발기를 한 것은 참으로 훌륭한 조치입니다. 그러나 시행한 지 2년 동안에 사농공상이 모두 그 해를 입었는데, ······ 모두 말하기를, '이 돈은 앞으로 없어질 것이다.'라고 하는데, 신의 소견으로는, 단지 원납전의 게시만 있고 영구히 혁파하라는 분명한 명을 듣지 못하였으니, 백성들의 의혹이 점점 짙어가고 있습니다.

① 지계를 발급하였다.
② 경복궁을 중건하였다.
③ 균역법을 실시하였다.
④ 훈련도감을 설치하였다.
⑤ 경인선 철도를 부설하였다.

40회 30번 기출 문제

03 (가)에 대한 설명으로 옳은 것을 〈보기〉에서 고른 것은?

> **□□ 신문**
> 제△△호 　　　　　　　　○○○○년 ○○월 ○○일
>
> **서울시, 양헌수 장군 문집과 일기 등 유형문화재 지정**
>
> 　서울시는 [(가)] 때 정족산성 전투를 지휘한 양헌수 장군의 문집인 『하거집』과 일기 등을 서울시 유형문화재로 지정하였다. [(가)]은/는 로즈 제독의 함대가 강화도를 침략한 사건으로, 양헌수 장군은 정족산성에서 이를 물리치는 데 크게 기여하였다.
>
> ▲ 『하거집』
> 양헌수가 관직 생활을 하면서 남긴 글을 모은 책

┌ 보기 ┐
ㄱ. 러시아의 절영도 조차 요구를 저지시켰다.
ㄴ. 외규장각 도서가 약탈당하는 피해를 입었다.
ㄷ. 어재연 부대가 광성보에서 결사 항전하였다.
ㄹ. 조선 정부의 프랑스 선교사 처형이 구실이 되어 일어났다.

① ㄱ, ㄴ ② ㄱ, ㄷ ③ ㄴ, ㄷ
④ ㄴ, ㄹ ⑤ ㄷ, ㄹ

04 (가) 사건에 대한 설명으로 옳은 것은?

> 　이 수자기는 [(가)] 때 광성보를 지키던 어재연 장군이 사용하던 것이다. 당시 미국 해군이 이 기를 노획하여 본국으로 가져간 후 미국 해군 사관 학교 박물관에 보관해 오던 것을 한국 문화재청과 해군의 노력으로 2007년에 장기 대여 형식으로 돌려받아, 현재 강화 전쟁 박물관에 보관 중이다.

① 삼별초 부대가 활약하였다.
② 병인박해의 계기가 되었다.
③ 제너럴 셔먼호 사건이 빌미가 되었다.
④ 오페르트가 남연군 묘를 도굴하려고 하였다.
⑤ 조·미 수호 통상 조약이 체결되는 결과를 가져왔다.

43회 33번 기출 문제 ▸

05 밑줄 그은 '조약'에 대한 설명으로 옳은 것은?

이번에 우리 측 대표 신헌과 일본 측 대표 구로다가 조약을 체결했다는군.

그렇다네. 작년에 일어났던 운요호 사건을 빌미로 일본이 요구했다더군.

① 방곡령을 선포할 수 있는 조항을 명시하였다.
② 메가타가 재정 고문으로 부임하는 근거가 되었다.
③ 외국에 대한 최혜국 대우를 처음으로 규정하였다.
④ 부산 외 2곳에 개항장이 설치되는 결과를 가져왔다.
⑤ 고종이 헤이그에 특사를 파견하여 부당성을 알리고자 하였다.

06 (가) 조약에 대한 탐구 활동으로 적절한 것은?

[역사의 한 장면]

요코하마에 도착한 수신사 일행

조선과 일본 사이에 체결된 ___(가)___ 에 따라 일본에 수신사가 파견되었다(중앙에 말을 타고 있는 이가 수신사 김기수이다.). 76명으로 구성된 수신사 일행은 1876년 4월 말 시모노세키에 도착하였다. 이들은 약 2개월에 걸쳐 일본이 자랑하는 근대화된 시설을 관람하고 돌아왔다.

① 청·일 전쟁의 결과를 분석한다.
② 척화비가 건립된 배경을 찾아본다.
③ 운요호 사건이 끼친 영향을 파악한다.
④ 관세권 설정이 포함된 경위를 조사한다.
⑤ 임오군란 결과 체결된 조약을 알아본다.

07 밑줄 그은 '책자'가 끼친 영향으로 가장 적절한 것은?

고종: 수신사 편에 가지고 온 책자를 대신도 보았는가?
이최응: 신이 그 책을 보았는데, 그가 여러 조항으로 분석하고 변론한 것이 우리의 생각과 부합합니다. 대체로 러시아는 먼 북쪽에 있고 성질이 또 추운 것을 싫어하여 매번 남쪽을 향해 나오려고 합니다. 그 의도를 진실로 헤아릴 수 없으니, 어찌 대단히 위태롭지 않겠습니까?
고종: 방비 대책은 어떠한가?
이최응: 방비 대책에 대하여 우리 스스로가 어찌 강구한 것이 없겠습니까마는, 청나라 사람이 책에서 논한 것이 이처럼 완벽하고, 그가 책을 우리나라에 준 것은 충분한 소견이 있어서 그런 것입니다. 그중 믿을 만한 것은 믿고 채용해야 할 것입니다.

① 북벌 운동이 추진되었다.
② 위화도 회군이 단행되었다.
③ 삼군부의 기능이 부활하였다.
④ 통상 수교 거부 정책이 강화되었다.
⑤ 미국과 수교하자는 주장이 제기되었다.

38회 27번 기출 문제 ▸

08 밑줄 그은 '이 조약'에 대한 설명으로 옳은 것은?

S# 36. 궁궐 안

이 조약의 체결로 이루어진 공사(公使)의 부임에 대한 답례차 파견되었던 전권대신 민영익이 귀국하여 고종을 알현하고 있다.

고종: 그 나라의 부강함은 천하제일이라던데, 경이 이번에 눈으로 보니 과연 그러하던가?
민영익: 곡식이 생산되는 땅이 많고 사람들이 모두 실제에 힘씁니다. 그래서 상무(商務)가 가장 왕성하니, 다른 나라와 비교가 되지 않습니다.
고종: 대통령이 이번에 바뀌었다고 하던가?
민영익: 신이 귀국하기 전에는 미처 듣지 못하였습니다.

① 최혜국 대우 조항이 포함되었다.
② 천주교 선교를 인정하는 근거가 되었다.
③ 양곡의 수출을 허용하고 관세를 설정하지 않았다.
④ 스티븐스가 외교 고문으로 부임하는 계기가 되었다.
⑤ 부산, 원산, 인천에 개항장이 설치되는 결과를 가져왔다.

02 근대적 개혁의 추진과 반발

☑ 출제 포인트

· 온건 개화파와 급진 개화파의 차이점
· 1880년대의 개화 정책
· 임오군란 · 갑신정변의 원인, 전개 과정, 결과
· 갑오 · 을미개혁의 내용

● 양무운동
19세기 후반 청에서 추진한 근대화 운동으로, 중국의 전통 제도나 사상은 유지하면서 서양의 과학 기술을 수용하려고 했다.

● 메이지 유신
1868년 국왕 중심의 신정부 수립 후 추진된 일본의 근대화 운동으로, 정치, 경제, 사회 전 분야에 걸쳐 서양을 모방한 급진적인 개혁이 이루어졌다.

● 『문견사건』
조사 시찰단으로 일본에 파견되었던 12명 중 7명이 남긴 일본 견문기로, 당시 일본의 역사 · 지리 · 정치 제도 · 경제 제도 · 군사 제도 · 사회 제도 · 통상 · 외교 관계 및 개항장 사정 · 산업 시설 · 물산 · 문화 · 풍속 등 여러 면에 걸친 일본의 실제 상황에 관한 조사 내용이 담겨 있다.

✿ 공부 꿀팁
온건 개화파의 대표 인물인 김홍집은 훗날 총리대신으로 갑오개혁을 주도합니다. 급진 개화파의 대표 인물인 김옥균은 갑신정변을 일으켰다가 실패하고 일본으로 망명합니다. 온건 · 급진 개화파 인물과 그 행적에 대해서 정리해 두어야 합니다.

1 개화파의 형성과 성장

1. 개화사상의 형성
(1) 배경: 북학파 실학사상 계승, 양무운동●(청)과 메이지 유신●(일본)의 영향
(2) 초기 개화사상의 형성: 박규수, 오경석, 유홍기 등이 통상 개화론 주장
                  └● 조선 후기 북학파 실학자인 박지원의 손자로, 평양 감사로 있을 때 제너럴 셔먼호를 침몰시켰다.

2. 개화파의 형성과 분화
(1) 형성: 박규수의 지도 아래 개항 전후로 개화파 형성, 정부의 개화 정책에 참여
(2) 분화: 임오군란(1882) 전후 온건 개화파와 급진 개화파로 분화

구분	온건 개화파	급진 개화파
대표 인물	김홍집, 김윤식, 어윤중 등	김옥균, 박영효, 홍영식, 서광범 등
개혁 모델	청의 양무운동	일본의 메이지 유신
특징	· 청과 전통적 우호 관계 유지 주장 · 동도서기론 주장, 점진적 근대화 추구 → 유교 질서를 유지하며 서양의 과학 기술을 수용하자고 주장	· 청의 간섭과 청에 대한 사대 외교 반대 · 문명개화론의 영향을 받아 급진적 근대화 추구 → 서양의 과학 기술과 사상 · 제도까지 적극 수용하자고 주장

                  └● 조선의 전통적인 제도와 사상(동도)을 지키면서 서양의 근대적인 기술과 과학(서기)을 수용하자는 주장이다.

2 개화 정책의 추진과 반발

1. 개화 정책의 추진
(1) 수신사 파견: 1차 김기수(1876), 2차 김홍집(1880) 등 파견, 일본의 변화 모습과 국제 정세 파악
(2) 통리기무아문 설치(1880): 개화 정책을 총괄하는 기구, 산하에 실무 담당 기관인 12사 설치
   ① 군사 제도 개편: 별기군 창설(1881), 5군영을 2영(무위영, 장어영)으로 개편
   ② 조사 시찰단 파견(1881): 일본의 근대 문물 시찰과 개화 정책에 대한 정보 수집 목적, 귀국 후 보고서(『문견사건』, 시찰기) 제출 ● 신식 군대로 신식 소총을 지급받았고, 정부가 초빙한 일본인 교관에게 근대식 훈련을 받았다.
   ③ 영선사 파견(1881): 김윤식이 유학생과 기술자 인솔, 청의 근대 무기 제조법과 군사 훈련법 습득 목적 → 귀국 후 기기창 설치(1883) 주도

시험에 나오는 지문 특강 📖 통리기무아문

【새로 설치하는 아문에 대한 절목】 아문의 칭호는 통리기무아문으로 한다. …… 신설한 아문은 중앙과 지방의 군국(軍國)의 기무를 통솔하여 체모가 특별하므로 정1품 아문으로 마련하고, 대신 중에서 총리를 삼아 통제하거나 정무 보는 것은 의정부와 같은 규례로 해서 통리기무아문의 일을 총괄하여 다스린다.
                                                      - 『비변사등록』 -

    정부는 1880년 12월 국내외의 군국기무를 담당할 기구로 통리기무아문을 신설하였다. 통리기무아문은 실무 담당 기관으로 사대사 · 교린사 · 군무사 · 변정사 · 통상사 등 12사를 두었다. 수장인 총리는 정부 내에서 가장 높은 정1품의 지위로 정부 대신 중에서 임명되었다.
    통리기무아문은 개화 문물을 습득하기 위해 일본과 중국에 각각 조사 시찰단과 영선사를 파견하고, 신식 군대인 별기군을 설치하는 등의 업무를 수행하였다. 그러나 1882년 임오군란이 일어나 일시적으로 폐지되었고, 이후 몇 차례 명칭과 조직이 바뀌었다.

2. 개화 정책에 대한 반발
(1) 위정척사 운동 ● 바른 것을 지키고 사악한 것을 배척한다는 뜻으로, 바른 것은 유교 문화에 기반을 둔 조선의 전통 질서이고, 사악한 것은 천주교로 대표되는 서양 문화를 가리킨다.
   ① 성격: 보수적인 유생들이 성리학의 화이사상을 계승, 서양과 일본을 오랑캐로 인식하여 반외세 · 반침략 운동 전개

② 전개 과정

시기	배경	활동	대표 인물
1860년대	서양 열강의 통상 요구	통상 반대, 척화주전론 주장 → 흥선 대원군의 통상 수교 거부 정책 지지	이항로, 기정진
1870년대	강화도 조약 체결	개항 반대, 왜양일체론 주장 → 강화도 조약 체결 반대	최익현❍
1880년대	개화 정책 추진, 『조선책략』 유포	개화 정책 반대, 미국과 수교 반대(영남 만인소)	이만손, 홍재학❍

③ 의의와 한계: 1890년대 항일 의병 운동으로 계승, 전통 성리학 체제와 양반 중심의 질서 고수

시험에 나오는 지문 특강 📖 위정척사 운동

- 이항로의 척화주전론(1866): 오늘날의 국론은 두 가지 설이 서로 다투고 있는데, 양적(서양 오랑캐)과 싸우자는 것이 나라의 입장에 선 사람의 말이고, 양적과 강화하자는 것이 적의 입장에 선 사람의 말입니다. 앞의 말을 따르면 나라 안에 전해 내려온 문물제도를 보전할 수 있지만, 뒤의 말을 따르면 인류가 금수와 같은 지경에 빠지게 될 것입니다. -「승정원일기」-

- 최익현의 왜양일체론(1876): 저들이 비록 왜인이라고는 하지만 실은 양적입니다. 강화가 한 번 이루어지면 사학의 서책과 천주의 초상이 교역하는 속에 뒤섞여 들어와 조금 지나면 전도사와 신자가 전수를 받아 온 나라에 두루 가득 찰 것입니다. -「면암집」-

- 영남 만인소(1881): 수신사 김홍집이 가져와 유포한 황준헌의 『조선책략』을 보노라면, 어느새 머리털이 쭈뼛해지고 쓸개가 떨리며 통곡하여 눈물이 흐릅니다. …… 그 말에 이르기를, '조선의 오늘날의 급선무는 러시아를 막는 것보다 먼저 할 것이 없고, 러시아를 막는 계책은 중국과 화친하고 일본과 결탁하고 미국과 연합하는 것보다 먼저 할 것이 없다.'라고 하였습니다. …… 러시아와 미국과 일본은 똑같은 오랑캐입니다. -「승정원일기」-

> 위정척사 운동은 19세기 후반 보수 유생들을 중심으로 국내외 상황에 따라 전개되었다. 서구 열강이 통상을 요구하며 침략해 오자 이항로 등은 척화주전론을 주장하며 흥선 대원군의 통상 수교 거부 정책을 지지하였다. 또한 일본이 문호 개방을 요구하자, 최익현 등은 일본과 서양이 같은 세력이라는 왜양일체론을 내세우며 강화도 조약 체결에 반대하였다. 이어 정부가 『조선책략』을 유포하며 미국과 수교 움직임을 보이자 이만손을 중심으로 한 영남 지방 유생들은 이에 반발하여 만인소를 올렸다.

(2) 임오군란(1882)

배경	• 신식 군대인 별기군의 창설과 구식 군인에 대한 차별 대우 • 개항 이후 일본의 경제 침탈에 따른 민중의 생활 악화
전개	구식 군인 봉기, 도시 빈민 합세 → 정부 고관·일본 공사관·궁궐 습격, 명성 황후 피신 → 흥선 대원군 재집권(별기군 폐지, 5군영 부활, 통리기무아문 폐지 등 단행) → 청군 개입, 군란 진압 및 흥선 대원군 납치 → 민씨 세력 재집권(친청 정권 수립)
결과	• 조선과 일본 사이에 제물포 조약❍ 체결(1882) • 청의 내정 간섭: 청군의 조선 주둔, 청이 조선에 마건상과 묄렌도르프를 고문으로 파견 • 조선과 청 사이에 조·청 상민 수륙 무역 장정 체결(1882)

└→ 조선이 청의 속방이라고 강조되어 있고, 청은 조선에서 영사 재판권을 인정받았으며, 이후 청 상인은 개항장 밖에서 내륙 통상을 시작하였다.

3. 갑신정변(1884)

(1) 배경

① 임오군란 이후 청의 내정 간섭: 정부의 개화 정책 지연, 급진 개화파의 불만 고조

② 급진 개화파의 입지 약화: 민씨 정권과의 갈등 심화, 김옥균이 일본으로부터의 차관 도입 실패

③ 국제 정세 변화: 청·프 전쟁❍ 지원을 위해 조선에 주둔한 청군 일부 철수, 일본 공사의 급진 개화파에 대한 군사적 지원 약속

❍ 최익현
1873년에 상소를 올려 흥선 대원군의 하야에 큰 영향을 미쳤고, 강화도 조약 체결 전후에는 왜양일체론을 내세워 개항을 반대하였다. 을미개혁 당시에는 단발령에 강력히 저항하였고, 을사늑약 체결에 항거해 의병을 일으켰다가 쓰시마섬으로 끌려가 그곳에서 순국하였다.

❍ 홍재학
이항로의 제자로 위정척사 운동에 앞장섰던 인물이다. 1881년에 올린 상소문에서 당시 개화 정책에 앞장섰던 김홍집 등에 대한 규탄뿐만 아니라, 사학의 무리를 방치한 국왕의 실정도 지적하는 등 강경하게 비판하였다. 정부는 일벌백계로 홍재학을 처단하여 척사 상소의 기세를 잠재웠다.

❍ 제물포 조약
임오군란으로 일본 공사관이 습격당하고 일본인 사상자가 발생하였다. 이에 일본은 제물포 조약 체결을 강요하였다. 이 조약으로 조선은 일본에 배상금을 지불하고, 일본 공사관에 경비병이 주둔하는 것을 인정하였다.

❍ 청·프 전쟁
베트남에 대한 종주권을 두고 1884년 8월에서 1885년 4월까지 청과 프랑스가 맞붙은 전쟁이다. 전쟁이 일어날 조짐이 짙어지자, 청은 1884년 5월 조선에 주둔하던 3,000명의 군인 중 절반을 베트남 전선으로 이동시켰다. 그 결과 서울에는 1,500명의 청군만이 남게 되었다.

🌿 **공부 꿀팁**
임오군란은 조선의 정치와 경제에 큰 변화를 가져왔습니다. 청의 내정 간섭 심화와 청 상인의 내륙 진출, 일본 공사관에 경비병 주둔, 개화파의 분화 등이 이때 나타난 모습입니다. 임오군란 결과 맺은 조약과 함께 잘 정리해 두어야 합니다.

● **우정총국**
우편 업무를 담당하기 위해 1884년 3월 설치되고, 책임자로 급진 개화파인 홍영식이 임명되었다. 그해 10월 1일 처음으로 업무를 시작하였으나, 10월 17일 개국 축하연을 이용한 갑신정변이 일어나 폐지되고 말았다. 이후 우편 업무는 한동안 중단되어 이전의 역참제가 다시 부활하기도 하였으나, 1895년에 을미개혁으로 우편 업무가 재개되었다.

● **조 · 러 비밀 협약**
조선이 러시아에게 영흥만 조차를 인정해 주는 대신 러시아는 조선군의 훈련을 담당할 교관을 파견한다는 내용 등을 담고 있었으나, 청의 방해로 협약 체결에 실패하였다.

● **부들러**
조선 주재 독일 부영사로 갑신정변 직후 조선을 스위스 같은 영세 중립국으로 만드는 방안을 조선 정부에 건의하였다.

● **유길준의 「중립론」**
유길준은 조선의 안전은 어느 특정한 강대국이 아니라 강대국 모두가 보장하는 중립화에 따라 가능하다고 생각하였다. 이에 청이 영국, 러시아 등 아시아에 이해관계가 있는 열강들을 한자리에 모이게 한 후 조선의 중립화를 합의하게 하는 방법을 구상하였다.

(2) 전개 과정

정변의 발발	우정총국(우정국)● 개국 축하연에서 김옥균 등 급진 개화파가 정변을 일으켜 민씨 정권의 주요 인물을 제거하고 권력 장악
개화당 정부 수립	새 내각 및 개혁 정강 발표
개혁 정강 주요 내용	• 정치: 흥선 대원군 송환 요구, 청에 대한 조공 허례 폐지, 내각 중심의 정치 실시 • 경제: 지조법 개혁, 호조로 재정 일원화, 혜상공국 폐지 • 사회: 문벌 폐지 및 인민 평등권 확립, 능력에 따른 인재 등용

　　　● 전국의 보부상을 총괄하여 관리하는 정부 기관이다. 혜상공국의 폐지는 특권 상인층을 없애려는 의도가 담겨 있다.

(3) 결과

① 청의 내정 간섭 심화: 민씨 세력 재집권, 급진 개화 세력 약화

② 조선과 일본 간 한성 조약 체결(1884): 조선이 일본에 배상금 지불, 일본 공사관 신축 비용 부담

③ 청과 일본 간 톈진 조약 체결(1885): 조선에서 청과 일본의 군대 동시 철수, 조선에 파병할 경우 사전에 서로 통보할 것을 약속

시험에 나오는 지문 특강 📖 **한성 조약**

> 제2조 이번에 피해를 입은 일본인의 유가족과 부상자를 돌보아 주고, 아울러 상인들의 화물이 훼손 · 약탈된 것을 보상하기 위해 조선국은 11만 원을 지불한다.
>
> 제4조 일본 공관을 신축해야 하므로 조선국은 땅과 건물을 내주어 공관 및 영사관으로 사용할 수 있도록 한다. 그것을 수축이나 증축할 경우 조선국이 다시 2만 원을 지불하여 공사비로 충당하게 한다.
>
> – 『고종실록』 –

한성 조약은 갑신정변 뒤처리를 위해 조선 전권대신 김홍집과 일본 전권대신 이노우에 가오루 사이에 체결된 조약이다. 일본은 제물포 조약에 이어 한성 조약에서도 사죄와 배상금을 받아 내며 조선에서 영향력을 계속 유지할 수 있게 되었다.

(4) 의의와 한계

① 의의: 근대 국가 건설을 목표로 추진된 최초의 정치 개혁 운동 → 갑오개혁에 영향

② 한계: 일본의 군사력에 의존, 토지 개혁 소홀 → 민중의 외면

4. 갑신정변 이후 국내외 정세

(1) 조선의 자주적 외교 노력: 조선은 청의 내정 간섭에서 벗어나기 위해 조 · 러 비밀 협약● 추진

(2) 거문도 사건: 러시아의 남하를 견제한다는 구실로 영국이 거문도를 불법 점령(1885~1887) → 청의 중재로 철수

(3) 조선 중립화론 대두: 부들러,● 유길준(『중립론』● 집필)
　　● 조선의 안전 보장과 열강의 충돌 방지 등을 위해 조선을 강대국이 보장하는 중립국으로 만들자는 주장이다.

③ 근대적 개혁 추진

1. 제1차 갑오개혁(1894. 7.)

(1) 배경: 일본의 경복궁 점령, 청 · 일 전쟁 도발 → 조선의 내정 개혁 강요 → 김홍집 내각 성립, 교정청 폐지 후 군국기무처 설치

(2) 특징: 군국기무처가 개혁 주도, 김홍집을 총재로 하여 유길준과 박정양 등이 참여

(3) 개혁 내용: 갑신정변의 개혁 정강, 동학 농민군의 폐정 개혁안 일부 반영

🌱 **공부 꿀팁**
갑신정변은 3일 천하로 끝났지만 근대 국가를 세우려는 개혁 운동이었다는 역사적 의미가 있습니다. 이와 관련하여 개혁 정강의 내용을 눈여겨보고, 이후 갑오개혁에 어떻게 반영되었는지 살펴보아야 합니다.

정치	개국 기년 사용, 왕실 사무와 정부 사무 분리(궁내부 신설, 왕권 제한), 6조를 80문으로 개편, 과거제 폐지, 경무청 신설(경찰 제도 실시) ● 중국의 연호 대신 조선이 건국된 1392년을 기준으로 삼은 것이다.
경제	탁지아문으로 재정 일원화, 은본위 화폐 제도 채택, 조세 금납제 실시, 도량형 통일
사회	신분제 철폐(공 · 사노비 제도 혁파), 봉건적 악습 타파(조혼 금지, 과부 재가 허용)

2. 제2차 갑오개혁(1894. 12.)

(1) 배경: 청 · 일 전쟁에서 승기를 잡은 일본이 조선의 개혁 간섭

(2) 특징: 군국기무처 폐지, 일본에서 귀국한 박영효가 내각에 참여(김홍집 · 박영효 연립 내각)

(3) 개혁 추진: 독립 서고문 발표(자주독립 선포), 홍범 14조 반포
└ 급진 개화파 인물로 갑신정변을 일으켰다가 실패하자 일본에 망명하였다.

(4) 개혁 내용

정치	의정부를 내각으로 개편, 8아문을 7부로 개편, 지방 제도 개편(8도 → 23부), 지방관의 권한 축소(사법권과 군사권 폐지), 근대식 재판소 설치(사법권 독립)
사회	교육입국 조서 반포, 근대식 교육 제도 마련(한성 사범 학교 · 소학교 · 외국어 학교 관제 등)

시험에 나오는 지문 특강 📖 독립 서고문과 홍범 14조

개국 503년 12월 12일, 감히 황조(皇祖)와 열성조(列聖祖)의 신령 앞에 고합니다. …… 이제부터는 다른 나라를 의지하지 않으며 융성하도록 나라의 발걸음을 넓히고 백성의 복리를 증진하여 자주독립의 터전을 공고하게 할 것입니다. …… 14개 조목의 홍범을 하늘에 계신 우리 조종의 신령 앞에 서고하노니, 우러러 조종이 남긴 업적을 잘 이어서 감히 어기지 않을 것입니다. 밝은 신령께서는 굽어 살피소서.

1. 청나라에 의존하는 생각을 끊어 버리고 자주독립의 기초를 튼튼히 세운다.
2. 왕실 규범을 제정하여 왕위 계승 및 종친과 외척의 본분과 의리를 밝힌다.
4. 왕실 사무와 국정 사무는 반드시 분리시켜 서로 뒤섞지 않는다.
14. 사람을 등용함에 있어 문벌에 구애되지 말고, 선비를 구함에 있어서 조정과 민간에 두루 걸침으로써 인재 등용의 길을 넓힌다.

– 「관보」, 1894년(개국 503년) 12월 12일 –

일본의 간섭 속에서 1894년 12월 고종은 왕세자와 여러 신하를 거느리고 종묘에 나가 자주독립을 천명하는 독립 서고문과 국가의 전반적인 근대적 개혁의 구상을 담은 홍범 14조를 반포하였다. 이를 통해 조선은 대외적으로 청과의 관계 단절을 통해 자주독립을 선언하였고, 대내적으로는 근대적인 내각 수립과 각종 제도 개혁 등 근대적 개혁을 지속적으로 추진할 것을 천명하였다.

3. 을미개혁(제3차 갑오개혁, 1895)

(1) 배경: 일본이 청 · 일 전쟁에서 승리한 뒤 시모노세키 조약을 체결하여 랴오둥반도 차지 → 러시아가 주도한 삼국 간섭으로 일본이 랴오둥반도를 청에 반환 → 고종과 명성 황후가 미국 및 러시아와 가까운 인물들로 내각을 구성하고 일본 견제 → 일본이 명성 황후 시해(을미사변) → 김홍집 내각이 구성되어 개혁 추진

(2) 개혁 내용

정치	'건양' 연호 사용 ● 태양력 사용에 따라 음력 1895년 11월 17일이 양력 1896년 1월 1일이 되었다.
사회	태양력 사용, 단발령 실시, 종두법 시행, 소학교 설립, 우편 사무 재개
군사	친위대(중앙), 진위대(지방) 설치

(3) 개혁에 대한 반발: 을미사변 · 단발령 등에 대한 반발 심화, 유생을 중심으로 전국 각지에서 의병 봉기(을미의병)

(4) 개혁 중단: 아관 파천(1896) 직후 김홍집 내각 붕괴, 친러 정권 수립 → 고종은 단발령을 철회하고 의병 해산 권고 조칙을 내림
└ 을미사변 이후 신변에 불안을 느낀 고종이 러시아 공사관으로 처소를 옮긴 사건이다.

4. 갑오 · 을미개혁의 의의와 한계

(1) 의의: 갑신정변과 동학 농민 운동 등에서 제기된 개혁 요구 반영, 신분제 철폐 등 전 분야에 걸쳐 근대적 개혁 실시

(2) 한계: 일본의 강요로 추진되어 일본이 본격적으로 조선을 침략하는 발판 마련, 토지 제도 개혁 소홀 등으로 민중의 외면, 상공업 진흥 및 국방력 강화 등 자주 국가 수립에 필요한 개혁안 미흡

◐ 제1, 2차 갑오개혁 때의 정부 기구

◑ 교육입국 조서
1895년 2월 고종이 발표한 '교육에 관한 조칙'으로, '국가의 부강은 국민의 교육에 있다.'라고 하여 교육을 국가 발전의 근본으로 인식하였다. 이후 이를 실천하기 위해 한성 사범 학교와 소학교 등이 설립되었다.

◑ 삼국 간섭
청 · 일 전쟁의 결과 시모노세키 조약이 체결되어 일본이 랴오둥 반도를 차지하자, 만주와 조선에 진출할 야심을 갖고 있던 러시아가 프랑스와 독일을 끌어들여 일본에 영향력을 행사해 랴오둥반도를 포기하도록 한 사건이다.

◑ 을미사변
일본이 1895년 8월 러시아를 끌어들여 일본을 배척한 배후 인물로 명성 황후를 지목하고, 일본 공사 미우라의 직접 지시하에 경복궁을 기습하여 명성 황후를 참혹히 살해한 사건이다.

🌿 공부 꿀팁
1894년은 동학 농민 운동, 청·일 전쟁, 갑오개혁이 일어난 해입니다. 서로의 관련성을 파악하는 한편, 갑오개혁과 을미개혁의 주요 내용을 알아 두고 개혁의 전개 과정과 국내외 상황을 연결 지어 정리해 두어야 합니다.

임오군란의 결과

| 38회 30번 기출 |

다음 상황 이후에 전개된 사실로 옳은 것은?

> 대원군에게 군국사무를 처리하라는 명이 내려지자, 대원군은 궐내에 거처하면서 [통리]기무아문과 무위영·장어영을 폐지하고, 5영의 군제를 복구하고 군료(軍料)를 지급하도록 하였다. 그리고 난병(亂兵)에게 물러가라 명하고 대사령을 내렸다. 난병들은 대궐에서 물러나 사방으로 흩어졌다.
>
> — 『매천야록』 —

① 전국 각지에 척화비가 건립되었다.
② 김기수가 수신사로 일본에 파견되었다.
③ 왕조의 통치 규범을 재정비한 대전통편이 편찬되었다.
④ 조선책략 유포에 반발하여 이만손 등이 영남 만인소를 올렸다.
⑤ 일본 공사관 경비병의 주둔을 인정한 제물포 조약이 체결되었다.

문제 분석

제시된 자료는 고종이 흥선 대원군에게 군국사무 처리를 맡기자, 흥선 대원군이 통리기무아문을 폐지하고 5군영을 부활하였으며 난병을 용서하였다는 내용으로, 임오군란이 일어나 흥선 대원군이 재집권하고 있는 상황을 보여 준다.
⑤ 임오군란 과정에서 별기군의 일본인 교관이 살해되고, 일본 공사관이 습격당하였다. 임오군란이 청군의 개입으로 진압된 직후 일본은 군함과 병력을 파견하여 조선 정부에 책임을 추궁하였다. 결국, 조선은 일본과 제물포 조약을 체결하여 배상금을 지불하고 일본 공사관 경비 병력의 주둔을 허용하였다.

정답: ⑤

오답 거르기

① 1871년 신미양요 직후 흥선 대원군은 전국에 척화비를 세워 통상 수교 거부 의지를 확고하게 밝혔다.
② 1876년 강화도 조약 체결 직후 조선은 일본에 김기수를 수신사로 파견하였다. 김기수 일행은 20일간 도쿄에 머물면서 일본 국왕을 접견하고, 일본의 근대적 제도 및 문물을 견문한 후 조선으로 귀국하였다.
③ 『대전통편』은 정조 때 편찬된 법전이다.
④ 1880년 제2차 수신사로 일본에 파견된 김홍집이 『조선책략』을 가져와 유포하자, 이에 반발하여 영남 유생들이 만인소를 올렸다.

닮은 꼴 예상 문제

▶ 정답과 해설 32쪽

다음 조약 체결의 배경이 된 사건에 대한 설명으로 옳은 것은?

> 제1관 지금부터 20일을 기한으로 하여 조선국은 흉도들을 잡아 그 수괴를 엄격히 심문하여 엄하게 징벌하고, 일본국이 파견한 인원과 공동으로 조사하여 처리한다. 기한 내에 잡지 못할 경우 일본국에서 처리한다.
> 제3관 조선은 5만 원을 지출하여 해를 당한 일본 관서의 유족들, 부상자를 특별히 돌보아 준다.
> 제4관 흉도들의 포악한 행동으로 인하여 일본국이 입은 손해와 공사(公使)를 호위한 해군과 육군의 비용 중에서 50만 원을 조선국에서 보충한다.
> 제5관 일본 공사관에 약간의 군사를 두어 경비를 서게 한다.

① 청군의 개입으로 3일 만에 진압되었다.
② 왜양일체론이 제기되는 배경이 되었다.
③ 구식 군인에 대한 차별 대우가 원인이 되었다.
④ 청에 납치된 흥선 대원군의 송환을 요구하였다.
⑤ 청군과 일본군이 조선에서 철수하는 계기가 되었다.

갑신정변의 전개 과정

| 40회 31번 기출 |

밑줄 그은 '사변'의 결과로 옳은 것은?

> 이번 경성에서의 <u>사변</u>은 작은 문제가 아니므로 대일본 대황제는 이노우에 가오루를 대조선국에 파견하고 …… 대조선국 대군주는 김홍집에게 전권을 위임하여 토의·처리하도록 임명하여 ……
>
> ⋮
>
> 제2조 이번에 피해를 입은 일본인의 유가족과 부상자를 돌보아 주고, 아울러 상인들의 화물이 훼손·약탈된 것을 보상하기 위해 조선국은 11만 원을 지불한다.
>
> ⋮
>
> 제4조 일본 공관을 신축해야 하므로 조선국은 땅과 건물을 내주어 공관 및 영사관으로 사용할 수 있도록 한다. 그것을 수축이나 증축할 경우 조선국이 다시 2만 원을 지불하여 공사비로 충당하게 한다.
>
> ⋮

① 신식 군대인 별기군이 창설되었다.
② 김기수가 수신사로 일본에 파견되었다.
③ 이만손 등의 영남 유생들이 만인소를 올렸다.
④ 개화 정책을 담당하는 통리기무아문이 설치되었다.
⑤ 3일 만에 실패로 끝나 주동자들이 해외로 망명하였다.

문제 분석

제시된 자료는 조선이 피해를 입은 일본인에게 배상금을 지불하고, 일본 공관(공사관) 신축에 필요한 땅과 건물 및 공사비를 보상한다는 것으로, 1884년 갑신정변 결과 일본과 맺은 한성 조약의 내용이다. 따라서 밑줄 그은 '사변'은 갑신정변을 가리킨다.
⑤ 급진 개화파가 일으킨 갑신정변은 새 내각 및 개혁 정강을 발표하는 등 성공하는 듯하였으나, 청군의 개입으로 3일 만에 실패로 끝났다. 주동자인 김옥균, 박영효 등은 일본으로 망명하였고, 홍영식은 죽임을 당하였다.

정답: ⑤

오답 거르기

① 별기군은 개화 정책의 추진에 따라 1881년에 창설되었다.
② 1876년 강화도 조약이 체결된 이후 일본의 요청에 따라 김기수가 수신사로 일본에 파견되었다.
③ 1880년 정부가 『조선책략』을 유포하면서 미국과 통상 조약을 체결하려고 하자 유생들이 영남 만인소 등 상소를 올려 반발하였다.
④ 수신사를 통해 세계정세의 변화상이 알려지면서 개화가 시급하다는 분위기가 조성되었다. 이에 정부는 개화 정책을 추진하기 위해 1880년 통리기무아문을 설치하였다.

닮은 꼴 예상 문제

> 정답과 해설 32쪽

밑줄 그은 '거사'에 대한 설명으로 옳은 것은?

> 일본에 머물고 있는 신 박영효는 삼가 대군주 폐하께 상소를 올립니다. …… 성은의 만분의 일이나마 제 마음으로 삼으려 했지만 일의 순리를 헤아리지 못하고 갑신년에 이르러 멋대로 경솔한 <u>거사</u>를 행하였습니다. 그러나 천운과 마음이 어긋나 공적으로는 폐하의 진노를 사고 삼국의 분란을 일으켰으며, 사적으로는 헛되이 신의 부모 형제와 친구들을 죽음에 이르게 했습니다. …… 그럼에도 나아와 명을 받고 엎드려 벌을 받지 않은 이유는, 그 <u>거사</u>가 사실은 충군애국의 마음에서 벌인 것이지 찬탈이나 반란의 뜻이 아니었기 때문입니다.

① 조선책략 유포가 원인을 제공하였다.
② 집강소를 설치하여 개혁을 추진하였다.
③ 흥선 대원군이 일시적으로 재집권하였다.
④ 문벌 폐지와 인민 평등권의 확립을 주장하였다.
⑤ 위기를 느낀 고종이 러시아 공사관으로 처소를 옮겼다.

01 다음 주장에 대한 설명으로 옳은 것은?

> 저들의 종교는 배척하고 기계를 본받는 것은 진실로 병행하여도 사리에 어그러지지 않는다. 더구나 강약의 형세가 이미 현저한데 만일 저들의 기계를 본받지 않는다면 무슨 수로 저들이 얕보는 것을 막고 저들이 넘겨다보는 것을 막을 수 있겠는가. 참으로 안으로 정치와 교육을 닦고 밖으로 이웃 나라와 수호를 맺어 우리나라의 예의를 지키면서 각국의 부강한 방법을 취하여 너희 사민들과 함께 태평성대를 누릴 수 있다면 어찌 아름답지 않겠는가.
>
> — 『고종실록』 —

① 보수적 유생층으로부터 지지를 받았다.
② 단발령과 을미사변을 계기로 제기되었다.
③ 동도서기론에 기반한 개혁을 내세우고 있다.
④ 일본의 메이지 유신을 모델로 한 개혁을 추구하였다.
⑤ 흥선 대원군의 통상 수교 거부 정책을 뒷받침하였다.

42회 34번 기출 문제 ▸

02 다음 서술형 평가의 답안에 들어갈 내용으로 옳은 것은?

> **서술형 평가**　　　　　○학년 ○○반 이름: ○○○
>
> ◎ 밑줄 그은 '이 기구'에서 추진한 정책을 서술하시오.
>
> 이 기구는 변화하는 국내외 정세에 대응하고 개화 정책을 총괄하기 위해 1880년에 설치되었다. 소속 부서로 외교 업무를 담당하는 사대사와 교린사, 중앙과 지방의 군사를 통솔하는 군무사, 외국과의 통상에 관한 일을 맡는 통상사, 외국어 번역을 맡은 어학사, 재정 사무를 담당한 이용사 등 12사가 있었다.
>
> | 답안 | |

① 재판소를 설치하여 사법권을 독립시켰다.
② 미국과 합작하여 한성 전기 회사를 설립하였다.
③ 5군영을 2영으로 축소하고 별기군을 창설하였다.
④ 재정 문제를 해결하기 위해 당백전을 주조하였다.
⑤ 교육 입국 조서를 반포하고 외국어 학교 관제를 마련하였다.

43회 35번 기출 문제 ▸

03 (가), (나) 사절단에 대한 설명으로 옳은 것은?

> 나는 　(가)　(으)로서 학생과 기술자를 인솔하여 청으로 가서 전기, 화학 등 선진 과학 기술을 배우게 하고, 우리나라와 미국과의 조약 체결에 관한 일을 이홍장과 협의하였습니다.

> 나는 미국 공사의 부임에 대한 답례와 양국의 친선을 위해 파견된 　(나)　의 전권대신으로 홍영식, 서광범 등과 미국 대통령 아서를 접견하고 국서와 신임장을 제출하였습니다.

① (가) – 귀국할 때 조선책략을 가지고 들어왔다.
② (가) – 무기 제조 공장인 기기창 설립의 계기를 마련하였다.
③ (나) – 보고 들은 내용을 해동제국기로 남겼다.
④ (나) – 해국도지, 영환지략을 들여와 국내에 소개하였다.
⑤ (가), (나) – 암행어사 형태로 비밀리에 파견되었다.

04 다음과 같은 국왕의 지시가 내려진 당시 상황으로 옳은 것은?

> 동래부 암행어사 이헌영은 들어보아라.
> 일본 사람의 조정 논의와 시세 형편, 풍속·인물과 다른 나라들과의 수교·통상 등의 대략을 한번 염탐하는 것이 좋겠다. 그러니 그대는 모름지기 잘 생각하여 일본 사람의 배에 섞여 타고 건너가, 세관이 관장하는 사무와 그 밖의 다소(多少)를 듣고 보되, 소요되는 연월의 길고 짧음에 구애받지 말고 일일이 탐지하고 오라. 이 밖에 뒷일은 별단으로 조용히 보고하라. 급히 성 밖으로 나갈 필요는 없고 집에서 출발 준비함이 좋다.
>
> — 『일사집략』 —

① 임오군란이 발생하였다.
② 위정척사 운동이 전개되었다.
③ 일본이 명성 황후를 시해하였다.
④ 정변이 일어나 개화당 정부가 수립되었다.
⑤ 오페르트가 남연군 묘의 도굴을 시도하였다.

05 다음 상소가 올려진 이후의 사실로 옳은 것은?

> 진실로 황준헌의 말처럼 러시아가 비록 병탄할 힘과 침략할 뜻이 있다고 해도, 장차 만리 밖의 구원을 앉아 기다리면서 홀로 가까운 오랑캐들과 싸우겠습니까? 이야말로 이해관계가 뚜렷한 것입니다. 지금 조정은 어찌 백해무익한 일을 해서 러시아 오랑캐에게는 없는 마음을 갖게 하고, 미국에게는 일도 아닌 것을 일로 삼게 하여 오랑캐를 불러들이려 합니까?

① 조 · 미 수호 통상 조약이 체결되었다.
② 어재연 부대가 광성보에서 항전하였다.
③ 운요호가 강화도 초지진을 공격하였다.
④ 프랑스군이 외규장각 도서를 약탈하였다.
⑤ 제2차 수신사 김홍집이 조선책략을 들여왔다.

06 다음 주장이 제기된 시기를 연표에서 옳게 고른 것은?

> 저들이 비록 왜인이라고는 하지만 실은 양적입니다. 강화가 한 번 이루어지면 사학의 서책과 천주의 초상이 교역하는 속에 뒤섞여 들어와 조금 지나면 전도사와 신자가 전수를 받아 온 나라에 두루 가득 찰 것입니다. …… 지금 온 왜인들은 서양 옷을 입었고 서양 대포를 사용하며 서양 배를 탔으니, 이는 모두 서양과 왜가 한 몸이 되었다는 분명한 증거입니다.
> ─ 『면암집』 ─

	(가)	(나)	(다)	(라)	(마)	
고종 즉위		신미 양요	통리기무 아문 설치	거문도 사건	을미 사변	아관 파천

① (가) ② (나) ③ (다) ④ (라) ⑤ (마)

07 (가) 사건의 전개 과정에서 있었던 사실로 옳은 것은?

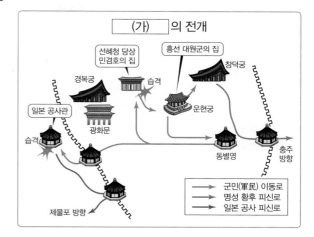

① 별기군이 폐지되었다.
② 개혁 정강이 발표되었다.
③ 삼정이정청이 설치되었다.
④ 치안 유지법이 제정되었다.
⑤ 외규장각 도서가 약탈되었다.

08 다음 조약이 맺어진 배경으로 가장 적절한 것은?

> 제1조 중국 상무위원은 개항한 조선의 항구에 주재하면서 본국의 상인을 돌본다. …… 중대한 사건을 맞아 조선 관원과 임의로 결정하기가 어려울 경우 북양 대신에게 청하여 조선 국왕에게 공문서를 보내 처리하게 한다.
> 제2조 중국 상인이 조선 항구에서 개별적으로 고소를 제기할 일이 있을 경우 중국 상무위원에게 넘겨 심의 판결한다. 이 밖에 재산 문제에 관한 범죄 사건에 조선 인민이 원고가 되고 중국 인민이 피고일 때에도 중국 상무위원이 체포하여 심의 판결한다.

① 영국이 거문도를 불법 점령하였다.
② 청 · 일 전쟁에서 일본이 승리하였다.
③ 구식 군인들이 임오군란을 일으켰다.
④ 시전 상인들이 철시 투쟁을 전개하였다.
⑤ 운요호가 강화도에 접근하여 무력시위를 벌였다.

39회 32번 기출 문제 •

09 다음 자료에 나타난 사건에 대한 설명으로 옳은 것은?

> 이날 밤 우정국에서 낙성연을 열었는데 총판 홍영식이 주관하였다. 연회가 끝나갈 무렵 담장 밖에 불길이 일어나는 것이 보였다. 이때 민영익도 우영사로서 연회에 참가하였다가 불을 끄기 위해 먼저 일어나 문 밖으로 나갔다. 밖에 흉도 여러 명이 휘두른 칼을 맞받아치다가 민영익이 칼에 맞아 당상 위로 돌아와 쓰러졌다. …… 왕이 경우궁으로 거처를 옮기자 각 비빈과 동궁도 황급히 따라갔다. …… 깊은 밤, 일본 공사 다케조에 신이치로(竹添進一郎)가 군대를 이끌고 와 호위하였다.
>
> - 『고종실록』 -

① 최익현, 민종식 등이 주도하였다.
② 한성 조약이 체결되는 계기가 되었다.
③ 보국안민, 제폭구민을 기치로 내걸었다.
④ 구식 군인에 대한 차별 대우가 발단이 되었다.
⑤ 사건의 수습을 위해 박규수가 안핵사로 파견되었다.

10 (가) 사건에 대한 설명으로 옳은 것은?

> ‖ 특집 기획
>
> **새로운 세상을 꿈꾼 젊은 그들**
> 19세기 후반 외세의 침략과 간섭에 맞서 조선의 자주독립과 근대 국가 건설을 목표로 내세운 [(가)]에 대해 살펴보고자 한다.
>
>
>
> 특집 1. 새로운 세상을 향한 3일간의 기록
> 특집 2. [(가)]의 무대 우정총국
> 특집 3. [(가)]의 주역 젊은 그들

① 홍범 14조가 반포되었다.
② 군국기무처의 주도로 전개되었다.
③ 종로에서 만민 공동회를 개최하였다.
④ 구본신참을 개혁의 원칙으로 표방하였다.
⑤ 청·일 양국 군대가 조선에서 철수하는 계기가 되었다.

11 밑줄 그은 ㉠에 대한 설명으로 옳은 것은?

> 10월 18일 금요일 맑음
>
> 일찍 일어나 미국 공사·영국 영사와 같이 행궁에 나아가 왕을 알현하였다. …… 10시경에 국왕이 계동궁으로 거처를 옮겼다. 들으니 유재현은 어젯밤 화약에 불을 지르려다 발각되어 참살당했다고 한다. 전 영사 한규직, 후영사 윤태준, 좌영사 이조연의 3영사(三營使)도 피살되었다 한다. 민영목·조영하·민태호도 피살되었다고 한다. …… 저녁 때 가친과 같이 ㉠김옥균 등이 저지른 일은 무식하여 이치를 모르고, 무지하여 시세에 어두운 것임을 논하였다.
>
> - 『윤치호 일기』 -

① 청과의 사대 관계를 청산하려고 하였다.
② 제물포 조약이 체결되는 결과를 가져왔다.
③ 구식 군인에 대한 차별 때문에 발생하였다.
④ 흥선 대원군이 청에 납치되는 원인이 되었다.
⑤ 교정청 주도의 폐정 개혁을 실시하고자 하였다.

39회 37번 기출 문제 •

12 밑줄 그은 '이 사건'이 일어난 시기를 연표에서 옳게 고른 것은?

> ●우리 고장 유적 소개●
>
> **○○○ 역사 공원(영국군 묘)**
>
>
>
> • 소재지: 전라남도 여수시 삼산면 거문리
> • 개관: 이곳은 영국이 함대를 보내 조선의 영토를 불법으로 점령했던 이 사건과 관련된 장소이다. 영국군 묘지 근처에는 포대를 설치한 곳, 해군 막사 자리, 녹슨 전선 케이블, 테니스장 등 영국군의 흔적이 곳곳에 남아 있다.

1866	1876	1882	1894	1904	1910
(가)	(나)	(다)	(라)	(마)	
병인양요	강화도 조약	임오군란	청·일 전쟁	러·일 전쟁	국권 피탈

① (가) ② (나) ③ (다) ④ (라) ⑤ (마)

13 다음 의안을 의결한 기구에 대한 설명으로 옳은 것은?

> [의안]
> 1. 이제부터는 국내외 공사 문서에 개국 기원을 사용한다.
> 1. 죄인 본인 외에 친족에게 연좌의 형률을 일체 시행하지 않는다.
> 1. 남녀 간의 조혼을 속히 엄금하며 남자는 20세, 여자는 16세 이상이라야 비로소 혼인을 허락한다.
> 1. 과부가 재혼하는 것은 귀천을 막론하고 자신의 의사대로 하게 한다.
> 1. 공노비와 사노비에 관한 법을 일체 혁파하고 인신 매매를 금지한다.

① 공화정체 국가의 수립을 추구하였다.
② 관선 위원과 민선 위원으로 구성되었다.
③ 산하에 실무 담당 기관으로 12사를 두었다.
④ 교정청을 폐지한 후 개혁 추진을 위해 설치되었다.
⑤ 임진왜란을 거치면서 국정 최고 기구로 자리 잡았다.

40회 34번 기출 문제 ▶

14 밑줄 그은 '이 개혁'의 내용으로 옳은 것은?

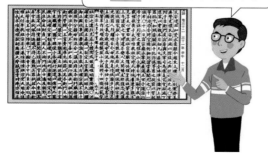

> 이것은 고종이 종묘에 바친 독립 서고문으로 홍범 14조가 포함되어 있습니다. 홍범 14조는 김홍집과 박영효의 연립 내각이 주도한 이 개혁의 기본 방향이 되었습니다.

① 양전 사업을 실시하고 지계를 발급하였다.
② 상회사인 대동 상회, 장통 상회를 설립하였다.
③ 황제의 군사권을 강화하기 위하여 원수부를 설치하였다.
④ 근대식 무기 제조 기술 도입을 위하여 영선사를 파견하였다.
⑤ 교육 입국 조서를 반포하고 한성 사범 학교 관제를 마련하였다.

15 (가), (나) 사이의 시기에 있었던 사실로 옳은 것은?

> (가) 8월 19일 군부대신 안경수가 훈련대를 해산하자는 의사를 밀지로 일본 공사 미우라 고로에게 가서 알렸다. 다음 날 날이 샐 무렵에 훈련대 병사들이 대궐 문으로 마구 달려들고 일본 병사도 따라 들어와 명성 황후를 살해하였다.
> (나) 2월 11일 새벽 궁녀들이 타는 가마 두 채가 몰래 경복궁 영추문을 빠져 나갔다. 그 가마는 곧이어 당시 정동 언덕마루에 있었던 러시아 공사관에 도착하였다. 가마에서 국왕인 고종과 세자가 내렸다.

① 과거제가 폐지되었다.
② 단발령이 공포되었다.
③ 전주 화약이 체결되었다.
④ 군국기무처가 설치되었다.
⑤ 일본에 수신사가 파견되었다.

42회 33번 기출 문제 ▶

16 다음 사건이 일어난 시기를 연표에서 옳게 고른 것은?

> 일본 장교는 군사의 대오를 정렬하여 합문을 에워싸고 지키도록 명령하여, 흉악한 일본 자객들이 왕후 폐하를 수색하는 것을 도왔다. 이에 자객 20~30명이 …… 전각으로 돌입하여 왕후를 찾았다. …… 자객들은 각처를 찾더니 마침내 깊은 방 안에서 왕후 폐하를 찾아내고 칼로 범하였다. …… 녹원 수풀 가운데로 옮겨 석유를 그 위에 바르고 나무를 쌓아 불을 지르니 다만 해골 몇 조각만 남았다.
>
> — 고등 재판소 보고서 —

1882	1884	1889	1894	1896	1904
(가)	(나)	(다)	(라)	(마)	
임오 군란	갑신 정변	함경도 방곡령 선포	청·일 전쟁	아관 파천	러·일 전쟁

① (가) ② (나) ③ (다) ④ (라) ⑤ (마)

03 구국 민족 운동의 전개

✅ 출제 포인트

· 동학 농민 운동의 전개 과정
· 독립 협회의 활동(만민 공동회, 의회 설립 운동)
· 대한 제국 시기 황제권 강화 노력과 광무개혁 내용

● 교조 신원 운동
동학을 창시한 최제우가 백성을 현혹한다는 죄목으로 처형당한 억울함을 풀어 달라고 요구한 운동이다. 최제우의 신원(억울함을 풀다)을 통해 정부로부터 동학을 인정받고 포교의 자유를 얻고자 하였다.

● 사발통문

주모자가 드러나지 않도록 참가자의 이름을 사발 모양으로 빙 둘러가며 적은 것으로, 통문이란 여러 사람에게 알리는 글을 말한다.

● 남접과 북접
전라도의 동학 조직을 남접, 충청도의 동학 조직을 북접이라고 한다. 제1차 농민 봉기는 남접이 주도하였는데, 제2차 농민 봉기 때에는 교주 최시형의 지시로 동학 교단 전체가 참여하였다.

🍒 공부 꿀팁
동학 농민 운동은 각 단계별 내용이 자주 출제됩니다. 특히 제1차 봉기와 제2차 봉기의 배경 및 차이점, 전주 화약의 배경과 이후 상황 등에 대해 잘 정리해 두어야 합니다.

1 동학 농민 운동

1. 배경
(1) 농촌 사회의 동요: 수령과 아전의 농민 수탈 심화, 일본의 경제 침탈 → 소규모 봉기 발생
(2) 동학의 교세 확장: 교조 신원 운동 전개 ┌ 나라에 중요한 일이 있을 때 관료나 유생이 대궐 문 앞에 엎드려 올리는 상소이다.

공주 · 삼례 집회(1892)	교조 신원과 포교의 자유 요구
서울 복합 상소(1893)	동학 지도자들이 광화문 앞에서 교조 신원 상소
보은 집회(1893)	탐관오리 숙청, 외세 배척 요구 → 종교 운동에서 정치 · 사회 운동으로 발전

(3) 동학의 역할: 반봉건 · 반외세 주장, 농민 조직화 → 산발적 농민 봉기가 대규모 농민 운동으로 발전

2. 동학 농민 운동의 전개

고부 농민 봉기 (1894. 1.)	배경	고부 군수 조병갑의 탐학(만석보를 쌓게 하고 수세 강제 징수 등)
	경과	전봉준 등이 사발통문으로 동지 규합 → 고부 관아 습격, 만석보 파괴 → 후임 군수의 회유로 자진 해산
제1차 봉기 (1894. 3.)	배경	안핵사 이용태의 농민 탄압 ┌ 대개 농민 봉기가 발생하였을 때 사태 수습을 위한 긴급 대책으로 파견된 관리로, 상황 조사 · 보고 및 사건의 처리 방안을 건의하였다.
	경과	전봉준, 손화중의 주도로 무장에서 농민군 봉기 → 백산에서 4대 강령과 격문 발표(제폭구민, 보국안민) → 황토현 전투, 황룡촌 전투에서 농민군이 관군 격파 → 농민군이 전주성 점령
전주 화약 (1894. 5.)	배경	농민군 진압을 위해 정부가 청에 원병 요청 → 청과 일본이 조선에 군대 파견
	경과	농민군과 정부의 화의 후 농민군 해산 → 농민군은 전라도 각지에 자치적 개혁 기구인 집강소를 설치하고 폐정 개혁안 실천, 정부는 교정청을 설치하고 개혁 추진
제2차 봉기 (1894. 9.)	배경	전주 화약 후 조선 정부가 청과 일본에 철군 요구 → 일본이 내정 개혁을 요구하며 경복궁을 기습 점령한 후 청 · 일 전쟁 도발
	경과	농민군의 재봉기 → 전봉준과 손병희의 남접 · 북접 합세(논산 집결, 서울로 북상) → 공주 우금치 전투에서 관군과 일본군에 패배 → 전봉준 등 지도부 체포

시험에 나오는 지문 특강 📖 『전봉준 공초』

심문 흩어진 후에는 무슨 일 때문에 다시 기포하였는가?
진술 장흥 부사 이용태가 안핵사로서 우리 고을에 와서 기포한 백성을 동학이라 통칭하고 이름을 열거하여 체포하며, 그 집을 불태우며 당사자가 없으면 처자를 잡아 살육을 일삼는 고로 다시 기포하였다.
심문 다시 기포한 것은 무슨 까닭인가?
진술 그 후에 들으니 일본이 개화라 칭하고 처음부터 민간에 일언반구도 언급하지 않고 또 격문도 없이 군사를 이끌고 우리 도성에 들어가 야반에 왕궁을 습격하여 임금을 놀라게 하였다 하기로 …… 의병을 규합하여 일본인과 전투하여 이런 사실을 우선 일차 따져 묻고자 함이었다.

공초는 전봉준이 처형되기 전 받은 심문 내용이다. 제1차 봉기가 안핵사 이용태의 탄압에서 비롯되었다는 것과 제2차 봉기가 일본군의 경복궁 침략에 대한 충군애국의 마음에서 비롯되었음을 보여 준다.

3. 동학 농민 운동의 의의와 한계
(1) 의의

┌ 동학 농민 운동의 잔여 세력과 관련된 조직으로 1898∼1899년 전라도 일부 지역에서 활동한 영학당이 있다.

① 반봉건 투쟁: 신분제 개혁 등 정치 · 사회 개혁 요구 → 갑오개혁에 반영
② 반침략 투쟁: 일본의 침략과 내정 간섭에 저항 → 잔여 세력은 의병에 가담
(2) 한계: 근대 국가 건설을 위한 구체적인 정치 개혁안 제시 미흡

☑ 독립 협회의 활동과 대한 제국

1. 독립 협회

(1) 아관 파천 직후의 상황: 한반도를 둘러싼 러시아와 일본의 대립 지속, 열강의 이권 침탈 가속화

(2) 『독립신문』 창간(1896. 4.): 서재필이 미국에서 귀국한 후 정부의 지원을 받아 창간

(3) 독립 협회 창립(1896. 7.): 독립문˚ 건립 명목으로 관료와 지식인들이 창립, 독립문 건립 모금 운동 전개 → 민중에 기반을 둔 단체로 성장, 만민 공동회 개최

(4) 독립 협회의 활동

자주 국권 운동	고종의 환궁 요구, 러시아의 이권 침탈 저지(군사 교관 · 재정 고문 철수, 한 · 러 은행 폐쇄, 절영도 조차 요구 저지), 프랑스와 독일의 광산 채굴권 요구 저지
자유 민권 운동	법률과 재판에 의한 신체의 자유와 재산권 보호 운동 전개, 언론 · 출판 · 집회 · 결사의 자유 주장
자강 개혁 운동	• 관민 공동회 개최(1898. 10.): 헌의 6조 결의 → 고종의 재가 • 의회 설립 운동 전개: 독립 협회와 박정양 내각이 협상하여 중추원 관제 반포

(5) 독립 협회의 해산(1898. 12.) _{관선 25명, 민선 25명의 의원으로 구성되었으며, 법률 · 칙령의 개정과 폐지, 국왕에 대한 의정부의 건의 사항, 국민의 건의 사항 등을 심사하고 결정하는 권한을 가졌다.}

배경	보수 세력이 독립 협회가 공화정을 추진한다고 모함(익명서 사건˚)
경과	독립 협회가 만민 공동회 개최 → 황국 협회가 만민 공동회 습격 → 대한 제국 정부가 군대를 동원하여 만민 공동회 강제 해산 → 독립 협회 해산

(6) 의의와 한계
① 의의: 국권 수호와 민권 신장에 기여, 민중 계몽을 통한 근대화 운동 전개
② 한계: 러시아 견제는 적극적이었지만 미국 · 일본 등에 대해서는 우호적인 자세를 보임, 열강의 침략적 의도를 제대로 간파하지 못함

2. 대한 제국과 광무개혁

(1) 대한 제국의 수립(1897): 고종의 경운궁 환궁, '광무' 연호 제정, 환구단˚에서 황제 즉위식 거행

시험에 나오는 지문 특강 📖 고종의 황제 즉위식

예를 마치고 의정부 의정(議政) 심순택이 백관을 거느리고 무릎을 꿇고 아뢰기를, "제례를 마치었으므로 황제의 자리에 오르소서." 라고 하였다. …… 왕이 두세 번 사양하다가 친히 황제의 자리에 올랐다. 왕후 민씨를 황후로 책봉하고 왕태자를 황태자로 책봉하였다.
－『고종실록』－

아관 파천 이후 1년여 만에 고종이 환궁하자 전 · 현직 관리들은 '황제가 없으면 독립도 없다.'라고 주장하며 칭제건원을 건의하였다. 관리와 유생, 개화파 지식인들의 계속된 상소를 받아들여 고종은 황제 즉위식을 거행하고 국호를 '대한 제국'이라고 선포하였다.

(2) 광무개혁 추진: <u>구본신참</u>의 원칙을 바탕으로 점진적인 개혁 실시 └─ '옛것을 근본으로 삼고 새것을 참고한다.'라는 뜻이다.

정치 · 군사	대한국 국제 반포(1899), 원수부를 설치하여 황제가 군대 통솔
경제	• 양전 사업 실시, 토지 소유권을 보장하는 문서인 지계 발급 • 식산흥업 정책: 근대적 공장과 시설 설립 지원 • 근대적 시설 마련: 전화 가설, 전차 · 철도 부설 등 교통 · 통신 시설 확충
교육	중학교 관제 공포, 기술과 실업 교육을 강조하고 유학생 파견(상공학교 개교 등)

(3) 의의와 한계
① 의의: 자주독립과 근대화를 지향하고 외세의 간섭을 배제하고자 한 자주적 개혁
② 한계: 집권층의 보수성과 부패, 열강의 간섭 등으로 성과 미흡, 황제권 강화에 초점을 둠

◐ 독립문

독립 협회는 청 사신을 맞이하던 영은문이 헐린 자리 부근에 국민의 성금을 모아 자주독립의 상징으로 독립문을 세우고, 청 사신을 영접하던 장소인 모화관은 독립관으로 개조하였다. 독립문 앞에 보이는 2개의 기둥은 영은문의 주춧돌이다.

◐ 익명서 사건

조병식 등 보수파 관료들은 의회가 설립되어 내정 개혁을 단행하면 자신들이 배제될 것을 우려하였다. 이에 독립 협회가 공화정을 추진한다고 모함하는 익명서(비밀 전단)를 시내 곳곳에 붙여 일부러 발각되게 하였다.

◐ 환구단

고종은 환구단을 새로 세워 하늘에 제사를 지내고 대한 제국의 황제로 즉위하였다. 사진의 왼쪽 황궁우는 천지신명의 위패를 모시는 사당이고, 오른쪽 환구단은 하늘에 제사를 지내는 곳이다. 제단인 환구단은 일제에 의해 헐렸고, 지금은 황궁우만 남아 있다.

🌿 공부 꿀팁

독립 협회는 입헌 군주제를 지향하였지만 대한 제국은 강력한 황제권을 바탕으로 한 개혁을 지향하였습니다. 이러한 지향점을 알 수 있는 활동 내용을 파악하고 정리해 두어야 합니다.

▶ 동학 농민 운동의 전개

| 38회 29번 기출 |

밑줄 그은 '이 운동'에 대한 탐구 활동으로 가장 적절한 것은?

학술 대회 안내

우리 학회는 동비토록(東匪討錄)에 수록된 내용을 분석하여 이 운동의 역사적 의미를 조명하는 학술 대회를 개최하고자 합니다.

■ **발표 주제**
  ⑴ 무장(茂長) 포고문에 나타난 보국안민 사상
  ⑵ 초토사 홍계훈이 올린 장계를 통해 본 조정의 입장
  ⑶ 청과 일본 군대의 조선 상륙과 청·일 전쟁의 전개 과정

■ **일시**: 2018년 ○○월 ○○일 13:00~18:00
■ **장소**: □□대학교 대강당

---

① 외규장각 도서의 약탈 과정을 살펴본다.
② 영국이 거문도를 불법 점령한 배경을 분석한다.
③ 아관 파천 이후 열강의 이권 침탈 사례를 조사한다.
④ 황토현 전투와 황룡촌 전투의 전개 과정을 알아본다.
⑤ 헤이그 만국 평화 회의에 파견된 특사의 활동 내용을 파악한다.

문제 분석

제시된 자료에서 『동비토록』, '무장 포고문', '청·일 전쟁' 등을 통해 밑줄 그은 '이 운동'이 동학 농민 운동임을 알 수 있다. '동비'는 관군의 입장에서 동학 교도를 지칭하는 말로, 『동비토록』은 동학 농민 운동에 대한 정부의 종합 대책 부서가 이와 관련된 각종 문서를 수집하고 기록한 책으로 짐작된다. 무장은 동학 농민 운동의 제1차 봉기가 시작된 곳이고, 홍계훈은 초토사로 파견되어 농민군 진압에 공을 세운 인물이다. 동학 농민 운동을 계기로 청군과 일본군이 조선에 들어와 전쟁을 벌였다.
④ 농민군은 전주 감영에서 온 관군을 황토현에서 격파하고, 중앙에서 파견된 정부군을 장성 황룡촌에서 크게 물리쳤다.

정답: ④

오답 거르기

① 1866년에 일어난 병인양요 때 프랑스군이 강화도의 외규장각 도서를 약탈하였다.
② 영국은 1885년 러시아의 남하를 저지한다는 구실로 거문도를 불법 점령하였다.
③ 1896년 고종이 러시아 공사관으로 처소를 옮긴 아관 파천 이후 서양 열강들은 저마다 최혜국 조항을 내세워 각종 경제적 이권을 빼앗아 갔다.
⑤ 고종은 을사늑약의 부당성을 세계에 알리기 위해 1907년 헤이그에서 열리는 만국 평화 회의에 3명의 특사를 파견하였다. 그러나 대한 제국이 외교권이 없다는 이유로 이들은 회의에 참석하는 것조차 거부당하였다.

📖 닮은꼴 예상 문제 ·

▶ 정답과 해설 34쪽

(가)에 대한 설명으로 옳은 것은?

〈　(가)　에 참여했던 고창주의 손자가 한 증언〉
아버지 말씀이 장성 황룡촌 전투 얘기를 허는디, 푸를 청자 썼다는 말은 않고 옷고름을 입에 물으라고 했다고 그러드만. 옷고름은 지금 가만 본께 옆에서 총 맞으면 쓰러져 죽으니까 앞만 보고 진격허라는 전녹두의 전략인 것 같아. 옆에 쳐다보면 무섭끼 들어가지고 앞으로 진격을 못하니까. 근디 나중에 들으니까 푸를 청자를 써서 팻머리를 허고 갔다고 그러는디 아버지 말씀은 옷고름을 물으라 했다 해요.
– 『다시 피는 녹두꽃』 –

---

① 청이 파견한 군대에 의해 진압되었다.
② 보수적 유생층으로부터 지지를 받았다.
③ 각지에 척화비가 건립되는 계기가 되었다.
④ 우정총국 개국 축하연을 이용하여 일어났다.
⑤ 집강소를 설치하고 폐정 개혁안을 실천하였다.

대표 기출 문제 분석 02

► 대한 제국의 광무개혁

| 41회 35번 기출 |

다음 상황 이후에 전개된 사실로 옳은 것을 〈보기〉에서 고른 것은?

> (환구단에서) 천지에 고하는 제사를 지냈다. 왕태자가 배참(陪參)하였다. 예를 마치고 의정부 의정(議政) 심순택이 백관을 거느리고 무릎을 꿇고 아뢰기를, "제례를 마치었으므로 황제의 자리에 오르소서."라고 하였다. 왕이 부축을 받으며 단에 올라 금으로 장식한 의자에 앉았다. 심순택이 나아가 12장문(章文)의 곤면(袞冕)을 입혀 드리고 옥새를 올렸다. 왕이 두 번 세 번 사양하다가 친히 옥새를 받고 황제의 자리에 올랐다.
>
> ─ 『고종실록』 ─

┤ 보기 ├
ㄱ. 관립 실업 학교인 상공학교가 개교되었다.
ㄴ. 군 통수권 장악을 위한 원수부가 설치되었다.
ㄷ. 근대식 무기 제조 공장인 기기창이 설립되었다.
ㄹ. 서양식 근대 교육 기관인 육영 공원이 세워졌다.

① ㄱ, ㄴ   ② ㄱ, ㄷ   ③ ㄴ, ㄷ   ④ ㄴ, ㄹ   ⑤ ㄷ, ㄹ

문제 분석

제시된 자료는 환구단에서 천지에 제사를 지내고 고종이 황제로 즉위하였다는 내용이다. 1897년 러시아 공사관에서 경운궁으로 돌아온 고종은 칭제의 건의를 받아들여 황제 즉위식을 거행하고 국호를 '대한 제국'이라고 선포하였다. 그리고 고종은 국내외에 대한 제국이 자주독립 국가임을 분명히 하고 각국 외교관에게 이 사실을 알렸다.

① ㄱ. 대한 제국은 구본신참의 원칙 아래 광무개혁을 추진하였다. 정부는 상공업을 진흥하기 위해 여러 정책을 추진하였는데, 근대적 산업 기술을 습득하기 위해 유학생을 파견하였고, 상공 학교, 광무 학교 등의 실업 학교와 기술 교육 기관을 세웠다. ㄴ. 대한 제국은 황제권 강화에 힘썼는데, 군부와 별도로 원수부를 설치하여 황제가 대원수로서 군대를 통솔하였다.

정답: ①

오답 거르기

ㄷ. 1881년 김윤식을 영선사로 하여 청의 톈진에 있는 기기국에 파견되어 신식 무기 제조법을 배운 연수생들이 귀국한 후 1883년에 우리나라 최초의 근대 무기 공장인 기기창이 설립되었다.
ㄹ. 1883년 보빙사로 미국에 갔다 온 일행들의 건의에 따라 1886년에 육영 공원이 세워졌다. 육영 공원은 미국인 교사를 초빙하여 양반 자제들에게 영어를 비롯한 수학, 지리학, 정치학 등 근대 학문을 교육하였다.

📖 닮은 꼴 예상 문제 •

▶ 정답과 해설 34쪽

밑줄 그은 ㉠에 따라 이루어진 사실로 옳은 것은?

> 짐이 덕이 없어 왕에 오른 지 34년 동안 많은 어려움을 겪고 있다가 결국 옛날에는 없었던 변을 당하였다. 그리고 정치도 짐의 뜻대로 되지 않아 눈에 근심이 가득하였고, 늘 혼자 생각할 때는 등에서 땀이 줄줄 흘렀다. …… 여러 신하들이 소장을 올려 간청하였고, 대신들도 글을 올려 간청하고 있으며, 6군(軍)과 모든 백성들도 합문(閤門) 밖에 엎드려 간청하고 있으니 …… 그 대동단결한 여론을 끝까지 물리칠 수 없어 오랜 시일 동안 상의한 끝에 부득이 ㉠여론을 따르기로 결심하였다.
>
> ─ 『매천야록』 ─

① 아관 파천을 단행하였다.
② 헌의 6조를 받아들였다.
③ 홍범 14조를 반포하였다.
④ 황제 즉위식을 거행하였다.
⑤ 헤이그 특사를 파견하였다.

IV. 근대 국가 수립 운동 • **169**

기출 및 예상 문제

41회 33번 기출 문제 ·

01 (가) 인물에 대한 설명으로 옳은 것은?

> 심문자: 재차 기포(起包)한 것을 일본 군사가 궁궐을 침범하였다고 한 까닭에 다시 일어났다 하니, 다시 일어난 후에는 일본 병사에게 무슨 행동을 하려 하였느냐?
>
> 진술자: 궁궐을 침범한 연유를 힐문하고자 하였다.
>
> 심문자: 그러면 일본 병사나 각국 사람이 경성에 머물고 있는 자를 내쫓으려 하였느냐?
>
> 진술자: 그런 것이 아니라 각국인은 다만 통상만 하는데 일본인은 병사를 거느리고 경성에 진을 치고 있으므로 우리나라 영토를 침략하는가 하고 의아해한 것이다.
>
> – 『   (가)   공초』 –

① 을사늑약에 반대하여 의병을 일으켰다.
② 독립 협회를 창립하고 독립문을 세웠다.
③ 지부복궐척화의소를 올려 왜양일체론을 주장하였다.
④ 13도 창의군을 지휘하여 서울 진공 작전을 전개하였다.
⑤ 보국안민을 기치로 우금치에서 일본군 및 관군과 맞서 싸웠다.

02 밑줄 그은 '피고'에 대한 설명으로 옳은 것은?

> 이에 피고가 다시 무리를 규합하여 모병하되, 만일 불응자는 불충불의된 사람이니 반드시 벌을 주리라 하였다. 다른 사람을 협박하여 그 무리 4천여 명을 얻어서 각기 소유한 흉기를 가지고 양식은 그 지방의 부민에게 징수하였다. 4월 상순에 친히 무리를 영솔하여 전라도 무장에서 일어나 고부·태인·원평·금구 등지를 갔다.
>
> – 『○○ 관련 판결 선고문』 –

① 위정척사 운동을 전개하였다.
② 이토 히로부미를 처단하였다.
③ 고부 농민 봉기를 주도하였다.
④ 동학의 제2대 교주로 활동하였다.
⑤ 봉오동 전투에서 일본군을 격파하였다.

03 (가)에 들어갈 내용으로 적절하지 않은 것은?

> **답사 계획서**
>
> 이름 ○○○
>
> • 주제: 동학 농민 운동의 현장을 찾아서
> • 날짜: 2020년 ○○월 ○○일~○○월 ○○일
> • 답사 장소: [(가)   ]
> • 사진
>
>
>
> ▲ 만석보 유지비   ▲ 황토현 전적비

① 녹두 장군, 전봉준의 생가
② 최후의 항전 거점, 항파두리
③ 안타까운 패배, 공주 우금치
④ 4대 강령과 격문의 발표, 백산
⑤ 전주 화약 체결의 현장, 전주성

40회 35번 기출 문제 ·

04 (가) 단체에 대한 설명으로 옳은 것은?

> 〈역사 다큐멘터리 기획안〉
>
> [(가)   ], 근대적 자주독립 국가를 꿈꾸다
>
> ■ 기획 의도
>
> 자주독립 국가를 목표로 창립된 [(가)   ]의 활동을 3부작 다큐멘터리로 제작하여 그 역사적 의미를 살펴본다.
>
> ■ 회차별 방송 내용
> – 1회, 만민 공동회를 통한 자주 국권 운동 전개
> – 2회, 관민 공동회를 통한 헌의 6조 결의
> – 3회, 황국 협회의 습격과 단체의 해산

① 고종 강제 퇴위 반대 운동을 주도하였다.
② 일제의 황무지 개간권 요구를 저지시켰다.
③ 중추원 개편을 통한 의회 설립을 추진하였다.
④ 태극 서관을 설립하여 계몽 서적을 보급하였다.
⑤ 한·일 관계 사료집을 편찬하고 독립신문을 발행하였다.

05 (가) 단체에 대한 설명으로 옳은 것은?

> 지금 우리 대조선국 사람들이 ☐(가)☐ 을/를 만든 것은 무엇 때문인가? …… 무지한 사람을 배우게 하여 지식이 있게 만드는 것은 협회를 만들어 독립, 독립이라고 대신 말해 주는 것이 제일 좋다. 날마다 무수히 독립이라는 말을 널리 알리고 계속 설득하는 것은, 나이 든 사람이 어린이를 대신해 아버지, 어머니라고 말하여 날마다 무수히 부모라는 말로 어린이의 무지함을 일깨워 주는 것과 같다.
> ─ 『대조선 ○○○○ 회보』 창간호(1896) ─

① 105인 사건으로 해체되었다.
② 정우회 선언을 계기로 결성되었다.
③ 종로에서 만민 공동회를 개최하였다.
④ 일제의 황무지 개간권 요구를 저지하였다.
⑤ 민립 대학 설립을 위한 모금 운동을 전개하였다.

44회 33번 기출 문제 ·

06 (가) 인물에 대한 설명으로 옳은 것은?

> 본국은 서양의 여러 나라 중 귀국과 가장 먼저 조약을 체결하였고, 우의가 돈독하여 사절이 왕래한 지 여러 해가 되었습니다. 이에 짐이 믿고 아끼는 종2품 협판 내무부사 ☐(가)☐ 을/를 초대 주미 공사에 임명하여, 귀국으로 가서 수도에 머물며 교섭 사무를 처리하도록 하려고 합니다. 본 대신은 충성스럽고 근실하며 매사에 꼼꼼하고 자세하므로 그 직책을 능히 감당할 수 있을 것이니, 대통령께서도 성실하게 서로 믿고 우대하는 예에 따라 대해 주시기를 바랍니다.

① 민족 교육을 위해 대성 학교를 설립하였다.
② 서유견문을 집필하여 서양 근대 문물을 소개하였다.
③ 영국인 베델과 제휴하여 대한매일신보를 창간하였다.
④ 헤이그에서 열린 만국 평화 회의에 특사로 파견되었다.
⑤ 독립 협회의 제안을 받아들여 중추원 관제 개편을 추진하였다.

---

07 다음과 같은 황제의 명령이 내려진 이후의 사실로 옳은 것은?

> 일전에 관민 공동회에서 여섯 가지 조항을 논하여 진술한 것은 아닌 게 아니라 뽑아 쓸 만한 것이 있으며, 또한 조목별로 나눈 규정 중에도 있다. 대신은 이미 직책상 알지 못할 리가 없으나 잘못을 충고하는 의리로 볼 때 혼자서 보고하거나 여러 명이 연명으로 상소를 올려도 안 될 것이 없는데, 민회로부터 재촉을 받고 나서 손 가는 대로 옳다고 쓰고 갑자기 결재할 것을 청하였으니, 짐에게 불안한 점이 있다. 이에 그대로 둘 수 없으니, 당시의 시임 대신을 모두 본관에서 파면시키도록 하라.
> ─ 『고종실록』 ─

① 과거제가 폐지되었다.
② 독립문이 건립되었다.
③ 군국기무처가 설치되었다.
④ 대한국 국제가 반포되었다.
⑤ '건양'이라는 연호가 사용되었다.

38회 33번 기출 문제 ·

08 (가) 시기에 실시된 정책으로 옳은 것은?

> 이것은 고종이 국호를 ☐(가)☐ (으)로 고치고 새로운 연호를 선포한 이후 만들어진 여권입니다. 이 여권이 발행된 ☐(가)☐ 시기에는 황제 직속의 원수부가 설치되는 등 각종 개혁이 실시되었습니다.

① 양전 사업을 실시하고 지계를 발급하였다.
② 박문국을 설치하고 한성순보를 발행하였다.
③ 공사 노비법을 혁파하고 과거제를 폐지하였다.
④ 지방 행정 구역을 8도에서 23부로 개편하였다.
⑤ 개혁의 방향을 제시한 홍범 14조를 반포하였다.

04 일본의 침략 확대와 국권 수호 운동

IV. 근대 국가 수립 운동

☑ 출제 포인트

- 일제의 침략 과정에서 강제로 맺은 조약의 내용
- 의병 운동의 전개 과정
- 애국 계몽 운동 단체의 활동
- 간도와 독도의 역사

◐ 스티븐스와 메가타

일본 외무성에서 근무하다가 외교 고문으로 임명된 스티븐스는 대한 제국의 외교에 관한 모든 사항을 간섭하였고, 일본인 메가타는 대한 제국의 재정과 금융을 장악하기 위해 화폐 정리 사업을 단행하여 일본의 제일 은행권을 유통시켰다.

◐ 포츠머스 조약

러·일 전쟁에서 승리한 일본이 미국의 중재로 미국의 포츠머스에서 러시아와 맺은 조약으로, 한국에 대한 일본의 정치·군사·경제 등에 관한 특수 권익을 러시아가 인정하고, 북위 50도 이남의 사할린을 일본에 할양한다는 내용이 담겨 있다.

◐ 민영환의 순국

시종무관장이었던 민영환은 을사늑약이 체결되자 의정대신을 지낸 조병세와 함께 관리들을 인솔하여 대궐에 나아가 반대하였으나 일제에 의해 강제 해산되었다. 이후 민영환은 대세가 기울어진 것을 알고 고종 황제와 동포에게 보내는 유서를 남긴 채 자결하였다. 이 소식을 접한 조병세 등 많은 인사들이 스스로 목숨을 끊었고, 민영환의 인력거꾼도 목숨을 끊어 일제 침략에 항거하였다.

🌿 공부 꿀팁

러·일 전쟁 이후 일제가 국권 침탈 과정에서 대한 제국에 강요하여 맺은 조약은 자주 출제됩니다. 그 내용과 관련된 사건을 잘 정리해 두어야 합니다.

1 일제의 침략과 국권 침탈

1. 러·일 전쟁(1904~1905)

(1) 배경: 삼국 간섭 이후 한국 지배 및 동아시아 주도권을 두고 러시아와 일본이 대립 → 러시아를 견제하던 영국과 미국이 일본 지원 → 대한 제국의 국외 중립 선언

(2) 전쟁 발발(1904. 2.): 일본이 인천 연안과 뤼순항에 정박해 있던 러시아 함대 기습 공격 후 전쟁 선포

(3) 전쟁 중 일본의 한국 침략

한·일 의정서 (1904. 2.)	• 러·일 전쟁 발발 직후 일본군이 서울을 점령하고 강제 체결 • 내용: 일본이 한반도 내에서 군사적 요충지의 사용권 확보
제1차 한·일 협약 (1904. 8.)	일본이 한국의 외교 고문으로 스티븐스, 재정 고문으로 메가타 파견 → 내정과 외교 간섭(고문 정치)

시험에 나오는 지문 특강 📖 한·일 의정서

> 제4조 대한 제국 정부는 위 대일본 제국의 행동을 용이하도록 충분한 편의를 제공한다. 대일본 제국 정부는 군사 전략상 필요한 지점을 상황에 따라 차지하여 이용할 수 있다.

> 한·일 의정서 체결 결과 한국과 러시아의 모든 관계는 단절되었고, 일본은 전쟁 수행을 명목으로 한국에 일본군 주둔과 군용지 점거, 철도와 통신 시설 등을 접수하였다.

(4) 전쟁 경과: 일본의 승세였으나 전쟁 비용과 국내 사정으로 러시아와 일본 모두 부담 가중

(5) 전쟁 중 일본의 한국 지배에 대한 열강의 인정

가쓰라·태프트 밀약(1905. 7.)	일본은 미국의 필리핀 지배를 인정하고, 미국은 일본의 한국 지배를 인정
제2차 영·일 동맹(1905. 8.)	일본은 영국의 인도 지배를 인정하고, 영국은 일본의 한국 지배를 인정

(6) 전쟁 종결(1905. 9): 미국의 중재로 러시아와 일본이 포츠머스 조약 체결 → 러시아가 한국에 대한 일본의 독점권 인정

2. 일제의 국권 침탈

(1) 을사늑약(1905. 11.)

을사늑약에 찬성하여 서명한 다섯 대신. 즉, 외부대신 박제순, 내부대신 이지용, 군부대신 이근택, 학부대신 이완용, 농상공부대신 권중현을 일컫는다.

과정	러·일 전쟁 종결 후 일본이 대한 제국을 무력으로 위협하여 강제 체결(이완용 등 을사 5적을 앞세워 조약 성립을 일방적으로 선포)
내용	일본이 대한 제국의 외교권을 박탈하고 통감부 설치
결과	초대 통감으로 부임한 이토 히로부미가 대한 제국의 내정과 외교 장악
항거	민영환, 조병세 등의 자결, 『황성신문』의 '시일야방성대곡' 게재 등

시험에 나오는 지문 특강 📖 을사늑약

> 제2조 일본국 정부는 한국과 타국 사이에 현존하는 조약의 실행을 완수하는 책임을 지며 한국 정부는 금후 일본국 정부의 중개를 거치지 않고서는 국제적 성질을 가진 어떠한 조약이나 약속을 하지 않을 것을 약속한다.
> 제3조 일본국 정부는 그 대표자로서 한국 황제 폐하의 아래에 1명의 통감을 두되, ……

> 을사늑약은 위협적인 분위기에서 강요되었고, 조약의 공식 명칭은 물론 조약 체결 시 갖추어야 할 절차, 즉 협상 대표에게 내리는 전권 위임장, 합의 후 국가 원수의 비준, 관보 게재 등도 없었다.

(2) 헤이그 특사 파견(1907. 4.)

내용	을사늑약의 부당성을 국제 사회에 알리기 위해 고종이 네덜란드 헤이그에서 열리는 만국 평화 회의에 이준, 이상설, 이위종을 특사로 파견
결과	일본과 영국의 방해로 성과를 거두지 못함 → 이를 빌미로 일제가 고종을 강제 퇴위시킴

(3) 한·일 신협약(정미 7조약, 1907. 7.)

과정	고종을 퇴위시킨 후 순종에게 강요하여 체결
내용	통감의 내정 간섭 권한 강화, 정부의 각 부에 일본인 차관을 임명하여 행정권 장악(차관 정치), 비밀 각서에 따라 대한 제국의 군대 해산

시험에 나오는 지문 특강 📖 한·일 신협약

제1조 한국 정부는 시정 개선에 관하여 통감의 지도를 받는다.
제2조 한국 정부의 법령 제정 및 중요한 행정상의 처분은 미리 통감의 승인을 거친다.
제4조 한국의 고등 관리를 임명하고 해임시키는 것은 통감의 동의에 의하여 집행한다.
제5조 한국 정부는 통감이 추천한 일본인을 한국의 관리로 임명한다.

한·일 신협약은 통감의 권한을 한층 강화하여 법령 제정권·관료 임명권·일본인 관리의 채용 등 내정 간섭을 노골적으로 할 수 있게 하였다. 또 추가로 비밀 각서를 작성하여 대한 제국 군대 해산, 일본인 차관 채용 등의 내용을 포함하였다. 그 결과 일본인이 대한 제국 정부의 차관에 임명되어 이른바 '차관 정치'가 실시되었고, 군대 해산으로 각지에서 의병이 일어나 무장 항일 운동이 전개되었다.

(4) 국권 침탈 가속화: 사법권 박탈, 경찰권 박탈, 친일 단체 일진회의 한·일 합방 청원 등 여론 조작
(5) 한국 병합 조약(국권 피탈, 1910. 8.): 총리대신 이완용과 통감 데라우치가 한국 병합 조약 체결 → 한국이 일본의 식민지로 전락(조선 총독부 설치)

• 1904년에 조직된 친일 단체로, 송병준, 이용구 등이 활동을 주도하였다. 이토 히로부미가 사살되자 이를 빌미로 한·일 합방 청원서를 제출하였다.

2 국권 수호 운동

1. 항일 의병 운동

(1) 의병 운동의 전개

을미의병	• 배경: 명성 황후 시해 사건(을미사변), 단발령(1895) • 특징: 위정척사 사상을 계승한 보수적 유생층이 주도(유인석, 이소응 등) • 활동: 친일 관리 처단, 지방 관청과 일본군 공격 • 해산: 아관 파천 후 고종이 단발령 철회 및 의병 해산 권고 조칙 발표 → 대부분 의병 활동 중단
을사의병	• 배경: 을사늑약 체결(1905) • 특징: 유생(민종식, 최익현 등)뿐만 아니라 평민 출신 의병장(신돌석)도 크게 활약 • 활동: 최익현이 태인에서 거병, 신돌석이 태백산 일대에서 큰 전과를 거둠
정미의병	• 배경: 고종의 강제 퇴위, 대한 제국 군대 해산(1907) • 특징: 해산 군인의 가담으로 의병의 전투력 강화, 의병 전쟁으로 발전 • 활동: 13도 창의군(13도 연합 의병 부대) 결성, 각국 영사관에 교전 통보 및 의병을 국제법상 교전 단체로 인정할 것을 요구, 서울 진공 작전 전개(1908) → 서울 근교까지 접근하였으나 일본군에 패배 → 각지에서 의병 항쟁 지속(호남 의병의 활약) • 일제의 탄압: '남한 대토벌 작전(1909)'으로 국내 의병 활동 위축 → 국외로 이동하여 항전

(2) 의병 운동의 의의와 한계
① 의의: 일제의 한국 강점을 지연, 만주·연해주 등지로 근거지를 이동하여 독립군 활동 계승
② 한계: 조직력과 무기 열세, 일부 양반 출신 의병장의 봉건적 신분 의식으로 전력 약화

◐ 만국 평화 회의
러시아 황제 니콜라이 2세의 제창으로 세계 평화를 도모하기 위하여 개최된 국제회의이다. 제1차는 1899년 26개국, 제2차는 1907년 44개국의 대표가 네덜란드 헤이그에 모여 군비 축소와 평화 유지를 위한 대책을 협의하였다.

◐ 최익현의 의병 활동
전라북도 태인에서 의병을 일으켜 순창에 입성하였으나 전주와 남원의 진위대와 대치하게 되자, "너희들이 왜적이라면 즉각 결전하겠으나, 동족끼리 죽이는 일은 차마 할 수 없다."라고 하면서 항전을 중단하였다. 그 후 일본군에 의해 쓰시마섬에 끌려가서 순국하였다.

◐ 남한 대토벌 작전

일제의 남한 대토벌 작전에 의해 체포된 호남 지역 의병장들의 모습이다. 일제는 1909년 9월부터 '남한 대토벌 작전'이라는 대대적인 의병 진압 활동을 벌이면서 의병의 근거지가 될 만한 곳을 무차별적으로 초토화시켜 의병장 100여 명과 무수한 의병을 체포하고 학살하였다.

🌿 공부 꿀팁
헤이그 특사가 파견된 배경 및 영향을 묻는 문제가 자주 출제됩니다. 또한 의병 운동의 전개 과정에서 각 시기별 특징과 활동 내용도 중요하게 다루어집니다. 핵심 인물과 사건을 관련지어 정리해 두어야 합니다.

○ 안중근

만주 하얼빈에서 이토 히로부미를 처단한 후 체포되어 뤼순 감옥에 수감되었다가 순국하였다. 안중근은 이토 히로부미의 처단 이유에 대해 그가 동양의 평화를 깬 위험한 인물이며, 일본이 동양 평화를 위한 올바른 길로 돌아서기를 촉구하기 위함이라고 말하였다. 안중근은 감옥에서 『동양 평화론』을 집필하였다.

○ 태극 서관
이승훈, 안태국 등이 평양 등지에 설립한 서점이다. 신민회의 산하 기관 역할을 하였고, 신민회 회원들의 연락 장소와 집회 장소로 활용되었다.

○ 105인 사건
일제가 데라우치 총독 암살 미수 사건을 조작해서 수백 명의 애국지사를 검거하고 그중 105명이 1심에서 유죄 판결을 받은 사건이다.

○ 공부 꿀팁
을사늑약 전후에 만들어진 애국 계몽 운동 단체의 활동을 정리해 두어야 합니다. 특히 신민회는 가장 많이 출제되므로 구체적인 활동 내용을 꼭 기억하고 있어야 합니다.

시험에 나오는 **지문 특강** 📖 **의병 운동**

(가) 을미의병 – 유인석의 격문

　국모의 원수를 생각하며 이미 이를 갈았는데, 참혹함이 더욱 심해져 임금께서 머리를 깎이시고 의관을 찢기는 지경에 이른 데다 또 이런 망극한 화를 당하였으니, …… 이에 감히 먼저 의병을 일으키고서 마침내 사람들에게 이를 포고하노라.　　　　　　　　　　　　　　　– 유인석의 『의암집』 –

(나) 을사의병 – 최익현의 격문

　아, 지난 10월의 소행은 실로 만고에 없었던 일이다. 하룻밤 사이에 종잇조각에 강제로 도장을 찍게 하여, 오백 년 종사가 마침내 망하고 말았으니, …… 오직 믿는 것은 군사를 일으킨 명분이 정대하니 적의 강함을 두려워하지 말라. 이것으로 두루 고하노니 성공하도록 함께 힘쓰라.　　　　　– 최익현의 『면암집』 –

(다) 정미의병 – 외국 기자가 본 의병

　5, 6명의 의병이 마당에 들어와 내 앞에서 정렬하더니 경례를 했다. 그들은 모두 18세에서 26세 정도의 청년들이었다. 영리하게 보이고 용모가 단정한 한 청년은 아직도 한국 정규군의 구식 제복을 입고 있었고, 다른 사람들은 군복 바지를 입었다. 이들 중 두 사람은 흐느적거리는 낡아빠진 한복을 입고 있었다.　　　　　　　　　　– F. A. 맥켄지 저, 김창수 역, 『조선의 비극』 –

> 　(가)는 유인석이 쓴 격문이다. 명성 황후 시해 사건과 단발령을 계기로 의병 항쟁이 전국 각지로 확산되었는데, 그중 제천을 거점으로 의병을 일으킨 유인석이 대표적이었다. (나)는 최익현이 쓴 격문으로, 을사늑약에 분노하여 제자 임병찬 등과 함께 태인에서 의병을 일으켰다. (다)는 러ㆍ일 전쟁을 취재하기 위해 한국에 온 영국의 신문 기자 맥켄지가 1907년 군대 해산 직후 직접 의병들을 만난 뒤 남긴 생생한 기록이다.

2. 항일 의거 활동

(1) **국내**: 나철ㆍ오기호의 자신회 조직(을사 5적 암살 시도), 이재명 의거(이완용 처단 시도, 1909)

(2) **국외**: 장인환ㆍ전명운 의거(스티븐스 저격, 1908), 안중근이 하얼빈에서 이토 히로부미 처단(1909)

(3) **의의**: 일제 침략의 부당함과 우리 민족의 독립 의지를 국제 사회에 천명

3. 애국 계몽 운동

(1) **특징**: 교육ㆍ언론ㆍ산업 진흥 등 실력 양성을 통한 국권 수호 추구, 을사늑약 전후로 활발히 전개

(2) **주요 단체**

보안회(1904)	러ㆍ일 전쟁 중 일제의 황무지 개간권 요구에 대한 반대 운동 전개 → 철회 성공
헌정 연구회(1905)	의회 설립을 통한 입헌 정치 체제 수립 추구 → 일제의 탄압으로 활동 중단
대한 자강회(1906)	• 헌정 연구회 계승, 교육 진흥과 산업 육성을 통한 국권 수호 운동 전개 • 전국에 지회를 설치하고 월보 간행 • 고종 강제 퇴위 반대 운동을 펴다가 일제의 탄압으로 해산
신민회(1907 무렵)	• 결성: 안창호, 양기탁, 이동휘 등을 중심으로 비밀 결사 형태로 조직 • 목표: 국권 회복과 공화정체의 근대 국가 건설 지향, 실력 양성을 추진하면서 무장 독립 전쟁 준비 • 활동: 민족 교육 실시(오산 학교, 대성 학교 설립), 민족 산업 육성(태극 서관, 자기 회사 운영), 국외 독립운동 기지 건설(남만주 삼원보에 신흥 강습소 설립) • 해체: 일제가 날조한 105인 사건으로 와해(1911)

> 1911년에 설립되었고 3ㆍ1 운동 직후 신흥 무관 학교로 명칭을 바꿔 1920년 폐교할 때까지 약 2,000여 명의 졸업생을 배출하였다.

(3) **항일 언론 활동**: 『대한매일신보』와 『황성신문』 등이 항일 논조의 기사를 게재하고 국채 보상 운동을 지원하는 등 항일 언론 활동 전개

(4) **의의와 한계**

① **의의**: 민족의식과 애국심을 고취하고 산업 육성을 통한 경제 자립 추구

② **한계**: 사회 진화론을 수용한 일부 지식인들이 경제적ㆍ문화적 실력 양성에만 주력, 의병 투쟁에 비판적인 자세 → 신민회 활동을 통해 극복

3 간도와 독도

1. 간도

(1) 백두산정계비 건립(1712)

경과	만주족이 세운 청이 중국 대륙을 차지한 후 그들의 발상지였던 만주 지역을 성역으로 만드는 과정에서 조선에 국경 확정 요청 → 양국 대표가 백두산 일대를 답사하고 국경 확정(백두산정계비 건립)
내용	오라총관 목극등이 황제의 뜻을 받들어 변경을 답사해 이곳에 와서 살펴보니 서쪽은 압록이 되고 동쪽은 토문(土門)이 되므로 분수령 위에 돌에 새겨 기록한다.

> 조선 숙종 때인 1712년에 백두산 2,200m 지점(백두산 정상에서 남동쪽 4km 지점)에 세웠으나, 1931년 만주 사변이 일어난 직후 사라졌다.

(2) 한국인의 간도 이주: 19세기 중반 이후 한국인 중 일부가 압록강과 두만강을 건너가 농토를 개간하고 정주 → 두만강 건너편 지역에 한국인 정착촌 형성(간도)

(3) 귀속 분쟁°: 백두산정계비의 토문강 해석을 두고 19세기 말 조선과 청 사이에 영유권 분쟁 발생

(4) 대한 제국의 정책: 이범윤을 간도 관리사°로 임명(1903), 간도를 함경도 행정 구역으로 편입°

(5) 간도 협약(1909): 을사늑약으로 대한 제국이 외교권을 뺏긴 상황에서 일제가 청과 간도 협약 체결 → 일제가 남만주 철도 부설권을 획득하는 대가로 간도를 청의 영토로 인정

시험에 나오는 지문 특강 📖 **간도 협약(1909)**

제1조 일·청 양국 정부는 도문강(두만강)을 청국과 한국의 국경으로 하고, 강의 발원지는 정계비를 기점으로 하여 석을수(石乙水)를 두 나라의 경계로 할 것을 성명한다.

제3조 청국 정부는 이전과 같이 도문강 이북의 개간지에 한국인이 거주하는 것을 승인한다. 그 지역의 경계는 별도의 지도로 표시한다.

제6조 청국 정부는 앞으로 길장 철도를 연길 남쪽 경계까지 연장하여 한국의 회령에서 한국의 철도와 연결할 수 있다.
　　　　　　　　　　　　　　　　　　　　　　　　　　　　　　－『순종실록』, 1909. 9. －

> 일본은 대륙 침략의 발판을 마련하기 위해 남만주 철도 부설권을 얻는 대신 두만강을 국경으로 하는 간도 협약을 맺어 간도 영유권을 청에 넘겨 주었고, 그 결과 대한 제국 정부는 영토를 빼앗겼다.

2. 독도

(1) 조선의 정책: 개항 이후 일본 어민들의 불법 침입 증가 → 일본에 항의, 울릉도에 관리 파견

(2) 일본의 태정관 지령(1877): 울릉도와 독도는 일본과 관계없음을 명시

(3) 대한 제국 칙령 제41호(1900): 울릉도를 울도군으로 승격시키고 독도가 우리 영토임을 선포

(4) 일제의 강탈: 러·일 전쟁 중 일본이 시마네현 고시로 독도를 불법적으로 일본 영토에 편입(1905)

시험에 나오는 지문 특강 📖 **한·일 양국 문서에 기록된 독도**

문의한 취지의 죽도(울릉도) 외 일도(독도)의 건은 우리나라(일본)와 관계없다는 것을 명심할 것
　　　　　　　　　　　　　　　　　　　　　　　　　　　　　　－ 일본 태정관 지령(1877) －

제1조 울릉도를 울도라고 개칭하여 강원도에 부속하고 도감을 군수로 개정하여 관제 중에 편입하고 군의 등급은 5등으로 할 것

제2조 군청의 위치는 태하동으로 정하고 구역은 울릉전도와 죽도·석도(독도)를 관할할 것
　　　　　　　　　　　　　　　　　　　　　　　　　　　　　　－ 대한 제국 칙령 제41호(1900) －

북위 37도 9분 30초 동경 131도 55분 오키섬에서 서북으로 85리 떨어진 곳에 있는 섬을 다케시마라고 칭하고 본현 소속 오키도사 관할로 정한다.
　　　　　　　　　　　　　　　　　　　　　　　　　　　　　　－ 시마네 고시 제40호(1905) －

> 1877년 일본 최고 행정 기관인 태정관은 시마네현이 울릉도와 독도의 귀속에 관해 묻자 일본과 관계가 없다고 답변하였다. 1900년 대한 제국은 칙령 제41호를 관보에 실어 독도를 행정 구역에 편입하였다. 1905년의 시마네현 고시는 당시 일본 관보에도 실리지 않아 법적 효력도 없는 것으로 이는 독도 불법 편입이 비밀리에 진행되었음을 반증한다.

● 간도 귀속 분쟁
청은 토문강이 두만강임을 주장하며 조선인 철수를 요구하였고, 조선은 토문강이 송화강의 지류임을 내세워 간도가 조선의 영토라고 주장하였다.

● 간도 관리사
대한 제국은 1902년에 이범윤을 간도 시찰사로 파견하고, 1903년에는 간도 관리사로 임명하여 간도의 토지와 호구를 조사하고 조선인을 보호하는 영사의 역할을 수행하게 하였다. 이에 따라 이범윤은 간도에 군대를 주둔시키고 관청을 설치하고 간도에 거주하는 한국인에게 조세를 징수하였다. 그리고 간도는 대한 제국의 영토이므로 청에 세금을 납부할 의무가 없다는 입장을 표명하였다.

● 대한 제국 때의 행정 구역도 (1907)

1907년에 제작된 『대한신지지부지도(大韓新地志附地圖)』 철판본에 실린 『대한전도』를 보면 북간도가 함경북도 관할 내에 포함되어 있음을 알 수 있다.

🐝 **공부 꿀팁**
독도의 영유권 문제는 국가적으로도 매우 중요한 주제이므로, 독도가 우리 영토임을 보여 주는 증거 자료들을 명확히 알고 있어야 합니다.

대표 기출 문제 분석 01

일제의 국권 침탈 과정

| 42회 36번 기출 |

(가), (나) 조약 사이의 시기에 있었던 사실로 옳은 것은?

> (가) 제4조 …… 대한 제국 정부는 대일본 제국 정부의 행동이 용이하도록 충분한 편의를 제공한다. 대일본 제국 정부는 …… 군사 전략상 필요한 지점을 수시로 사용할 수 있다.
>
> (나) 제2조 한국 정부의 법령 제정 및 중요한 행정상 처분은 미리 통감의 승인을 거칠 것.
>
>   ⋮
>
>   제5조 한국 정부는 통감이 추천하는 일본인을 한국 관리에 임명할 것.

① 안중근이 하얼빈에서 이토 히로부미를 사살하였다.
② 의병 진압을 위한 '남한 대토벌' 작전이 전개되었다.
③ 일본이 경복궁을 점령하고 내정 개혁을 요구하였다.
④ 헤이그에서 열린 만국 평화 회의에 특사가 파견되었다.
⑤ 영국군이 러시아를 견제하기 위해 거문도를 불법 점령하였다.

문제 분석

제시된 자료의 (가)는 일본이 군사 전략상 필요한 지점을 사용할 수 있도록 한 한·일 의정서이고, (나)는 통감의 권한을 강화하면서 한국 관리도 통감이 추천하도록 한 한·일 신협약이다. 한·일 신협약으로 일본인을 차관으로 임명하는 차관 정치가 행해졌다. (가) 조약은 1904년 러·일 전쟁 발발 직후 체결하였고, (나) 조약은 1907년 고종을 강제 퇴위시킨 후 새로 즉위한 순종에게 강요하여 체결하였다.
④ 고종은 을사늑약의 부당함을 세계에 알리기 위해 1907년 네덜란드 헤이그에서 열린 만국 평화 회의에 3명의 특사를 파견하였다. 그러나 일제는 이를 구실로 고종을 강제로 퇴위시켰다.

정답: ④

오답 거르기

① 안중근은 1909년 하얼빈에서 한국 침략의 원흉인 이토 히로부미를 사살하였다.
② 1908년 의병 연합 부대의 서울 진공 작전이 실패한 이후에도 호남 지방에서 의병이 끈질기게 저항하자, 일제는 1909년 '남한 대토벌' 작전을 전개하였다.
③ 1894년 동학 농민 운동을 계기로 조선에 들어온 일본군은 경복궁을 점령하고 내정 개혁을 요구하였다.
⑤ 1885년 영국은 러시아의 남하를 막는다는 핑계로 우리나라의 거문도를 불법 점령하였다.

닮은 꼴 예상 문제

▶ 정답과 해설 35쪽

(가) 시기에 있었던 사실로 옳은 것을 〈보기〉에서 고른 것은?

| 일본이 인천 연안과 뤼순항에 정박해 있던 러시아 함대를 기습 공격하였다. | → | (가) | → | 일본이 박제순, 이완용 등 이른바 을사 5적의 동의만으로 공식 명칭조차 없는 조약을 체결하였다. |

보기
ㄱ. 메가타가 재정 고문이 되었다.
ㄴ. 대한 제국의 군대가 해산되었다.
ㄷ. 가쓰라·태프트 밀약이 체결되었다.
ㄹ. 일제의 '남한 대토벌 작전'이 전개되었다.

① ㄱ, ㄴ   ② ㄱ, ㄷ   ③ ㄴ, ㄷ   ④ ㄴ, ㄹ   ⑤ ㄷ, ㄹ

대표 기출 문제 분석 02

을사늑약 반대 투쟁

다음 인물에 대한 설명으로 옳은 것은?

> 이달의 역사 인물
>
> ### 국권 침탈에 저항한 구국 운동의 지도자
> ### 이준(1859년~1907년)
>
>
>
> 1896년에 한성 재판소 검사보로 임명되었다. 을사늑약 폐기를 주장하는 상소 운동을 펼쳤고, 안창호 등과 함께 비밀 결사인 신민회를 조직하여 구국 운동을 전개하였다. 정부에서는 그의 공훈을 기리어 1962년에 건국훈장 대한민국장을 추서하였다.

① 고종의 밀지를 받아 독립 의군부를 조직하였다.
② 영국인 베델과 함께 대한매일신보를 발간하였다.
③ 평양에서 조선 물산 장려회 발기인 대회를 개최하였다.
④ 북간도에 서전서숙을 설립하여 민족 교육을 실시하였다.
⑤ 네덜란드 헤이그에서 열린 만국 평화 회의에 특사로 파견되었다.

문제 분석

제시된 자료의 한성 재판소, 을사늑약, 신민회 등을 통해 이준이 을미개혁 직후부터 대한 제국 말기까지 활동한 내용을 알 수 있다.

⑤ 일본의 강압에 의해 불법으로 을사늑약이 체결되자 이준은 고종에게 네덜란드 헤이그에서 열리는 만국 평화 회의에 특사로 파견해 줄 것을 요청하여 허락을 받았다. 그리하여 고종의 친서와 신임장을 받고 한국 대표로서 공식적으로 참석하기 위한 활동을 전개했으나, 일본과 영국의 방해로 성공하지 못하였다. 이에 격분한 이준은 통분을 누르지 못해 헤이그에서 순국하였다.

정답: ⑤

오답 거르기

① 임병찬은 고종의 밀지를 받고 의병장과 유생을 모아 1912년 독립 의군부를 조직하였다.
② 양기탁은 베델과 함께 1904년 『대한매일신보』를 발간하였다.
③ 조만식은 1920년 평양에서 조선 물산 장려회 발기 대회를 열고 국산품 애용을 통한 민족 경제 자립 운동을 폈다.
④ 이상설 등은 북간도에 있는 한국인 자제에게 교육을 통해 독립사상을 고취할 목적으로 서전서숙을 세워 운영하였다.

닮은꼴 예상 문제

▶ 정답과 해설 35쪽

다음 상황이 발생하게 된 배경으로 옳은 것은?

> 앞서 지난 6월 29일에 헤이그 만국 평화 회의 의장이며 러시아 위원인 넬리도프를 방문하여 회의 참석을 요구하였다가 한국은 외교권이 없으므로 의장의 힘으로도 어찌할 수 없다고 면회를 거절당하였던 한국 밀사들이 이날 다시 미국 위원인 포오터 장군에게 면회를 요청하였으나 역시 거절되었다. …… 그들은 할 수 없이 언론을 통하여 한국의 억울함을 호소하기로 하고 각국 기자단이 모인 자리에서 기자 회견을 가지고 수시간 동안 열변을 토하여 일본의 한국 침략 상황을 폭로하였다.
> － 『대한계년사』 －

① 을사늑약이 체결되었다.
② 거문도 사건이 일어났다.
③ 고종이 강제로 퇴위되었다.
④ 서울 진공 작전이 전개되었다.
⑤ 대한 제국 군대가 해산되었다.

27회 35번 기출 문제 •

01 다음 전보가 발송된 이후의 사실로 옳은 것은?

> 독일 주재 공사에게
>
> 이토 특별 공사, 하세가와 장군, 하야시 공사가 군대를 이끌고 궁궐로 난입하여, 무력으로 짐을 위협하면서 그들이 만든 조약에 서명할 것을 강요하였소. 그리고 서울에 통감을 임명하고 제국의 외교권을 일본에 양도하게 하였으니, 이러한 범죄 행위는 국제법상 도저히 용인될 수가 없소. 독일의 도움은 국제법을 통해 일본에게 항의할 수 있는, 짐과 제국을 위한 마지막 희망이오. 공은 당장 독일 정부에 이 사실을 알리고 도움을 요청하시오!

① 대한 제국이 대외 중립을 선언하였다.
② 미국과 일본이 가쓰라 · 태프트 밀약을 맺었다.
③ 일본인 메가타가 대한 제국의 재정 고문으로 초빙되었다.
④ 고종이 헤이그에서 열린 만국 평화 회의에 특사를 파견하였다.
⑤ 군사 전략상 필요한 지역을 일본에 제공하는 한 · 일 의정서가 강요되었다.

02 밑줄 그은 '전쟁' 기간에 있었던 사실로 옳은 것은?

> 자네, 소식 들었나? 일본이 전쟁을 일으키고 나서 한성을 장악하고 한 · 일 의정서 체결을 강요하였다네.

> 나도 들었네. 결국, 우리나라의 국외 중립 선언을 일본이 무시하였군.

① 경인선 철도가 완공되었다.
② 군국기무처의 주도로 개혁이 추진되었다.
③ 고종이 러시아 공사관으로 거처를 옮겼다.
④ 일본이 대한 제국의 외교권을 박탈하였다.
⑤ 미국과 영국이 일본의 한국 지배를 인정하였다.

03 (가) 인물에 대한 설명으로 옳은 것은?

> S#15. 1908년 3월 21일 신문 기자와 인터뷰하는 (가) 의 발언
>
> 일본이 한국을 보호한 후로 한국에 유익한 일이 많다. 한국에 신정부가 조직된 후로 정계에 참여하지 못한 자가 일본을 반대하나, 백성은 이전 정부의 학대와 같은 학대를 받지 아니하므로 농민들은 일본인을 환영한다.
>
> S#16. 1908년 3월 23일, 응징에 나서는 두 한국인
>
> (가) 이/가 워싱턴으로 가기 위해 샌프란시스코 페리 부두에 일본 영사와 함께 도착하자, 기다리던 전명운이 권총을 발사하였으나 불발되었다. 이에 달려가 격투를 벌이던 중, 이를 지켜보던 장인환은 연달아 세 발의 총을 쏘았다.

① 육영 공원의 교사로 초빙되었다.
② 대한 제국의 외교 고문으로 활동하였다.
③ 임오군란 이후 조선에서 세관 업무를 담당하였다.
④ 조선 주재 독일 부영사로 조선 중립화를 주장하였다.
⑤ 아관 파천 이후 미국의 이권 침탈에 적극 간여하였다.

34회 38번 기출 문제 •

04 밑줄 그은 '이 조약'의 체결에 대한 저항으로 옳지 않은 것은?

> 우리 대황제 폐하께서 강경하신 성의(聖意)로 거절하기를 그치지 않으셨으니, 이 조약이 성립되지 않는다는 것은, 생각하건대 이토 후작 스스로도 알고 간파하였을 것이다. 아, 저 개돼지만도 못한 소위 우리 정부의 대신이란 자들은 자기 일신의 영달과 이득이나 바라고 거짓 위협에 겁먹어 머뭇대거나 벌벌 떨며 나라를 팔아먹는 역적이 되는 것을 달갑게 여겨서 사천 년의 강토와 오백 년의 종묘사직을 남에게 들어 바치고, 이천 만 백성을 남의 노예가 되도록 하였도다.

① 민영환, 조병세 등이 자결로써 항거하였다.
② 이상설이 매국노 처단을 요구하는 상소를 올렸다.
③ 고종이 헤이그 만국 평화 회의에 특사를 파견하였다.
④ 유생 출신 유인석이 이끄는 의병이 충주성을 점령하였다.
⑤ 나철, 오기호 등이 5적 처단을 위해 자신회를 조직하였다.

05 밑줄 그은 ㉠에 대한 설명으로 옳은 것은?

> ㉠ 이번에 춘천 등지에서 백성들이 소란을 피운 것은 단발 때문이 아니라 대체로 8월 20일 사변 때 쌓인 울분이 가슴에 가득 차서 그것을 계기로 폭발한 것을 묻지 않고도 분명히 알 수 있다. 지금 이미 국적(國賊)은 법에 의해 처단되고 나머지 무리들도 차례로 다스릴 것이니 지난번에 교화하기 어렵던 백성들도 아마 틀림없이 알고는 옛날의 울분을 쾌히 풀 것이다.
>
> — 『고종실록』 —

① 광화문 앞에서 교조 신원 상소를 올렸다.
② 평민 출신 의병장이 처음으로 등장하였다.
③ 위정척사 사상을 가진 유생들이 주도하였다.
④ 고종의 강제 퇴위에 반대하는 시위를 벌였다.
⑤ 일본의 '남한 대토벌 작전'으로 타격을 입었다.

06 밑줄 그은 '의병'에 대한 설명으로 옳은 것은?

43회 37번 기출 문제 ▶

> 이곳은 의암 유인석의 위패가 모셔져 있는 충청북도 제천의 자양영당입니다. 이곳에서 유인석은 국모의 원수를 갚고 전통을 보전한다는 복수보형(復讐保形)을 기치로 8도의 유림을 모아 의병을 일으키려는 비밀 회의를 열었습니다.

① 단발령의 시행에 반발하여 봉기하였다.
② 민종식이 이끈 부대가 홍주성을 점령하였다.
③ 국제법상 교전 단체로 승인해 줄 것을 요구하였다.
④ 의병 부대가 연합하여 서울 진공 작전을 전개하였다.
⑤ 조선 총독부에 국권 반환 요구서를 제출하고자 하였다.

07 다음 기사가 작성된 시기를 연표에서 옳게 고른 것은?

> 새벽녘에 찬정 최익현과 전군수 임병찬이 의병 수백 인을 거느리고 태인군에 진입하여 조총 17정, 동전 500량을 탈취하고 정읍 방면으로 향발하다. 내부는 전라북도 관찰사 한진창의 이상과 같은 보고를 받고 병정을 파견하여 의병을 진압할 것을 군부에 조회하다.

	(가)	(나)	(다)	(라)	(마)	
고종 즉위		갑신정변 발생	군국기무처 설치	한일 의정서 체결	군대 해산	국권 피탈

① (가) ② (나) ③ (다) ④ (라) ⑤ (마)

08 (가)에 대한 설명으로 옳은 것은?

40회 34번 기출 문제 ▶

이달의 역사 인물

일제의 침략에 맞서 싸운 의병장
왕산 허위(1854~1908)

경상북도 구미에서 출생하였다. 성균관 박사, 평리원 재판장 등을 역임하였다. 한·일 신협약 체결과 군대 해산에 반발하여 결성된 (가) 에서 군사장을 맡았다. (가) 은/는 각지의 유생 의병장이 중심이 되어 결성한 의병 부대로 총 병력이 1만여 명에 이르렀으며, 총대장에는 대한관동창의대장 이인영을 추대하였다. 군사장 허위는 경기도 양평에서 일본 헌병에게 체포되어 서대문 감옥에서 순국하였다.

① 봉오동 전투에서 일본군을 격퇴하였다.
② 독립 공채를 발행하여 자금을 마련하였다.
③ 고종의 해산 권고 조칙에 따라 해산하였다.
④ 양주에 집결하여 서울 진공 작전을 전개하였다.
⑤ 조선 총독부에 국권 반환 요구서를 제출하려 하였다.

31회 41번 기출 문제 •

09 다음 사건이 일어난 시기를 연표에서 옳게 고른 것은?

군사장(허위)은 미리 군비를 신속히 정돈하여 철통과 같이 함에 한 방울의 물도 샐 틈이 없는지라. 이에 전군에 명령을 전하여 일제히 진군을 재촉하여 동대문 밖으로 진군하였다. 대군은 긴 뱀의 형세로 천천히 전진하게 하고, 3백 명을 인솔하고 선두에 서서 동대문 밖 삼십 리 되는 곳에 나아가 전군이 모이기를 기다려 일거에 서울을 공격하여 들어가기로 계획하였다. 전군이 모여드는 시기가 어긋나고 일본군이 갑자기 진격하는지라. 여러 시간을 격렬히 사격하다가 후원군이 이르지 않으므로 그대로 퇴진하였더라.

1894	1899	1904	1905	1907	1910
(가)	(나)	(다)	(라)	(마)	
갑오 개혁	대한국 국제 반포	한일 의정서	을사 늑약	정미 7조약	국권 피탈

① (가) ② (나) ③ (다) ④ (라) ⑤ (마)

10 (가) 의병이 전개되던 시기에 볼 수 있던 모습으로 적절한 것은?

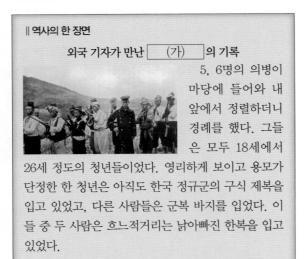

‖ 역사의 한 장면

외국 기자가 만난 (가) 의 기록

5, 6명의 의병이 마당에 들어와 내 앞에서 정렬하더니 경례를 했다. 그들은 모두 18세에서 26세 정도의 청년들이었다. 영리하게 보이고 용모가 단정한 한 청년은 아직도 한국 정규군의 구식 제복을 입고 있었고, 다른 사람들은 군복 바지를 입었다. 이들 중 두 사람은 흐느적거리는 낡아빠진 한복을 입고 있었다.

– 맥켄지, 『조선의 비극』 –

① 만민 공동회에 참석하는 상인
② 독립 서고문을 발표하는 고종
③ 의열단에 가입하는 애국 청년
④ 행정부 차관으로 근무하는 일본인
⑤ 보빙사 일원으로 미국에 가는 사절단

29회 36번 기출 문제 •

11 (가) 인물에 대한 설명으로 옳은 것은?

일본 미야기현에 위치한 다이린 사(大林寺)에는 하얼빈 의거로 뤼순 감옥에 수감되었던 (가) 의 유묵비가 세워져 있다.

이 비석에 새겨진 글인 '위국헌신군인본분(爲國獻身軍人本分)'은 '나라를 위하여 몸을 바치는 것은 군인의 본분이다.'라는 뜻으로 그가 사형장으로 향하기 직전, 헌병 간수였던 지바 도시치의 간청으로 써 준 것이라고 한다. 지바 도시치는 고향으로 돌아와 세상을 떠날 때까지 그의 위패를 사찰에 모셔 두고 넋을 기렸다. 이는 그를 가까이에서 지켜보았던 한 일본인의 존경심이 어느 정도였는지 잘 보여 준다.

① 일본 국왕이 탄 마차 행렬에 폭탄을 던졌다.
② 한국 침략의 원흉인 이토 히로부미를 사살하였다.
③ 대한 제국의 외교 고문이었던 스티븐스를 저격하였다.
④ 명동 성당 앞에서 이완용을 습격하여 중상을 입혔다.
⑤ 홍커우 공원에서 일본군 장성과 고관들을 처단하였다.

12 밑줄 그은 '중요한 일'에 대한 탐구 활동으로 적절한 것은?

송수만 · 심상진이 오늘 각 대신에게 통문으로 요청하기를, 지금 산림 · 천택 · 벌판의 황무지를 일본 사람이 청구하여 이것을 허가한다면, 즉 국가가 존속하느냐 멸망하느냐의 위급한 때이며 인민의 사생과 관계되는 날입니다. 모든 대한 신민이 되는 자는 한 말씀을 하여 준엄하게 배척하지 않을 수 없기 때문에, 이미 회의소를 종로 백목전 도가에 설치하였으니, …… 임시 회의소에 왕림하셔서 이 중요한 일을 도와주시기를 엎드려 바라옵니다.

① 보안회의 활동에 대해 알아본다.
② 한 · 일 신협약이 미친 영향을 파악한다.
③ 독립신문에 실린 기사 내용을 살펴본다.
④ 조선 혁명 선언의 작성 경위를 조사한다.
⑤ 조 · 일 통상 장정의 방곡령 규정을 분석한다.

13. (가) 단체에 대한 설명으로 옳은 것은?

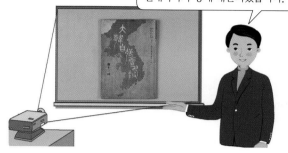

이것은 (가) 이/가 발행한 월보입니다. 1906년에 결성된 이 단체는 고종 강제 퇴위 반대 운동을 전개하다가 강제 해산되었습니다.

① 복벽주의를 표방하였다.
② 신흥 강습소를 설립하였다.
③ 헌정 연구회를 계승하였다.
④ 강령으로 기회주의 배격을 내세웠다.
⑤ 자기 회사와 태극 서관을 운영하였다.

36회 40번 기출 문제

14. 밑줄 그은 '이 단체'에 대한 설명으로 옳은 것은?

> **판결문**
> **주문(主文)**
> 피고 이승훈 · 윤치호 · 양기탁 · 임치정 · 안태국 · 유동열을 각각 징역 10년에 처한다.
> **이유(理由)**
> 피고 이승훈은 …… 안창호 · 이갑 등과 함께 미국에 있는 이대위 · 김유순, 그리고 러시아에 있던 김성무 등과 이 단체를 조직하였다. 이들은 구(舊) 청국 영토 내에 있는 서간도에 무관 학교를 설립하고 청년의 군사 교육을 실시하였다. 그리고 일본과 미국 혹은 일본과 청국 사이에 갈등이 생기면 그 기회를 틈타 독립 전쟁을 일으켜 국권을 회복하고자 하였다.

① 농촌 계몽을 위해 브나로드 운동을 전개하였다.
② 일제가 조작한 105인 사건으로 조직이 해체되었다.
③ 단원인 이봉창이 일왕의 행렬에 폭탄을 투척하였다.
④ 독립 운동 자금 마련을 위해 독립 공채를 발행하였다.
⑤ 조선 총독부에 국권 반환 요구서를 발송하고자 하였다.

15. 밑줄 그은 '이들 지방'에 대한 탐구 활동으로 가장 적절한 것은?

> 제1조 일 · 청 양국 정부는 도문강을 청국과 한국의 국경으로 하고, 강의 발원지는 정계비를 기점으로 하여 석을수(石乙水)를 두 나라의 경계로 할 것을 성명한다.
> 제2조 청국 정부는 본 협약이 조인된 뒤에 되도록 빨리 다음의 각지를 외국인의 거주 및 무역을 위하여 개방해야 한다. 일본국 정부는 이들 지방에 영사관 혹은 영사관 분관을 설치할 수 있고, 다만 개방하는 날짜는 별도로 정한다.
> 용정촌, 국자가, 두도구, 백초구.

① 일본의 태정관 지령을 분석한다.
② 이봉창이 의거를 일으킨 장소를 찾아본다.
③ 대한 광복군 정부가 해산된 배경을 파악한다.
④ 대한 제국 시기 함경도의 행정 구역을 조사한다.
⑤ 러 · 일 전쟁 중에 일본이 불법 편입한 영토를 알아본다.

33회 39번 기출 문제

16. (가) 섬에 대한 설명으로 옳은 것은?

울릉 군수 심흥택이 보고한 내용입니다. 이번 달 4일 진시 즈음에 배 1척이 울릉군 내 도동포에 정박하였는데, 일본 관인 일행이 내려 말하길 "(가) 이/가 지금 일본 영토가 된 까닭으로 시찰차 왔다." 하온 바 …… 이에 보고하오니 살펴주시기 바랍니다.

강원도 관찰사 서리 이명래

보고는 잘 받아보았다. (가) 이/가 일본의 영토라는 말은 전혀 근거 없는 것이니 그 섬의 형편과 일본인들이 어떻게 행동하는지를 다시 조사해서 보고하라.

참정 대신 박제순

① 하멜 일행이 표류하다 도착한 곳이다.
② 배중손이 이끄는 삼별초가 몽골군에 저항하였다.
③ 정제두가 양명학을 연구하며 학파를 형성하였다.
④ 러시아가 저탄소 설치를 명분으로 조차를 요구하였다.
⑤ 대한 제국이 칙령 제41호를 통해 관할 영토임을 명시하였다.

05 개항 이후 경제와 사회의 변화

● 열강의 이권 침탈

러시아는 친러 내각을 앞세워 광산 개발권, 삼림 채벌권 등을 빼앗아 갔고, 미국은 광산 채굴권과 철도, 전기, 전차 부설권 등을 차지하였으며, 영국, 독일, 프랑스 등도 이권 침탈에 나섰다. 일본은 미국인 모스에게 경인선 부설권을 사들이고, 경부선 부설권을 획득하였다.

● 화폐 정리 사업의 화폐 교환
백동화를 3등급으로 나누어 상태가 좋은 갑종은 액면가 그대로인 2전 5리, 을종은 그 절반도 되지 않는 1전으로 교환해 주고, 병종은 화폐 가치를 인정해 주지 않아 교환을 거부하였다.

● 백동화
조선 정부가 재정 부족 등의 문제를 해결하기 위해 1892년부터 발행한 화폐였다. 그러나 위조 등으로 유통량이 많아져 가치가 떨어지자 1904년 발행이 중단되었고, 이듬해 화폐 정리 사업에 따라 사라지게 되었다.

❶ 열강의 경제 침탈

1. 개항 초 일본 상인의 무역 독점

(1) 배경: 강화도 조약 이후 조·일 수호 조규 부록 및 조·일 무역 규칙 체결

(2) 일본 상인의 특권: 영사 재판권, 일본 화폐 사용, 무관세 무역 등의 특권 허용

(3) 거류지 무역: 개항장 10리 이내에서 무역 가능 → 조선의 중개 상인을 통해 내륙 시장과 연결
  └→ 객주, 여각, 보부상 등

2. 일본과 청의 무역 경쟁

(1) 배경: 임오군란 이후 청의 영향력 강화

(2) 조·청 상민 수륙 무역 장정 체결(1882)

내용	청 상인의 특권 보장(양화진과 한성에 상점 개설 허용, 영사 재판권 인정, 허가를 받으면 개항장 밖에서 활동 가능)
영향	청 상인의 본격 진출, 최혜국 대우 규정에 따라 다른 나라 상인들도 내륙 진출 → 기존 중개 상인 (객주·여각·보부상 등) 몰락, 서울 상인의 상권 위협

시험에 나오는 지문 특강 📖 조·청 상민 수륙 무역 장정

제1조 중국 상무위원은 개항한 조선의 항구에 주재하면서 …… 중대한 사건을 맞아 조선 관원과 임의로 결정하기가 어려울 경우 북양대신에게 청하여 조선 국왕에게 공문서를 보내 처리하게 한다.

제2조 중국 상인이 조선 항구 …… 고소를 제기할 일이 있을 경우 중국 상무위원에게 넘겨 심의 판결한다.

제4조 중국 상인이 조선의 양화진과 한성에 들어가 영업소를 개설한 경우를 제외하고 각종 화물을 내지로 운반하여 상점을 차리고 파는 것을 허가하지 않는다.

> 제1조는 북양대신과 조선 국왕의 위치를 대등하게 규정하고 있고, 제2조는 중국 상무위원의 치외법권을 인정하였으며, 제4조는 청 상인이 양화진과 한성에서 영업을 허락하는 내용으로 되어 있다. 이 장정으로 청 상인들이 내륙에서 상업 활동을 할 수 있는 특권을 누리게 되었다.

(3) 조·일 통상 장정(1883): 일본 상품에 관세 부과, 방곡령 선포, 일본에 대한 최혜국 대우 규정

(4) 결과: 청·일 상인 간 상권 경쟁 심화, 조선 상인의 타격 → 청·일 전쟁 후 일본이 조선의 상권 장악

3. 제국주의 열강의 이권 침탈

(1) 배경: 아관 파천(1896) 이후 열강이 최혜국 대우 규정을 빌미로 조선에서 각종 이권 차지

(2) 이권 침탈 내용

철도 부설권	경인선(미국 → 일본), 경부선(일본), 경의선(프랑스 → 일본)
금광 채굴권	운산(미국), 은산(영국), 당현(독일), 직산(일본) 등
삼림 채벌권	러시아가 압록강·두만강·울릉도 삼림 채벌권 차지

(3) 토지 약탈: 일본이 러·일 전쟁 중 황무지 개간권 요구, 철도 부지와 군용지 확보를 구실로 토지 강탈, 동양 척식 주식회사 설립(1908)
  └→ 일본인들의 한국 이주 및 정착과 대한 제국의 토지 수탈을 목적으로 설립된 회사이다.

4. 일본의 금융 지배와 재정 장악

(1) 차관 강요: 시설 개선 등을 구실로 한국에 차관 제공 → 대한 제국의 재정이 일본에 예속

(2) 금융 지배: 대한 제국의 세관 업무 및 국고 처리 업무를 위탁받아 관리

(3) 화폐 정리 사업

내용	· 대한 제국의 재정 고문이 된 일본인 메가타 주도로 실시 · 전환국을 폐지하고 기존 화폐인 백동화를 일본 제일 은행권으로 교환
결과	일본의 제일 은행이 실질적으로 한국의 중앙은행 역할, 한국인 설립 은행과 상공업자 몰락

2 경제적 구국 운동과 사회 변화

1. 경제적 구국 운동

(1) 방곡령 사건

① 배경: 일본 상인들에 의한 지나친 곡물 유출, 흉년 → 조선의 곡물 가격 폭등

② 경과: 조·일 통상 장정에 따라 함경도와 황해도 등지의 지방관이 방곡령 선포(1889, 1890)
→ 일본이 통보를 늦게 받았다는 구실로 조선 정부 압박 → 방곡령을 철회하고 배상금 지급

(2) 상권 수호 운동

배경	외국 상인의 내륙 진출, 일본인의 세곡 운반 독점(증기선 이용)
내용	• 객주, 보부상: 상회사⁰ 설립 등으로 대응(대동 상회, 장통 상회 등) • 시전 상인: 외국 상점의 퇴거를 요구하는 시위와 철시 투쟁, 황국 중앙 총상회⁰ 조직(1898) • 민족 기업 육성: 1890년대에 은행과 회사 설립(조선 은행 등)

• 1896년 전·현직 관료들이 중심이 되어 설립한 한국 최초의 근대적인 민간 은행으로 국고금 출납 업무를 담당하였다.

(3) 이권 수호 운동

배경	아관 파천 이후 열강의 이권 침탈 심화
내용	• 독립 협회의 활동: 러시아의 절영도 조차 요구 저지, 한·러 은행 폐쇄, 프랑스·독일의 광산 채굴권 요구 저지 • 황무지 개간권 요구 반대 운동(1904): 농광 회사⁰ 설립, 보안회의 시위 → 일본의 요구 철회

(4) 국채 보상 운동

배경	일제의 차관 강요로 대한 제국의 채무액 증가 → 경제 예속
내용	국민의 성금으로 국채를 갚고 국권을 지키려고 함
전개	김광제, 서상돈의 제안으로 대구에서 시작하여 전국으로 확산 → 국채 보상 기성회 조직, 『대한매일신보』 등 언론사 후원 → 통감부의 탄압으로 실패

시험에 나오는 **지문 특강** 📖 **국채 1,300만 원 보상 취지서**

• 일제는 국채 보상 운동을 배일 운동으로 간주하여 모금 운동을 주관하던 양기탁을 횡령 혐의로 구속하고 『대한매일신보』를 탄압하였다.

…… 지금 나라의 빚이 1,300만 원이며, 이는 우리 대한 제국의 존망에 관계된 일이다. 이를 갚으면 나라를 보존하게 되고 못 갚으면 나라를 잃고 만다. …… 2,000만의 백성이 3개월 동안 담배를 끊고 그 돈을 각 사람마다 20전씩 낸다면 1,300만 원을 모을 수 있다. 만약 부족하다면 1원, 10원, 100원, 1,000원 등 따로 기부를 받으면 될 것이다.
– 『대한매일신보』, 1907. 2. 21. –

1907년 2월 대구의 광문사 사장 김광제와 부사장 서상돈은 금연을 통해 국채를 갚아 나가자는 국채 보상 운동을 제창하였다. 이어 서울에서도 국채 보상 기성회가 조직되어 취지서를 발표하였다. 이후 전국적으로 국채 보상 운동 단체가 창립되어 각계각층이 참가한 범국민적 운동으로 발전하였다.

2. 민권 의식의 성장과 사회 변화

(1) 평등 사회로의 이행

갑신정변	인민 평등권 확립, 능력에 따른 인재 등용 주장
동학 농민 운동	양반 지배 체제 타도, 신분 차별 폐지 요구
갑오개혁	법적으로 신분 제도 폐지, 봉건적 악습 폐지(과부 재혼 허용, 고문·연좌법 폐지 등)
독립 협회 활동	천부 인권 사상 주장(신체의 자유, 재산권 보장, 언론·출판·집회·결사의 자유), 국민의 참정권 실현 추구 → 민권 의식 확산에 기여

(2) 여성의 사회적 진출: 서울 양반 부인들의 여권 통문⁰ 발표(1898), 여학교 설립 주장·후원

(3) 생활 모습의 변화

① 서양식 의식주 생활 유입, 거류지를 중심으로 청과 일본 문화 유입

② 대표적인 근대 건축물: 독립문, 명동 성당, 정동 교회, 덕수궁 석조전 등

○ **상회사**
문호 개방 이후 전통 상인(객주, 보부상 등)이 외국 상인 세력에 대항하기 위해 만든 상업 조직이다. 동업 조합의 성격에서 점차 근대적인 주식회사로 발전하였다.

○ **황국 중앙 총상회**
서울의 시전 상인들이 외국 상인의 침투에 대항하기 위해 1898년에 설립한 단체이다.

○ **농광 회사**
일제의 토지 침탈에 맞서 개간 사업을 목적으로 설립된 근대적 농업 회사이다. 황무지 개간권을 일본에 넘기지 말고 한국인이 직접 사업을 맡자는 주장에 따라 설립되었다.

○ **여권 통문**
서울 북촌의 양반 부인들이 1898년 『황성신문』과 『독립신문』에 발표한 것으로, 우리나라 최초의 여성 인권 선언문이라고 할 수 있다. 여성도 남성과 평등한 권리를 가진 온전한 인간이며 경제적 능력을 가져야 하고 교육을 받아야 한다고 주장하였다. 이들은 찬양회를 조직하고 1899년 한국인이 최초로 세운 사립 여학교인 순성 여학교를 설립하였다.

🌿 **공부 꿀팁**
열강의 이권 침탈 과정과 이에 대응한 경제적 구국 운동의 내용을 정리해 두어야 합니다. 특히 화폐 정리 사업과 국채 보상 운동은 자주 출제되는 주제이니 그 내용과 과정 및 결과를 잘 기억해 두어야 합니다.

대표 기출 문제 분석 01

▶ 조 · 청 상민 수륙 무역 장정 체결의 영향

| 40회 32번 기출 |

다음 상황이 나타난 배경에 대한 탐구 활동으로 가장 적절한 것은?

요즘은 공주, 전주 등에도 장이 열리면 청 상인들이 물건을 팔러 온다고 하네.

그렇다네. 청 상인들에게 상권을 빼앗긴 조선 상인들이 많다더군.

① 동양 척식 주식회사가 설립된 과정을 정리한다.
② 회사 설립을 신고제로 변경한 목적을 살펴본다.
③ 고종이 러시아 공사관으로 피신한 이유를 찾아본다.
④ 임오군란의 결과로 체결된 협정의 내용을 조사한다.
⑤ 구(舊) 백동화가 제일 은행권으로 교환된 시기를 검색한다.

문제 분석

제시된 자료는 지방의 장날에 청 상인이 등장하고 그 결과 조선 상인들의 상권을 빼앗기고 있다는 내용으로, 청 상인이 개항장을 벗어나 내륙에까지 진출하고 있는 상황을 보여준다.

④ 군대를 보내 임오군란을 진압한 청은 조선의 내정을 간섭하는 한편, 조 · 청 상민 수륙 무역 장정을 체결하였다. 그 결과 청 상인이 허가를 받을 경우 개항장 밖에서도 활동할 수 있게 되었고, 개항 이후 일본이 독점하고 있던 조선에 대한 무역이 청과 일본의 경쟁 구도로 변화하게 되었다.

정답: ④

오답 거르기

① 동양 척식 주식회사는 1908년 서울에 설립된 국책 회사로, 한국과 일본 양국의 국적을 가졌으나 실제로는 일본인들의 손에 의해 제반 사무가 결정되었다.
② 국권을 강탈한 일본은 1910년에 제정하였던 회사령을 1920년에 폐지하고 신고제로 변경하여 일본 기업의 한국 진출을 쉽게 하였다.
③ 고종은 1896년 일본의 위협을 피해 러시아 공사관으로 처소를 옮겼다.
⑤ 대한 제국의 재정 고문으로 온 메가타는 화폐 정리 사업을 실시하여 구 백동화를 일본 제일 은행권으로 교환하였다.

📖 닮은 꼴 예상 문제

▶ 정답과 해설 37쪽

다음 상황이 나타난 배경에 대한 탐구 활동으로 가장 적절한 것은?

> 청국 상인의 내륙 상업 활동은 이번에 순회한 지방에서는 실로 놀랄 만큼 진보하였다. 상업지라고 할 수 있는 곳에서는 반드시 청국 상인이 거주하면서 상업을 운영하고 있었고, 아무리 궁벽한 곳에 있는 촌락일지라도 장날에는 청국 상인들이 찾아온다고 한다. …… 게다가 면직물류, 각종 서양 물품, 청국산 옷감, 잡화류 등으로 곡물을 대규모로 사들이고 있으며, 구만포 같은 곳에서는 상당한 자금을 투입해 매입하고 있다고 한다.
> — 일본 외무성통상국, 「통상휘찬」 —

① 황국 중앙 총상회의 활동을 조사한다.
② 공인의 활동이 가져온 결과를 살펴본다.
③ 신해통공의 조치가 취해진 배경을 알아본다.
④ 조 · 청 상민 수륙 무역 장정의 내용을 분석한다.
⑤ 청 · 일 전쟁이 동아시아 3국에 미친 영향을 파악한다.

대표 기출 문제 분석 02

방곡령 실시의 배경

다음 상황이 전개된 배경으로 가장 적절한 것은?

| 35회 34번 기출 |

> 우리 고을에 흉년이 든 것은 일본 총영사께서도 잘 알고 계실 것입니다. 가난한 백성의 먹을 것이 없는 참상이 눈앞에 가득하니, 곡물 수출은 당분간 중지하지 않을 수 없습니다. …… 음력 을유년 12월 21일을 기점으로 한 달이 지난 이후부터는 쌀 수출이 금지되니 이러한 점을 귀국의 상민(商民)들에게 통지하여 주시기 바랍니다.

① 조·일 통상 장정이 체결되었다.
② 러시아가 절영도 조차를 시도하였다.
③ 일본이 황무지 개간권을 요구하였다.
④ 시전 상인들이 황국 중앙 총상회를 조직하였다.
⑤ 메가타의 주도로 화폐 정리 사업이 실시되었다.

문제 분석

제시된 자료는 한 지방관이 일본 총영사에게 보낸 통지문으로, 자신의 마을에 흉년이 들어 을유년(1885년) 12월 21일을 기점으로 한 달이 지난 이후부터 쌀 수출을 금지하겠으니 일본 상민들에게 알려주라는 내용으로 방곡령 실시 통지문에 해당한다.
① 1883년 조선과 일본이 체결한 조·일 통상 장정 내용 중에 방곡령 선포에 관한 규정이 들어 있다. 자연재해나 변란 등으로 식량이 부족할 때 지방관의 직권으로 그 지역의 양곡을 타지방이나 타국으로 유출을 금지하는 조치를 취할 수 있으며, 이 경우 1개월 앞서 그 시기를 일본 영사관에게 알리도록 되어 있었다.

정답: ①

오답 거르기

② 러시아는 러시아 함대의 연료 보급을 위해 절영도를 조차하여 저탄소 시설을 설치하려고 하였으나 1898년 국내의 거센 반발로 철회하였다.
③ 일본은 러·일 전쟁 중인 1904년 대한 제국에 황무지 개간권을 요구하였으나, 보안회 등의 거센 반대 운동으로 철회하였다.
④ 서울의 시전 상인들이 외국 상인들의 상권 침탈에 맞서기 위해 1898년 황국 중앙 총상회를 조직하였다.
⑤ 대한 제국의 재정 고문으로 온 일본인 메가타의 주도로 화폐 정리 사업이 실시되었다.

닮은 꼴 예상 문제

> 정답과 해설 37쪽

다음 상소문이 작성된 시기의 사실로 옳은 것은?

> 함경도의 배상금 문제로 말한다면, 지난 기축년에 함경도에 기근이 들었는데 황두(黃豆) 소출 상황이 더욱 심각하여 약장(約章)에 준해서 외서(外署)에 문의했습니다. 그러자 외서에서는 원산항 감리에게 공문을 보내 10월 초부터 기한을 정하고 조약대로 방출을 금지토록 하였는데, 저는 함경도 관찰사로서 팔짱만 끼고 있었습니다. 그런데 몇 달이 되지 않아서 돌연 다시 방곡 금지령을 늦췄습니다. 그러니 방출을 금지시킨 것도 외서이고 금지령을 늦춘 것도 외서입니다.
>
> ─ 『고종실록』 ─

① 후시 무역이 활발히 이루어졌다.
② 일본 상품에 관세가 부과되지 않았다.
③ 부산포, 염포, 제포의 3포가 개방되었다.
④ 일본 상인들에 의한 곡물 유출이 심하였다.
⑤ 산미 증식 계획으로 많은 쌀이 국외로 유출되었다.

01 다음과 같은 방식의 무역이 이루어진 시기의 사실로 옳은 것은?

→ 물품 판매

| 일본인 무역 상인 (개항장 10리 이내로 활동 범위 제한) | → | 개항장의 조선 상인 | → | 보부상 / 소매상 | → | 조선 소비자 |

① 물산 장려 운동이 전개되었다.
② 동양 척식 주식회사가 설립되었다.
③ 개항장에서 일본 화폐가 사용되었다.
④ 시장 감독 관청인 동시전이 설치되었다.
⑤ 무역에 종사하는 송상과 만상이 등장하였다.

[38회 31번 기출 문제·]

02 (가)~(마) 지역에서 있었던 사실로 옳은 것은?

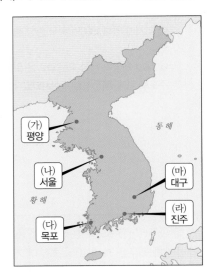

① (가) – 지주 문재철의 횡포에 맞선 소작 쟁의가 발생하였다.
② (나) – 상권 수호를 위해 황국 중앙 총상회가 조직되었다.
③ (다) – 김광제 등의 발의로 국채 보상 운동이 일어났다.
④ (라) – 토산품 애용을 위한 조선 물산 장려회가 발족되었다.
⑤ (마) – 백정에 대한 차별 철폐를 위해 조선 형평사가 창립되었다.

03 (가) 국가에 대한 설명으로 옳은 것은?

독립 협회에서는 절영도 조차 건으로 외부대신 서리 민종묵에게 다음 내용의 편지를 하다. 절영도에 _(가)_ 인이 석탄고를 건축하려 하여 80,000 평방미터를 청구한다 하니 이미 빌려 주었는지 아직 빌려 주지 아니하였는지 …… 본회 회원들도 다 이 대한 신민인즉 이 일에 참견하여 물을 권리가 있기로 이에 감히 문노니 살펴본 후 즉각 대답하기 바란다.
– 『독립신문』 –

① 울릉도 삼림 채벌권을 차지하였다.
② 방곡령에 반발하여 배상을 요구하였다.
③ 러 · 일 전쟁 중 황무지 개간권을 요구하였다.
④ 운산 금광 채굴을 통해 막대한 이익을 챙겼다.
⑤ 한성과 의주를 연결하는 전신선을 가설하였다.

[34회 40번 기출 문제·]

04 다음 자료에 해당하는 사업에 대한 설명으로 옳은 것은?

구(舊) 백동화(白銅貨) 교환에 관한 건

제1조 구 백동화 교환에 관한 사무는 금고(金庫)로 처리하도록 하며 탁지부 대신이 이를 감독한다.
제2조 교환을 위해 제출한 구 백동화는 모두 화폐감정역(貨幣鑑定役)이 감정하도록 한다. 화폐감정역은 탁지부 대신이 임명한다.
제3조 구 백동화의 백동 비율[品位] · 무게[量目] · 무늬 모양[印像] · 형체가 정식 화폐[正貨] 기준을 충족할 경우, 1개당 금 2전 5리로 새로운 화폐와 교환한다. 이 기준에 합당하지 않은 부정(不正) 백동화는 1개당 금 1전의 가격으로 정부에서 사들인다. …… 단, 형태나 품질이 조악하여 화폐로 인정할 수 없는 것은 사들이지 않는다.
– 『관보』, 1905년 6월 29일 –

① 화폐 발행을 위해 전환국이 설치되었다.
② 재정 고문 메가타의 주도로 시행되었다.
③ 은본위제가 본격적으로 실시되는 배경이 되었다.
④ 황국 중앙 총상회가 중심이 되어 반대 운동을 전개하였다.
⑤ 함경도 관찰사 조병식이 방곡령을 선포하는 계기가 되었다.

39회 36번 기출 문제 •

05 (가)~(라)에 들어갈 내용으로 옳은 것을 <보기>에서 고른 것은?

〈수행 평가 보고서〉

경제적 구국 운동

이름: ○○○

1. 배경: 아관 파천 이후 심화된 외세의 경제 침탈에 맞서 경제적 구국 운동이 전개되었다.
2. 주요 사례

단체	활동 내용
독립 협회	(가)
황국 중앙 총상회	(나)
보안회	(다)
국채 보상 기성회	(라)

┤ 보기 ├

ㄱ. (가) – 대동 상회, 장통 상회를 설립하였다.
ㄴ. (나) – 러시아의 절영도 조차 요구를 저지하였다.
ㄷ. (다) – 일제의 황무지 개간권 요구를 철회시켰다.
ㄹ. (라) – 금주·금연을 통한 차관 갚기 운동을 전개하였다.

① ㄱ, ㄴ ② ㄱ, ㄷ ③ ㄴ, ㄷ ④ ㄴ, ㄹ ⑤ ㄷ, ㄹ

06 밑줄 그은 '이 중대한 일'에 대한 설명으로 옳은 것은?

대략 2000만 명 중 여자가 1000만 명이며, 그 중에 반지가 있는 사람이 반은 넘을 것이다. 반지 한 쌍에 2원씩만 해도 1000만 원이 여인들의 수중에 있다고 할 수 있다. 반지에 대해 생각해 보자. 이것은 춥고 배고픈 것과는 상관이 없고 다만 손가락을 속박할 뿐이다. …… 우리나라의 수백 년 풍습에 이렇게 쓸모 없는 것을 이렇게 사랑하는 것이 무슨 일인지 알지 못했는데, 오늘날 이 중대한 일을 성취하려고 예비한 것임을 알겠다.

– 『대한매일신보』 –

① 외환 위기를 극복하려 하였다.
② 조선 총독부의 탄압으로 실패하였다.
③ 만민 공동회의 결의에 따라 추진되었다.
④ 진주에서 시작되어 전국으로 확산되었다.
⑤ 대한 제국의 국채를 갚자는 취지로 전개되었다.

36회 38번 기출 문제 •

07 (가)에 들어갈 민족 운동에 대한 설명으로 옳은 것은?

학술 대회 안내

우리 학회는 (가) 110주년을 맞이하여 일제의 경제 침탈에 맞서 거국적으로 전개되었던 (가) 을/를 조명하기 위한 학술 대회를 개최하고자 합니다.

▲ 기념비

■ 발표 주제
 • 광문사 사장 김광제의 역할
 • 논설 '단연보국채'의 내용과 영향
 • 가족의 패물을 헌납한 조마리아의 애국 정신
 • 통감부의 대응과 탄압
■ 일시: 2017년 ○○월 ○○일 13:00~18:00
■ 장소: △△대학교 대강당

① 평양에서 시작되어 전국으로 확산되었다.
② '조선 사람 조선 것' 등의 구호를 내세웠다.
③ 자작회, 토산 애용 부인회 등의 단체가 활동하였다.
④ 민족주의 진영과 사회주의 진영이 함께 준비하였다.
⑤ 대한매일신보 등 당시 언론이 적극적으로 참여하였다.

08 다음 기사가 작성된 시기를 연표에서 옳게 고른 것은?

이제는 옛 풍속을 모두 폐지하고 개명 진보하여 우리나라도 다른 나라와 같이 …… 여학교를 창설하오니, 뜻을 가진 우리 동포 형제, 여러 여성 영웅호걸님들은 각기 분발하는 마음으로 귀한 여자 아이들을 우리 여학교에 들여보내시려 하시거든, 바로 이름을 적어 내시기 바라나이다.

9월 1일 여학교 통문 발기인 이소사(李召史) 김소사(金召史)

– 『황성신문』 –

(가)	(나)	(다)	(라)	(마)
강화도 조약	갑신 정변	을미 사변	대한 제국 수립	을사 늑약	국권 피탈

① (가) ② (나) ③ (다) ④ (라) ⑤ (마)

 **06 근대 문물의 수용과 근대 문화의 형성**

1 근대 문물의 수용, 언론 활동과 근대 교육

1. 근대 문물의 수용: 일상생활의 편리함 확대, 제국주의 열강의 침략 수단으로 이용

통신	• 전신: 일본 나가사키~부산(1884, 일본), 인천~서울~의주(1885, 청), 서울~부산(1888) • 우편: 우정총국 설치(1884, 갑신정변으로 중단) ➡ 을미개혁 때 우편 사무 재개(1895) ➡ 만국 우편 연합 가입(1900) • 전화: 경운궁 안에 설치(19세기 후반) ➡ 시내 전화 업무 개시(1902)
전기	• 경복궁에 전등 가설(1887) • 한성 전기 회사 설립(1898): 황실 출자, 미국인 콜브란 경영
교통	• 전차: 서대문~청량리 개통(1899, 한성 전기 회사가 운영) • 철도: 경인선(노량진~제물포, 1899), 경부선(1905), 경의선(1906) 개통
의료	• 광혜원(1885): 제중원으로 개칭, 알렌 경영, 최초의 근대식 병원 • 세브란스 병원(1904): 개신교에서 설립 • 대한 의원(1907, 중앙 국립 병원), 자혜 의원(1909, 지방 국립 병원)
건축	독립문(1897), 명동 성당(1898, 고딕 양식), 덕수궁 석조전(1910)
기타	기기창(1883, 무기 제조 공장), 박문국(1883, 『한성순보』 발행), 전환국(1883, 화폐 주조)

시험에 나오는 지문 특강 경인선 철도 개통(1899)

> 화륜거 구르는 소리는 우레 같아 천지가 진동하고 기관차 굴뚝 연기는 반공에 솟아오르더라. 수레를 각기 방 한 칸씩 되게 만들어 여러 수레를 철구로 연결하여 수미상접하게 이었는데, 수레 속은 상·중·하 3등으로 …… . 대한 이수로 80리 되는 인천을 순식간에 당도하였는데 그곳 정거장에 배포한 범절은 형형색색 황홀 찬란하여 진실로 대한의 사람의 눈을 놀라게 하더라. ─ 「독립신문」, 1899. 9. 19. ─

> 서울의 노량진과 인천의 제물포를 잇는 우리나라 최초의 철도인 경인선이 1899년 9월 19일 개통되었다. 원래 경인선 철도는 미국인 모스가 부설권을 얻어 1896년부터 건설을 시작하였으나 자금난과 일본의 매수 공작으로 1898년에 일본에 부설권을 넘겼고, 일본이 철도 건설을 완공하였다.

2. 언론 기관의 발달

(1) 언론 활동

• 1883년 박영효의 건의에 따라 인쇄와 출판에 관한 사무를 관장하기 위해 설치되어 『한성순보』를 발간하였으나 갑신정변으로 건물이 불타고 폐쇄되었다. 이후 재건되어 1886년 『한성주보』를 발간하였다.

구분	발간 기간	문체	내용
한성순보	1883~1884	순한문	박문국에서 발행한 최초의 신문, 정부의 개화 정책 홍보(관보 성격), 갑신정변으로 발행 중단
한성주보	1886~1888	국한문	박문국에서 발행, 최초로 상업 광고 게재
독립신문	1896~1899	한글, 영문	서재필이 정부의 지원으로 창간한 최초의 민간 신문, 자주 독립 정신과 근대 민권 의식 고취 노력
제국신문	1898~1910	한글	서민층·부녀자가 주 독자층
황성신문	1898~1910	국한문	유림층이 주 독자층, 장지연의 「시일야방성대곡」 최초 게재
대한매일신보	1904~1910	한글, 영문, 국한문	베델(영국인)·양기탁이 운영, 의병 투쟁에 호의적, 국채 보상 운동 적극 지원, 일제의 침략상 폭로
만세보	1906~1907	국한문	천도교에서 발행한 기관지
경향신문	1906~1910	한글	천주교에서 발행한 기관지

(2) 일제의 탄압: 신문지법 제정(1907) 및 개정(1908)으로 민족 신문 탄압

출제 포인트

• 근대 문물의 도입 시기
• 언론의 활동 시기와 특징 및 역할
• 근대 교육 기관의 특징
• 개항 이후 국학 연구
• 개항 이후 종교계의 변화

◉ 광혜원(제중원)
갑신정변 당시 중상을 입은 민영익을 선교사 알렌이 치료한 것을 계기로 1885년에 설립한 최초의 서양식 관립 병원이다. 개원 직후 제중원으로 이름을 바꾸었다.

◉ 명동 성당
우리나라 최초의 천주교 순교자인 김범우의 집터에 세워진 천주교 성당으로, 원래 이름은 종현 성당이었으나 1945년에 명동 성당으로 이름이 바뀌었다.

◉ 덕수궁 석조전

1900년에 착공하여 1910년에 완공한 석조 건물로 1층은 거실, 2층은 접견실과 홀, 3층은 황제와 황후의 침실 등으로 사용되었다. 1946년과 1947년에 미·소 공동 위원회가 개최되기도 하였다.

◉ 신문지법
일제는 민족 신문을 탄압하기 위해 1907년 신문지법을 제정하여 발행 전 사전 검열을 받게 하였다. 이어 1908년에는 법령을 일부 개정하여 『대한매일신보』 등 외국인이 발행하는 신문들도 통제 대상에 포함시켰다.

🌸 공부 꿀팁
근대 문물의 도입 과정 및 시기와 관련된 문제가 자주 출제됩니다. 특히 시기를 알아야 풀 수 있는 고난도 문제가 출제되기도 하므로 전화, 전차, 경인선, 광혜원 등의 도입 연도를 기억해 두어야 합니다.

3. 근대 교육 기관

1880년대	• 원산 학사(1883): 함경도 덕원 관민 주도, 최초의 근대적 교육 기관, 근대 학문과 무술 교육 실시(문예반, 무예반) • 동문학(1883): 정부 주도의 외국어 교육 기관(통역관 양성소) • 육영 공원(1886): 근대식 관립 학교, 양반 자제와 관리 대상, 외국인 교사 초빙 • 배재 학당(1885), 이화 학당(1886): 개신교 선교사 설립, 포교와 계몽 목적
갑오개혁기	• 학무아문 설치, 교육 입국 조서 반포(1895), 『소학 독본』 등 교과서 보급 • 관립 학교 설립: 한성 사범 학교, 소학교, 외국어 학교 등
대한 제국기	한성 중학교(1900), 각종 실업 학교(상공 학교 등), 기술 교육 기관 설립
애국 계몽기	오산 학교(1907, 이승훈), 대성 학교(1908, 안창호) 등 사립 학교 설립 → 민족 교육 강조

> 이때 초빙되었던 헐버트는 이후 일제의 침략에 맞서 한국의 국권 회복 운동에 적극 협력하였다.

시험에 나오는 지문 특강 📖 **교육입국 조서**

> 백성을 가르치지 않으면 나라를 굳건히 하기가 매우 어렵다. 세상 형편을 돌아보면 부유하고 강성하여 독립하여 웅시(雄視)하는 여러 나라는 모두 그 나라 백성의 지식이 개명하였다. 지식이 개명함은 교육이 잘됨으로써 말미암은 것이니, 교육은 실로 나라를 보존하는 근본이다. …… 짐이 정부에 명하여 학교를 널리 세우고 인재를 양성하는 것은 너희들 신하와 백성의 학식으로 나라를 중흥시키는 큰 공로를 이룩하기 위해서이다. 너희는 임금에게 충성하고 나라를 사랑하는 마음으로 덕성, 체력, 지혜를 기르라. 왕실의 안전도 신하와 백성의 교육에 달려 있고, 나라의 부강도 신하와 백성의 교육에 달려 있다.
>
> – 『관보』, 1895. 2. 2 –

> 조선 정부는 제1차 갑오개혁 때 6조를 8아문으로 고치고 교육은 학무아문이 전담하도록 하였다. 이어 제2차 갑오개혁에서는 새로운 교육 제도의 필요성을 인식하고 교육 입국 조서를 반포하였다.

2 국학 연구와 문예·종교 활동

1. 국학 연구

> 『월남 망국사』, 『이태리 건국 삼걸전』 등이 있다.

역사	• 근대 계몽 사학: 위인전 발간(『이순신전』, 『을지문덕전』 등), 외국 흥망사 소개로 애국심 고취, 신채호의 「독사신론」 발표 → 민족주의 역사학의 연구 방향 제시 • 조선 광문회 조직(1910): 최남선, 박은식 등, 민족 고전 정리 및 간행
국어	• 국문 연구소 설립(1907): 지석영, 주시경 등이 학부 안에 설치 → 글자체와 철자법 연구 • 주시경: 『국어문법』 저술(1910)

2. 문학과 예술 활동

문학	• 신소설: 이인직의 『혈의 누』, 이해조의 『자유종』, 안국선의 『금수회의록』 • 신체시: 최남선의 「해에게서 소년에게」
예술	• 음악: 창가 유행(애국가, 권학가 등) • 미술: 서양 화풍 도입(유화) • 연극: 신극 운동 전개 → 최초의 서양식 극장인 원각사에서 「은세계」, 「치악산」 공연

> 이인직의 소설을 원작으로 한 작품으로, 당시 신연극이라는 이름으로 공연된 최초의 신극이다.

3. 종교 활동

유교	박은식의 「유교 구신론」 발표 → 유교 개혁 주장, 실천적 유교 강조
불교	한용운의 「조선 불교 유신론」 저술 → 불교의 쇄신과 근대화 주장
천주교	조·프 수호 통상 조약 체결(1886) 이후 포교의 자유 확보 → 고아원과 양로원 설립
개신교	조·미 수호 통상 조약 체결(1882) 이후 선교사 방문 → 의술 보급, 교육 활동
천도교	손병희가 동학을 개칭(1905), 『만세보』 발간, 보성 학교 운영
대종교	나철·오기호가 단군 신앙을 바탕으로 창시(1909), 국외 무장 독립 투쟁에 공헌

○ 『소학 독본』
정부에서 발행한 국한문 혼용의 초등 교육용 교과서이다. 지리를 다룬 『만국지지』, 『지구약론』 등이 부록으로 수록되었다.

○ 한성 사범 학교
1895년 서울에 설립한 최초의 근대식 관립 교원 양성 학교이다. 본과와 속성과를 두었고, 수업 연한은 각각 2년과 6개월이었다. 수신, 국어, 한문, 역사, 지리, 수학, 물리 등을 가르쳤다.

○ 「독사신론」
신채호가 1908년 『대한매일신보』에 연재한 글이다. 역사 서술의 주체를 민족으로 설정하여 왕조 중심의 전통 사관을 극복하고 일제의 식민주의 사학에 대응하는 민족주의 사학의 연구 방향을 제시하였다.

○ 대종교
을사 5적 처단에 실패한 나철, 오기호 등은 민족정신이라도 보존하는 것이 급선무라고 여겨 1909년 환인, 환웅, 단군을 받드는 삼위일체의 신앙을 선포하였다. 처음에는 이름을 단군교라고 하였다가 1910년에 대종교로 이름을 바꾸고 교단을 간도 지역으로 옮겨 무장 독립 투쟁에 앞장섰다.

🌿 공부 꿀팁
신채호의 역사 연구와 주시경의 국어 연구를 중심으로 국학 내용을 정리해 두어야 합니다. 또한 천도교와 대종교를 중심으로 종교계의 활동도 기억해 두어야 합니다.

▶ 개항 이후 언론 활동

| 37회 32번 기출 |

(가)~(마)에 대한 설명으로 옳은 것은?

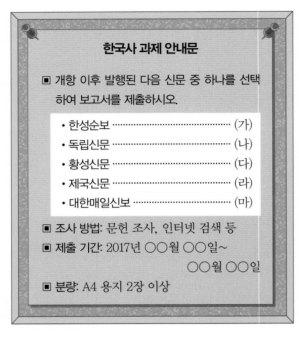

한국사 과제 안내문

■ 개항 이후 발행된 다음 신문 중 하나를 선택하여 보고서를 제출하시오.

- 한성순보 ·············· (가)
- 독립신문 ·············· (나)
- 황성신문 ·············· (다)
- 제국신문 ·············· (라)
- 대한매일신보 ·········· (마)

■ 조사 방법: 문헌 조사, 인터넷 검색 등
■ 제출 기간: 2017년 ○○월 ○○일~
　　　　　　　　　　　　　○○월 ○○일
■ 분량: A4 용지 2장 이상

① (가) - 정부에서 발행하는 순한문 신문이었다.
② (나) - 국채 보상 운동을 적극적으로 후원하였다.
③ (다) - 외국인이 읽을 수 있도록 영문으로도 발행되었다.
④ (라) - 국권 피탈 후 총독부의 기관지로 전락하였다.
⑤ (마) - 최초로 상업 광고가 게재되었다.

문제 분석

개항 이후 개화 정책을 추진하고, 국민을 계몽하려는 필요성에 따라 다양한 신문이 발간되었다.
① 최초의 신문인 한성순보는 1883년에 순한문으로 발간되어 정부의 개화 정책을 홍보하고 국내외 정세를 소개하는 역할을 하였다.

정답: ①

오답 거르기

② 국채 보상 운동을 적극 후원하여 전국으로 확산시키는 데 크게 기여한 신문은 영국인 베델이 양기탁과 함께 1904년 창간한 대한매일신보이다.
③ 영문으로도 발행된 신문은 서재필이 정부로부터 자금을 지원받아 1896년 발간한 독립신문과 1904년 창간한 대한매일신보이다.
④ 일제는 국권 피탈 후 한국인에게 가장 영향력 있는 대한매일신보를 사들여 대한을 떼고 매일신보로 만들어 조선 총독부의 기관지로 삼았다.
⑤ 최초로 상업 광고가 게재된 신문은 한성순보의 뒤를 이어 1886년에 발간된 한성주보이다.

📖 닮은 꼴 예상 문제 ·

▶ 정답과 해설 39쪽

(가) 신문에 대한 설명으로 옳은 것은?

지금은 지역이 점차 열리고 지혜도 날로 발전하여 증기선이 전 세계를 누비고 전선이 서양까지 연결되며, 공법(公法)을 제정하여 국교를 수립하고, …… 세상의 일에 마음을 둔 사람이라면 몰라서는 안 될 것이다.

그러므로 우리 조정에서도 박문국을 설치하고 관리를 두어 외국의 신문을 폭넓게 번역하고 아울러 국내의 일까지 기재하여 나라 안에 알리는 동시에 다른 나라에까지 공포하기로 하고, 이름을 [(가)](이)라 하여 견문을 넓히고, 여러 가지 의문점을 풀어 주고, 상업에도 도움을 주고자 하였다.

① 서재필이 창간을 주도하였다.
② 천도교의 기관지 역할을 하였다.
③ 갑신정변이 일어나 발행이 중단되었다.
④ 일제의 신문지법에 의해 탄압을 받았다.
⑤ 서민층과 부녀자를 주된 독자층으로 삼았다.

대표 기출 문제 분석 02

▶ 근대 교육 기관

| 37회 33번 기출 |

(가) 교육 기관에 대한 설명으로 옳은 것은?

역사 신문

제△△호   1886년 ○○월 ○○일

정부 차원의 신식 학교 건립 예정

정부는 좌원(左院)과 우원(右院)으로 구성된 신식 학교인 　(가)　
을/를 건립할 예정이다. 관계자의 말에 따르면, 좌원에서는 양반 출신
의 젊고 유능한 관리들을 특별히 선발하여 가르치고, 우원에서는 재주
가 있고 똑똑한 인재들을 뽑아 공부시키기로 방침이 정해졌다고 한다.
'영재를 기른다.'라는 의미의 교명이 붙여진 이 학교는 신학문을 가르치
는 곳인 만큼 여러 사람들의 기대가 크다.

---

① 교육 입국 조서에 근거하여 세워졌다.

② 교원 양성을 목적으로 한 사범 학교이다.

③ 전국의 부 · 목 · 군 · 현에 하나씩 설치되었다.

④ 미국인 헐버트, 길모어 등을 교사로 초빙하였다.

⑤ 장학 기금을 마련하기 위해 양현고를 설립하였다.

문제 분석

제시된 자료의 1886년에 발행된 가상 신문에서, 좌원(左院)과 우원(右院)으로 구성된 신식 학교를 건립하여 양반 출신의 관리를 선발할 예정이며, '영재를 기른다.'라는 의미의 교명이라는 점을 통해 (가) 교육 기관은 육영 공원임을 알 수 있다.

④ 정부는 1886년 육영 공원을 설립하고 헐버트, 길모어 등 3명의 미국 교사를 초빙하여 상류층 자제들에게 영어를 비롯한 수학, 지리학, 정치학 등 근대 학문을 교육하였다.

정답: ④

오답 거르기

① 교육 입국 조서는 제2차 갑오개혁이 추진되던 1895년에 반포된 것으로, 이에 따라 한성 사범 학교, 소학교, 외국어 학교 등이 세워졌다.

② 교원 양성을 목적으로 한 사범 학교는 1895년 교육입국 조서 반포 이후 설립되었다.

③ 부 · 목 · 군 · 현은 조선의 지방 행정 구역이다. 조선은 전국의 부 · 목 · 군 · 현에 하나씩 향교를 설치하여 지방 교육을 담당하게 하였다.

⑤ 양현고는 고려 예종 때 관학보다 사학이 우세하여 국자감 교육이 쇠퇴하는 것을 방지하기 위해 마련한 일종의 장학 재단이다.

📖 닮은 꼴 예상 문제 •

▶ 정답과 해설 39쪽

(가) 학교에 대한 설명으로 옳은 것은?

[학교 운영 규칙]

1. 학교를 설립하고 　(가)　 (이)라 부른다.

2. 외국인으로 성품이 선량하고 재간 있으며 총명한 사람 3명을 초빙하여 '교사'라고 부를 것이며 가르치는 일을 전적으로
   맡도록 한다.

3. 원(院)은 좌원(左院)과 우원(右院)을 설립하고 각각 학생을 채워서 매일 공부한다.

— 『고종실록』 —

---

① 남만주 삼원보에 세워졌다.

② 광무개혁의 일환으로 설립되었다.

③ 최초로 설립된 여성 교육 기관이다.

④ 정부의 주도로 설립한 관립 학교이다.

⑤ 문예반과 무예반으로 나누어 교육하였다.

기출 및 예상 문제

01 다음 기사가 작성된 당시에 볼 수 있었던 모습으로 적절하지 않은 것은?

> 전기거라 하는 것이 대한에 처음 생겨남에 아직도 개명 못된 인민의 안목에 어찌 구경스러운 물건이 아니라고야 하리요. …… 어제께 어떤 아이가 또 죽었다는지라. …… 인민이 달려들어 그 전기거를 짓부시며 불을 놓아 다 태우면서 하는 말들이 "전기거에 사람이 많이 상하고 죽고 또 날이 오래 가물고 전폐로 가계가 생겨 물가가 고등하여 인민의 정형이 점점 못살 지역이니 ……" 하고 답답한 말들을 한다더라.

① 배재 학당에서 공부하는 학생
② 제국신문의 기사를 작성하는 기자
③ 독립문 앞에서 기념 사진을 찍는 외국인
④ 덕수궁 석조전에서 사신을 접견하는 황제
⑤ 명동 성당(종현 성당)에서 예배를 보는 천주교 신자

40회 33번 기출 문제 ·

02 (가), (나) 사이의 시기에 볼 수 있는 모습으로 적절하지 않은 것은?

> (가) 본 덕원부는 해안의 요충지에 위치해 있고 아울러 개항지입니다. 이곳을 빈틈없이 미리 대비하는 방도는 인재를 선발하여 쓰는 데 있고, 그 핵심은 가르치고 기르는 데 있습니다. 그래서 원산사(元山社)에 학교를 설치하였습니다.
> (나) 경인 철도 회사에서 어제 개업 예식을 거행하는데 …… 화륜거 구르는 소리는 우레 같아 천지가 진동하고 기관차 굴뚝 연기는 반공에 솟아오르더라. 수레를 각기 방 한 칸씩 되게 만들어 여러 수레를 철구로 연결하여 수미상접하게 이었는데, 수레 속은 상·중·하 3등으로 수장하여 그 안에 배포한 것과 그 밖에 치장한 것은 이루 형언할 수 없더라.

① 전신선을 가설하는 인부
② 이화 학당에서 공부하는 학생
③ 제중원에서 치료를 받고 있는 환자
④ 한성 전기 회사 창립을 협의하는 관리
⑤ 대한매일신보의 기사를 읽고 있는 교사

03 밑줄 그은 '이 신문'에 대한 설명으로 옳은 것은?

> 이때 안팎으로 일본인의 소행에 격분하고 있었으나 그들에게 위축되어 감히 말 한마디를 하지 못하고 있었고, 각 신문사에서도 의병들을 폭도나 비류(匪類)로 칭하였지만, 오직 이 신문은 의병으로 칭하며 그 논설도 조금도 굴하지 않고 일본인의 악행을 게재하여 들으면 들은 대로 모두 폭로하였다. 그러므로 사람들은 모두 그 신문을 구독하여 한때 그 신문은 품귀 상태까지 이르렀고, 1년도 못되어 매일 간행되는 신문이 7~8천 장이나 되었다.
> ─ 『매천야록』 ─

① 브나로드 운동을 주관하였다.
② 우리나라 최초의 민간 신문이었다.
③ 박문국에서 일주일마다 인쇄하였다.
④ 신채호가 쓴 독사신론을 연재하였다.
⑤ 시일야방성대곡이라는 논설로 정간되었다.

35회 37번 기출 문제 ·

04 다음 조서가 반포된 이후의 사실로 옳은 것은?

> 짐이 정부에 명하여 학교를 널리 세우고 인재를 양성하는 것은 너희들 신하와 백성의 학식으로 나라를 중흥시키는 큰 공로를 이룩하기 위해서이다. 너희는 임금에게 충성하고 나라를 사랑하는 마음으로 덕성, 체력, 지혜를 기르라. 왕실의 안전도 신하와 백성의 교육에 달려 있고, 나라의 부강도 신하와 백성의 교육에 달려 있다.

① 박문국이 설치되었다.
② 육영 공원이 세워졌다.
③ 조사 시찰단이 파견되었다.
④ 통리기무아문이 설치되었다.
⑤ 한성 사범 학교가 건립되었다.

05 밑줄 그은 '그'에 대한 설명으로 옳은 것은?

그는 『이순신전』, 『을지문덕전』 등을 집필하였어.

한말의 민족적 위기를 타개할 영웅의 출현을 간절히 바랐던 것이 아닐까?

「독사신론」이라는 기념비적인 사론을 발표하기도 하였지.

① 신소설 금수회의록을 집필하였다.
② 오산 학교를 세워 민족 교육을 실시하였다.
③ 민족주의 역사학의 연구 방향을 제시하였다.
④ 조선 광문회를 조직하여 민족 고전을 정리하였다.
⑤ 유교구신론을 발표하여 실천적 유교를 강조하였다.

---

06 다음 인물에 대한 설명으로 옳은 것은?

38회 34번 기출 문제 ●

> **이달의 인물**
>
> ### 한글을 사랑한 ○○○
>
> ● 호: 한힌샘, 백천(白泉)
> ● 생몰: 1876년~1914년
> ● 주요 활동
>   − 『독립신문』 교보원 활동
>   − 국문동식회 조직
>   − 『국어문법』, 『말의 소리』 저술
> ● 서훈: 1980년 건국 훈장 대통령장
>
>

① 잡지 한글을 간행하였다.
② 한글 맞춤법 통일안을 제정하였다.
③ 가갸날을 제정하고 기념식을 거행하였다.
④ 국문 연구소에서 한글 연구를 체계화하였다.
⑤ 조선어 학회 사건으로 구속되어 옥고를 치렀다.

---

07 (가)에 들어갈 내용으로 적절한 것은?

> **독립 유공자 공적 조서**
>
> ▶ 이명: 나인영
> ▶ 훈격(서훈년도): 독립장(1962)
> ▶ 출생~사망: 1863.12.02.~1916.08.15.
> ▶ 공적 개요
> 1. 을사늑약이 체결된 후 4차례 도쿄에 가서 일본 정부와 국회에 편지를 보내 일본의 무도함을 힐책하였다.
> 2. 을사 5적을 주살하려다 실패하고 유배형을 받았다.
> 3. (가)
> ▶ 연관 정보: 1993년 7월의 독립운동가 선정

① 동학의 정통성을 계승해 나갔다.
② 대종교를 받들어 국혼을 일으켰다.
③ 일제가 강요한 신사 참배를 거부하였다.
④ 조선 불교의 자주성을 회복하려고 하였다.
⑤ 고아원과 양로원을 설립하여 운영하였다.

35회 39번 기출 문제 ●

08 (가)에 들어갈 내용으로 옳은 것은?

> **조사 보고서**
>
> ◎ 주제: 개항 이후 들어온 근대 문물
>   1. 한국 최초의 서양식 극장 ○○○
>   • 위치: 서울특별시 종로구
>   • 운영 시기: 1908~1909년
>   • 특징
>   − 개장 초기 판소리를 공연하기도 함.
>   − (가)
>   − 극장 건물은 1914년 화재로 소실됨.
>   • 사진 자료
>

① 알렌의 건의로 만들어졌다.
② 나운규의 아리랑이 개봉되었다.
③ 신간회 창립 대회가 개최되었다.
④ 고종의 황제 즉위식이 거행되었다.
⑤ 은세계, 치악산 등의 신극이 공연되었다.

V

일제 식민지 지배와
독립운동

01 일제의 식민지 지배 정책

출제 포인트

- 무단 통치의 내용
- 문화 통치의 본질
- 황국 신민화 정책의 내용
- 토지 조사 사업과 산미 증식 계획
- 전시 동원 체제의 내용

◐ 조선 태형령

일제는 한국인에게만 차별적으로 적용되는 조선 태형령을 제정하여 한국인을 가혹하게 다스렸다. 태형을 당해 장애인이 되거나 사망하는 경우도 있어, 태형은 공포의 대상이었다. 일제는 3·1 운동 이후인 1920년에 조선 태형령을 폐지하였다.

◐ 자치론

일제의 지배에서 자력으로 독립하는 것이 불가능하다고 판단한 일부 지식인들이 일제의 식민 통치를 인정하면서 그 속에서 한국인의 자치를 획득하자고 주장하였다.

◐ 내선일체

일본과 한국이 한 몸과 같다는 뜻으로, 1936년에 부임한 미나미 총독이 한국인의 민족정신을 말살하기 위해 강력하게 내세웠다.

◐ 신사 참배

일제는 서울 남산에 조선 신궁을 짓고 전국 각지에 신사를 세워 애국일에 참배하도록 강요하였다.

◐ 국민학교

국민학교는 '황국 신민의 학교'를 줄인 말로, 일제가 한국인을 천황에게 충성하도록 교육하겠다는 의도를 담고 있다.

🌸 공부 꿀팁

일제의 식민지 지배 정책이 시기별로 어떻게 달라지는지 그 내용과 시기별 차이점을 잘 구분하여 정리해 두어야 합니다.

1 일제의 식민 통치

1. 무단 통치(1910년대)

(1) 조선 총독부: 일제 식민 통치의 중추 기관 ┌• 남산에 있던 통감부 건물을 조선 총독부 청사로 사용하다가, 경복궁 안에 1916년부터 짓기 시작하여 1926년에 완공된 새 건물로 이전하였다.

① 조선 총독: 일본 국왕에게 직속, 일본 육해군 대장 중 임명, 입법·사법·행정·군사권 장악
② 중추원: 조선 총독 자문 기구, 한국인의 정치 참여를 선전하려는 목적

(2) 강압적 무단 통치

① 헌병 경찰 제도: 헌병이 일반 경찰 업무 수행, 헌병 경찰은 재판 없이 즉결 처분권 행사
② 공포 분위기 조성: 조선 태형령* 제정(1912), 일부 관리와 교원도 군경과 같이 제복과 칼 착용
③ 기본권 박탈: 언론·출판·집회·결사의 자유 제한, 한국인 발행 신문 폐간, 각종 계몽 단체 해산

2. 민족 분열 통치(1920년대, 이른바 문화 통치)

(1) 배경: 3·1 운동(1919) 이후 일제가 무단 통치의 한계 인식, 국제 여론 악화
(2) 목적: 식민 지배에 대한 반발 무마, 친일파 양성을 통한 민족 분열 도모
(3) 내용

구분	시행 정책	실제 상황
총독 자격	문관 출신도 총독으로 임명 가능	실제 임명된 문관 출신 총독은 없음
경찰 제도	헌병 경찰 제도 폐지 → 보통 경찰 제도 실시	경찰 인력·기구 및 경찰 관련 예산 증가, 치안 유지법 제정(1925) → 감시와 탄압 강화
기본권	언론·출판·집회·결사의 자유 제한적 허용 (조선일보, 동아일보 등 발행)	식민 통치를 인정하는 범위 내에서 허용, 신문 검열 제도로 탄압(기사 삭제, 정간 조치 등)
참정권	지방 자치 기구로 도 평의회, 부·면 협의회 설치	일본인과 친일 인사 참여, 의결권이 없는 자문 기구에 불과
교육 정책	제2차 조선 교육령을 제정하여 보통학교의 수업 연한 연장, 대학 설립 가능	보통 학교의 수업 연한이 연장된 학교가 많지 않음, 한국인의 대학 설립 운동 방해

(4) 영향: 민족 운동의 분열 → 일부 지식인들이 민족 개조론, 자치론* 등을 주장하며 일제와 타협

시험에 나오는 지문 특강 📖 사이토 총독의 조선 민족 운동에 대한 대책

암암리에 조선인 중 …… 친일 인물을 물색하게 하고, 그 인물로 하여금 귀족, 양반, 유생, 부호, 실업가, 교육가, 종교가 등 각기 계급 및 사정에 따라 각종의 친일적 단체를 만들게 한 후, 그에게 상당한 편의와 원조를 제공하여 충분히 활동하게 할 것.
– 조선 총독부, 『사이토 마코토 관계 문서』 –

3·1 운동 직후 새로운 조선 총독으로 부임한 사이토 마코토는 일제의 식민 통치 방식으로 이른바 문화 통치를 내세웠다. 그러나 실제 목적은 친일파를 양성하여 민족을 분열시키는 것이었다.

3. 민족 말살 통치(1930년대 이후)

배경	일제의 침략 전쟁 확대 → 만주 사변(1931), 중·일 전쟁(1937), 태평양 전쟁(1941) 발발
목적	전쟁에 필요한 인적·물적 자원을 수탈하기 위해 한국인의 민족의식 말살
황국 신민화 정책 실시	• 일선동조론 주장, 내선일체* 강조 ┌• 일본인과 한국인이 같은 조상에서 나왔다는 주장이다. • 조선 사상범 보호 관찰령(1936), 조선 사상범 예방 구금령(1941): 독립운동가 감시, 탄압 • 황국 신민 서사 제정(1937), 신사 참배,* 궁성 요배, 일본식 성명 사용(창씨 개명) 강요 • 한국어 교육을 사실상 금지하고 일본어 사용 강요, 『조선일보』·『동아일보』 폐간(1940) • 소학교의 명칭을 국민학교*로 개칭(1941)

┌• 일제는 매일 아침 일본 궁성을 향해 허리 굽혀 절을 하게 하였다.

❷ 일제의 경제 수탈

1. 1910년대 경제 수탈

(1) 토지 조사 사업(1910~1918)

명분	지세의 공정한 부과와 근대적 토지 소유권 확립
실상	식민 통치에 필요한 토지세의 안정적 확보
방법	• 임시 토지 조사국 설치(1910) ➡ 토지 조사령 공포(1912) • 신고주의 원칙: 토지 소유자가 정해진 기일 내 신고 ➡ 심사 후 소유권 인정, 지권(땅문서) 발급
결과	• 조선 총독부 소유의 토지 및 지세 수입 증가 • 농민의 관습적 경작권 부정, 지주의 소유권만 인정 ➡ 많은 농민이 소작농으로 전락

(2) 산업 침탈

① 회사령(1910): 조선 총독에게 회사 설립에 관한 허가와 해산 권한 부여 ➡ 한국인의 기업 설립과 민족 자본의 성장 억제

② 기타: 어업령·광업령·은행령 제정(허가제로 운영), 철도◦·도로·항만 건설(식량 및 자원의 일본 반출, 일본 상품의 수입 판매에 이용) ┐
└▸광업권에 대한 허가제를 통해 한국인의 광산 경영을 규제하면서 금, 은, 철, 석탄 등 경제성이 있는 광산은 거의 일본인이 독점하게 하였다.

시험에 나오는 지문 특강 📖 회사령(1910)

제1조 회사의 설립은 조선 총독의 허가를 받아야 한다.

제5조 …… 조선 총독은 사업의 정지·금지, 지점의 폐쇄 또는 회사의 해산을 명령할 수 있다.

> 일본 정부와 조선 총독부는 회사령을 통해 한국인 기업가들의 자유로운 회사 설립과 운영을 통제하면서 일본인 기업의 한국 진출을 지원하였다.

2. 1920년대 경제 수탈

(1) 산미 증식 계획(1920~1934) ┌▸일본의 급속한 공업화와 도시 인구의 급증으로 쌀이 부족해져 쌀값이 오르면서 전국적인 쌀 소동이 일어났다.

배경	일본의 쌀 부족 ➡ 한국에서 부족한 쌀 확보 시도
방법	토지 개량(개간, 간척 등), 수리 시설 개선(수리 조합◦ 설립), 밭을 논으로 변경, 품종 개량 등
결과	• 증산량 이상의 쌀이 일본으로 유출 ➡ 국내 식량 사정 악화(만주에서 잡곡 수입) • 수리 조합비, 비료비 등을 소작농에게 전가 ➡ 몰락 농민 증가, 소작 쟁의 발생

(2) 회사령 철폐(1920): 허가제에서 신고제로 전환 ➡ 일본 대기업이 본격적으로 한국에 침투

(3) 일본 상품에 대한 관세 철폐(1923): 한국인 기업 타격

3. 1930년대 이후 경제 수탈

남면북양 정책	대공황 이후 일본 방직 산업의 원료 확보를 위해 남부에 면화, 북부에 양 사육 강요
농촌 진흥 운동◦	소작 조건 개선 및 농가 경제 개선 계획 등을 통해 식민지 지배 체제 안정 추구
병참 기지화 정책	침략 전쟁 수행에 필요한 물자 조달 목적, 공업화 정책 시행(북부 지방에 군수품 생산에 필요한 중화학 공업 집중 육성)

4. 전시 동원 체제 강화

(1) 국가 총동원법(1938): 중·일 전쟁 이후 인력과 물자를 동원하기 위해 제정

(2) 수탈 강화

인력	• 지원병제(1938), 징병제 공포(1943), 학도 지원병제(1943): 청년들을 침략 전쟁에 강제 동원 • 국민 징용령(1939), 여자 정신 근로령(1944): 전쟁 준비에 필요한 노동력 동원 • 일본군 '위안부'◦: 여성 강제 동원
물자	산미 증식 계획 재개(군량 확보 목적), 미곡 공출, 식량 배급제 실시, 금속 공출
기타	전시 복장 강요(남자는 국민복, 여자는 몸뻬 착용)

◑ 철도 부설

- 1910년 이전에 건설된 철도
- 1910년대에 건설된 철도
- ⚓ 주요 항구

회령 / 경의선(1906) / 신의주 / 정주 / 평남선(1910) / 평양 / 진남포 / 안주 / 함경선(1914~1928) / 원산 / 경원선(1914) / 사리원 / 철원 / 개성 / 서울 / 춘천 / 동해 / 경인선(1899) / 인천 / 대전 / 경부선(1905) / 호남선(1914) / 군산 / 황해 / 광주 / 목포 / 부산

서울을 중심으로 한 ×자 형태의 간선 철도망은 남으로 한국을 일본 경제권에 편입하였고, 북으로 대륙 침략을 위한 발판이 되었다.

◑ 수리 조합
일제는 산미 증식 계획을 추진하면서 수리 시설을 확충한다는 명목으로 농민들을 수리 조합에 가입하게 하였다.

◑ 농촌 진흥 운동(1932~1940)
농민의 자력갱생, 농가 식량 문제 해결, 농촌 부채 근절 등을 내세웠으나, 농촌 경제 문제의 원인을 농민의 게으름이나 낭비 등 개인 탓으로 돌렸고, 농촌 경제의 어려움을 해결하지는 못하였다.

◑ 일본군 '위안부'
일제가 1930년대에 군 위안소를 설치하면서 비롯되었다. 한국뿐만 아니라 동아시아 각국의 많은 여성들이 일본군 '위안부'로 강제되어 고통을 겪었다.

🌿 공부 꿀팁
토지 조사 사업, 회사령, 산미 증식 계획, 국가 총동원법에 따른 인적·물적 수탈 등은 자주 출제되는 주제입니다. 전개 과정과 영향 등에 대해 반드시 정리해 두어야 합니다.

대표 기출 문제 분석 01

➔ 1910년대 일제의 식민 통치

| 44회 41번 기출 |

밑줄 그은 '이 시기'에 볼 수 있는 일제의 정책으로 옳은 것은?

> 이 그림은 토지 조사 사업이 진행되던 이 시기에 총독부가 한국에 대한 식민 통치를 미화하고, 그 실적을 선전하기 위해 개최한 조선 물산 공진회의 회의장 전경을 그린 것입니다. 그림에는 경복궁 일부를 헐어내고 물산 공진회장으로 조성한 모습이 그대로 드러나 있는데, 이는 일제가 한국의 정통성과 존엄성을 훼손하려는 의도였습니다.

① 국가 총동원법을 제정하여 인력과 물자를 수탈하였다.
② 도 평의회, 부·면 협의회 등의 자문 기구를 설치하였다.
③ 재정 고문 메가타의 주도 아래 화폐 정리 사업을 실시하였다.
④ 회사 설립 시 총독의 허가를 받도록 하는 회사령을 적용하였다.
⑤ 독립운동을 탄압하기 위해 조선 사상범 보호 관찰령을 공포하였다.

문제 분석

제시된 자료는 경복궁에서 1915년에 열린 조선 물산 공진회의 모습을 소개하는 장면이다. 조선 물산 공진회는 전국의 물품을 수집·전시한 대대적인 박람회이다. 토지 조사 사업은 1910년부터 1918년까지 실시되었다.

④ 일제는 1910년 회사령을 공포하여 회사 설립 시 총독의 허가를 받도록 하는 한편, 허가 조건을 어길 때는 총독이 회사를 해산할 수 있게 하였다. 일제는 이를 통해 민족 기업의 성장을 방해하였는데, 우리 민족에게는 일본 기업의 이익을 위협하지 않는 소규모의 제조업과 매매업 등만 허용하였다.

정답: ④

오답 거르기

① 국가 총동원법은 중·일 전쟁 발발 이후인 1938년에 제정하였다.
② 일제는 1920년대 이른바 문화 통치를 표방하였는데, 한국인에게도 참정권을 주고, 지방 자치제를 실시하겠다고 선전하면서 도 평의회, 부·면 협의회 등의 자문 기구를 설치하였다.
③ 러·일 전쟁 중 재정 고문으로 한국에 온 일본인 메가타의 주도로 화폐 정리 사업이 실시되었다.
⑤ 일제는 1936년 조선 사상범 보호 관찰령을 제정하여 치안 유지법 위반자 가운데 전향하지 않은 사람을 감시하였다.

📖 닮은 꼴 예상 문제

▶ 정답과 해설 40쪽

다음 법령이 적용되던 시기에 볼 수 있는 모습으로 적절한 것은?

> 제1조 회사의 설립은 조선 총독의 허가를 받아야 한다.
> 제2조 조선 밖에서 설립된 회사가 조선에 본점이자 지점을 둘 때에도 조선 총독의 허가를 받아야 한다.
> 제5조 회사가 본령 혹은 본령에 기초해 발표된 명령 및 허가의 조건을 위반하거나 또는 공공의 질서 및 선량한 풍속에 반하는 행위를 했을 때에는 조선 총독은 사업의 정지·금지, 지점의 폐쇄 또는 회사의 해산을 명령할 수 있다.

① 방곡령을 선포하는 지방관
② 태형을 집행하는 헌병 경찰
③ 만민 공동회에서 연설하는 시민
④ 원산 총파업에 참가하는 노동자
⑤ 남면북양 정책을 홍보하는 공무원

대표 기출 문제 분석 02

전시 동원 체제

| 43회 45번 기출 |

밑줄 그은 '이 시기'에 시행된 일제의 정책으로 옳은 것은?

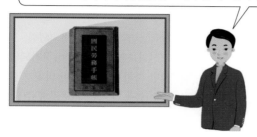

이 국민 노무 수첩은 일제가 중·일 전쟁을 일으키고 침략 전쟁을 확대하던 이 시기에 노동력을 통제하고 관리하기 위하여 발행한 것입니다. 특히, 강제 동원된 한국인의 국민 노무 수첩은 일제에 의해 수많은 한국인들이 광산 등으로 끌려가 열악한 환경에서 혹사당했음을 보여 주는 자료입니다.

① 한국인에 한하여 적용하는 조선 태형령을 시행하였다.
② 민족 자본의 성장을 억제하기 위해 회사령을 공포하였다.
③ 조선 사상범 예방 구금령을 통해 독립운동을 탄압하였다.
④ 식민지 교육 방침을 규정한 제1차 조선 교육령을 제정하였다.
⑤ 근대적 토지 소유권 확립을 명분으로 토지 조사 사업을 실시하였다.

문제 분석

제시된 자료는 국민 노무 수첩을 통해 일제의 침략 전쟁에 강제 동원된 한국인의 고통스러웠던 삶을 보여 주는 내용으로, 밑줄 그은 '이 시기'는 민족 말살 통치 시기에 해당한다.

③ 일제는 태평양 전쟁 직전인 1941년에 치안 유지법을 대폭 강화하는 한편, 조선 사상범 예방 구금령을 제정하였다. 이는 실제적인 행위가 없더라도 범죄를 일으킬 우려가 있다는 자의적인 판단만으로 사상범을 체포·구금할 수 있도록 한 것으로 독립 운동가들을 탄압하는 데 이용되었다.

정답: ③

오답 거르기

① 일제는 1910년대 한국인에게만 적용되는 조선 태형령(1912)을 시행하는 등의 방법으로 억압적인 무단 통치를 실시하였다.
② 일제는 1910년 회사령을 공포하여 한국인의 회사 설립을 억제하였다.
④ 일제는 1911년 제1차 조선 교육령을 제정하여 한국인을 식민 지배 체제에 순응시키고, 한국인의 노동력을 마음껏 부리기 위한 보통 교육과 실업 교육을 실시하였다.
⑤ 일제는 식민 통치에 필요한 재원을 확보하기 위해 1910년부터 1918년까지 토지 조사 사업을 실시하였다.

닮은 꼴 예상 문제

▶ 정답과 해설 40쪽

다음 자료에 나타난 시기에 볼 수 있는 모습으로 적절하지 않은 것은?

4학년이 되자, 개학한 첫날의 조회에서 4학년 전원에 대한 '학도 보국 근로령'의 적용을 시달받았다. …… 앞으로 1년간 학교에는 나올 필요 없이 각기 지정된 현장에서 노동을 한다는 말이다. 이날부터 나는 학생이 아니었다. …… 중학생들은 비행장 닦기, 도로 공사, 군수 화물 나르기, 방공호 파기, 주택 부수기, 군복 세탁 등에 동원되었다. 우리 학교 학생들은 학과의 전공에 따라 총포탄 생산, 비행기 제조, 토목 설계, 군수 주물 공장, 화학 공장 등으로 흩어졌다.

– 리영희, 『역정』 –

① 제복에 칼을 차고 수업하는 교사
② 일본군 '위안부'로 잡혀가는 여성
③ 창씨개명을 선동하는 친일 문학인
④ 황국 신민 서사를 암송하는 어린이
⑤ 국민학교에서 일본어 수업을 받는 학생

01 다음 법령이 시행되었던 시기의 사실로 옳은 것은?

> 제1조 3개월 이하의 징역 또는 구류에 처해야 할 자
> 는 그 정상에 따라 태형에 처할 수 있다.
> 제7조 태형은 태 30 이상일 경우에는 이를 한 번에
> 집행하지 않고 30을 넘길 때마다 1회를 추가
> 한다. 태형의 집행은 1일 1회를 초과할 수 없다.
> 제11조 태형은 감옥 또는 즉결 관서에서 비밀리에 집
> 행한다.
> 제13조 본령은 조선인에게만 적용한다.
> — 『조선 총독부 관보』 —

① 지계가 발급되었다.
② 치안 유지법이 제정되었다.
③ 국가 총동원법이 선포되었다.
④ 헌병 경찰 제도가 시행되었다.
⑤ 농촌 진흥 운동이 전개되었다.

39회 39번 기출 문제·

02 (가)에 들어갈 내용으로 옳은 것은?

> 학습 내용 정리
> ### 1910년대 일제의 통치
> **1. 정치**
> - 헌병 경찰제 실시
> - 조선 태형령 제정★
> **2. 경제**
> - 토지 조사 사업 시행
> - 삼림령, 어업령, 조선 광업령 발표
> **3. 사회**
> - 언론·출판·집회·결사의 자유 박탈
> - (가)

① 국민 교육 헌장 발표
② 경성 제국 대학 설립
③ 한성 사범 학교 관제 마련
④ 소학교 명칭을 국민학교로 변경
⑤ 보통학교 수업 연한을 4년으로 함

03 다음 방침에 따라 이루어진 사실로 옳은 것을 〈보기〉에서 고른 것은?

> 유럽의 전쟁이 끝나자 인심의 변천이 현저하였다.
> 이리하여 조선 총독 임용의 범위를 확장하였고, 경찰
> 제도를 개정하였으며, 또한 일반 관리 및 교원의 대검
> (帶劍)을 폐지하였다.

> ┤ 보기 ├
> ㄱ. 황국 신민 서사가 제정되었다.
> ㄴ. 조선일보와 동아일보가 창간되었다.
> ㄷ. 지방 자치 기구로 도 평의회가 설치되었다.
> ㄹ. 조선 총독의 자문 기구로 중추원이 설립되었다.

① ㄱ, ㄴ   ② ㄱ, ㄷ   ③ ㄴ, ㄷ
④ ㄴ, ㄹ   ⑤ ㄷ, ㄹ

42회 40번 기출 문제·

04 다음 대책이 발표된 이후 일제가 시행한 정책으로 옳은 것은?

> 1. 친일 단체 조직의 필요
> …… 암암리에 조선인 중 …… 친일 인물을 물색케
> 하고, 그 인물로 하여금 …… 각기 계급 및 사정에 따
> 라 각종의 친일적 단체를 만들게 한 후, 그에게 상당
> 한 편의와 원조를 제공하여 충분히 활동토록 할 것.
> 1. 농촌 지도
> …… 조선 내 각 면에 ○재회 등을 조직하고 면장을
> 그 회장에 추대하고 여기에 간사 및 평의원 등을 두어
> 유지(有志)가 단체의 주도권을 잡고, 그 단체에는 국
> 유 임야의 일부를 불하하거나 입회를 허가하는 등 당
> 국의 양해 하에 각종 편의를 제공할 것.
> — 『사이토 마코토 관계 문서』 —

① 한국인에 한해 적용되는 조선 태형령이 공포되었다.
② 사회주의 운동을 탄압하기 위한 치안 유지법이 마련되
었다.
③ 기한 내에 토지를 신고하게 하는 토지 조사령이 제정
되었다.
④ 헌병대 사령관이 치안을 총괄하는 경무총감부가 신설
되었다.
⑤ 회사 설립 시 총독의 허가를 얻도록 하는 회사령이 발
표되었다.

05 다음 자료를 활용한 탐구 활동으로 가장 적절한 것은?

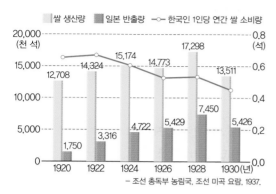

- 조선 총독부 농림국, 조선 미곡 요람, 1937.

① 농지 개혁법의 내용을 알아본다.
② 산미 증식 계획의 결과를 분석한다.
③ 남면북양 정책의 전개 과정을 조사한다.
④ 토지 조사 사업의 실시 배경을 파악한다.
⑤ 식량 배급제 실시에 따른 문제점을 찾아본다.

40회 41번 기출 문제 ▸

06 다음 법령이 제정된 이후 볼 수 있는 모습으로 가장 적절한 것은?

제1조 국민학교의 교과는 국민과 · 이수과 · 체련과 · 예능과 및 직업과로 한다.
⋮
제2조 국민학교에서는 항상 다음 각 호의 사항에 유의하여 아동을 교육하여야 한다.
　1. 교육에 관한 칙어의 취지에 의하여 교육의 전반에 걸쳐 황국의 도를 수련하게 하고 특히 국체에 대한 신념을 공고히 하여 황국 신민이라는 자각에 철저하게 하도록 힘써야 한다.
⋮
　14. 수업 용어는 국어를 사용하여야 한다.
⋮

① 원산 총파업에 동참하는 노동자
② 헌병 경찰에게 태형을 당하는 상인
③ 신간회 창립 대회에 참여하는 청년
④ 광주 학생 항일 운동을 주도하는 학생
⑤ 여자 정신 근로령에 의해 강제로 끌려가는 여성

07 밑줄 그은 '이 시기'에 일제가 실시한 정책으로 옳은 것은?

이 시기에 유행한 복장입니다. 정부는 여자는 몸뻬, 남자는 국민복을 입는 운동을 대대적으로 전개하였어요.

① 화폐 정리 사업을 추진하였다.
② 헌병 경찰 제도를 실시하였다.
③ 일본 상품에 대한 관세를 철폐하였다.
④ 미곡, 금속류 등을 강제로 공출하였다.
⑤ 교원에게 제복과 칼을 착용하게 하였다.

38회 44번 기출 문제 ▸

08 밑줄 그은 '시기'에 있었던 사실로 옳은 것은?

이것은 태평양 전쟁이 전개되던 시기에 만들어진 포스터로, 애국반에 호적 미등재자가 없도록 하자는 수칙이 쓰여 있습니다. 특히 징병제의 대상자는 빠짐없이 호적에 등재할 것을 강조하고 있습니다.

① 회사령이 철폐되었다.
② 조선 태형령이 시행되었다.
③ 토지 조사 사업이 실시되었다.
④ 여자 정신 근로령이 공포되었다.
⑤ 제1차 조선 교육령이 발표되었다.

출제 포인트

· 1910년대의 비밀 결사
· 국외 독립운동 기지
· 3·1 운동
· 대한민국 임시 정부의 활동

◉ 복벽주의
복벽은 물러난 임금이 다시 왕위에 오르거나 무너진 왕조를 다시 세운다는 의미이다. 즉, 고종을 다시 황제로 세우고 대한 제국의 회복을 추구하는 독립운동 이념이다.

◉ 이회영 형제의 삶
이회영은 일본 경찰에 체포되어 고문을 받다가 숨졌고, 그의 형제들은 궁핍한 생활을 하다가 대부분 병사하거나 일가족이 몰살되기도 하였다. 6형제 중 유일하게 다섯째인 이시영만이 대한민국 임시 정부의 국무 위원으로 활동하다가 광복 후 초대 부통령을 역임하였다.

◉ 권업회
1911년 연해주 블라디보스토크의 신한촌에서 조직된 독립운동 단체이다. 초대 회장은 최재형, 부회장에 홍범도가 선임되었고, 의장에는 이상설이 선출되었다. 권업신문 발행, 교민들의 지위 향상, 민족의식 고취, 항일 투쟁을 위한 경제적 실력 배양에 힘썼다.

✎ 공부 꿀팁
1910년대 국외에 건설된 독립운동 기지를 중심으로 전개된 활동을 묻는 문제가 자주 출제됩니다. 만주와 연해주 지역에 설립된 단체와 활동에 대해 잘 정리해 두어야 합니다.

1 1910년대 국내외 민족 운동

1. 국내 비밀 결사 운동

(대한) 독립 의군부 (1912~1914)	· 임병찬이 고종의 밀명을 받아 조직 · 복벽주의 표방, 의병 전쟁을 계획하고 일제에 국권 반환 요구서를 보낼 계획 추진
대한 광복회 (1915~1918)	· 박상진 등이 군대식 조직으로 결성 · 국권 회복 후 공화정 형태의 근대 국가 건설 추구 · 독립 전쟁 계획: 군자금 모금, 만주에 군관 학교 설립 추진
기타 결사 단체	조선 국민회, 송죽회(여성 단체), 자립단 등

└─ 평양 숭의 여학교 교사와 학생들이 결성하였다.

2. 국외 독립운동 기지 건설
(1) 만주

지역	독립운동 기지	단체 및 활동
서간도	삼원보	경학사(→ 부민단), 신흥 강습소(→ 신흥 무관 학교), 서로 군정서, 대한 독립단
북간도	명동촌, 용정촌	중광단 결성(대종교 중심 → 북로 군정서), 간민회, 서전서숙, 명동 학교
북만주	밀산의 한흥동	이상설, 이승희 등이 결성

시험에 나오는 지문 특강 📖 민족 운동가 아내의 수기

8월 초에 여러 형제가 모여서 만주로 갈 준비를 하였다. 비밀리에 전답과 가옥·부동산을 방매하는데, 여러 집을 한꺼번에 처분하니 얼마나 어려웠겠는가. …… 둘째 영감(이석영)께서는 항상 청년들의 학교가 없어 염려하시다가 토지를 사신 후에 급한 게 학교라, 춘분 후에는 학교 건설을 착수하게 선언하시고, 영토 수천 평을 내놓으시고 땔감과 식량까지 부담하시고 아우님 오시기를 기다리셨다. …… 우당께서는 신흥 무관 학교를 짓고 자기 집은 급한 대로 방 세 개만 만들고, 계축년(1913) 정월 초순에 떠나 조선에 무사히 가시었으나 어느 누가 있어 반기리오.   − 이은숙, 「민족 운동가 아내의 수기: 서간도 시종기」 −

이은숙은 우당 이회영의 아내이다. 명문 집안으로 부러울 것 없이 많은 재산을 지녔던 이회영의 6형제 일가는 모든 재산을 정리한 후 서간도로 망명하여 신흥 강습소(신흥 무관 학교)를 설립하는 등 독립운동에 헌신하였다. 이은숙은 독립운동을 하는 남편과는 떨어진 채 수많은 고초를 겪어야 했다. 이은숙의 수기에는 평생을 독립운동에 바친 6형제의 삶이 고스란히 녹아 있다.

(2) 연해주
  ① 한민회: 해조신문, 대동공보 발행, 한민 학교 설립
  ② 성명회: 이상설, 이범윤 등이 조직
  ③ 권업회: 대한 광복군 정부 수립(1914)
      └─ 독립 전쟁을 위해 군대를 양성하였으나, 제1차 세계 대전이 일어나 러시아에 의해 해산되었다.
(3) 중국(상하이)
  ① 동제사: 신규식이 한국인 유학생을 모아 조직(1912), 상하이에 조직된 최초의 한인 독립운동 단체
  ② 신한 청년당: 김규식을 파리 강화 회의에 파견
      └─ 동제사가 모체가 되어 1918년 창립된 한인 청년들의 항일 민족 운동 단체이다.
(4) 미주
  ① 대한인 국민회: 안창호 등이 조직(1910), 이승만이 외교 활동 전개, 대조선 국민군단 창설(박용만이 조직, 하와이에 설립한 군사 단체)
  ② 흥사단: 안창호가 샌프란시스코에서 조직(1913), 한인의 계몽을 위해 노력, 외교 활동
(5) 일본: 조선 청년 독립단 조직(2·8 독립 선언 발표)

▲ 1910년대 만주와 연해주의 독립 운동

❷ 3·1 운동의 전개

1. 배경

> ┌─ 제1차 세계 대전 중인 1917년에 레닌의 주도로 역사상
> 최초의 사회주의 국가가 수립되었다.

국제 정세의 변화	• 러시아 혁명 이후 레닌이 피압박 민족에 대한 지원 약속 • 제1차 세계 대전의 전후 처리 논의 과정에서 미국 대통령 윌슨이 식민지 문제 해결을 위한 민족 자결주의❶ 제시
국외 민족 운동	• 신한 청년당이 파리 강화 회의에 김규식을 대표로 파견하여 한국의 독립 주장 • 대한 독립 선언서 발표(만주): 이상룡, 안창호, 박은식 등 39인 중심, 전쟁으로 독립을 쟁취할 것을 주장 • 2·8 독립 선언(도쿄): 유학생들이 일본에서 조선 청년 독립단을 조직하고 독립을 요구 하는 선언서와 결의문 발표
국내 분위기	일제의 무단 통치와 수탈에 대한 반발 고조, 고종의 사망(독살설 유포)

시험에 나오는 지문 특강 📖 2·8 독립 선언서(1919)

1. 본 단체는 한일 병합이 우리 민족의 자유의사에서 나온 것이 아니며 우리 민족의 생존과 발전을 위협
하고 또 동양의 평화를 교란하는 원인이 된다는 이유로 독립을 주장함.
2. 본 단체는 일본 의회 및 정부에 조선 민족 대회를 소집하여 해당 회의 결의로 우리 민족의 운명을 결
정할 기회를 줄 것을 요구함.

> 1919년 2월 8일, 일본 도쿄에서 조선 청년 독립단의 이름으로 독립 선언서가 발표되었다. 이들은
> 파리 강화 회의를 앞두고 한국인의 주체적 노력으로 독립을 위한 국제적 원조를 이끌어 내야 한다고
> 생각하였다. 선언서 발표 이후 시가행진도 계획하였지만 일본 경찰에 체포되면서 무산되었다.

2. 준비와 연합 전선 형성

(1) 종교계와 학생들의 준비: 천도교계(손병희 중심), 기독교계(이승훈 중심), 학생(각 학교별로 대표
선임, 독자적인 계획 수립)
(2) 연합 전선의 형성: 천도교계 제안에 기독교계 찬성 → 불교계와 학생들의 동참
(3) 독립 선언의 준비: 독립 선언서 작성, 민족 대표 33인 구성

3. 전개 과정

> ┌─ 조국의 독립을 선언하는 내용과 인도주의에 입각한 비폭력적이고 평화적인 방법으로 민족 자
> 결에 의한 자주독립의 전개 방법을 제시하였다. 마지막 부분의 공약 3장은 한용운이 작성한 것
> 이다.

(1) 단계별 활동

1단계	종교계 대표, 학생, 시민 주도	민족 대표들이 태화관에서 독립 선언서 발표, 학생과 시민들이 탑골 공원에서 독립 선언서를 낭독한 후 만세 시위(비폭력 운동)
2단계	학생, 시민, 노동자 주도	도시 확산 단계, 대도시에서 교통이 편리한 철도를 끼고 주변 중소 도시로 확산, 학생·상인·노동자 등 다양한 계층의 가담
3단계	농민층 적극 참여	농촌 및 산간벽지까지 확산, 무력 저항 운동으로 변모(면사무소, 헌 병 주재소, 친일 지주 등 습격)

(2) 국외로의 확산: 간도, 연해주, 일본(도쿄, 오사카), 미주(필라델피아❷) 등지에서 만세 시위 전개
(3) 일제의 탄압: 초기부터 군대와 경찰을 동원하여 무력 진압 → 제암리 학살 사건, 유관순 순국 등

> 일제가 제암리의 주민들을 교회 안에 가두고,
> 총을 쏘고 불을 질러 학살한 사건이다. ┘

4. 의의와 영향

(1) 독립 의지의 천명: 한국인의 독립 의지와 열망을 세계에 알리는 계기
(2) 독립운동의 참여 주체와 기반 확대: 학생, 농민, 노동자 등으로 확대❸ → 다양한 민족 운동의 계기
마련
(3) 대한민국 임시 정부 수립의 계기: 독립운동의 구심점에 대한 필요성 인식
(4) 적극적인 독립운동 방법 모색: 무장 독립운동의 활성화 계기 마련
(5) 일제 식민 통치의 변화: 무단 통치에서 이른바 문화 통치로 전환
(6) 세계 반제국주의 운동에 영향: 중국의 5·4 운동, 인도의 반영 운동 등

---

❶ 민족 자결주의
자기 민족의 정치적 운명은 민족
스스로 결정할 권리가 있다는 주
장이다. 그러나 이 주장은 제1차
세계 대전 패전국의 식민지에만
적용되는 원칙이었고, 승전국 일
본의 식민 지배를 받고 있던 한국
에는 적용되지 않았다.

❷ 필라델피아의 민족 운동

미국의 필라델피아에서는 미주
지역 동포가 모여 3일간 한인 자
유 대회를 열고 시가행진을 하였다.

❸ 3·1 운동 수감자 직업 분포

학생, 지식인 20.8 1,776
상공업자 13.8 1,174
노동자 3.9 328
무직자 3.1 264
8,511명 (3월 1일~5월 31일)
농민 58.4(%) 4,969(명)

3·1 운동은 신분, 직업, 종교의
구별 없이 모든 계층이 참여한 일
제 강점기 최대 민족 운동이었다.

🌿 **공부 꿀팁**
3·1 운동의 배경과 전개 과정
에서 나타난 성격 변화를 알고
있어야 합니다. 특히 3·1 운동
의 영향으로 일본의 식민 통치
방식이 달라졌고, 대한민국 임
시 정부가 수립되었다는 사실
은 꼭 기억해야 합니다.

◐ 각지에 수립된 임시 정부

3·1 운동의 열기에 힘입어 국내외 여러 곳에 임시 정부가 수립되었다. 그중에서 대한 국민 의회, 대한민국 임시 정부, 한성 정부가 대표적인 임시 정부였다.

◐ 교통국

아일랜드계 영국인 쇼(George L. Shaw)가 만주 단둥에서 운영한 무역 회사인 이륭양행 건물에 교통국이 입주하였다. 부산의 백산 상회도 교통국으로 이용되었다.

◐ 독립 공채

대한민국 임시 정부는 독립운동에 필요한 자금을 마련하기 위해 독립 공채를 발행하였다. 사진은 1919년 구미 위원부에서 발행한 것이다.

◐ 구미 위원부

미국 워싱턴에 설치한 외교 담당 기관이다. 이승만이 대통령으로 취임하면서, 서재필이 운영하던 필라델피아의 대한민국 통신부와 프랑스 파리에 위치한 주(駐)파리 위원부를 통합하여 조직되었다.

🌸 공부 꿀팁

대한민국 임시 정부의 활동을 묻는 문제가 자주 출제됩니다. 활동 내용과 더불어 국민 대표 회의의 소집 배경과 결과, 위기를 극복하기 위한 노력에 대해서도 꼭 기억해 두어야 합니다.

❸ 대한민국 임시 정부의 수립과 활동

1. 지역별 임시 정부의 수립°

정부 명칭(설립 시기)	위치	정부 수반	특징
대한 국민 의회 (1919. 3.)	연해주 (블라디보스토크)	대통령 손병희	전로 한족회 중앙 총회를 정부 형태로 개편
대한민국 임시 정부 (1919. 4.)	중국 상하이	국무총리 이승만	신한 청년당을 중심으로 여러 세력 참여
한성 정부 (1919. 4.)	서울	집정관 총재 이승만	13도 대표 24명이 국민 대회를 개최하여 수립

2. 임시 정부의 통합

(1) 통합 과정: 한성 정부의 정통성 계승, 대한 국민 의회의 조직 흡수 ➡ 외교 활동을 펴기에 유리한 상하이에 대한민국 임시 정부 수립(1919. 9.)

(2) 통합 정부의 정치 형태

① 삼권 분립에 입각한 민주 공화정: 임시 의정원(입법), 법원(사법), 국무원(행정)

② 대통령 이승만, 국무총리 이동휘 등으로 지도부 구성

③ 다양한 이념과 노선의 독립운동 세력 참가

시험에 나오는 지문 특강 📖 대한민국 임시 헌법(1919. 9. 11.)

아(我) 대한 인민은 아국이 독립국임과 아민족이 자유민임을 선언하도다. 차로써 세계만방에 고하야 인류 평등의 대의를 극명하였으며 차로써 자손만대에 고하야 민족 자존의 정권을 영유케 하였도다. …… 대한민국의 인민을 대표한 임시 의정원은 민의를 체(體)하야 원년(1919) 4월 11일에 발포한 10개조의 임시 헌장을 기본 삼아 본 임시 헌법을 제정함으로써 공리를 창명하며 공익을 증진하며 국방 및 내치를 주비하며 정부의 기초를 공고하는 보장이 되게 하노라.

제1조 대한민국은 대한 인민으로 조직한다.
제2조 대한민국의 주권은 대한 인민 전체에 있다.
제4조 대한민국 인민은 일체 평등하다.
제5조 대한민국 입법권은 의정원이, 행정권은 국무원이, 사법권은 법원이 행사한다.

각 지역의 임시 정부를 통합하여 수립된 대한민국 임시 정부의 헌법은 전문에 3·1 운동 당시 선포된 기미 독립 선언문을 옮겨 놓아 3·1 운동의 정신을 계승하고 있음을 밝히고 있다. 임시 헌법을 통해 1919년 4월에 수립된 임시 정부의 임시 헌장을 기본으로 하면서 삼권 분립과 주권 재민을 기초로 한 최초의 민주 공화제 정부가 수립되었음을 알 수 있다.

3. 대한민국 임시 정부의 활동

국내 연락망	• 연통제: 국내외를 연결하는 비밀 행정 조직, 각 도·군·면에 책임자를 두어 정부 문서와 명령 전달, 군자금 송금, 정보 보고 등의 업무 담당 • 교통국°: 비밀 통신 기관, 정보 수집·분석·교환·연락 업무 관장
군자금 조달	독립 공채°(애국 공채) 발행, 국민 의연금 모금
외교 활동	• 신한 청년당이 파리 강화 회의에 파견하여 활동 중인 김규식을 전권 대사로 임명 • 구미 위원부° 설치: 이승만 등이 한국 독립 문제의 국제 여론화를 위해 노력
군사 활동	• 국무원 산하에 군무부 설치: 서로 군정서와 북로 군정서를 군무부 산하에 편제 • 직할 군단 편성: 광복군 사령부, 광복군 총영, 육군 주만 참의부
기타	• 『독립신문』 간행: 독립운동 소식을 담아 국내외에 배포 • 임시 사료 편찬회 설치: 『한·일 관계 사료집』 간행

➡ 일제 침략의 부당함을 밝히고 우리 민족의 자주독립 요구가 정당함을 강조하였다.

재작년 11월 이래로 황해도 사리원과 경성 사이에 교통국을 설치하고 상하이 임시 정부에서 오는 문서를 일반에게 배포하고 임시 정부에서 발행한 공채로 독립 자금을 모집하고자 하였다는 혐의로 검거된 시내 도령동 60번지 이원직 외 17명에 대하여 ......

– 『동아일보』, 1921. 5. 18. –

> 신문 기사를 통해서도 대한민국 임시 정부가 설치, 운영한 교통국이 비밀 통신 기관으로 정보를 수집, 전달, 보고하는 역할을 하였고, 독립운동 자금을 모금하기도 하였다는 것을 알 수 있다. 그러나 일제의 삼엄한 감시망에 걸려 1921년 사실상 교통국 조직이 와해되고 말았다.

4. 국민 대표 회의 개최º(1923)

배경	• 일제의 탄압으로 연통제와 교통국의 조직망 와해 ➡ 국내로부터의 지원 감소와 자금난 • 외교 활동의 성과 미흡, 독립운동 노선의 갈등(외교 독립론과 무장 투쟁론의 대립 지속, 민족주의 계열과 사회주의 계열의 이념 갈등) • 이승만의 국제 연맹 위임 통치 청원º에 대한 비판과 갈등
목적	대한민국 임시 정부의 새로운 진로 모색(독립운동 노선의 방향 전환 등)
경과	창조파와 개조파의 대립: 창조파(박용만, 신채호 등, 대한민국 임시 정부의 해체와 새로운 정부 수립 주장)와 개조파(안창호 등, 대한민국 임시 정부의 조직 개편 주장)로 나누어 대립
결과	성과 없이 결렬 ➡ 독립운동 세력 분열, 많은 독립운동가가 대한민국 임시 정부 이탈, 대한민국 임시 정부의 활동 침체

국민의 대단결, 이것이 오늘날 독립운동 성패의 갈림길이며, 우리 운동의 절실한 문제는 오직 여기에서 해결할 것이다. ...... 이에 본 주비회는 시세의 움직임과 민중의 요구에 따라 과거의 모든 착잡한 문제를 해결하고 미래의 완전하고 확실한 방침을 세워 우리들의 독립운동이 다시 통일적 조직으로 진행하게끔 하는 양대 안건 하에 국민 대표 회의 소집 사항도 준비하여 책임을 지고 성립한 것이다.

> 대한민국 임시 정부의 내분이 깊어져 심각한 위기에 놓이자, 1923년 1월부터 상하이에서 국내외 여러 독립운동 단체의 대표 120여 명이 모여 국내외 독립운동 상황을 점검하고 새로운 활동 방향을 모색하였으나, 창조파와 개조파로 나뉘어 대립하다가 별다른 성과를 거두지 못하고 끝났다.

5. 대한민국 임시 정부의 개편

(1) 지도부 교체: 이승만 탄핵 ➡ 박은식º이 제2대 대통령으로 선출된 후 체제 개편 추진

(2) 헌정 체제 변화

1차 개헌(1919)	대통령 지도제(초대 대통령 이승만, 국무총리 이동휘)
2차 개헌(1925)	국무령 중심 내각 책임제(국무령 이동녕 · 김구 중심으로 체제 개편)
3차 개헌(1927)	국무 위원 중심 집단 지도 체제
4차 개헌(1940)	주석 중심 지도 체제(주석 김구)
5차 개헌(1944)	주석 · 부주석 지도 체제(주석 김구, 부주석 김규식)

(3) 국민 대표 회의 이후 대한민국 임시 정부의 활동

① 한인 애국단 조직(1931): 임시 정부의 침체를 극복하고 활력을 불어넣기 위해 김구가 조직

② 삼균주의: 조소앙이 정치 · 경제 · 사회에서의 평등 강조, 한국 독립당의 강령으로 채택 ➡ 대한민국 임시 정부의 건국 강령 발표(1941)

③ 한국 광복군 창설(1940): 대일 선전 포고(1941), 국내 정진군 편성 ➡ 미국 전략 정보국(OSS)과 협력하여 국내 진공 작전 준비

⊙ 국민 대표 회의
1923년 1월부터 상하이에서 국내외 여러 독립운동 단체의 대표 120여 명이 모여 독립운동의 활동 방향을 모색하였다. 회의는 의장인 김동삼이 1923년 5월에 만주로 돌아가고, 개조파 인물들이 대회에서 탈퇴함으로써 결렬되었다.

⊙ 이승만의 국제 연맹 위임 통치 청원
1919년 이승만은 한국의 완전 독립이 아니라 한국을 일본의 지배에서 해방시켜 당분간 국제 연맹의 위임 통치 아래 둘 것을 미국 대통령에게 청원하였다. 이후 이승만이 대통령으로 추대되자 신채호 등이 이승만의 위임 통치 청원을 비판하였다. 결국 이 사실이 문제가 되어 이승만은 국민 대표 회의 이후 1925년에 탄핵을 받아 대통령직에서 물러났다.

⊙ 박은식(1859~1925)
국민 대표 회의가 결렬된 후 임시 의정원은 혼란을 수습하기 위해 원로인 박은식을 국무총리 겸 대통령 대리로 추대하였다. 이에 박은식은 이를 수락하고 임시 정부의 정상화 방안을 추진하였다. 그는 이승만을 탄핵하고 제2대 대통령으로 선출되었고, 이어 국무령제 헌법 개정안을 의정원에 제출하여 통과되자 이상룡을 국무령으로 추천하고 스스로 대통령직을 사임하였다. 당시 박은식은 66세의 나이로 병이 깊어져 그해 사망하였다.

🌿 **공부 꿀팁**
국민 대표 회의가 창조파와 개조파로 나뉘어 분열하고 결국 성과 없이 끝난 이유를 이해하고, 이후 임시 정부의 헌정 체제 변화 과정을 파악해 두어야 합니다.

▶ 3 · 1 운동의 영향

| 42회 38번 기출 |

밑줄 그은 '만세 시위 운동'에 대한 설명으로 옳은 것은?

역사 신문

제△△호   ○○○○년 ○○월 ○○일

일본군, 제암리에서 주민 학살

▲ 폐허가 된 제암리

지난 4월 15일, 경기도 수원군(현재 화성시) 제암리에서 일본군에 의한 참혹한 학살이 자행되었다. 일본군은 주민들을 교회에 모이게 하여, 밖에서 문을 잠그고 무차별 사격을 가한 후 불을 질러 약 30명을 살해하는 만행을 저질렀다. 그리고 인근 교회와 민가 수십 호에도 불을 질렀다. 이는 최근 만세 시위 운동이 전국으로 확산되는 과정에서 가해진 일본군의 탄압으로 보인다.

---

① 사회주의 세력의 주도 아래 계획되었다.
② 순종의 인산일을 기회로 삼아 추진되었다.
③ 조선 형평사를 중심으로 전국으로 확산되었다.
④ 대한민국 임시 정부가 수립되는 계기가 되었다.
⑤ 박상진이 주도한 대한 광복회 결성에 영향을 주었다.

문제 분석

제시된 자료는 일제의 만행을 보여주는 제암리 주민 학살 사건을 소재로 만든 기사로, 밑줄 그은 '만세 시위 운동'은 3 · 1 운동임을 알 수 있다.
④ 3 · 1 운동을 계기로 민족의 의지를 하나로 모아 조직적이고 체계적으로 독립운동을 이끌어 나갈 지도부가 필요하다는 여론이 높아졌다. 이에 따라 국내외에서 임시 정부가 생겨났고, 이를 통합한 대한민국 임시 정부가 수립되었다.

정답: ④

오답 거르기

① 3 · 1 운동이 일어난 1919년은 아직 우리나라에 사회주의 사상이 본격적으로 들어오기 전이다. 사회주의 세력의 계획과 관련된 사건으로는 1926년의 6 · 10 만세 운동을 들 수 있다.
② 순종의 인산일을 기회로 추진된 민족 운동은 6 · 10 만세 운동이다.
③ 조선 형평사는 1923년에 진주에서 창립된 단체로 백정의 사회적 차별 폐지 운동을 전개하였다.
⑤ 대한 광복회는 의병 운동 계열과 애국 계몽 운동 계열의 통합 단체로 1915년에 비밀리에 결성되었다.

📖 닮은꼴 예상 문제

> 정답과 해설 41쪽

다음 선언서가 작성된 배경으로 적절한 것은?

> 우리는 이에 조선이 독립국임과 조선인이 자주민임을 선언한다. …… 이 독립 선언은 하늘의 밝은 명령이며, 민족 자결주의로 옮아가는 시대의 큰 형세이며, 온 인류가 함께 살아갈 권리를 실현하려는 정당한 움직임이므로, 천하의 무엇이든지 우리의 이 독립 선언을 가로막고 억누르지 못할 것이다. ……
> 공약 3장
> 1. 오늘날 우리의 이 거사는 정의, 인도, 생존, 존영을 위하는 민족적 요구이니, 오직 자유로운 정신을 발휘할 것이요, 결코 배타적 감정으로 치달지 마라.
> ……

① 국민 대표 회의가 개최되었다.
② 광주 학생 항일 운동이 일어났다.
③ 일제가 치안 유지법을 제정하였다.
④ 신채호가 조선 혁명 선언을 발표하였다.
⑤ 도쿄 유학생들이 2 · 8 독립 선언을 하였다.

대표 기출 문제 분석 ⓶

대한민국 임시 정부의 활동

| 39회 38번 기출 |

(가)에 대한 설명으로 옳지 <u>않은</u> 것은?

윤현진 尹顯振
(1892~1921)

경상남도 양산 출신으로 어린 시절 한학과 신학문을 배웠다. 3·1 운동 직후 상하이로 망명하여 ___(가)___ 에 참여하였고, 재무차장을 맡아 재정 문제 해결에 주력하였다. 국내에서의 군사 및 선전 활동을 위해 의용단을 조직하였으며, 안창호와 함께 ___(가)___ 운영에 힘쓰다 과로로 젊은 나이에 순국하였다.

① 구미 위원부를 설치하여 외교 활동을 추진하였다.
② 한인 애국단을 조직하여 의열 투쟁을 전개하였다.
③ 이륭양행에 교통국을 설치하여 국내와 연락을 취하였다.
④ 임시 사료 편찬회를 두어 한·일 관계 사료집을 간행하였다.
⑤ 태극 서관을 설립하여 조선 광문회에서 발간한 서적을 보급하였다.

문제 분석

제시된 자료의 윤현진이 3·1 운동 직후 상하이로 망명하여 재무차장을 맡았다는 내용을 통해 (가)는 대한민국 임시 정부임을 알 수 있다.
⑤ 태극 서관을 설립, 운영한 단체는 1907년에 비밀 단체로 조직된 신민회이다. 태극 서관은 서점과 출판 이외에 신민회의 산하 기관 역할을 하면서 회원들의 연락 장소와 집회 장소로도 이용되었다.

정답: ⑤

오답 거르기

① 대한민국 임시 정부는 미국 워싱턴에 구미 위원부를 설치하고 대통령 이승만을 중심으로 외교 활동을 벌였다.
② 대한민국 임시 정부가 침체되자, 이러한 상황을 극복하기 위해 김구는 1931년에 한인 애국단을 조직하여 새로운 활로를 개척하고자 하였다.
③ 대한민국 임시 정부는 통신 기관으로 교통국을 설치하여 정보 수집과 분석, 연락 업무 등을 맡겼다.
④ 대한민국 임시 정부는 임시 사료 편찬회를 두고 일제의 침략과 학정, 우리 민족의 독립운동과 관련된 사료를 모아 『한·일 관계 사료집』을 간행하였다.

닮은꼴 예상 문제

▶ 정답과 해설 41쪽

(가) 회의가 열리게 된 배경으로 옳은 것을 〈보기〉에서 고른 것은?

1923년 1월 3일 ___(가)___ 가 개막되었다. 국내외에서 120여 명의 대표들이 모여들었다. 안창호를 임시 의장으로 한 예비 회의에서 본회의에 상정할 안건이 심의되고, 1월 31일부터 김동삼을 의장으로 본회의가 시작되었다. 그러나 회의는 창조파와 개조파의 주장이 팽팽히 맞서 난항을 거듭하였다.

| 보기 |
ㄱ. 연통제와 교통국이 와해되었다.
ㄴ. 윤봉길 의거로 일본의 탄압이 심해졌다.
ㄷ. 이승만이 국제 연맹에 위임 통치를 청원하였다.
ㄹ. 임시 정부의 지도 체제가 국무령제로 개편되었다.

① ㄱ, ㄴ   ② ㄱ, ㄷ   ③ ㄴ, ㄷ   ④ ㄴ, ㄹ   ⑤ ㄷ, ㄹ

기출 및 예상 문제

01 (가) 단체에 대한 설명으로 옳은 것은?

경상남북도·충청남도·경성 등지의 부호들에게 국권 회복 운동 자금을 제공하라는 불온한 통고문이 빈번하게 우송되었다. 관계자를 체포하여 취조한 결과 경상북도 내 칠곡군의 부호 장승원 및 충청남도 아산군 도고면 면장 살해 사건도 (가) 의 소행이라는 점이 판명되었다. 이 사건의 주범은 박상진이다.
－『폭도사 편집 자료 고등 경찰 요사』－

① 만민 공동회를 개최하였다.
② 브나로드 운동을 전개하였다.
③ 고종을 황제로 복위시키고자 하였다.
④ 만주에 군관 학교 설립을 추진하였다.
⑤ 독립 공채를 발행하여 군자금을 모았다.

39회 35번 기출 문제 •

02 (가) 단체에 대한 설명으로 옳은 것은?

이것은 (가) 을/를 주도한 박상진, 김한종에게 사형을 선고한다는 판결문입니다. (가) 은/는 풍기 광복단과 조선 국권 회복단의 일부 인사를 중심으로 1915년에 결성되었습니다.

① 조선 혁명 선언을 활동 지침으로 하였다.
② 고종의 밀지를 받아 결성된 비밀 단체이다.
③ 일제가 꾸며 낸 105인 사건으로 해체되었다.
④ 중추원 개편을 통한 의회 설립을 추진하였다.
⑤ 공화정체의 국민 국가 수립을 목표로 삼았다.

38회 36번 기출 문제 •

03 (가) 지역에서 있었던 민족 운동에 대한 설명으로 옳은 것은?

| 제△△호 | ○○ 신문 | ○○○○년 ○○월 ○○일 |

이은숙의 회고록으로 본 국외 민족 운동

한국 독립운동사의 일면을 살펴볼 수 있는 책이 발간되었다. 이 책은 이회영의 아내이자 독립운동가로 파란만장한 삶을 살았던 이은숙이 일제 강점기에 겪은 일을 중심으로 기록한 수기이다. 이 책에는 국권 피탈 직후 (가) 지역으로 이주하여 독립운동에 헌신한 이회영 일가의 삶이 담겨 있으며, (가) 지역의 삼원보에 터를 잡고 신흥 강습소를 설립하는 과정이 잘 드러나 있다.

① 한인 자치 기구인 경학사를 설립하였다.
② 대조선 국민 군단을 조직하여 군사 훈련을 하였다.
③ 대한인 국민회를 중심으로 외교 활동을 전개하였다.
④ 유학생들이 중심이 되어 2·8 독립 선언서를 발표하였다.
⑤ 대한 광복군 정부가 세워져 무장 독립 투쟁을 준비하였다.

04 (가) 지역에서 전개된 독립운동으로 옳은 것은?

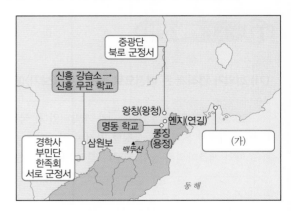

① 이봉창이 의거를 일으켰다.
② 대한매일신보가 간행되었다.
③ 한민 학교가 세워져 운영되었다.
④ 조선 청년 독립단이 조직되었다.
⑤ 이회영 등이 독립운동 기지를 건설하였다.

05 다음 민족 운동의 배경으로 옳은 것을 〈보기〉에서 고른 것은?

정오가 가까워 오자 민족 대표들이 모여들기 시작하였다. 29인이 이 엄숙한 자리에 모였다. 33인 중 4인은 참석하지 못하였다. 정오가 되자 태화관의 정자 동쪽 처마에 태극기가 걸렸다. 일동은 근엄한 자세로 태극기를 향하여 경례하였다. '독립 선언서' 낭독을 생략하고 이종일이 선언서 백 장을 탁자 위에 놓고, 한용운이 일장의 식사(式辭)를 한 뒤에 그의 선창으로 '대한 독립 만세'를 외쳤다. 한편, 탑골 공원에 모인 학생들의 대한 독립 만세 소리는 천지를 진동하였다. 공원에 모였던 수천 명의 학생들은 길거리로 쏟아져 나갔다.

┤ 보기 ├
ㄱ. 대한 제국의 황제였던 순종이 사망하였다.
ㄴ. 사회주의 세력이 정우회 선언을 발표하였다.
ㄷ. 미국 대통령 윌슨이 민족 자결주의를 제창하였다.
ㄹ. 도쿄에서 유학생들이 2·8 독립 선언을 발표하였다.

① ㄱ, ㄴ　　　② ㄱ, ㄷ　　　③ ㄴ, ㄷ
④ ㄴ, ㄹ　　　⑤ ㄷ, ㄹ

06 (가) 운동이 끼친 영향으로 옳은 것은?

[(가) 의 전개 과정]

민족 대표들이 태화관에서 독립 선언서 발표, 학생과 시민들이 탑골 공원에서 독립 선언서를 낭독한 후 만세 시위

↓

대도시에서 교통이 편리한 철도를 끼고 주변 중소 도시로 확산, 학생·상인·노동자 등 다양한 계층의 가담

↓

농촌 및 산간벽지까지 확산, 무력 저항 운동으로 변모

① 독립 협회가 결성되었다.
② 조선 태형령이 제정되었다.
③ 대한 광복군 정부가 수립되었다.
④ 만국 평화 회의에 특사가 파견되었다.
⑤ 일제가 이른바 문화 통치를 실시하였다.

07 (가)에 대한 설명으로 옳은 것을 〈보기〉에서 고른 것은?

사진으로 보는 (가)

▲ 상하이의 옛 청사　　▲ 임시 의정원 제6회 기념

┤ 보기 ├
ㄱ. 조선 의용대를 창설하였다.
ㄴ. 신흥 무관 학교를 설립하였다.
ㄷ. 독립 공채를 발행하여 군자금을 모았다.
ㄹ. 비밀 행정 조직으로 연통제를 실시하였다.

① ㄱ, ㄴ　　　② ㄱ, ㄷ　　　③ ㄴ, ㄷ
④ ㄴ, ㄹ　　　⑤ ㄷ, ㄹ

08 다음 사건이 일어난 시기를 연표에서 옳게 고른 것은?

역사 신문

제△△호　　　　　　　　　　○○○○년 ○○월 ○○일

대한민국 임시 정부, 내각 책임제와 국무령제 채택

대한민국 임시 정부는 제2차 개헌을 통하여 내각 책임제를 채택하였다. 국무령과 국무원으로 조직된 국무회의가 임시 정부를 운영하며 임시 의정원에 대해 책임을 지고, 임시 의정원이 국무령과 국무원을 선임하게 만들었다. 기존의 대통령제를 유지하는 동안 독재적인 상황이 나타났던 경험을 고려한 것으로 보인다.

1919		1923		1931		1935		1941		1945
	(가)		(나)		(다)		(라)		(마)	
대한민국 임시 정부 수립		국민 대표 회의 개최		한인 애국단 조직		한국 국민당 창당		대한민국 건국 강령 발표		8·15 광복

① (가)　　② (나)　　③ (다)　　④ (라)　　⑤ (마)

03 무장 독립 전쟁의 전개

V. 일제 식민지 지배와 독립운동

출제 포인트

- 6 · 10 만세 운동
- 광주 학생 항일 운동
- 신간회의 결성 및 활동
- 봉오동 전투와 청산리 대첩
- 의열단과 한인 애국단
- 한국 독립군과 조선 혁명군
- 한국 광복군과 조선 의용대

◐ 광주 학생 항일 운동 당시의 격문

전투 청년 학생 제군! ……
모든 수단과 방법으로 정의와
자유를 위해 투쟁하자!
- 검속된 학생을 탈환하라.
- 교내 학생 자치권을 옹호하라.
- 일제의 식민지 교육에 항거하라.
- 전국 동맹 파교로 모든 요구를 관철하라.
- 일본 제국주의를 타도하라.

◐ 자치 운동(자치론)

이광수와 최린 등은 일제에 맞서기보다 일제의 식민 통치를 인정하고 자치권을 확보하여 민족의 실력을 기르자고 주장하였다. 특히 이광수는 「민족 개조론」, 「민족적 경륜」 등을 발표하여 이를 뒷받침하였다.

◐ 신간회 강령

1. 우리는 정치적 · 경제적 각성을 촉진함.
2. 우리는 단결을 공고히 함.
3. 우리는 기회주의를 일체 부인함.

신간회 회장에는 이상재, 부회장에는 홍명희를 선출하였다. 강령에서 밝힌 기회주의는 자치론자를 지칭한다.

🖋 공부 꿀팁

6 · 10 만세 운동, 신간회 결성과 활동, 광주 학생 항일 운동과 관련된 자료가 제시되고, 해당 사건에 대해 또는 서로의 연관성을 묻는 문제가 자주 출제됩니다. 시간적 흐름과 연관성 문제를 정확하게 파악해서 공부해야 합니다.

1 국내 민족 항일 투쟁과 의열 투쟁

1. 국내 독립군 부대의 결성

보합단(1920)	평북 의주 동암산을 근거지로 군자금 모금, 친일파 숙청 등의 활동 전개
천마산대(1920)	평북 의주 천마산에서 일본 군경과 유격전 전개
구월산대(1920)	황해도 구월산에서 항일 게릴라전 전개

2. 6 · 10 만세 운동(1926)

배경	순종의 죽음 → 사회주의 계열과 천도교 계열, 학생들의 만세 시위 계획
경과	일제에 의해 사전에 계획 발각, 탄압 → 학생 중심으로 순종의 인산일에 만세 시위 전개 → 일제에 의해 진압
의의	사회주의 계열과 민족주의 계열의 연대 계기 마련

<small>• 국왕이나 왕위 계승자가 죽은 후 거행하는 장례식을 말한다.</small>

3. 광주 학생 항일 운동[9](1929)

<small>→ 일본인 학생이 열차에서 한국인 여학생을 희롱한 일이 계기가 되었다.</small>

배경	한 · 일 학생 간 충돌 발생 → 일제와 언론, 교육 당국의 편파적 조치 → 학생들의 불만 폭발
경과	광주 지역 학생들의 대규모 가두시위, 인근 지방으로 확산 → 신간회의 진상 조사 및 민중 대회 개최 추진, 동맹 휴학과 시위의 전국 확산
의의	3 · 1 운동 이후 최대의 항일 민족 운동으로 발전

4. 민족 협동 전선 운동

(1) 배경

① 민족주의 계열의 분화: 1920년대 이른바 문화 통치의 영향으로 타협적 자치 운동[9] 대두

② 사회주의 세력의 약화: 치안 유지법(1925) 적용, 6 · 10 만세 운동 이후 일제의 탄압 강화

③ 국외 민족 유일당 운동의 전개: 한국 독립 유일당 북경 촉성회 창립(1926), 만주에서 3부의 통합 운동 전개(1920년대 후반)

<small>→ 중국의 제1차 국공 합작의 영향을 받아 국민 대표 회의 결렬 후 분열된 독립운동을 통합하기 위해 조직되었다.</small>

(2) 경과: 사회주의 계열과 민족주의 계열의 통합 진행

조선 민흥회	조선 물산 장려회 계열의 민족주의자들과 일부 사회주의자들이 제휴하여 결성(1926. 7.)
정우회 선언	사회주의 계열의 정우회가 비타협적 민족주의 세력과의 협동 전선 주장(1926. 11.)
신간회[9](1927)	• 일제 강점기 좌우 합작에 의한 최대 규모의 합법적 단체 • 전국에 지회 설치, 전국적으로 강연회 및 연설회 개최 • 노동 · 농민 운동, 청년 운동, 여성 운동, 형평 운동 등과 연계하여 활동, 광주 학생 항일 운동 당시 진상 규명을 위한 민중 대회 추진
근우회(1927)	여성의 단결과 지위 향상에 노력 → 남녀 평등, 여성 노동자의 권익 옹호, 신생활 개선 운동

시험에 나오는 지문 특강 📖 정우회 선언

먼저 우리 운동 자체가 벌써 종래에 국한되어 있던 경제적 투쟁의 형태에서 보다 더 계급적, 대중적, 의식적 정치 형태로 비약하지 아니하면 아니 될 전환기에 달한 것이다. 따라서 민족주의적 세력에 대하여는 그 부르주아 민족주의적 성질을 명백하게 인식하는 동시에 또 과정적, 동맹자적 성질도 충분히 승인하여, 그것이 타락하는 형태로 출현되지 아니하는 것에 한하여는 적극적으로 제휴하여, 대중의 개량적 이익을 위하여서도 종래의 소극적 태도를 버리고 분연히 싸워야 할 것이다. – 「조선일보」 –

사회주의 사상 단체인 정우회는 1926년 경제 투쟁에서 정치 투쟁으로의 전환, 비타협적 민족주의 세력과의 제휴 등을 내용으로 하는 정우회 선언문을 발표하였다. 이는 신간회의 결성을 촉진하였다.

(3) 결과: 대내외적 요인으로 신간회 해소, 근우회 해체 ┌ 코민테른은 12월 테제를 발표해 조선 공산당은 지식인

원인	일제의 탄압, 이념 대립 재발, **코민테른**의 노선 변동 등
해소	사회주의 계열의 해소론 제기로 해소안 가결(1931. 5.)

중심의 조직 방법을 버리고 공장과 농촌에 들어가 노동
자와 농민을 조직하라는 방향을 제시하였다.

5. 의열 투쟁의 전개

(1) 의열단

결성	김원봉, 윤세주 등이 만주 지린에서 결성(1919)
목적	일제 요인 및 민족 반역자 처단, 식민 통치 기관 파괴 등을 통해 일제 타도
활동 지침	신채호의 '조선 혁명 선언' → 민중의 직접 혁명 강조
의거 활동	• 박재혁: 부산 경찰서에 폭탄 투척(1920) · 최수봉: 밀양 경찰서에 폭탄 투척(1920) • 김익상: 조선 총독부에 폭탄 투척(1921) · 김상옥: 종로 경찰서에 폭탄 투척(1923) • 김지섭: 일본 도쿄의 궁성에 폭탄 투척(1924) • 나석주: 조선 식산 은행과 동양 척식 주식회사에 폭탄 투척(1926)
활동 변화	개별적 폭력 투쟁의 한계 인식 → 조직적인 무장 투쟁의 필요성 자각, 김원봉을 비롯한 단원들이 황푸 군관 학교 입교(군사 교육 및 간부 훈련) → 난징에 조선 혁명 간부 학교 설립(1932) → 정당으로 변모(민족 혁명당 결성, 1935)

시험에 나오는 지문 특강 📖 조선 혁명 선언(의열단 선언)

민중은 우리 혁명의 대본영(大本營)이다. 폭력은 우리 혁명의 유일한 무기이다. 우리는 민중 속으로 가서 민중과 손을 맞잡아 끊임없는 폭력—암살, 파괴, 폭동—으로써 강도 일본의 통치를 타도하고 우리 생활에 불합리한 일체의 제도를 개조하여 인류로써 인류를 압박하지 못하며, 사회로써 사회를 박탈하지 못하는 이상적 조선을 건설할지니라.
– 신채호, '조선 혁명 선언'(1923) –

이승만, 이광수, 안창호 등이 주장한 외교론, 자치론, 준비론, 문화 운동론 등을 비판하고, 오직 민중의 직접 혁명에 의해서만 일제를 타도하고 독립을 이룰 수 있다고 주장하였다.

(2) 한인 애국단

① 배경: 국민 대표 회의(1923) 이후 대한민국 임시 정부의 활동 침체
② 조직: 대한민국 임시 정부의 활로를 모색하기 위해 김구가 상하이에서 조직(1931)
③ 의거 활동

이봉창	윤봉길
• 일본 국왕에게 폭탄 투척(1932) • 침체에 빠져 있던 대한민국 임시 정부 활동에 활기를 불어넣음 • 일제에 대한 우리 민족의 항일 의지를 보여 줌 • 중국 신문이 이봉창 의거에 대해 쓴 기사를 빌미로 일제가 상하이를 침략함	• 상하이 훙커우 공원 폭탄 투척(1932) • 한국의 독립 의지를 세계에 알림 • 대한민국 임시 정부에 대한 중국 국민당 정부의 지원 강화 • 중국 영토 안에서 무장 독립 활동이 승인됨

② 국외 독립 투쟁의 전개

1. 무장 독립 운동 단체의 결성

서간도 지역	• 서로 군정서: 신흥 무관 학교 출신 • 대한 독립단: 의병 세력 중심 • 광복군 총영: 대한민국 임시 정부 직속 부대
북간도 지역	• 대한 독립군: 대한 국민회 산하 부대 • 북로 군정서: 중광단이 개편되어 성립, 사관 연성소에서 독립군 양성

(우측 여백 주석)

○ **코민테른**
1919년 설립된 각국 공산당의 연합체를 의미한다. 코민테른의 공식 목적은 세계 혁명의 증진이었다.

○ **김원봉**
의열단을 조직하였으며 활동의 한계를 느낀 후 황푸 군관 학교에 입교하였다. 이후 1935년 민족 혁명당을 창당하여 활동하였다. 1940년대 초반 대한민국 임시 정부에 합류해 한국 광복군 부사령관 및 제1지대장으로 활동하였으며, 1944년에는 임시 정부 군무부장으로 선출되었다. 광복 후 김구, 김규식과 함께 남북 협상에 참여하였다가 귀환하지 않고 북한에서 정치 활동을 하다가 1958년 연안파 제거 때 숙청당하였다.

○ **황푸 군관 학교**
1924년 쑨원이 군 지휘관 양성을 목적으로 세운 육군 군관 학교로, 김원봉을 비롯한 의열단 소속 청년들이 이곳에서 훈련을 받았다.

○ **조선 혁명 간부 학교**
1932년 국민당의 지원을 받아 난징에 문을 연 독립운동 군사 간부 양성 학교로 실습, 군사, 정치 등을 가르쳤다. 1935년 9월까지 총 125명의 졸업생을 배출하였다. 이육사와 윤세주 등이 대표적인 졸업생이었다.

○ **윤봉길 의거**
중국 장제스는 윤봉길의 의거에 대해 '중국의 1억 인구가 해내지 못한 일을 한국의 한 청년이 해냈다.'라며 감탄하였다. 윤봉길의 의거는 중국 국민당 정부가 대한민국 임시 정부의 독립운동을 적극적으로 지원하는 계기가 되었다.

🌿 **공부 꿀팁**
의열단과 한인 애국단의 활동은 자주 출제됩니다. 단원의 활동 뿐만 아니라 의열단 강령에 해당하는 조선 혁명 선언도 공부해 두어야 합니다.

● **훈춘 사건**
1920년 봉오동 전투에서의 패배를 만회하기 위해 일본군이 중국 마적단과 내통하여 일본 영사관을 습격하게 한 사건이다. 일본군은 이를 구실로 중국에 대규모 군대를 보냈다.

● **간도 참변**
1920년 10월부터 11월 사이에만 일본군에 의해 약 3,500여 명이 학살되고, 수천 개의 가옥·학교·교회 등이 불에 타는 등 한인들이 큰 피해를 입었다.

● **자유시 참변**
약소 민족의 해방 운동을 지원하겠다는 레닌의 약속을 믿고 독립군 일부는 러시아령 자유시로 이동하였다. 그러나 독립군 내부의 주도권 다툼과 러시아 적군과의 갈등이 발생하여 결국 자유시 참변이 발생하였다. 이로 인해 다수의 독립군이 사망하거나 체포되었다.

● **3부의 위치**

● **3부의 통합 움직임**

🌱 **공부 꿀팁**
봉오동 전투와 청산리 대첩을 중심으로 한 국외 독립운동과 이후 전개된 만주에서의 독립군 활동, 3부의 결성, 통합 운동 과정 모두 정확히 파악하도록 합니다.

2. 1920년대 무장 독립 전쟁

(1) 봉오동 전투(1920. 6.)

참가 부대	대한 독립군(홍범도), 군무 도독부군(최진동), 국민 회군(안무) 등
전개 과정	독립군의 국내 진입 작전 전개 → 일본군이 두만강 이북의 독립군 추격 → 독립군 연합 부대가 봉오동 지역 매복 작전으로 일본군 대파

(2) 청산리 대첩(1920. 10.) ● 백운평, 어랑촌 등지에서 이루어졌다.

참가 부대	북로 군정서(김좌진), 대한 독립군(홍범도) 등의 연합 부대
전개 과정	훈춘 사건●을 일으켜 일본군의 만주 진입 → 간도 지방의 독립군이 백두산 지역으로 이동 → 청산리 일대에서 6일 동안 10여 차례의 전투에서 독립군 연합 부대가 일본군을 크게 격파하고 대승을 거둠

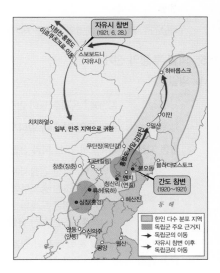

(3) 독립군의 시련과 3부의 성립

① 독립군의 이동

간도 참변● (1920~1921)	• 봉오동 전투와 청산리 대첩에서 패배한 일본군의 보복 → 일본군이 간도 한인촌 습격 • 초토화 작전: 3~4개월 간 수많은 한국인을 학살하고 민가와 학교 등을 불태움
독립군의 이동	간도 참변 이후 독립군 주력 부대가 밀산에 집결 → 러시아의 자유시(스보보드니)로 이동
자유시 참변● (1921)	자유시의 독립군 통합 과정에서 지휘권 분쟁 발생 → 러시아 적군(赤軍)이 지휘권 양도를 거부하는 한인 부대 공격 → 수많은 독립군 희생

└ 약소 민족을 지원하겠다는 러시아 혁명군의 약속을 믿고 일본군의 공격을 피해 이동하였다.

② 3부의 성립●

배경	독립군의 만주 귀환, 조직 재건 → 독립운동 단체 간 통합 노력 전개
성격	민정 기관과 군정 기관으로 구성(자치 정부 기능) ┌ 대한 통의부 내에서 대한민국 임시 정부를 지지하는 세력 중심으로 결성
성립	• 참의부(1923): 압록강 건너편 지역, 대한민국 임시 정부의 직속 부대 표방 • 정의부(1924): 남만주 지린·봉천 일대를 중심으로 활약 • 신민부(1925): 북만주 일대, 자유시 참변을 겪고 돌아온 독립군 중심

└ 참의부에 참여하지 않은 대한 통의부, 광한단, 의성단 등이 통합

③ 미쓰야 협정(1925): 조선 총독부와 만주 군벌 간에 체결 → 독립군의 활동 위축
└ 러시아에서 탈출한 독립군 중심으로 결성

(4) 3부 통합 운동●

혁신 의회	북만주 지역에서 결성, 이후 한국 독립당으로 개편 → 한국 독립군 편성
국민부	남만주 지역에서 결성, 조선 혁명당 창설 → 조선 혁명군 편성

시험에 나오는 지문 특강 📖 **미쓰야 협정**

1. 한국인이 무기를 가지고 다니거나 한국으로 침입하는 것을 엄금하며, 위반자는 검거하여 일본 경찰에 인도한다.
2. 만주에 있는 한인 단체를 해산시키고 무장을 해제하며, 무기와 탄약을 몰수한다.
3. 일본이 지명하는 독립운동가를 체포하여 일본 경찰에 인도한다.

조선 총독부의 경무국장 미쓰야와 만주 봉천 군벌의 경무처장인 우진이 1925년에 맺은 협정이다. 일본 군경이 만주에 들어가지 않는 대신 중국 관헌들이 독립군을 체포하여 일본에 넘겨주면 포상하기로 합의하면서 독립군의 활동은 이전보다 많이 어려워졌다.

3. 1930년대 무장 독립 전쟁

(1) 만주의 항일 무장 투쟁

① 배경: 만주 사변(1931)으로 중국 내 반일 감정 고조 → 한국인과 중국인의 항일 연합 전선 결성
② 한·중 연합 작전 전개

한국 독립군	• 북만주 혁신 의회(한국 독립당)의 군사 조직으로 지청천이 지휘 • 중국 호로군과 연합 작전 전개 → 쌍성보·사도하자·대전자령 전투 등에서 일본군 격파 • 일본군의 공격 → 중국 관내로 이동
조선 혁명군	• 남만주 국민부(조선 혁명당)의 군사 조직으로 양세봉이 지휘 • 중국 의용군과 연합 작전 전개 → 영릉가·흥경성 전투 등에서 일본군 격파

(2) 중국 관내의 항일 무장 투쟁 — 중국 관내 최대 규모의 통일 전선 정당이었다.

민족 혁명당	김원봉의 주도로 의열단, 한국 독립당, 조선 혁명당 등이 모여 결성(1935)
한국 국민당	김구 등 대한민국 임시 정부 중심의 민족주의 세력이 조직(1935)
조선 의용대	• 중·일 전쟁 발발 후 김원봉 등이 중국 국민당의 지원을 받아 조선 민족 전선 연맹 산하에 결성(1938) • 중국 관내에서 결성된 최초의 한인 무장 부대로, 일부는 화북으로 이동(조선 의용대 화북 지대) 후 조선 의용군으로 개편(1942) • 일부는 한국 광복군에 합류(1942)

└─ 한국 광복군 제1지대로 편입되었다.

4. 1940년대 무장 독립 전쟁

(1) 대한민국 임시 정부의 재정비

① 한국 독립당 결성(1940): 한국 국민당(김구), 한국 독립당(조소앙), 조선 혁명당(지청천)을 통합
② 중국 국민당 정부를 따라 충칭에 정착(1940)
③ 한국 광복군 창설(1940): 총사령관은 지청천

대일 선전 포고(1941)	태평양 전쟁 발발 직후 대일 선전 포고 → 연합군의 일원으로 참여
영국군과 연합 작전	1943년 영국의 요청에 따라 미얀마·인도 전선에 공작대 파견
국내 진공 작전 추진	미국 전략 정보국(OSS)과 협력하여 국내 정진군의 특수 훈련 실시 → 국내 진공 작전 계획 → 일제의 패망으로 실현되지 못함

④ 건국 강령 공포(1941): 보통 선거를 통한 민주 공화국 수립과 삼균주의 규정

> **시험에 나오는 지문 특강** 📖 **대한민국 임시 정부의 대일 선전 포고문(1941)**
>
> 우리는 삼천만 한국 인민과 정부를 대표하여 …… 이에 특히 다음과 같이 성명하노라.
> 1. 한국 전 인민은 현재 이미 반침략 전선에 참가하였으니 한 개의 전투 단위로서 축추국에 선전한다.
> 2. 1910년의 합방 조약 및 일체 불평등 조약의 무효를 거듭 선포하며, 아울러 반침략 국가인 한국에 있어서의 합리적 기득 권익을 존중한다.
> 3. 한국, 중국 및 서태평양으로부터 왜구를 완전히 구축하기 위하여 최후의 승리를 얻을 때까지 혈전한다.
> – 대한민국 23년 12월 10일, 대한민국 임시 정부 –
>
> 대한민국 임시 정부는 충칭에 정착한 후 중국 국민당 정부와 교섭하여 한국 광복군을 창설하였다. 임시 정부는 태평양 전쟁이 발발하자 대일 선전 포고문을 발표하고 한국 광복군이 연합군과 공동 작전을 전개하도록 하였다.

(2) 조선 독립 동맹

결성	중국 옌안에서 사회주의 계열 독립운동가들이 결성(1942), 김두봉 주도
강령	보통 선거에 의한 민주 공화국 수립 등
군사 조직	조선 의용군

◯ 1930년대 한국 독립군과 조선 혁명군의 항일 투쟁

◯ 한국 독립군과 중국 호로군의 협의 내용(1932)

1. 한·중 양군은 최악의 상황이 오는 경우에도 장기간 항전할 것을 맹세한다.
2. 중동 철도를 경계선으로 서부 전선은 중국이 맡고, 동부 전선은 한국이 맡는다.
3. 전시의 후방 전투 훈련은 한국 장교가 맡고 한국군에 필요한 군수품 등은 중국군이 공급한다.

◯ 조선 의용대와 대한민국 임시 정부의 이동 경로

> 🌿 **공부 꿀팁**
> 일제의 만주 침략 이후 한국 독립군, 조선 혁명군의 활동과 중·일 전쟁 발발 후 조선 의용대의 결성과 활동, 한국 광복군의 활동을 꼭 기억해 두어야 합니다.

6 · 10 만세 운동과 광주 학생 항일 운동

| 44회 39번 기출 |

(가), (나) 격문이 작성된 사이의 시기에 있었던 사실로 옳은 것은?

(가) 왕조의 마지막 군주였던 창덕궁 주인이 53세의 나이로 지난 4월 25일에 서거하였다. …… 지금 우리 민족의 통곡과 복상은 군주의 죽음 때문이 아니고 경술년 8월 29일 이래 사무친 슬픔 때문이다. …… 슬퍼하는 민중들이여! 하나가 되어 혁명 단체 깃발 밑으로 모이자! 금일의 통곡복상의 충성과 의분을 모아 우리들의 해방 투쟁에 바치자!

(나) 조선 청년 대중이여! 궐기하라. 제국주의적 침략에 대한 반항적 투쟁으로서 광주 학생 사건을 지지하고 성원하라. …… 저들은 소위 사법 경찰을 총동원하여 광주 조선 학생 동지 400여 명을 참혹한 철쇄에 묶어 넣었다. 여러분! 궐기하라! 우리들이 흘리는 선혈의 마지막 한 방울까지 조선 학생의 이익과 약소민족의 승리를 위하여 항쟁적 전투에 공헌하라.

① 김상옥이 종로 경찰서에 폭탄을 투척하였다.
② 동아일보를 중심으로 브나로드 운동이 전개되었다.
③ 고액 소작료에 반발하여 암태도 소작 쟁의가 발생하였다.
④ 사회주의 세력의 활동 방향을 밝힌 정우회 선언이 발표되었다.
⑤ 일제가 데라우치 총독 암살 미수 사건을 계기로 105인 사건을 날조하였다.

문제 분석

제시된 격문 (가)의 '마지막 군주~서거', '우리들의 해방 투쟁' 등을 통해 1926년 4월, 순종이 사망하자 조선 공산당, 천도교 청년회, 학생 대표들이 순종의 인산일에 맞추어 시위를 준비한 6 · 10 만세 운동과 관련이 있음을 알 수 있다. (나)는 '광주 학생 사건을 지지하고 성원' 등을 통해 1929년의 광주 학생 항일 운동과 관련된 자료임을 알 수 있다.
④ 6 · 10 만세 운동 이후 적극적으로 민족 협동 전선이 모색되면서 1926년 비타협적 민족주의자들이 일부 사회주의자들과 조선 민흥회를 결성하고, 곧이어 사회주의자들이 비타협적 민족주의 세력과의 제휴 등을 밝힌 정우회 선언을 발표하였다.

정답: ④

오답 거르기

① 1923년에 해당하여 (가) 이전의 사실이다.
② 브나로드 운동은 1931~1934년에 전개되었으므로 (나) 이후이다.
③ 1923~1924년에 전개되어 (가) 이전에 해당한다.
⑤ 1911년에 해당하며, 105인 사건으로 신민회가 해체되었다.

닮은꼴 예상 문제

> 정답과 해설 42쪽

(가), (나)가 작성된 시기의 사이에 일어난 사실로 옳은 것은?

(가) 조선 민흥회는 한국 민족의 공동 권익을 쟁취하고, 한국민의 단일 전선을 결성할 목적으로 창설되었다. …… 민족적 통합의 그 목적은 '조선의 해방'에 있다. …… 이러한 운동은 반드시 반제국주의 운동으로 표출될 것이다. …… 과거의 운동은 계급 의식이 내연되어 있었고 국가 전체적으로 볼 때 분열되어 있었다. 그러나 근년의 운동에서는 계급 운동 참여자라 할지라도 연합 민족 운동을 강렬히 요구하고 있다.

(나) 신간회 해소의 기본 목표가 노동자 · 농민 영도하에서 협동 전선 파악에 있다 하면 민족 진영으로서 신간회의 존속 및 그 발전은 당연히 필요한 것이다. 조선의 운동은 양 진영이 병립 협동하여 가장 동지적 지속을 하여야 할 정세하에 있고 둘이 서로 대립, 배격할 정세를 가지지 않았다. 협동된 전선 전개의 형태에서 양 진영의 본질적 차이를 발견하기 어려울 정도의 긴밀한 동지적 연관조차 기할 수 있는 것이다.

① 치안 유지법이 제정되었다.
② 조선 노동 총동맹이 결성되었다.
③ 암태도 소작 쟁의가 발생하였다.
④ 조선 물산 장려회가 조직되었다.
⑤ 비밀 결사인 대한 광복회가 조직되었다.

대표 기출 문제 분석 02

| 44회 38번 기출 |

➡ 의열단의 활동

다음 상황 이후에 전개된 사실로 옳은 것은?

개별적인 의거 활동에 한계를 느낀 김원봉을 비롯한 단원들은 황푸 군관 학교에 입교하여 군사 훈련을 받은 후 새로운 활동 방향을 모색하였다. 이러한 움직임은 '통일적 총지휘 기관의 확립'을 촉구하는 '대독립당 촉성회에 대한 선언'을 선포하는 등 민족 협동 전선의 제창으로 나타났다. 이를 위해 먼저 정기 대표 회의에서 한·중 합작으로 군관 학교를 설립하여 '통일적 총지휘 기관'의 전위 투사를 양성하기로 결정하고, 조선 혁명 간부 학교를 설립하였다.

① 민족 혁명당이 결성되었다.
② 조선 혁명 선언이 작성되었다.
③ 한국 독립 유일당 북경 촉성회가 창립되었다.
④ 고종의 밀지를 받아 독립 의군부가 조직되었다.
⑤ 한성, 상하이, 연해주 지역의 임시 정부가 통합되었다.

문제 분석

제시된 자료는 1920년대 중반 개별적 의열 활동에 한계를 느낀 김원봉을 비롯한 의열단 단원들이 1926년경부터 황푸 군관 학교 입교하였으며, 1932년에는 중국 국민당 정부의 지원을 받아 난징에 조선 혁명 간부 학교를 세워 체계적인 독립 전쟁을 준비하였음을 보여 준다. 따라서 1932년 이후의 사실을 묻고 있다.
① 1935년 김원봉은 의열단을 비롯하여 한국 독립당 등 5개의 단체를 통합하여 민족 혁명당을 결성하였다.

정답: ①

오답 거르기

② 조선 혁명 선언은 1923년 김원봉의 의뢰에 따라 신채호가 작성한 의열단의 활동 지침이었다.
③ 1926년 원세훈이 중심이 되어 창립하였다.
④ 1912년 전라도 지역에서 임병찬이 조직하였다.
⑤ 1919년의 사실이다.

📖 닮은꼴 예상 문제

➤ 정답과 해설 42쪽

(가) 인물의 활동 내용으로 옳은 것은?

```
            (가)      연보
• 1898년    경남 밀양 출생
• 1919년    윤세주, 이성우 등과 의열단 조직
• 1932년    난징에 조선 혁명 간부 학교 설립
              ⋮
• 1937년    조선 민족 전선 연맹 결성
• 1938년    조선 의용대 결성
              ⋮
```

① 조선 혁명 선언을 작성하였다.
② 조선 건국 동맹 창설을 주도하였다.
③ 파리 강화 회의에 대표로 파견되었다.
④ 5개 단체를 통합한 민족 혁명당 창당을 주도하였다.
⑤ 한인 애국단을 조직하여 임시 정부의 활로를 모색하였다.

43회 42번 기출 문제

01 밑줄 그은 '이 운동'에 대한 설명으로 옳은 것은?

> 이것은 순종의 인산일을 기회로 전개되었던 이 운동을 기념하기 위해 세운 기념비입니다. 기념비에는 당시 중앙고보생을 비롯한 많은 학생들이 일제 경찰의 삼엄한 경비를 뚫고 시내 곳곳에서 만세 시위를 벌인 내용이 기록되어 있습니다.

① 미쓰야 협정이 체결되는 배경이 되었다.
② 신간회가 조사단을 파견하여 지원하였다.
③ 대한매일신보의 후원으로 전국적으로 확산되었다.
④ 국내에서 민족 유일당 운동이 전개되는 계기가 되었다.
⑤ '배우자 가르치자 다 함께 브나로드'를 구호로 내세웠다.

02 다음 회고록에 나타난 사건이 발단이 되어 일어난 민족 운동에 대한 설명으로 옳은 것은?

> 나는 박기옥의 댕기를 잡고 장난을 친 후쿠다를 개찰구 밖 역전(나주역) 광장에서 불러 세우고 우선 점잖게 따졌다. "후쿠다, 너는 명색이 중학생인 녀석이 야비하게 여학생을 희롱해." 그러자 후쿠다는 "뭐라고? 센징놈이 뭐라고 까불어." 이 센징이란 말이 후쿠다의 입에서 떨어지기가 무섭게 나의 주먹은 그자의 면상에 날아가 작렬하였다. 더구나 센징이란 말이 얼마나 우리 민족을 모욕하는 말인가? 일인 교사들이나 지각없는 일인들 입에서 불시에 튀어나오던 이 비칭에 대하여 평소 나는 어린(16세) 마음에도 앙심을 먹고 있었다.

① 순종의 인산일을 계기로 일어났다.
② 중국의 5 · 4 운동에 영향을 주었다.
③ 각 학교의 독서회를 중심으로 확대되었다.
④ 조선 노동 총동맹이 결성되는 계기가 되었다.
⑤ 대한민국 임시 정부가 수립되는 계기가 되었다.

42회 39번 기출 문제

03 (가) 단체에 대한 설명으로 옳은 것은?

> 지난 3일 전남 광주에서 일어난 고보학생 대 중학생의 충돌 사건에 대하여 종로에 있는 ___(가)___ 본부에서는 제19회 중앙 상무 집행 위원회의 결의로 장성 · 송정 · 광주 세 지회에 대하여 긴급 조사 보고를 지령하는 동시에 사태의 진전을 주시하고 있던 바, 지난 8일 밤 중요 간부들이 긴급 상의한 결과, 사건 내용을 철저히 조사하고 구금된 학생들의 석방도 교섭하기 위하여 중앙 집행 위원장 허헌, 서기장 황상규, 회계 김병로 세 최고 간부를 광주까지 특파하기로 하고 9일 오전 10시 특급 열차로 광주에 향하게 하였다더라.
> – 『동아일보』 –

① 조선 혁명 선언을 활동 지침으로 삼았다.
② 민족 유일당 운동의 일환으로 창립되었다.
③ 조선학 운동을 전개하여 여유당전서를 간행하였다.
④ 조소앙의 삼균주의를 기초로 기본 강령을 발표하였다.
⑤ 대성 학교와 오산 학교를 세워 민족 교육을 전개하였다.

04 다음 자료를 활용한 공통 탐구 활동으로 가장 적절한 것은?

> • 일본이 조선을 병합한 이래로 조선인에게는 모든 정치 활동을 금지한 것이 첫째 원인이다. …… 지금까지 해 온 정치적 운동은 모두 일본을 적대시하는 운동뿐이었다. 이런 종류의 정치 운동은 해외에서나 할 수 있는 일이고, 조선 내에서는 허용되는 범위 내에서 일대 정치적 결사를 조직해야 한다는 것이 우리의 주장이다.
> • 민족주의적 세력에 대하여는 그 부르주아적 민족주의적 성질을 명백하게 인식하는 동시에 또 과정상의 동맹자적 성질도 충분히 승인하여 그것이 타락하는 형태로 출현되지 아니하는 것에 한하여 적극적으로 제휴하여 대중의 개량적 이익을 위하여서도 종래의 소극적 태도를 버리고 분연히 싸워야 할 것이다.

① 조선 공산당의 결성 과정을 조사한다.
② 치안 유지법이 제정되는 배경을 조사한다.
③ 6 · 10 만세 운동이 일어난 원인을 탐구한다.
④ 국내 민족 협동 전선 운동의 과정을 탐구한다.
⑤ 조선 노동 총동맹이 결성되는 과정을 조사한다.

38회 43번 기출 문제 ●

05 다음 두 의거를 일으킨 단체에 대한 설명으로 옳은 것은?

> • 오늘 아침 신년 관병식을 마치고 궁성으로 돌아가던 일왕의 행렬이 궁성 부근 앵전문(櫻田門) 앞에 이르렀을 때 군중 가운데서 돌연 한인(韓人) 한 명이 뛰쳐나와 행렬을 향해 수류탄을 투척하였다.
> – 시보(時報) –
> • 일왕의 생일인 천장절 기념식장에 폭탄을 투척하여 다수의 일본 군부 및 정계 요인에게 부상을 입혔던 한인(韓人) 윤(尹) 지사는 현장에서 체포된 뒤 일본군 헌병대 사령부로 압송되었다.
> – 상해보(上海報) –

① 중·일 전쟁 발발 이후에 창설되었다.
② 김구의 주도로 상하이에서 조직되었다.
③ 조선 혁명 선언을 활동 지침으로 하였다.
④ 김익상, 김상옥 등이 단원으로 활동하였다.
⑤ 일제가 꾸며 낸 105인 사건으로 해체되었다.

06 (가) 단체에 대한 설명으로 옳은 것은?

○○○

> 27세의 청년 ○○○은/는 1921년 9월, 식민 조선 지배의 총본산인 조선 총독부에 폭탄을 터뜨렸다. 그는 독립운동에 몸바칠 것을 결심하고 ___(가)___ 단원으로 가입했다. 폭탄 2개와 권총 2자루를 몸에 지니고 서울 잠입에 성공한 그는 9월 21일 아침 철통같은 수비의 조선 총독부 앞에 섰다. 그는 꾀를 내어 전기 수리공으로 꾸며 짐짓 뒷문을 통하여 태연히 총독부 안으로 들어갔다. 2층으로 올라가 비서과의 문을 힘차게 열었다. 그곳에 폭탄을 던졌다. 불행히도 첫 번째 폭탄은 터지지 않았고 두 번째 폭탄이 터지면서 총독부 건물이 뒤흔들리자, 총독부 안은 삽시간에 발칵 뒤집혔다. 그는 혼란한 틈을 타서 교묘히 총독부를 빠져 나왔다.

① 김구가 중심이 되어 조직하였다.
② 민족 혁명당 결성에 참여하였다.
③ 윤봉길이 주요 단원으로 활동하였다.
④ 복벽주의를 기반으로 의병 전쟁을 준비하였다.
⑤ 신흥 무관 학교를 설립하여 독립군 양성에 힘썼다.

43회 41번 기출 문제 ●

07 (가) 인물에 대한 설명으로 옳은 것은?

> 저는 지금 카자흐스탄 크질오르다에 있습니다. 이곳은 ___(가)___ 이/가 근무하였던 옛 고려 극장 건물입니다. 대한 독립군 총사령관이었던 그는 1937년 옛 소련의 강제 이주 정책에 의해 연해주에서 중앙아시아 지역으로 이주하였습니다. 최근 그의 유해 봉환 문제가 제기되면서 국내외 독립운동가의 예우와 선양 사업에 대한 관심이 높아지고 있습니다.

① 양기탁 등과 함께 신민회를 조직하였다.
② 광복에 대비하여 조선 건국 동맹을 결성하였다.
③ 봉오동 전투에서 일본군을 상대로 승리를 거두었다.
④ 독립군을 양성하기 위하여 신흥 강습소를 설립하였다.
⑤ 독립 투쟁 과정을 정리한 한국독립운동지혈사를 저술하였다.

08 다음 독립 투쟁에 대한 설명으로 옳은 것을 〈보기〉에서 고른 것은?

> 독립군은 반격을 노리는 일본군의 대규모 토벌을 피해 백두산록이 부챗살처럼 펼쳐진 화룡 일대의 험준한 산악 지대로 옮겨 진용을 폈다. 10월 20일, 골짜기 입구 백운평 너른 평야를 무혈점령한 일본군의 선발 부대와 뒤따르던 본대 8천 병력이 협곡에 쳐놓은 독립군 부대의 십자포 화망에 걸려들었다. 이후 일본군은 또 다른 독립군 부대가 주력을 이룬 인근 어랑촌 전투 등을 포함, 6일에 걸친 대회전에서 무려 3천여 명을 잃는 참패를 당하고 물러났다.

┤ 보기 ├
ㄱ. 김좌진이 이끄는 북로 군정서군이 가담하였다.
ㄴ. 만주 사변을 계기로 일본군과 싸워 승리하였다.
ㄷ. 일본군의 보복으로 간도 한인들이 큰 피해를 입었다.
ㄹ. 중국 의용군과 연합 작전을 전개하여 승리를 거두었다.

① ㄱ, ㄴ ② ㄱ, ㄷ ③ ㄴ, ㄷ ④ ㄴ, ㄹ ⑤ ㄷ, ㄹ

38회 37번 기출 문제 •

09 밑줄 그은 '이 사건'이 일어난 시기를 연표에서 옳게 고른 것은?

얼마 전 연길 일대에서 일어난 조선인 학살 사건 소식을 들었는가? 이 사건을 취재하던 장덕준이라는 신문 기자도 희생되었다던데.

청산리 전투 패배로 일본군의 만행이 극에 달하고 있군.

1910		1919		1925		1931		1937		1945
	(가)		(나)		(다)		(라)		(마)	
국권 피탈		3·1 운동		미쓰야 협정		만주 사변		중·일 전쟁		8·15 광복

① (가)　② (나)　③ (다)　④ (라)　⑤ (마)

10 (가), (나) 조직에 대한 설명으로 옳은 것은?

> (가) 대한 통의부 주도 세력이 분열하여 일부 인사를 중심으로 참의부를 결성한 후 또 다른 대한통의부 인사들과 군정서·광정단 등의 대표들이 화뎬현에 모여 독립운동 연합체로 탄생하였다.
> (나) 북로 군정서에서 활약하던 김좌진, 조성환 등이 소련에서 탈출한 독립군과 함께 결성하였다. 조선인 사회의 자치를 담당하는 기구를 두는 한편, 전 민족 유일당 조직 촉성회 등을 통해 독립군의 역량을 강화하고자 하였다.

① (가) – 쌍성보 전투에서 일본군에 승리하였다.
② (가) – 대한민국 임시 정부의 직할 부대로 활약하였다.
③ (나) – 구성원의 일부가 혁신 의회 결성에 참여하였다.
④ (나) – 만주 지린과 봉천(심양)을 중심으로 활동하였다.
⑤ (가), (나) – 청산리 전투에서 연합하여 활동하였다.

44회 43번 기출 문제 •

11 밑줄 그은 '이 부대'의 활동으로 옳은 것은?

이 건물은 승은문으로, 총사령 지청천이 이끈 이 부대가 길림 자위군과 연합하여 만주국 군대를 격파한 쌍성보 전투의 현장입니다.

① 동북 항일 연군으로 개편되어 유격전을 전개하였다.
② 대전자령 전투에서 일본군을 상대로 승리를 거두었다.
③ 간도 참변 이후 조직을 정비하고 자유시로 이동하였다.
④ 홍범도 부대와 연합하여 청산리에서 일본군과 교전하였다.
⑤ 조선 혁명당의 군사 조직으로 남만주 지역에서 활약하였다.

12 (가) 독립군에 대한 설명으로 옳은 것은?

> 1931년 만주 사변이 일어나고 일제가 만주를 점령하자, 당과 [(가)] 간부들은 1932년 1월 17일, 향후의 전략을 논하는 회의를 열었다. 이 논의에서 관내 이동론과 만주 견지론이 대립하였다. 특히 이호원, 김보원, 양세봉 등을 비롯한 젊은 간부들은 만주 견지론을 주장하였다. 그러나 이 회의가 밀고에 의해 일제에 탐지되어 이호원, 김보원 등 간부들이 대거 체포되었다. 그 결과 새롭게 [(가)] 총사령관에 양세봉이 선출되었다. 그리고 이들은 단독으로 혹은 중국인 무장 부대와의 연합 활동을 통해 수많은 전과를 올렸다.

① 영릉가 전투에서 승리를 거두었다.
② 혁신 의회 산하의 군대 조직으로 결성되었다.
③ 조선 독립 동맹 산하에 조직된 무장 부대였다.
④ 밀산에 집결하여 결성한 후 자유시로 이동하였다.
⑤ 조선 혁명 간부 학교를 세우고 독립군을 양성하였다.

43회 39번 기출 문제 ▸

13 (가)에 대한 설명으로 옳은 것은?

□□신문

제△△호　　　　　　　　　　2019년 ○○월 ○○일

여성 독립운동가 기념 우표 발행

우정사업본부는 3·1 운동 100주년을 맞아 조국의 독립을 위해 헌신한 여성 독립운동가 4명의 기념 우표를 발행하였다. 그들 중 박차정은 근우회에서 활동하다가 보다 적극적인 독립운동을 위해 중국으로 망명하였다.

1938년 조선 민족 전선 연맹 산하의 군사 조직으로 우한에서 창설된 (가) 의 부녀복무단장으로 무장 투쟁을 전개하다가 35세의 젊은 나이로 순국하였다. 1995년 건국 훈장 독립장이 추서되었다.

① 총사령 양세봉의 지휘 아래 활동하였다.
② 미국과 연계하여 국내 진공 작전을 계획하였다.
③ 쌍성보 전투에서 한·중 연합 작전을 전개하였다.
④ 간도 참변 이후 조직을 정비하고 자유시로 이동하였다.
⑤ 중국 관내(關內)에서 조직된 최초의 한인 무장 부대였다.

14 지도는 어느 조직의 이동 경로를 표시한 것이다. 이 조직에 대한 설명으로 옳은 것은?

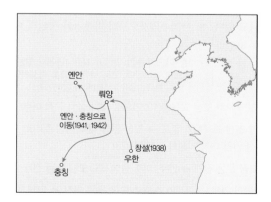

① 지청천을 총사령관으로 삼았다.
② 조선 민족 전선 연맹 산하에 창설되었다.
③ 인도·미얀마 전선에 파견되어 활동하였다.
④ 태평양 전쟁이 일어나자 일본에 선전포고하였다.
⑤ 대한 독립군과 연합하여 봉오동 전투를 승리로 이끌었다.

44회 40번 기출 문제 ▸

15 (가) 군대에 대한 설명으로 옳은 것은?

이것은 대한민국 임시 정부 산하의 (가) 총사령부 건물로, 지난 3월 이곳 충칭의 옛 터에 복원되었습니다. 과거 임시 정부가 중국의 도움으로 (가) 을/를 창설하였듯이, 오늘날 이 총사령부 건물도 양국의 노력으로 세울 수 있었습니다.

① 김좌진의 지휘 아래 활동하였다.
② 자유시 참변으로 큰 타격을 입었다.
③ 미국과 연계하여 국내 진공 작전을 계획하였다.
④ 중국 관내(關內)에서 결성된 최초의 한인 무장 부대였다.
⑤ 중국 호로군과 연합 작전을 통해 항일 전쟁을 전개했다.

16 다음 선전 포고문을 발표한 조직에 대한 설명으로 옳은 것을 〈보기〉에서 고른 것은?

우리들은 3천만 한인 정부를 대표하여 삼가 중국, 영국, 미국, 소련, 캐나다, 호주 및 기타 제국의 대일 선전을 축하한다. 일본을 쳐서 무찌르고 동아시아를 재건하게 하는 가장 유효한 수단인 까닭이다. 이에 우리는 다음과 같이 성명한다.
1. 한국 전 인민은 현재 이미 반침략 전선에 참가하였으니 한 개의 전투 단위로써 추축국에 선전한다.
2. 1910년 합방 조약 및 일체 불평등 조약의 무효를 거듭 선포하며 아울러 반침략 국가의 한국에서의 합리적 기득 권익을 존중할 것임을 확인한다.
3. 한국, 중국 및 서태평양으로부터 왜구를 완전히 구축하기 위하여 최후의 승리를 얻을 때까지 혈전한다.

┤ 보기 ├
ㄱ. 충칭에서 한국 광복군을 창설하였다.
ㄴ. 삼균주의에 기초한 건국 강령을 발표하였다.
ㄷ. 옌안으로 이동하여 조선 의용군으로 개편되었다.
ㄹ. 호가장 전투, 반소탕전 등에서 일본군과 전투를 벌였다.

① ㄱ, ㄴ　② ㄱ, ㄷ　③ ㄴ, ㄷ　④ ㄴ, ㄹ　⑤ ㄷ, ㄹ

04 사회·경제적 민족 운동

V. 일제 식민지 지배와 독립운동

☑ 출제 포인트

· 물산 장려 운동
· 민립 대학 설립 운동
· 문맹 퇴치 운동
· 농민 운동과 노동 운동
· 형평 운동과 어린이 운동
· 해외 이주 동포의 생활

◐ 실력 양성 운동

일부 지식인들은 3·1 운동 이후 민족의 실력을 기르는 일이 급선무라고 생각하였다. 그들은 민족 산업 육성을 위한 물산 장려 운동, 고등 교육을 위한 민립 대학 설립 운동, 농촌 계몽 운동의 일환으로 문맹 퇴치 운동을 전개하였다.

◐ 조선 민립 대학 기성회의 발기 취지서(1923)

> 우리의 운명을 어떻게 개척할 것인가? …… 가장 힘 있고 필요한 수단은 교육이 아니면 안 된다. …… 오늘날 조선인이 세계 민족의 일원으로 남과 어깨를 겨루고 우리의 생존을 유지하며 문화의 창조와 향상을 기도하려면 대학의 설립이 아니고는 다른 방도가 없다.

◐ 경성 제국 대학

민립 대학 설립 운동을 저지하고 여론을 무마하기 위해 설립된 대학이다. 1924년에는 2년제 예과만 개교하고, 1926년 4월에 법문학부와 의학부를 개설하였다. 한국인이 요구한 이공학부는 개설하지 않다가 전쟁의 필요성으로 1938년에 이공학부를 신설하였다.

🌱 공부 꿀팁

물산 장려 운동과 민립 대학 설립 운동은 자주 출제되는 주제입니다. 이러한 사회 운동은 운동 당시 외쳤던 구호도 꼭 함께 기억해 두어야 합니다.

❶ 실력 양성 운동

1. 물산 장려 운동

배경	· 회사령 철폐(1920)로 민족 기업 일부 성장(경성 방직 주식회사 등) · 일본 상품에 대한 관세 철폐 움직임 → 민족 기업의 위기
목표	민족 기업의 지원과 민족 경제의 자립 달성 ┈ 관세의 폐지는 일본 제품이 값싸게 들어오는 계기가 되어 한국인 기업이 타격을 입었다.
주도 단체	· 평양에서 조만식 등이 조선 물산 장려회 조직(1920) · 조선 물산 장려회(1923, 서울에서 결성), 자작회(1922, 학생 중심), 토산 애용 부인회(1923, 여성계 중심)
활동 내용	· '내 살림 내 것으로', '조선 사람 조선 것' 등의 구호 → 일본 상품 배격, 토산품 애용 주장 · 근검저축, 생활 개선, 금주·단연 운동 → 민족 자본 육성 추구
한계	늘어난 수요를 뒷받침해 줄 수 있는 민족 자본의 부족, 상품의 가격 상승, 사회주의자들이 '중산 계급의 이기적인 운동'이라고 비판

시험에 나오는 지문 특강 📖 물산 장려 운동

· 보아라! 우리가 먹고 입고 쓰는 것이 거의 다 우리 손으로 만든 것이 아니었다. 이것이 세상에 제일 무섭고 위태한 일인 줄을 오늘에야 우리는 깨달았다. 피가 있고 눈물이 있는 형제 자매들아! 우리가 서로 붙잡고 서로 의지하여 살고서 볼 일이다. 입어라! 조선 사람이 짠 것을, 먹어라! 조선 사람이 만든 것을, 써라! 조선 사람이 지은 것을, 조선 사람 조선 것 ……

– 조선 물산 장려회 궐기문 –

· 또 솔선하여 물산 장려의 실행적 선봉이 된 것도 중산 계급이 아닌가. 실상을 말하면 노동자에게는 이제 새삼스럽게 물산 장려를 말할 필요가 없는 것이다. …… 저들은 민족적, 애국적 하는 감상적 미사로써 눈물을 흘리며 저들과 이해가 전연 상반한 노동 계급의 후원을 갈구하는 것이다.

– 『동아일보』 –

물산 장려 운동은 민족 산업의 보호와 육성을 위해 토산품 애용, 근검저축, 금주·단연 등을 주장하며 한때 대중에게 폭넓은 공감과 지지를 받았다. 그러나 일부 상인의 농간으로 상품의 가격만 올랐으며, 이 운동의 취지에 호응하는 대중의 수요를 만족시킬 수 있는 생산 능력을 갖추지 못한 채 소비 운동을 중심으로 전개되었다는 한계를 지니고 있다. 또 사회주의자로부터 자본가와 상인의 이익만을 추구하는 이기적 운동이라는 비난을 받기도 하였다.

2. 민립 대학 설립 운동

배경	3·1 운동 이후 교육열 고조, 제2차 조선 교육령(1922)으로 대학 설치 규정 마련 ┈ 보통 학교의 수업 연한이 기존 4년에서 일본 학제와 같이 6년으로 늘어났다. 고등 보통 학교를 증설하였지만 실제로는 보통 교육과 실업 교육에 치중하였다.
전개	한규설, 이상재 등이 조직한 조선 교육회가 주도 → 조선 민립 대학 기성 준비회 결성(1922) → 발기인 총회 개최 → 조선 민립 대학 기성회 조직(1923)
활동 내용	조선 민립 대학 기성회가 모금 운동 전개 → 만주, 미주 등에서도 모금 운동 전개
결과	일제의 방해 공작, 남부 지방의 가뭄, 전국적인 수해로 모금 운동 부진 → 일제가 경성 제국 대학 설립(1924, 일제의 무마책)

┈ '한민족 1천만이 한 사람이 1원씩'이라는 구호를 내세웠다.

3. 문맹 퇴치 운동

(1) 배경: 일제의 식민지 차별 교육 정책, 조선 총독부의 탄압으로 사립 학교 설립이 어려움

(2) 전개 양상

① 야학: 민족 교육 강화, 노동자와 농민을 대상으로 문맹 퇴치 및 사회생활에 필요한 능력 함양에 이바지, 우리말 교재로 한국의 역사·지리·한글 교육 실시

└▸ 러시아어로 '민중 속으로'라는 의미이다.

② 문자 보급 운동: 『조선일보』 주도(1929 시작) → '아는 것이 힘, 배워야 산다.'라는 표어, 『한글
원본』 등의 교재 사용, 순회 강연 등을 통한 문맹 퇴치 노력

③ 브나로드 운동: 『동아일보』 주관, 학생들을 통한 농촌 계몽 운동 전개(1931 시작) → 각 지방
의 마을마다 야학 개설, 농민에게 한글 교육, 미신 타파 · 근검절약 등 계몽 활동 전개

④ 조선어 학회: 문자 보급 운동에 사용할 교재 제작, 한글 강습회 개최

(3) 영향: 심훈의 「상록수」 등 문학 작품 발표 ●━ 농촌 계몽 운동을 배경으로 쓰여진 소설이다.

(4) 결과: 점차 민족적 성격 강화 → 일제의 탄압으로 1930년대 중반 이후 대부분 중단

4. 실력 양성 운동의 의의와 한계

의의	애국 계몽 운동을 계승하여 민족의 실력 양성 주도, 우리 사회의 근대적 발전 추구, 민족 독립의 토대 마련
한계	일제가 허용하는 범위 안에서 전개, 일제의 탄압에 쉽게 붕괴

② 사회·경제적 운동과 국외 이주 동포의 생활

1. 대중적 사회 운동

(1) 농민 운동

배경	토지 조사 사업과 산미 증식 계획 추진 과정에서 농민의 경제적 상황 악화 – 소작농 증가, 고율의 소작료 징수 등
전개	암태도 소작 쟁의(1923) 등 전개, 조선 농민 총동맹 결성(1927) → 1930년대에 사회주의 계열에서 혁명적 농민 조합 운동 전개

(2) 노동 운동

배경	저임금, 열악한 노동 환경, 노동자들의 계급 의식과 민족의식 고조
전개	• 조선 노동 공제회(1920) → 조선 노농 총동맹(1924) → 조선 노동 총동맹 결성(1927) • 대표적 노동 쟁의: 경성 고무 공장 여공의 아사 동맹(1923), 원산 총파업(1929), 강주룡의 을밀대 고공 농성(1931) 등

└▸ 1928년 영국계 석유 회사에서 일본인 감독관이 한국인 노동자를 구타한 사건에서 시작되었다.

(3) 다양한 사회 운동

소년 운동	• 배경: 어린이를 온전한 인격체로 대우하려는 움직임 대두 • 전개: 천도교 소년회(1921)의 방정환이 주도, 어린이날 제정, 잡지 『어린이』 간행
여성 운동	• 배경: 여성들의 정치 · 사회의식 고양 • 전개: 근우회(1927) → 여성 노동자 · 농민의 계몽 활동
형평 운동	• 배경: 신분제 철폐 이후에도 여전히 백정에 대한 사회적 차별 존재 • 전개: 진주에서 조선 형평사 결성(1923) → 전국적 조직으로 발전

2. 국외 이주 동포의 생활

┌▸ 한 · 중 농민 간에 벌어진 수로 싸움에서 일제의 이간질로 한국인과 중국인 사이의 감정이 악화되는 계기가 되었다.

만주	• 학교를 세워 민족 교육 실시, 독립 운동 자금 지원, 간도 참변(1920)으로 큰 피해를 입음 • 만보산 사건(1931) 발생, 일제의 만주 침략 후 한국인 농민 대거 강제 이주(황무지 개간 목적)
미주	• 20세기 초에 하와이 공식 이민 시작 → 사탕수수 농장에서 노동, 독립운동 자금 적극 지원 • 각종 애국 단체 결성(대한인 국민회, 대조선 국민군단, 대한민국 임시 정부의 구미 위원부 등)
연해주	• 신한촌 등 한인 집단 거주지 형성, 민족 단체와 학교 설립(권업회, 대한 광복군 정부, 대한 국민 의회) • 중앙아시아 강제 이주(1937)
일본	• 초기에는 유학생이 다수 • 관동 대지진 발생(1923) → 관동 대학살 자행 • 징용령에 의해 수십만 명의 한국인이 일본의 탄광 · 공장 등에서 강제 노역

● 브나로드 운동 포스터

● 조선 형평사 제6회 전 조선 정기 대회 포스터(1928)

● 관동 대학살
관동 대지진(1923)으로 많은 인명과 재산 피해가 나타나고 민심이 동요하자 일제는 사회 불안의 원인을 한국인에게 돌렸다. 이런 혼란 속에서 일본인들이 조직한 자경단 등에 의해 많은 한국인이 학살되었다.

🌿 **공부 꿀팁**
농민 운동과 노동 운동은 암태도 소작 쟁의와 원산 총파업을 중심으로 기억해 두어야 합니다. 형평 운동이나 소년 운동, 국외로 이주한 동포들의 삶을 지역별로 기억해 두어야 한다는 점도 잊어서는 안 됩니다.

대표 기출 문제 분석 ①

▶ 노동 운동

| 41회 41번 기출 |

다음 성명서가 발표된 이후의 사실로 옳은 것은?

> 금반 우리의 노동 정지는 다만 국제 통상 주식회사 원산 지점이 계약을 무시하고 부두 노동조합 제1구에 대하여 노동을 정지시킨 것으로 인하여 각 세포 단체가 동정을 표한 것뿐이다. 그러므로 결코 동맹 파업을 행한 것이 아니다. 그럼에도 불구하고 재향 군인회, 소방대가 출동한다 하여 온 도시를 경동케 함은 실로 이해할 수 없는 현상이니 …… 또한 원산 상업 회의소가 우리 연합회 회원과 그 가족 만여 명을 비(非) 시민과 같이 보는 행동을 감행하고 있는 것이 사실임으로 …… 상업 회의소에 대하여 입회 연설회를 개최할 것을 요구하였다.
>
> – 『동아일보』 –

① 조선 노동 총동맹과 조선 농민 총동맹이 성립되었다.
② 경성 고무 여자 직공 조합이 아사 동맹을 결성하였다.
③ 노동자 강주룡이 을밀대 지붕에서 고공 농성을 전개하였다.
④ 전국 단위의 노동 운동 단체인 조선 노동 공제회가 조직되었다.
⑤ 백정에 대한 차별 철폐를 요구하는 조선 형평사가 창립되었다.

닮은 꼴 예상 문제

▶ 정답과 해설 45쪽

(가), (나) 사이에 있었던 사실로 옳은 것은?

> (가) 전국적으로 소작 쟁의 등 각종 쟁의가 확대되어 가는 가운데, 4월 17일 조선 노동 연맹회·조선 노농 대회 준비회·남선 노농 동맹의 대표 200명이 모여 조선 노농 총동맹 발기회를 가지게 되었다. 이어 18일에는 167개 단체 204명의 대표가 모여 창립 총회를 개최해 조선 노농 총동맹을 결성하였다.
>
> (나) 영국인이 운영하는 라이징 선 석유 회사에서 일본인 감독이 한국인을 구타하는 사건이 발생하자, 노동자들은 감독 파면과 노동 조건의 개선을 요구하며 파업에 들어갔다. 회사 측은 사과를 하고 노동자들의 요구 조건을 받아들이겠다고 약속하였으나, 약속을 지키지 않고 노동자들을 탄압하였다. 이에 원산 지역 노동자들은 총파업에 들어갔다.

① 조선 노동 총동맹이 결성되었다.
② 진주에서 조선 형평사가 조직되었다.
③ 민립 대학 설립 기성회가 조직되었다.
④ 강주룡이 을밀대에서 고공 농성을 전개하였다.
⑤ 동아일보 주도의 브나로드 운동이 전개되었다.

대표 기출 문제 분석 ②

연해주 지역 이주민의 독립운동

(가)에 들어갈 내용으로 가장 적절한 것은?

| 44회 42번 기출 |

학술 대회 안내

우리 학회는 3·1 운동 및 대한민국 임시 정부 수립 100주년을 맞이하여 연해주 지역에서 독립운동에 헌신한 최재형 선생의 활동을 구체적으로 살펴보는 학술 대회를 개최합니다.

◆ 발표 주제 ◆
- 동의회를 통해 본 재러 한인의 의병 활동
- 『대동공보』를 통한 언론 활동
- 안중근의 하얼빈 의거와 최재형
- (가)

■ 일시: 2019년 ○○월 ○○일 13:00~17:00
■ 장소: □□대학교 소강당
■ 주최: △△ 학회

① 권업회 조직과 권업신문 발간
② 서전서숙 설립과 민족 교육 진흥
③ 신흥 무관 학교 설립과 독립군 양성
④ 한인 애국단 결성과 항일 의거 활동
⑤ 신한 청년당 결성과 파리 강화 회의 참석

문제 분석

제시된 자료의 (가)에는 연해주에서 독립운동에 헌신한 최재형의 활동 내용이 들어가야 한다. 최재형은 일제 강점기 러시아에 귀화한 후, 함경북도 경원 신아산에서 일본군 수비대를 전멸시키는 등 항일 무장 투쟁을 전개한 독립운동가였다. 1910년 블라디보스토크에서 발간되던 『대동공보』가 재정난에 빠져 폐간되자 이를 인수하여 재간행하였으며, 안중근의 하얼빈 의거를 지원하였다.
① 연해주에서 활동하였던 최재형은 1911년 러시아 정부의 공식적 허가를 받은, 한인의 실업과 교육을 장려할 목적을 가진 합법적 단체로서 권업회를 조직하였으며 『권업신문』을 발간하였다.
정답: ①

오답 거르기

② 서전서숙은 이상설이 북간도 지역에 설립하였다.
③ 신민회 회원들이 삼원보에 독립운동 기지를 설립하고 신흥 강습소(1911)를 개설하였는데, 이는 후에 신흥 중학교(1913)를 거쳐 신흥 무관 학교(1919)로 발전하여 독립군을 양성하였다.
④ 한인 애국단은 1931년 김구가 조직하였다.
⑤ 신한 청년당은 1918년 상하이에서 김규식, 여운형 등이 조직한 단체로, 파리 강화 회의에 김규식을 파견하였으며, 대한민국 임시 정부 수립에도 큰 영향을 끼쳤다.

닮은 꼴 예상 문제

> 정답과 해설 45쪽

(가), (나) 지역으로 이주한 한인들의 삶에 대한 설명으로 옳은 것은?

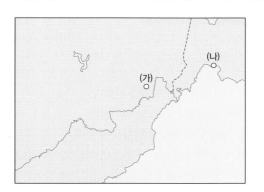

① (가) – 박용만을 중심으로 대조선 국민 군단을 건설하였다.
② (가) – 대한인 국민회가 결성되어 독립운동 자금을 모았다.
③ (나) – 중앙아시아 지역으로 강제 이주되었다.
④ (나) – 대지진이 발생하였을 때 많은 사람이 희생되었다.
⑤ (가), (나) – 사탕수수 농장에서 고된 노동에 시달렸다.

기출 및 예상 문제

40회 38번 기출 문제

01 (가) 민족 운동에 대한 설명으로 옳은 것은?

> [(가)]에 대한 반대 측 의견을 종합하건대 크게 두 가지 논점이 있는 것 같다. 하나는 일본인 측이나 또는 관청의 일부분에서 일종의 일본 제품 배척 운동으로 간주하고 불온한 사상이라고 공격하는 것이다. 또 하나는 소위 사회주의자 중 일부 논객이 주장하는 것인데, [(가)]은/는 유산 계급의 이익을 위한 것이며, 무산 계급에는 아무런 관련이 없으니 유산 계급만의 운동으로 남겨 버리자는 것이다.
> – 『동아일보』 –

① 조선 노동 총동맹의 주도로 추진되었다.
② 진주에서 시작되어 전국으로 확산되었다.
③ 국민의 성금을 모아 국채를 갚고자 하였다.
④ '조선 사람 조선 것'이라는 구호를 내세웠다.
⑤ 농민 단체를 결성하여 소작 쟁의를 전개하였다.

02 일제 강점기에 (가)~(마) 지역에서 있었던 사실로 옳은 것은?

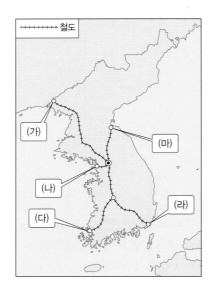

① (가) – 조만식이 물산 장려 운동을 시작하였다.
② (나) – 권업회가 조직되고 권업신문이 발행되었다.
③ (다) – 한·중 농민이 충돌한 만보산 사건이 발생하였다.
④ (라) – 백정들이 조선 형평사를 처음 조직하였다.
⑤ (마) – 국제 사회의 주목을 받은 총파업이 전개되었다.

38회 39번 기출 문제

03 다음 취지서를 발표한 민족 운동에 대한 설명으로 옳은 것은?

> **발기 취지서**
>
> 우리의 운명을 어떻게 개척할까? …… 민중의 보편적 지식은 보통 교육으로도 가능하지만 심오한 지식과 학문은 고등 교육이 아니면 불가하며, 사회 최고의 비판을 구하며 유능한 인물을 양성하려면 최고 학부의 존재가 가장 필요하도다. …… 그러므로 우리는 이에 느낀 바 있어 감히 만천하 동포에게 향하여 민립 대학의 설립을 제창하노니, 형제자매는 와서 찬성하고 나아가며 이루라.

① 근우회를 중심으로 진행되었다.
② 중국의 5·4 운동에 영향을 주었다.
③ 이상재 등이 주도하여 모금 활동을 전개하였다.
④ 어린이날을 제정하고 잡지 어린이 등을 발간하였다.
⑤ '배우자 가르치자 다 함께 브나로드' 등의 구호를 내세웠다.

04 자료를 통해 알 수 있는 민족 운동에 대한 설명으로 옳은 것은?

 새로운 사상을 갖는 새로운 학생들을 보라! 그들은 명예와 이익은 안중에도 없고, 오직 끓는 열과 성의에서 자신의 민족을 사랑하고 자신의 사회를 위하여 희생하였다 하지 않는가. 숨은 일꾼이 많아라! 참으로 민중을 생각하는 마음으로 민중을 대하라. 그리하여 민중의 계몽자가 되고, 민중의 지도자가 되라!

① 신간회의 적극적인 지원을 받았다.
② 광주 학생 항일 운동으로 이어졌다.
③ 민립 대학 설립 운동에 영향을 주었다.
④ 경성 제국 대학의 설립이 운동의 쇠퇴로 이어졌다.
⑤ 언론사가 주도하고 학생들이 적극적으로 참여하였다.

39회 41번 기출 문제 ◦

05 다음 대화에 나타난 사건에 대한 설명으로 옳은 것은?

저 여성은 을밀대 지붕 위에 올라가 무엇을 하고 있는 것이오?

평양의 평원 고무 공장에서 일하는 강주룡이 항의 농성을 하고 있는 중입니다.

① 조선 노동 총동맹 결성으로 이어졌다.
② 원산 총파업이 일어나는 계기가 되었다.
③ 대한매일신보 등 언론 단체들이 참여하였다.
④ 임금 삭감 반대, 노동 조건 개선을 주장하였다.
⑤ 백정에 대한 사회적 차별 철폐를 목적으로 하였다.

06 자료를 통해 알 수 있는 단체의 활동에 대한 설명으로 옳은 것은?

행동 강령
1. 여성에 대한 사회·경제적 일체 차별 철폐
2. 일체의 봉건적 미신과 인습 타파
3. 조혼 폐지 및 결혼의 자유
4. 인신매매 및 공창 폐지
5. 농촌 여성의 경제적 이익 옹호
6. 여성 노동의 임금 차별 철폐 및 산전 산후 임금 지불
7. 여성 및 소년공의 위험 및 야업 금지

① 여성의 참정권 확대 운동을 전개하였다.
② 조선 여성 동우회 결성에 영향을 주었다.
③ 민족 협동 전선의 성격을 띤 여성 단체였다.
④ 조선 형평사 설립을 적극적으로 지원하였다.
⑤ 여권통문을 통하여 여성 교육을 강조하였다.

36회 42번 기출 문제 ◦

07 밑줄 그은 '이 운동'에 대한 설명으로 옳은 것은?

형평사 창립 대회

공평은 사회의 근본이요 애정은 인류의 본성입니다. 이 운동은 우리들의 모욕적 칭호를 폐지하며, 교육을 장려하고, 참다운 인간이 되는 것을 목표로 하고 있습니다.

① 만세보를 발행하여 민중 계몽에 힘썼다.
② 조만식, 이상재 등의 주도로 시작되었다.
③ 백정에 대한 사회적 차별 철폐를 목적으로 하였다.
④ 일제가 이른바 문화 통치를 실시하는 계기가 되었다.
⑤ 고종의 인산(因山)을 기회로 삼아 대규모 시위를 전개하였다.

08 다음을 주장한 사회 운동에 대한 설명으로 옳은 것을 〈보기〉에서 고른 것은?

잘했으나 못했으나 늙으신 어른들은 벌써 지나간 때의 어른이시오, 잘하나 못하나 새 조선이 잘되고 못되는 것은 오직 우리 소년들에게 있습니다. 때는 와서 사람들이 깨었고, 깨인 사람들은 손목을 맞잡고 우리를 위하여 전력을 쏟아 주시니, 우리 소년들이 또한 이 일을 깨닫고 그 뜻과 그 정성을 받아 다 같이 힘있게, 씩씩하게 자라나야 할 것입니다. 그리하여 장래에 조선 사회를 위하여 쓸모 있는 사람이 되어야 할 것입니다. 조선 소년들이여, 우리의 소년 운동의 뜻을 알자. 우리의 운동을 살리자. 그리하여 굳게 힘있게 자라서 씩씩한 일꾼이 되자. 나는 크게 힘있게 이렇게 외칩니다.

┤ 보기 ├
ㄱ. 방정환, 김기전 등이 주도하였다.
ㄴ. 천도교 소년회의 주도로 시작되었다.
ㄷ. 최남선이 잡지 소년을 창간하는 계기가 되었다.
ㄹ. 대한매일신보의 지원으로 전국적으로 확산되었다.

① ㄱ, ㄴ   ② ㄱ, ㄷ   ③ ㄴ, ㄷ
④ ㄴ, ㄹ   ⑤ ㄷ, ㄹ

05 민족 문화 수호 운동

1 일제의 식민지 문화 정책

1. 일제의 식민지 교육 정책

(1) 조선 교육령

제1차 조선 교육령(1911)	• 목적: 충량한 국민 육성과 일본어 보급 → 우민화(愚民化) 교육 • 내용: 보통 학교 수업 연한 단축(4년), 대학 교육 미실시, 보통·실업 교육에 중점, 일본어를 국어라 하고 시수 확대
제2차 조선 교육령(1922)	• 목적: 일본인과 동등한 교육 표방 → 실제로는 기만 정책에 불과 • 내용: 일본인과 동일한 학제로 변경(일부 보통 학교 수업 연한을 6년으로 늘림), 사범 학교와 대학 설립 규정 마련
제3차 조선 교육령(1938)	• 목적: 전쟁 수행을 위한 황국 신민화 교육 강화 • 내용: 심상 소학교에서 수신(윤리) 및 체조 과목 시수 늘림
제4차 조선 교육령(1943)	• 목적: 전시 동원 체제 강화 • 내용: 수업 연한 단축, 군사 훈련 강화(체련 교과목 신설), 조선어 과목 폐지

└ 체조와 무도를 말한다.

(2) 사립 학교 규칙(1911): 사립 학교 수를 대폭 축소

(3) 서당 규칙(1918): 민족 교육을 막기 위해 서당의 설립과 운영 통제

(4) 국민학교령(1941): 심상 소학교를 국민학교로 개칭

2. 언론 탄압

1910년대	언론·출판의 자유 제한 → 대부분의 민족 신문 폐간
1920년대	민족계 신문의 발간 허용 → 『조선일보』, 『동아일보』 발간 → 기사 검열·삭제, 정간 빈번
1930년대 이후	일장기 말소 사건*(1936)으로 『조선중앙일보』 폐간, 『동아일보』 정간(9개월) 등

3. 일제의 한국사 왜곡

(1) 목적: 식민 통치 합리화, 민족의 자긍심 차단 → 독립 의지 약화

(2) 내용: 정체성론, 당파성론, 타율성론 → 조선사 편수회*를 통해 식민 사관 주입

• 일제가 한국사 왜곡을 목적으로 조선 총독부 산하에 설치한 한국사 연구 기관으로, 어용학자들을 동원하여 식민 사관을 강조하였다.

정체성론	한국 사회는 사회·경제 구조에서 내재적 발전 없이 오랫동안 고대 사회 단계에 머물러 있음
당파성론	한국인에게는 당파를 형성하여 싸우기를 좋아하는 분열적 기질이 있어서 결국 나라가 망할 수밖에 없었음
타율성론	한국사는 주체적으로 발전하지 못하고 외세의 간섭과 압력에 의해 타율적으로 발전함 → 임나일본부설,* 반도성론

4. 종교 탄압

개신교	• 1910년대: 안악 사건(1910), 105인 사건(1911)의 결과 개신교 계열 민족 지도자 투옥 • 1930년대 후반: 일제의 신사 참배 강요 → 거부하는 종교 지도자 투옥, 기독교 학교 폐쇄
불교	• 사찰령(1911, 조선 총독부가 사찰을 관리·통제) • 불교 교육 기구인 중앙학림 폐쇄(1922)
대종교	일제의 감시와 탄압으로 본거지를 만주로 이동 - 미쓰야 협정(1925)의 부대 조건인 대종교 포교 금지령으로 타격 → 임오교변*(1942)으로 주요 간부 체포·투옥
천도교	3·1 운동 이후 지속적인 감시 → 보안법으로 탄압
유교	친일 관료를 동원하여 대동 학회 조직(1907), 경학원 규정 공포(1911, 성균관 폐쇄)

└ 일제는 성균관을 경학원으로 격하하고, 그 역할을 축소하여 어용 교육 기관으로 만들었다.

◉ 일장기 말소 사건
1936년 손기정 선수가 베를린 올림픽 마라톤 대회에서 우승한 소식을 『조선중앙일보』와 『동아일보』가 보도하면서, 손기정의 유니폼 가슴에 찍힌 일장기를 지운 것이 문제가 되어 『조선중앙일보』와 『동아일보』가 탄압을 받은 사건이다.

◉ 조선사 편수회
일제는 한국사의 주체성을 부정하고 한국의 식민지 지배를 정당화하기 위해 조선 총독부 산하에 조선사 편수회를 두고 어용학자들을 동원하여 1938년에 『조선사』 37권을 편찬하였다.

◉ 임나일본부설
일본의 야마토 정권이 4세기 중엽부터 6세기 중엽까지 한반도의 가야 지역을 정벌하여 한국 남부를 경영하였다는 학설로, 식민 사관의 대표적인 학설이다.

◉ 임오교변(1942)
일제가 1942년 조선어 학회의 대종교 신도 이극로가 쓴 편지글을 조선 독립 선언서로 날조하여 대종교 간부들을 검거한 사건이다.

🌿 공부 꿀팁
시기별 일제 식민 지배 정책의 변화와 관련된 조선 교육령의 변화 과정을 정확히 학습해 두어야 합니다.

2 국학 연구

1. 국어 연구와 한글 보급

조선어 연구회 (1921)	• 조직: 국문 연구소의 전통을 계승하여 창립 • 활동: '가갸날(한글날)' 제정(1926), 잡지 『한글』 창간(1927)
조선어 학회 (1931)	• 조직: 조선어 연구회의 확대 개편, 최현배와 이윤재 등이 주축 • 활동: 한글 맞춤법 통일안 제정, 표준어와 외래어 표기법 제정, 잡지 『한글』 간행 지속, 우리말 큰사전 편찬 준비 • 해체: 일제의 조선어 학회 사건[•](1942)으로 해체 → 광복 후 한글 학회로 계승

2. 한국사 연구

민족주의 사학	• 특징: 우리 역사의 주체적 발전과 민족 문화의 우수성 강조, 식민 사학의 타율성론 비판 • 신채호: 『조선상고사』, 『조선사연구초』 저술 → 역사를 '아(我)'와 '비아(非我)'의 투쟁으로 파악, 낭가 사상 강조 • 박은식: 『한국통사』, 『한국독립운동지혈사』 저술 → 민족혼 강조 • 정인보: 『조선사연구』 저술, 민족의 얼 강조, 조선학 운동[•] 전개 • 문일평: 민족 문화의 자주성과 독창성 주장, 조선심(心) 강조, 조선학 운동 전개
사회 경제 사학	• 특징: 유물 사관에 따라 우리 역사를 세계사의 보편적 발전에 입각하여 설명 → 식민 사관의 정체성론 비판 • 백남운: 『조선사회경제사』, 『조선봉건사회경제사』 저술
실증 사학	• 특징: 문헌 고증을 통해 한국사를 실증적으로 연구(랑케 사학에 기반) • 손진태, 이병도 등: 진단 학회 결성(1934), 『진단 학보』 발간

└ 역사 발전의 원동력을 물적 토대에서 찾는 역사관으로, 마르크스가 주장하였다. 그는 역사를 생산 관계에 따라 원시 공동체에서 고대 노예제, 중세 봉건제, 근대 자본주의를 거쳐 공산주의로 발전한다고 보았다.

3 종교·문학·예술 활동

1. 종교 활동

불교	한용운 등이 사찰령 폐지 운동 전개
천주교	사회사업(고아원, 양로원 등 운영), 잡지 『경향잡지』 발간, 만주에서 의민단 조직(청산리 전투 참여)
개신교	3·1 운동 참여, 활발한 교육 활동과 농촌 계몽 활동, 신사 참배 거부 운동 전개
원불교	박중빈이 창시(1916), 새생활 운동 전개(허례허식 폐지, 미신 타파, 금주·단연)
천도교	제2의 독립 선언 운동 계획, 잡지 『개벽』, 『어린이』, 『신여성』 등 발행
대종교	국권 피탈 후 본부를 만주로 옮겨 독립 전쟁 전개(중광단 조직 → 북로 군정서로 개편)

└ 1911년 대종교도인 서일 등이 만주 지린성에서 결성한 항일 독립운동 단체이다.

2. 문학 활동

1910년대	근대 문화 예술 태동 → 최남선(신체시), 이광수(소설 『무정』)
1920년대	동인지 간행(『창조』, 『폐허』 등), 사회주의 문학(신경향파, 카프(KAPF)), 식민지 현실과 민족 의식 반영(김소월의 「진달래꽃」, 한용운의 「님의 침묵」, 이상화의 「빼앗긴 들에도 봄은 오는가」) └ 조선 프롤레타리아 예술가 동맹의 약자로 박영희, 김기진 등이 1925년 결성하였다.
1930년대 이후	순수 문학(식민지 현실 외면), 저항 문학(심훈, 이육사, 윤동주), 친일 문학

3. 예술 활동

연극	토월회 조직(1923, 일본 도쿄 유학생), 극예술 연구회(1931) → 근대 연극 연구
영화	나운규가 「아리랑」[•] 제작 발표(1926) → 식민 치하의 민족 현실 표현
음악	홍난파(『봉선화』), 현제명(「고향 생각」), 안익태(『코리아 환상곡』) 등
미술	나혜석(『서양화』), 이중섭(민족적 정서가 짙은 소 그림)
문화재 수호	전형필(일제가 약탈한 문화재를 수집·보존 → 간송 미술관)

○ 조선어 학회 사건
일제는 조선어 학회를 독립운동 단체로 간주하고 이극로, 이윤재, 최현배, 한징 등의 회원들과 관련 인사 33명을 치안 유지법의 내란죄를 적용하여 검거하였다. 이 사건으로 우리말 큰사전 편찬 사업은 중단되었다가 광복 이후 한글 학회에 의해 완성되었다.

○ 『한국통사』
고종의 즉위 다음 해부터 국권 피탈 직후(1864~1911)까지의 일제 침략과 우리나라의 식민지화 과정을 담은 박은식의 저술이다. 1915년에 중국 상하이에서 발간되었다.

○ 조선학 운동
조선학 운동은 1934년 안재홍과 정인보 등이 다산 서거 99주년을 기념하여 정약용의 『여유당전서』를 간행하면서 처음으로 제창하였다. 이때 주장한 '조선학'은 조선의 고유한 것, 조선 문화의 특색, 조선의 전통을 천명하여 학문적으로 체계화하는 것이었다.

○ 나운규의 「아리랑」(1926)
나운규 감독의 데뷔 작품인 영화 「아리랑」은 1926년 조선 키네마 프로덕션의 제2회 작품으로 제작되어 그해 10월 단성사에서 처음 개봉되었다. 나라를 잃은 민중의 울분과 설움을 그려내 당시 큰 호응을 받았다.

🌾 공부 꿀팁
일제 강점기 식민 사학의 논리와 그에 대항하는 한국사 연구의 연구 경향, 주요 학자, 활동 내용 등은 자주 출제됩니다. 종교 분야에서는 대종교와 천도교의 활동이 빈번히 출제되는 편입니다.

1920년대의 예술 활동

| 43회 44번 기출 |

다음 영화가 처음 개봉되었던 당시에 볼 수 있는 모습으로 가장 적절한 것은?

이 사진은 나운규가 감독·주연을 맡아 제작한 영화의 장면과 제작진의 모습입니다. 단성사에서 개봉된 이 영화는 식민 지배를 받던 한국인의 고통스런 삶을 표현한 작품입니다.

① 카프(KAPF)에서 활동하는 신경향파 작가
② 원각사에서 은세계 공연을 관람하는 학생
③ 육영 공원에서 영어를 가르치는 미국인 교사
④ 전차 개통식에 참여하는 한성 전기 회사 직원
⑤ 손기정 선수의 올림픽 우승 소식을 보도하는 기자

문제 분석

제시된 자료에서 '나운규가 감독·주연', '단성사에서 개봉', '식민 지배를 받던 한국인의 고통스런 삶을 표현' 등을 통해 해당 영화가 1926년 개봉한 나운규의 「아리랑」임을 알 수 있다. 1920년대 중반의 모습을 묻고 있다.

① 1920년대에는 사회주의의 영향을 받은 신경향파 문학이 대두하였는데, 1925년 카프(KAPF, 조선 프롤레타리아 예술가 동맹)를 결성하면서 계급 문학이 본격화되었다.

정답: ①

오답 거르기

② 원각사는 1908년 최초의 서양식 극장으로 건립되었으나, 1914년 화재로 소실되었다.
③ 육영 공원은 1886년 설립되어 1894년까지 운영되었다.
④ 대한 제국은 1898년 한성 전기 회사를 설립하여 1899년 전차를 운행하였다. 처음 서대문과 청량리 사이를 운행한 전차는 계속해서 노선을 확대하였다.
⑤ 1936년 손기정이 베를린 올림픽 마라톤 대회에서 우승한 사실을 보도하면서, 『조선중앙일보』와 『동아일보』 기자들은 사진에서 일장기를 지워 손기정이 일본인이 아니라 한국인이라는 점을 은연중에 부각시키려고 하였다.

닮은 꼴 예상 문제

> 정답과 해설 47쪽

다음 교육령이 적용되던 시기에 볼 수 있는 모습으로 적절한 것을 보기에서 고른 것은?

제2조 국어(일본어)를 상용하는 자의 보통교육은 소학교령, 중학교령 및 고등여학교령에 의한다. 단, 이 칙령들 중 문부 대신의 직무는 조선 총독이 행한다.
제3조 국어를 상용하지 않는 자에게 보통교육을 하는 학교는 보통학교, 고등보통학교 및 여자고등보통학교로 한다.
제5조 보통학교의 수업 연한은 6년으로 한다. 단, 지역 정황에 따라 5년 또는 4년으로 할 수 있다.
제7조 고등보통학교 수업 연한은 5년으로 한다.

┤ 보기 ├
ㄱ. 단성사에서 개봉한 영화 아리랑을 관람하는 여성
ㄴ. 동아일보에 연재된 소설 상록수를 읽고 있는 학생
ㄷ. 징용과 징병을 독려하는 작품을 전시 중인 미술가
ㄹ. 대한매일신보의 의병 관련 기사를 읽고 있는 청년

① ㄱ, ㄴ   ② ㄱ, ㄷ   ③ ㄴ, ㄷ   ④ ㄴ, ㄹ   ⑤ ㄷ, ㄹ

대표 기출 문제 분석 02

| 42회 43번 기출 |

사회 경제사 연구

다음 글을 쓴 인물의 활동으로 옳은 것은?

> 우리 조선의 역사적 발전의 전 과정은 …… 외관상의 이른바 특수성이 다른 문화 민족의 역사적 발전 법칙과 구별될 만큼 독자적인 것은 아니며, 세계사적 일원론적 역사 법칙에 의해 다른 여러 민족과 거의 같은 궤도의 발전 과정을 거쳐 왔던 것이다. …… 여기에서 조선사 연구의 법칙성이 가능하게 되며, 그리고 세계사적 방법론 아래서만 과거의 민족 생활 발전사를 내면적으로 이해함과 동시에 현실의 위압적인 특수성에 대해 절망을 모르는 적극적인 해결책을 발견할 수 있을 것이다.

① 조선사 편수회에 들어가 조선사 편찬에 참여하였다.
② 실증주의 사학의 연구를 위해 진단 학회를 창립하였다.
③ 한국독립운동지혈사에서 독립 투쟁 과정을 서술하였다.
④ 임시 사료 편찬회에서 한·일 관계 사료집을 편찬하였다.
⑤ 식민 사학을 반박하는 조선봉건사회경제사를 저술하였다.

문제 분석

제시된 자료의 '특수성이 다른 문화 민족의 역사적 발전 법칙과 구별될 만큼 독자적인 것은 아니며', '세계사적 일원론적 역사 법칙에 의해 다른 여러 민족과 거의 같은 궤도의 발전 과정' 등을 통해 일제 강점기 사회 경제 사학을 연구한 백남운의 저술임을 알 수 있다.
⑤ 백남운은 1930년대 『조선사회경제사』, 『조선봉건사회경제사』를 저술하여 한국사도 세계사적인 발전 과정을 따라 발전해 왔음을 주장하였다. 사회 경제 사학은 식민 사학 중 정체성론의 근거를 무너뜨리는 데에 기여하였다.

정답: ⑤

오답 거르기

① 총독부에서 설치한 조선사 편수회는 조선사 37권을 편찬하였다. 조선사 편수회는 식민 사학을 확립하는 데 중심적인 역할을 하였다.
② 실증적인 학풍을 중시한 이병도, 이윤재, 이희승, 손진태 등은 1934년 진단 학회를 창설하고, 『진단학보』를 발간하였다.
③ 박은식에 해당한다.
④ 임시 사료 편찬회는 1919년 7월 중국 상하이의 대한민국 임시 정부가 한국의 독립운동사에 관한 사료를 수집·정리·편찬하기 위해 설치한 기구로, 『한·일 관계 사료집』(전 4권)을 간행한 뒤 해산되었다. 안창호, 이광수, 김병조 등이 중심이었다.

닮은 꼴 예상 문제

▶ 정답과 해설 47쪽

다음을 주장한 학자에 대한 설명으로 옳은 것은?

> 누구나 어릿어릿하는 사람을 보면 '얼'이 빠졌다고 하고, 멍하니 앉은 사람을 보면 '얼' 하나 없다고 한다. '얼'이란 이같이 쉬운 것이다. 그런데 '얼' 하나 있고 없음으로써 그 광대 용맹함이 혹 저렇기도 하고 그 잔루 구차함이 이렇기도 하다. …… 조선 민족은 단군으로부터 생기고 열리었다. 무릇 우리 선민으로서 어떠한 일이든지 스스로 큰 흔적을 남긴 것이 있다면 다 단군으로부터 비롯된 것이다. …… 얼은 남이 빼앗아 가지 못한다. 얼을 잃었다면 스스로 잃는 것이지 누가 가져간 것은 아니다.

① 진단 학회를 조직하고 진단 학보를 발간하였다.
② 조선학 운동을 전개하여 여유당전서를 발간하였다.
③ 중국으로 망명하여 일제의 침략 과정을 서술한 한국통사를 지었다.
④ 고대사 연구에 주력하여 조선사연구초, 조선상고사 등을 저술하였다.
⑤ 한국사가 고대 노예제 사회와 중세 봉건제 사회를 거쳐 발전해 왔음을 증명하려고 하였다.

기출 및 예상 문제

01

01 밑줄 그은 '이 사건' 이후의 사실로 옳은 것은?

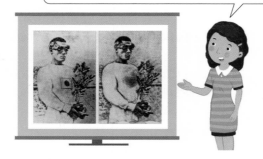

> 이 사진은 베를린 올림픽에서 우승한 손기정 선수의 시상식 모습입니다. 일부 신문들이 손기정 선수의 가슴에 있던 일장기를 삭제했는데, 이 사건으로 해당 신문들은 무기 정간을 당하거나 자진 휴간했습니다.

① 일제에 의해 경성 제국 대학이 설립되었다.
② 신경향파 작가들이 카프(KAPF)를 결성하였다.
③ 나운규가 제작한 영화 아리랑이 처음 개봉되었다.
④ 여성 계몽과 구습 타파를 주장하는 근우회가 창립되었다.
⑤ 일제가 한글 학자들을 구속한 조선어 학회 사건이 일어났다.

02 (가) 인물에 대한 설명으로 옳은 것은?

> (가) 선생께서 쓰신 『조선사연구초』에 대해 소개해 주세요.

> 『동아일보』에 연재한 6편의 논문으로 구성된 책으로, 주로 한국 고대사 관련 내용이 많습니다.

① 대한민국 임시 정부의 대통령을 역임하였다.
② 민족적 경륜을 통해 자치 운동을 주장하였다.
③ '5천년간 조선의 얼'이라는 글을 통해 민족정신을 고취하였다.
④ 독사신론을 발표하여 역사 서술의 주체를 민족으로 설정하였다.
⑤ 한국사가 세계사적 보편 법칙에 따라 발전해 왔음을 강조하였다.

03 다음 검색창에 들어갈 종교에 대한 설명으로 옳은 것은?

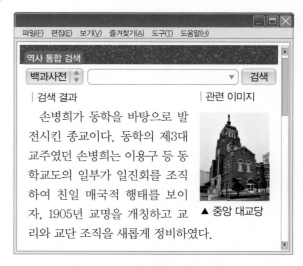

> 역사 통합 검색
> 백과사전 ▾ [　　　　] ▾ 검색
>
> | 검색 결과
> 손병희가 동학을 바탕으로 발전시킨 종교이다. 동학의 제3대 교주였던 손병희는 이용구 등 동학교도의 일부가 일진회를 조직하여 친일 매국적 행태를 보이자, 1905년 교명을 개칭하고 교리와 교단 조직을 새롭게 정비하였다.
>
> | 관련 이미지
> ▲ 중앙 대교당

① 항일 무장 단체인 중광단을 결성하였다.
② 경향신문을 발간하여 민중 계몽에 기여하였다.
③ 배재 학당을 세워 신학문을 보급하고자 노력하였다.
④ 만주에서 의민단을 조직하여 독립 전쟁을 전개하였다.
⑤ 어린이 등의 잡지를 발간하여 소년 운동을 주도하였다.

04 (가) 종교에 대한 설명으로 옳은 것을 〈보기〉에서 고른 것은?

> [　(가)　]는 『신단실기』・『신단민사』・『단기고사』 등의 교사(敎史)를 발간하여 민족주의 사관을 형성하고 민족의식을 고취하였다. 『신단실기』를 통해 환인・환웅・단군의 시대를 우리의 역사 시대로 포함시켰다. 또 민족의식 고취와 포교의 수단으로 교육 활동을 활발히 전개하였다. 2대 김교헌 교주 시기인 1914년 화룡현 삼도구에 청일 학교를 지었다. 또한 윤세복은 1911년 환인현으로 이주하여 동창 학교를 설립하였으며, 동창 학교가 폐지되자, 1919년 7월 무송현으로 이주하여 백산 학교를 설립하였다. 1927년에는 밀산으로 총본사를 이주하여 대흥 학교를 설립하였다.

┤보기├
ㄱ. 사찰령 폐지 운동을 전개하였다.
ㄴ. 임오교변으로 큰 타격을 입었다.
ㄷ. 신여성, 개벽 등을 발간하고 문화운동을 주도하였다.
ㄹ. 중광단을 북로 군정서군으로 개편하여 무장 투쟁에 힘썼다.

① ㄱ, ㄴ ② ㄱ, ㄷ ③ ㄴ, ㄷ ④ ㄴ, ㄹ ⑤ ㄷ, ㄹ

05 (가)에 들어갈 내용으로 옳은 것은?

> 일제 강점기에 우리 민족 문화 수호를 위해 헌신하다 돌아가신 이윤재 선생님의 활동에 대해 말씀해 주세요.

> 이윤재 선생님은 우리말과 우리글을 지키기 위해 조선어 학회를 창립하여 (가) 에 참여하였습니다.

① 태극 서관 운영
② 국문 연구소 설립
③ 최초의 한글 신문 발행
④ 한글 맞춤법 통일안 제정
⑤ 개벽, 신여성 등의 잡지 간행

06 다음 질문에 대한 답변으로 적절한 것을 〈보기〉에서 고른 것은?

> 한국은 왕조 교체 등 사회적 변혁에도 불구하고 아무런 역사 발전을 이루지 못하였다. 특히 근대 사회로 이행하는 데 필요한 봉건 사회를 거치지 못하여 개항 당시 조선 사회는 10세기 말 고대 일본과 비슷한 수준이었다. 따라서 한국이 근대화를 하려면 일본의 도움을 받아야 한다.

> 이와 같은 역사 인식에 대해 말해 보세요.

┤ 보기 ├
ㄱ. 식민 사학 이론 중 타율성론에 해당해요.
ㄴ. 일제의 식민 지배를 합리화하려는 목적을 가진 이론이에요.
ㄷ. 백남운의 역사 연구는 이러한 인식을 극복하기 위한 활동이었어요.
ㄹ. 이러한 역사 인식을 극복하기 위한 작업으로 조선사 편수회가 조직되었어요.

① ㄱ, ㄴ ② ㄱ, ㄷ ③ ㄴ, ㄷ ④ ㄴ, ㄹ ⑤ ㄷ, ㄹ

07 (가)에 들어갈 내용으로 가장 적절한 것은?

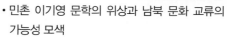

학술 대회 안내

우리 학회는 일제 강점기 프로 문학의 대표적 작가인 민촌 이기영 선생의 문학 세계를 조명하는 학술 대회를 개최합니다.

◆ 발표 주제 ◆
• 카프의 결성과 민촌 이기영의 문학 세계
• (가)
• 민촌 이기영의 소설을 통해 본 도시의 모습
• 민촌 이기영 문학의 위상과 남북 문화 교류의 가능성 모색
  ■ 일시: 2018년 ○○월 ○○일 13:00~17:00
  ■ 장소: □□대학교 소강당
  ■ 주최: △△ 학회

① 황성신문에 연재될 소설의 주제와 문체
② '해에게서 소년에게'에 나타난 신체시의 형식
③ 소설 고향을 통해 본 일제 강점기 농촌 현실
④ 금수회의록을 통해 본 신소설의 소재와 내용
⑤ 시 광야에서 드러난 항일 정신과 작가의 독립운동

08 (가) 단체에 대한 설명으로 옳은 것은?

> 경찰은 함흥 영생 여자고등보통학교 박영희 학생의 집을 수색하여 일기장을 압수하였다. 그중 일본어를 사용하였다고 꾸지람을 들었다는 한 구절을 대형 사건으로 만들어서, 먼저 영생 여자고등보통학교의 교사로 있다가 사전 편찬에 참여한 정태진을 체포하였다. 일제는 (가) 을/를 독립운동 단체로 단정하고 10월 1일 이윤재·한징·이극로·정인승 등을 체포하였다. 이후 수많은 사람들이 검거, 구속되었다.

① 기관지로 진단 학보를 발간하였다.
② 우리말 큰사전 편찬 작업을 전개하였다.
③ 국어문법을 편찬하여 국어 이해 체계를 정리하였다.
④ 춘향전, 심청전 등의 민족 고전을 정리·간행하였다.
⑤ 임시 사료 편찬소를 두고 한·일 관계 사료집을 만들었다.

VI

대한민국의 발전

8·15 광복과 대한민국 정부 수립

VI. 대한민국의 발전

☑ 출제 포인트

- 조선 건국 준비 위원회
- 각 정치 세력의 동향
- 모스크바 3국 외상 회의
- 좌우 합작 위원회
- 남북 협상
- 5·10 총선거와 정부 수립
- 반민법과 반민특위의 활동
- 제헌 국회의 활동
- 6·25 전쟁

◑ 조선 인민 공화국

1945년 9월 6일, 조선 건국 준비 위원회의 좌익 세력 주도로 조선 인민 공화국이 선포되었다. 이는 38도선 이남에 진주해 올 미군으로부터 정부 수립을 인정받기 위함이었다. 조선 인민 공화국은 주석 이승만, 부주석 여운형, 국무총리 허헌, 내무부장 김구 등 국내외 독립운동가와 좌우익을 총망라한 중앙 정부 각료 명단을 본인의 동의도 받지 않고 임의로 발표하였고, 이에 이승만은 주석 취임을 거부하였다.

◑ 조선 건국 동맹

일제의 패망과 조국의 광복에 대비하기 위해 여운형의 주도로 국내에서 활동하던 민족주의자와 사회주의자를 망라하여 결성되었다.

◑ 조선 공산당

1925년 처음 결성되었으며, 일제의 탄압으로 해체와 재건을 거듭하다가 광복 직후 다시 재건되었다.

🌿 공부 꿀팁

광복 직후 결성된 조선 건국 준비 위원회의 활동과 모스크바 3국 외상 회의의 결과 등을 잘 정리해 두어야 하며, 주요 정치 세력의 동향도 꼭 파악해 두어야 합니다.

■ 8·15 광복과 통일 정부 수립 노력

1. 8·15 광복과 좌·우익 세력의 갈등

(1) 광복: 우리 민족의 독립 투쟁, 연합국의 독립 약속(카이로 회담, 포츠담 회담)과 전쟁 승리의 결과
└→ 1943년 카이로에서 열린 연합국 회담으로 미·영·중의 정상들이 적당한 시기에 한국을 독립시키겠다고 약속하였다.

(2) 38도선 설정과 미군·소련군의 분할 점령

미국	38도선 이남에서 군정 실시 → 대한민국 임시 정부와 조선 인민 공화국* 불인정, 한국 민주당 계열 중용
소련	38도선 이북 점령 → 민정부 설치 → 북조선 임시 인민 위원회에 행정권 이양, 김일성 등 후원

(3) 광복 직후 국내 정치 세력의 동향

① 조선 건국 준비 위원회(건준)의 결성과 활동
└→ 광복 직후 건준의 부위원장이 되었으나, 좌익 세력의 독주에 반발하여 탈퇴하였다.

배경	여운형이 조선 총독부와 치안 유지권 이양 교섭
결성	조선 건국 동맹*을 모체로 결성(1945. 8.) – 여운형(중도 좌파), 안재홍(중도 우파)의 좌우 합작 단체
활동	완전한 독립과 민주주의 확립이 목표 → 전국에 지부 설치, 질서 유지를 위한 치안대 조직
해체	좌익 세력의 주도권 장악에 따른 우익 세력의 탈퇴, 미군의 진주 임박 → 조선 인민 공화국*(주석 이승만 추대 – 취임 거부) 선포 후 해체(1945. 9.), 지부는 지방 인민 위원회로 개편

시험에 나오는 지문 특강 📖 조선 건국 준비 위원회 선언

우리의 당면 임무는 완전한 독립과 진정한 민주주의의 확립을 위하여 노력하는 데 있다. 일시적으로 국제 세력이 우리를 지배할 것이나, 그것은 우리의 민주주의적 요구를 도와줄지언정 방해하지는 않을 것이다. …… 새로운 정권은 전국적 인민 대표 회의에서 선출된 인민 위원으로 구성될 것이며, 해외에서 조선 해방 운동에 헌신하여 온 혁명 전사와 그 집결체에 대하여서는 적당한 방법에 의하여 온 마음을 다해 맞이하여야 할 것은 물론이다.
– 『매일신보』 –

건준은 미·소 양군이 한반도에 진주하더라도 한국인이 자주적으로 독립 국가를 건설할 수 있도록 지원해 줄 것이라고 생각하였으며, 국내외 모든 정치 세력을 규합해 새로운 국가를 건설하고자 하였다.

② 좌·우익 세력 및 주요 인물의 활동

우익	• 한국 민주당: 송진우, 김성수 등이 조직 → 미군정청의 요직에 임명됨 • 독립 촉성 중앙 협의회: 이승만이 귀국하여 결성 • 한국 독립당: 김구 등 대한민국 임시 정부 인사들이 귀국하여 활약
좌익	조선 공산당*: 박헌영 등이 재건
주요 인물	• 여운형: 조선 건국 준비 위원회 주도, 조선 인민 공화국 수립, 좌우 합작 운동 주도 • 이승만: 독립 촉성 중앙 협의회 조직, 반탁·반소 운동 전개, 단독 정부 수립론 주장 • 김구: 한국 독립당, 반탁 운동 주도, 남북 협상 참가, 5·10 총선거 불참 • 김규식: 좌우 합작 운동 주도, 남조선 과도 입법 의원 의장, 남북 협상 참가, 5·10 총선거 불참

(4) 모스크바 3국 외상 회의

주체	미국, 영국, 소련의 외무 장관이 전후 문제 처리를 위해 모스크바에서 회동
결정 사항	한반도에 민주주의 임시 정부 수립, 미·소 공동 위원회 설치, 4개국(미·영·중·소)에 의한 최고 5년 기한의 신탁 통치 실시 등
영향	• 좌익: 민주주의 임시 정부 수립, 반탁을 주장하다가 회의 결정 사항에 대한 총체적 지지로 선회 • 우익: 신탁 통치를 식민 통치의 연장이라고 주장, 전국적인 반탁 운동 전개(김구, 이승만 등) → 한반도 내 좌익과 우익의 대립 격화

2. 통일 정부 수립을 위한 노력과 갈등

(1) 좌우 합작 운동(1946~1947)

배경	• 미·소의 대립과 좌·우익의 갈등으로 제1차 미·소 공동 위원회* 무기 휴회(1946. 5.) • 이승만의 정읍 발언(1946. 6.) → 단독 정부 수립 주장
주도 세력	여운형, 김규식 등의 중도 세력 → 좌우 합작 위원회 결성(미군정의 지원)
결과	좌우 합작 7원칙 발표 → 미군정의 지원 철회, 김구·이승만·박헌영 등 주요 세력의 불참, 제2차 미·소 공동 위원회 결렬, 여운형 암살 등으로 실패

> • 미군정은 한때 좌우 합작 운동을 지원하였으나, 성과가 미미하고 소련과의 냉전이 심화되자 이에 대한 지원을 철회하였다.

시험에 나오는 지문 특강 📖 **이승만의 정읍 발언**

이제 우리는 무기 휴회된 공위가 재개될 기색도 보이지 않으며 통일 정부를 고대하나 여의케 되지 않으니, 우리는 남방만이라도 임시 정부 혹은 위원회 같은 것을 조직하여 38도선 이북에서 소련이 철퇴하도록 세계 공론에 호소하여야 될 것이니 여러분도 결심하여야 될 것이다.
- 『서울신문』 -

> 제1차 미·소 공동 위원회가 무기 휴회된 상황에서 이승만은 정읍에서 소련을 비판하며 남쪽만이라도 임시 정부를 수립하자는 주장을 하였다.

시험에 나오는 지문 특강 📖 **좌우 합작 7원칙(1946. 10. 7.)**

1. 3상 회의 결정에 의하여 남북을 통한 좌우 합작으로 민주주의 임시 정부를 수립할 것.
2. 미·소 공동 위원회 속개를 요청하는 공동 성명을 발할 것.
3. 토지 개혁에 있어 몰수, 유조건 몰수, 체감 매상 등으로 토지를 농민에게 무상으로 분여할 것.
4. 친일파 민족 반역자를 처리할 조례를 본 합작 위원회에서 입법 기구에 제안하여 입법 기구로 하여금 심리 결정하게 하여 실시하게 할 것.

> 좌우 합작 운동은 우여곡절 끝에 남북과 좌우 합작으로 임시 정부를 구성할 것 등을 내용으로 하는 좌우 합작 7원칙에 합의하면서 활기를 띠었으나, 이후 좌우파의 실질적인 합의로 이어지지 못하였다.

(2) 한반도 문제의 유엔 상정과 결의

① 배경: 제2차 미·소 공동 위원회 결렬 → 미국이 한반도 문제를 유엔에 상정

② 과정: 유엔 총회에서 인구 비례에 따른 총선거 실시안 가결 → 유엔 한국 임시 위원단* 내한 → 소련은 위원단의 입북 거부 → 유엔 소총회에서 '위원단이 접근 가능한 지역의 총선거' 결의

(3) 남북 협상의 추진

목적	한반도에서의 통일 정부 수립
과정	김구와 김규식 등 단독 정부 반대 세력이 남북 정치 요인 회담 제의 → 평양에서 남북 협상 진행(단독 정부 수립 반대·미군과 소련군의 철수에 합의, 1948. 4.)
결과	성과 없이 끝남 → 김구는 계속해서 통일 운동을 전개하다가 암살됨(1949. 6.)

(4) 제주 4·3 사건*과 여수·순천 10·19 사건(1948)

제주 4·3 사건	배경	3·1절 기념 대회 시가 행진(1947)에서 경찰의 발포 → 주민 총파업 → 미군정이 경찰 및 우익 단체를 동원하여 무력 탄압
	경과	제주도의 좌익 세력이 단독 정부 수립 반대, 미군 철수를 주장하며 무장 봉기 → 제주 3개 선거구 중 2곳에서 선거 무효화 → 좌익 세력의 유격전
	결과	군경의 초토화 작전으로 수많은 제주도민이 희생됨
여수·순천 10·19 사건	전개	이승만 정부가 제주 4·3 사건을 진압하기 위해 여수 주둔 군대에 제주 출동 명령 → 군 내부 좌익 세력이 반발하며 봉기 → 잔여 세력이 지리산 등지에서 게릴라 활동
	영향	군 내부의 숙군 작업 추진 및 국가 보안법 제정

○ **미·소 공동 위원회**
제1차 미·소 공동 위원회는 1946년 3월 덕수궁 석조전에서 개최되었다. 미국과 소련은 임시 민주 정부 수립 협의에 참여할 정당 및 사회단체의 범위를 놓고 대립하다가 결국 합의를 보지 못하고 무기한 휴회에 들어갔다. 1947년 5월에 제2차 미·소 공동 위원회가 서울과 평양에서 재개되었다. 그러나 협의 대상 단체의 선정 문제와 미군정의 남로당 세력 검거에 대한 미·소의 대립으로 결렬되고 말았다.

○ **유엔 한국 임시 위원단**
유엔 총회가 채택한 결의안에 따라 인구 비례에 의한 총선거의 공정한 감시 및 관리를 위해 조직된 유엔 산하의 임시 기구이다. 오스트레일리아, 캐나다, 중국, 엘살바도르, 프랑스, 인도, 필리핀, 시리아 등 8개국 대표로 구성된 위원단은 1948년 1월 7일 한국에 도착하였지만 소련과 북측은 이들의 입북을 거부하였다.

○ **제주 4·3 사건**
1947년 3월 1일, 경찰의 발포 사건을 기점으로 경찰과 서북 청년회의 탄압에 대한 저항과 단독 선거·단독 정부 반대를 기치로 1948년 4월 3일 남로당 제주도당 무장대가 봉기한 이래 1954년 9월 21일까지 제주도에서 발생한 무장대와 토벌대 간의 무력 충돌과 토벌대의 진압 과정에서 수많은 제주도민이 희생당한 사건이다. 2000년 김대중 정부 시기에 제주 4·3 사건의 진상을 규명하기 위해 여야 합의로 특별법이 제정되었다.

🐝 **공부 꿀팁**
광복 이후 우리에게 당면한 과제는 통일된 민주 정부를 수립하는 것이었으므로 대한민국 정부의 수립 과정은 자주 출제되는 주제입니다. 좌우 합작 운동, 남북 협상, 제주 4·3 사건 등의 역사적 의미와 과정 등을 순서대로 기억해 두어야 합니다.

◉ 5 · 10 총선거 결과

대한 독립 촉성 농민 총연맹
2석
대한 독립 촉성 노동 총연맹
1석
대한 독립
촉성 국민회
55석
대동
청년단
12석
무소속
85석
총 의석 수
200
한국 민주당
29석
조선 민족
청년단
6석
기타 10석

총 300명 정원으로, 북한 지역에 100석의 의석을 배정하여 공석으로 두어 실질적으로 200명을 정원으로 하였다. 제주 4 · 3 사건의 여파로 제주도 2곳에서 선거가 이루어지지 않아 국회 의원 198명을 선출하였고, 다음 해인 1949년 2명이 추가로 선출되었다.

◉ 대한민국 초대 주요 요인

대통령	이승만
부통령	이시영
국무총리	이범석
국회의장	이승만
대법원장	김병로

◉ 반민족 행위 특별 조사 위원회 (반민 특위)

1948년 제정 · 공포된 반민족 행위 처벌법에 의해 제헌 국회에 설치된 기구이다. 10명의 국회 의원으로 구성하였으며, 중국에서 독립운동을 하였던 김상덕을 위원장으로, 김상돈을 부위원장으로 하였다. 기소와 재판을 담당하기 위해 특별 검찰부와 특별 재판부를 설치하였다. 화신 백화점의 사장으로 일제에 비행기까지 헌납하였던 박흥식, 친일 고문 경찰로 악명이 높았던 노덕술, 민족 지도자였으나 변절하였던 이광수, 최남선, 최린 등을 체포하였다. 그러나 대부분 무혐의나 집행 유예로 풀려나 실제 처벌받은 사람은 거의 없었다.

🌱 **공부 꿀팁**

제헌 국회의 활동을 묻는 문제가 자주 출제됩니다. 반민족 행위 특별 조사 위원회의 활동이나 농지 개혁의 내용도 출제 빈도가 높으니 잘 정리해 두어야 합니다.

② 대한민국 정부의 수립과 활동

1. 대한민국 정부의 수립(1948)

5 · 10 총선거	의미	우리 역사상 최초의 민주적 보통 선거
	결과	제헌 국회 의원 선출(임기 2년) → 국호를 '대한민국'으로 결정, 제헌 헌법 제정
	한계	김구, 김규식 등 남북 협상파 선거 불참, 좌익 세력은 총선 반대 투쟁 전개
제헌 헌법 공포		• 5 · 10 총선거로 구성된 제헌 국회에서 만든 헌법 공포(1948. 7. 17.) • 삼권 분립, 대통령 중심제, 대통령 간선제(임기 4년, 중임 가능)
정부 수립		• 대통령에 이승만, 부통령에 이시영 선출 → 이승만 대통령이 대한민국 정부 수립을 국내외에 선포(1948. 8. 15.) └ 국민의 직접 투표가 아닌 국회에서 선출하는 방식이다. • 유엔 총회에서 한반도에 수립된 유일한 합법 정부임을 승인

📖 시험에 나오는 **지문 특강** 📖   제헌 헌법의 주요 내용

유구한 역사와 전통에 빛나는 우리들 대한 국민은 기미 3 · 1 운동으로 대한민국을 건립하여 세계에 선포한 위대한 독립 정신을 계승하여 이제 민주 독립 국가를 재건함에 있어…… 모든 사회적 폐습을 타파하고 민주주의 제(諸)제도를 수립하여…… 안으로는 국민 생활의 균등한 향상을 기하고 밖으로는 항구적인 국제 평화의 유지에 노력하여…… 이 헌법을 제정한다.

제1조 대한민국은 민주 공화국이다.

제2조 대한민국의 주권은 국민에게 있고, 모든 권력은 국민으로부터 나온다.

제84조 대한민국의 경제 질서는 모든 국민에게 생활의 기본적 수요를 충족할 수 있게 하는 사회 정의의 실현과 균형 있는 국민 경제의 발전을 기함을 기본으로 삼는다. 각인의 경제상 자유는 이 한계 내에서 보장된다.

– 『대한민국 관보』 제1호, 1948. 9. 1. –

제헌 국회는 대한민국 임시 정부를 계승한다는 의미에서 국호를 대한민국으로 결정하고, 7월 17일에는 민주 공화제를 핵심으로 하는 헌법을 공포하였다. 제헌 헌법의 전문에는 3 · 1 운동의 독립 정신을 계승하여 민주 독립 국가를 재건한다는 점을 명시하였다.

2. 친일파 청산 노력

(1) 반민족 행위 처벌법(반민법) 제정(1948. 9.): 반민족 행위 처벌 및 재산 몰수, 공민권 제한, 특별 조사 위원회 설치 등

(2) 반민족 행위 특별 조사 위원회(반민 특위)의 활동: 주요 친일파 조사 · 체포

(3) 방해: 이승만 정부의 비협조 · 친일파의 방해 → 국회 프락치 사건, 반민특위 사건 등

(4) 결과: 성과 미비 → 반민족 행위 처벌법 시효 단축(1949. 8.)으로 반민특위 해체

📖 시험에 나오는 **지문 특강** 📖   반민족 행위 처벌법(1948. 9.)

제1조 1. 일본 정부와 통모하여 한 · 일 합병에 적극 협력한 자, 한국의 주권을 침해하는 조약이나 문서에 조인 또는 모의한 자
2. 일본 정부로부터 작위를 받은 자 또는 일본 제국 의회 의원이었던 자
3. 일본 치하 독립운동가나 그 가족을 악의로 살상 · 박해한 자 또는 이를 지휘한 자

– 『대한민국 관보』 제5호, 1948. 9. 22. –

제헌 국회는 헌법 제101조에 의거하여 반민족 행위 처벌법을 제정하였다. 이 법은 일제의 국권 탈취에 협조한 자, 작위를 받거나 제국 의회의 의원이 된 자, 독립운동가 및 가족을 살상 · 박해한 자, 직간접적으로 일제에 협력한 자 등을 처벌하도록 규정하였다. 법령의 공포와 함께 반민족 행위 특별 조사 위원회가 구성되어 활동을 시작하였다. 그러나 경찰의 반민 특위 습격 사건, 이승만 대통령의 반민 특위 활동에 대한 부정적인 태도 등으로 활동은 유명무실화되고 친일 청산은 좌절되었다.

3. 농지 개혁

(1) 배경: 토지 분배와 지주제 개혁 요구 증대, 북한의 토지 개혁(무상 몰수, 무상 분배) 실시(1946), 미군정기 신한 공사에서 귀속 농지의 대부분을 소작 농민에게 매각(1948. 3.)

(2) 농지 개혁법 제정 └• 미군정이 설립한 귀속 재산 관리 회사로, 동양 척식 주식회사가 소유하였던 재산 및 군정청 소유가 된 토지와 기업을 관리하였다.

법 적용	1949년 6월 제정 → 1950년 일부 개정 후 시행 → 6·25 전쟁으로 중단, 전쟁 이후 재개
내용	• 유상 매수: 지주에게 지가 증권 발행, 가구당 농지 소유 상한을 3정보로 제한 • 유상 분배: 매년 평균 생산량의 30%씩 5년 상환
결과	경자유전의 원칙에 따라 지주제 폐지, 농민 중심의 농지 소유 실현
한계	지가 증권의 현금화가 어려워 지주의 산업 자본가 전환 실패, 실시 시기 지연으로 지주가 미리 땅 처분

4. 북한 정권의 수립

(1) 북조선 임시 인민 위원회 수립(1946): 실질적인 정부 역할 → 토지 개혁, 주요 산업 국유화

(2) 최고 인민 회의 구성 및 헌법 제정 → 김일성을 수상으로 하는 북한 정권 수립 선포(1948. 9.)

❸ 6·25 전쟁

1. 배경

(1) 중국의 공산화: 중국의 국·공 내전에서 공산당이 국민당을 몰아내고 중화 인민 공화국 수립

(2) 북한의 전쟁 준비: 미·소 양군의 철수, 소련·중국의 군사 지원을 약속받음

(3) 미국의 애치슨 선언(1950. 1.): 미국 국무장관 애치슨이 한반도와 타이완을 미국의 태평양 지역 방위선에서 제외한다는 선언 발표

(4) 남북한 대립의 심화: 이승만은 북진 통일론을, 김일성은 민주 기지론을 내세우며 상호 대립 격화

2. 전개 과정(1950. 6. 25.~1953. 7. 27.)

└• 북한의 김일성이 1946년부터 내세운 이론으로, 북한의 공산주의 체제를 공고히 하여 남한을 통합하자는 주장이다.

전선의 변화	전개 과정
㉠ → ㉡	북한군의 무력 남침 → 북한군의 서울 점령(6. 28.) → 유엔군의 파병 결정 → 대전 함락 → 국군과 유엔군의 낙동강 방어선 구축
㉡ → ㉢	국군과 유엔군의 인천 상륙 작전 전개(1950. 9. 15.) → 서울 수복(9. 28.)과 국군의 38도선 돌파(10. 1.) → 유엔군과 국군이 압록강 유역까지 진격
㉢ → ㉣	중국군의 개입(1950. 10.) → 국군·유엔군의 후퇴와 흥남 철수 작전(1950. 12.) → 서울 재함락(1·4 후퇴, 1951. 1. 4.)
㉣ → ㉤	서울 재탈환 → 38도선 부근에서 전선 교착 → 휴전 협상 장기화(휴전선 설정, 포로 교환 방식 갈등) → 이승만 정부의 휴전 반대 성명 발표 및 반공 포로 석방 → 정전 협정 조인(1953. 7. 27.)

▲ 6·25 전쟁 전선 변화

3. 전쟁의 피해

물적 피해	남한과 북한의 산업 시설, 주택, 학교, 도로, 다리 등이 거의 파괴
인적 피해	수백만 명의 사상자 발생, 수많은 전쟁고아와 이산가족 발생

4. 전후 처리와 전쟁의 영향

(1) 전후 처리: 제네바 회담을 열어 평화 문제 논의 → 남북의 기존 주장 되풀이로 결렬

(2) 영향: 분단의 고착화와 독재 체제의 강화

남한	이승만 정부는 반공 이념에 기반한 독재 체제 강화, 한·미 상호 방위 조약 체결(주한 미군 주둔)
북한	김일성은 패전에 따른 정치적 위기를 수습하는 과정에서 남로당계(박헌영 등) 숙청

○ 농지 개혁법의 주요 내용

• 농민이 아닌 사람의 농지, 농가 1가구당 3정보(약 3만㎡) 초과 농지는 정부가 사들인다.
• 분배받은 농지 상환액은 평년작 주생산물의 1.5배로 하고, 5년 동안 균등 상환한다.

○ 지가 증권

농지 개혁 당시 이승만 정부는 재정이 부족하여 지주에게 1951년부터 5년에 걸쳐 토지 대금을 지급한다는 지가 증권을 발급하였다.

○ 북한의 토지 개혁

북한의 북조선 임시 인민 위원회는 1946년 무상 몰수·무상 분배를 골자로 하는 토지 개혁안을 발표하였다. 직접 농사짓는 토지는 몰수하지 않았지만, 5정보 이상의 땅을 소유한 지주는 토지를 몰수당하고 다른 지역으로 이주되었다.

○ 애치슨 라인

○ 반공 포로 석방

휴전 회담 과정에서 북송을 거부하는 반공 포로는 중립국 포로 송환 위원회에 넘겨 처리하기로 합의가 되어 가고 있었으나, 1953년 6월 18일 이승만은 일방적으로 반공 포로를 석방하였다.

🌿 **공부 꿀팁**

6·25 전쟁의 전개 과정은 시험에 자주 출제되는 주제입니다. 특히 전선의 변화를 가져온 인천 상륙 작전, 중국군의 개입, 1·4 후퇴를 중심으로 전후의 상황들이 어떻게 바뀌었는지 기억해 두어야 합니다.

대표 기출 문제 분석 ①

▶ 통일 정부 수립을 위한 노력

| 41회 48번 기출 |

(가)~(다)를 발표 순서대로 옳게 나열한 것은?

> (가)
> 1. 조선의 민주 독립을 보장한 삼상 회의 결정에 의하여 남북을 통한 좌우 합작으로 민주주의 임시 정부를 수립할 것
> ⋮
> 4. 친일파 민족 반역자를 처리할 조례를 본 합작 위원회에서 입법 기구에 제안하여 입법 기구로 하여금 심리 결정하여 실시케 할 것

> (나)
> 3. ····· 공동 위원회의 제안은 최고 5년 기한의 4개국 신탁 통치 협약을 작성하기 위해 미·영·소·중 4국 정부가 공동 참작할 수 있도록 조선 임시 정부와 협의한 후 제출되어야 한다.

> (다)
> 3. 외국 군대가 철퇴한 이후 하기(下記) 제정당·단체들은 공동 명의로써 전조선 정치 회의를 소집하여 조선 인민의 각층 각계를 대표하는 민주주의 임시 정부가 즉시 수립될 것이며 ······
> 4. 상기 사실에 의거하여 본 성명서에 서명한 제정당·사회단체들은 남조선 단독 선거의 결과를 결코 인정하지 않으며 지지하지 않을 것이다.

① (가) - (나) - (다)　　　② (가) - (다) - (나)
③ (나) - (가) - (다)　　　④ (나) - (다) - (가)
⑤ (다) - (나) - (가)

문제 분석

제시된 자료 (가)는 '삼상 회의 결정에 의하여', '친일파 민족 반역자를 처리할 조례를 본 합작 위원회에서 입법 기구를 제안하여 입법 기구로 하여금 심리 결정하여 실시' 등을 통해 좌우 합작 위원회에서 발표한 좌우 합작 7원칙임을 알 수 있다.

(나)는 '공동 위원회의 제안은', '최고 5년 기한의 4개국 신탁 통치 협약' 등을 통해 모스크바 3국 외상 회의 결정문임을 알 수 있다.

(다)는 '외국 군대가 철퇴', '제정당·단체들은 공동 명의로써 전조선 정치 회의를 소집', '남조선 단독 선거의 결과를 결코 인정하지 않으며 지지하지 않을 것이다.' 등을 통해 김구와 김규식이 남북 협상에 참여하여 남북 제정당 사회단체 지도자 협의회를 개최한 후 발표한 성명서임을 알 수 있다.

③ (가)는 1946년 좌우 합작 위원회 결성 이후 10월에 발표한 것이며, (나)는 1945년 12월에 발표, (다)는 1948년 4월에 발표한 것이다. 따라서 순서대로 하면 (나) - (가) - (다)가 된다.

정답: ③

📖 닮은 꼴 예상 문제 ●

▶ 정답과 해설 49쪽

(가), (나)의 발표 사이에 있었던 사실로 옳은 것은?

> (가) 조선 임시 정부 구성을 원조할 목적으로 남조선 미합중국 점령군과 북조선 소연방 점령군 대표자들로 공동 위원회를 설치한다. 그 의제 작성은 조선의 민주주의 정당 및 사회단체와 협의하여야 한다.
> (나) 1. 한국 국민 중에서 대표를 선출하여 정부 수립에 참여시키기 위하여 유엔 한국 임시 위원단을 설치한다.
> 　　 2. 각 투표 지구 또는 지대로부터의 대표자 수는 인구에 비례하여야 하며 선거는 임시 위원단 감시하에 시행하여야 한다.

① 좌우 합작 위원회에서 좌우 합작 7원칙을 발표하였다.
② 이승만을 중심으로 독립 촉성 중앙 협의회가 조직되었다.
③ 조선 건국 준비 위원회가 조선 인민 공화국 수립을 선포하였다.
④ 김구와 김규식이 전조선 제정당 사회단체 지도자 협의회에 참여하였다.
⑤ 제주도에서 단독 정부 수립 반대와 미군 철수를 주장하는 봉기가 일어났다.

대표 기출 문제 분석 02

대한민국 정부의 수립과 활동

| 42회 45번 기출 |

밑줄 그은 '국회'에 대한 설명으로 옳은 것은?

> 지난 5·10 총선을 통해 구성된 <u>국회</u>가 반민족 행위자를 처벌할 수 있는 법안을 통과시켰습니다. 이 법의 적용을 받는 자는 한·일 합방에 협력한 자, 한국의 주권을 침해하는 데 도움을 준 자, 일본 치하 독립 운동자나 그 가족을 살상·박해한 자 등입니다. 아울러 반민족 행위를 예비 조사하기 위해 특별 조사 위원회를 설치하기로 했습니다.

① 민의원, 참의원의 양원으로 운영되었다.
② 한·미 자유 무역 협정(FTA)을 비준하였다.
③ 초대 대통령에 한해 중임 제한을 철폐하였다.
④ 유상 매수·유상 분배 원칙의 농지 개혁법을 제정하였다.
⑤ 의원 정수 3분의 1이 통일 주체 국민 회의에서 선출되었다.

문제 분석

제시된 자료의 '5·10 총선을 통해 구성된 국회가 반민족 행위자를 처벌할 수 있는 법안 통과'를 통해 밑줄 그은 국회가 1948년 5·10 총선거를 통해 구성된 제헌 국회임을 알 수 있다. 이때 국회 의원의 임기는 2년이었다.
④ 제헌 국회에서는 1949년 농지 개혁법을 제정하였다. 그러나 정부는 재정 부담이 크다는 이유로 시행하지 않다가 보상액과 상환액을 같도록 개정한 후 1950년에 시행하였다. 농지 개혁은 유상 매상과 유상 분배를 원칙으로 하여 1가구당 3정보까지를 소유하도록 하였다.

정답: ④

오답 거르기

① 4·19 혁명 이후 의원 내각제와 양원제를 골자로 한 개헌이 이루어져 1960년 7월 총선에 의해 민의원과 참의원의 양원이 구성되었다.
② 한·미 자유 무역 협정(FTA)은 노무현 정부 때 체결되었다.
③ 1954년의 사사오입 개헌안의 주요 내용에 해당한다.
⑤ 1972년 제정된 유신 헌법의 주요 내용에 해당한다.

닮은꼴 예상 문제

▶ 정답과 해설 49쪽

다음 헌법을 제정한 국회에 대한 설명으로 옳은 것을 〈보기〉에서 고른 것은?

> 유구한 역사와 전통에 빛나는 우리들 대한 국민은 기미 3·1 운동으로 대한민국을 건립하여 세계에 선포한 위대한 독립 정신을 계승하여 …… 우리들의 정당 또 자유로이 선거된 대표로서 구성된 국회에서 단기 4281년 7월 12일 이 헌법을 제정한다.
> 제1조 대한민국은 민주 공화국이다.
> 제2조 대한민국의 주권은 국민에게 있고 모든 권력은 국민으로부터 나온다.
> ……
> 제53조 대통령과 부통령은 국회에서 무기명 투표로써 각각 선거한다. ……

| 보기 |

ㄱ. 대통령에 윤보선을 선출하고 국무총리에 장면을 인준하였다.
ㄴ. 유상 매입과 유상 분배를 원칙으로 한 농지 개혁법을 제정하였다.
ㄷ. 임시 수도 부산에서 대통령 직선제안을 골자로 한 개헌안을 통과시켰다.
ㄹ. 반민족 행위 처벌법을 만들고 반민족 행위 특별 조사 위원회를 구성하였다.

① ㄱ, ㄴ   ② ㄱ, ㄷ   ③ ㄴ, ㄷ   ④ ㄴ, ㄹ   ⑤ ㄷ, ㄹ

38회 45번 기출 문제 ▸

01 다음 가상 인터뷰의 주인공에 대한 설명으로 옳은 것은?

> 선생께서는 광복에 대비하여 조선 건국 동맹을 결성하셨습니다. 광복 이후에는 어떤 활동을 하셨나요?

> 조선 건국 준비 위원회의 위원장을 맡아 완전한 독립 국가 건설을 위해 노력하였습니다.

① 좌우 합작 위원회의 주축이 되었다.
② 김규식과 함께 남북 협상에 참여하였다.
③ 재미 한인을 중심으로 흥사단을 설립하였다.
④ 정읍에서 남한만의 단독 정부 수립을 주장하였다.
⑤ 중국 국민당과 협력하여 조선 의용대를 창설하였다.

02 (가) 위원회에 대한 설명으로 옳은 것은?

> 우리들 각계를 대표하는 동지들은 이제 [(가)] 을/를 결성하고 신생 조선의 재건설 문제에 대하여 가장 구체적이고 실제적인 준비 공작을 진행키로 합니다. …… 먼저 민족 대중 자체의 생명과 안전을 도모하고, …… 소속 경위대(치안대)를 두어 일반 질서를 정리하는 것입니다. …… 각지의 식량 배급과 그 외의 물자 배급 태세도 현상을 유지하며 진행하겠으며, …… 경제상의 물가와 통화 정책은 현상을 유지하면서 신정책을 수립하여 단행하겠습니다.

① 좌우 합작 7원칙을 발표하였다.
② 신탁 통치 반대 운동을 주도하였다.
③ 여운형과 안재홍을 중심으로 조직되었다.
④ 모스크바 3국 외상 회의에 따라 구성되었다.
⑤ 인구 비례에 따른 총선거 실시를 결의하였다.

43회 46번 기출 문제 ▸

03 (가), (나) 사이의 시기에 있었던 사실로 옳은 것은?

> (가) 이제 우리는 무기 휴회된 공위가 재개될 기색도 보이지 않으며 통일 정부를 고대하나 여의치 않게 되었으니, 우리는 남방만이라도 임시 정부 혹은 위원회 같은 것을 조직하여 38도선 이북에서 소련이 철퇴하도록 세계 공론에 호소하여야 될 것이다.
>
> (나) 귀국한 이래 3년이 지난 오늘까지 온갖 잡음을 물리치고 남북 통일과 독립을 이루고자 나머지 목숨을 38도선에 내놓은 김구의 얼굴에 이제 아무런 의혹의 티가 없었다. …… 이윽고 김구를 태운 자동차는 38도선을 넘어 멀리 평양을 향하여 성원 속에 사라졌다.

① 좌우 합작 7원칙이 발표되었다.
② 조선 건국 준비 위원회가 결성되었다.
③ 모스크바 3국 외상 회의가 개최되었다.
④ 반민족 행위 특별 조사 위원회가 구성되었다.
⑤ 유상 매수, 유상 분배 원칙의 농지 개혁법이 제정되었다.

04 밑줄 그은 '나'에 대한 설명으로 옳은 것은?

> 친애하는 동포 여러분!
> 27년이나 꿈에도 잊지 못하고 있던 조국 강산에 발을 들여놓게 되니 감개무량합니다. 나는 5일 충칭을 떠나 상하이로 와서 22일까지 머물다가 23일 상하이를 떠나 당일 서울에 도착하였습니다. 나와 각원 일동은 한갓 평민의 자격을 가지고 들어왔습니다. 앞으로는 여러분과 같이 우리의 독립 완성을 위하여 진력하겠습니다. 앞으로 전국 동포가 하나로 되어 우리의 국가 독립의 시간을 최소한도로 단축시킵시다. 앞으로 여러분과 접촉할 기회도 많을 것이고 말할 것도 많겠기에 오늘은 다만 나와 우리 동지 일동이 무사히 이곳에 도착되었다는 소식을 전합니다.

① 한국 민주당을 창당하였다.
② 독립 촉성 중앙 협의회를 이끌었다.
③ 남북 협상을 위해 평양을 방문하였다.
④ 정읍에서 단독 정부 수립을 주장하였다.
⑤ 조선 건국 준비 위원회의 위원장을 역임하였다.

05 밑줄 그은 '위원회'에 대한 설명으로 옳은 것은?

> 본 <u>위원회</u>는 합작 원칙에 합의하여 다음 사항을 알립니다.
>
> 첫째, 모스크바 3국 외상 회의 결정에 의하여 좌우 합작으로 민주주의 임시 정부를 수립할 것
> ……
> 셋째, 토지 개혁에 있어 몰수, 유조건 몰수, 체감 매상 등으로 토지를 농민에게 무상으로 분여할 것
> ……

① 통일 정부 구성을 위한 남북 협상을 추진하였다.
② 유엔 감시하에 치러진 남북한 총선거에 참여하였다.
③ 여운형, 김규식 등 중도 세력을 중심으로 결성되었다.
④ 반민족 행위 처벌을 위한 특별 조사 위원회의 활동을 방해하였다.
⑤ 귀속 재산 처리법을 제정하여 일본인들이 남기고 간 재산을 처리하였다.

06 다음 결과를 가져온 선거에 대한 설명으로 옳은 것을 〈보기〉에서 고른 것은?

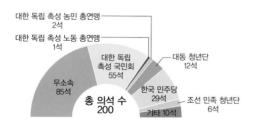

┤ 보기 ├
ㄱ. 남북 협상파가 적극 참여하였다.
ㄴ. 우리나라 최초의 민주적 보통 선거였다.
ㄷ. 유엔 한국 임시 위원단의 감시하에 실시되었다.
ㄹ. 모스크바 3국 외상 회의의 결정에 따라 실시되었다.

① ㄱ, ㄴ ② ㄱ, ㄷ ③ ㄴ, ㄷ ④ ㄴ, ㄹ ⑤ ㄷ, ㄹ

07 (가), (나) 사이의 시기에 있었던 사실로 옳은 것은?

> (가) 나의 연령이 이제 70하고도 3인 바 나에게 남은 것은 금일 금일하는 여생이 있을 뿐이다. 이제 새삼스럽게 재물을 탐내며 영예를 탐낼 것이냐? 더구나 외군 군정하에 있는 정권을 탐낼 것이냐? …… 나는 통일된 조국을 건설하려다가 38선을 베고 쓰러질지언정 일신에 구차한 안일을 취하여 단독 정부를 세우는 데는 협력하지 아니하겠다.
> (나) 이 민국은 기미 3월 1일에 우리 13도 대표들이 서울에 모여서 국민 대회를 열고 대한 독립 민주국임을 세계에 공포하고 임시 정부를 건설하여 민주주의의 기초를 세운 것입니다. …… 이 국회는 전 민족을 대표한 국회이며 이 국회에서 탄생되는 민국 정부는 완전한 한국 전체를 대표한 중앙 정부임을 이에 또한 공포하는 바입니다.

① 우리나라 최초의 보통 선거인 5·10 총선거가 실시되었다.
② 남한만의 단독 정부 수립을 주장한 정읍 발언이 제기되었다.
③ 여운형이 중심이 되어 조선 건국 준비 위원회를 조직하였다.
④ 좌우 합작 위원회가 결성되어 좌우 합작 7원칙에 합의하였다.
⑤ 민족주의 정당을 중심으로 독립 촉성 중앙 협의회가 결성되었다.

08 (가) 위원회에 대한 옳은 설명을 〈보기〉에서 고른 것은?

> 양쪽의 의견 대립으로 　(가)　 은/는 난관에 봉착하였다. 한쪽은 　(가)　 와/과 협의에 참여할지라도 신탁 통치에 반대할 자유가 있다는 의사 표현의 자유를 내세웠다. 그러나 다른 한쪽은 신탁 통치를 반대하는 세력의 배제를 주장하였다.

┤ 보기 ├
ㄱ. 조선 인민 공화국 수립을 선포하였다.
ㄴ. 한국의 임시 정부 수립에 대해 논의하였다.
ㄷ. 미·영·소의 외무 장관 회의 결과로 조직되었다.
ㄹ. 남북한 총선거로 정부를 수립하기로 결정하였다.

① ㄱ, ㄴ ② ㄱ, ㄷ ③ ㄴ, ㄷ ④ ㄴ, ㄹ ⑤ ㄷ, ㄹ

기출 및 예상 문제

09

09 (가) 사건에 대한 탐구 활동으로 가장 적절한 것은?

> 저는 지금 [(가)] 70주년을 맞아 큰넓궤에 나와 있습니다. 이곳은 1948년 토벌대의 제주도 중산간 마을에 대한 초토화 작전을 피해 동광리 주민들이 두 달 가까이 은신했던 장소입니다. 하지만 결국 발각되어 많은 사람들이 학살당했습니다. 70주년 추념식에 참석한 대통령은 제주도민에게 깊은 사과와 위로를 전했습니다.

① 통일 주체 국민 회의의 역할을 알아본다.
② 국가 보위 비상 대책 위원회의 설치 배경을 찾아본다.
③ 5년 단임의 대통령 직선제가 실시된 계기를 파악한다.
④ 비상 국무 회의에서 마련한 유신 헌법의 내용을 검색한다.
⑤ 단독 정부 수립에 대한 반발로 일어난 사실들을 조사한다.

10 다음 성명서가 발표된 이후의 상황으로 적절한 것은?

> 금반 우리의 북행은 우리 민족의 단결을 의심하는 세계 인사에게는 물론이요, 조국의 통일을 갈망하는 다수 동포들에게까지 금반 행동으로써 많은 기대를 이루어 준 것이다. 그리고 남북 제정당 사회단체 연석회의는 조국의 위기를 극복하며 민족의 생존을 위하여는 우리 민족도 세계의 어느 우수한 민족과 같이 주의와 당파를 초월하여서 단결할 수 있다는 것을 또 한 번 행동으로써 증명한 것이다. 이 회의는 자주적 민주적 통일 조국을 재건하기 위하여서 양 조선의 단선단정을 반대하며 미·소 양군의 철수를 요구하는 데 의견이 일치하였다.

① 5·10 총선거가 실시되었다.
② 남조선 과도 입법 의원이 창설되었다.
③ 제2차 미·소 공동 위원회가 결렬되었다.
④ 유엔 총회에서 남북한 총선거 실시를 결정하였다.
⑤ 좌우 합작 운동을 이끌었던 여운형이 암살되었다.

39회 46번 기출 문제

11 다음 인물에 대한 설명으로 옳은 것은?

> 2019년 이달의 독립운동가
> ○○○[1881~1950]
> 훈격: 대한민국장   서훈 연도: 1989년
> ■ 공적 개요
> • 1919년 파리 강화 회의 민족 대표
> • 1935년 민족 혁명당 설립 참여
> • 1944년 대한민국 임시 정부 부주석

① 의열단을 조직하여 단장으로 활동하였다.
② 재미 한인을 중심으로 흥사단을 창립하였다.
③ 신흥 강습소를 설립하여 독립군을 양성하였다.
④ 민족 자주 연맹을 이끌고 남북 협상에 참여하였다.
⑤ 일제의 패망과 건국에 대비하여 조선 건국 동맹을 결성하였다.

12 밑줄 그은 '특위'의 활동에 대한 설명으로 옳은 것을 〈보기〉에서 고른 것은?

> 국회에서는 치안 혼란을 선동하고 있다. 즉 경찰을 체포하여 경찰의 동요를 일으킴은 치안의 혼란을 조장하는 것이다. 특위의 몇몇 사람은 그러한 일을 고의로 행하고 있다. 우리가 공산당과 싸우는 것은 그들이 조국을 남의 나라에 예속시키려는 반역 행위를 하기 때문에 싸우는 것이다. 과거에 친일한 자를 한꺼번에 숙청하였으면 좋을 것인데 기나긴 군정 3년 동안에 못한 것을 지금에 와서 단행하면 앞으로 우리나라가 해나갈 일에 여러 가지 지장이 많을 것이다. 특위에서 반역자의 징치를 목적으로 한다면 해당자를 비밀리에 조사하여 사법부에 넘겨야 한다.

┤ 보기 ├
ㄱ. 국회 프락치 사건으로 큰 타격을 입었다.
ㄴ. 이승만 정부의 비협조로 어려움을 겪었다.
ㄷ. 4·19 혁명 후 특별법에 따라 구성되었다.
ㄹ. 처벌보다는 진상 규명을 목적으로 구성되었다.

① ㄱ, ㄴ   ② ㄱ, ㄷ   ③ ㄴ, ㄷ
④ ㄴ, ㄹ   ⑤ ㄷ, ㄹ

42회 46번 기출 문제

39회 49번 기출 문제 •

13 밑줄 그은 '이 작전'이 실행된 시기를 연표에서 옳게 고른 것은?

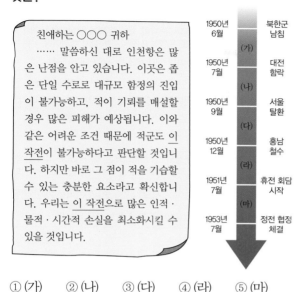

친애하는 ○○○ 귀하

······ 말씀하신 대로 인천항은 많은 난점을 안고 있습니다. 이곳은 좁은 단일 수로로 대규모 함정의 진입이 불가능하고, 적이 기뢰를 매설할 경우 많은 피해가 예상됩니다. 이와 같은 어려운 조건 때문에 적군도 이 작전이 불가능하다고 판단할 것입니다. 하지만 바로 그 점이 적을 기습할 수 있는 충분한 요소라고 확신합니다. 우리는 이 작전으로 많은 인적 · 물적 · 시간적 손실을 최소화시킬 수 있을 것입니다.

1950년 6월	북한군 남침
(가)	
1950년 7월	대전 함락
(나)	
1950년 9월	서울 탈환
(다)	
1950년 12월	흥남 철수
(라)	
1951년 7월	휴전 회담 시작
(마)	
1953년 7월	정전 협정 체결

① (가) ② (나) ③ (다) ④ (라) ⑤ (마)

14 다음 법령에 따라 시행된 개혁에 대한 설명으로 옳은 것은?

> 제1조 본법은 헌법에 의거하여 농지를 농민에게 적절히 분배함으로써 농가 경제의 자립과 농업 생산력의 증진으로 인한 농민 생활의 향상 내지 국민 경제의 균형과 발전을 기함을 목적으로 한다.
> 제12조 농지의 분배는 농지의 종목, 등급 급 농가의 능력 기타에 기준한 점수제에 의거하되 1가구당 총 경영 면적 3정보를 초과하지 못한다.

① 미군정 시기에 실시되었다.
② 자영농이 증가하게 되었다.
③ 토지가 무상으로 분배되었다.
④ 신한 공사의 주도로 진행되었다.
⑤ 북한의 토지 개혁에 영향을 주었다.

42회 47번 기출 문제 •

15 다음 조약에 대한 설명으로 옳은 것을 〈보기〉에서 고른 것은?

> 국제 연합군 총사령관을 한쪽 편으로 하고 조선 인민군 최고 사령관 및 중국 인민 지원군 사령원을 다른 쪽으로 하는 아래의 서명자들은 쌍방에 막대한 고통과 유혈을 초래한 한국에서의 충돌을 정지시키기 위하여, 최후적인 평화적 해결이 달성될 때까지 한국에서의 적대 행위와 일체 무장 행동의 완전한 정지를 보장하는 정전을 확립할 목적으로, 아래의 조항에 기재된 정전 조건과 규정을 접수하며 또 그 제약과 통제를 받는 데 각자 공동 상호 동의한다. 이 조건과 규정들의 의도는 순전히 군사적 성질에 속하는 것이며 이는 오직 한국에서의 교전 쌍방에만 적용한다.

┤보기├
ㄱ. 포로 송환 문제로 인해 체결이 지연되었다.
ㄴ. 미국과 소련의 군정이 종식되는 계기가 되었다.
ㄷ. 군사 분계선을 확정하고 비무장 지대를 설정하였다.
ㄹ. 미국의 극동 방위선을 조정한 애치슨 선언에 영향을 주었다.

① ㄱ, ㄴ ② ㄱ, ㄷ ③ ㄴ, ㄷ ④ ㄴ, ㄹ ⑤ ㄷ, ㄹ

16 (가), (나) 발표 사이에 있었던 사실로 옳은 것은?

> (가) 이 방위선은 알류산 열도에서 일본을 거쳐 류큐에 이르고 있다. 우리들은 방위선의 요점을 차지하고 있으며 이를 계속 유지할 것이다. ······ 방위선은 류큐에서 필리핀 군도로 이어진다.
> (나) 안전 보장 이사회는 다음과 같이 결의하였다. 북한군의 대한민국에 대한 무력 공격이 평화 파괴를 조성한다고 단정하였다. 이 지역에서 그 무력 공격을 격퇴하고 국제적 평화와 안전을 회복시키기 위하여 필요한 원조를 대한민국에 제공하도록 국제 연합 제 회원국에게 권고하였다.

① 중국군이 참전하였다.
② 인천 상륙 작전이 전개되었다.
③ 소련이 정전 회담을 제안하였다.
④ 북한군에 의해 서울이 함락되었다.
⑤ 정부는 전시 작전권을 유엔군 사령관에 이양하였다.

■ 이승만 정부와 4·19 혁명

1. 이승만 정부의 장기 집권

(1) 발췌 개헌(1차 개헌, 1952. 7.)

> 의회의 다수당이 수상(총리)을 중심으로 내각을 구성하여 정치를 운영하고 책임지는 정치 체제이다.

배경	제2대 국회 의원 선거(1950. 5.) 결과 이승만 정부에 비판적인 무소속 세력 대거 당선
과정	6·25 전쟁 중 임시 수도인 부산에서 여당으로 자유당 창당(1951. 12.), 부산 일대에 계엄 선포, 야당 국회 의원을 국제 공산당 관련 혐의로 연행 ➡ 여당의 대통령 직선제 안과 야당의 내각 책임제 안을 발췌·절충하여 개헌안 상정 ➡ 국회에서 토론 없이 기립 표결로 개헌안 통과
내용	대통령 직선제, 양원제 국회

(2) 사사오입 개헌(2차 개헌, 1954. 11.)

> 의회가 2개의 합의체로 구성되고, 그 합의체는 독자적으로 의사 결정을 하며, 각각의 의사가 일치하는 경우 그것을 의회의 결정으로 간주한다.

과정	개헌 정족수 1표 부족으로 부결을 선포했다가 자유당이 사사오입(반올림)의 논리로 개헌안 통과
내용	'이 헌법 공포 당시의 대통령(이승만)에 대하여는 중임 제한 조항을 적용하지 않는다.'라는 부칙 추가

(3) 독재 체제 강화

배경	1956년 정·부통령 선거에서 민주당의 장면이 부통령에 당선, 무소속 조봉암의 약진(유효 득표 30% 차지) ➡ 자유당 정권의 위기감 고조
내용	보안법 파동(1958), 진보당 사건(1958), 정부에 비판적인 『경향신문』 폐간(1959)

2. 4·19 혁명과 장면 내각의 수립

(1) 4·19 혁명(1960)

배경	• 미국의 원조 감소에 따른 경기 침체와 실업난, 이승만 정부의 장기 집권 및 독재, 부정부패 • 3·15 부정 선거(관권 동원, 사전 투표, 3인조·9인조 투표 등 부정 선거 자행)
전개 과정	마산에서 부정 선거 규탄 시위(3. 15.) ➡ 마산 앞바다에서 김주열 학생 시신 발견(4. 11.) ➡ 전국적인 시위 확산 ➡ 서울에서 학생·시민의 항쟁(4. 19.) ➡ 시위 중 경찰 총격으로 사상자 발생 ➡ 비상 계엄 선포 ➡ 대학 교수단의 시국 선언문 발표 및 가두시위(4. 25.) ➡ 이승만 대통령의 하야 발표(4. 26.)
의의	학생과 시민이 이승만 독재 정권을 타도한 민주주의 혁명, 민주주의 발전 토대
결과	허정 과도 정부 수립 후 개헌(3차 개헌, 내각 책임제)

시험에 나오는 지문 특강 📖 4·19 혁명 당시의 선언문

• 상아의 진리탑을 박차고 거리에 나선 우리는 질풍과 같은 역사의 조류에 자신을 참여시킴으로써, 지성과 진리, 그리고 자유의 대학 정신을 현실의 참담한 박토에 뿌리려 하는 바이다. …… 민주주의 이념의 최저의 공리인 선거권마저 권력의 마수 앞에 농단되었다. 언론, 출판, 집회, 결사 및 사상의 자유의 불빛을 무시한 전제 권력의 악랄한 발악으로 하여 깜빡이던 빛조차 사라졌다. 긴 칠흑 같은 밤의 계속이다.

— 서울대학교 문리대 학생회 —

1. 마산, 서울, 기타 각지의 학생 데모는 주권을 빼앗긴 국민의 울분을 대신하여 궐기한 학생들의 순수한 정의감의 발로이며, 부정과 불의에 항거하는 민족정기의 표현이다.

5. 3·15 선거는 불법 선거이다. 공명선거에 의하여 정·부통령 선거를 다시 실시하라.

— 대학 교수단 시국 선언문(1960. 4. 25.) —

> 부정 선거에 대한 규탄과 독재 타도의 열기가 높아지는 가운데 '학생들의 피에 보답하라.'라는 구호를 내걸고 서울 시내의 대학 교수단이 시위를 전개하였다. 이 무렵 미국 측도 이승만 대통령의 하야를 권유하는 등 상황이 어려워지자 결국 이승만은 하야 성명을 발표하였다.

◑ 사사오입 개헌

당시 개헌안 통과를 위해서는 국회 재적 의원 203명의 3분의 2를 넘는 136명의 찬성이 필요하였다. 그러나 개헌안은 1표 차이로 부결되었다. 이에 자유당은 203명의 3분의 2는 135.33…… 이므로 사사오입(반올림)하면 의결 정족수는 135명이 된다고 주장하며 헌법 개정안을 통과시켰다.

◑ 진보당 사건

1956년 정·부통령 선거에서 대통령 후보로 나서 선전하였던 조봉암이 진보당을 결성하고 적극적인 정치 활동을 전개하자, 이승만은 간첩죄와 국가 보안법 위반 등으로 이들을 기소하였다. 1959년 조봉암의 사형이 집행되었고 진보당은 정당 등록이 취소되었다. 하지만 2011년에 이루어진 재심에서 대법원은 이들의 주요 혐의에 대해 무죄를 선고하였다.

◑ 3·15 부정 선거의 유형

• 유령 유권자 조작
• 입후보 등록 방해
• 관권 동원 유권자 협박
• 4할 사전 투표
• 3인조, 9인조 공개 투표
• 부정 개표

🌼 공부 꿀팁

이승만 정부의 장기 집권 시도와 이에 대한 저항은 자주 출제되는 주제입니다. 발췌 개헌, 사사오입 개헌, 3·15 부정 선거와 4·19 혁명의 전개 과정과 결과, 역사적 의의를 꼭 알아 두어야 합니다.

(2) 장면 내각의 수립

과정	총선에서 민주당 승리 ➡ 국회에서 대통령에 윤보선 선출, 장면을 국무총리로 지명(1960)
정부 정책	• 민주주의의 진전: 지방 자치제 실시, 언론 활성화, 학생·노동 운동 전개, 교원 노조 결성 • 경제 개발 노력: 국토 개발 사업 착수, 경제 개발 5개년 계획 마련
한계	• 부정 선거 책임자·부정 축재자 처벌에 소극적 • 학생 및 진보 계열의 통일 운동(남북 협상·평화 통일론, 중립화 통일론 제기)에 부정적 • 민주당 내 구파와 신파의 분열로 인한 정치 불안

└── 민주당은 1960년 집권 후 윤보선 중심의 구파와 장면 중심의 신파로 나뉘어 갈등을 빚었다. 이후 구파는 신민당을 결성하였다.

❷ 5·16 군사 정변과 유신 체제

1. 5·16 군사 정변(1961)

➡ 5·16 군사 정변 직후 조직한 기관으로, 국내외에 걸친 정보·사찰뿐만 아니라 수사 기능까지 포함한 막강한 권력을 휘두르며 정치인들에 대한 사찰과 정치 공작을 주도하였다.

발생	박정희를 중심으로 한 일부 군인들이 정변으로 정권 장악 ➡ 혁명 공약▶ 제시, 국가 재건 최고 회의와 중앙 정보부를 설치하여 군정 실시
군정 실시	• 정치: 구 정치인들의 정치 활동 금지, 3·15 부정 선거 관련자 처벌, 언론 탄압 등 • 경제: 농어촌 고리채 정리, 부정 축재자 처리법 제정, 화폐 개혁, 제1차 경제 개발 5개년 계획 추진(1962~1966)

2. 5·16 군사 정변과 박정희 정부

(1) 정부 수립: 5차 개헌(1962, 대통령 중심제·단원제 국회) ➡ 민주 공화당 창당(1963.2.) ➡ 민주 공화당 후보 박정희가 제5대 대통령으로 당선(1963.10.) ➡ 경제 발전과 반공 강조

(2) 한·일 회담과 국교 정상화(1965)

배경	경제 개발에 필요한 자금 마련, 미국의 한·미·일 협력 요구
과정	김종필·오히라 비밀 회담(1962, 일본의 무상 원조와 차관 제공으로 국교 정상화 합의) ➡ 한·일 회담 반대 시위(6·3 시위)▶ 전개(1964) 등 '굴욕적 대일 외교' 반대 ➡ 정부의 계엄 선포와 시위 진압 ➡ 한·일 협정▶ 체결(1965)
영향	한·미·일 공동 안보 체제 형성

(3) 베트남 파병(1964~1973)

배경	미국의 반공 전선 형성 의도, 박정희 정부의 경제 개발 재원 확보 의도
과정	미국의 파병 요청 ➡ 박정희 정부는 군사·경제 지원을 약속받고 파병 ➡ 브라운 각서▶ 이후 추가 파병
영향	베트남 특수로 경제 성장, 미국과 정치·군사적 동맹 강화, 고엽제·라이따이한 등 문제 발생

(4) 3선 개헌(1969)

① 3선 개헌안 통과: 안보와 성장을 내세워 대통령의 3선을 허용하는 개헌안이 여당의 편법으로 국회 통과, 국민 투표로 확정 ➡ 야당과 학생들의 3선 개헌 반대 투쟁

② 제7대 대통령 선거(1971): 신민당 김대중 후보의 돌풍으로 박정희 후보의 힘겨운 승리

시험에 나오는 지문 특강 📖 브라운 각서

• 군사 원조 – 한국에 있는 한국군의 현대화 계획을 위하여 앞으로 수년 동안 상당량의 장비를 제공한다.
• 경제 원조 – 이미 약속한 바 있는 1억 5천만 달러 규모의 차관에 덧붙여 한국의 경제 개발을 돕기 위한 추가 차관을 제공한다.
　　　　　　　　　　　　　　　　　　　　　　　　　　　　－ 국방부 군사 편찬위원회, 『국방조약집』 제1집 –

　1966년에 미국과 교환한 브라운 각서에 따라, 미국은 한국군의 현대화를 지원하였으며, 베트남에 주둔한 한국군의 보급 물자와 장비를 한국에서 구매하도록 하였다. 또한 한국의 수출 진흥을 위해 기술 원조를 강화하고 차관을 제공하였다.

◖ 군사 정변의 혁명 공약

1. 반공을 국시의 제일로 삼고, 반공 태세를 재정비 강화한다.
2. 미국을 비롯한 자유 우방과 유대를 공고히 한다.
4. 민생고를 시급히 해결하고 국가 자주 경제 재건에 총력을 기울인다.
6. 이와 같은 과업이 성취되면 참신하고도 양심적인 정치인들에게 언제든지 정권을 이양하고 우리들 본연의 임무로 복귀할 준비를 갖춘다.

◖ 한·일 회담 반대 시위

1964년 5월 20일, 서울 시내 대학생들이 한·일 굴욕 회담 반대 시위를 열고 '민족적 민주주의 장례식'을 치렀다. 이어 6월 3일, 최대 규모의 시위가 전개되어 계엄이 선포되기에 이르렀다.

◖ 한·일 협정(1965)

1965년 6월 체결된 '대한민국과 일본국 간의 기본 관계에 대한 조약'과 이에 부속된 4개의 협정 등의 총칭이다. 특히 청구권 및 경제 협력에 관한 부속 협정에서 일본은 독립 축하금의 명목으로 한국에 3억 달러를 무상으로 지급하고 2억 달러의 장기 저리 정부 차관과 3억 달러 이상의 상업 차관을 제공하기로 하였다.

◖ 브라운 각서

1966년 3월 미국 정부가 한국군을 베트남에 추가 파병하는 선행 조건에 대한 양해 사항을 주한 미국 대사 W. G. 브라운을 통해 한국 정부에 전달한 공식 통고서이다.

✿ 공부 꿀팁

장면 내각의 정책과 5·16 군사 정변 후 수립된 박정희 정부의 정책, 특히 한·일 국교 정상화, 베트남 파병, 3선 개헌 등의 사실은 전개 과정과 역사적 의미를 정확하게 알아 두어야 합니다.

◐ 3·1 민주 구국 선언

> 삼권 분립은 허울만 남았다. 국가 안보라는 구실 아래 신앙과 양심의 자유는 날로 위축되어 가고 언론의 자유와 학원의 자주성은 압살당하고 말았다. ……
> 1. 이 나라는 민주주의의 기반 위에 서야 한다.
> 2. 경제 입국 구상과 자세가 근본적으로 검토되어야 한다.
> 3. 민족 통일은 오늘 이 겨레가 짊어진 최대의 과업이다.

1976년 3월 1일, 명동 성당에서 가진 기도회에서 긴급 조치 철폐, 민주 인사 석방, 박정희 정권 퇴진 등을 요구하는 민주 구국 선언이 낭독되었다.

◐ YH 무역 사건
1979년 YH 무역 회사의 여성 노동자들이 회사의 폐업 조치에 항의하여 당시 야당이었던 신민당사에서 농성을 벌였다. 이를 경찰이 강제 진압하는 과정에서 여성 노동자 1명이 사망하였다.

◐ 12·12 군사 반란
1979년 12월 12일, 보안 사령관 전두환, 제9사단장 노태우 등 '하나회'를 중심으로 한 신군부 세력이 일으킨 군사 반란이다. 전두환 등은 대통령의 재가 없이 계엄 사령관을 맡은 육군 참모총장 정승화를 체포하고 군부를 장악하였다.

◐ 삼청 교육대
신군부는 1980년 8월, 폭력 조직을 근절하여 사회를 안정시킨다는 구실로 시민 2만여 명을 검거하여 군대의 특수 훈련장에 보내 순화·근로 교육이라는 명분으로 가혹한 훈련을 시켰다.

✎ 공부 꿀팁
유신 헌법의 주요 내용에 대한 정확한 이해가 필요합니다. 이와 더불어 유신에 대한 저항 운동, 신군부의 집권 과정, 5·18 민주화 운동의 역사적 의의도 꼭 기억해 두어야 합니다.

3. 유신 체제

성립 배경	• 대외적: 냉전 체제 완화 → 닉슨 독트린 이후 미군의 베트남 철수, 미국 대통령의 중국 방문 • 대내적: 1971년 대선과 총선에서 야당의 선전, 경기 침체와 물가 상승에 따른 국민 불안
과정	박정희 대통령의 특별 선언(10월 유신, 1972. 10. 17.) → 비상 계엄 선포, 국회 해산 → 비상 국무 회의에서 헌법 개정안 의결·공고(10. 27.) → 국민 투표로 유신 헌법 확정(11. 21.) → 통일 주체 국민 회의 대의원 선거 진행(12. 15.) → 박정희를 제8대 대통령으로 선출(12. 23.)
유신 헌법 (7차 개헌)	대통령 간선제(통일 주체 국민 회의에서 선출, 임기 6년), 대통령 중임 제한 조항 삭제, 대통령에게 긴급 조치권·국회 해산권·국회 의원 3분의 1 추천권 부여 → '한국적 민주주의'라는 명분
저항과 탄압	• 저항: 유신 헌법 개정 운동(1973), 3·1 민주 구국 선언(1976) 등 • 탄압: 긴급 조치 발동, 민청학련 사건·인혁당 재건위 사건(1974) 등
붕괴	YH 무역 사건(1979. 8.) → 신민당 총재 김영삼의 국회 의원직 제명 → 부·마 민주 항쟁(1979. 10.) → 10·26 사태(1979, 중앙 정보부장의 저격에 의한 박정희 대통령 사망)

• 1974년 1월 제1호의 선포부터 1975년 5월에 시행된 제9호까지 유신 체제하에서 총 9차례 선포되었다.

시험에 나오는 지문 특강 📖 유신 헌법

> 제40조 제1항 통일 주체 국민 회의는 국회 의원 정수의 3분의 1에 해당하는 수의 국회 의원을 선거한다.
> 　　　　제2항 제1항의 국회 의원 후보자는 대통령이 일괄 추천하며, 후보자 전체에 대한 찬반 투표에 부쳐…… 당선을 결정한다.
> 제53조 제2항 대통령은 …… 이 헌법에 규정되어 있는 국민의 자유와 권리를 잠정적으로 정지하는 긴급 조치를 할 수 있고, 정부나 법원의 권한에 관하여 긴급 조치를 할 수 있다.
> 제59조 제1항 대통령은 국회를 해산할 수 있다.
> 　　　　　　　　　　　　　　　　　　　　　　　　　　　　 - 「대한민국 관보」 제6337호, 1972. 12. 27. -

> 　유신 헌법으로 대통령의 임기는 4년에서 6년으로 늘어났고, 중임 횟수에도 제한이 없어졌다. 또한 대통령이 의장인 통일 주체 국민 회의에서 간접 선거로 대통령을 선출하게 하여 박정희의 영구 집권이 가능해졌다. 대통령은 국회를 해산할 수 있었으며, 사실상 국회 의원의 3분의 1을 임명할 수 있었다. 또한 긴급 조치 발동권을 통해 각종 법률의 효력을 정지시키고 국민의 자유를 마음대로 제약할 수 있었다. 나아가 모든 법관에 대한 임명권마저 행사하였다.

❸ 5·18 민주화 운동과 6월 민주 항쟁

1. 5·18 민주화 운동과 전두환 정부의 성립

(1) 신군부의 등장과 5·18 민주화 운동 • 12·12 군사 반란을 일으킨 전두환, 노태우 등이 군 내부 사조직인 하나회를 동원하여 무력으로 정승화 계엄 사령관 등을 제거하고 군사권을 장악하였다.

12·12 군사 반란(1979)		10·26 사태 후 계엄 선포 → 통일 주체 국민 회의에서 최규하를 제10대 대통령으로 선출 → 전두환 등 신군부 세력이 정변을 일으켜 정치 실권 장악
서울의 봄		학생과 시민들이 서울역 앞에서 '비상계엄 해제', '신군부 퇴진', '유신 헌법 철폐' 등을 요구하며 대규모 시위 전개(1980. 5. 15.) → 신군부의 비상계엄 전국 확대, 정치 활동 금지
5·18 민주화 운동(1980)	과정	광주의 학생과 시민들의 시위(5. 18.) → 계엄군의 폭력적 진압(시위대에 발포) → 학생과 시민들이 시민군 조직, 무력 저항 → 계엄군의 시민군 진압(5. 27.)
	의의	1980년대 이후 민주화 운동의 기반, 관련 기록물이 유네스코 세계 기록 유산으로 등재

(2) 전두환 정부의 수립 • 신군부가 대통령의 자문·보좌 기관이라는 구실로 조직한 초헌법적인 기구로, 전두환이 상임 위원장이었다.

수립 과정	5·18 민주화 운동 진압 → 국가 보위 비상 대책 위원회 설치 → 최규하 대통령 사임 → 통일 주체 국민 회의에서 전두환이 제11대 대통령으로 선출(1980. 8.) → 8차 개헌(대통령 간선제, 7년 단임) → 민주 정의당 창당 → 대통령 선거인단에 의해 전두환이 제12대 대통령으로 선출(1981. 2.)
정책	• 유화 정책: 학도 호국단 폐지, 두발과 교복 자율화, 야간 통행금지 해제, 해외여행 자유화 등 • 강압 정책: 삼청 교육대 운영, 민주화 운동과 노동 운동 탄압, 언론 통제 등

2. 6월 민주 항쟁(1987)

배경	총선에서 야당이 대거 당선(1985) → 야당과 재야 세력 중심의 대통령 직선제 개헌 운동 추진 → 박종철 고문치사 사건(1987. 1.)으로 국민 저항 고조 ┌ 국민들의 직선제 개헌 요구에 대해 전두환 정부가 당시 └ 헌법을 고수하겠다는 담화를 4월 13일에 발표하였다.
전개	정부의 4·13 호헌 조치(1987) → 대통령 직선제 개헌을 요구하며 시위 전개, 이한열 학생이 경찰이 쏜 최루탄에 맞아 의식 불명에 빠짐(6. 9.) → 민주 헌법 쟁취 국민 운동 본부의 국민 대회(6. 10.) → 시위의 전국 확산(호헌 철폐·독재 타도·민주 헌법 쟁취 요구)
결과	민주 정의당 대표 노태우가 대통령 직선제 개헌 요구를 수용하는 시국 수습 방안 발표(6·29 민주화 선언, 1987) → 여야 합의로 헌법 개정(9차 개헌, 5년 단임의 대통령 직선제)

시험에 나오는 지문 특강 📖 6·10 국민 대회 선언문(1987. 6. 10.)

지금 이 나라는 총칼로도 잠재울 수 없는 전 국민의 민주화 열기로 노도치고 있다. …… 오늘 고 박종철 군을 고문 살인하고 은폐 조작한 거짓 정권을 규탄하고 국민의 여망을 배신한 4·13 폭거가 무효임을 선언하는 우리 국민들의 행진은 이제 거스를 수 없는 역사의 대세가 되었다.

– 신동아 편집실, 『선언으로 본 80년대 민족·민주 운동』, 『신동아』 별책 부록 –

> 1987년 박종철 고문치사 축소 은폐 사건과 4·13 호헌 조치에 반발하며 전국 주요 도시에서 호헌 철폐, 독재 타도, 직선제 개헌 쟁취를 요구하는 시위가 전개되었고, 6월 26일에는 100만 명이 넘는 시민이 시위에 참가하였다. 결국 노태우에 의해 6·29 민주화 선언이 발표되었다.

4 민주주의의 발전

1. 노태우 정부(1988~1993)

여소야대 정국을 극복하기 위해 여당인 민주 정의당과 야당인 통일 민주당(김영삼), 신민주 공화당(김종필)이 통합하여 민주 자유당을 창당했다.

수립	1987년 대선에서 야당 측 후보 단일화 실패로 민주 정의당의 노태우 후보가 제13대 대통령에 당선, 여소야대 국회 형성
전개	청문회를 통해 5공 비리, 5·18 민주화 운동 진상 규명 노력 → 3당 합당으로 민주 자유당 창당(1990), 지방 자치제의 부분적 부활, 언론 기본법 폐지 등
외교	1988년 서울 올림픽 개최 이후 북방 외교 정책 추진, 남북한 유엔 동시 가입, 남북 기본 합의서 채택

2. 김영삼 정부(1993~1998)

수립	민주 자유당의 김영삼 후보가 제14대 대통령에 당선, 5·16 군사 정변 이후 처음으로 민간 정부 등장 → 문민의 정부 표방
개혁 정책	공직자 윤리법 제정, 공직자 재산 등록 실시, 금융 실명제와 부동산 실명제 도입, 전면적 지방 자치제 실시, '역사 바로 세우기' 작업(전두환과 노태우를 반란 및 내란죄 혐의로 구속, 재판에 회부)
경제 정책	선진국들의 경제 협력 개발 기구(OECD) 가입, 국가 부도 위기로 국제 통화 기금(IMF) 구제 금융 지원 요청(1997)

3. 김대중 정부(1998~2003)

수립	선거에 의한 최초의 평화적 여야 정권 교체, 국민의 정부 표방
정책	외환 위기 극복, 민주주의와 시장 경제의 병행 발전 표방
외교	대북 화해 협력 정책(햇볕 정책) 추진, 금강산 관광, 최초로 남북 정상 회담 개최(2000. 6. 15.)

4. 노무현 정부(2003~2008)

수립	참여 정부, 국민과 함께하는 민주주의 실현 표방, 대통령 탄핵 사태 발생(2004)
정책	과거사 진상 규명, 행정 수도 이전 문제, 한·미 FTA 체결 등 정책 논란
외교	제2차 남북 정상 회담 성사(2007)

◐ 박종철 고문치사 사건
1987년 1월 14일, 서울대생 박종철이 치안 본부 남영동 대공분실에서 조사를 받던 중 고문·폭행으로 사망한 사건이다. 당시 경찰과 검찰의 사건 은폐 조작으로 정부의 도덕성에 결정적인 타격을 주었으며, 6월 민주 항쟁의 촉발제가 되었다.

◐ 6·29 민주화 선언

> 1. 1988년 2월, 대통령 직선제 개헌을 통한 평화적 정권 이양 보장
> 2. 대통령 선거법 개정을 통한 공정한 경쟁 보장
> 3. 김대중 사면 복권과 시국 관련 사범 석방
> 6. 지방 자치 및 교육 자치 실시
> 7. 정당의 건전한 활동 보장

◐ 대한민국 헌법 개정사

구분	헌법의 주요 내용
제헌 헌법 (1948)	대통령 간선제 국회 단원제
1차 개헌 발췌 개헌 (1952)	대통령 직선제 국회 양원제
2차 개헌 사사오입 개헌(1954)	대통령 직선제 (중임 제한 철폐)
3차 개헌 (1960)	의원 내각제, 대통령을 국회에서 선출, 양원제
4차 개헌 (1960)	3·15 부정 선거 관련자 처벌
5차 개헌 (1962)	대통령 직선제 국회 단원제
6차 개헌 (1969)	대통령 3선 허용 (대통령 직선제)
7차 개헌 (1972)	대통령 권한 강화, 대통령 간선제(통일 주체 국민 회의에서 선출)
8차 개헌 (1980)	7년 단임의 대통령 간선제(선거인단)
9차 개헌 (1987)	5년 단임의 대통령 직선제

🌿 공부 꿀팁
6월 민주 항쟁은 배경, 과정, 결과까지 모두 정확하게 이해해야 합니다. 또한 이후 정부에서 추진한 주요 정책 및 특징을 빠짐없이 이해하여야 합니다.

대표 기출 문제 분석 01

⤷ 유신 체제

| 44회 49번 기출 |

다음 헌법 조항이 시행된 시기의 민주화 운동으로 옳은 것은?

제39조 ① 대통령은 통일 주체 국민 회의에서 토론 없이 무기명 투표로 선거한다.

제40조 ① 통일 주체 국민 회의는 국회 의원 정수의 3분의 1에 해당하는 수의 국회 의원을 선거한다.
② 제1항의 국회 의원 후보자는 대통령이 일괄 추천하며, 후보자 전체에 대한 찬반을 투표에 부쳐 재적 대의원 과반수의 출석과 출석 대의원 과반수의 찬성으로 당선을 결정한다.

제47조 대통령의 임기는 6년으로 한다.

제59조 ① 대통령은 국회를 해산할 수 있다.

① 굴욕적 대일 외교 반대를 주장하는 6·3 시위가 일어났다.
② 긴급 조치 철폐를 요구하는 3·1 민주 구국 선언이 발표되었다.
③ 부정 선거에 항거하는 4·19 혁명이 전국 각지에서 전개되었다.
④ 4·13 호헌 조치 철폐를 요구하는 전 국민적인 저항이 벌어졌다.
⑤ 김영삼과 김대중을 공동 의장으로 한 민주화 추진 협의회가 조직되었다.

문제 분석

제시된 자료에서 통일 주체 국민 회의에서 토론 없이 무기명 투표로 대통령을 선출하고, 대통령 임기가 6년이라는 점 등을 통해 해당 헌법이 1972년 제정된 유신 헌법(1972~1980)임을 알 수 있다.
② 1976년 삼일절 기념 미사를 위해 명동 성당에 모인 재야인사들은 3·1 민주 구국 선언을 발표하고, 유신 반대를 넘어 유신 정권의 퇴진을 요구하였다. 명동 성당에서 발표되었다고 하여 '명동 사건'이라고도 한다.

정답: ②

오답 거르기

① 한·일 회담에 반대하는 시위로 1964년에 일어났다.
③ 이승만 정부 시기인 1960년 3·15 부정 선거에 항거하는 4·19 혁명이 일어났다.
④ 전두환 정권의 4·13 호헌 철폐를 요구하는 시위가 1987년 전개되었다.
⑤ 민주화 추진 협의회는 1984년에 설립되어 신군부 세력에 저항하였다.

닮은꼴 예상 문제

▶ 정답과 해설 52쪽

다음 조치가 발표된 정부 시기에 있었던 사실로 옳은 것은?

1. 대한민국 헌법을 부정·반대·왜곡 또는 비방하는 일체의 행위를 금한다.
2. 대한민국 헌법의 개정 또는 폐지를 주장·발의·제안 또는 청원하는 일체의 행위를 금한다.
3. 유언비어를 날조, 유포하는 일체의 행위를 금한다.
5. 이 조치를 위반한 자와 이 조치를 비방한 자는 법관의 영장 없이 체포·구속·압수·수색하며 15년 이하의 징역에 처한다.
6. 이 조치를 위반한 자와 이 조치를 비방하는 자는 비상 군법 회의에서 심판·처단한다.

① 내각 책임제와 양원제를 골자로 하는 헌법 개정이 이루어졌다.
② 3·15 부정 선거에 항의하는 시위가 4·19 혁명으로 이어졌다.
③ 민청학련의 배후에 인민 혁명당 재건 위원회가 있다는 발표가 있었다.
④ 신군부 세력이 국가 보위 비상 대책 위원회를 설치하고 정권을 장악하였다.
⑤ 박종철 고문 살인·은폐 조작을 규탄하고 민주 헌법을 쟁취하기 위한 범국민 대회가 개최되었다.

대표 기출 문제 분석 02

6월 민주 항쟁

밑줄 그은 '민주화 운동'에 대한 설명으로 옳은 것은?

| 42회 49번 기출 |

이것은 당시 치안 본부 남영동 대공분실에서 고문을 당하여 죽은 박종철에 대한 국민 추도회 사진이야.

이 고문치사 사건은 호헌 철폐·독재 타도를 외쳤던 민주화 운동의 도화선이 되었어.

① 장면 내각이 출범하는 배경이 되었다.
② 굴욕적인 한·일 국교 정상화에 반대하였다.
③ 5년 단임의 대통령 직선제 개헌을 이끌어 냈다.
④ 신군부의 계엄령 확대와 무력 진압에 저항하였다.
⑤ 3·15 부정 선거에 항의하는 시위가 전국으로 확산되었다.

문제 분석

제시된 자료에서 고문을 당하여 죽은 박종철에 대한 국민 추도회 사진이라는 점과 호헌 철폐·독재 타도를 외쳤던 민주화 운동이라는 점 등을 통해 밑줄 그은 민주화 운동이 1987년 6월 민주 항쟁임을 알 수 있다.

③ 6월 민주 항쟁의 결과 전두환 정부는 국민의 강력한 민주화 요구에 굴복하여, 여당 대통령 후보인 노태우 이름으로 대통령 직선제 개헌, 국민 기본권 보장 등 8개 항의 시국 수습을 위한 특별 선언을 발표하였다(6·29 민주화 선언). 그리고 5년 단임의 대통령 직선제를 내용으로 하는 개헌안이 국민 투표를 거쳐 확정되었다.

정답: ③

오답 거르기

① 장면 내각은 1960년 4·19 혁명을 배경으로 출범하였다.
② 1964년 6·3 시위에 대한 설명이다.
④ 1980년 광주에서 일어난 5·18 민주화 운동에 대한 설명이다.
⑤ 4·19 혁명에 해당한다.

닮은 꼴 예상 문제

> 정답과 해설 52쪽

다음 선언문을 발표한 민주화 운동의 결과로 옳은 것은?

국민 합의를 배신한 4·13 호헌 조치는 무효임을 전 국민의 이름으로 선언한다. 오늘 우리는 전 세계의 이목이 우리를 주시하는 가운데 40년 독재 정치를 청산하고 희망찬 민주 국가를 건설하기 위한 거보를 전 국민과 함께 내딛는다. 국가의 미래요, 소망인 꽃다운 젊은이를 야만적인 고문으로 죽여 놓고 그것도 모자라서 뻔뻔스럽게 국민을 속이려 했던 현 정권에 국민의 분노가 무엇인지를 분명히 보여 주고, 국민적 여망인 개헌을 일방적으로 파기한 4·13 폭거를 철회시키기 위한 민주 장정을 시작한다.

① 대통령이 하야하였다.
② 내각 책임제 개헌이 이루어졌다.
③ 6·29 민주화 선언이 발표되었다.
④ 신군부 세력이 무자비하게 진압하였다.
⑤ 일본에서 김대중 납치 사건이 발생하였다.

기출 및 예상 문제

38회 46번 기출 문제 •

01 (가), (나) 사이의 시기에 있었던 사실로 옳은 것은?

(가) 반민족 행위 특별 조사 위원회(반민 특위)가 본격적으로 친일 청산에 나서자, 친일 경력이 있던 일부 경찰과 친일파들은 '공산당과 싸우는 애국지사를 잡아간 반민 특위 위원은 공산당'이라며 시위를 벌였다. 대통령은 특별 담화를 발표하고, 공산당과 내통했다는 구실로 반민 특위 소속 국회 의원들을 구속하였다.

(나) 자유당은 당시 대통령에 한하여 중임 제한을 적용하지 않는다는 내용을 골자로 하는 개헌을 추진하였다. 그해 11월, 개헌안은 의결 정족수에 1명이 부족하여 부결되었는데, 사사오입 논리를 내세워 다시 개헌안이 통과된 것으로 번복하였다.

① 정부 형태가 내각 책임제로 바뀌었다.
② 장기 독재를 가능하게 한 유신 헌법이 공포되었다.
③ 평화 통일론을 주장한 진보당의 조봉암이 구속되었다.
④ 임시 수도 부산에서 대통령 직선제 개헌안이 통과되었다.
⑤ 여당 부통령 후보 당선을 위한 3 · 15 부정 선거가 자행되었다.

02 다음과 같은 선거 결과로 구성된 국회가 활동한 시기에 있었던 사실로 옳은 것은?

구분	의석수	점유 비율
무소속	126석	60%
이승만 계열	30석	14.3%
민주 국민당	24석	11.4%
기타	30석	14.3%
전체	210석	100%

① 6 · 3 시위가 일어났다.
② 국가 보안법이 개정되었다.
③ 3 · 15 부정 선거가 이루어졌다.
④ 발췌 개헌안이 기립 투표로 통과되었다.
⑤ 대통령의 3선 개헌안이 날치기로 통과되었다.

43회 47번 기출 문제 •

03 (가) 정부 시기에 있었던 사실로 옳은 것은?

이 사건은 '평화 통일'을 주장하는 조봉암이 제3대 대통령 선거에서 200여만 표 이상을 얻어 　(가)　 정권에 위협적인 정치인으로 부상하자 조봉암이 이끄는 진보당의 민의원 총선 진출을 막고 조봉암을 제거하려는 　(가)　 정권의 의도가 작용하여 서울 시경이 조봉암 등 간부들을 국가 변란 혐의로 체포하여 조사하였고, 민간인에 대한 수사권이 없는 육군 특무대가 조봉암을 간첩 혐의로 수사에 나서 재판을 통해 처형에 이르게 한 것으로 인정되는 비인도적, 반인권적 인권 유린이자 정치 탄압 사건이다.

－「진보당 조봉암 사건 결정 요지」－

① 통일 주체 국민 회의 대의원이 선출되었다.
② 농촌 근대화를 표방한 새마을 운동이 전개되었다.
③ 사회 정화를 명분으로 삼청 교육대가 설치되었다.
④ 한 · 독 정부 간의 협정에 따라 서독으로 광부가 파견되었다.
⑤ 국가 보안법 개정안을 통과시킨 이른바 보안법 파동이 일어났다.

04 (가)에 들어갈 정당에 대한 설명으로 옳은 것은?

우리가 8 · 15 해방을 맞이할 때 우리의 앞에는 자유 발전의 탄탄대로가 열리고 이 강토에 수립될 새로운 민주 국가로 …… 그러나 이후 11년이 지난 오늘날 우리나라에는 통일된 자주독립 대신에 국토의 분단과 사상적 대립이 격화되었고, 자유와 질서와 안전 대신에 억압과 혼란과 폭력이 횡행하여 건설과 진보와 번영 대신 파괴와 퇴영과 궁핍이 지배하고 있습니다.

> 왼쪽 자료는 대통령 선거에서 216만 표를 획득한 인물이 그 대중적 지지를 기반으로 창당한 　(가)　의 창당 선언문입니다.

① 당 대표가 간첩 혐의로 처형되었다.
② 신민주주의, 신민족주의를 표방하였다.
③ 보수 야당으로서 내각 책임제 개헌을 주장하였다.
④ 대선에서 '못살겠다, 갈아 보자'라는 구호를 내걸었다.
⑤ 임정 계열 인사들로 조직되어 남북 협상을 주도하였다.

40회 49번 기출 문제 ▶

05 다음 자료를 통해 알 수 있는 민주화 운동에 대한 설명으로 옳은 것은?

> 나는 해방 후 본국에 들어와서 우리 여러 애국 애족하는 동포들과 더불어 잘 지내왔으니 이제는 세상을 떠나도 한이 없으나, 나는 무엇이든지 국민이 원하는 것만 알면 민의를 따라서 하고자 한 것이며, 또 그렇게 하기를 원하는 것이다. ……
> 첫째는 국민이 원하면 대통령직을 사임할 것이며, 둘째는 지난번 정·부통령 선거에 많은 부정이 있었다고 하니, 선거를 다시 하도록 지시하였고, 셋째는 선거로 인연한 모든 불미스러운 것을 없애게 하기 위해서, 이미 이기붕 의장이 공직에서 완전히 물러가겠다고 결정한 것이다. ……

① 호헌 철폐와 독재 타도 등의 구호를 내세웠다.
② 전개 과정에서 시민군이 자발적으로 조직되었다.
③ 신군부의 비상계엄 확대가 원인이 되어 일어났다.
④ 양원제 국회와 장면 내각이 출범하는 계기가 되었다.
⑤ 3·1 민주 구국 선언을 통하여 장기 독재에 저항하였다.

06 밑줄 그은 '정부'에 대한 설명으로 옳은 것은?

> 4월 혁명으로써 이루어진 새 헌법 하의 초대 국무총리직에 불초 이 사람이 취임하게 되어 오늘 국무 위원들과 함께 인사의 말씀을 드리게 된 것을 무쌍의 영광으로 생각하는 동시에 앞으로 중첩한 난관을 돌파하여 혁명 정신을 구현하고 당면한 민족적 과제인 경제적 건설을 수행하여야 할 중대한 책임을 통절하게 느껴 마지않는 바이다. …… 9월에 국제 연합 총회가 개최되겠으므로 정부는 유능한 대표단을 파견하여 한국 통일안과 한국의 국제 연합 가입에 관하여 국제 여론을 환기하겠으며 통일안에 있어서 구정권의 태도와는 달리 국제 연합 자유 국가들의 노선과 일치하도록 국제 연합 감시하에 남북을 통한 자유 선거에 의하여 통일을 달성한다는 주장을 강조하고자 합니다.

① 화폐 개혁을 단행하였다.
② 신국가 보안법을 제정하였다.
③ 사사오입 개헌을 단행하였다.
④ 경제 개발 5개년 계획을 세웠다.
⑤ 베트남 전쟁에 파병을 추진하였다.

07 다음을 공약으로 내건 세력에 대한 설명으로 옳은 것을 〈보기〉에서 고른 것은?

> 1. 반공을 국시의 제일로 삼고 지금까지 형식적이고 구호에만 그친 반공 태세를 재정비 강화한다.
> 2. 유엔 헌장을 준수하고 국제 협약을 충실히 이행할 것이며 미국을 위시한 자유 우방과의 유대를 더욱 공고히 한다.
> 3. 이 나라 사회의 모든 부패와 구악을 일소하고 퇴폐한 국민도의와 민족정기를 다시 바로잡기 위하여 청신한 기풍을 진작시킨다.
> 6. 이와 같은 우리의 과업이 성취되면 참신하고도 양심적인 정치인들에게 언제든지 정권을 이양하고 우리들 본연의 임무에 복귀할 준비를 갖춘다.

| 보기 |
> ㄱ. 중앙 정보부를 신설하였다.
> ㄴ. 국가 재건 최고 회의를 구성하였다.
> ㄷ. 정부에 비판적인 경향신문을 폐간하였다.
> ㄹ. 5·18 민주화 운동을 무력으로 진압하였다.

① ㄱ, ㄴ ② ㄱ, ㄷ ③ ㄴ, ㄷ ④ ㄴ, ㄹ ⑤ ㄷ, ㄹ

08 (가), (나)에 대한 설명으로 옳지 않은 것은?

> (가) 제1조 양 체약 당사국 간에 외교 및 영사 관계를 수립한다. 양 체약 당사국은 대사급 외교 사절을 지체없이 교환한다.
> 제2조 1910년 8월 22일 및 그 이전에 대한 제국과 대일본 제국 간에 체결된 모든 조약 및 협정이 이미 무효임을 확인한다.
> (나) 제1조 한국에 있는 대한민국 국군의 현대화 계획을 위하여 앞으로 상당량의 장비를 제공한다.
> 제2조 월남 공화국에 파견되는 추가 병력에 필요한 장비를 제공하고 또한 파월 추가 병력에 따르는 일체의 추가적 원화 경비를 부담한다.

① (가) – 체결에 반대하는 6·3 시위가 전개되었다.
② (가) – 어업에 관한 협정, 교포의 법적 지위에 관한 협정 등이 부속 협정에 포함되었다.
③ (나) – 전력 증강과 경제 성장에 도움이 되었다.
④ (나) – 체결 반대 시위에 비상계엄을 선포하였다.
⑤ (가), (나) – 박정희 정부 시기에 체결되었다.

42회 48번 기출 문제 ▶

09 (가) 정부 시기의 사실로 옳은 것은?

> 지난 2007년 1월, 서울 중앙 지방 법원은 '인민 혁명당 재건위 사건'에 연루되어 사형당한 8인에게 무죄를 선고하였다. '인민 혁명당 재건위 사건'은 ☐(가)☐ 정부 시기 국가 전복을 계획했다는 혐의로 국가 보안법 및 긴급 조치 제4호에 따라 서도원 · 도예종 · 여정남을 포함한 다수 인사들을 체포하여 사형 · 무기 징역 등을 선고한 사건이다. 특히 판결 확정 후 18시간 만인 다음 날 새벽, 형 선고 통지서가 도착하기도 전에 사형수에 대한 형이 집행되었다. 당시 국제 법학자 협회는 사형이 집행된 4월 9일을 '사법 역사상 암흑의 날'로 선포하였다.

① 한 · 미 상호 방위 조약을 체결하였다.
② YH 무역 노동자들의 농성을 강경 진압하였다.
③ 대통령 긴급 명령으로 금융 실명제를 실시하였다.
④ 사회 정화를 명분으로 삼청 교육대를 설치하였다.
⑤ 평화 통일론을 주장한 진보당의 조봉암을 제거하였다.

10 밑줄 그은 '피고인들'에 대한 설명으로 옳은 것을 〈보기〉에서 고른 것은?

> 피고인들이 국헌(國憲)을 문란하게 할 목적으로 시국 수습 방안의 실행을 모의하고, 모의할 당시 그 실행에 대한 국민의 큰 반발과 저항을 예상하고, 이에 대비해 '강력한 타격'의 방법으로 시위를 진압하도록 평소에 훈련된 공수 부대 투입을 계획한 후 …… 광주 시민들이 급박한 위기 상황에 처하여 있다고도 볼 수 없었는데도 불구하고, 그 시위를 조속히 진압하여 시위가 다른 곳으로 확산되는 것을 막지 아니하면 내란의 목적을 달성할 수 없는 상황에 처하게 되자, 계엄군에게 광주 재진입 작전을 강행하도록 함으로써 다수의 시민을 사망하게 하였다.

┤ 보기 ├
ㄱ. 인민 혁명당 재건 위원회 사건을 조작하였다.
ㄴ. 언론을 통폐합하고 삼청 교육대를 운영하였다.
ㄷ. 유신 헌법을 공포하여 장기 집권을 시도하였다.
ㄹ. 국가 보위 비상 대책 위원회를 통해 권력을 장악하였다.

① ㄱ, ㄴ ② ㄱ, ㄷ ③ ㄴ, ㄷ ④ ㄴ, ㄹ ⑤ ㄷ, ㄹ

43회 49번 기출 문제 ▶

11 다음 자료에 해당하는 민주화 운동에 대한 설명으로 옳은 것은?

> 광주 시민들에 따르면, 공수 부대가 학생들의 시위에 잔인하게 대응하면서 상호 간에 폭력적인 결과를 가져왔다고 한다. 계엄령 해제와 수감된 야당 지도자의 석방을 요구하는 학생들이 행진하면서 돌을 던졌다고 하지만, 그렇게 폭력적이지는 않았다고 한다. 광주에 거주하는 25명의 미국인들 – 대부분 선교사, 교사, 평화 봉사단 단원들 – 가운데 한 사람은 "가장 놀랐던 것은 군인들이 저지른 무차별적 폭력이었다."라고 증언하였다.
>
> – 당시 상황을 보도한 외신 기사 –

① 한 · 일 국교 정상화에 반대하여 일어났다.
② 관련 기록물이 유네스코 세계 기록 유산으로 등재되었다.
③ 대통령 중심제에서 의원 내각제로 바뀌는 계기가 되었다.
④ 3 · 1 민주 구국 선언을 통해 긴급 조치 철폐 등을 요구하였다.
⑤ 4 · 13 호헌 조치에 반발하여 호헌 철폐 등의 구호를 내세웠다.

44회 48번 기출 문제 ▶

12 다음 뉴스가 보도된 정부 시기의 사실로 옳은 것은?

> 정부가 대학 입시 본고사를 폐지하고 대학의 졸업 정원제를 실시한 데 이어, 중학교 의무 교육을 처음 도입하기로 하였습니다. 이에 따라 올해 도서 · 벽지 중학교 1학년부터 의무 교육이 시작되어 내년에는 도서 · 벽지 중학교 전 학년으로 확대 적용될 예정입니다.

① 프로 야구단이 정식으로 창단되었다.
② 금강산 해로 관광 사업이 시작되었다.
③ 제1차 경제 개발 5개년 계획이 추진되었다.
④ 외환 위기 극복을 위해 금 모으기 운동이 전개되었다.
⑤ 대통령의 긴급 명령으로 금융 실명제가 전격 실시되었다.

13 40회 47번 기출 문제 •

(가)~(라) 헌법이 공포된 순서대로 옳게 나열한 것은?

(가)	제69조 ① 대통령의 임기는 4년으로 한다. ② 대통령이 궐위된 경우의 후임자는 전임자의 잔임 기간 중 재임한다. ③ 대통령의 계속 재임은 3기에 한한다.
(나)	제39조 ① 대통령은 통일 주체 국민 회의에서 토론 없이 무기명 투표로 선거한다. 제47조 대통령의 임기는 6년으로 한다.
(다)	제39조 ① 대통령은 대통령 선거인단에서 무기명 투표로 선거한다. 제45조 대통령의 임기는 7년으로 하며, 중임할 수 없다.
(라)	제67조 ① 대통령은 국민의 보통·평등·직접·비밀 선거에 의하여 선출한다. 제70조 대통령의 임기는 5년으로 하며, 중임할 수 없다.

① (가) – (나) – (다) – (라) ② (가) – (다) – (라) – (나)
③ (나) – (가) – (라) – (다) ④ (나) – (라) – (가) – (다)
⑤ (다) – (라) – (나) – (가)

14 다음 신문 기사에 나타난 사건의 배경으로 가장 적절한 것은?

한국사 신문

제△△호   ○○○○년 ○○월 ○○일

김영삼 총재 제명 강행

김영삼 신민당 총재가 뉴욕타임스지와의 기자 회견에서 미국이 공개적이고 직접적인 압력을 통해 박 대통령을 제어해 줄 것을 요구하는 내용의 발언을 한 사실이 국내에 알려지자 공화당과 유정회는 김 총재를 국회에서 제명하기로 결의하는 한편, 9개 항의 징계 사유를 발표하였다. 이에 신민당 의원들은 강력 저지 방침으로 맞섰지만 공화당과 유정회는 국회 별실에서 김 총재 제명안을 날치기 통과시켰다.

---

① 부산과 마산에서 부·마 항쟁이 전개되었다.
② 정부에서 전격적으로 금융 실명제를 단행하였다.
③ 신군부 세력이 비상계엄을 전국으로 확대하였다.
④ 정부가 박종철 고문치사 사건을 은폐하고자 하였다.
⑤ YH 무역 노동자들이 폐업 항의 농성을 전개하였다.

15 38회 49번 기출 문제 •

(가), (나) 인물이 대통령으로 재임했던 시기에 있었던 사실로 옳은 것을 〈보기〉에서 고른 것은?

인물로 보는 한국 현대사

(가)	(나)
• 경상남도 거제 출신 • 신민당, 통일 민주당 총재 • 민주화 추진 협의회 공동 의장 • 대한민국 제14대 대통령	• 전라남도 신안 출신 • 제7대 대통령 선거 신민당 후보 • 민주화 추진 협의회 공동 의장 • 대한민국 제15대 대통령

⊢ 보기 ⊢
ㄱ. (가) – 남북 기본 합의서가 채택되었다.
ㄴ. (가) – 금융 실명제가 전격 시행되었다.
ㄷ. (나) – 6·15 남북 공동 선언이 발표되었다.
ㄹ. (나) – 미국과의 자유 무역 협정(FTA)이 체결되었다.

① ㄱ, ㄴ   ② ㄱ, ㄷ   ③ ㄴ, ㄷ
④ ㄴ, ㄹ   ⑤ ㄷ, ㄹ

16 다음 선언이 발표된 시기를 연표에서 옳게 고른 것은?

국민 여러분께 합의 사항을 다음과 같이 밝힙니다. 민주 정의당과 통일 민주당, 그리고 신민주 공화당은 민주 발전과 국민 대화합, 민족 통합이라는 시대적 과제 앞에 오로지 역사와 국민에 봉사한다는 일념으로 아무 조건 없이 정당법의 규정에 따라 새로운 정당으로 합당한다. 새 정당의 명칭은 가칭 '민주 자유당'으로 한다. …… 우리 역사상 처음으로 이제 여·야 정당이 합당하여 새로운 국민 정당이 탄생합니다. 우리 정치사에 새로운 기원이 열리는 것입니다.

1982	1985	1988	1991	1995	1998
	(가)	(나)	(다)	(라)	(마)
야간 통행 금지 해제	제12대 총선	서울 올림픽 개최	광역 의회 의원 선출	부동산 실명제 실시	김대중 대통령 취임

① (가)   ② (나)   ③ (다)   ④ (라)   ⑤ (마)

03 경제 성장과 사회·문화의 변화

● 귀속 재산

미군정이 적산(敵産)으로 접수한 일본인 소유의 토지와 기업 등을 말한다. 미군정은 귀속 농지 중 일부를 우선적으로 소작인에게 매각하고, 다른 귀속 재산은 일부 매각 후 이승만 정부에 이관하였다.

● 삼백 산업

1950년대 한국 산업에서 중추적 역할을 한 산업으로, 제품이 흰색을 띠는 세 가지 즉, 밀가루(제분), 설탕(제당), 면직물(면방직 공업)을 지칭하는 말이다. 삼백 산업은 생산자가 각 업종에 따라 각종 협회 등의 단체를 결성하고 협회가 제조업자를 대표하여 원료 도입 자금을 불하받아 이를 각 산하 기업에 분배하는 형식을 취하였다.

● 경부 고속 국도

경부 고속 국도는 1968년 착공하여 1970년 완공되었으며, 산업 발달의 원동력이 되었다.

🐝 공부 꿀팁

광복 직후의 경제 상황과 6·25 전쟁 직후의 경제 상황, 그리고 한·미 원조 협정 등에 대해 종종 출제되며, 간혹 난이도 있는 문항이 출제되는 경우도 있기 때문에 정확하게 이해하는 것이 필요합니다.

1 산업화와 경제 성장

1. 전후 복구와 원조 경제

(1) 광복 직후의 경제 상황

경제 상황	• 자본, 기술을 가진 일본인의 철수 및 중공업 시설의 북한 편중, 북한의 송전 중단 등으로 어려움 • 해외 동포의 귀국, 북한 동포의 월남 → 남한 인구 급증과 실업난 증가, 식량 부족
미군정의 정책	• 곡물 자유 시장 정책 → 곡물 가격 폭등 → 미곡 수매 제도 시행(식량 수급이 원활하지 못함) • 재정 적자와 과도한 화폐 발행으로 인플레이션 심화

(2) 농지 개혁법의 시행과 귀속 재산 처리

농지 개혁법	유상 매수, 유상 분배, 지주제 폐지, 지주의 산업 자본가 전환은 실패
귀속 재산 처리	옛 일본인의 재산을 민간에 매각 → 특정 기업 중심으로 편중(정경유착 문제 발생)

└ 정치인과 기업인이 정책적 혜택과 정치 자금을 거래하는 부적절한 밀착 관계를 말한다.

(3) 전후 복구와 미국의 원조

전후 경제		대다수의 생산 시설 파괴, 생활 필수품 부족, 물가 폭등
미국의 원조	내용	• 미국은 정부 수립 후 한·미 원조 협정(1948~1961)을 체결하고 경제 원조 • 농산물과 소비재 물품 중심의 물자 원조를 활용한 전후 복구 추진 → 삼백 산업 발달, 식량 문제 다소 해결
	결과	미국 원조 물자의 대량 유입으로 인해 국내 농산물 가격 폭락, 국내 밀·면화 생산 위축, 생산재 산업 부진
	변화	미국의 무상 원조가 1950년대 후반부터 유상 차관 방식으로 전환

└ 농산물 가격 폭락은 농민 소득 감소로 이어졌다.

시험에 나오는 지문 특강 📖 한·미 원조 협정(1948)

> 대한민국 정부는 대한민국의 경제적 위기를 방지하며 국력 부흥을 촉진하고 국내 안정을 확보하기 위하여 미합중국 정부에 재정적·물질적 및 기술적 원조를 요청하였으므로 미합중국 국회는 1948년 6월 28일에 인준된 법률에 의하여 미합중국 대통령이 대한민국 국민에게 원조를 제공할 권한을 동 대통령에게 부여하였으며, 미합중국 정부 및 대한민국 정부의 독립과 안전 보장에 합치되는 조건에 의한 그 원조의 제공이 국제 연합 헌장의 근본 목적과 1947년 국제 연합 총회 결의의 근본 목적을 달성함에 유효하고 ……
>
> - 『경향신문』, 1948. 12. 12. -

> 한국 정부 수립에 따라 국가 대 국가의 경제 원조를 위해 한·미 원조 협정(1948)을 체결하고, 경제 협력처 소관의 원조 자금을 집행하였다. 그러나 1957년 이후 미국의 경제 악화로 무상 원조 자금이 점차 유상 차관 방식으로 변화하였다.

2. 경제 개발 5개년 계획의 추진

(1) 제1·2차 경제 개발 5개년 계획(1962~1971)

① 특징: 경공업 육성, 노동 집약적 산업 중심, 수출 주도형 경제 성장, 베트남 특수에 힘입어 고도성장

② 성과: 경부 고속 국도 개통(1970) 등 사회 간접 자본 확충

③ 한계: 1960년대 말 외채 상환 시기를 맞아 위기에 직면

(2) 제3·4차 경제 개발 5개년 계획(1972~1981)

① 특징: 중화학 공업 육성, 자본 집약적 산업 중심 ┌ 석유 화학, 조선, 철강, 비철금속, 전자, 기계 분야를 6대 전략 업종으로 선정하여 집중 육성하였다.

② 성과: 포항 제철 준공식(1973), 수출 100억 달러 달성(1977) 등

③ 한계
- 제1차 석유 파동[1]: 서아시아(중동) 건설 사업에 진출, 오일 달러를 벌어들여 위기 극복
- 제2차 석유 파동: 중화학 공업 중복 투자 등으로 경제 악화

└→ 유신 체제에 위협 요인으로 작용하기도 하였다.

(3) 의의와 한계

의의	'한강의 기적'이라고 불리는 경제 성장 달성, 1인당 국민 소득 증대
한계	저임금 · 저곡가 정책으로 노동자와 농민의 희생 강요, 도시와 농촌 간 소득 격차 발생, 경제의 대외 의존도 심화

3. 1980년대 이후의 경제 변화

(1) 1980년대의 경제 변화

① 부실 기업 정리, 중화학 공업에 대한 중복 투자 조정 등 추진

② 저유가, 저금리, 저달러의 '3저 호황'의 상황 속에서 자동차, 철강 산업 등 발전

(2) 1990년대 이후의 경제 변화

신자유주의를 바탕으로 국가 간 자유 무역 협정(FTA)의 체결을 강요하는 등 자유 무역의 확대를 추구하였다. •

개방 압력	우루과이 라운드 타결(1986~1993, 국내 농업에 큰 타격), 세계 무역 기구(WTO) 설립
김영삼 정부	• 금융 실명제와 부동산 실명제 실시(1993), 시장 개방 확대와 세계 무역 기구(WTO) 가입(1995), 경제 협력 개발 기구(OECD)[2] 가입(1996) • 집권 말기에 외환 위기(금융권 부실, 대기업 부도, 외화 부족) 발생 → 국제 통화 기금(IMF)에서 긴급 금융 지원을 받음(1997)
김대중 정부	• 금융 기관과 대기업의 구조 조정, 금 모으기 운동, 노사정 위원회 운영 등을 통해 국제 통화 기금의 지원 자금 조기 상환 • 정리 해고제 도입 등으로 실업자 · 비정규직 노동자의 증가로 인한 노동 환경 악화 문제 발생, 많은 기업이 외국 자본의 손에 넘어감
노무현 정부	• 한 · 칠레 자유 무역 협정 체결(2004), 한 · 미 자유 무역 협정 체결(2007) 등 • 빈부 격차 해소를 위한 복지 정책 추진, 부동산 가격 폭등 등의 문제는 미해결
이명박 정부	한 · 유럽 연합 자유 무역 협정 체결(2011)

(3) 한국 경제의 현황 및 과제

현황	반도체 · 휴대 전화 · 자동차 · 조선 등 해외 시장 확대, 농 · 축 · 수산물 시장 개방 확대
과제	산업 간 불균형 문제 해소, 해외 의존도 심화 문제 해소, 빈부 격차 및 부동산 문제 해결 등

❷ 사회 변화 및 사회 운동의 발전

1. 도시와 농촌의 변화

(1) 도시의 변화: 급속한 경제 성장으로 도시화 진행 → 주택, 교통, 도시 빈민 문제 발생 → 광주 대단지 사건(1971) 발생

(2) 농촌의 변화: 공업화와 저곡가 정책 등으로 도시와 농촌의 소득 격차 심화 → 이촌 향도 → 농촌 인구 감소와 고령화 문제 발생

└→ 정부가 경제 개발 과정에서 노동자들에게 저임금 정책을 펴기 위해 농산물에 대해서도 저곡가 정책을 폈다.

(3) 새마을 운동(1970년대 시작)

내용	근면 · 자조 · 협동을 바탕으로 한 농촌 생활 환경 개선에 중점을 둔 정부 주도의 운동
의의 및 한계	농가 소득 증대 및 농어촌 근대화에 기여, 유신 체제 합리화에 이용

(4) 농민 운동의 전개

1970년대	가톨릭 농민회 등 농민 단체를 중심으로 전개, 함평 고구마 피해 보상 운동[3] 등
1980년대 이후	1993년 우루과이 라운드 협상 타결로 농산물 시장 개방, 농가 부채 증가 등 위기 → 이를 극복하기 위한 농민 운동 활성화

○ 석유 파동
1973~1974년 중동 전쟁 당시 아랍 산유국들의 석유 무기화 정책과 1978~1980년 이란 혁명으로 인한 석유 생산의 대폭 감축으로 석유 공급이 부족해졌다. 이에 국제 석유 가격이 급등하였고, 그 결과 전 세계가 경제적 혼란과 위기를 겪었다.

○ 경제 협력 개발 기구(OECD)
정책 협력을 통해 회원 각국의 경제 · 사회 발전을 공동으로 모색하고, 나아가 세계 경제 문제에 공동으로 대처하기 위해 1961년 9월 30일 파리에서 발족한 국제 기구이다.

○ 외환 위기
기업 경영과 금융의 부실이 드러나 대외 신뢰도가 떨어져 외환 차입이 어려워지게 되면서, 외환 시장의 불안으로 환율 상승의 압력이 가해지는 악순환을 겪는 것을 말한다. 우리나라는 1997년에 타이, 인도네시아 등 아시아 국가들과 함께 경제 위기를 맞았다. 우리나라는 금융 기관의 부실, 차입 위주의 방만한 기업 경영으로 말미암아 대기업의 연쇄 부도, 대외 신뢰도 하락, 단기 외채의 급증 등으로 외환 위기를 겪게 되었다.

○ 함평 고구마 피해 보상 운동
고구마 수매 가격 문제로 수매가 늦어지면서 고구마가 썩게 되자 농민들은 피해 보상을 요구하며 소송을 제기하고, 가톨릭 농민회의 지원 아래 집단 항의 농성을 전개하였다. 함평 농민들은 3년에 걸친 끈질긴 투쟁 끝에 피해를 보상받았다. 이 사건은 1980년대 이후 활발히 전개된 농민 운동의 선구적 역할을 하였다.

🌿 공부 꿀팁
한국 경제의 성장 과정을 시기별로 정확히 파악해 두어야 합니다. 시기별 경제 상황, 정부별 경제 상황을 묻는 문항은 현대 경제사에서 가장 일반적인 문항에 해당합니다.

◐ 동일 방직 사건(1978)
경찰의 과잉 진압 이후 동일 방직의 노동 쟁의가 계속되던 중, 노동조합 임원 선거에 노동자들이 참여하지 못하게 하기 위해 회사 측이 고용한 폭력배와 어용 노조원들이 이들에게 똥물을 투척한 사건이다.

◐ 복지 제도의 발전 과정

1981	장애인 복지법 제정
1986	최저 임금법 제정
1987	남녀 고용 평등법 제정
1988	국민연금 제도 시행
1995	사회 보장 기본법 제정 고용 보험 제도 실시
1999	국민 기초 생활 보장법 제정
2008	노인 장기 요양 보험 제도 시행

◐ 『경향신문』 폐간(1959)
『경향신문』은 이승만 정부와 여당인 자유당에 대해 가장 비판적으로 보도하던 신문이었다. 이에 이승만 정부는 1959년 4월, 군정 법령 제88호를 근거로 『경향신문』을 폐간시켰다. 이는 1960년 정·부통령 선거를 앞둔 상황에서 정부에 대한 비판 기사가 선거에 미칠 영향력을 우려했기 때문이었다.

◐ 신군부의 언론 기본법 제정
신군부 세력은 자유 언론을 지키려는 언론인들을 무더기로 쫓아내고, 신문사와 방송사를 통폐합하였으며, 공공질서를 문란하게 한 행위를 고무·찬양할 경우 언론사의 등록을 취소할 수 있다는 내용을 담은 언론 기본법을 제정(1980)하였다. 이 법은 1987년 폐지되었다.

꿀팁 공부 꿀팁
경제 성장 과정에서 소외된 노동자들의 삶과 노동 운동, 사회·문화적 변화, 복지 제도의 실현 과정이 가끔 난이도 있는 문항으로 출제되기도 합니다. 정확히 공부해 두어야 합니다.

2. 노동 운동과 다양한 사회 운동의 성장

노동 운동	배경	산업화로 인한 노동자 계층의 급증 → 저임금, 장시간 노동, 열악한 노동 환경, 노동 3권의 유명무실화 등
	1970년대	• 전태일 분신 사건(1970)을 계기로 노동 운동 본격화, 학생과 지식인의 지원 （유신 체제의 몰락을 가져왔다.） • 동일 방직 파업(1978), YH 무역 여성 노동자들의 농성(1979) 등
	1980년대	6월 민주 항쟁 이후 노동 운동 확산, 많은 직장에서 노동조합 결성
	1990년대	• 국제 노동 기구(ILO) 가입 • 민주노총 결성(1995) → 한국노총과 양대 조직 체제 형성
	외환 위기 이후	노사정 위원회 조직(1998), 비정규직 급증 （외환 위기를 계기로 설립된 대통령 자문기구로, 노동자, 사용자, 정부 간 사회적 대화의 합의 도출을 목적으로 하였다.）
사회 운동	배경	1980년대 후반 민주화의 진전, 경제 발전에 따른 중산층의 형성, 산업화에 따른 급격한 환경 오염, 여성의 경제 활동 참여에 따른 여성의 지위 향상
	활동 내용	• 사회 개혁, 복지, 환경, 여성 문제 등 다양한 분야의 사회 문제 제기 • 여성 운동: 남녀 고용 평등법 제정(1987), 가족법 개정, 여성부 출범(2001), 호주제 폐지(2008) 등

시험에 나오는 [지문 특강] 전태일이 박정희 대통령에게 보낸 탄원서

저의 직장은 시내 동대문 평화 시장으로 종업원은 3만여 명이 됩니다. …… 3만여 명 중 40%를 차지하는 시다공(보조공)들은 평균 연령 15세의 어린이들로서 굶주림과 어려운 현실을 이기려고 하루에 70원 내지 100원의 급료를 받으며 1일 15시간의 작업을 합니다. …… 저희의 요구는 하루 15시간의 작업 시간을 1일 10~12시간으로 단축해 달라는 것입니다. 1개월 휴일 2일을 늘려서 일요일마다 휴일로 쉬기를 원합니다. 건강 진단을 정확하게 하여 주십시오. …… 인간으로서 최소한의 요구입니다.

– 조영래, 『전태일 평전』 –

전태일은 노동청과 청와대에 열악하고 비참한 노동 현실을 알리고 개선을 요구하였으나 받아들여지지 않자, 근로 기준법 준수를 외치며 분신자살하였다. 그의 죽음은 우리나라 노동 운동이 성장하는 데 밑거름이 되었다.

3. 사회 보장 제도의 발전

내용	• 의료 보험 제도 도입(1963) → 직장인 의료 보험 제도(1977) → 전국민 의료 보험 제도(1989) → 국민 건강 보험으로 통합(2000) • 장애인 복지법 제정(1981), 최저 임금법 제정(1986), 남녀 고용 평등법 제정(1987), 국민 연금 제도 시행(1988), 사회 보장 기본법 제정, 고용 보험 제도 실시(1995), 국민 기초 생활 보장법 제정(1999), 노인 장기 요양 보험 제도 시행(2008) 등
의의	노약자, 빈민층, 실업자, 장애인 등 사회적 약자에 대한 국가의 보호 의무 제도의 발전

3 현대 문화의 동향

1. 언론의 발전

이승만 정부	정부에 대해 비판적 언론을 탄압 → 『경향신문』 폐간(1959) 등
4·19 혁명 직후	『경향신문』 복간 등 언론의 자유 확대
박정희 정부	정보 기관을 통한 언론 탄압 일상화, 자유 언론 실천 선언(자유 언론 수호 운동, 1974)을 계기로 이루어진 동아일보 광고 탄압 （유신 체제에 대한 저항 운동의 하나였다.）
신군부와 전두환 정부	언론사 통폐합, 언론 기본법 제정, 보도 지침을 통한 언론 조작 및 기사에 대한 통제와 검열 강화
6월 민주 항쟁 이후	전국 언론 노동조합 연맹 결성, 정치권력의 언론에 대한 통제 완화 → 언론의 자유 신장

이 보도 지침 자료집은 1985년 10월 19일부터 1986년 8월 8일까지 10개월간 문화공보부 홍보 정책실이 거의 매일같이 각 신문사에 내려보내는 보도 통제 지시를 모은 것으로, 오늘의 제도 언론의 정체와 본질을 드러내는 데 있어서, 그리고 권력과 언론의 관계를 밝히는 데 있어서 움직일 수 없는 결정적 증거가 되는 것이다. 언론 통제 본부라 할 수 있는 문공부 홍보 정책실이 이 보도 지침 속에서 오직 권력의 이해관계라는 기준에 입각하여 모든 중요한 사건에 대해 보도 가(可), 불가(不可), 절대 불가의 판정을 내리고 보도의 방향, 내용, 기사의 크기, 기사의 위치 등에 이르기까지 세밀하게 지시를 내리고 있음이 거듭 확인되었다.　　　　　　　　　 – '보도 지침 자료 공개 기자 회견을 하면서'(1986. 김주언 기자가 명동 성당에서 발표한 성명서) –

전두환 정부 시기 언론계에서 강제 축출당한 인사들이 중심이 되어 '민주 언론 운동 협의회'를 결성하고(1984), 『말』지를 창간하였다(1985). 민주 언론 운동 협의회는 천주교 정의 구현 사제단과 함께 전두환 정권이 언론을 통제하던 실상을 담은 '보도 지침'을 폭로하였다.

2. 교육 정책의 변화

미군정기	홍익인간의 교육 이념과 6-3-3-4 학제 마련, 미국식 민주주의 교육 제도 도입
이승만 정부	초등 의무 교육 규정, 멸공 통일 교육, 도의 교육, 1인 1기 교육 강조
장면 내각	학원 정상화, 사도(師道) 확립, 교육의 중립성 확보 등 3대 방침을 제시, 교육 자치제 실시
박정희 정부	• 반공 교육과 군사 교육의 강화: 국민 교육 헌장 제정(1968), 학도 호국단 부활 • 입시 경쟁 해소 노력: 교육 기회의 확대 및 양적·질적 팽창, 교육에 대한 열기 고조(무즙 파동, 1964), 중학교 무시험 추첨제 도입(1968), 고등학교 평준화 실시(1974)
신군부와 전두환 정부	7·30 교육 개혁(1980): 국가 보위 비상 대책 위원회에 의해 대입 본고사 폐지, 졸업 정원제 실시, 과외 금지 조치 등
노태우 정부	과외 금지 해제, 사교육비 문제 대두, 시·도별 교육 위원을 선출하는 교육 자치제 실시
김대중 정부	중학교 무상 교육 전면 시행

1. 1981학년도부터 대학 입시 본고사를 폐지하고, 우선 출신 고등학교의 내신 성적과 예비고사 성적만으로 대학 입학자를 선발하고, 궁극적으로 예비고사도 없애고 내신 성적만으로 선발할 방침이다.

3. 대학의 졸업 정원제를 실시하여 신입 학생은 정원보다 일정 수를 더 입학시키되, 졸업은 정원수만큼만 시킨다.

국가 보위 비상 대책 위원회에 의해 교육 개혁이 취해졌다. 대학 입학 본고사 폐지, 내신 성적과 예비고사 성적만으로 입학 정원의 130%를 선발하는 졸업 정원제 실시로 대학 교육의 양적 팽창이 이루어졌다.

3. 대중문화의 발전

1950년대	정비석의 소설 『자유부인』을 둘러싼 논쟁
1960년대	• 문학: 시인 신동엽·김수영, 최인훈의 『광장』 등 • 대중문화: 텔레비전 방송국 설립과 매스미디어의 발달, 영화 제작 활발
1970년대	• 대중문화: 텔레비전 드라마의 확대로 영화 다소 위축, 장발과 통기타, 청바지로 상징되는 청년 문화 등장, 포크송 유행, 일부 가요의 금지곡 지정, 「경범죄 처벌법」으로 장발 등 단속 • 문학: 조세희의 『난장이가 쏘아올린 작은 공』, 시인 김지하, 소설가 최인호 등
1980년대	• 대중문화의 발달: 대중문화의 소비 집단으로 10대 등장, 민중 미술 발달, 프로 야구 출범 • 문학: 이청준, 이문열 등
1990년대	언론, 방송, 매체를 통한 대중문화의 확산, 영화 산업 발달, 한류 열풍 시작

○ 학도 호국단
1949년 중등학교 이상 각급 학교에 결성된 준군사 조직 단체로, 교련 수업과 군사 훈련을 하였다. 4·19 혁명 이후 폐지되었다가 1975년 유신 체제하에서 부활되었으며, 1985년 다시 폐지되었다.

○ 장발과 미니스커트 단속

유신 정권은 1973년 3월, 경범죄 처벌법을 개정하여 귀를 덮을 정도로 머리가 긴 장발과 무릎 위 17㎝ 이상인 미니스커트를 입은 사람을 경찰이 단속할 수 있게 하였다.

○ 한류
1990년대 중반 한국의 텔레비전 드라마가 중국에 수출되고 몇 년 뒤에는 가요가 알려지면서 아시아를 중심으로 대한민국의 대중문화가 대중적 인기를 얻게 된 현상을 일컫는다. '한류'라는 용어는 중국에서 한국 대중문화에 대한 열풍이 일기 시작하자 2000년 무렵 중국 언론에서 이러한 현상을 표현하기 위해 사용하여 널리 알려졌다.

🌸 **공부 꿀팁**
현대 문화의 변화, 교육 정책 등은 출제 빈도가 높은 부분이 아니기 때문에 간혹 출제되면 어렵게 느껴질 것입니다. 기본적인 흐름을 꼭 파악해 두어야 합니다.

대표 기출 문제 분석 01

▶ 박정희 정부의 경제 상황

| 43회 48번 기출 |

다음 사실이 있었던 정부 시기의 경제 상황으로 옳은 것은?

▲ 포항 종합 제철 공장 제1기 준공식

연간 조강 생산량 1백 3만 톤 규모의 제철 일관 공정을 갖춘 포항 종합 제철 공장 제1기 준공식이 대통령이 참석한 가운데 거행되었다. 총 공사비 1,200여억 원(외자 700여억 원 포함)을 들여 3년 3개월 만에 완공된 이 공장에서 생산된 철강은 조선, 기계, 자동차 등 중화학 공업 분야의 원재료로 쓰이게 된다.

① 경제 협력 개발 기구(OECD)에 가입하였다.
② 제3차 경제 개발 5개년 계획이 추진되었다.
③ 한·칠레 자유 무역 협정(FTA)이 체결되었다.
④ 대통령 긴급 명령으로 금융 실명제가 실시되었다.
⑤ 3저 호황으로 물가가 안정되고 수출이 증가하였다.

문제 분석

제시된 자료에서 포항 종합 제철 공장 제1기 준공식이 있었다는 것을 통해 해당 시기는 1973년이며, 당시 박정희 정부임을 알 수 있다.
② 박정희 정부는 1962년부터 경제 개발 5개년 계획을 추진하였으며, 포항 종합 제철 공장 준공식이 거행될 당시에는 제3차 경제 개발 5개년 계획 (1972~1976)이 추진되고 있었다.

정답: ②

오답 거르기

① 경제 협력 개발 기구(OECD)에 가입한 것은 김영삼 정부 시기인 1996년이었다.
③ 한·칠레 자유 무역 협정은 노무현 정부 시기인 2004년에 체결되었다.
④ 금융 실명제는 김영삼 정부에서 실시되기 시작하였다.
⑤ 3저 호황은 1980년대 중후반의 상황이었다.

📖 닮은 꼴 예상 문제

➤ 정답과 해설 56쪽

(가) 정부 시기의 경제 상황으로 옳은 것은?

[(가)] 정부는 근면, 자조, 협동의 기치 아래 생활 태도 혁신, 환경 개선, 소득 증대를 통해 낙후된 농촌을 근대화시킨다는 명분으로 새마을 운동을 시작하였다. 이 운동은 먼저 농어촌에서 시작되어 지붕 개량, 주택 개량, 농로 개설, 마을 도로 확충, 하천 정비 사업, 전기화 사업 등 환경 개선과 농가 소득 증대를 목표로 하였다. 또 농가 소득 증대와 농어촌 고리채 문제 등을 해결하고자 하였다. 이 운동이 가시적 효과를 내면서 체제를 지탱하는 버팀목 역할을 하였다.

① 금융 실명제가 실시되었다.
② 세계 무역 기구에 가입하였다.
③ 수출 주도형 공업화 전략을 추진하였다.
④ 저유가, 저달러, 저금리의 3저 호황을 누렸다.
⑤ 외환 위기로 국제 통화 기금의 지원을 받았다.

전태일과 노동 운동의 변화

| 38회 48번 기출 |

다음 뉴스에 보도된 사건 이후의 사실로 옳은 것을 〈보기〉에서 고른 것은?

어제 동대문 평화 시장 재단사 전태일 씨가 분신하는 사건이 발생하였습니다. 이 과정에서 그는 노동자들의 열악한 근무 환경 실태를 고발하며 근로 기준법의 준수를 외쳤습니다.

┌ 보기 ┐
ㄱ. 최저 임금법이 제정되었다.
ㄴ. 한·미 원조 협정이 체결되었다.
ㄷ. 연간 수출액이 100억 달러가 달성되었다.
ㄹ. 제1차 경제 개발 5개년 계획이 추진되었다.
└────────────────────────────┘

① ㄱ, ㄴ   ② ㄱ, ㄷ   ③ ㄴ, ㄷ   ④ ㄴ, ㄹ   ⑤ ㄷ, ㄹ

문제 분석

제시된 자료에서 동대문 평화 시장 재단사 전태일 씨가 분신하는 사건이 발생하였다는 것을 통해 해당 뉴스가 보도된 것은 1970년 11월임을 알 수 있다.
② ㄱ. 최저 임금법은 저임금 노동자의 보호를 위하여 국가가 임금의 최저액을 정해 이를 사용자에게 강제하기 위하여 제정된 법률로, 1986년에 처음 제정되었다.
ㄷ. 제4차 경제 개발 5개년 계획을 추진하던 1977년에는 1인당 국민 총생산(GNP) 1,000달러, 수출 100억 달러를 돌파하는 등 호황을 누렸다.

정답: ②

오답 거르기

ㄴ. 한·미 원조 협정은 1948년 12월, 한국의 경제적 위기를 방지하고 국력 부흥을 촉진하며 안정을 확보한다는 목적 아래 미국 정부가 한국 정부에게 제공할 재정적·기술적 원조와 관련된 원칙과 기준 등을 명문화한 한·미 정부 간의 협정이다.
ㄹ. 제1차 경제 개발 5개년 계획은 1962∼1966년에 추진되었다.

 닮은 꼴 예상 문제

▶ 정답과 해설 56쪽

다음 글이 작성된 시기에 볼 수 있는 사회 모습으로 가장 적절한 것은?

지난 13일 오후 서울 시내 중구 청계천 6가에 있는 평화 시장, 동대문 시장, 통일 상가 등의 종업원 5백여 명이 근로 조건의 개선을 요구하는 데모를 벌이려다 경찰의 제지를 받자 재단사 친목회 대표가 몸에 휘발유를 뿌리고 분신자살하였다. …… 이곳에서 일하고 있는 2만 7천여 명의 종업원들은 작업 환경이 나빠 대부분 안질환, 신경성 위장병 등에 걸려 있을 뿐만 아니라 낮은 임금에 혹사당하고 있다.

① 한·일 월드컵 때 거리 응원에 나선 청년
② 농산물 시장 개방 반대 운동을 벌이는 농민
③ 포항 종합 제철 공장 준공식을 취재하는 기자
④ 중학교 무시험 전형에 따라 진학을 준비하는 국민학생
⑤ 연간 수출 100억 달러 달성 기념비를 건립하는 노동자

기출 및 예상 문제

36회 46번 기출 문제

01 다음 협정이 적용된 시기 우리나라의 경제 상황으로 옳은 것은?

대한민국 정부는 대한민국의 경제적 위기를 방지하며 국력 부흥을 촉진하고 국내 안정을 확보하기 위하여 미합중국 정부에 재정적, 물질적, 기술적 원조를 요청하였으며, 미합중국 의회는 …… 대한민국 국민에게 원조를 제공할 권한을 미합중국 대통령에게 부여하였고, 대한민국 정부 및 미합중국 정부는 대한민국 정부의 독립과 안전 보장에 합치되는 조건에 의한 그 원조의 제공이 …… 한국 국민과 미국 국민 간의 우호적 연대를 일층 강화할 것을 확신하므로 …… 아래와 같이 협정하였다. ……

– 한 · 미 원조 협정 –

① 경부 고속 국도를 개통하였다.
② 경제 협력 개발 기구(OECD)에 가입하였다.
③ 제분 · 제당 · 면방직의 삼백 산업이 성장하였다.
④ 3저 호황으로 물가가 안정되고 수출이 증가하였다.
⑤ 대통령의 긴급 명령으로 금융 실명제를 실시하였다.

02 다음 법령에 대한 설명으로 옳은 것을 〈보기〉에서 고른 것은?

제1조 본법은 귀속 재산을 유효 적절히 처리함으로써 산업 부흥과 국민 경제의 안정을 기함을 목적으로 한다.
제15조 귀속 재산은 합법적이며 사상이 온건하고 운영 능력이 있는 선량한 연고자, 종업원 또는 농지 개혁법에 의하여 농지를 매수당한 자와 주택에 있어서 특히 국가에 공이 있는 무주택자, 그 유가족, 주택 없는 빈곤한 근로자 또는 귀속 주택 이외의 주택을 구득하기 곤란한 자에게 우선적으로 매각한다.

┤ 보기 ├
ㄱ. 제헌 국회에서 제정한 법령이었다.
ㄴ. 시행 결과 지주 계급이 증가하였다.
ㄷ. 시행 결과 정경유착이 나타나기도 하였다.
ㄹ. 국가 재건 최고 회의에서 시행을 주도하였다.

① ㄱ, ㄴ   ② ㄱ, ㄷ   ③ ㄴ, ㄷ
④ ㄴ, ㄹ   ⑤ ㄷ, ㄹ

41회 48번 기출 문제

03 다음 뉴스가 보도된 정부 시기의 사실로 옳은 것은?

서울과 부산을 이어 주는 총 길이 400킬로미터가 넘는 국내 최장 고속 도로가 드디어 준공되었습니다.

경부 고속 도로 준공

① 금융 실명제가 실시되었다.
② 서울 올림픽 대회가 개최되었다.
③ 박종철 고문치사 사건이 발생하였다.
④ 반민족 행위 특별 조사 위원회가 구성되었다.
⑤ 전태일이 근로 기준법의 준수를 요구하며 분신하였다.

04 다음 내용이 진행된 시기의 경제 상황으로 가장 적절한 것은?

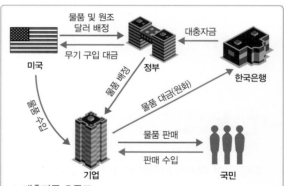

▲ 대충자금 흐름도

미국의 원조 농산물을 판매한 돈은 대충자금(代充資金)으로 적립되었다. 이 대충자금은 한 · 미 합동 경제 위원회의 통제를 거친 후 사용되었는데, 주한 미군 유지비와 한국군의 국방비 등으로 사용되었다.

① 농촌에서 새마을 운동이 추진되었다.
② 외환 위기로 구제 금융을 신청하였다.
③ 3저 호황으로 수출이 크게 증가하였다.
④ 제당, 제분, 면방직 등 삼백 산업이 발달하였다.
⑤ 중화학 공업 중심의 경제 개발 계획이 추진되었다.

44회 48번 기출 문제 ●

05 (가)에 들어갈 인물로 옳은 것은?

> **현대사 인물 카드**
>
> • 재단사, 노동 운동가
> • 생몰: 1948년~1970년
> • 주요 활동
>   – 1965년 서울 평화 시장 삼
>   일사에 견습공으로 취직
>   – 1969년 바보회 조직
>   – 1970년 노동청에 「평화 시장 피복 제품상
>   종업원 근로 조건 개선 진정서」 제출, 근로
>   기준법 준수를 외치며 분신
>
> (가)

① ▲ 박종철
② ▲ 전태일
③ ▲ 이한열
④ ▲ 장준하
⑤ ▲ 윤상원

06 (가), (나) 사이에 있었던 사실로 옳은 것은?

> (가) 국제 경기가 악화되면서 수출 감소, 사채 상환 부
> 담 증가로 기업은 부도 위기에 직면하였으며, 노
> 동자들은 저임금에 시달렸다. 이런 상황에서 전
> 태일 분신 사건이 일어났다.
> (나) 세계적 불경기가 계속되고 대기업들이 심각한 자
> 금 압박에 직면한 상황에서 전두환 정부는 9·27
> 조치를 단행하여 재벌 기업의 자본 집중과 무분별
> 한 기업 확장을 줄여 부실 기업화를 막고자 하였다.

① 노사정 위원회가 발족하였다.
② 공무원 노동조합이 합법화되었다.
③ 국제 노동 기구(ILO)에 가입하였다.
④ 전국 민주 노동조합 총연맹이 조직되었다.
⑤ YH 무역 노동자들이 신민당사에서 농성을 하였다.

35회 48번 기출 문제 ●

07 밑줄 그은 '정부' 시기의 사회 모습으로 옳은 것은?

> 정부는 「경범죄 처벌법」을 개정하여 '성별을 알아볼
> 수 없을 정도의 장발을 한 남자, 또는 미풍양속을 해
> 하는 저속한 옷차림을 하거나 장식물을 달고 다니는
> 자'를 경범죄 유형으로 추가하였다. 정부는 이를 근거
> 로 젊은이들의 장발과 미니스커트 착용을 대대적으로
> 단속하였다.

① 프로 야구단이 정식으로 창단되었다.
② 양성평등의 실현을 위해 호주제가 폐지되었다.
③ 농촌 근대화를 표방한 새마을 운동이 전개되었다.
④ 과외 전면 금지와 대학 졸업 정원제가 시행되었다.
⑤ 외환 위기 극복을 위해 금 모으기 운동이 전개되었다.

08 다음 사건을 알아보기 위한 탐구 활동으로 가장 적절한
것은?

> 서울시가 주민 대책위의 요구에 대한 응답 없이 분
> 양 가격 인상을 일방적으로 통보했고, 경기도는 세금
> 을 독촉하였다. 대책위는 '투쟁 위원회'로 전환하였고,
> 대규모 궐기 대회를 열었다. 당시 궐기 대회에 참여한
> 주민들은 (1) 백 원에 매수한 땅 만 원에 폭리 말 것,
> (2) 살인적인 불하 가격 결사 반대, (3) 공약 사업 약속
> 말고 사업하고 공약할 것, (4) 배고파 우는 시민 세금
> 으로 자극 말 것, (5) 이간 정책 쓰지 말 것 등을 주장
> 하였다. 그러나 방문하기로 약속한 서울 시장이 오지
> 않자 흥분한 주민들은 성남 사업소, 출장소, 파출소
> 등 평소에 반감을 지닌 관공서를 파괴·방화하기 시
> 작했다. 주민들은 기동 경비대와 투석전을 벌이며 대
> 치했고, 차량을 이용한 서울 진출을 시도하기도 했다.

① 산업화 과정에서 형성된 도시 빈민층의 삶을 찾아본다.
② 도시와 농어촌 사이의 소득 격차가 커지는 까닭을 알
아본다.
③ 제2차 석유 파동이 도시민들의 생활에 끼친 영향을 조
사한다.
④ 빠른 속도로 저출산·고령화 사회로 진입한 원인을 조
사한다.
⑤ 전국민 의료 보험 제도가 도시민의 삶에 끼친 결과를
검토한다.

41회 47번 기출 문제

09 다음 기사 내용이 보도된 정부 시기의 사실로 옳은 것을 〈보기〉에서 고른 것은?

제△△호　　　　○○신문　　　○○○○년 ○○월 ○○일

야간 통행금지 해제

오는 1월 5일 24시를 기하여, 지난 37년간 지속되어 온 야간 통행금지가 전국적으로 해제될 예정이다. 다만 국방상 중요한 전방 지역과 후방 해안 도서 지역은 대상에서 제외되었다.
이번 야간 통행금지의 해제로 국민 생활의 편익이 증진되고 관광과 경제 활동이 활성화될 전망이다.

┤ 보기 ├

ㄱ. 한국 프로 야구가 6개 구단으로 출범하였다.
ㄴ. 언론의 통폐합이 강제로 단행되고 언론 기본법이 제정되었다.
ㄷ. 허례허식을 없애기 위해 법령으로 가정 의례 준칙이 제정되었다.
ㄹ. 재건 국민 운동 본부를 중심으로 혼·분식 장려 운동이 전개되었다.

① ㄱ, ㄴ　　　② ㄱ, ㄷ　　　③ ㄴ, ㄷ
④ ㄴ, ㄹ　　　⑤ ㄷ, ㄹ

---

10 밑줄 그은 '정부' 시기의 사실로 옳은 것은?

오늘의 언론을 마음대로 조작하고 있는 정부 당국의 이른바 '보도 지침'의 세부 내용이 밝혀짐으로써 현 언론의 정체가 남김없이 드러나게 되었다. 우리 '민주 언론 운동 협의회'와 '정의 구현 사제단'은 이미 공공연한 비밀이 되어 왔던 그러나 정부 당국이 애써 비밀로 취급하고자 했던 이 보도 지침을 입수하여 자료집으로 간행, 공개한다. 이 보도 지침 자료집은 10개월간 문화공보부 홍보 정책실이 거의 매일같이 각 신문사에 내려보내는 보도 통제 지시를 모은 것으로, …… 결정적 증거가 되는 것이다.

---

① 자유 언론 실천 선언이 발표되었다.
② 조선일보와 동아일보를 폐간하였다.
③ 언론 기본법을 통해 언론을 통제하였다.
④ 동아일보 백지 광고 사태가 발생하였다.
⑤ 정부에 비판적인 경향신문을 폐간하였다.

39회 49번 기출 문제

11 다음 대화가 이루어진 시기를 연표에서 옳게 고른 것은?

어제 김영삼 정부가 발표한 금융 실명제 전격 실시에 대해 어떻게 생각하십니까?

모든 금융 거래를 당사자 실명으로 하게 한 이번 조치는 경제의 투명성을 높이는 계기가 될 것으로 기대됩니다.

1953	1962	1973	1988	1997	2010
	(가)	(나)	(다)	(라)	(마)
정전 협정 체결	제1차 경제 개발 5개년 계획 실시	제1차 석유 파동	서울 올림픽 개최	IMF 구제 금융 요청	서울 G20 정상 회의 개최

① (가)　② (나)　③ (다)　④ (라)　⑤ (마)

---

12 (가), (나)의 문화적 양상이 나타난 시기를 연표에서 찾아 옳게 짝지은 것은?

(가) 분단과 이념, 그리고 인간에 대한 고뇌를 다룬 문학의 다른 한편에서 정비석의 『자유부인』은 사회적 논란이 되기도 하였다. 대학교수 부인이 여러 남성들과 댄스홀을 전전하고 어린 대학생에게 서양 춤을 배우는 내용은 여러 모로 충격을 주었고, 여성의 도덕에 대한 논란으로 확대되기도 하였다.
(나) 문학과 예술에 대한 억압의 반작용이 나타났다. 조세희의 『난장이가 쏘아올린 작은 공』과 같은 작품은 노동 문제, 빈민 문제와 같은 사회 문제를 통렬히 비판하였다. 젊은 대중 가수들은 포크송을 부르며 저항 의식을 표출하기도 하였다.

1950	1960	1970	1980	1990	2000
A	B	C	D	E	
6·25 전쟁 발발	4·19 혁명	전태일 분신 사건	5·18 민주화 운동	3당 합당	6·15 남북 공동 선언

	(가)	(나)			(가)	(나)
①	A	B		②	A	C
③	B	C		④	B	D
⑤	C	E				

39회 50번 기출 문제 ·

13 다음 뉴스의 사건이 일어난 정부 시기의 사실로 옳은 것은?

> 정부는 최근 겪고 있는 금융, 외환 시장에서의 어려움을 극복하기 위해 국제 통화 기금에 유동성 조절 자금을 지원해 줄 것을 요청하기로 결정했습니다.

국제 통화 기금(IMF)에 지원 요청

① 제1차 경제 개발 5개년 계획이 추진되었다.
② 경제 협력 개발 기구(OECD)에 가입하였다.
③ 한·미 자유 무역 협정(FTA)이 체결되었다.
④ 제2차 석유 파동으로 경제 불황이 심화되었다.
⑤ 유상 매수, 유상 분배의 농지 개혁법이 제정되었다.

14 다음을 주요 내용으로 하는 양해 각서가 채택된 배경으로 옳은 것은?

> • 고금리 기조 유지
> • 경제 성장률을 3% 이내로 조정
> • 물가 상승률은 5% 이하로 안정
> • 균형 내지 소폭 흑자 예산 편성
> • 부실 금융 기관 구조 조정
> • 경상 수지 적자는 국내 총생산(GDP)의 1% 이내로 억제
> • 자본 자유화

① 외환 부족으로 경제 위기를 겪었다.
② 제2차 석유 파동으로 경제 위기를 겪었다.
③ 미국의 무상 원조가 유상 차관으로 전환되었다.
④ 저유가, 저달러, 저금리의 3저 호황이 나타났다.
⑤ 갑작스러운 화폐 개혁으로 경제 혼란이 나타났다.

43회 50번 기출 문제 ·

15 밑줄 그은 '이 정부' 시기의 경제 상황으로 옳은 것은?

> 분단 이후 처음으로 남북 정상 회담을 성사한 이 정부에 대해서 말해 보자.

> 여·야 간의 평화적 정권 교체로 출범했어.

> 국민 기초 생활 보장법을 제정하기도 했지.

① 3저 호황으로 수출이 증가하였다.
② 남북한이 개성 공단 조성에 합의하였다.
③ 제1차 경제 개발 5개년 계획이 추진되었다.
④ 서독에 광부와 간호사를 파견하여 외화를 획득하였다.
⑤ 미국의 원조 물자를 기반으로 삼백 산업이 성장하였다.

16 (가)~(다)를 시기 순서대로 옳게 나열한 것은?

> (가) 고등학교 체제를 일반계·전문계에서 일반고·특성화고·특목고·자율고로 변경하였다. 이와 함께 일반고를 제치고 특수 목적 고등학교가 크게 득세하는 국면이 전개되었다.
> (나) 국민 교육 헌장을 대통령 명의로 발표하고 모든 국민은 오후 6시가 되면 어디서든지 반드시 부동 자세로 국기에 대한 경례를 하고 극장에서도 영화 상영 전에 애국가를 제창하도록 하였다.
> (다) 국가 보위 비상 대책 위원회에 의해 교육 개혁안이 만들어져 대학 입학 본고사를 폐지하고, 내신 성적과 대학 입학 예비고사 성적만으로 입학 정원의 130%를 선발하는 졸업 정원제를 실시하였다.

① (가) – (나) – (다)   ② (가) – (다) – (나)
③ (나) – (가) – (다)   ④ (나) – (다) – (가)
⑤ (다) – (나) – (가)

04 남북 화해와 통일을 위한 노력

☑ 출제 포인트

- 각 정부의 통일 정책
- 7 · 4 남북 공동 성명
- 유엔 동시 가입
- 남북 기본 합의서
- 6 · 15 남북 공동 선언
- 10 · 4 선언

◉ 연안파
중국 연안(延安, 옌안)을 중심으로 항일 투쟁을 하다가 광복 후 입북한 조선 의용군 출신을 비롯한 다양한 사람들로 구성된 정치 집단을 말한다.

◉ 주체사상
북한에서는 주체사상을 강화하여 김일성을 신적인 절대 권력자로 만들었다. 주체사상은 북한의 정치 · 경제 · 사회 · 문화와 주민들의 생활 영역 전반에 영향을 미쳤다. 북한은 '사상에서의 주체', '경제에서의 자립', '정치에서의 자주', '국방에서의 자위', '외교에서의 자주'를 표방하면서 주체사상의 이론적 체계화를 시도하였다.

◉ 나진 · 선봉 자유 경제 무역 지대

◉ 1 · 21 사태
특수 훈련을 받은 북한 게릴라가 청와대를 습격하여 당시 대통령이던 박정희를 살해하려던 사건이다. 북한 공작원 중 김신조가 유일하게 체포되어, 김신조 사건이라고 부르기도 한다.

🌿 공부 꿀팁
북한의 체제 변화나 강력한 반공 체제였던 정부 시기의 남북 관계 문제는 출제 빈도가 높진 않지만 난이도가 높은 문제로 출제될 가능성이 있습니다. 고득점을 목표로 한다면 빠짐없이 이 학습해 두어야 합니다.

1 북한의 체제 변화

1. 정치적 변화

김일성	• 6 · 25 전쟁 전후 남로당 세력, 연안파,[●] 소련파 일부 축출 → 박헌영을 중심으로 한 국내 공산주의 세력을 말한다. • 반종파 사건(1956)을 계기로 연안파 숙청 → 연안파 중심으로 일어난 반김일성 운동이었다. • 주체사상을 바탕으로 유일 지배 체제 구축(1967) • 주석제를 신설한 사회주의 헌법 공포(1972, 주체사상 반영) → 1992년 헌법 개정
김정일	• 후계자 내정(1974) → 후계 체제 공식화(1980년대) • 국방 위원장 자격으로 권력 승계(1994), 유훈 통치(1994~1997) • 1998년 헌법 개정(주석직 폐지, 국방 위원장 권한 강화, 김정일 체제 공식 출범) • '선군 정치' 표방, 남북 정상 회담(1차 2000년, 2차 2007년)
김정은	2011년 김정일 사망 후 권력 세습

2. 경제적 변화

1950~ 1960년대	전후 복구 사업 추진, 천리마 운동(하루에 천 리를 달리는 천리마와 같은 속도로 사회주의 경제를 건설하자는 운동), 농업 협동화 등 추진
1970~ 1980년대	지나친 자립 경제 추구, 과도한 국방비 지출로 경제난 발생 → 부분적인 개방 정책으로 합영법 제정(1984) 등을 추진하였으나 성과 미흡
1990년대 이후	대외적 경제 교류 확대(나진 · 선봉 자유 경제 무역 지대[●] 설치, 합영법 개정, 금강산 관광 사업 추진, 개성 공단 건설 등), 심각한 경제난으로 북한 주민의 이탈 증가

3. 국제 사회와의 갈등: 핵 개발과 미사일 시험 발사, 사상 통제와 공개 처형 · 정치범 수용소 운영 등 인권 문제로 국제 사회의 각종 제재를 받음

2 남북 관계의 변화와 평화 통일을 위한 노력

1. 반공 체제의 강화

이승만 정부	• 철저한 반공 정책 추진, 북진 · 멸공 통일 주장 • 조봉암의 평화 통일론 탄압(진보당 사건)
장면 내각	• 유엔 감시하의 남북한 총선거 주장, '선 경제 건설, 후 통일론' 주장 • 4 · 19 혁명 이후 민간의 통일 논의 활성화(중립화 통일론, 남북 학생 회담 제안 등) • 정부는 남북 협상 등 민간의 통일 운동 저지
박정희 정부 (1960년대)	• 반공을 국시로 한 강력한 반공 정책 추진, '선 건설, 후 통일' 주장 • 1968년 1 · 21 사태, 푸에블로호 사건, 울진 · 삼척 무장 공비 침투 사건 등 발생 → 베트남 전쟁과 관련하여 대북 경각심을 고조시키며 향토 예비군 창설(1968)

→ 1968년 1월 23일, 북한 원산항 앞 공해상에서 미국의 정보 수집함 푸에블로호가 북한의 해군 초계정에 의해 납치된 사건이다.

시험에 나오는 📖 지문 특강 **조봉암의 평화 통일론**

우리는 오직 피를 흘리지 않는 통일만을 원한다. 조국의 평화적 통일을 파괴한 책임은 6 · 25의 죄과를 범한 북한 공산 집단에게 있다. 그들의 반성과 책임 규명은 평화 통일의 선행 조건이 아닐 수 없다. 오늘날에 있어서 남한의 소위 무력 통일론도 이미 불가능하고 또 불필요한 것이다. 평화적 통일에의 길은 오직 하나 남북한에서 평화적 통일을 저해하고 있는 요소를 견제하고 민주주의적 진보 세력이 주도권을 장악하는 것 뿐이다.
— 한국의 주요 정당 · 사회단체 강령 · 정책 —

1956년 대통령 선거에서 약진했던 조봉암은 평화 통일을 주장하며 진보당 창당을 준비하였다. 그러나 그의 주장은 받아들여지지 않았다. 진보당은 창당되자마자 해체되었고 조봉암은 사형당하였다.

2. 남북 관계 진전을 위한 노력

(1) 7 · 4 남북 공동 성명과 남북 대화의 시작

배경	냉전 체제 완화(닉슨 독트린), 주한 미군의 부분 철수, 평화 공존 분위기 → 남북 대화 시작 → 8 · 15 선언(1970): 북한과 선의의 경쟁 추구, 무력 대결 지양 → 남북 적십자 회담 제의(1971. 8.)
발표 및 내용	• 통일에 관한 최초의 남북 합의, 서울과 평양에서 동시 발표(1972. 7. 4.) • 통일의 3대 원칙 발표: 자주, 평화, 민족 대단결 • 합의 사항 실현을 위해 남북 조절 위원회 설치
한계	남북 모두 정치적으로 독재 권력 강화에 이용(남한 – 10월 유신, 북한 – 사회주의 헌법 제정, 김일성 독재 체제)

(2) 전두환 정부: 민족 화합 민족 통일 방안 발표(1982), 이산가족 고향 방문단과 예술 공연단 교환 실현(1985)

(3) 노태우 정부의 통일 정책과 남북 기본 합의서 채택(1991) ─ 정식 명칭은 '남북한 사이의 화해와 불가침 및 교류 · 협력에 관한 합의서'이다.

배경	동유럽 사회주의 정권 붕괴, 독일의 통일, 소련 해체 등 냉전 체제의 붕괴, 북한의 정책 변화
외교 정책	• 동유럽 여러 나라와 북방 외교 본격화, 소련(1990), 중국(1992) 등과 수교 • 7 · 7 특별 선언(1988), 한민족 공동체 통일 방안 제시(1989) • 남북한 총리 회담(1990) → 남북 고위급 회담 → 남북한 유엔 동시 가입(1991. 9.) • 남북한 화해와 불가침, 교류 · 협력에 관한 합의서(남북 기본 합의서, 1991. 12.): 남북한 정부 당국자가 공식 합의한 최초의 문서(남과 북은 나라와 나라의 관계가 아닌 통일을 지향하는 과정에서 형성되는 특수 관계로 규정) • 한반도 비핵화 공동 선언 채택(1991. 12.)

(4) 김영삼 정부: 한민족 공동체 건설을 위한 3단계 통일 방안 제시(1994), 북한의 핵 확산 금지 조약 탈퇴 및 김일성 사망 등으로 남북 정상 회담 무산, 비전향 장기수 송환 및 남북 경제 교류(나진 · 선봉 개발, 경수로 원자력 발전소 건설 사업에 참여)
─ 화해와 협력, 남북 연합, 통일 국가 완성의 3단계 통일 방안이다.

(5) 남북 정상 회담의 추진 ─ 북한의 핵 개발 동결을 위해 참여하였다.

김대중 정부	• 대북 화해 협력 정책 추진: 금강산 관광 사업 시작 등 • 제1차 남북 정상 회담(2000, 6 · 15 남북 공동 선언 발표) • 경의선 복구 사업, 개성 공단 조성 건설 합의, 이산가족 면회소 설치 등 추진
노무현 정부	• 대북 화해 협력 정책 계승(개성 공단 건설 등) • 제2차 남북 정상 회담(2007, 10 · 4 남북 공동 선언 발표)

시험에 나오는 지문 특강 📖 6 · 15 남북 공동 선언

1. 남과 북은 나라의 통일 문제를 그 주인인 우리 민족끼리 서로 힘을 합쳐 자주적으로 해결해 나가기로 하였다.
2. 남과 북은 나라의 통일을 위한 남측의 연합제 안과 북측의 낮은 단계 연방제 안이 서로 공통성이 있다고 인정하고 앞으로 이 방향에서 통일을 지향시켜 나가기로 하였다.
3. 남과 북은 올해 8 · 15에 즈음하여 흩어진 가족, 친척 방문단을 교환하며, 비전향 장기수 문제를 해결하는 등 인도적 문제를 조속히 풀어 나가기로 하였다.
4. 남과 북은 경제 협력을 통하여 민족 경제를 균형적으로 발전시키고, 사회, 문화, 체육, 보건, 환경 등 제반 분야의 협력과 교류를 활성화하여 서로의 신뢰를 다져 나가기로 하였다.

　　김대중 정부가 추진한 대북 화해 협력 정책은 남북 간의 화해 분위기를 고조시켰으며, 2000년 최초의 남북 정상 회담이 평양에서 열리는 결과를 가져왔다. 여기에서 발표된 6 · 15 남북 공동 선언에 따르면 남과 북은 연합제 통일안과 낮은 단계의 연방제 통일안이 공통성이 있다고 보았으며, 남과 북의 교류를 더욱 발전시키고 민족의 통일 문제를 자주적으로 해결해 나갈 것을 천명하였다.

◗ 7 · 4 남북 공동 성명

> 첫째, 통일은 외세에 의존하거나 외세의 간섭을 받음이 없이 자주적으로 해결하여야 한다.
> 둘째, 통일은 서로 상대방을 반대하는 무력행사에 의거하지 않고 평화적 방법으로 실현해야 한다.
> 셋째, 사상과 이념, 제도의 차이를 초월하여 우선 하나의 민족으로서 민족적 대단결을 도모하여야 한다.

◗ 남북 기본 합의서

> 남과 북은 7 · 4 남북 공동 성명의 원칙을 재확인하고, …… 무력에 의한 침략과 충돌을 막고 긴장 완화와 평화를 보장하며, 다각적인 교류 · 협력을 실현하여 공동의 이익과 번영을 도모하며, 쌍방의 관계가 나라와 나라 사이의 관계가 아닌 통일을 지향하는 과정에서 잠정적으로 형성되는 특수 관계라는 것을 인정하고, 평화 통일을 성취하기 위한 공동의 노력을 경주할 것을 다짐하면서, 다음과 같이 합의하였다.
> 1. 남과 북은 서로 상대방의 체제를 인정하고 존중한다.
> 9. 남과 북은 상대방에 대하여 무력을 사용하지 않으며, 상대방을 무력으로 침략하지 아니한다.
> 17. 남과 북은 민족 구성원들의 자유로운 왕래와 접촉을 실현한다.

◗ 제1차 남북 정상 회담

🌿 공부 꿀팁

남북 관계의 진전을 위한 노력, 7 · 4 남북 공동 성명, 남북한 유엔 동시 가입, 남북 기본 합의서 채택, 남북 정상 회담, 6 · 15 남북 공동 선언 등과 관련된 내용은 거의 매년 출제되고 있습니다. 반드시 정확한 내용을 학습해 두어야 합니다.

대표 기출 문제 분석 ①

남북 기본 합의서 채택

| 37회 50번 기출 |

(가) 정부의 통일 정책으로 옳은 것은?

최근 '한반도의 비핵화에 관한 공동 선언'이 재조명되고 있습니다. 선언의 주요 내용에 대해 말씀해 주시기 바랍니다.

이 선언은 ___(가)___ 정부 시기에 남북 고위급 회담의 결과로 발표되었는데, 주요 내용에는 핵무기의 시험·생산·보유·사용의 금지, 핵에너지의 평화적 이용 등이 있습니다.

① 남북 기본 합의서를 채택하였다.
② 금강산 관광 사업을 시작하였다.
③ 경의선 복원 공사를 시작하였다.
④ 남북 조절 위원회를 설치하였다.
⑤ 제2차 남북 정상 회담을 개최하였다.

문제 분석

제시된 대화에서 남북 고위급 회담의 결과로 한반도 비핵화에 관한 공동 선언을 발표(1991)했다는 점을 통해 (가) 정부가 노태우 정부임을 알 수 있다.
① 1990년대에 노태우 정부는 북방 외교를 펼쳐 소련 및 동유럽, 중국과 수교를 맺었다. 1991년에 남북한이 유엔에 동시 가입한 이후 남북한은 상호 상대방 정권의 실체를 인정하는 바탕 위에서 '남북한 사이의 화해와 불가침 및 교류·협력에 관한 합의서(남북 기본 합의서)'를 채택하였다.

정답: ①

오답 거르기

② 금강산 관광 사업은 김대중 정부에서, 해로 관광으로부터 시작하였다. 2000년의 6·15 남북 공동 선언 발표 이후 금강산 육로 관광 사업이 추진되어 2003년부터 시작되었다.
③ 경의선 복원 공사는 김대중 정부에서 시작하여 2009년 서울역에서 문산역까지 광역 전철이 개통되어 운행 중이다.
④ 남북 조절 위원회는 1972년 7·4 남북 공동 성명의 합의 사항 등을 추진하기 위해 설치되었다.
⑤ 제2차 남북 정상 회담은 2007년 노무현 정부 때 개최되었다.

닮은꼴 예상 문제

▶ 정답과 해설 59쪽

다음 합의서를 채택한 정부의 통일 정책으로 옳은 것은?

> 남과 북은 분단된 조국의 평화적 통일을 염원하는 온 겨레의 뜻에 따라 7·4 남북 공동 성명에서 천명된 조국 통일 3대 원칙을 재확인하고, 정치 군사적 대결 상태를 해소하여 민족적 화해를 이룩하고, 무력에 의한 침략과 충돌을 막고 긴장 완화와 평화를 보장하며 다각적인 교류·협력을 실현하여 민족 공동의 이익과 번영을 도모하며, 쌍방 사이의 관계가 나라와 나라 사이의 관계가 아닌 통일을 지향하는 과정에서 잠정적으로 형성되는 특수 관계라는 것을 인정하고, 평화 통일을 성취하기 위한 공동의 노력을 경주할 것을 다짐하면서, 다음과 같이 합의하였다.
> 제1장 남북 화해
> 제1조 남과 북은 서로 상대방의 체제를 인정하고 존중한다.

① 북한과 유엔에 동시 가입하였다.
② 7·4 남북 공동 성명을 발표하였다.
③ 판문점에서 정상 회담을 개최하였다.
④ 최초로 남북 이산가족 상봉을 성사시켰다.
⑤ 연합제 안과 낮은 단계의 연방제 안의 공통성을 인정하였다.

대표 기출 문제 분석 ②

6 · 15 남북 정상 회담

| 43회 50번 기출 |

다음 경축사를 발표한 정부의 통일 노력으로 옳은 것은?

지난 3년 반은 개혁을 통해 외환 위기를 성공적으로 극복하고 21세기 세계 일류 국가로 들어설 수 있는 기틀을 마련하고자 힘써 온 시기였습니다. 우리는 국제 통화 기금(IMF)으로부터 지원받았던 195억 달러의 차관을 3년 앞당겨 전액 상환하게 되었습니다.

① 7 · 4 남북 공동 성명을 발표하였다.
② 남북한이 유엔에 동시 가입하였다.
③ 6 · 15 남북 공동 선언을 채택하였다.
④ 한반도 비핵화 공동 선언에 서명하였다.
⑤ 최초의 이산가족 고향 방문을 실현하였다.

문제 분석

제시된 경축사에서 외환 위기를 성공적으로 극복하고 국제 통화 기금(IMF)으로부터 지원받은 금액을 앞당겨 전액 상환했다는 점을 통해 해당 정부가 김대중 정부(1998~2002)임을 알 수 있다.

③ 김대중 정부는 대북 화해 협력 정책을 펼쳤다. 2000년 6월, 김대중 대통령이 평양을 방문하여 남북 정상 회담을 갖고 6 · 15 남북 공동 선언을 발표하였다. 이 선언에서 남북은 이산가족 문제의 조속한 해결, 경제 협력, 통일 문제의 자주적 해결에 합의하였다.

정답: ③

오답 거르기

① 1972년 박정희 정부에서 발표하였다.
② 1991년 노태우 정부에서 가입하였다.
④ 1991년 노태우 정부에서 서명하였다.
⑤ 1985년 전두환 정부에서 실현하였다.

닮은 꼴 예상 문제 •

▶ 정답과 해설 59쪽

다음 선언의 영향으로 옳은 것을 〈보기〉에서 고른 것은?

1. 남과 북은 나라의 통일 문제를 그 주인인 우리 민족끼리 서로 힘을 합쳐 자주적으로 해결해 나가기로 하였다.
2. 남과 북은 나라의 통일을 위한 남측의 연합제 안과 북측의 낮은 단계의 연방제 안이 서로 공통성이 있다고 인정하고 앞으로 이 방향에서 통일을 지향시켜 나가기로 하였다.
3. 남과 북은 올해 8 · 15에 즈음하여 흩어진 가족, 친척 방문단을 교환하며, 비전향 장기수 문제를 해결하는 등 인도적 문제를 조속히 풀어 나가기로 하였다.

┤ 보기 ├
ㄱ. 금강산 육로 관광이 이루어졌다.
ㄴ. 경의선 연결 사업이 시작되었다.
ㄷ. 남북한이 유엔에 동시 가입하였다.
ㄹ. 분단 이후 최초로 이산가족이 상봉하였다.

① ㄱ, ㄴ   ② ㄱ, ㄷ   ③ ㄴ, ㄷ   ④ ㄴ, ㄹ   ⑤ ㄷ, ㄹ

39회 47번 기출 문제

01 다음 자료를 발표한 정부의 통일 정책으로 옳은 것을 〈보기〉에서 고른 것은?

> 국민 여러분! 나는 오늘 다시 이 자리를 빌어 북괴에 대해 지금이라도 늦지 않았으니 우리의 평화 통일 제의를 하루 속히 수락하고, 무력과 폭력을 포기할 것을 거듭 촉구하면서, 평화 통일만이 우리가 추구하는 통일의 길임을 다시 한번 천명하는 바입니다. …… 특히 이번에 우리 대한 적십자사가 제의한 인도적 남북 회담은 1천만 흩어진 가족을 위해서 뿐만 아니라, 5천만 동포들의 오랜 갈증을 풀어 주는 복음의 제의로서 나는 이를 여러분과 함께 환영하며 그 성공을 빌어 마지않습니다.
>
> – 제26주년 광복절 경축사 중에서 –

┌─ 보기 ├─
ㄱ. 남북 조절 위원회를 구성하였다.
ㄴ. 남북 기본 합의서를 채택하였다.
ㄷ. 7 · 4 남북 공동 성명을 발표하였다.
ㄹ. 한반도 비핵화 공동 선언에 합의하였다.

① ㄱ, ㄴ   ② ㄱ, ㄷ   ③ ㄴ, ㄷ
④ ㄴ, ㄹ   ⑤ ㄷ, ㄹ

02 밑줄 그은 '회담'의 직접적인 결과로 옳은 것은?

> 최근 평양과 서울에서는 남북 관계를 개선하며 갈라진 조국을 통일하는 문제를 협의하기 위한 <u>회담</u>이 있었다. 서울의 이후락 중앙정보부장이 평양을 방문하여 평양의 김영주 조직지도부장과 <u>회담</u>을 진행하였으며, 김영주 부장을 대신한 박성철 제2 부수상이 서울을 방문하여 이후락 부장과 <u>회담</u>을 진행하였다. 여기에서 쌍방은 조국의 평화적 통일을 하루빨리 가져와야 한다는 공통된 염원을 안고 허심탄회하게 의견을 교환하였으며 서로의 이해를 증진시키는 데서 큰 성과를 거두었다.

① 비핵화 공동 선언이 발표되었다.
② 금강산 관광 사업이 시작되었다.
③ 남과 북이 통일 원칙에 합의하였다.
④ 제2차 남북 정상 회담이 개최되었다.
⑤ 남과 북이 동시에 유엔에 가입하였다.

41회 50번 기출 문제

03 다음 뉴스가 보도된 정부 시기의 통일 노력으로 옳은 것은?

> 대통령은 신년사에서 작년에 제정한 국민 기초 생활 보장법을 통해 IMF 외환 위기로 어려워진 중산층과 서민들의 삶의 질 향상을 위해 노력하겠다고 강조하였습니다. 또한 새천년에는 남북 경제 공동체 구성을 위한 협의와 남북 이산가족 상봉을 추진하겠다고 발표하였습니다.

대통령 신년사, 복지와 통일 정책 방향 제시

① 남북한이 한반도 비핵화 공동 선언을 채택하였다.
② 최초의 이산가족 고향 방문과 예술 공연단 교환이 이루어졌다.
③ 남북한의 교류 협력을 위한 개성 공업 지구 조성에 합의하였다.
④ 남북한 간 최초의 공식 합의서인 남북 기본 합의서를 교환하였다.
⑤ 7 · 4 남북 공동 성명을 실천하기 위한 남북 조절 위원회를 구성하였다.

04 (가), (나) 발표 사이에 있었던 사실로 옳은 것은?

> (가) 첫째, 통일은 외세에 의존하거나 외세의 간섭을 받음이 없이 자주적으로 해결해야 한다.
>   둘째, 통일은 서로 상대방을 반대하는 무력행사에 의거하지 않고 평화적 방법으로 실현하여야 한다.
>   – 서로 상부의 뜻을 받들어 이후락, 김영주 –
> (나) 1. 남과 북은 핵무기의 시험, 제조, 생산, 접수, 보유, 저장, 배치, 사용을 하지 아니한다.
>   2. 남과 북은 핵에너지를 오직 평화적 목적에만 이용한다.
>   – 남북 고위급 회담 남측 대표 정원식, 북측 대표 연형묵 –

① 금강산 관광이 시작되었다.
② 남북한이 유엔에 동시 가입하였다.
③ 푸에블로호 피랍 사건이 발생하였다.
④ 진보당이 평화 통일론을 주장하였다.
⑤ 제1차 남북 정상 회담이 개최되었다.

44회 50번 기출 문제•

05 밑줄 그은 '정부'의 통일 노력으로 옳은 것은?

> 제△△호　　　　○○ 신문　　　○○○○년 ○○월 ○○일
>
> ### 개성 공단 착공식 개최
>
> 정부는 30일 11시 개성 공단 착공식이 북한 개성 현지 1단계 지구에서 남측과 북측 인사 300여 명이 참석한 가운데 열린다고 발표하였다. 남북이 분단 이후 처음으로 공동 조성하는 대규모 수출 공업 단지인 개성 공단은 남측의 기술력 및 대외 무역 능력과 북측의 노동력을 바탕으로 만들어지는 남북 경협의 마중물이 될 것으로 기대된다.

① 남북한이 한반도 비핵화 공동 선언을 채택하였다.

② 최초의 이산가족 고향 방문과 예술 공연단 교환이 이루어졌다.

③ 남북한 간 최초의 공식 합의서인 남북 기본 합의서를 교환하였다.

④ 7 · 4 남북 공동 성명을 실천하기 위한 남북 조절 위원회를 구성하였다.

⑤ 제2차 남북 정상 회담을 개최하고 10 · 4 남북 공동 선언을 발표하였다.

06 (가), (나)의 국제 정세 속 북한의 변화로 옳은 것은?

> (가) 미국은 베트남 전쟁에 따른 재정 지출 확대와 국제 수지 악화로 어려움을 겪게 되었다. 이에 미국 대통령 닉슨은 앞으로 베트남 전쟁과 같은 군사적 개입을 피한다는 닉슨 독트린을 발표하였다.
>
> (나) 소련의 고르바초프는 페레스트로이카와 글라스노스트라 불리는 개혁과 개방 정책을 내세우며 소련의 사회주의 체제에 대한 대수술을 감행하였다. 정치적 민주화를 단행하고 시장 경제 원리를 도입하려고 하였고, 대외적으로는 서방과의 긴장 완화를 이루고자 하였다.

① (가) – 남로당 세력을 축출하고 독재 체제를 강화하였다.

② (가) – 주석직을 폐지하고 국방 위원장의 권한을 강화시켰다.

③ (나) – 청와대 습격 시도로 남북 관계를 긴장시켰다.

④ (나) – 나진 · 선봉 자유 무역 지대 설치를 공포하였다.

⑤ (나) – 주체사상을 반영한 사회주의 헌법을 제정하였다.

40회 50번 기출 문제•

07 (가)~(라)의 사건을 일어난 순서대로 옳게 나열한 것은?

사진으로 보는 통일 노력

7 · 4 남북 공동 성명 발표 (가)
남북 학생 회담 요구 집회 (나)
10 · 4 남북 공동 선언 채택 (다)
정주영 북한 방문 (라)

① (가) – (나) – (다) – (라)

② (가) – (다) – (라) – (나)

③ (나) – (가) – (라) – (다)

④ (나) – (라) – (가) – (다)

⑤ (다) – (라) – (나) – (가)

08 다음 선언문이 발표된 시기를 연표에서 옳게 고른 것은?

> 1. 남과 북은 6 · 15 공동 선언을 고수하고 적극 구현해 나간다.
>
> 4. 남과 북은 현 정전 체제를 종식시키고 항구적인 평화 체제를 구축해 나가야 한다는 데 인식을 같이하고 직접 관련된 3자 또는 4자 정상들이 한반도 지역에서 만나 종전을 선언하는 문제를 추진하기 위해 협력해 나가기로 하였다.
>
> 5. 남과 북은 해주 지역과 주변 해역을 포괄하는 서해 평화 협력 특별 지대를 설치하고 공동어로 구역과 평화 수역 설정, 경제 특구 건설과 해주항 활용, 민간 선박의 해주 직항로 통과, 한강 하구 공동 이용 등을 적극 추진해 나가기로 하였다.

1953	1972	1985	1991	2000	2018
	(가)	(나)	(다)	(라)	(마)
정전 협정 체결	7·4 남북 공동 성명 발표	최초의 이산가족 상봉	남북 기본 합의서 채택	제1차 남북 정상 회담	판문점 선언 발표

① (가)　② (나)　③ (다)　④ (라)　⑤ (마)

실전 모의고사

01 (가) 시대의 사회 모습으로 옳은 것은? [2점]

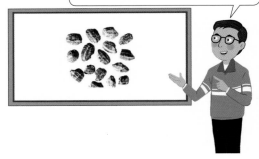

이것은 여주 흔암리 유적에서 발견된 탄화된 쌀입니다. 이 쌀은 연대가 최소한 기원전 7세기까지 올라가는 것들로 확인되어 (가) 시대에 벼농사가 이루어졌음을 알 수 있습니다.

① 반량전, 명도전 등의 화폐가 사용되었다.
② 지배층의 무덤으로 고인돌이 축조되었다.
③ 정착 생활이 시작되면서 움집이 등장하였다.
④ 주먹도끼를 이용한 사냥이 활발히 이루어졌다.
⑤ 실을 뽑는 데 가락바퀴가 사용되기 시작하였다.

02 다음 풍습이 있었던 나라에 대한 설명으로 옳은 것은? [3점]

그 나라의 혼인하는 풍속은 여자의 나이가 열 살이 되면 서로 혼인을 약속하고, 신랑 집에서는 그 여자를 맞이하여 장성하도록 길러 아내로 삼는다. 여자가 성인이 되면 다시 친정으로 돌아가게 한다. 여자의 친정에서는 돈을 요구하는데, 신랑 집에서 돈을 지불한 후 다시 신랑 집으로 돌아온다.
— 『삼국지』 —

① 동맹이라는 제천 행사를 거행하였다.
② 읍군, 삼로라고 불리는 군장이 있었다.
③ 제가들이 별도로 사출도를 주관하였다.
④ 읍락 간의 경계를 중시하는 책화가 있었다.
⑤ 제사장인 천군과 신성 지역인 소도가 존재하였다.

03 밑줄 그은 '왕'의 재위 기간에 있었던 사실로 옳은 것은? [2점]

왕 26년에 고구려가 군사를 동원하여 공격해 왔다. 왕이 이를 듣고 패하(浿河)에 복병을 배치하고 (그들이) 오기를 기다렸다가 불시에 공격하였다. 고구려 군사가 패배하였다. 겨울에 왕이 태자와 함께 정예군 3만 명을 거느리고 고구려에 침입하여 평양성을 공격하였다. 고구려 왕 사유가 힘을 다해 싸워 이를 막았으나 날아오는 화살에 맞아 죽었다.

① 서기가 편찬되었다.
② 국자감이 설립되었다.
③ 장용영이 편성되었다.
④ 22담로에 왕족이 파견되었다.
⑤ 대가야가 신라에 병합되었다.

04 (가) 문화유산에 대한 설명으로 옳은 것은? [3점]

파일(F) 편집(E) 보기(V) 즐겨찾기(A) 도구(T) 도움말(H)

검색어 ▼ 유네스코 세계 문화유산 시리즈 7 검색

송산리 고분군

공주 송산리 고분군은 2015년 유네스코 세계 문화유산으로 등재된 백제 역사 유적지구에 포함된다. 이곳에는 백제 왕과 왕족들의 무덤 7기가 모여 있는데, 특히 (가) 안에서 무덤의 주인을 알려주는 묘지석과 진묘수 등의 부장품이 발견되었다.

① 선종의 영향을 받아 제작되었다.
② 12지 신상이 조각된 둘레돌을 설치하였다.
③ 중국 양나라와의 문화적 교류를 보여준다.
④ 당시 생활상을 담은 수렵도 등의 벽화가 남아 있다.
⑤ 도굴이 어려운 돌무지덧널무덤 양식으로 축조되었다.

05 다음 전투가 벌어진 배경으로 가장 적절한 것은? [2점]

> 백제 왕인 명농이 가량과 함께 관산성을 공격하였다. 군주인 각간 우덕과 이찬 탐지 등이 역습하여 싸웠으나 전세가 불리하였다. 신주의 군주 김무력이 주(州)의 군사를 이끌고 나아가 교전을 벌였고, 비장인 삼년산군의 고간도도가 재빠르게 공격하여 백제 왕을 죽였다. 이에 여러 군사가 승기를 타면서 크게 이겼는데, 좌평 4명과 군사 2만 9600명을 죽였고 말은 되돌아 간 것이 없었다. — 『삼국사기』 —

① 백제가 대야성을 점령하였다.
② 고구려가 평양으로 천도하였다.
③ 동모산 지역에서 발해가 건국되었다.
④ 신라가 한강 하류 유역을 차지하였다.
⑤ 연개소문이 정권을 잡고 신라를 압박하였다.

06 (가) 국가에 대한 설명으로 옳은 것은? [1점]

(가) 토기와 스에키의 상관 관계를 고찰하다

▲ 함안에서 나온 토기들

국립○○문화재연구소는 오는 18일 '(가)(와)과 왜의 토기 생산과 교류'를 주제로 심포지엄을 개최한다고 밝혔다. ○○○ 연구원은 "4~5세기 (가) 도질토기와 일본의 초기 스에키는 기종과 형식, 생산 체계에서 유사한 양상을 보인다."며 "초기 스에키는 (가) 도질토기 생산 기술을 수용해 재생산을 시도한 것"이라고 주장하였다.

— △△뉴스, ○○○○. 10. 16 —

---

① 나·당 연합군에 의해 멸망하였다.
② 귀족 합의체인 화백 회의를 운영하였다.
③ 오경박사, 역박사 등을 일본에 파견하였다.
④ 인안, 대흥 등의 독자적인 연호를 사용하였다.
⑤ 낙랑과 왜를 연결하는 중계 무역으로 번영하였다.

07 다음 교서를 내린 왕의 업적으로 옳은 것은? [2점]

> 과인이 위로는 하늘과 땅의 도움을 받고 아래로는 조상의 신령스러운 돌보심 덕분에 김흠돌 등의 악이 쌓이고 죄가 가득 차서 그 음모가 탄로나고 말았다. …… 지금은 이미 요망한 무리들이 숙청되어 멀고 가까운 곳에 우려할 것이 없으니, 소집하였던 병마(兵馬)들을 빨리 돌려보내고 사방에 포고하여 이 뜻을 알게 하라!

① 녹읍을 폐지하였다.
② 독서삼품과를 마련하였다.
③ 노비안검법을 실시하였다.
④ 북한산에 순수비를 세웠다.
⑤ 기벌포 해전을 승리로 이끌었다.

08 (가) 국가에 대한 설명으로 옳은 것은? [1점]

문화재 학습 카드

명칭: 돌사자상
출토지: 중국 지린성 둔화현

사자가 받침돌 위에 앞발을 세우고 앉아있는 형태의 이 돌사자상은 정혜 공주 무덤에서 묘비석과 함께 출토되었다. 정혜 공주는 (가) 제3대 왕인 문왕의 둘째 딸이다.

---

① 전진을 통해 불교를 수용하였다.
② 12월에 영고라는 제천 행사를 열었다.
③ 지방 행정 구역으로 9주 5소경을 두었다.
④ 특산물로 단궁, 과하마, 반어피 등이 있었다.
⑤ 정당성의 장관인 대내상이 국정을 총괄하였다.

09 다음 상황 이후에 전개된 사실로 옳은 것은? [2점]

> 술자리가 끝나기 전에 희강왕이 시해되어 나라가 어지럽고 임금의 자리가 비었다는 소식을 들었다. 장보고가 군사를 나누어 5천 명을 정년에게 주며, 정년의 손을 잡고 눈물을 흘리면서, "그대가 아니면 환란을 평정할 수 없다."고 말하였다. 정년이 왕경에 들어가 반역자를 죽이고, 신무왕을 세웠다.
>
> —『삼국사기』—

① 진골 귀족인 김춘추가 왕위에 올랐다.
② 김헌창이 웅천주에서 반란을 일으켰다.
③ 흑치상지가 임존성에서 군사를 일으켰다.
④ 최치원이 국왕에게 시무 10여 조를 건의하였다.
⑤ 복신과 도침 등이 백제 부흥 운동을 전개하였다.

10 (가) 인물에 대한 설명으로 옳은 것은? [2점]

> 북원의 도적 양길에게 의탁하니, 양길이 잘 대우하며 일을 맡기고 드디어 군사를 나누어 주어 동쪽으로 땅을 점령하도록 하였다. …… (가) (은)는 스스로 왕이라 칭하고 사람들에게 말하기를 "지난날 신라가 당나라에 군사를 청하여 고구려를 멸하였으므로 내가 반드시 그 원수를 갚겠다."라고 하였다.
>
> —『삼국사기』—

① 완도에 청해진을 설치하였다.
② 경주를 습격하여 신라왕을 죽였다.
③ 발해 왕자 대광현의 망명을 받아들였다.
④ 장문휴를 보내 당의 산둥 지방을 공격하였다.
⑤ 철원으로 천도하고 국호를 태봉으로 바꾸었다.

11 다음 사건의 발생 시기를 연표에서 옳게 고른 것은? [2점]

> 묘청이 서경에서 분사시랑 조광 등과 함께 반란을 일으켰다. …… 그리고 나라 이름을 대위국, 연호를 천개, 군의 이름을 천견충의군이라 하였다.

	(가)	(나)	(다)	(라)	(마)	
귀주 대첩		천리장성 축조	이자겸의 난	망이·망소이의 봉기	강화 천도	위화도 회군

① (가) ② (나) ③ (다) ④ (라) ⑤ (마)

12 다음 대화의 소재가 되는 고려의 중앙 정치 조직에 대한 설명으로 옳은 것은? [3점]

① 군사 기밀과 왕명 출납을 담당하였다.
② 6부를 두고 정책의 집행을 담당하였다.
③ 화폐와 곡식의 출납 및 회계를 담당하였다.
④ 관리의 비리를 감찰하고 풍기를 단속하였다.
⑤ 중서문하성의 재신과 중추원의 추밀로 구성되었다.

13 다음 모습을 볼 수 있었던 국가 시기의 경제 상황으로 옳은 것은? [1점]

> • 갑인에 흑수 말갈의 아리고가 왔다. 이 달에 대식국의 열라자 등 100명이 와서 특산물을 바쳤다.
> • 11월에 팔관회를 열었다. 송 상인과 동·서 여진, 그리고 탐라국도 또한 특산물을 바쳤으므로 자리를 내주어 음악을 관람하게 하였다.

① 상평통보가 발행되어 널리 유통되었다.
② 벽란도가 상업과 무역의 중심지가 되었다.
③ 담배와 면화 등이 상품 작물로 재배되었다.
④ 내상과 만상이 국제 무역으로 부를 축적하였다.
⑤ 육의전을 제외한 시전 상인의 금난전권이 폐지되었다.

14 (가)~(라)에 들어갈 내용으로 적절한 것을 <보기>에서 고른 것은?　　　　　　　　　[2점]

학습 주제: 고려 시대의 불교 문화

불교의 발달에 기여한 고려의 대표적인 승려들을 조사하여 모둠별로 발표한다.

순서	승려	발표 주제
1모둠	의천	(가)
2모둠	지눌	(나)
3모둠	혜심	(다)
4모둠	요세	(라)

┤ 보기 ├

ㄱ. (가) – 왕오천축국전의 저술 경위와 내용
ㄴ. (나) – 돈오점수와 정혜쌍수의 의미
ㄷ. (다) – 아미타 신앙과 불교 대중화의 관계
ㄹ. (라) – 백련사 결사의 조직과 활동

① ㄱ, ㄴ　　　② ㄱ, ㄷ　　　③ ㄴ, ㄷ
④ ㄴ, ㄹ　　　⑤ ㄷ, ㄹ

15 다음 자료를 활용한 탐구 활동으로 가장 적절한 것은?　　　　　　　　　[2점]

그림으로 보는 한국사　　　　　　　　　고려 시대

제목: 척경입비도
설명: 윤관 등이 여진족을 토벌하여 영토를 확장한 후 9성을 쌓고 선춘령에 '고려지경(고려의 영토)'이라고 새겨진 경계비를 세우는 모습이다.

① 삼별초 항쟁의 전개 과정을 정리한다.
② 4군 6진 지역의 개척 과정을 조사한다.
③ 별무반의 편성 경위와 활동을 파악한다.
④ 쌍성총관부를 공격하게 된 이유를 알아본다.
⑤ 서희의 외교 담판이 가져온 결과를 분석한다.

16 (가) 기구에 대한 설명으로 옳은 것은?　　　　　　　　　[2점]

(공민왕 5) 6월에 왕이 다음과 같이 명령하였다.
"　(가)　의 설치가 권신의 손에서 된 것이니 이것이 어찌 사람을 조정에 벼슬시키는 본뜻이겠는가? 이제 이를 영구히 폐지하니, 3품관 이하는 재상과 함께 올리고 내릴 것을 토의할 것이요, ……" 하였다.
　　　　　　　　　　　　　　　　　　　－『고려사』－

---

① 신돈이 최고 책임자로 있었다.
② 최씨 무신 정권 시기에 설치되었다.
③ 권력의 부정을 막는 언론 기능을 담당하였다.
④ 2군 6위의 상장군과 대장군이 모인 회의 기구였다.
⑤ 비변사의 기능이 확대되면서 그 역할이 축소되었다.

17 다음 주장을 한 인물에 대한 설명으로 옳은 것은?　　[1점]

상국의 경계를 범한다면 천자에게 죄를 얻는 것이요, 종사와 백성들의 화가 곧 닥칠 것이다. 내가 글을 올려 회군할 것을 청하였으나 왕이 살피지 않고, 최영도 노망이 나서 듣지 않는다.　－『고려사』－

---

① 1차 왕자의 난 때 죽임을 당하였다.
② 불씨잡변을 저술하여 불교를 비판하였다.
③ 6조 직계제를 실시하고 사병을 혁파하였다.
④ 양명학을 연구하여 강화학파를 형성하였다.
⑤ 황산 대첩을 거두어 백성들의 지지를 얻었다.

18 (가) 관직에 대한 설명으로 옳은 것은?　　　　　　　　　[2점]

평택 현감 변징원이 하직 인사를 하니 왕이 물었다.
성　종: 그대는 이미　(가)　을(를) 지냈으니, 백성을 다스리는 데 무엇을 먼저 하겠는가?
변징원: 농상을 성(盛)하게 하는 일, …… 부역을 고르게 하는 일이 칠사이온데 마땅히 이를 먼저 할 것입니다.

---

① 임기제와 상피제에 의해 운영되었다.
② 향리를 규찰하고 풍속을 교정하였다.
③ 각 도에 보내져 지방 행정을 총괄하였다.
④ 경연을 주관하며 국정의 자문에 응하였다.
⑤ 수령을 보좌하고 지방 행정 실무를 담당하였다.

19 밑줄 그은 '이 제도'를 도입한 국왕이 편 정책으로 옳은 것은? [2점]

> 이 제도를 실시하면, 조정의 신하는 토지를 받지만, 벼슬에서 물러난 신하와 공경대부의 자손들은 1결의 토지도 가질 수 없게 됩니다. …… 관리와 농민이 다른데, 만약 봉록을 받지 않고, 조세를 받지 않는다면 서민과 다름이 없을 것입니다. 서민과 다름이 없게 된다면 나라(조선)에 대대로 왕을 섬기는 신하가 없게 될 것이니, 이를 염려하지 않을 수 없습니다.

① 집현전을 없애고 경연을 폐지하였다.
② 서얼 출신 학자를 규장각에 기용하였다.
③ 공법을 제정하여 전세 부담을 줄여 주었다.
④ 속대전을 편찬하여 법령 체제를 정비하였다.
⑤ 군역의 부담을 줄여 주기 위해 균역법을 실시하였다.

20 (가)에 들어갈 내용으로 가장 적절한 것은? [3점]

① 지전설이 주장되었어요.
② 거중기가 제작되었어요.
③ 농사직설이 간행되었어요.
④ 화통도감이 설치되었어요.
⑤ 직지심체요절이 인쇄되었어요.

21 밑줄 그은 '개혁 정치'의 내용으로 옳은 것은? [2점]

① 탕평책을 추진하였다.
② 현량과를 실시하였다.
③ 백운동 서원을 건립하였다.
④ 마을 단위로 사창제를 실시하였다.
⑤ 십만양병설과 수미법을 제시하였다.

22 (가) 전쟁 중에 있었던 사실로 옳은 것은? [2점]

> 이 책(쇄미록)은 오희문이 (가) (을)를 겪으면서 쓴 일기로 총 7책으로 구성되어 있습니다. 각 책의 끝에는 국왕의 교서, 의병들이 쓴 글 등이 있고, 당시 관군의 무력함에 대한 비판, 명나라가 구원병을 보낸 사실과 화의 진행 및 결렬 등에 관한 내용도 담겨 있습니다.

① 국왕이 남한산성으로 피신하여 항전하였다.
② 김윤후 부대가 처인성에서 적장을 사살하였다.
③ 이괄이 공신 책봉에 불만을 품고 난을 일으켰다.
④ 권율이 행주산성에서 백성과 합심하여 적을 물리쳤다.
⑤ 정봉수가 철산의 용골산성에서 적의 보급로를 차단하였다.

23 (가) 왕에 대한 설명으로 옳은 것은? [2점]

> 우리나라가 중국 조정을 섬겨 온 것이 200여 년이라, 의리로는 곧 군신이며 은혜로는 부자와 같다. 임진년에 재조(再造)해 준 그 은혜는 만세토록 잊을 수 없는 것이다. ······ <u>(가)</u> (은)는 배은망덕하여 천명을 두려워하지 않고 속으로 다른 뜻을 품고 오랑캐에게 성의를 베풀었으며, 기미년 오랑캐를 정벌할 때는 은밀히 장수를 시켜 동태를 보아 행동하게 하여 끝내 전군이 오랑캐에게 투항함으로써 추한 소문이 사해에 펼쳐지게 하였다. ······ 이에 폐위하고 적당한 데 살게 한다.

① 나선 정벌을 위해 조총 부대를 파견하였다.
② 왕권 강화를 위해 6조 직계제를 실시하였다.
③ 편당적인 인사 조치로 환국의 빌미를 제공하였다.
④ 훈구 세력의 전횡을 막기 위해 사림을 등용하였다.
⑤ 방납의 폐단을 막기 위해 경기도에 대동법을 실시하였다.

24 (가), (나) 주장을 편 붕당에 대한 설명으로 옳은 것을 〈보기〉에서 고른 것은? [2점]

> 돌아가신 효종 대왕을 장자의 예로 대우하여 대왕대비의 복상 기간을 3년으로 정해야 합니다.

(가)

> 효종 대왕은 장자가 아니므로 사대부의 예에 따라 1년으로 정해야 합니다.

(나)

┤ 보기 ├
ㄱ. (가) – 인조반정을 주도하였다.
ㄴ. (가) – 호론과 낙론 논쟁을 벌였다.
ㄷ. (나) – 노론과 소론으로 분화되었다.
ㄹ. (나) – 주로 이이의 학통을 계승하였다.

① ㄱ, ㄴ ② ㄱ, ㄷ ③ ㄴ, ㄷ ④ ㄴ, ㄹ ⑤ ㄷ, ㄹ

25 (가) 왕의 재위 기간에 있었던 사실로 옳은 것은? [1점]

> **그림으로 보는 한국사**
>
> **[시흥환어행렬도]**
>
> 화성을 출발한 행렬이 시흥 행궁에 들어오는 과정을 그리고 있다.
> 혜경궁이 탄 가마는 중간 쯤에 보이는데, 가마 주위를 장막으로 감싸고 혜경궁께 음식을 올리고 있는 중이다. 그 아래쪽 큰 깃발이 임금의 깃발인 용기(龍旗)이고 그 앞에 가는 가마가 <u>(가)</u> 의 가마이다.

① 서원이 정리되고 신문고가 부활되었다.
② 어영청을 중심으로 북벌이 추진되었다.
③ 무예 교본인 무예도보통지가 편찬되었다.
④ 학문 연구 기관으로 집현전이 설치되었다.
⑤ 청과의 국경을 정하는 백두산정계비가 세워졌다.

26 다음 격문이 발표된 당시에 볼 수 있었던 모습으로 적절한 것은? [3점]

> 평서대원수는 급히 격문을 띄우노니 관서 사람들은 모두 이 격문을 들으라. ······ 조정에서는 관서를 버림이 분토(糞土)와 다름없다. 심지어 권세 있는 집의 노비들도 관서 사람을 보면 반드시 '평안도 놈'이라고 말한다. ······ 지금, 임금이 나이가 어려 권세 있는 간신배가 그 세를 날로 떨치고, 김조순·박종경의 무리가 국가 권력을 갖고 노니, 어진 하늘이 재앙을 내린다.
> ─『패림』─

① 환곡의 문란으로 고통받는 농민
② 임꺽정이 이끄는 도적떼에 가담하는 백성
③ 예송 문제로 논쟁을 벌이는 서인과 남인 관료
④ 신분 제도의 폐지를 의결하는 군국기무처 회의
⑤ 경상우도병마사 백낙신의 죄를 조사하는 안핵사

27 (가)에 대한 설명으로 가장 적절한 것은? [2점]

(가) 에 대해 말해 볼까요?

농촌의 장시를 하나의 유통망으로 연결시킨 상인입니다.

전국적인 상인 조합을 결성하기도 하였어요.

① 통공 정책으로 활동이 위축되었다.
② 혜상공국을 통해 정부의 보호를 받았다.
③ 대동법 실시 이후 등장한 어용상인이다.
④ 한강을 무대로 운송업에 종사하며 성장하였다.
⑤ 전국에 송방을 설치하고 사개치부법을 사용하였다.

28 (가) 인물에 대한 설명으로 옳은 것은? [1점]

요즘 불순한 문체가 유행하는데, 그 근원은 (가) (이)가 쓴 열하일기에 있다. 그에게 명을 내려 다시 순수하고 올바른 정통적인 옛글을 지어 바치도록 하라.

① 북한산비가 진흥왕 순수비임을 밝혔다.
② 서얼 출신으로 규장각 검서관에 기용되었다.
③ 양반전에서 양반의 위선과 무능을 비판하였다.
④ 무한 우주론을 제시하여 중화사상을 비판하였다.
⑤ 현지답사를 바탕으로 지리서인 택리지를 저술하였다.

29 다음 특별전에서 볼 수 있는 작품으로 적절하지 <u>않은</u> 것은? [3점]

> **조선 후기 회화 특별전에 여러분을 초대합니다.**
>
> 조선 후기에는 우리 문화에 대한 자부심이 높아지고, 문화 향유층이 확대되면서 회화에 새로운 변화가 나타났습니다. 이에 이번 특별전을 마련하여 진경산수화, 풍속화와 민화 등을 소개합니다. 많은 관람 바랍니다.
>
> • 기간: 2020년 ○○월 ○○일~○○월 ○○일
> • 장소: ○○박물관 기획전시실

①   ②   ③

④  ⑤

30 다음 저술에 담긴 주장으로 옳은 것은? [2점]

이 책은 반계수록이다. 반계는 저자의 호이고, 수록은 책을 읽다가 수시로 베껴 둔 것이라는 뜻이다. 이 책은 저자가 약 20년 간 부안에서 은거 생활을 하면서 완성한 저술로, 토지 제도, 인재의 선발과 교육, 관리의 임명과 운용, 관리의 녹봉 체계, 군사 제도 등에 대한 개혁안을 제시한 대작이다.

① 지구는 하루에 한 바퀴를 돈다.
② 인간이 동물보다 뛰어난 것은 기술 때문이다.
③ 나라를 좀먹는 여섯 가지 폐단을 없애야 한다.
④ 신분에 따라 차등을 두어 토지를 분배해야 한다.
⑤ 적절한 소비를 통해 생산 활동을 자극해야 한다.

31 다음 상황 이후에 전개된 사실로 옳은 것은? [2점]

> 종로에 비석을 세웠다. 그 비면에 글을 써서 이르기를, "서양 오랑캐가 침범하는데 싸우지 않으면 즉 화친하는 것이요. 화친을 주장함은 나라를 팔아먹는 짓이다."라고 하였다.
>
> ― 『대한계년사』 ―

① 일본 운요호가 강화도에 접근하여 무력시위를 벌였다.
② 독일 상인 오페르트가 남연군 묘의 도굴을 시도하였다.
③ 어재연 부대가 외침에 맞서 광성보 전투에서 항전하였다.
④ 프랑스 선교사와 천주교도에 대한 병인박해가 이루어졌다.
⑤ 박규수의 지휘로 평양 관민이 제너럴 셔먼호를 침몰시켰다.

32 (가), (나) 조약이 체결된 사이의 시기에 있었던 사실로 옳은 것은? [2점]

> (가) 제1관 지금부터 20일을 기한으로 조선국은 흉도들을 체포하여 그 수괴를 엄중히 심문하여 중죄에 처한다.
> 제2관 해를 당한 일본 관리와 하급 직원은 조선국에서 후한 예로 매장하여 장례를 지낸다.
> (나) 제2조 이번에 피해를 입은 일본국 인민의 유가족과 부상자를 돌보아 주고, 아울러 상인들의 화물이 훼손·약탈된 것을 보충하기 위해 조선국은 11만 원을 지불한다.
> 제4조 일본 공사관을 새로운 곳으로 옮겨 신축해야 하므로 조선국은 땅과 건물을 내주어 공사관 및 영사관으로 사용할 수 있도록 한다.

① 신식 군대인 별기군이 창설되었다.
② 영국이 거문도를 불법으로 점령하였다.
③ 정변이 일어나 개화당 정부가 수립되었다.
④ 을미사변과 단발령에 반발하여 의병이 일어났다.
⑤ 조사 시찰단과 영선사가 일본과 청에 파견되었다.

33 밑줄 그은 '개혁'의 내용으로 옳은 것은? [1점]

① 호포제를 실시하였다.
② '건양'이라는 연호를 제정하였다.
③ 박영효가 주도적인 역할을 하였다.
④ 탁지아문으로 국가 재정을 일원화하였다.
⑤ 양전 사업을 실시하여 지계를 발급하였다.

34 (가) 인물에 대한 설명으로 옳은 것은? [3점]

> [(가)]은/는 각 읍의 포(包)에 명령하여 읍마다 도소를 설치하고 자기 사람으로 집강을 세워 수령의 일을 수행하게 하였다. 이렇게 되자 호남 지방의 군마와 돈, 곡식은 모두 적이 장악하게 되었다. 사람들은 비로소 저들의 역모를 알게 되었지만, 이미 형세가 이루어진 뒤라 제지하지 못하고 난민이 되었다.
>
> ― 『오하기문』 ―

① 고종의 밀명으로 독립 의군부를 결성하였다.
② 북접을 이끌고 공주 우금치 전투에 참여하였다.
③ 일본의 침략을 미화하던 스티븐스를 처단하였다.
④ 조병갑의 학정에 반발하여 고부에서 봉기하였다.
⑤ 산악 지대를 중심으로 항일 의병 활동을 전개하였다.

35 다음 보고서가 작성된 시기를 연표에서 옳게 고른 것은?

[2점]

> 신이 생각건대 관리와 백성의 협상이 처음 있는 일이기는 하지만 백성들이 나라의 폐단과 백성들의 고통에 대해 의논하여 제거할 것이 있다고 말하였기 때문에 의정부의 직책에 있으면서 도리상 배척하기가 곤란하여 회의에 갔습니다. 회의에 참가한 백성으로서 여섯 가지 조항의 강령으로 된 의견을 올린 사람이 있었는데 모두 다 일제히 좋다고 외쳤으며, 또한 신들에게 이것을 상주할 것을 요구하였습니다. …… 이에 삼가 그 내용을 아룁니다.

(가)	(나)	(다)	(라)	(마)
을미사변	아관파천	대한 제국 수립	대한국 국제 반포	을사늑약	군대해산

① (가) ② (나) ③ (다) ④ (라) ⑤ (마)

36 다음 기사가 작성된 당시에 볼 수 있었던 모습으로 적절한 것은?

[2점]

> 조선이 몇천 년을 왕국으로 지내어 가끔 청국에 속하여 속국 대접을 받고 청국의 종이 되어 지낸 때가 많이 있더니, 하나님이 도우시어 조선을 자주독립국으로 만드셔서 이달 12일에 대군주 폐하께서 조선 역사 이후 처음으로 대황제 지위에 나아가시고 그날부터는 조선이 다만 자주독립국뿐이 아니라 자주독립한 대황제국이 되었다.

① 육영 공원에서 공부하는 학생
② 관민 공동회에 참가하는 시민
③ 독립신문의 기사를 작성하는 기자
④ 단발령에 따라 상투를 자르는 관리
⑤ 화폐 정리 사업에 따라 백동화를 교환하는 상인

37 밑줄 그은 '의병'이 일어난 시기의 상황으로 옳은 것은?

[3점]

> ○○○ **연보**(병오년, 74세)
> • 윤4월 13일, 태인에서 <u>의병</u>을 일으킨다는 소(疏)를 올렸다.
> • 17일, 곡성에 도착하여 글을 지어 호남의 각 고을에 고하였다.
> • 19일, 군사를 이끌고 순창으로 돌아갔다.
> • 20일, 전주 관찰사 한진창과 순창 군수 이건용이 왜병을 거느리고 와서 의병을 습격하니, 의병은 마침내 무너졌다.
> • 23일, 체포되어 서울로 압송되었다.
> • 7월 8일, 임병찬과 함께 압송되어, 쓰시마섬에 도착하여 위수영 경비대 안에 구금되었다.
> • 11월 17일, 쓰시마섬 감방에서 별세하였다.

① 고종의 아관 파천으로 친러 내각이 수립되었다.
② 통감부가 대한 제국의 내정과 외교를 간섭하였다.
③ 고종의 강제 퇴위에 반대하는 시위가 전개되었다.
④ 을미사변에 이어 김홍집 내각이 단발령을 공포하였다.
⑤ 13도 창의군이 결성되어 서울 진공 작전을 전개하였다.

38 다음 법령이 적용된 시기 일제의 식민 정책으로 옳은 것은?

[2점]

> 조선인 호주는 본령 시행 후 6개월 이내에 새로 씨(氏)를 설정하여 부윤 또는 읍 · 면장에게 신고함을 요한다.
> — 개정 민사령 —
>
> 이번에 조선 민사령이 개정되었는데, 그 내용은 여러 가지 사항을 담고 있다. 그중에서 한국인의 진지하고 열렬한 요망에 대하여 한국인이 법률상 일본인처럼 '씨(氏)'를 부를 수 있는 길을 열었다는 점이 개정의 중요한 안목으로, 내선일체에 따른 친족법상의 획기적 개정이라고 할 수 있다.
> — 조선 총독부 법무국, 『씨 제도의 해설』 —

① 회사령을 제정하였다.
② 조선 태형령을 시행하였다.
③ 치안 유지법을 제정하였다.
④ 토지 조사 사업을 실시하였다.
⑤ 소학교를 국민학교로 개칭하였다.

39 (가) 지역에서 전개된 민족 운동으로 옳은 것은? [2점]

통합된 임시 정부의 소재지를 [(가)]에 둔 이유는 무엇이라고 생각해?

일제의 영향력이 미치지 않으면서, 서양 열강의 조계 지역이 많아 외교 활동을 펴기에 유리하였기 때문이지.

① 해조신문이 발간되었다.
② 한국광복군이 창설되었다.
③ 장인환이 의거를 일으켰다.
④ 신흥 강습소가 설립되었다.
⑤ 신한 청년당이 조직되었다.

40 다음 포고문이 발표된 배경으로 옳은 것은? [2점]

국장이 오는 3월 3일에 거행될 터이니 마땅히 근신하며 애도의 정을 표하고 함부로 소란을 피우는 행동이 추호도 없게 주의하여야 할 터이다. 그런데 어이없는 유언비어를 퍼뜨려 인심을 현혹시키고, 무리를 지어 소란을 피우는 것은 매우 유감스러운 일이다. 백성들은 마땅히 경건하게 애도하는 성의를 보임에 빈틈이 없어야 할 것이다. 만약에 경거망동하거나 유언비어를 날조하여 인심을 소요케 하는 운동을 행하는 자는 본 총독의 직권으로 엄중히 처리할 것이니 명심할 것이다.

－『조선 총독부 관보』－

① 원산의 노동자들이 총파업을 벌였다.
② 좌우 합작 단체인 신간회가 결성되었다.
③ 한·일 학생 간의 충돌이 점차 확산되었다.
④ 민족 대표 이름으로 독립 선언서가 발표되었다.
⑤ 순종의 인산일을 기회로 만세 운동이 준비되었다.

41 밑줄 그은 '이 운동'에 대한 설명으로 옳은 것은? [2점]

• 소위 지식층 중산 계급은 이 운동만이 외래 침입자에 대한 방어책이 되고, 그래서 조선인 생활의 유일한 구제 방법이라고 떠든다. 저들은 민족적·애국적인 척하는 감상적 미사여구로 눈물을 흘리며 저들과 이해관계가 전혀 다른 노동 계급의 후원을 갈구하는 것이다.
• 우리가 주장하는 이상은 조선인의 경제적 실력을 기르는 것이며, 이 이상을 실현하기 위해서는 조선인 자체의 생산 증진이 가장 급선무임을 확신한다. 동시에 그 방법으로 이 운동이 적절함을 단언하는 바이다.

① 대한매일신보의 후원을 받았다.
② '내 살림 내 것으로'를 구호로 내세웠다.
③ 일제의 황무지 개간권 요구를 철회시켰다.
④ 백정에 대한 사회적 차별 폐지를 주장하였다.
⑤ 열악한 노동 조건의 개선을 위해 노력하였다.

42 (가) 단체에 대한 설명으로 옳은 것은? [1점]

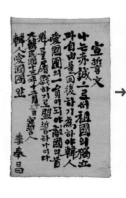

선서문

나는 적성으로써 조국의 독립과 자유를 회복하기 위하여 [(가)]의 일원이 되어 적국의 수괴를 도륙하기로 맹세하나이다.

대한민국 13년 12월 13일
[(가)] 앞
선서인 이봉창

① 상하이에서 김구가 조직하였다.
② 고종의 밀지를 받아 결성되었다.
③ 을사 5적의 암살을 목표로 삼았다.
④ 일제가 꾸민 105인 사건으로 해체되었다.
⑤ 김익상, 나석주 등이 단원으로 활동하였다.

43

다음 자료의 전투에 대한 설명으로 옳은 것은? [2점]

> 백운평에 도착한 것은 음력 9월 9일이다. 적병이 무산 간도에 들어온다는 정보가 있어 전방 입구에 방어진을 구축하고 전투 준비를 하던 중 왜적 부대가 후방으로 우회 작전을 하는 것 같다는 정보가 있으므로 포위하려는 것을 깨닫고 우리는 후퇴하여 산중으로 들어갔다. …… 3일간 전투에서 적은 겁이 나서 어쩔 줄 모를 형편이다. 우리 군대의 복장이나 모자가 비슷함으로 완루구 전투에서는 안개가 잔뜩 낀 가운데 무분별로 저희끼리 싸워 죽기도 하였다.
>
> — 『이우석 수기』 —

① 동북 항일 연군이 항일 유격전을 벌였다.
② 조선 독립 동맹 소속 부대가 활약하였다.
③ 일본이 훈춘 사건을 일으키는 원인이 되었다.
④ 김좌진과 홍범도 등이 지휘관으로 활동하였다.
⑤ 조선 혁명군이 중국 의용군과 연합 작전을 폈다.

44

(가) 단체에 대한 설명으로 옳은 것은? [2점]

○○○ 연보

- 1919년 의열단 조직
- 1932년 조선 혁명 간부 학교 설립
- 1935년 민족 혁명당 조직
- 1937년 조선 민족 전선 연맹 결성
- 1938년   (가)   창설
- 1944년 대한민국 임시 정부 군무부장

① 자유시 참변의 시련을 겪었다.
② 일부가 한국광복군에 합류하였다.
③ 중국 호로군과 연합 작전을 전개하였다.
④ 조선 혁명 선언을 활동 지침으로 삼았다.
⑤ 미국과 협력하여 국내 진공 작전을 추진하였다.

45

다음 연설을 행한 인물에 대한 설명으로 옳은 것은? [1점]

> 이제 우리는 무기 휴회된 공위가 재개될 기색도 보이지 않으며 통일 정부를 고대하나 여의케 되지 않으니 남방만이라도 임시 정부 혹은 위원회 같은 것을 조직하여 38 이북에서 소련이 철퇴하도록 세계 공론에 호소하여야 될 것이니 여러분도 결심하여야 될 것이다.

① 한국 민주당을 조직하였다.
② 신탁 통치 반대 운동을 전개하였다.
③ 좌우 합작 위원회 결성을 주도하였다.
④ 대한민국 임시 정부의 주석으로 활동하였다.
⑤ 정부의 지원을 받아 독립신문을 창간하였다.

46

밑줄 그은 '제주 4·3'에 대한 탐구 활동으로 가장 적절한 것은? [2점]

▲ 제주 4·3 평화 기념관 백비

> 분단의 시대를 넘어 남과 북이 하나가 되는 통일의 그날, 진정한 4·3의 이름을 새길 수 있으리라.

봉기·항쟁·사태·폭동·사건 등 다양하게 불러 온 제주 4·3은 아직까지도 올바른 역사적 이름을 얻지 못하고 있다.

① 3·15 부정 선거의 실태를 조사한다.
② 5·10 총선거를 둘러싼 갈등을 파악한다.
③ 6·3 시위에 대한 정부의 대응을 알아본다.
④ 애치슨 선언이 한반도에 미친 영향을 살펴본다.
⑤ 모스크바 3국 외상 회의의 결정 내용을 분석한다.

47 밑줄 그은 '개헌안'의 내용으로 옳은 것은? [3점]

토요일 국회에서 개헌안에 대하여 135표의 찬성표가 던져졌다. 그런데 민의원 재적수 203석 중 찬성표 135, 반대표 60, 기권 7, 결석 1이었다. 60표의 반대표 수는 총수의 3분의 1에 훨씬 못하다는 사실을 잘 주의해서 보아야 한다. 민의원의 3분의 2는 정확하게 계산할 때 135. 3분의 1인 것이다. 한국은 표결에 있어서 단수를 계산에 넣지 않아야 할 것이며, 따라서 개헌안은 통과되었다는 것이 정부의 견해이다.
— 개헌안 통과에 대한 공보처 담화 —

① 대통령의 계속 재임은 3기에 한한다.
② 통일 주체 국민 회의에서 대통령을 선출한다.
③ 대통령의 임기는 5년으로 하며, 중임할 수 없다.
④ 대통령과 부통령은 국회에서 무기명 투표로써 각각 선거한다.
⑤ 헌법 공포 당시의 대통령에 한해 중임 제한을 적용하지 않는다.

48 다음 상황 이후에 전개된 사실로 옳은 것은? [2점]

18일 0시를 기해 부산의 학생 소요 사태와 관련, 부산직할시 일원에 비상계엄을 선포했다. 이에 따라 박 계엄 사령관은 18일 상오 6시를 기해 계엄 포고문 제1호를 발표. ▲ 부산 시내에서 일체의 집회·시위·단체 활동을 금지하고(관혼상제 등은 제외) ▲ 모든 언론·출판·보도 방송은 사전에 검열하며 ▲ 각 대학을 당분간 휴교 조치하고 ▲ 유언비어의 날조·유포와 국론 분열 언동을 엄금한다고 밝혔다.

① 10·26 사태가 발생하였다.
② 진보당의 조봉암이 처형되었다.
③ 반민족 행위 처벌법이 공포되었다.
④ 국가 재건 최고 회의가 구성되었다.
⑤ 한·미 상호 방위 조약이 체결되었다.

49 다음 헌법 조항이 시행된 시기에 있었던 사실로 옳은 것은? [1점]

제39조 ① 대통령은 대통령 선거인단에서 무기명 투표로 선거한다.
제40조 ① 대통령 선거인단은 국민의 보통·평등·직접·비밀 선거에 의하여 선출된 대통령선거인으로 구성한다.
제45조 대통령의 임기는 7년으로 하며, 중임할 수 없다.

① 6월 민주 항쟁이 전개되었다.
② 서울 올림픽 대회가 개최되었다.
③ 금융 실명제가 전면 실시되었다.
④ 최초로 남북 정상 회담이 열렸다.
⑤ 대통령이 긴급 조치권을 발동하였다.

50 (가)에 들어갈 사진으로 적절한 것은? [3점]

사진으로 보는 현대사의 흐름

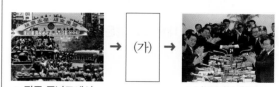

▲ 광주 금남로에서 대치한 시민과 계엄군 → (가) → ▲ 남북 기본 합의서 교환

①
▲ 경부 고속 국도 완공

②
▲ 박종철 추도 시위

③
▲ 베트남 파병

④
▲ 7·4 남북 공동 성명 발표

⑤
▲ 3·15 부정 선거 항의

01 (가) 시대에 대한 설명으로 옳은 것은? [1점]

이 토기는 달걀 모양의 몸체 위에 높은 아
가리가 올려져 있고 손잡이가 달려있는 특
징이 있습니다. ___(가)___ 시대를 대표하는
민무늬 토기의 일종입니다.

① 농경과 목축이 처음 시작되었다.
② 계급이 없는 평등한 공동체 사회였다.
③ 지배층의 무덤으로 고인돌이 만들어졌다.
④ 주로 동굴이나 강가에 막집을 짓고 살았다.
⑤ 주로 슴베찌르개를 사냥 도구로 사용하였다.

02 (가)에 들어갈 내용으로 옳은 것을 〈보기〉에서 고른 것은? [1점]

『사기』의 「조선열전」에 따르면 위만은 한 고조가
연왕으로 봉한 노관의 부장이었다. 여후(呂后) 시기
에 노관이 자신의 위험을 깨닫고 흉노로 망명하자
위만은 고조선 땅으로 들어와 패수와 왕검성 사이의
지역, 즉 중국과 고조선의 경계 지역인 '진고공지(秦
古空地)'에 거주했다. 준왕은 위만을 믿고 받아들여
박사로 삼고 변경을 지키게 하였다. 그러나 위만은
세력이 커지자 준왕을 몰아내고 고조선의 왕이 되었
다. 이후 고조선은 ___(가)___. 그러나 위만 조선의
세력이 커지자 한 무제는 수군과 육군을 보내 위만
조선을 공격하였다.

┤ 보기 ├
ㄱ. 전국 시대의 연과 대립·경쟁하였다
ㄴ. 철기 문화를 본격적으로 받아들였다
ㄷ. 태학을 설립하여 인재를 육성하였다
ㄹ. 중계 무역을 통하여 부를 축적하였다

① ㄱ, ㄴ ② ㄱ, ㄷ ③ ㄴ, ㄷ ④ ㄴ, ㄹ ⑤ ㄷ, ㄹ

03 (가), (나) 국가에 대한 설명으로 옳은 것은? [3점]

(가) 형이 죽으면 형수를 아내로 삼는 것은 흉노의
풍습과 같다. 옛 풍속에 가뭄이나 장마가 계속
되어 오곡이 영글지 않으면 그 허물을 왕에게
돌려 '왕을 마땅히 바꾸어야 한다.'고 하거나 '죽
여야 한다.'고 하였다.

(나) 대군장이 없고 한 시대 이래로 후·읍군·삼로
의 관직이 있어 하호를 다스렸다. 언어와 예절
및 풍속은 대체로 고구려와 같지만 의복은 달랐
다. 읍락을 함부로 침범하면 벌로 노비와 소·
말을 부과하는데, 이를 책화라 한다.

① (가) – 가축의 이름을 딴 가들이 사출도를 다스렸다.
② (가) – 철이 많이 생산되어 낙랑과 왜에 수출하였다.
③ (나) – 10월에 동맹이라는 제천 행사를 지냈다.
④ (나) – 사회질서를 유지하기 위해 8조법을 두었다.
⑤ (가), (나) – 제사장인 천군과 신성 지역인 소도가 있었다.

04 밑줄 그은 '임금'에 대한 설명으로 옳은 것은? [2점]

• 임금은 이찬 철부를 상대등으로 삼아 나
라의 일을 총괄하게 하였다. 상대등이라
는 관직은 이때 처음 생겼으니, 지금의
재상과 같다.
• 금관국의 왕 김구해가 왕비와 세 아들인
맏아들 노종, 둘째 아들 무덕, 막내 아들
무력과 더불어 자기 나라의 보물을 가지
고 항복하였다. 임금이 예를 갖추어 대
접하고 상등의 직위를 주었으며, 금관국
을 식읍으로 삼게 하였다. 아들 무력은
벼슬이 각간에 이르렀다.

① 율령을 반포하고 불교를 공인하였다.
② 국가적인 조직으로 화랑도를 개편하였다.
③ 최고 지배자의 칭호를 마립간으로 하였다.
④ 대가야를 정복하여 낙동강 일대를 차지하였다.
⑤ 지방을 주·군으로 정비하고 우산국을 정벌하였다.

05 (가), (나) 사이에 일어난 사실로 옳은 것은?　　[3점]

> (가) 백제왕이 태자와 함께 정예군 3만 명을 거느리고 고구려를 침범하여 평양성을 공격하였다. 고구려의 고국원왕이 필사적으로 항전하다가 화살에 맞아 죽었다.
>
> (나) 백제왕이 신라에 사신을 보내 혼인을 요청하였다. 신라왕이 이찬 비지의 딸을 시집보냈다. 이듬해 고구려와 신라가 살수원 벌판에서 싸울 때, 백제 왕은 병사 3천 명을 보내 구원하여 포위를 풀었다.

① 대가야가 신라와 결혼 동맹을 맺었다.
② 고구려가 낙랑군과 대방군을 몰아냈다.
③ 백제의 수도 한성이 함락되고 왕이 사망하였다.
④ 백제가 도읍을 사비로 옮기고 국호를 남부여로 하였다.
⑤ 고구려가 위 나라의 장군 관구검의 공격으로 위기에 처하였다.

06 다음에서 설명하는 문화유산으로 옳은 것은?　　[2점]

> 경주 호우총에서 발견된 문화유산으로 '을묘년 국강상 광개토지호태왕 호우십'이라는 명문이 새겨져 있다. 이것은 광개토 대왕의 제사에 쓰인 도구로 보인다. 이를 통해 5세기 고구려와 신라의 밀접한 관계를 짐작할 수 있다.

① 　② 　③

④ 　⑤

07 다음 인물에 대한 설명으로 옳은 것은?　　[1점]

> **역사 인물 카드**
> • 생몰: 603년~661년
> • 가계: 진지왕의 손자로 이찬 용춘의 아들
> • 생애
>   - 김유신의 누이와 결혼
>   - 상대등 비담의 반란 진압
>   - 진덕여왕을 이어 왕위 계승
>   - 사비성 함락

① 관산성 전투에서 성왕을 전사시켰다.
② 당으로 건너가 군사 동맹을 체결하였다.
③ 지방에 22담로를 두고 왕족을 파견하였다.
④ 후연과 거란을 격파하고 요동과 만주 지역을 차지하였다.
⑤ 고구려와의 전쟁에서 승리하여 황해도 일대를 차지하였다.

08 (가) 나라에 대한 설명으로 옳은 것은?　　[2점]

> 이 곳은 　(가)　의 대표적 문화유산인 고령의 지산동 고분입니다. 이중에는 순장된 인골이 발견되기도 하였습니다.

① 후기 가야 연맹을 주도하였다.
② 귀족 회의 기구로 화백을 운영하였다.
③ 영락이라는 독자적 연호를 사용하였다.
④ 대가들이 사자, 조의, 선인을 거느렸다.
⑤ 신라를 도와 군대를 보내 왜를 격파하였다.

09 다음 구조도의 양식으로 만들어진 고분에 대한 설명으로 옳은 것은? [2점]

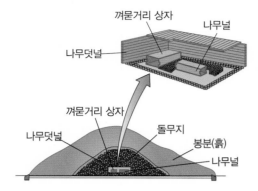

① 대표적인 고분으로 장군총이 남아 있다.
② 생활 풍속을 담은 벽화가 많이 그려져 있다.
③ 중국 남조 양나라 고분 양식의 영향을 받았다.
④ 도굴이 어려워 많은 껴묻거리가 발굴되고 있는 편이다.
⑤ 고구려와 백제의 건국 세력이 같은 계통임을 보여주는 양식이다.

10 (가)에 들어갈 문화유산으로 옳은 것은? [2점]

문화유산 카드
● 종목: 국보 제11호
● 소재지: 전라북도 익산시
● 소개: 전북 익산시 금마면 기
양리에 세워진 석탑으로 우
리나라에서 가장 오래되고
규모가 큰 탑 중 하나이다.
목탑에서 석탑으로 이행하
는 과정을 충실하게 보여주
는 석탑이다.

(가)

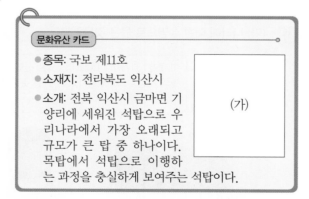

11 다음 사건의 발생 시기를 연표에서 옳게 고른 것은? [2점]

• 당의 이근행이 군사 20만 명을 거느리고 매소성에
주둔하였다. 우리 군사가 이를 쳐서 쫓아 버리고
군마 3만여 필과 병장기를 노획하였다.
• 사찬 시득이 수군을 거느리고 소부리주 기벌포에
서 당의 설인귀와 스물 두 번의 크고 작은 전투를
벌여 이기고 4천여 명의 목을 베었다.

554	612	645	660	663	676
(가)	(나)	(다)	(라)	(마)	
관산성 전투	살수 대첩	안시성 전투	황산벌 전투	백강 전투	신라의 삼국 통일

① (가) ② (나) ③ (다) ④ (라) ⑤ (마)

12 밑줄 그은 '그'의 업적으로 옳은 것은? [1점]

나라를 다스린 지 21년째에 세상을 떠났다. 시호
를 정하고 신하들은 그의 유언에 따라 동해 바다 가
운데의 큰 바위에 장사 지냈다. 민간에 전하기를 그
가 용이 되었다고 하고 이 바위를 대왕석이라 하였다.

① 녹읍을 폐지하였다.
② 백성에게 정전을 지급하였다.
③ 나·당 전쟁을 승리로 이끌었다.
④ 유학 교육 기관인 국학을 설립하였다.
⑤ 독서삼품과를 통해 인재를 등용하였다.

13 다음 글을 지은 인물에 대한 설명으로 옳은 것은? [3점]

'저는 대왕(화왕)께서 총명하여 이치를 잘 알 것이
라 생각하여 왔던 것인데, 지금 보니 그렇지가 않습
니다. 무릇 임금된 사람치고 간사하고 아첨하는 자
를 가까이하고 정직한 자를 멀리하지 않는 이가 드
뭅니다. …… 예로부터 이러하였으니 전들 어찌 하
겠습니까?'라고 하니, 화왕이 '내가 잘못했다, 내가
잘못했다.'라고 했답니다.

① 경전에 조예가 깊었으며 이두를 정리하였다.
② 화엄 사상을 세우고 관음 신앙을 전파하였다.
③ 무애 사상을 강조하며 아미타 신앙을 전파하였다.
④ 답설인귀서, 청방인문서 등 외교 문서를 작성하였다.
⑤ 빈공과에 합격한 후 '토황소격문'으로 이름을 떨쳤다.

14

(가) 왕의 업적으로 옳은 것은? [2점]

이것은 [(가)]의 딸인 정혜 공주 묘 앞의 돌사자상입니다. 중국 길림성 돈화현 육정산 고분군에서 발견된 이 무덤은 굴식 돌방무덤 양식이며 모줄임 천장 구조를 갖추고 있습니다.

① 9주 5소경의 지방 행정 체제를 정비하였다.
② 장문휴를 보내 당의 산동 지방을 공격하였다.
③ 전성기를 이루어 당으로부터 해동성국이라 불렸다.
④ 황상이라는 칭호와 대흥, 보덕 등의 연호를 사용하였다.
⑤ 천문령에서 당군을 격파하고 동모산 근처에 나라를 세웠다.

15

다음 자료를 통해 알 수 있는 시기의 사회 상황으로 옳은 것을 〈보기〉에서 고른 것은? [2점]

신무대왕이 아직 왕이 되기 전에, 장보고에게 말하였다. "나에게 같은 하늘 아래서 함께 살 수 없는 원수가 있다. 네가 나를 위해 그를 없애준다면, 왕위에 오른 뒤에 네 딸을 왕비로 삼겠다." 장보고는 그렇게 하겠다고 하고, 마음과 힘을 합쳐 군사를 일으켜 서울로 쳐들어가 그 일을 이루어냈다. 왕위를 빼앗은 뒤 장보고의 딸을 왕비로 삼으려고 하였는데, 여러 신하들이 강력하게 반대하며 말하였다. "장보고는 출신이 미천합니다. 임금님께서 그 딸을 왕비로 맞아들이는 것은 아니되옵니다." 이러하여 왕은 신하들의 말을 따랐다.　　 –『삼국유사』 –

┤ 보기 ├
ㄱ. 사병을 거느린 지방 세력이 성장하였다.
ㄴ. 골품제에 따른 신분 차별이 남아 있었다.
ㄷ. 왕권의 전제화로 귀족 세력이 약화되었다.
ㄹ. 당과의 전쟁으로 국가 재정이 악화되었다.

① ㄱ, ㄴ　② ㄱ, ㄷ　③ ㄴ, ㄷ　④ ㄴ, ㄹ　⑤ ㄷ, ㄹ

16

다음은 어느 나라의 교통로에 대한 설명이다. 이 나라의 문화유산으로 옳은 것은? [3점]

- 용원의 동남쪽 연해는 일본도이다. 남해는 신라도이다. 압록은 조공도이다. 장령은 영주도이다. 부여는 거란도이다.
- 가탐의 『고금군국지』에 이르기를, "이 나라의 남해·압록·부여·책성의 4부(府)는 모두 옛 고구려의 땅이다. 신라 천정군에서 책성부에 이르기까지 무릇 39역이다."라고 하였다.

① 　② 　③

④ 　⑤

17

(가)에 대한 설명으로 옳은 것은? [1점]

- [(가)]에서 사신을 보내 낙타 50필을 가져왔다. 그러나 왕은 그 사자 30명을 바다에 있는 섬으로 귀양 보내고 낙타는 만부교 밑에 매어 놓고 모두 굶어 죽게 했다.　 –『고려사절요』 –
- [(가)]이/가 고구려의 옛 땅을 차지하겠다고 주장하고 있으나 실상인즉 우리를 두려워하고 있는 것입니다. 그러므로 지금 그들의 병력이 많은 것만을 보고 갑자기 서경 이북을 떼어 준다면 이것은 올바른 계책이 아닙니다. …… 저희들로 하여금 적과 한번 담판을 하게 한 후에 다시 논의하여도 늦지 않을 것입니다.　 –『고려사』 –

① 고려와 송의 관계를 끊기 위하여 침략하였다.
② 고려에 보낸 사신이 피살되자 이를 구실로 침략하였다.
③ 쌍성총관부와 동녕부를 설치하여 고려의 영토를 다스렸다.
④ 금을 건국한 후 고려에 군신 관계를 맺자고 압력을 가해 왔다.
⑤ 자신의 공주를 고려의 왕과 결혼시켜 고려를 부마국으로 삼았다.

18 (가) 왕 재위 시기에 볼 수 있는 모습으로 옳은 것은? [2점]

> (가) 은/는 …… 아우로서 왕위를 계승한 후 예로써 아랫사람을 접하며 밝은 관찰력으로 사람을 잘 알아보았습니다. …… 항상 호부자와 억센자들을 억제하였으며 소원하고 미천한 사람이라 해서 버리지 않고 의탁할 데 없는 백성들에게 혜택을 베풀었습니다. 그가 즉위한 해로부터 8년간 정치와 교화가 청백 공평하였고 형벌과 표창을 남용하지 않았습니다. 그러나 쌍기를 등용한 후로부터 문사를 존중하고 대우하는 것이 지나치게 풍후하였습니다. …… 옛 신하들과 이름 난 장수들은 차례로 살육당하고 골육 친척들도 역시 모두 멸망하였습니다.

① 노비안검법에 따라 양민이 되는 노비
② 전시과에 따라 토지를 지급받는 관리
③ 12목의 설치와 지방관 파견을 명하는 왕
④ 건원중보를 가지고 관영 상점을 이용하는 귀족
⑤ 거란의 침략으로 나주로 피난을 떠나는 왕과 관리

19 (가)에 들어갈 내용으로 옳은 것은? [2점]

> **무신 집권기 정치 · 사회의 변화**
> 왕이 보현원 문에 막 들어가고 여러 신하들이 물러서려 하는데 이고 등이 임종식, 이복기, 한뢰 등을 죽였으며 모든 호종 문관과 대소관료, 환시들도 모조리 살해하였다. 또한 서울에 남아있던 문신 50여 명도 학살하였다.

> (가)

> 사노비 만적은 개경 송악산에 노비들을 모아 놓고 노비 해방을 주장하여 봉기를 일으키려 하였다. 그러나 결국 거사 전에 발각되어 실패하였다.

① 최우가 수도를 강화도로 옮기고 몽골에 항전하였다.
② 이자겸이 대방공 보를 모함하여 경산부로 내쫓았다.
③ 조위총이 지방군과 농민을 모아 정권에 항거하였다.
④ 최광수가 서경에서 고구려 부흥을 내걸고 봉기하였다.
⑤ 김위제가 도참설을 바탕으로 남경 천도를 주장하였다.

20 밑줄 그은 '당시'의 사회 모습으로 옳은 것을 <보기>에서 고른 것은? [2점]

> 당시에 응방과 겁령구(怯怜口)* 그리고 내수(內豎) 같은 천한 자들까지 다 사전(賜田)을 받아서 그 중 많은 자는 수백 결에 달하였다. 그들은 보통 농민을 유인해서 소작농으로 만들고 또 민전(民田)으로 그 부근에 있는 것에 대하여는 모두 조세를 받아들였으므로 주, 현에서는 세납이 들어올 곳이 없었다. 그리하여 수령 중에서 법에 의하여 바로잡아 보려는 자가 있으면 왕에게 무고하여 죄를 둘러 씌웠다.
>
> *겁령구: 원의 공주가 고려에 들어올 때 따라온 시종

┤ 보기 ├
ㄱ. 결혼도감을 통해 공녀가 징발되었다.
ㄴ. 전주에서 죽동 등 관노들이 봉기하였다.
ㄷ. 개경에 회회인이 운영하는 상점이 생겨났다.
ㄹ. 별무반에 소속된 병사가 여진 정벌에 나섰다.

① ㄱ, ㄴ ② ㄱ, ㄷ ③ ㄴ, ㄷ ④ ㄴ, ㄹ ⑤ ㄷ, ㄹ

21 밑줄 그은 '호장'이 속한 신분층에 대한 설명으로 옳은 것은? [3점]

> • 신라 말 각 읍의 토인에 능히 그 읍을 다스리고 호령하는 자가 있었는데 고려조 통합 이후에 직호를 사여하고 그들로 하여금 그 지방의 일과 백성들을 다스리게 했으니 이를 일러 호장이라 하였다.
> • 주부군현의 이직(吏職)을 개정하여 병부(兵部)를 사병(司兵)으로 하고, 창부(倉部)를 사창(司倉)으로 하고, 당대등을 호장으로 하고, 대등을 부호장으로 하였다.

① 원칙적으로 과거에 응시할 수 없었다.
② 주인과 따로 살면서 주인에게 신공을 바쳤다.
③ 왕실, 유력 가문과 중첩된 혼인 관계를 맺었다.
④ 백정이라 불리며 조세 · 공납 · 역의 의무를 겼다.
⑤ 직역 수행에 상응하는 토지를 국가로부터 받았다.

22 다음 글이 쓰여진 시기의 역사 인식으로 옳은 것은? [2점]

> • 대저 옛 성인들은 예악으로 나라를 흥륭하고 인의로 가르쳤으며, 괴상한 힘이나 난잡한 귀신을 말하지 아니하였다. 그러나 제왕들이 일어날 때는 …… 보통 사람보다 다른 것이 있은 뒤에 큰 변란 있는 기회를 타서 대기를 잡고 대업을 이루는 것이다. 이것이 신이(神異)로서 다른 편보다 먼저 놓은 까닭이다.
> • 구삼국사를 얻어서 동명왕본기를 보니, 그 신이한 사적이 세상에서 이야기되고 있던 것보다 더 하였다. …… 실로 창국하신 신이한 자취인 것이다. …… 이런 까닭에 시(詩)를 지어 이를 기념하고 천하 사람들로 하여금 우리나라의 근본이 성인의 나라임을 알게 하려 할 뿐이다.

① 신라 계승 의식을 표방하였다.
② 단군조선보다 기자조선을 중시하였다.
③ 성리학적 정통 의식과 대의명분을 중시하였다.
④ 민족적 자주 의식을 바탕으로 역사를 서술하려 하였다.
⑤ 실증적 역사 서술로 중국 중심의 역사관에서 벗어나려 하였다.

23 다음 설명에 해당하는 문화 유산으로 옳은 것은? [1점]

> • 일찍부터 생산되었지만 12세기부터 13세기 전반의 전성기를 지나 점차 쇠퇴하였다.
> • 강진 사당리와 부안 유천리에 대표적인 자기소가 설치되었는데, 이곳 소민들을 중심으로 제작되어 바닷길을 통해 개경으로 가져와 왕실, 관청, 귀족의 수요를 충당하였다.

① ② ③

④ ⑤

24 (가), (나) 인물에 대한 설명으로 옳은 것은? [2점]

>   (가)   은/는 남은, 심효생 등과 함께 여러 왕자들을 해치려 꾀하다가 성공하지 못하고 참형을 당하였다. 처음에 임금이   (나)   이/가 건국한 공로는 여러 왕자들이 견줄 만한 이가 없음으로써 특별히 대대로 전해 온 동북면 가별치 5백여 호를 내려 주고, 그 후에 여러 왕자들과 공신으로써 각도의 절제사로 삼아 시위하는 병마를 나누어 맡게 하였으나   (나)   은/는 가별치를 방번에게 사양하니, 방번은 이를 받고 사양하지 않았는데, 임금도 이를 알고 또한 돌려주기를 요구하지 않았다. 또   (가)   와/과 남은 등은 권세를 마음대로 부리고자 하여 어린 서자를 꼭 세자로 세우려고 하였다.

① (가) – 만권당에서 원의 학자들과 교유하였다.
② (가) – 불씨잡변을 저술하여 불교를 비판하였다.
③ (나) – 황산 대첩을 거두어 백성들의 지지를 받았다.
④ (나) – 왕권과 신권의 조화를 꾀하는 의정부 서사제를 시행하였다.
⑤ (가), (나) – 재상 중심의 정치 체제를 지향하였다.

25 (가) 인물에 대한 설명으로 옳은 것을 <보기>에서 고른 것은? [2점]

> 이곳은 당시 명망이 높았던 사림 세력의 대표적 인물로 중종 때 등용되었다가 기묘사화로 사사당한 정암   (가)   를 배향한 심곡 서원입니다.

┤ 보기 ├
ㄱ. 조의제문을 지었다.
ㄴ. 위훈 삭제를 주장하였다.
ㄷ. 현량과 실시를 주장하였다.
ㄹ. 성학십도를 지어 왕에게 올렸다.

① ㄱ, ㄴ ② ㄱ, ㄷ ③ ㄴ, ㄷ ④ ㄴ, ㄹ ⑤ ㄷ, ㄹ

26 다음 문제점을 해결하기 위해 시행된 제도에 대한 설명으로 옳은 것은? [2점]

> 각사에 필요한 물품과 본도(本道)의 감영·병영·수영 및 본읍에서 쓰는 것들이 있습니다. 그런데 나누어 배정하는 품목 가운데에는 더러 토산물이 아닌 경우도 있고, 또 토산물이라 할지라도 백성들이 직접 납부하지 못하고 반드시 방납하는 사람들을 통하게 되어 있는데, 이들이 청탁하여 대납을 하고는 매번 몇 배나 되는 값을 징수하곤 하니, 이것이 바로 공물의 폐단으로서 백성들에게 걱정을 끼치는 점이라고 하겠습니다. …… 힘없는 백성들에게 떠넘기고 있습니다.
> – 『포저집』 –

① 토지 결수를 기준으로 쌀, 동전, 베 등을 거두었다.
② 농민 한 사람에게 군포 1필을 징수하도록 하였다.
③ 풍흉에 관계없이 토지 1결당 쌀 4~6두를 거두었다.
④ 장인에게 부역 노동으로 관수품을 제작하도록 하였다.
⑤ 토지의 비옥도에 따라 6등급으로 나누어 조세를 거두었다.

27 (가) 농서에 대한 설명으로 옳은 것을 <보기>에서 고른 것은? [1점]

> 오방의 풍토가 같지 않아 곡식을 심고 가꾸는 법이 각기 적성(適性)이 있어, 옛 글과 다 같을 수 없다 하여, 여러 도의 감사에게 명하여 주현의 노농(老農)들을 방문토록 하여, 농토의 이미 시험한 증험에 따라 갖추어 아뢰게 하시고, 또 신 정초에게 순서에 따라 얽게 하시고 종부소윤 변효문과 더불어 교열하고 참고하여 그 중복된 것을 버리고 그 절실하고 중요한 것만 뽑아서 찬집하여 한 편(編)을 만들게 하고 제목을 [(가)]이라고 하였다.

┌ 보기 ┐
ㄱ. 세종의 명에 따라 편찬되었다.
ㄴ. 퇴직 후 금양현에서의 농사 체험을 기술하였다.
ㄷ. 우리의 기후와 풍토에 맞는 농사법을 수록하였다.
ㄹ. 인삼과 고추 등의 상품 작물 재배법을 소개하고 있다.

① ㄱ, ㄴ ② ㄱ, ㄷ ③ ㄴ, ㄷ ④ ㄴ, ㄹ ⑤ ㄷ, ㄹ

28 (가)~(라)를 일어난 순서대로 옳게 나열한 것은? [3점]

> (가) 선조는 개성, 평양을 거쳐 의주로 피신하고 명에 원군을 요청하는 한편, 강원도와 함경도 등지에 왕자들을 보내 군사를 모집하게 하였다.
> (나) 통신사로 정사 황윤길과 부사 김성일을 일본에 파견하여 일본의 정세를 살펴보도록 하였다. 일본에 다녀온 이들은 서로 상반된 보고를 올렸다.
> (다) 유성룡의 건의로 다시 삼도수군통제사로 임명된 이순신은 그 동안의 패전에서 남은 13척의 전선과 수군을 정비하여 명량 해전에서 일본군을 크게 격파하였다.
> (라) 전라도 관찰사 권율은 병력과 조직, 군사 등 전술적으로 불리한 상황에서 군·관·민이 일치된 항전의식과 긴밀한 협조 체제를 구축해 행주산성에서 큰 승리를 거두었다.

① (가) – (나) – (다) – (라)
② (가) – (나) – (라) – (다)
③ (나) – (가) – (다) – (라)
④ (나) – (가) – (라) – (다)
⑤ (다) – (나) – (가) – (라)

29 다음 행로를 따라 이동하였던 사절단에 대한 설명으로 옳은 것은? [2점]

① 강화도 조약 이후 파견된 공식 사절단이었다.
② 막부의 요청으로 파견되어 문물을 전해주었다.
③ 조천사, 연행사 등의 이름으로 불리기도 하였다.
④ 울릉도와 독도가 조선의 땅임을 확인받고 돌아왔다.
⑤ 천주실의 등의 서적으로 서학을 조선에 처음 소개하였다.

30 (가)~(다)에 해당하는 세시 풍속에 대한 설명으로 옳은 것은? [3점]

> (가) 오월 오일에 아! 수릿날 아침 약은
>   천년을 길이 사실 약이라고 받치옵니다
>   아으 동동다리
>
> (나) 유월 보름에 아! 벼랑가에 버려진 빗 같구나
>   돌아보실 님을 잠시라도 쫓아가겠습니다
>   아으 동동다리
>
> (다) 칠월 보름에 아! 갖가지 제물 벌여 두고
>   님과 함께 지내고자 원을 비옵니다
>   아으 동동다리

① (가) – 팥죽을 만들어 부엌, 문짝, 대문짝 기둥에 뿌렸다.
② (가) – 창포 삶은 물에 머리를 감고 붉고 푸른 새옷을 입었다.
③ (나) – 별을 보며 바느질 솜씨를 좋게 해달라고 빌었다.
④ (나) – 귀밝이술이라 하여 데우지 않은 술을 한 잔 마셨다.
⑤ (다) – 햇곡식으로 음식을 만들어 조상에 차례를 지냈다.

31 다음에 해당하는 기구에 대한 설명으로 옳은 것은? [1점]

> • 주사(籌司)라고도 하며 중앙과 지방의 군국기무를 도맡아 관할하는 곳이다.
> • 도제조는 현임이나 또는 전임 의정이 의례적으로 겸임하도록 하며, 제조는 재신으로 변경의 사정에 통한 자로서 겸임하게 하고, 정원은 없다. 또한 이·호·예·병 4조의 판서 및 강화유수로서 상례적으로 겸임케 하며, 유사당상 3명은 제조로서 군무를 아는 사람을 상주하여 임명한다.
> • 낭청은 12명인데, 3명은 문신이요, 1명은 병조의 무비사의 낭청이 겸임하고, 8명은 무신으로 한다.
> — 『만기요람』 —

① 고종 때 기능이 축소·폐지되었다.
② 임진왜란을 계기로 처음 설치되었다.
③ 세도 정치기에 그 기능이 약화되었다.
④ 정조가 왕권을 뒷받침하는 기구로 육성하였다.
⑤ 운영 과정에서 상피제가 엄격하게 적용되었다.

32 다음을 명한 왕의 정책으로 옳은 것은? [2점]

> 성균관 시험의 시험지 중에 만일 조금이라도 패관 잡기에 관련되는 답이 있으면 비록 전편이 주옥 같을지라도 하고(下考)로 처리하고 이어 그 사람의 이름을 확인하여 과거를 보지 못하도록 하여 조금도 용서가 없어야 할 것이다. …… 엊그제 유생 이옥의 응제 글귀들은 순전히 소설체를 사용하고 있었으니 선비들의 습성에 매우 놀랐다.

① 군사권 장악을 위해 금위영을 설치하였다.
② 관료를 재교육하는 초계문신제를 실시하였다.
③ 환국을 주도하여 여러 붕당을 번갈아 등용하였다.
④ 억울한 일을 호소할 수 있도록 신문고를 설치하였다.
⑤ 어영청을 주무 관청으로 삼아 북벌 정책을 추진하였다.

33 다음을 주장한 인물에 대한 설명으로 옳은 것은? [2점]

> 기예는 한 사람의 성인보다 뭇 사람들의 경험과 의견이 중요하다. 많은 사람의 지혜가 모이면 더욱 정교해지고 세대가 흘러갈수록 더욱 발전하게 된다. 오랑캐의 기예라도 우수한 것이 있으면 받아들여야 한다.

① 충청도 출신의 호론 계열 학자이다.
② 배다리를 설계하고 종두법을 실험하였다.
③ 노론 명문 출신으로 상공업의 진흥을 주장하였다.
④ 지전설을 주장하여 중국 중심의 세계관을 비판하였다.
⑤ 사농공상 직업에 따라 토지를 분배할 것을 주장하였다.

34 (가), (나) 사이에 일어난 사실로 옳지 않은 것은? [2점]

> (가) 전남 무안군 암태도의 소작인들은 엄청난 고율의 소작료 때문에 고통에 시달리다가 암태 소작인회를 만들어 소작료 인하 투쟁을 전개하였다.
> (나) 평양 평원 고무 공장의 사측이 일방적으로 임금 삭감, 근무 시간 연장, 정리 해고를 단행하자, 강주룡이 파업을 주도해 임금 인하를 막아내었다.

① 조선 노동 총동맹이 결성되었다.
② 조선 노동 공제회가 조직되었다.
③ 원산 노동자 총파업이 전개되었다.
④ 학생들이 순종의 인산일에 만세 운동을 벌였다.
⑤ 신간회가 갑산 화전민 항일 운동을 지원하였다.

(가) 종교에 대한 설명으로 옳은 것은? [1점]

> • 불행하게도 흉적 이승훈이라는 자가 서양의 책을 사가지고 와서 ⎯⎯(가)⎯⎯(이)라고 일컫고는 선왕의 법언이 아닌데도 몰래 서로 속여 유인하자, 성인의 정도가 아닌데도 자연히 탐혹되어 점차 이적·금수의 지역으로 빠져들게 되었다.
> • ⎯⎯(가)⎯⎯에서 야소(耶蘇)라고 이르는 자는 사람인지 귀신인지 진실인지 거짓인지 알지 못하겠는데, 저 무리가 말하기를, '처음에 천주로 내려오셨다가, 죽어서 다시 올라가 천주가 되어 만물과 민생의 큰 부모가 되셨다.' 한다.
>
> — 『헌종실록』 —

① 변란의 발발과 말세의 도래를 예언하였다.
② 누구나 타고난 양지를 실현할 수 있다고 주장하였다.
③ 인내천을 바탕으로 인간의 존엄과 평등을 주장하였다.
④ 18세기 후반 일부 남인 학자들이 신앙으로 수용하였다.
⑤ 미륵불이 출현하여 새 세상이 열릴 것이라고 주장하였다.

36 (가), (나) 조약에 대한 설명으로 옳은 것은? [2점]

> (가) 제4관 조선국은 부산과 제5관에서 제시하는 두 항구를 개항하고 일본인이 와서 통상을 하도록 허가한다.
>   제7관 조선국 연해의 도서와 암초를 조사하지 않아 매우 위험하다. 일본국 항해자가 자유로이 해안을 측량하도록 허가한다.
>
> (나) 제1관 대조선국 군주와 대미국 대통령 및 그 인민들은 각각 모두 영원히 화평하고 우애 있게 지낸다. ……
>   제5관 미국 상인과 상선이 조선에 와서 무역할 때 입출항하는 화물은 모두 세금(관세)을 바쳐야 하며, 그 수세권은 조선이 자주적으로 가진다.

① (가) – 청의 알선으로 체결되었다.
② (가) – 조선의 관세권을 인정하였다.
③ (나) – 최혜국 대우를 인정하였다.
④ (나) – 영토 할양 조항을 포함하고 있다.
⑤ (가), (나) – 거중 조정 조항이 들어 있었다.

37 (가)~(마) 역사 유적에 대한 설명으로 옳지 않은 것은? [3점]

답사 계획서

■ 답사 기간: 202◇년 ○○월 ○○일~○○일
■ 답사 주제: 조선 500년 중심지를 돌아보다
■ 경로: (가) 성균관 – (나) 창덕궁 – (다) 종묘 – (라) 경복궁 – (마) 덕수궁
■ 준비 사항: 답사 장소와 유적에 대한 자료 조사

① (가) – 경전을 강학하는 명륜당이 있다.
② (나) – 유네스코 세계 문화유산에 등재되었다.
③ (다) – 좌묘우사 원칙에 따라 경복궁 동쪽에 배치되었다.
④ (라) – 왕과 왕비의 침전으로 강녕전과 교태전이 있다.
⑤ (마) – 광해군 때 지어져 경덕궁이라 불렸다.

38 (가) 나라에 대한 설명으로 옳은 것은? [1점]

> 조선의 땅은 실로 아시아의 요충에 자리 잡고 있어서 형세가 반드시 싸우는 곳이 되니, 조선이 위태로우면 즉 동아시아의 형세가 날로 급해질 것이다. ⎯⎯(가)⎯⎯이/가 땅을 공략하고자 하면 반드시 조선으로부터 시작할 것이다. …… 그러므로 오늘날 조선의 책략은 이 나라를 막는 일보다 더 급한 것이 없을 것이다.
>
> — 『조선책략』 —

① 거문도를 불법 점령하였다.
② 경의선 철도 부설권을 획득하였다.
③ 포츠머스 강화 조약을 중재하였다.
④ 묄렌도르프를 파견하여 내정을 간섭하였다.
⑤ 목포, 진남포 지역의 토지 매입을 시도하였다.

39 다음 사건에 대한 설명으로 옳은 것은? [2점]

> 난병들이 대궐을 침범하여 중궁은 밖으로 피신하고 이최응, 민겸호, 김보현 등이 모두 피살되자 대원군 이하응이 정사를 돌보았다. …… 그 후 난군들은 돈화문으로 향하였다. 돈화문이 닫혀 있자 그들은 총으로 대문짝을 쏘았다. 그 소리는 콩이 튀듯 멀리까지 들렸다. 문이 열리자 그들은 벌떼처럼 달려들어갔다. 고종이 그 소문을 듣고 급히 대원군을 부르자 대원군은 난병들을 따라 입궐하였다. 이때 난병들은 전상(殿上)에 올라가 민겸호를 치며 그의 머리를 잡아끌었다.
>
> － 『매천야록』 －

① 급진 개화파가 몰락하는 결과를 가져왔다.
② 일본과 제물포 조약을 맺는 계기가 되었다.
③ 청·프 전쟁으로 청군이 일부 철수한 상황에서 일어났다.
④ 급진 개화파가 민씨 정권의 친청 정책에 반발하여 일으켰다.
⑤ 일본의 경복궁 점령과 내정 개혁 강요라는 결과를 가져왔다.

40 다음 문서가 작성된 시기를 연표에서 옳게 고른 것은? [3점]

> 전쟁 초기부터 러시아는 일본에게 이웃 나라를 점거하지 말도록 경고해 왔다. 그러나 일본은 마치 이런 경고를 못 들은 것처럼 했다. 그렇다면 지금부터 일본에게 이를 듣게끔 해야 한다. 러시아는 황인종 문명 따위는 인정할 수 없다. 그러므로 우연한 승리로 기세가 오른 야망의 팽창을 억누르지 않으면 안 된다. …… 일본이 조약에 의해 사실상 확보한 조선에 대한 보호 통치를 러시아는 인정할 수 없다. 지리적 위치상으로 뤼순은 조선의 현관이다.

(가)	(나)	(다)	(라)	(마)
보은 집회	고부 농민 봉기	군국기무처 설치	시모노세키 조약 체결	을미 개혁	아관 파천

① (가)　② (나)　③ (다)　④ (라)　⑤ (마)

41 밑줄 그은 '국제'가 반포된 이후 정부의 정책으로 옳은 것은? [2점]

> 우리 폐하께서 상성(上聖)의 자품(資品)으로 중흥의 업을 세우시고 이미 보위에 나아가셨으며 이어 또 나라 이름을 고쳐 정하셨으니 …… 이제 엎드리어 조칙을 받들어 법규 교정소로부터 국제 세움을 상론하여 아뢰되 성지를 물으라 하였기에 이에 감히 뭇 의론을 취하고 공법에 비추어 국제 일편을 정하여 본국 정치가 어떤 정치가 되며 군권이 어떤 군권이 되는지를 밝히는 것은 진실로 법규의 큰 두뇌요, 큰 관건이라. 이 제도를 한번 반포한즉 온갖 법규들이 쉽게 결정될 것이니 그것을 교정하는 것이 무엇이 어렵겠습니까.
>
> － 『일성록』 －

① 6조를 8아문으로 개편하였다.
② 한·청 통상 조약을 체결하였다.
③ 의정부를 폐지하고 내각제를 도입하였다.
④ 중앙군으로 친위대, 지방군으로 진위대를 설치하였다.
⑤ 단발령을 철회하고 의병 해산 권고 조칙을 발표하였다.

42 (가) 단체에 대한 설명으로 옳은 것은? [2점]

> 이 사건을 날조하여 조작한 조선 총독부 측의 주장에 따르면 사건의 전말은 다음과 같다. 데라우치 총독이 압록강 철교 개통식 축하를 위해 서북 지방 시찰에 나선다는 이른바 '총독 서순(西巡)'의 풍설이 나돌았다. 이와 같은 소문을 접한 서울 　(가)　의 중앙 간부, 윤치호, 양기탁, 안태국, 이승훈, 옥관빈 등이 서울 서대문의 임치정 집에 모여 수차례 걸친 밀회를 갖고 총독 암살 계획을 모의하였다는 것이다. 그리고 이 거사에는 외국인 선교사들이 대거 관련되어 이 사건을 사주하고 지휘하였다는 것이다. 외국인이 이 사건에 연루됨으로써 결국 미국을 비롯한 구미 언론의 주목을 받는 세계적 사건으로 확대되었고, 결과적으로 일제의 폭압적인 무단 통치의 실상을 만천하에 공개하게 되었다.

① 고종의 밀명에 따라 조직되었다.
② 해외 독립운동 기지를 건설하였다.
③ 의회식 중추원의 설치를 주장하였다.
④ 일본의 황무지 개간권 요구를 철회시켰다.
⑤ 연통제라는 비밀 행정 조직망을 운영하였다.

43 다음 법령이 시행된 시기의 사실로 옳은 것을 〈보기〉에서 고른 것은? [2점]

> 제1조 회사의 설립은 조선 총독의 허가를 받아야 한다.
> 제2조 조선 외에서 설립한 회사가 조선에 본점이나 또는 지점을 설립하고자 할 때는 조선 총독의 허가를 받아야 한다.
> 제5조 회사가 본령이나 혹 본령에 의거하여 발하는 명령과 허가 조건에 위반하거나 또는 공공질서와 선량한 풍속에 반하는 행위를 할 때 조선 총독은 사업의 정지, 지점의 폐쇄, 또는 회사의 해산을 명한다.

┤ 보기 ├
ㄱ. 총독부가 조선 영화령을 공포하였다.
ㄴ. 이광수가 근대 소설 무정을 발표하였다.
ㄷ. 총독부가 조선 물산 공진회를 개최하였다.
ㄹ. 신경향파 작가들이 카프(KAPF)를 결성하였다.

① ㄱ, ㄴ   ② ㄱ, ㄷ   ③ ㄴ, ㄷ
④ ㄴ, ㄹ   ⑤ ㄷ, ㄹ

44 (가) 회의의 결과로 옳은 것은? [2점]

> 대한민국 임시 정부는 독립운동의 최고 구심점으로 기대를 받았다. 그러나 독립운동 노선을 둘러싼 내부 분열과 임시 대통령의 독선, 기호파와 서북파의 분열 등이 겹쳐 그 역할에 한계를 드러냈으며, 일부 인사들이 제도 개혁을 통해 임정을 강화하려는 노력마저 실패로 돌아가고 이들이 임정을 떠나면서 위기는 더욱 심각해졌다. 이에 임정의 위기와 독립운동 진영의 분열을 극복하고 새롭게 통일할 필요성이 제기되었다. 박은식, 원세훈 등은「우리 동포에게 고함」을 발표해 <u>(가)</u> 의 소집을 요구하였다. 이러한 요구는 북경과 만주 등지에서도 이어졌다.

① 미국 워싱턴에 구미 위원부를 두기로 하였다.
② 삼균주의를 바탕으로 한 건국 강령을 채택하였다.
③ 개조파와 창조파로 나뉘어 성과를 거두지 못하였다.
④ 김규식을 파리 강화 회의에 대표로 파견하기로 하였다.
⑤ 임시 정부의 활로 모색을 위해 한인 애국단 결성을 결정하였다.

45 (가) 조직에 대한 설명으로 옳은 것은? [2점]

> 이것은 난징에서 한국 독립당 · 의열단 · 신한 독립당 · 미국 대한 독립당 · 조선 혁명당 등이 1935년 7월에 결성한 <u>(가)</u> 의 결의 내용입니다.

> 본당은 혁명적 수단으로써 구적(仇敵) 일본의 침탈 세력을 박멸하고 5천 년 독립 자주해 온 국토와 주권을 회복하고 정치 · 경제 · 교육의 평등에 기초를 둔 진정한 민주 공화국을 건설하고 국민 전체의 생활 평등을 확보하며 나아가 세계 인류의 평등과 행복을 촉진한다.

① 김구가 결성을 주도하였다.
② 대한민국 임시 정부에 합류하였다.
③ 조선 혁명 선언을 행동 지침으로 삼았다.
④ 한국 광복 운동 단체 연합회 결성을 주도하였다.
⑤ 김두봉을 중심으로 조선 독립 동맹으로 개편하였다.

46 (가), (나)를 주장한 인물에 대한 설명으로 옳은 것은? [2점]

> (가) 옛 사람이 이르기를, 나라는 없어질 수 있으나 역사는 없어질 수 없다고 하였으니, 그것은 나라는 형체이고 역사는 정신이기 때문이다. 이제 한국의 형체는 허물어졌으나, 정신만이라도 오로지 남아 있을 수 없는 것인가.
> (나) 역사란 무엇이뇨. 인류 사회의 아와 비아의 투쟁이 시간부터 발전하며 공간부터 확대하는 심적 활동 상태의 기록이니, 세계사라 하면 세계 인류의 그리되어 온 상태의 기록이며, 조선사라 하면 조선 민족의 그리되어 온 상태의 기록이니라.

① (가) – 한국통사에서 일본의 침략 과정을 저술하였다.
② (가) – 조선학 운동을 주도하여 여유당전서를 발간하였다.
③ (나) – 대한민국 임시 정부의 대통령을 역임하였다.
④ (나) – 진단 학회를 조직하고 진단 학보를 발간하였다.
⑤ (가), (나) – 사회 경제 사학을 연구하여 정체성론을 비판하였다.

47 밑줄 그은 '개헌안'의 내용으로 옳은 것은? [2점]

> 정부는 피난지인 부산과 경남, 경북에 비상계엄을 선포하고 야당 국회 의원을 통근 버스 통째로 연행하였다. 그리고 국회 의원들이 북한 특수 요원들과 연루되어 있다고 발표하였다. 곧이어 정부는 개헌안을 만들어 국회에 제출하였다. 그리고 연행된 국회 의원들까지 임시 석방시켜 강압적 분위기에서 진행한 투표에서 개헌안이 통과되었다. 새 헌법에 따라 한 달 후 대통령 선거가 실시되었다.

① 대통령의 3선 제한을 폐지한다.
② 대통령은 국민 직선제로 선출한다.
③ 대통령의 임기는 5년 단임제로 한다.
④ 당시 대통령에 한해 중임 제한을 철폐한다.
⑤ 대통령은 통일 주체 국민 회의에서 선출한다.

48 (가)~(라) 선언문이 발표된 민주화 운동에 대한 설명으로 옳은 것은? [3점]

> (가) 굴욕적인 한·일 회담의 즉시 중단을 엄숙히 요구한다.
> (나) 오늘로 3·1절 쉰일곱 돌을 맞으면서 …… 우리의 뜻을 모아 '민주 구국 선언'을 국내외에 선포하고자 한다.
> (다) 국민적 여망인 개헌을 일방적으로 파기한 4·13 호헌 조치를 철회시키기 위한 민주 장정을 시작한다.
> (라) 우리는 왜 총을 들 수밖에 없었는가? …… 정부 당국에서는 17일 야간에 계엄령을 확대 선포하고 일부 학생과 민주 인사, 정치인을 도무지 믿을 수 없는 구실로 불법 연행했습니다.

① (다)−(가)−(나)−(라) 순으로 전개되었다.
② (가) − 헌법 개정의 원인이 되었다.
③ (나) − 이른바 한국적 민주주의에 대한 저항이었다.
④ (다) − 3·15 부정 선거가 발단이 되었다.
⑤ (라) − 대통령이 하야하는 결과를 가져왔다.

49 밑줄 그은 '이 선거' 이후 대통령이 취한 조치로 옳은 것은? [2점]

> 이 선거는 박정희가 3선 개헌 이후 처음 치르는 대통령 선거였다. 야당에서는 40대 기수론을 내세운 김영삼과 김대중이 부각되었다. 신민당 대통령 후보 지명 대회 2차 투표에서 김영삼을 누르고 역전승한 김대중은 빈부 격차 해결, 4대국 안전 보장, 남북 간 비정치적 교류 등 파격적인 공약으로 신선한 바람을 일으켰다. 이에 비해 박정희는 '이번이 마지막 출마'임을 강조하며 눈물로 표를 호소하였다. 이 선거에서는 영남 지방 중심으로 지역감정을 부추기는 흑색 선전이 난무하였다. 선거 결과 영남 지방에서 몰표를 받은 박정희가 6백 3십여 만 표를 획득하여 5백 4십만 표 가까이 획득한 김대중을 누르고 당선되었다.

① 국가 재건 최고 회의를 설치하였다.
② 7년 단임의 대통령제 개헌안을 만들었다.
③ 내각 책임제 개헌안을 국회에 제출하였다.
④ 베트남 파병과 한·일 기본 조약 체결을 추진하였다.
⑤ 통일 주체 국민 회의에서 대통령을 선출하도록 개헌하였다.

50 (가), (나) 선언 발표 사이의 시기에 있었던 사실로 옳은 것은? [2점]

> (가) 남과 북은 나라의 통일을 위한 남측의 연합제 안과 북측의 낮은 단계의 연방제 안이 서로 공통성이 있다고 인정하고 앞으로 이 방향에서 통일을 지향시켜 나가기로 하였다.
> (나) 남과 북은 해주 지역과 주변 해역을 포괄하는 서해 평화 협력 특별 지대를 설치하고 공동어로 구역과 평화 수역 설정, 경제 특구 건설과 해주항 활용, 민간 선박의 해주 직항로 통과, 한강 하구 공동 이용 등을 적극 추진해 나가기로 하였다.

① 남북 기본 합의서가 채택되었다.
② 개성 공단이 건설되어 가동되었다.
③ 남북한이 유엔에 동시 가입하였다.
④ 7·4 남북 공동 성명이 발표되었다.
⑤ 최초로 남북 이산가족 상봉이 이루어졌다.

한눈에 보는
자료 특강

EBS 한국사능력검정시험
심화

1. 유물

구석기 시대

주먹도끼

찍고, 자르고, 찍고, 땅을 파는 등 다양하게 사용한 돌로 만든 도구

신석기 시대

빗살무늬 토기

대부분 강가나 바닷가에서 발견되는 토기로 곡식의 저장과 조리에 사용됨

조개껍데기 가면

무당이 악귀를 쫓는 데 사용한 것으로 추정되는 도구

가락바퀴

실을 잣는 데 쓰이는 가락(실을 감는 나무나 쇠가락)에 끼워 회전을 돕는 바퀴

갈판과 갈돌

곡식이나 열매를 부드럽게 갈아 가루로 만들기 위한 도구

청동기 시대

반달 돌칼

곡식의 이삭을 추수하는 데 사용했던 돌로 만든 도구

민무늬 토기

곡식을 담았던 저장 도구인 토기로 표면에 무늬가 없고 바닥이 평평함

거친무늬 거울

의례용 도구로 이용되었으며, 초기 철기 시대로 가면서 잔무늬 거울로 발전함

비파형 동검

청동기 시대를 대표하는 청동검으로 만주와 한반도에 분포함

탁자식 고인돌

청동기 시대의 대표적인 돌무덤으로 한강 이북에서 많이 발견됨

철기 시대

세형 동검

주로 청천강 이남에서 발견되는 철기 시대의 청동검

거푸집

청동 도구를 만드는 거푸집으로 철기 시대 유물과 함께 발견됨

명도전

중국 화폐로 한반도 철기 시대 유물과 같이 발견됨

오수전

중국 한의 화폐로, 당시 중국과의 교류가 활발하였음을 보여 줌

독무덤(위)과 널무덤(아래)

철기 시대의 대표적인 무덤 양식임

2. 불상

삼국 시대

금동 연가 7년명 여래 입상(고구려)

북조의 영향을 받았으며, 직선적이고 강렬한 고구려의 개성이 잘 드러남

서산 용현리 마애여래 삼존상(백제)

바위에 조각한 불상으로 얼굴에 미소를 머금고 있어 '백제의 미소'로 불림

경주 배동 석조 여래 삼존 입상(신라)

온화하고 자비로운 불성을 잘 표현함

금동 미륵보살 반가 사유상(신라)

일본 불상 축조에 영향을 끼침(제작 국가 불명)

통일 신라

석굴암 본존불

불국토의 이상을 완벽하게 표현한 통일 신라 불교 예술의 정수

발해

이불병좌상

두 부처가 나란히 앉아 있는 모습으로, 고구려의 양식을 계승함

하남 하사창동 철조 석가여래 좌상

고려 초기에 유행했던 철불로, 호족과 관련됨

영주 부석사 소조여래 좌상

신라 양식을 계승한 것으로, 균형미와 세련미가 돋보임

논산 관촉사 석조 미륵보살 입상

높이가 18m나 되며, 얼굴의 여러 부분을 과장되게 표현함

안동 이천동 마애여래 입상

자연 암벽에 불신(佛身)을 새기고 머리는 따로 제작하여 올린 거구의 불상

3. 금석문

고구려

광개토 대왕릉비

고구려의 건국 신화와 광개토 대왕의 업적 및 고구려의 세계관 등이 잘 나타나 있음

신라

임신서기석

경주 석장사 터 부근에서 발견된 비석으로, 신라 사회에 유학이 수용되어 학습되었던 것을 알 수 있음

조선

백두산정계비

숙종 때 청과 조선이 국경을 분명히 하기 위해 관리를 보내 조사한 후 세운 비석

탕평비

영조가 자신의 탕평책을 알리기 위해 성균관 앞에 세운 비석

척화비

흥선 대원군이 신미양요 이후 서양 세력의 침략을 경계하기 위해 전국에 세운 비석

4. 탑

삼국 시대

부여 정림사지 오층 석탑(백제)

백제의 석탑으로, 목조탑에서 석탑으로 넘어가는 과정을 볼 수 있음

익산 미륵사지 석탑(복원)(백제)

백제의 탑으로, 목탑 양식이 남아 있음

경주 분황사 모전 석탑(신라)

신라의 탑으로, 돌을 벽돌처럼 깎아서 만든 모전 석탑

경주 황룡사 구층 목탑 모형(신라)

신라 선덕 여왕 때 건립된 목탑으로, 고려 시대 몽골의 침입으로 소실됨

통일 신라 시대

경주 감은사지 삼층 석탑

왜구를 막으려는 호국 사상이 담긴 신라의 석탑으로, 통일 이후에 만들어짐

경주 불국사 삼층 석탑

전형적인 통일 신라의 탑으로, 이층 기단 위에 삼층으로 쌓은 석탑

경주 불국사 다보탑

통일 신라 이형탑의 대표적인 석탑

양양 진전사지 삼층 석탑

통일 신라의 석탑으로, 기단부와 1층 탑신에 조각을 한 신라 말의 석탑

화순 쌍봉사 철감선사 승탑

통일 신라 부도 가운데 최고의 걸작품

영광탑

현재 온전하게 남아 있는 유일한 발해 탑으로, 당의 영향을 받은 벽돌탑(전탑)

개성 불일사 오층 석탑

고구려의 탑 양식에 영향을 받은 고려 초기의 대표적인 석탑

부여 무량사 오층 석탑

백제의 부여 정림사지 오층 석탑 양식의 영향을 받은 고려 초기의 탑

평창 월정사 팔각 구층 석탑

고려의 다각 다층 석탑으로, 화려하고 귀족적 성격이 나타나 있음

개성 경천사지 십층 석탑

원의 영향을 받은 다각 다층 석탑으로, 조선 시대 만들어진 서울 원각사지 십층 석탑에 영향을 줌

여주 고달사지 승탑

신라 후기 전형적인 형태인 팔각 원당형을 계승한 고려의 승탑

5. 고분과 관련 유물

고구려

장군총

돌무지무덤의 대표적 형태로, 7층의 계단식 무덤

안악 3호분 내부 구조도

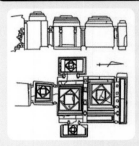

돌로 널방을 짜고 그 위에 흙을 덮는 방식(굴식 돌방무덤)으로, 벽화가 있고 천장은 모줄임 구조임

무용총 무용도

무용총에서 발견된 벽화로, 고구려의 생활 모습을 알 수 있음

각저총 씨름도

각저총에서 발견된 벽화로, 서역 계통의 인물이 보임

강서고분 사신도(현무)

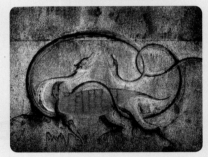

강서고분의 벽화 중 사신도의 현무 부분으로, 도교의 영향을 받았음을 알 수 있음

백제

서울 석촌동 고분군

백제 건국 주도 세력이 고구려 계통임을 알 수 있는 계단식 돌무지무덤

공주 송산리 고분군

굴식 돌방무덤과 벽돌무덤이 함께 있으며 굴식 돌방무덤에는 벽과 천장 등에 사신도 그림이 그려져 있음

공주 무령왕릉

중국 남조의 영향을 받은 벽돌무덤으로, 금제 장식과 오수전 등이 출토됨

신라

경주 천마총

신라 시대 대표적 고분 양식인 돌무지덧널무덤 양식으로, 천마도가 발견됨

천마도

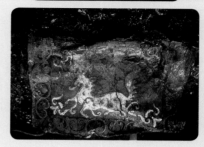

현재 남아 있는 신라의 대표적인 회화 작품으로, 천마총에서 출토된 말의 안장 양쪽에 달아 늘어뜨리는 장니(말다래)에 그려진 말 그림임

신라(통일 신라)

경주 김유신 묘

통일 신라 시대에 유행한 굴식 돌방무덤임. 봉분 둘레에 둘레돌이 있는데, 십이지신상이 조각되어 있음

경주 문무대왕릉

죽어서도 왜로부터 나라를 지키겠다는 신라 문무왕의 의지가 나타나 있는 수중릉

발해

발해 정혜 공주 묘의 돌사자상

정혜 공주 묘는 고구려의 고분 양식인 굴식 돌방무덤으로, 돌사자상이 발견됨

발해 정효 공주 묘

발해 초기 고분으로, 벽돌을 쌓아 방을 만들고 천장은 평행고임 구조임. 벽화와 묘지석이 발견됨

6. 과학 기술

신라

첨성대

7세기 신라 선덕 여왕 때 첨성대를 세워 천체를 관측했을 것으로 추정됨

무구정광대다라니경

경주 불국사 삼층 석탑에서 발견된 것으로, 신라의 인쇄술과 제지술 발달을 엿볼 수 있음

고려

직지심체요절

현존 최고의 금속 활자본으로, 유네스코 세계 기록 유산에 등재됨

목화 재배

문익점의 목화 재배 성공은 이후 의생활 혁신에 크게 이바지함

조선

천상열차분야지도 각석

조선 태조 때 고구려의 천문도를 바탕으로 하여 천상열차분야지도를 돌에 새김

측우기

조선 세종 때 세계 최초로 측우기를 만들어 전국 각지의 강우량을 측정함

자격루(물시계)

노비 출신 과학 기술자인 장영실이 제작한 것으로, 정밀 기계 장치와 자동 시보 장치를 갖춤

칠정산

우리 역사상 최초로 한양을 기준으로 천체 운동을 정확하게 계산하여 만든 역법서

농사직설

우리 풍토에 맞는 농업 기술을 농민의 실제 경험을 바탕으로 종합하여 편찬함

혼천의

홍대용은 천문 관측 기구인 혼천의를 제작하는 등 과학 연구에 힘썼으며 지전설을 주장함

거중기

정약용은 거중기를 만들어 수원 화성 축조에 이용함

임원경제지

서유구가 농업과 농촌 생활에 필요한 것을 종합하여 편찬한 농촌 생활 백과사전에 해당함

동의수세보원

19세기에 이제마가 저술한 것으로, 사상의학을 확립함

7. 화폐

철기 시대

명도전

중국 전국 시대의 화폐로, 중국과의 교류를 보여 줌

오수전

중국 한의 화폐로, 철기 시대 유적지에서 발견됨

고려

건원중보

고려 시대 화폐로, 관에서 주조한 우리나라 최초의 화폐

삼한통보

고려 숙종 때 주조되었을 것으로 추정됨

은병(활구)

은 1근으로 만든 병 모양의 고가 화폐로, 활구라고도 함

조선

조선통보

세종 때 주조한 동전으로, 지폐인 저화와 함께 사용되었으나 널리 유통되지는 못함

상평통보

조선 후기 상품 화폐 경제의 발달에 따라 전국적으로 유통됨

당백전

법정 가치는 상평통보의 100배였으나 실제 가치는 상평통보의 5~6배에 지나지 않아 물가 상승을 초래함

백동화

개항 이후 1892년부터 1904년까지 주조·유통됨. 1905년 일제의 화폐 정리 사업 이후 사라짐

8. 건축

삼국 및 남북국 시대

경주 불국사

경주 토함산에 있는 절로, 김대문이 창건 하였으며 불교의 이상 사회를 구현하기 위해 건립됨

동궁과 월지(안압지)

신라 문무왕 때 축조 된 궁 안의 연못으로, 당시 왕족의 호화로운 생활을 엿볼 수 있음

고려

안동 봉정사 극락전

현존하는 목조 건축물 가운데 가장 오래된 것으 로, 주심포 양식의 건물임

영주 부석사 무량수전

배흘림 기둥과 주심포 양식으로 지어진 건축물로, 안정감과 균형감이 뛰어남

예산 수덕사 대웅전

주심포 양식의 건축물로, 고려 건축물의 단아함과 세련미가 돋보임

조선 전기

숭례문

한양 도성의 4대문 가 운데 하나로, 남쪽에 있다고 하여 남대문으 로도 불림

평양 보통문

현존하는 성문 중 가 장 오래된 것 중 하나 로, 6세기에 처음 세 워졌으며 현재 건축물 은 15세기에 다시 지 은 것임

경복궁

조선 건국 초 도성을 건설하면서 가장 먼저 지은 궁궐임. '큰 복을 누리라'라는 의미로 '경복'이라고 함

강진 무위사 극락전

조선 전기의 불전. 주심포계 맞배지붕 건물로, 불단 앞면에는 아미타여래삼존 벽화가, 그 뒷면에는 백의관음도가 그려져 있음

백운동 서원

서원은 선현에 대한 제사, 학문 연구, 사림의 자제 교육 등을 담당하였으며 시초가 백운동 서원임

조선 후기

김제 금산사 미륵전

17세기 조선 시대의 건축물로, 외형은 3층이나 내부는 하나로 통해 있는 건물임

보은 법주사 팔상전

17세기 건축물로 현존하는 우리나라 유일의 오층 목조탑임

논산 쌍계사

18세기 사회적으로 크게 부상한 부농과 상인의 지원을 받아 지어진 사원이며 장식성이 강한 것이 특징임

부안 개암사

수원 화성

정조 때 축성된 것으로, 공격과 방어를 겸한 시설, 주변 경관과의 조화가 뛰어남

9. 유네스코 세계 유산

목록

문화·자연·복합 유산

해인사 장경판전

팔만대장경판을 보존하기 위해 건립된 목조 건축물로, 세계 유일의 대장경판 보관용 건물이며, 건물 내 환기와 온도 · 습도 조절 기능을 갖추고 있음

창덕궁

서울시 종로구에 위치한 조선 시대의 궁궐로, 후원의 조경은 우리나라의 대표적인 왕실 정원으로서 가치가 높음

고창·화순·강화 고인돌 유적

고창 · 화순 · 강화 고인돌 유적은 밀집 분포도가 높고 형식이 다양하여 고인돌의 형성과 발전 과정을 규명하는 중요한 유적임

조선 왕릉

조선 왕조의 총 27대 왕과 왕비, 추존된 왕과 왕비의 무덤으로, 전체 42기 가운데 북한에 위치한 2기를 제외한 40기가 유네스코 세계 유산에 등재됨

하회마을

경상북도 안동시 풍천면(豊川面) 하회리(河回里)에 있는 민속 마을로, 민속적 전통과 건축물이 잘 보존되어 있음

남한산성

남한산성은 국제 전쟁을 통해 16세기에서 18세기에 이르는 동안 축성술이 상호 교류한 탁월한 증거이며, 유사 시 임시 수도로서 기능할 수 있도록 계획적으로 축조된 유일한 산성 도시임

인류 무형 문화유산

종묘 제례 및 종묘제례악

종묘는 조선 시대 역대 왕과 왕비, 공신들의 신주를 모셔 놓은 사당이고, 종묘 제례란 종묘에서 행하는 제향 의식으로, 조선 시대의 나라 제사 중 규모가 크고 중요한 제사였기 때문에 종묘대제(宗廟大祭)라고도 함

판소리

한 명의 소리꾼이 북을 치는 고수의 장단에 맞추어 소리(창), 아니리(말) 등을 펼치는 공연

강릉 단오제

강원도 강릉에서 단옷날을 전후하여 서낭신에게 지내는 마을 공동 축제로, 대관령 서낭을 제사하며 산로안전(山路安全)과 풍작·풍어, 집안의 태평 등을 기원하는 제의이자 축제라고 할 수 있음

남사당놀이

남사당놀이는 '남자로 구성된 유랑 광대들의 놀이'라는 의미로, 조선 후기부터 공연되었으며 사회 풍자 내용이 많았음

한산 모시짜기

한산은 예로부터 모시짜기의 본고장임. 충청남도 서천군 한산 지역은 여름 평균 기온이 높으며 해풍으로 인해 습하고 토양이 비옥하여 다른 지역에 비해 모시가 잘 자라서 품질이 우수함

아리랑

한민족 구성원이라면 누구나 즐겨 부르는 한국의 대표적인 민요로, 아리랑은 지역에 따라, 시대에 따라 다양한 리듬과 선율, 사설이 발달하여 전승되고 있음

 **한눈에 보는 자료특강**

세계 기록 유산

훈민정음(해례본)

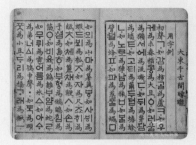

조선의 제4대 임금 세종이 창제한 것으로, 우리말 표기에 적합한 독자적인 문자 체계임

불조직지심체요절 하권

1377년에 청주 흥덕사에서 금속 활자로 인쇄된 것으로, 현존하는 세계에서 가장 오래된 금속 활자 인쇄본으로 인정받고 있음

조선왕조 의궤

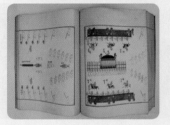

조선 시대 왕실의 주요 행사인 결혼식, 장례식, 연회, 사신 영접 등과 왕실 문화 활동 등을 글과 그림으로 기록한 것으로, 그 가치가 매우 높음

고려대장경판 및 제경판

흔히 '팔만대장경'으로 불리는 고려대장경 목각 경판과 5,987판의 제경판은 당대 최고의 인쇄 및 간행 기술의 사례로 문화적 가치가 매우 높음

동의보감

조선 시대 허준이 저술한 의학 서적으로, 17세기 동아시아 의학을 집대성하여 지금까지 의학 발전에 많은 영향을 미치고 있으며, 세계적으로도 학술적 가치를 높이 평가받고 있음

5·18 민주화 운동 기록물

5·18 민주화 운동의 발발과 진압, 그리고 이후의 진상 규명과 보상 등의 과정과 관련해 정부, 국회, 시민, 미국 정부 등에서 생산한 자료를 포함하고 있는 기록물

이미지 출처

정답 및
해설

I. 우리 역사의 형성과 고대 국가의 발전

01 선사 시대

📖 닮은꼴 예상 문제

12~13쪽

01 ②　　　**02** ③

01 제시된 자료에서 '경기도 연천 전곡리', '주먹도끼', '긁개', '밀개', '약 70만 년 전에 시작' 등을 통해 (가) 시대가 구석기 시대임을 알 수 있다. 구석기 시대 사람들은 주먹도끼, 찍개, 찌르개 등으로 사냥을 하고, 자르개, 밀개, 긁개 등으로 사냥한 짐승의 가죽을 벗기거나 음식을 조리하였다. 구석기 시대 사람들은 무리를 이루어 사냥감을 따라 이동 생활을 하였다. 기후가 크게 변동하여 아주 추워지거나 더워지면 익숙한 사냥감을 좇아 더욱 멀리 이동하였다.

오답 거르기 ① 명도전, 반량전 등의 화폐는 우리나라 철기 시대 유적에서 출토되었다. ③ 청동기 시대. ④,⑤ 신석기 시대에 해당한다.

02 제시된 자료에서 '반달 돌칼', '빈부의 격차', '계급이 발생', '고인돌' 등을 통해 (가) 시대가 청동기 시대임을 알 수 있다. 반달 돌칼은 신석기 시대 말기에 등장하여 주로 청동기 시대부터 사용된 간석기로, 곡식의 이삭을 수확하는 데에 사용하였다. 만주와 한반도에서는 기원전 2000년경~기원전 1500년경에 청동기 시대가 시작되었다. 이 시기에는 청동기의 사용, 농업 생산력의 발달 등에 따라 사유 재산 개념과 빈부의 격차, 계급 분화 등이 생겨났다. ③ 청동기 시대에는 군장이라는 지배자가 출현하였고, 세력이 강한 부족이 주변 부족을 통합하였다.

오답 거르기 ① 신석기 시대. ② 철기 시대. ④ 부여. ⑤ 구석기 시대에 해당한다.

🌿 기출 및 예상 문제

14~15쪽

01 ②　　**02** ②　　**03** ②　　**04** ②　　**05** ③
06 ②　　**07** ②　　**08** ③

01 제시된 자료에서 '주먹도끼', '몸돌', '격지', '찍개'는 뗀석기로 (가) 시대는 구석기 시대에 해당한다. 구석기 시대의 대표적인 뗀석기인 주먹도끼는 사냥을 하고 짐승의 가죽을 벗기거나 나무뿌리를 채취하는 데 사용되었다. 격지는 돌을 깨뜨려 석기를 만들 때 떨어져 나온 돌조각이고, 몸돌은 이 격지가 떨어져 나온 원래의 몸체 돌이다. 찍개는 나무뿌리를 캐거나 동물의 뼈를 부수는 데 사용되었다. ② 구석기 시대에는 동굴 또는 막집에 살면서 사

냥과 채집을 통해 경제생활을 하였다.

오답 거르기 ①, ④ 신석기 시대. ③, ⑤ 철기 시대에 해당한다.

02 제시된 자료에서 '서울 암사동 유적', '움집터', '빗살무늬 토기', '갈돌', '갈판' 등을 통해 밑줄 그은 '이 시대'가 신석기 시대임을 알 수 있다. 신석기 시대 사람들은 주로 강가나 바닷가에 땅을 파서 만든 움집을 짓고 마을을 이루어 살았으며, 빗살무늬 토기를 비롯해 간석기인 갈돌, 갈판을 만들어 사용하였다. ② 신석기 시대에 농경이 시작되면서 식량을 생산하는 단계로 나아갔다.

오답 거르기 ① 삼한에서는 신성 지역인 소도를 두었다. 소도에는 군장의 세력이 미치지 못하였으며, 죄인이라도 이곳으로 도망하여 숨으면 잡아가지 못하였다. ③ 비파형 동검은 청동기 시대에 만들어졌다. ④ 구석기 시대에 해당한다. ⑤ 부여에 해당한다.

03 제시된 자료에서 '제주 고산리 유적', '이른 민무늬 토기', '농경과 정착 생활이 시작' 등을 통해 (가) 시대가 신석기 시대임을 알 수 있다. 이른 민무늬 토기는 우리나라 토기류 가운데 가장 앞선 신석기 시대 초기에 제작되었으며, 청동기 시대를 대표하는 민무늬 토기와 구별된다. 신석기 시대에는 농경과 목축 생활이 시작되고 움집에 거주하는 등 정착 생활이 시작되었다. ② 신석기 시대에는 가락바퀴와 뼈바늘을 이용하여 의복과 그물을 만들기 시작하였다.

오답 거르기 ① 구석기 시대. ③, ④ 철기 시대. ⑤ 청동기 시대 이후에 해당한다.

04 자료에서 농경이 시작된 시대, 옷이나 그물을 만들어 사용하였음을 짐작하게 해준다는 점 등을 통해 (가)에 들어갈 문화유산은 신석기 시대의 가락바퀴임을 알 수 있다. 가락바퀴는 신석기 시대부터 사용되었는데, 실을 뽑을 때 사용한 도구이다. 이를 통해 당시에 옷이나 그물을 만드는 원시적 수공업 생산이 이루어졌음을 알 수 있다.

오답 거르기 ① 신석기 시대의 갈돌과 갈판. ③ 구석기 시대의 주먹도끼. ④ 청동기 시대의 비파형 동검. ⑤ 철기 시대의 명도전이다.

05 제시된 자료에서 비파형 동검이 출토되었다는 내용을 통해 (가) 시대가 청동기 시대임을 알 수 있다. 청동기 시대의 대표적인 동검인 비파형 동검은 만주의 랴오닝 지방에서부터 한반도 전역에 이르는 넓은 지역에서 출토되고 있다. ③ 반달 돌칼은 청동기 시대에 이삭을 잘라 곡물을 수확할 때 사용하던 도구이다.

오답 거르기 ①, ⑤ 신석기 시대. ② 구석기 시대. ④ 구석기 시대와 신석기 시대에 해당한다.

06 제시된 문화유산은 탁자식 고인돌로 밑줄 그은 '이 시대'는 청동기 시대이다. 대형 고인돌의 경우 덮개돌의 무게만 수십 톤에

이르기 때문에, 당시 많은 노동력을 동원할 수 있었던 지배자(군장이나 족장)의 무덤으로 짐작된다. ② 민무늬 토기는 청동기 시대에 제작되었다.

오답 거르기 ① 농경과 목축은 신석기 시대에 시작되었다. ③ 대부분 동굴이나 막집에서 생활한 것은 구석기 시대의 사회 모습이다. ④ 삼한에서는 신성 지역인 소도를 두었다. 소도에는 군장의 세력이 미치지 못하였으며, 죄인이라도 이곳으로 도망하여 숨으면 잡아가지 못하였다. ⑤ 제가 회의는 고구려의 귀족 회의로 국가 중대사에 관한 문제를 논의하고 결정하였다.

07 제시된 자료에서 부여 송국리 유적, 민무늬 토기, 비파형 동검 등을 통해 (가) 시대가 청동기 시대임을 알 수 있다. 청동기 시대 유적인 부여 송국리 유적에서 발견된 목책은 구덩이를 파고 나무 말뚝을 박아 서로 연결하여 만든 방어 시설의 하나이다. ② 반달 돌칼은 곡식의 이삭을 거두는 데 쓰던 청동기 시대 도구로, 한반도 전역에 걸쳐서 출토되었다.

오답 거르기 ① 소를 이용한 깊이갈이가 일반화된 것은 고려 시대에 해당한다. ③ 구석기 시대와 신석기 시대에 해당한다. ④ 슴베찌르개는 구석기 시대에 만들어진 뗀석기이다. ⑤ 움집은 신석기 시대에 등장한 주거지이다.

08 제시된 자료의 명도전과 다호리 유적 출토 붓을 통해 (가) 시대가 철기 시대임을 알 수 있다. 중국 전국 시대에 사용된 명도전이 우리나라 철기 시대 유적에서 출토된 점을 통해 철기 시대에 중국과 교류가 활발했음을 짐작할 수 있고, 다호리 유적 출토 붓을 통해 철기 시대에 한자가 사용되었음을 추정할 수 있다. ③ 반량전은 중국 진의 화폐로 우리나라 철기 시대 유적에서 출토되었다.

오답 거르기 ① 빗살무늬 토기는 신석기 시대에 처음 만들어졌다. ② 비파형 동검은 청동기 시대의 대표적인 유물이다. ④ 반달 돌칼은 청동기 시대에 주로 만들어졌는데, 곡식의 이삭을 자르는 데 사용되었다. ⑤ 가락바퀴와 뼈바늘은 신석기 시대에 처음 사용된 유물이다.

02 고조선과 여러 나라의 성장

닮은꼴 예상 문제   18~19쪽

  01 ④   **02** ③

01 제시된 자료는 위만의 고조선 이주와 관련된 내용으로 (가) 국가는 고조선이다. 중국의 진·한 교체기에 위만이 중국 연에서 무리를 이끌고 고조선으로 들어왔다. 고조선의 준왕은 위만에게

서쪽 변경을 수비하는 임무를 맡겼다. 이후 위만은 세력을 키워 준왕을 몰아내고 고조선의 왕이 되었다(기원전 194). 단군의 고조선 건국 이야기는 고려 충렬왕 때 편찬된 『삼국유사』를 시작으로 『제왕운기』, 『동국여지승람』 등 여러 문헌에 실려 있다.

오답 거르기 ① 부여, ② 삼한, ③ 옥저, ⑤ 고구려에 해당한다.

02 제시된 자료의 (가)는 부여, (나)는 고구려이다. 부여의 왕 아래에는 가축의 이름을 딴 마가, 우가, 저가, 구가의 부족장이 있었다. 이들은 사출도로 불리는 행정 구역을 다스렸고, 각기 대사자, 사자 등의 관리를 두었다. 고구려는 왕 아래에 상가·고추가·대로·패자 등 제가들이 있었고, 제가 회의를 열어 중대한 범죄자를 사형에 처하기도 하였다. 고구려는 추수가 끝나는 10월에 동맹이라는 제천 행사를 열었다.

오답 거르기 ① 고구려, ② 고조선, ④ 동예에 해당한다. ⑤ 부여에만 해당한다. 고구려는 고대 국가로 발전하였다.

기출 및 예상 문제   20~21쪽

01 ③	02 ①	03 ②	04 ⑤	05 ③
06 ③	07 ③	08 ④		

01 제시된 자료의 (가)에는 위만 왕조의 고조선(위만 조선)에서 있었던 내용이 들어가야 한다. 기원전 194년에 성립된 위만 조선은 철기 문화를 본격적으로 수용하고, 철제 무기를 이용하여 주변으로 세력을 확장하였다. 철제 농기구를 사용하면서 농업이 발달하였고, 한반도 남부의 진과 중국의 한 사이에서 중계 무역을 통하여 경제적으로 성장하였다.

오답 거르기 ①, ② 고구려에 해당한다. ④ 위만 왕조 이전에 있었던 사실이다. 기원전 4세기경 고조선(단군 조선)은 중국 전국 시대의 연나라와 맞설 정도로 성장하였다. ⑤ 기원전 3세기경 고조선에 해당한다.

02 제시된 자료는 고조선에 있었던 8조법 중 일부 조항에 대한 설명이다. 이를 통해 고조선 사회가 계급 사회였으며, 개인의 생명과 노동력을 존중하고, 사유 재산의 개념이 존재하였음을 알 수 있다. 『삼국유사』의 기록에 의하면 단군왕검이 청동기 문화를 바탕으로 고조선을 건국하였다.

오답 거르기 ② 부여, ③ 옥저, ④ 고구려, ⑤ 삼한에 해당한다.

03 제시된 자료의 (가) 인물은 위만 왕조의 고조선을 세운 위만이다. 기원전 2세기에 무리를 이끌고 고조선으로 들어온 위만은 기원전 194년 고조선의 수도인 왕검성을 공격하여 준왕을 몰아내고 스스로 왕이 되었다. 위만은 활발한 정복 사업을 전개하여 진

번·임둔 등 주변 지역을 복속시키며 넓은 영토를 차지하였다.

오답 거르기 ㄴ. 한 무제가 파견한 한나라 군대에 맞서 싸운 고조선의 국왕은 우거왕(위만의 손자)이다. ㄹ. 위만 왕조의 고조선이 성립되기 이전의 상황이다. 기원전 3세기경 고조선은 연나라 장수 진개의 공격을 받아 서쪽 2천여 리의 영토를 상실하고 중심지를 평양으로 이동하였다.

04 제시된 자료의 밑줄 그은 '그'는 위만이다. 위만이 집권한 이후 고조선은 철기 문화를 바탕으로 주위의 여러 부족을 통합함으로써 세력을 확장하였다. 나아가 중국의 한과 한반도 남부의 진을 연결하는 중계 무역을 통해 얻은 경제적 이익으로 더욱 강성해졌다.

오답 거르기 ① 고구려, ② 백제, ③ 삼한, ④ 동예에 대한 설명이다.

05 제시된 자료는 부여와 관련된 유물이다. 영고는 부여의 제천 행사로 12월에 개최된 점으로 볼 때 수렵 사회의 전통을 이어받은 것으로 짐작된다. 부여에서는 왕이 중앙만 다스리고 마가·우가·저가·구가 등 제가들이 사출도를 나누어 다스렸다.

오답 거르기 ① 민며느리제는 옥저의 혼인 풍습이다. ② 변한과 가야에서는 철이 많이 생산되어 낙랑과 왜 등으로 철을 수출하였다. ④ 단궁, 과하마, 반어피는 동예의 특산물이다. ⑤ 고구려의 왕 아래에는 상가, 고추가 등의 대가들이 있었는데, 이들은 각각 사자, 조의, 선인 등의 관리를 거느렸다.

06 제시된 자료에는 옥저의 민며느리제가 나타나 있다. 옥저는 고구려와 같이 부여족의 한 갈래였으나 풍속이 달랐으며 민며느리제가 있었다. 민며느리제는 일종의 매매혼으로, 혼인할 어린 여자아이를 남자 집에서 데려다 키우다가 그 아이가 성장하면 남자가 여자 집에 재물을 주고 신부로 맞는 결혼 형태였다.

오답 거르기 (가) 부여, (나) 고구려, (라) 동예, (마) 삼한에 해당한다.

07 제시된 자료에서 '동맹', '서옥' 등을 통해 (가)는 고구려임을 알 수 있고, 5월과 10월에 제사지낸다는 내용을 통해 (나)는 삼한임을 알 수 있다. 고구려에서는 추수가 끝나는 10월에 동맹이라는 제천 행사를 열었으며, 남자가 일정 기간 처가에서 살다가 본가로 돌아가는 서옥제라는 혼인 풍속이 있었다. 삼한에서 씨를 뿌린 5월에는 수릿날, 추수를 마친 10월에는 계절제를 열어 하늘에 제사를 지냈다. 삼한의 천군은 군장의 힘이 미치지 못하는 신성 지역인 소도에서 농경과 종교에 대한 의례를 주관하였다.

오답 거르기 ① 왜와 가까운 삼한의 남부 지방에서는 남녀가 문신을 하기도 하였다. ② 변한과 가야, ④ 동예, ⑤ 부여, 고구려에 해당한다.

08 제시된 자료에서 '강원도 북부의 동해안 지역에 위치', '책화' 등을 통해 (가)에 동예와 관련된 내용이 들어가야 한다는 것을 알

수 있다. 동예에서는 다른 부족의 경계를 침범할 경우에는 가축이나 노비로 변상해야 하는 책화의 풍습이 있었다. 옥저와 동예에는 왕이 없었고, 각 읍락에 읍군이나 삼로라고 불리는 군장이 있어서 자기 부족을 다스렸다.

오답 거르기 ① 부여, ② 삼한, ③ 옥저, ⑤ 백제에 해당한다.

03 삼국과 가야의 성립과 발전

닮은꼴 예상 문제
26~27쪽

01 ⑤ **02** ③

01 제시된 자료 (가)에는 4세기 말의 고구려의 신라 구원 상황이 나타나 있고, (나)에는 7세기 후반 고구려의 멸망이 나타나 있다. 4세기 말 신라 내물왕은 왜의 공격을 받자 고구려에 도움을 요청하였고, 이에 광개토 대왕이 신라에 군대를 파견하여 이를 격퇴하였다(400). 7세기 후반 나·당 연합군은 백제를 멸망시킨 후 (660), 고구려마저 멸망시켰다(668). 고구려의 수도 국내성에 세워진 광개토 대왕릉비는 414년에 장수왕이 아버지 광개토 대왕의 업적을 기념하기 위해 세운 비석이다.

오답 거르기 ① 신라의 삼국 통일 이후인 7세기 후반, ② 9세기 전반, ③ 4세기 후반, ④ 3세기 후반에 해당한다.

02 제시된 자료에서 '병부를 설치', '율령을 반포', '관복을 제정', '연호를 정해 건원' 등을 통해 법흥왕임을 파악할 수 있다. 6세기 전반 신라 법흥왕은 율령을 반포하고, 골품제를 정비하였다. 관리들을 17등급으로 나누어 4가지로 복색을 달리하여 서열을 구분하였다. 또한, 병부를 설치하여 군권을 장악하였으며, '건원'이라는 독자적인 연호를 사용하였다. 법흥왕은 김해 지역의 금관가야를 병합하여 영토를 확장하였다(532).

오답 거르기 ① 통일 신라 신문왕, ② 신라 지증왕, ④ 백제 성왕, ⑤ 고구려 장수왕에 해당한다.

기출 및 예상 문제
28~31쪽

01 ②	**02** ⑤	**03** ③	**04** ④	**05** ①
06 ②	**07** ②	**08** ①	**09** ③	**10** ③
11 ②	**12** ②	**13** ④	**14** ⑤	**15** ②
16 ③				

01 (가)에는 4세기 후반 백제 근초고왕이 평양성을 공격한 상황이 나타나 있고, (나)에는 6세기 중엽 백제 성왕이 관산성 전투에서 전사한 상황이 나타나 있다. 5세기 전반 고구려 장수왕은 국내성에서 평양으로 천도하고 남진 정책을 통해 백제와 신라를 압박하였다.

오답 거르기 ① 6세기 말~7세기 초, ③, ④, ⑤ 7세기 후반의 사실이다.

02 제시된 자료에서 '고구려가 군사를 동원', '고구려 군사가 패하였다', '왕이 태자와 함께', '고구려에 침입하여 평양성을 공격', '고구려왕 사유가 …… 사망하였다.' 등을 통해 밑줄 그은 '왕'이 백제의 근초고왕임을 알 수 있다. 4세기 후반 백제의 근초고왕은 북쪽으로 고구려 평양을 공격하여 고국원왕을 전사시키고 황해도 일대를 차지하기도 하였다. 근초고왕은 박사 고흥에게 역사서인 『서기(書記)』를 편찬하게 하여 강화된 왕권과 국가의 면모를 과시하였다.

오답 거르기 ① 7세기 전반 백제 무왕, ② 7세기 중엽 백제 의자왕, ③ 4세기 후반 백제 침류왕, ④ 6세기 전반 백제 성왕에 해당한다.

03 제시된 자료에서 '5만 명을 보내 신라를 구원', '왜적이 가득', '고구려군이 도착', '왜적이 퇴각' 등을 통해 4세기 말~5세기 초 고구려가 신라에 침입한 왜를 물리친 내용임을 알 수 있다. 4세기 말에 즉위한 광개토 대왕은 신라에 군대를 파견하여 왜를 격퇴하면서 한반도 남부에까지 영향력을 확대하였다. 고구려의 공격 이후 5세기에 전기 가야 연맹이 해체되면서 남동부 세력은 약화되었고, 5세기 후반 고령의 대가야가 가야의 주도 세력으로 성장하여 후기 가야 연맹을 형성하였다.

오답 거르기 ① 1세기 고구려 태조왕, ② 4세기 후반 백제 근초고왕, ④ 신라의 1대는 거서간, 2대는 차차웅, 3~16대는 이사금, 17~22대는 마립간, 22대 지증왕부터는 왕으로 호칭, ⑤ 4세기 초 고구려의 미천왕에 해당한다.

04 제시된 자료에서 (가)에는 고구려 장수왕의 평양 천도(427)가 나타나 있고, (나)에는 고구려 장수왕이 백제의 수도 한성을 공격해서 백제 개로왕이 피살된 상황(475)이 나타나 있다. 백제의 개로왕은 고구려를 견제하고자 472년에 북위에 국서를 보냈다.

오답 거르기 ① 4세기 말~5세기 초 고구려의 광개토 대왕은 신라에 침입한 가야·왜 세력을 격퇴하였다. ② 6세기 신라 진흥왕 때 화랑도가 국가 조직으로 개편되었다. ③ 4세기 후반 고구려는 소수림왕 때 인재 양성을 목적으로 중앙에 태학을 설립하고 율령을 반포하여 국가 체제를 정비하였다. ⑤ 4세기 후반 백제 근초고왕이 평양성을 공격하여 고구려 고국원왕이 전사하였다.

05 제시된 자료에서 '고구려비', '백제의 수도인 한성을 함락',

'남한강 중상류 유역까지 확장' 등을 통해 밑줄 그은 '이 왕'이 고구려의 장수왕임을 알 수 있다. 고구려의 장수왕은 남진 정책을 추진하여 국내성에서 평양으로 천도를 단행하였고, 이후 백제의 수도 한성을 함락하는 등 한강 유역까지 영토를 확장하였다.

오답 거르기 ② 고려 태조, ③ 백제 무령왕, ④ 고구려 소수림왕, ⑤ 고구려 광개토 대왕에 해당한다.

06 제시된 지도 (가)에서 한강 유역을 고구려가 차지하고 있는 등 국경선의 위치를 통해 5세기 고구려의 상황임을 알 수 있고, (나)에서 한강 유역과 함경도 지방을 신라가 차지하고 있는 것을 통해 6세기의 신라 진흥왕 때의 상황임을 알 수 있다. 따라서 (가), (나) 사이의 시기는 5세기 장수왕 때 이후부터 6세기 신라 진흥왕 이전의 상황이라는 것을 추론할 수 있다. ② 6세기 전반 신라 지증왕은 장군 이사부를 보내 우산국을 복속시켰다.

오답 거르기 ① 4세기 후반 백제 근초고왕 때, ③ 4세기 후반 고구려 소수림왕 때, ④ 660년, ⑤ 7세기 전반에 해당한다.

07 제시된 자료는 6세기 말 아단성 전투의 상황이 나타나 있다. 고구려 평원왕의 사위인 온달은 영양왕 즉위 후 신라에 빼앗긴 영토를 되찾기 위해 590년에 신라를 공격하였으나(아단성 전투), 아단성(지금의 아차산성)에서 전사하였다. 7세기 전반 고구려에서는 화친파와 강경파가 대립하고 있었는데, 강경파인 연개소문이 642년에 정변을 일으켜 영류왕을 폐하고 보장왕을 세운 뒤 스스로 대막리지에 올랐다.

오답 거르기 ① 3세기 고구려 동천왕 때, ③ 4세기 전반, ④ 1세기 후반, ⑤ 5세기 전반에 해당한다.

08 제시된 자료에서 금동관, 판갑옷과 투구를 비롯해 '고령 지산동 32호분에서 출토' 등을 통해 대가야와 관련된 내용임을 알 수 있다. 고령 지산동 고분군(사적 제79호)은 대가야 왕릉을 비롯한 지배층의 무덤인데, 금동관, 철제 무기와 갑옷, 환두대도, 마구, 토기 등이 발굴되어 가야 문화의 수준을 짐작할 수 있다. 5세기 중반 고구려의 남하 정책이 본격화되면서 백제와 신라가 고구려에 맞서는 동안, 상대적으로 남부 지역에 대한 압력이 약화되자 가야 지역 소국들은 대가야를 중심으로 후기 가야 연맹을 결성하였다.

오답 거르기 ② 신라, ③ 백제, ④ 고구려, ⑤ 통일 신라에 해당한다.

09 거서간은 '군장', 차차웅은 '제사장', 이사금은 '연장자'를 의미한다. 내물왕 때 '최고 우두머리'와 '대군장'을 의미하는 마립간의 칭호를 사용하기 시작하였다. 이후 통치 체제가 정비되고 왕권이 강화되면서 지증왕 때에는 '왕'이라는 칭호를 사용하였다. ㄴ. 4세기 후반 내물왕(내물마립간) 즉위 전에는 박, 석, 김의 3성이

교대로 왕위를 차지하였다. ㄷ. 신라와 백제의 동맹은 5세기 전반 신라 눌지왕(눌지마립간)과 백제 비유왕 때부터 시작되어 6세기 중엽 관산성 전투로 백제 성왕이 전사하기 전까지 이어졌다.

오답 거르기 ㄱ. 6세기 중엽 진흥왕. ㄹ. 6세기 전반 법흥왕 때의 사실이다.

10 농경에 적합한 한강 유역은 한반도의 중심에 위치하여 여러 지역의 문화가 합쳐지고, 또 그 주변에 많은 인구와 물자가 모이는 곳이었다. 또한, 바다를 통해 중국과 교류하기에 적합한 지리적 이점도 가지고 있었다. 따라서 한강 유역을 차지한 나라가 삼국 간의 세력 다툼에서 주도권을 차지하였다. ③ 충주 고구려비는 고구려 장수왕 때 고구려 세력이 남한강 일대 충주 지역에까지 이르렀음을 보여주며, 단양 신라 적성비는 6세기 중엽 진흥왕 때 신라가 죽령을 넘어 단양 일대의 고구려 영토를 차지하고 한강 상류 지역으로 진출하였음을 보여준다. 북한산 순수비는 555년 진흥왕이 한강 하류 지역까지 차지하고 북한산에 순행하여 강역을 획정하고 그것을 기념하여 세운 것으로 추정한다.

11 5세기에 고구려의 침입으로 한성을 빼앗기고 웅진으로 도읍을 옮긴 백제는 동성왕에 이어 성왕에 이르러 다시 국력이 강해졌다. 성왕은 중흥을 위해 수도를 웅진에서 사비로 옮기고, 나라 이름을 남부여로 고쳤다. 이어 행정 제도 개편을 통해 중앙에 22개의 관청을 두어 실무를 담당시켰으며, 수도와 지방을 각각 5개로 나누었다. 이어 신라와 연합하여 고구려가 차지하고 있던 한강 유역을 탈환하였다. ② 백제에서 불교는 이미 4세기 후반 침류왕 때(384) 수용되었다.

12 제시된 자료는 수나라의 침입을 물리친 살수대첩과 관련된 사료이다. 612년에 고구려를 공격한 수 양제는 30만 5천명의 별동대를 조직하여 평양성을 직접 공격하게 하였다. 이에 고구려의 장군 을지문덕은 수의 별동대를 평양성까지 유인하고 나서 수의 장군 우중문에게 그의 공을 비웃는 오언시를 보냈다. 을지문덕의 시를 받고서야 속은 것을 깨달은 수의 대군은 서둘러 후퇴하다가, 을지문덕이 이끈 고구려군에게 살수에서 거의 전멸당하였다. 금관가야 멸망은 532년, 관산성 전투는 554년, 대야성 전투는 642년, 안시성 전투는 645년, 황산벌 전투는 660년, 기벌포 해전은 676년에 있었다.

13 제시된 자료에서 '김구해', '아들 무력', '법흥왕' 등을 통해 밑줄 그은 '나라'가 금관가야임을 알 수 있다. 금관가야의 왕 김구해는 532년에 왕비와 세 아들을 데리고 신라 법흥왕에게 항복하였다. 이후 김무력은 신라의 진골 귀족에 편입되었으며, 관산성 전투 등의 전공을 바탕으로 지위를 확고히 하여 손자 김유신이 성장

하는 바탕이 되었다.

오답 거르기 ①, ③ 신라, ② 고구려, ⑤ 백제에 해당한다.

14 제시된 자료의 밑줄 그은 '왕'은 백제 의자왕이다. 642년 백제 의자왕은 신라를 공격하여 대야성을 비롯한 40여 성을 **빼앗았**다. 대야성은 경남 합천 지역에 위치한 성으로, 신라로 통하는 요충지였으며 대야성의 성주는 김춘추의 사위인 김품석인데, 백제는 대야성 함락 후 김품석과 그 아내(김춘추의 딸) 및 일가족을 모두 처형하였다. ⑤ 660년 백제의 의자왕이 보낸 계백의 5천 결사대가 황산벌에서 끝까지 저항했지만, 결국 백제군은 전멸하였다. 이후 백제는 사비성이 함락되면서 멸망하였다.

오답 거르기 ① 7세기 전반 백제 무왕, ② 6세기 전반 백제 성왕, ③ 6세기 말 백제 위덕왕, ④ 4세기 후반 백제 근초고왕에 해당한다.

15 제시된 자료의 '소정방', '무열왕', '왕의 도성을 격파' 등을 통해 밑줄 그은 '왕'이 백제 의자왕임을 알 수 있다. 660년에 소정방이 이끈 당군과 신라군이 연합하여 백제를 멸망시켰는데, 당시 백제의 왕은 의자왕이었다. ② 642년 백제 의자왕은 신라를 공격하여 대야성을 비롯한 40여 성을 빼앗았다. 대야성은 경남 합천 지역에 위치한 성으로, 신라로 통하는 요충지였다.

오답 거르기 ① 백제 성왕, ③ 고구려 미천왕, ④, ⑤ 신라 문무왕에 해당한다.

16 제시된 자료에는 7세기 후반 백강 전투(663)의 모습이 나타나 있는데, 이는 백제 부흥 운동과 관련이 있다. 백제 멸망 직후 복신과 도침, 흑치상지 등은 왕자 부여 풍을 왕으로 추대하고 주류성과 임존성을 거점으로 군사를 일으켰다. 이들은 200여 성을 회복하고 사비성과 웅진성의 당군을 공격하는 등 크게 기세를 떨치기도 하였다. 백제 부흥 운동 당시 왜의 수군이 백제 부흥군을 지원하기 위해 왔으나, 신라·당 연합군에게 백강 전투에서 패하였다. 이로써 백제 부흥 운동은 실패하였다.

04 삼국의 경제·사회·문화

닮은 꼴 예상 문제

36~37쪽

01 ③   **02** ③

01 제시된 자료는 (가)에는 고구려의 진대법에 해당하는 내용이 들어가야 한다. 진대법은 춘궁기에 국가에서 곡식을 대여했다가

수확기에 갚게 하는 제도로, 고구려 고국천왕이 을파소를 재상으로 등용하여 개혁 정치를 펴나가던 과정에서 실시되었다. 진대법과 같은 구휼 제도로는 고려의 의창, 조선의 환곡 등을 들 수 있다.

오답 거르기 ① 흑창은 고려 태조 때 설치한 빈민 구제 기관이다. ②, ④ 신라 지증왕에 해당한다. ⑤ 백제 무령왕에 해당한다.

02 제시된 자료는 백제 산수무늬 벽돌, 백제 금동 대향로, 고구려 사신도 중 현무도에 해당한다. 삼국 시대에 도교가 전래되어 귀족 사회를 중심으로 널리 유행하였다. 또한 도교의 영향을 받은 문화유산이 제작되었는데, 백제 금동 대향로, 백제 산수무늬 벽돌, 고구려 사신도 등이 이에 해당한다.

오답 거르기 ① 삼국 시대 불교 관련 문화유산으로는 탑, 불상 등이 있다. ② 호족은 신라 말 진골 귀족의 왕위 쟁탈전으로 중앙 정부의 지방 통제력이 약화되면서 지방의 반독립적인 세력으로 성장하였다. ④ 몽골 침입은 고려 시대인 13세기에 있었다. ⑤ 성리학은 고려 후기에 원에서 전래되었다.

기출 및 예상 문제   38~41쪽

01 ④	02 ③	03 ②	04 ④	05 ⑤
06 ②	07 ②	08 ①	09 ①	10 ③
11 ④	12 ①	13 ②	14 ①	15 ②
16 ④				

01 제시된 자료는 신라 지증왕의 연보이다. 6세기 초 즉위한 신라 지증왕은 나라 이름을 '신라'로 정하고, 왕의 칭호도 마립간에서 중국식 칭호인 '왕'으로 바꾸었다. 또한, 농업 생산력을 높이기 위해 우경을 장려하였으며, 노동력을 확보하고자 순장을 금지하였다. 6세기 초 지증왕은 동시를 개설하고 이를 관리하는 기구인 동시전을 설치하였다.

오답 거르기 ① 통일 신라 신문왕. ② 신라 법흥왕. ③ 통일 신라 원성왕. ⑤ 신라 선덕 여왕에 해당한다.

02 삼국 시대에는 농민의 몰락을 막아 국력을 강화하고자 가능한 한 합리적인 방식으로 세금을 부과하였다. 대체로 재산의 소유 정도에 따라 호를 3등급으로 나누어 곡물과 포를 거두었으며, 그 지역의 특산물도 거두었다. 왕궁, 성, 저수지 등을 만들기 위하여 국가에서 노동력이 필요하면 15세 이상의 남자를 동원하였다. 제시된 자료에서 '풍흉에 따라 차등을 두어 받았다.'는 구절을 통해 자연재해가 발생했을 경우에 세금을 줄여 주었음을 알 수 있다.

오답 거르기 ㄱ. 조선 시대, ㄹ. 고려 시대에 해당한다.

03 제시된 자료에서 '국선도', '풍월도', '원광', '세속 5계' 등을

통해 (가) 단체가 화랑도임을 알 수 있다. 신라에는 원시 사회의 청소년 집단에서 기원한 화랑도 조직이 있었는데, 화랑도는 귀족 자제 중에서 선발된 화랑이 다양한 신분을 포함한 낭도를 이끌었다. 화랑과 낭도는 원광의 세속 5계를 받들며 생활했고, 명산대천을 유람하며 심신을 수련하였다. 신라 진흥왕은 화랑도를 국가적 조직으로 개편하여 인재 양성에 주력하였다.

오답 거르기 ① 고구려는 각지에 경당을 설립하여 청소년에게 학문과 무예를 가르쳤다. ③ 통일 신라 신문왕 때 설립된 국학에 해당한다. ④ 정사암 회의는 백제의 귀족 회의이다. ⑤ 신라의 화백 회의에 해당한다.

04 제시된 그림은 중국의 양나라를 방문한 사신의 모습을 그린 「양직공도」 중 '백제국사'라는 이름이 붙은 그림이다. 이 그림은 6세기 초 웅진 시대의 백제를 엿볼 수 있는 중요한 자료이다. 당시 백제는 중국 남조의 여러 왕조와 교류가 활발하였다. 따라서 밑줄 그은 '이 나라'는 백제이다. 백제의 지배층은 왕족인 부여씨와 8성의 귀족으로 이루어졌다.

오답 거르기 ① 옥저, ② 가야, ③ 신라, ⑤ 부여에 해당한다.

05 제시된 자료의 (가) 제도는 신라의 골품 제도이다. 설계두는 신라 출신으로 당에서 활동한 무인이다. 6두품 출신이었던 그는 진골 귀족이 아니면 대신이나 장군이 될 수 없는 현실을 비판하였다. 신라에서는 혈연에 따라 사회적 제약이 가해지는 신분 제도인 골품제가 있었다. 골품에 따라 개인의 정치적·사회적 활동의 범위까지 엄격히 제한되었으며, 가옥의 규모와 장식물은 물론 복색이나 수레 등 일상생활이 규제되었다.

오답 거르기 ① 진대법은 고구려 고국천왕 때 마련되었다. ② 통일 신라 독서삼품과에 해당한다. ③ 고려 광종 때 도입된 과거제에 해당한다. ④ 권문세족은 고려 후기의 지배층이다. 권문세족에 대한 견제 목적으로 시행된 것은 전민변정도감 등이 해당한다.

06 (가)는 화백 제도, (나)는 화랑도이다. 신라 귀족들은 화백 회의를 통해 국왕을 폐위시키거나 새로 추대하는 데 영향력을 발휘하였는데, 진지왕은 '정치가 어지럽고 음란하다.'는 이유로 폐위되기도 하였다. 화랑도는 진흥왕 때 국가 차원에서 활동을 장려하여 조직이 확대되었으며, 이를 통해 국가가 필요로 하는 인재를 양성하였다. 화랑도는 귀족과 평민 계층 간의 갈등을 조절·완화하는 기능을 하였는데, 원광은 세속 5계를 지어 화랑도가 지켜야 할 행동의 규범을 제시하였다. ② 백제의 정사암 회의에 대한 설명이다. 정사암 회의는 백제의 귀족 합의 제도로서, 귀족들이 정사암에 모여 국가의 중대사를 결정하였다.

07 제시된 자료는 삼국(고구려·백제·신라)의 사회·경제 생

활과 관련된 내용으로 (가)는 신라에 해당하는 사회 · 경제 생활이 들어가야 한다. 골품제는 신라의 신분제로 왕족을 대상으로 한 골제(骨制)와 귀족을 대상으로 한 두품제(頭品制)가 결합하여 형성되었다.

오답 거르기 ① 고려, ③ 고구려, ④ 백제, ⑤ 조선에 해당한다.

08 제시된 자료는 임신서기석의 내용 중 일부이다. 임신서기석은 두 명의 신라 청소년들이 부모에 효도하고, 나라에 충성을 다하며, 시 · 상서 · 예기 · 전을 배워 익힐 것을 약속한다는 내용을 담고 있는 것으로, 신라의 청소년들이 유교 경전을 공부했음을 보여주는 유물이다.

오답 거르기 ②, ③, ④ 직접적인 관련이 없다. ⑤ 독서삼품과는 관리 등용을 위해 국학 학생들의 유교 경전 이해 수준을 시험하는 제도로 통일 신라 원성왕 때 실시되었으나 진골 귀족의 반대로 소기의 성과를 거두지 못하였다.

09 제시된 자료에서 고분의 구조와 천마도 등을 통해 이 무덤이 돌무지덧널무덤임을 알 수 있다. 돌무지덧널무덤은 주로 지상이나 지하에 시신과 껴묻거리를 넣은 나무덧널을 설치하고, 그 위에 냇돌을 쌓은 다음 흙으로 덮는 양식이다. 벽화를 그릴 수 없고, 도굴이 어려워 많은 껴묻거리가 그대로 남아 있다. 천마총에서 출토된 천마도는 말의 앞 가리개인 장니에 그려진 그림이다.

오답 거르기 ② 굴식 돌방무덤에 해당한다. ③ 백제 무령왕릉에 해당한다. ④ 통일 이후 신라의 굴식 돌방무덤에 해당한다. ⑤ 백제를 건국한 중심 세력이 고구려와 같은 계통이라는 사실을 짐작하게 해 주는 내용이다.

10 제시된 자료에서 '강서대묘 사신도', '무용총 수렵도', '안악 3호분', '사신도(현무)' 등을 통해 (가) 국가는 고구려임을 알 수 있다. 현무도는 사신도의 북쪽 방위신인 현무를 그린 것인데, 고구려 무덤인 강서대묘에 그려져 있는 것이 대표적이다. 무용총은 고구려의 수도 국내성이 위치했던 곳에 있는 무덤으로, 5명의 남녀가 춤을 추는 무용도와 고구려인의 기상을 보여주는 수렵도를 비롯한 많은 벽화가 그려져 있다. ③ 고구려에서 제작된 금동 연가 7년명 여래 입상이다.

오답 거르기 ① 가야 판갑옷, ② 발해 석등, ④ 신라 기마 인물상, ⑤ 백제 무령왕릉에서 출토된 석수에 해당한다.

11 (가)는 돌무지덧널무덤으로 통일 전 신라에서 유행한 무덤 양식이다. 거대한 규모가 특징이며 나무로 덧널을 짜고 그 위에 돌을 쌓은 뒤 흙으로 봉분을 덮은 무덤이다. (나)는 굴식 돌방무덤으로 삼국 모두에서 나타나는 무덤 양식이다. 굴식 돌방무덤은 돌로 널길과 널방을 짜고 그 위에 흙을 덮어 봉분을 만든 무덤으로, 널방의 벽과 천장에 벽화를 그리기도 하였다.

오답 거르기 ① 고구려와 발해의 굴식 돌방무덤에 해당한다. ② 통일 신라의 굴식 돌방무덤에 해당한다. ③ 황남대총은 돌무지덧널무덤 양식이다. ⑤ 백제의 무령왕릉에 해당한다.

12 제시된 자료에서 '충청남도 서산', '6세기 말에서 7세기 초', '백제의 미소' 등을 통해 백제의 서산 용현리 마애여래 삼존상에 대한 내용임을 알 수 있다. 석불 가운데 소박한 옷차림을 한 서산 용현리 마애여래 삼존상은 엷은 미소를 띤 온화한 아름다움을 지니고 있어 '백제의 미소'라고도 불린다. ① 백제의 서산 용현리 마애여래 삼존상이다.

오답 거르기 ② 고려 초에 만들어진 논산 관촉사 석조 미륵보살 입상이다. ③ 고려 말~조선 초에 만들어진 것으로 추정되는 서울 보타사 마애보살 좌상이다. ④ 고려 초에 만들어진 파주 용미리 마애이불 입상이다. ⑤ 신라의 경주 배동 석조 여래 삼존 입상이다.

13 일찍부터 삼국과 가야는 왜에 선진 문화를 전해 주어 일본 고대 문화의 형성과 발전에 큰 영향을 미쳤다. 특히 백제는 삼국 중에서 일본의 문화에 가장 많은 영향을 주었다. 왕인은 천자문과 논어를 전하고 가르쳤으며, 아직기는 왜의 태자에게 한자를 가르쳤다. ② 백제의 금동 대향로이다.

오답 거르기 ① 대가야의 고령 지산동 32호분 출토 금관이다. ③ 신라의 돌무지덧널무덤인 천마총에서 출토된 천마도이다. ④ 고구려의 금동 연가 7년명 여래 입상이다. ⑤ 발해 정혜 공주 묘에서 출토된 돌사자상이다.

14 제시된 자료에서 (가)는 백제의 수도가 한성이었던 시기, (나)는 백제의 수도가 사비였던 시기이다. 백제의 근초고왕은 마한의 나머지 세력을 정복하여 전라도 남해안에 이르렀는데, 이는 수도가 한성이었던 시기에 해당한다.

오답 거르기 ② 신라 내물왕 이전에 해당한다. ③ 9주 5소경은 통일 신라의 지방 행정 조직이다. ④ 백제가 수도를 한성에서 웅진으로 천도한 계기에 해당한다. ⑤ 녹읍은 신라 귀족의 경제적 기반이 되었던 토지이다.

15 제시된 자료에서 (가) 국내성은 고구려의 두 번째 수도로 현재의 중국 지안에 해당한다. (나) 무용총에는 5명의 남녀가 춤을 추는 무용도와 고구려인의 기상을 보여주는 수렵도 등의 벽화가 그려져 있다. (다) 각저총에는 씨름을 하는 모습이 그려져 있다. (라) 광개토 대왕릉비에는 광개토 대왕 이전까지의 고구려 역사와 광개토 대왕의 정복 활동 등에 대한 기록이 담겨 있다. (마) 장군총은 고구려의 대표적인 돌무지무덤이다.

오답 거르기 ① 평양성에 해당한다. ③ 돌무지덧널무덤은 신라의 고분 양식이다. ④ 서울 북한산 신라 진흥왕 순수비이다. ⑤ 백제의 무령왕릉에 해당한다.

16 제시된 자료에는 삼국 시대에 고구려와 신라 등 고대 국가들이 서역 국가들과 교류한 사실이 나타나 있다. 우즈베키스탄에 위치한 아프라시아브 궁전 벽화에는 깃털이 달린 절풍(조우관)을 쓰고, 고리 손잡이가 달린 큰 칼(환두대도)을 차고 있어 고구려 사신으로 추정되는 인물들이 그려져 있다. 황남대총 출토 유리 그릇은 서아시아 등에서 출토된 로마 유리 제품과 형태나 제작 기법이 유사하다. 각저총 씨름도의 오른쪽 인물은 서역인의 모습을 하고 있다.

오답 거르기 ① 제시된 문화유산에 가야 유물은 없다. ② 고조선은 삼국 시대 이전에 멸망하였다. ③ 남북국 시대는 7세기 말에서 10세기 초까지에 해당한다. ⑤ 해당 문화유산은 일본 전파와 관련이 없다.

05 남북국의 성립과 발전

닮은꼴 예상 문제
44~45쪽

01 ②   02 ④

01 지도의 5소경을 통해 통일 신라의 지방 행정 조직을 나타내고 있음을 알 수 있다. 통일 이후 신라는 영토를 효율적으로 통치하기 위해 9주 5소경 체제로 정비하였으며, 수도가 동쪽에 치우쳐 있는 문제를 보완하기 위해 군사상·행정상의 요충지 5곳에 소경을 두었다. ② 신라 말에는 호족 세력이 성장하면서 이들의 후원으로 선종이 유행하였다.

오답 거르기 ① 발해, ③ 고려, ④ 고구려, ⑤ 백제에 해당한다.

02 (가)에 들어갈 왕은 발해의 제2대 왕인 무왕이다. 발해 무왕은 영토 확장에 힘을 기울여 동북방의 여러 세력을 복속하고, 북만주 일대를 장악하였다. 발해 무왕 당시 흑수부 말갈이 당과 연결하려 하였는데, 무왕은 먼저 장문휴의 수군으로 하여금 당의 산둥 지방을 공격하게 하는 한편, 요서 지방에서도 당군과 격돌하였다.

오답 거르기 ① 발해 문왕, ② 고구려 소수림왕, ③ 통일 신라 신문왕, ⑤ 통일 신라 흥덕왕에 해당한다.

기출 및 예상 문제
46~47쪽

01 ④   02 ④   03 ④   04 ⑤   05 ②
06 ③   07 ⑤   08 ①

01 제시된 자료에서 '김흠돌의 난을 진압', '9주 5소경제를 완비', '관료전을 지급', '녹읍을 폐지' 등을 통해 통일 신라의 신문왕과 관련된 내용임을 알 수 있다. 신문왕은 김흠돌의 난을 계기로 귀족 세력을 약화시키고 왕권을 강화하였다. 또한 신문왕은 강화된 왕권을 배경으로 문무 관리에게 관료전을 지급하고 귀족의 경제 기반이었던 녹읍을 폐지하였다. 통일 신라의 신문왕은 유학 교육 기관인 국학을 설립하여 왕에게 충성하는 인재를 양성하였다.

오답 거르기 ① 통일 신라 성덕왕, ② 신라 지증왕, ③ 고구려 고국천왕, ⑤ 신라 법흥왕에 해당한다.

02 제시된 자료에서 '집사부, 병부, 위화부', '14개의 중앙 부서', '시중', '사정부', '국학' 등을 통해 통일 신라의 중앙 통치 체제임을 알 수 있다. 통일 신라의 신문왕 재위 시기 왕명을 수행하는 집사부의 역할이 중시되었는데, 이로써 왕권 강화에 기여할 수 있게 되었다. 한편, 국학은 유학 교육 기관으로 신문왕 때에 설립되었다. 통일 신라 시대에는 지방 세력을 견제하기 위해 지방 세력이나 그 자제를 일정 기간 수도에 머무르게 하는 상수리 제도를 시행하였다.

오답 거르기 ①, ③ 고려, ②, ⑤ 조선에 해당한다.

03 제시된 자료에는 935년 후백제의 왕위 계승 문제로 인해 견훤이 금산사에 유폐된 상황이 나타나 있다. 견훤이 금강에게 왕위를 물려주려 하자 신검은 935년 정변을 일으켜 견훤을 금산사에 가두고, 금강을 살해하였다. 금산사에 유폐되어 있던 견훤이 고려의 영토였던 나주를 거쳐 고려에 귀순하자 왕건은 견훤을 후하게 대우하였다. ④ 936년에 신검의 후백제군이 일리천 전투에서 패하면서 후백제는 멸망하였다.

오답 거르기 ① 927년, ② 918년, ③ 927년, ⑤ 930년에 있었던 사실이다.

04 제시된 왕계표는 신라 말의 상황을 보여주고 있다. 신라 말에는 780년 혜공왕의 피살을 계기로 진골 귀족들의 왕위 쟁탈전이 치열하게 전개되어 약 150년 동안 무려 20명의 왕이 바뀌었다. 헌덕왕 때에는 웅주 도독이었던 김헌창이 자신의 아버지가 왕위에 오르지 못한 것에 원한을 품어 반란을 일으키기도 하였다. 한편, 신라 말에는 호족 세력이 성장하면서 이들의 후원으로 선종이 유행하였다. ⑤ 김흠돌의 모역 사건은 통일 직후 신문왕 즉위년인 681년에 일어났다.

05 제시된 자료에서 '중대성', '일본국 태정관', '정당성', '일본 땅은 동쪽으로 멀리 있고', '요양은 서쪽으로 멀리 있으니', '거리가 1만 리' 등을 통해 (가) 국가가 발해임을 알 수 있다. 발해는 국왕을 중심으로 하는 중앙 집권적 지배 체제를 갖추었다. 중앙 정치

조직은 당의 3성 6부를 받아들였으나 그 명칭과 운영 방식은 독자적이었다. 국왕 아래 정당성, 선조성, 중대성을 두었고, 정당성 아래 좌사정과 우사정을 두어 각각 3부를 나누어 관할하게 하였다. ② 발해의 지방 행정 구역은 5경 15부 62주로 나누었다.

오답 거르기 ① 고구려, ③ 고려, ④ 통일 신라, ⑤ 백제에 해당한다.

06 제시된 도표는 발해의 중앙 관제이다. 발해의 중앙 조직은 3성과 6부를 근간으로 편성되었는데, 정당성의 장관인 대내상이 국정을 총괄하였다. 그 아래에는 좌사정이 충·인·의 3부를, 우사정이 지·예·신 3부를 각각 나누어 관할하는 이원적인 통치 체제를 구성하였다. ③ 발해는 유학 교육 기관으로 주자감을 설립하였다.

오답 거르기 ① 백제, ② 신라, ④ 고려, ⑤ 고구려에 해당한다.

07 제시된 자료에서 '산둥반도', '등주성', '장문휴', '당의 군대를 격파' 등을 통해 (가) 왕이 발해 무왕임을 알 수 있다. 발해는 8세기 전반 당과 대결하면서 영토를 확장하였는데, 무왕은 장문휴로 하여금 수군을 거느리고 산둥반도의 등주를 공격하게 하였다. ㄷ. 발해 무왕은 중국과 대등한 지위에 있음을 과시하기 위해 '인안(仁安)'이라는 독자적인 연호를 사용하였다. ㄹ. 발해 무왕은 당과 연결하여 발해를 견제하려는 흑수 말갈을 동생 대문예로 하여금 공격하게 하였다.

오답 거르기 ㄱ. 발해 문왕, ㄴ. 대조영(발해 고왕)에 해당한다.

08 제시된 자료는 발해 무왕의 외교와 정치에 관한 내용으로, 흑수 말갈이 당에 접근하고, 발해가 일본에 국서를 보냈다는 사실을 통해 알 수 있다. 대조영의 뒤를 이어 즉위한 무왕은 영토 확장에 힘을 기울여 동북방의 여러 세력을 복속하고 북만주 일대를 장악하였다. 발해의 세력 확대에 따라 신라는 북방 경계를 강화하였고, 흑수부 말갈도 당과 연결하고자 하였다. 무왕은 '인안'이라는 독자적인 연호를 사용하였다.

오답 거르기 ② 발해 선왕, ③ 대조영(고왕), ④ 발해 선왕 이후, ⑤ 발해 문왕에 해당한다.

06 남북국의 경제·사회·문화

📖 **닮은 꼴 예상 문제**   52~53쪽

01 ②   02 ②

01 제시된 쌍봉사 철감선사탑은 신라 말기에 제작된 승탑으로 당시 유행한 선종과 관련된 건축물이다. 신라 말기에는 선종이 유행하고 유교가 새로운 정치 이념으로 대두하였으며, 유·불교와 풍수지리설이 결합되는 사상계의 변화가 나타났다. 이러한 사상계의 변화는 중앙의 6두품 계층과 지방 호족의 대두 등 신라 말의 사회 변동 속에서 전개되었다. ② 신라 중대인 통일 직후 신문왕 때에 해당한다.

02 제시된 자료의 영광탑과 이불병좌상은 발해의 문화유산이다. 중국 지린에 있는 영광탑은 현재 온전히 남아 있는 유일한 발해의 탑이고, 이불병좌상은 고구려 후기 법화 사상의 전통을 이은 발해 불상이다. ② 발해에서는 유학 교육 기관으로 주자감을 설치하였다.

오답 거르기 ① 독서삼품과는 통일 신라 원성왕 때 마련되었다. ③ 정림사지 5층 석탑은 백제의 문화유산이다. ④ 제가 회의는 고구려의 귀족 회의 기구로, 중대 범죄자 처벌 문제 등을 결정하였다. ⑤ 벽란도는 고려의 국제 무역항이다.

🌱 **기출 및 예상 문제**   54~55쪽

01 ②	02 ④	03 ④	04 ④	05 ①
06 ⑤	07 ③	08 ②		

01 제시된 자료에서 '일본 도다이사 쇼소인', '서원경(청주)', '4개 촌락' 등을 통해 통일 신라의 민정 문서임을 알 수 있다. 통일 신라 시대의 민정 문서는 국가가 생산 자원과 노동력을 더욱 철저하게 편제하여 관리하려는 목적에서 작성되었다. ② 정효 공주는 발해 문왕의 넷째 딸인데, 그의 무덤인 정효 공주 묘는 벽돌무덤으로 당과 고구려의 양식이 혼합되어 있다.

02 제시된 자료 (가)는 김헌창의 난(822)을 나타내고 있고, (나)는 원종과 애노의 난(889)을 나타내고 있다. ④ 통일 신라의 장보고는 중앙의 왕위 쟁탈전에도 깊이 관여하였는데, 장보고의 군사적 지원을 받은 김우징이 839년에 민애왕을 살해하고 신무왕으로 즉위하였다. 신무왕이 죽자 문성왕(재위 839~857)은 장보고의 관직을 높이고 그의 딸을 왕비로 맞이하려 하였다. 이렇듯 장보고의 세력이 커지자 김양 등 중앙 정치 세력들은 반란을 도모했다는 이유를 들어 846년에 염장을 시켜 장보고를 살해하였다.

오답 거르기 ① 6세기 신라 진흥왕 때, ②, ⑤ 7세기 통일 신라 신문왕 때, ③ 6세기 신라 법흥왕 때에 해당한다.

03 제시된 장보고는 통일 신라 때 활동한 인물이다. 장보고는

당으로 건너가 뛰어난 무예를 바탕으로 무령군 소장으로 활동하다가 828년 신라에 귀국하여 흥덕왕에게 해적 소탕을 위한 청해진 설치를 요청하였다. 흥덕왕은 장보고의 요청을 받아들여 군사 1만 명을 주어 청해진을 설치하게 하였다. 통일 신라 시기 장보고가 설치한 청해진은 해상 무역의 거점으로 번영을 누렸다.

오답 거르기 ① 신문왕, ② 도선, ③ 을지문덕, ⑤ 원효에 해당한다.

04 제시된 자료에서 '12세에 중국으로 건너갔는데', '빈공과에 합격', '계원필경집' 등을 통해 신라 말 최치원과 관련된 내용임을 알 수 있다. 신라 말 최치원은 신라 6두품 출신으로 당에 유학하여 과거에 합격하였다. 그는 정치적·사회적 진출에 제한을 가하는 골품제를 비판하였으며, 진성 여왕에게 사회 혼란을 바로잡기 위한 개혁안을 올리기도 하였다. 최치원이 당에서 쓴 글들을 모아 엮은 『계원필경』이 지금까지 전해지고 있다. ④ 원종과 애노의 봉기는 신라 말 중앙 정부의 강압적인 수취에 반발하여 일어났다.

오답 거르기 ① 신라의 삼국 통일 직후인 7세기 말, ② 고려 성종 때, ③ 신라 진평왕 때, ⑤ 7세기 중엽에 해당한다.

05 제시된 자료에서 '신문왕 2년', '삼국 통일 이후 조성된 석탑 양식', '신문왕이 완공' 등을 통해 (가)에는 통일 신라의 신문왕이 건립한 탑이 들어가야 함을 알 수 있다. ① 경주 감은사지 3층 석탑은 682년(신문왕 2)에 건립되었다.

오답 거르기 ② 통일 신라의 경주 불국사 다보탑, ③ 고려의 평창 월정사 8각 9층탑, ④ 신라의 경주 분황사 모전 석탑, ⑤ 백제의 익산 미륵사지 석탑에 해당한다.

06 자료의 밑줄 그은 '그'는 신라 시대 활동한 승려 원효이다. ⑤ 원효는 모든 것이 한 마음에서 나온다는 일심 사상을 바탕으로, 다른 종파들과 사상적 대립을 조화시키고 분파 의식을 극복하고자 노력하였다. 또한 극락에 가고자 하는 아미타 신앙을 전도하며 불교 대중화의 길을 열었다.

오답 거르기 ① 고려 지눌, ② 신라 원광, ③ 고려 의천, ④ 고려 혜심에 대한 설명이다.

07 제시된 자료에서 고구려 계통의 온돌 시설, 해동성국으로 불렸다는 것, 고구려 문화를 계승했다는 내용을 통해 (가) 국가가 발해임을 알 수 있다. 발해 유적에서 발견되는 온돌, 굴식 돌방무덤, 석등, 기와 등이 고구려와 비슷하여 발해는 고구려의 영향을 강하게 받은 나라임을 알 수 있다. 한편, 발해의 전성기인 9세기 선왕 이후 중국에서 발해를 '해동성국'이라고 불렀다. ③ 발해의 지방 행정 조직은 5경 15부 62주로 조직되었으며, 도독과 자사 등의 관리가 파견되었다.

오답 거르기 ①, ④, ⑤ 통일 신라, ② 백제에 해당한다.

08 제시된 자료에서 대무예가 장문휴를 보내 당의 등주를 공격했다는 내용을 통해 밑줄 그은 '이 나라'가 발해임을 알 수 있다. 발해를 건국한 대조영의 뒤를 이은 무왕은 장문휴로 하여금 수군을 거느리고 산둥반도를 공격하게 하였으며, 요서 지역까지 진출하였다. 이에 당황한 당은 신라에 지원병을 요청하였고, 신라는 발해 남쪽을 공격하였으나 실패하였다. ② 두 부처가 나란히 앉아 있는 발해의 이불병좌상이다.

오답 거르기 ① 삼국 시대에 제작된 금동 미륵보살 반가 사유상이다. ③ 백제 금동 대향로이다. ④ 통일 신라 시대에 만들어진 경주 석굴암 본존불이다. ⑤ 고려 시대에 만들어진 논산 관촉사 석조 미륵보살 입상이다.

Ⅱ. 고려의 건국과 발전

01 통치 체제의 정비

📖 **닮은꼴 예상 문제**　　　　　　　　62~63쪽

01 ②　　　　**02** ③

01 제시된 자료는 고려 성종 때 최승로가 건의한 시무 28조의 내용 일부이다. 최승로는 불교는 개인 수양을 위한 종교이며, 유교가 국가 통치 이념이 되어야 한다고 강조하였다. 그리고 불교 행사 억제, 지방관 파견, 궁궐 내 군인과 노비 감축, 삼한 공신 자손에 대한 처우 개선, 노비의 신분을 엄격히 규제해서 미천한 자가 윗사람을 욕하지 않게 할 것 등을 주장하였다. 성종은 최승로의 건의를 받아들여 유교 통치 이념에 입각한 중앙 집권 제도를 마련하였는데, 2성 6부의 중앙 관제 수립, 지방관 파견 및 향리 제도 마련, 국자감과 과거제 정비, 지방에 경학박사 등을 파견하여 유학 교육 진흥에 힘썼다. 또한, 고려 성종은 최승로의 건의를 받아들여 지방의 주요 지점에 12목을 설치하고 지방관을 파견하였다.

오답 거르기 ① 고려 경종, ③ 고려 무신 정권기 최충헌, ④ 고려 광종, ⑤ 고려 태조에 해당한다.

02 제시된 자료는 고려 전기의 대표적인 문벌 귀족인 이자겸의 연대기이다. ③ 고려 시대 삼사에 대한 설명이다. 어사대는 정치의 잘잘못을 논하고 관리의 비리를 감찰하는 임무를 맡았다. 어사대의 관원은 중서문하성의 낭사와 함께 대간으로 불렸다.

오답 거르기 ① 음서는 공신과 종실의 자손, 5품 이상 고위 관료의 자손 등이 과거를 거치지 않고도 관료가 될 수 있는 길이었다. ② 중추원(추밀원)은 군사 기밀을 다루었으며, 고위 관료인 추밀은 도병마사에 참여하여 국가의 중요 정책을 결정하였고, 하급 관료는 왕명 출납을 담당하였다. ④ 상서성은 실제 업무를 담당하는 6부를 두었다. ⑤ 중서문하성은 2품 이상의 고위 관리로 구성되는 재신과 3품 이하의 관리로 구성되는 낭사로 이루어져 있었다.

🍃 **기출 및 예상 문제**　　　　　　　　64~67쪽

01 ②	**02** ④	**03** ⑤	**04** ⑤	**05** ⑤
06 ⑤	**07** ①	**08** ②	**09** ④	**10** ⑤
11 ②	**12** ③	**13** ④	**14** ③	**15** ⑤
16 ③				

01 제시된 자료의 왕은 고려 태조이다. 고려 태조 왕건은 조세

를 합리적으로 조정하여 세율을 10분의 1로 낮추었으며, 빈민 구제 기관인 흑창을 설치하였다. ② 고려 태조는 고구려의 옛 땅을 되찾고자 하는 의욕으로 강력한 북진 정책을 추진하여 평양을 서경으로 삼고, 북진 정책의 전진 기지로 적극 개발하였다. 그 결과, 청천강에서 영흥에 이르는 국경선을 확보할 수 있었다.

오답 거르기 ① 고려 성종, ③ 고려 광종, ④ 고려 경종에 해당한다. ⑤ 고려 후기에는 권문세족의 불법적인 대농장 경영이 심각하였는데, 이를 해결하기 위해 전민변정도감이 설치되었다.

02 제시된 자료에서 '발해가 거란의 군사에게 격파', '그 나라 세자인 대광현', '남은 무리 수만 호를 거느리고', '가엾게 여기시어 영접과 대우가 매우 두터웠고', '성과 이름을 하사', '본국 제사를 받들도록' 등을 통해 (가) 왕이 고려 태조 왕건임을 알 수 있다. 발해가 거란에 멸망한 뒤, 왕자 대광현이 고구려계를 포함한 많은 유민을 이끌고 고려에 망명해 오자, 태조는 이들을 우대하여 받아들였다. 또한 고려 태조는 대광현에게 조상에 대해 제사지내는 것을 허락하였다. ④ 고려 예종은 침체에 빠진 국자감을 부흥하기 위해 국자감에 7재를 설치하였다.

오답 거르기 ①, ②, ③, ⑤ 고려 태조의 정책에 해당한다.

03 제시된 자료의 (가) 제도는 사심관 제도이고, (나) 제도는 기인 제도이다. 고려 태조 왕건은 중앙 고위 관직에 진출한 지방 세력을 출신 지역의 사심관으로 임명하여 부호장 이하의 관직 임명과 치안을 담당하도록 하였다. 또한, 고려는 건국 초부터 기인(其人)이라는 인질 정책을 시행하였는데, 지방 토호 세력의 자제를 인질로 서울에 머물게 하였다. ⑤ 고려 태조 왕건은 지방 호족을 견제하고 지방 통치를 보완하기 위하여 사심관과 기인 제도를 활용하였다.

오답 거르기 ① 고려 초 광종 때 도입된 과거제, ② 조선 후기 정조 때 시행된 초계문신제, ③ 고려 문종 때 지급된 공음전, ④ 조선 시대 유향소에 해당한다.

04 제시된 자료는 훈요 10조로 고려 태조가 남긴 것이다. 고려의 태조는 후대의 왕에게 정책 방향을 제시하는 훈요 10조를 남겼다. ⑤ 고려 태조의 적극적인 북진 정책으로 고려의 영토는 청천강에서 영흥에 이르는 지역까지 확장되었다.

오답 거르기 ① 고려 공민왕에 해당한다. ② 전시과 제도는 고려 경종 때 마련되었다. ③ 고려 성종에 해당한다. ④ 고려 무신 정권기 최충헌에 해당한다.

05 제시된 자료 (가)는 고려 광종 때 과거제 시행과 관련된 내용이고, (나)는 고려 성종 때 최승로가 올린 개혁안 시무 28조와 관련된 내용이다. 고려 광종은 중국 후주에서 귀화한 쌍기의 건의를 받아들여 958년에 과거제를 도입하였다. 시무 28조는 최승로가

982년에 고려 성종에게 올린 것으로, 성종 대에 이루어져야 할 정치 개혁을 28개 조목으로 피력한 것이다. ⑤ 976년에 고려 경종은 실직이 있는 관리 뿐 아니라 실직 없이 자격만을 가진 관리(산관)들에게 전지와 시지를 지급하는 토지 제도인 전시과를 처음으로 제정하였다.

오답 거르기 ① 고려 숙종 때. ② 충선왕, 충목왕, 공민왕 때 정방을 폐지했으나 정방은 존폐를 거듭하다가 1388년 위화도 회군 이후에 최종적으로 혁파되고 그 대신 상서사가 설립되었다. ③ 고려 예종 때. ④ 조선 태종 때에 해당한다.

06 제시된 자료는 고려 광종 때 시행한 노비안검법과 과거제에 대한 내용이 나타나 있으므로 밑줄 그은 '왕'은 고려 광종이다. 고려 광종은 혼란기에 불법으로 노비가 된 자를 조사하여 양민으로 풀어주는 노비안검법을 실시하여 호족의 경제력을 약화시키고 국가의 재정 기반을 확대하였다. 또한, 과거제를 실시하여 유학을 공부한 인재를 관리로 선발함으로써 자신의 정책을 뒷받침하는 세력으로 삼고자 하였다. ⑤ 광종은 관료들의 기강을 확립하기 위해 공복을 제정하였다.

오답 거르기 ① 고려 후기 공민왕. ② 통일 신라 신문왕. ③ 고구려 소수림왕. ④ 고려 성종에 해당한다.

07 제시된 자료의 (가) 국왕은 고려의 광종이다. 광종은 노비안검법을 실시하여 호족들이 불법으로 소유하고 있던 노비들을 양인으로 해방하였다. ① 광종은 최초로 과거제를 시행하여 유교의 학식과 능력에 따라 새로운 인재를 채용하였으며, 공신과 호족 세력들을 대대적으로 숙청함으로써 왕권을 강화시켰다.

오답 거르기 ② 고려 성종. ③ 고려 태조. ④ 고려 정종. ⑤ 고려 현종에 해당한다.

08 제시된 자료에서 '개성 만월대 유적', '고려', '개경을 황도라 칭하고', '광덕, 준풍' 등을 통해 (가) 국왕이 고려 광종임을 알 수 있다. 광종은 중국 후주에서 귀화한 쌍기의 건의를 받아들여 과거제를 시행하였다. 이를 통해 유학을 익힌 신진 인사를 등용함으로써 호족의 전횡을 막고 왕에게 충성할 수 있는 새로운 세력을 키우려고 하였다.

오답 거르기 ① 백제. ③ 통일 신라. ④ 고구려. ⑤ 조선에 해당한다.

09 제시된 자료의 (가)는 고려의 대간이다. 중서문하성의 낭사와 어사대의 관원은 대간으로 불리며 왕권을 견제하였으며, 국왕과 귀족 사이에 권력의 조화와 균형을 꾀하였다. 특히 대간은 왕의 잘못을 논하는 간쟁, 잘못된 왕명을 시행하지 않고 되돌려 보내는 봉박, 관리 임명이나 법령의 개폐에 동의하는 서경권을 가지고 왕권을 견제할 수 있었다. 통치 체제에도 귀족의 의견이 반영

되었음을 알 수 있다. ④ 고려의 삼사에 해당하는데, 삼사는 곡식의 출납과 회계 등을 담당하였다.

10 제시된 지도에 나타난 행정 구역이 '5도 양계'라는 점과 '특수 행정 구역인 향, 부곡, 소' 등을 통해 (가)에는 고려 시대의 지방 제도와 관련된 내용이 들어가야 함을 알 수 있다. 고려 시대에는 전국을 일반 행정 구역인 5도와 군사 행정 구역인 양계로 구분하여 다스렸다. 또한 지방은 일반 군현과 향·부곡·소 등 특수 지역으로 나뉘었다. ⑤ 고려 시대에는 군사적으로 중요한 지역에는 북계와 동계를 두고 병마사를 파견하였다.

오답 거르기 ①, ② 조선. ③, ④ 통일 신라에 해당한다.

11 제시된 자료에서 '6위', '응양군', '용호군', '2군' 등을 통해 고려의 2군 6위와 관련된 내용임을 알 수 있다. 고려의 중앙군은 국왕의 친위 부대인 2군(응양군, 용호군)과 수도 경비와 국경 방어를 담당하는 6위(좌우위, 신호위, 흥위위, 금오위, 천우위, 감문위)로 구성되었다. ② 향, 부곡, 소는 고려 시대의 특수 행정 구역이다. 향, 부곡의 거주민은 농업에 종사하였고, 소의 주민들은 주로 수공업 생산을 담당하였는데, 일반 군현민에 비해 차별을 받았다. 향, 부곡, 소는 조선 시대에 점차 소멸되었다.

오답 거르기 ① 발해. ③ 고구려. ④, ⑤ 통일 신라에 해당한다.

12 제시된 자료의 밑줄 그은 '이들'은 대간을 가리킨다. 고려의 중앙 관제에서 어사대는 정치의 잘잘못을 논하고 관리들의 비리를 감찰하는 임무를 맡았는데, 어사대의 관원은 중서문하성의 낭사와 함께 대간으로 불리면서 간쟁, 봉박, 서경권을 가지고 있었다. 도병마사와 식목도감은 고려의 독자성을 보여주는 관청으로 재신과 추밀이 함께 모여 회의로 국가의 중대사를 결정하였다. 중서문하성은 2품 이상의 고위 관료로 구성되는 재신과 3품 이하의 관리로 구성되는 낭사로 구성되어 있었다. 중추원의 추밀은 재신과 함께 정책의 결정과 집행에 모두 관여하였다. 삼사는 화폐와 곡식의 출납에 대한 회계를 맡았다. 따라서 대간에 해당하는 관리가 속한 정치 기구는 (나)와 (라)에 해당한다.

13 제시된 자료의 (가)는 고려의 과거제이고, (나)는 고려의 음서제이다. 고려 시대에 과거는 제술과, 명경과, 잡과로 나뉘었으며, 공신과 종실의 자손, 5품 이상의 고위 관료의 자손 등은 과거를 거치지 않고도 관료가 될 수 있는 음서의 혜택을 받아 관료로서의 지위를 세습하기도 하였다. ㄴ. 고려 시대에는 향리의 자제가 과거에 급제하여 중앙 관료가 될 수 있었다. ㄹ. 고려 시대 음서제에서는 고위 관료의 자손(아들, 손자), 사위, 동생, 조카 등이

음서의 대상이 되었다.

오답 거르기 ㄱ. 조선 시대에 해당한다. ㄷ. 고려 시대 과거제에 해당한다.

14 제시된 자료에서 국자감의 학칙을 제정하고 첨사부의 시행 규정을 정한다는 내용을 통해 식목도감임을 알 수 있다. 식목도감은 도병마사와 함께 고려의 독자적인 정치 기구로, 재신과 추밀이 국가 안팎의 중대사를 회의하여 결정하는 기구였다. ③ 식목도감은 중서문하성의 고관인 재신과 중추원의 고관인 추밀이 함께 모여 대내적인 법제와 격식 문제를 회의하여 결정하던 곳이었다.

오답 거르기 ① 도병마사, ② 어사대, ④ 중추원, ⑤ 상서성에 해당한다.

15 지도의 (가)는 양계의 하나인 북계, (나)는 5도의 하나인 경상도이다. 일반 행정 구역인 5도에는 안찰사를 파견하여 행정을 살폈다. 군사적으로 중요한 지역에는 양계(북계와 동계)를 두고 병마사를 파견하였다. 양계의 군·현에는 대부분 지방관을 파견하여 중앙의 통제력을 강화하였으며, 국방상 요충지에는 군사적 특수 지역인 진을 설치하였다. ⑤ 9서당은 통일 신라의 중앙군, 10정은 통일 신라의 지방군이다.

16 제시된 자료에서 팔관회가 수도 개경에서 개최된 내용을 통해 (가) 국가가 고려임을 알 수 있다. 팔관회는 도교, 토착 신앙, 불교가 어우러진 행사로 고려 시대에 하늘신, 산신, 강신, 용신 등 여러 신들을 제사하며 즐기는 국가 행사로 전개되었다. ③ 고려 시대에는 과거 시험관(좌주)과 그가 주관한 과거에서 합격한 급제자(문생)들 사이에 '좌주·문생 관계'라는 특별한 관계가 형성되었다. 스승과 제자의 관계를 맺은 좌주와 문생은 관료 생활을 하면서 앞에서 끌어 주고 뒤에서 밀어 주는 역할을 하였다.

오답 거르기 ① 신라, ② 고구려, ④ 통일 신라, ⑤ 조선에 해당한다.

02 문벌 귀족 사회와 무신 정권

📖 닮은꼴 예상 문제   70~71쪽

01 ③   **02** ②

01 제시된 자료 (가)는 이자겸의 난(1126), (나)는 무신 정변(1170)의 상황이 나타나 있다. 이자겸이 딸들을 예종과 인종에게

거듭 시집보내면서 왕을 능가하는 권력을 휘두르자, 일부 신진 관리들은 왕과 함께 그를 몰아내려고 하였다. 이에 이자겸은 1126년 스스로 왕이 되기 위해 부하인 척준경과 함께 난을 일으켰다. 고려 시대 이자겸의 난과 묘청의 서경 천도 운동을 겪으면서 문벌 귀족 사회의 지배 체제가 동요하고 무신에 대한 차별 대우가 심해지자 무신들의 불만은 쌓여 갔다. 이에 1170년에 이의방, 정중부 등의 무신이 정변을 일으켰다(무신 정변).

오답 거르기 ① 조선 후기, ② 신라 말, ④ 조선 후기, ⑤ 고려 최충헌 집권기에 해당한다.

02 제시된 자료에서 아들 이(후에 우), 손자 항, 항의 아들 의의 4대가 정권을 잡았다는 내용을 통해 밑줄 그은 '그'가 최충헌임을 알 수 있다. 12세기 말 이의민을 제거하고 정권을 장악한 최충헌은 무신 정권을 안정시켜 4대 60년간에 걸친 최씨 무신 정권의 기반을 다졌다. ② 교정도감은 최충헌이 설치한 최고 권력 기구이다.

오답 거르기 ① 이성계, ③ 최우, ④ 최승로, ⑤ 이자겸에 해당한다.

🌿 기출 및 예상 문제   72~73쪽

| 01 ② | 02 ④ | 03 ① | 04 ② | 05 ① |
| 06 ④ | 07 ③ | 08 ③ | | |

01 제시된 자료의 (가) 정치 세력은 문벌 귀족이다. 고려 성종 이후 중앙 집권적인 국가 체제가 성립되면서 중앙에서 문벌 귀족이 지배층으로 형성되어 갔다. 이들은 과거와 음서를 통해 관직을 독점하고, 중서문하성과 중추원의 재상이 되어 정국을 주도하였다. 이들은 관직에 따라 전시과의 과전과 공음전의 혜택을 받고, 권력을 이용하여 불법적으로 개인이나 국가의 토지를 차지하기도 하였다.

오답 거르기 ① 향, 부곡, 소는 고려 시대 특수 행정 구역으로, 이곳에 사는 거주민은 군현민에 비해 더 많은 세금 부담을 졌다. ③ 고려 무신, ④ 조선 시대 사림 세력에 해당한다. ⑤ 고려 말 신진 사대부에 해당한다.

02 제시된 자료의 (가)인물은 고려 전기의 승려 묘청이다. 12세기 전반 묘청은 풍수지리설을 바탕으로 서경 천도를 주장하고, 황제 칭호와 연호를 사용할 것과 금을 정벌할 것을 주장하였다. 하지만 개경 세력의 반대로 서경 천도가 좌절되자 1135년에 서경에서 반란을 일으켰다. 그러나 묘청의 난은 김부식이 이끈 관군에 의해 진압되었다. ④ 묘청은 황제를 칭하고(칭제) 연호를 사용할 것(건원)과 수도를 서경으로 옮기고 금을 정벌할 것을 주장하였다.

오답 거르기 ① 고려 말 정도전, ② 고려 무신 정권기 최충헌, ③ 고

려 무신 정권기 조위총 등, ⑤ 조선 전기 조광조 등 사림 세력에 해당한다.

03 제시된 자료의 밑줄 그은 '그'는 최충헌이다. 최충헌은 이의민을 죽이고 정권을 잡자, 무신 정권 초기의 혼란을 극복하기 위하여 봉사 10조와 같은 사회 개혁책을 제시하는 한편, 농민 항쟁의 진압에도 적극적으로 나섰다. 봉사 10조는 최충헌이 집권 직후에 정치적으로 중요한 과제라고 생각되는 사안을 왕에게 건의한 것이다. ① 최충헌은 교정도감을 설치하여 최고 권력 기구로 삼고, 이를 통해 권력을 행사하였다. 교정도감의 장관은 교정별감으로 최충헌을 비롯해 최씨 무신 정권의 최고 집권자가 차지하였다.
오답 거르기 ② 고려 말 공민왕 등, ③ 고려 전기 최승로, ④ 고려 개경 환도 직후 배중손, ⑤ 고려 말 신돈 등에 해당한다.

04 제시된 자료의 (가)를 주장한 세력은 묘청 등 서경 천도를 꾀한 서경 세력이고, (나)를 주장한 세력은 서경 천도를 반대한 김부식 등 개경 귀족 세력이다. ② 1135년 묘청은 서경에서 국호를 대위, 연호를 천개라고 하여 난을 일으켰다.
오답 거르기 ① 정중부 등 무신들은 무신 정변(1170)으로 권력을 장악하였다. ③ 고려의 승려 일연에 해당한다. ④ (가)를 주장한 세력에 해당한다. (나)를 주장한 세력은 풍수지리설을 비판하였다. ⑤ 중국에서 성리학이 전해진 시기는 고려 말이다. 고려 말 신진 사대부는 원과의 교류를 통해 성리학을 받아들였다.

05 제시된 자료에서 이의민을 제거했다는 내용과 개혁을 위해 봉사 10조를 올린다는 내용을 통해 (가)인물이 최충헌이라는 것을 알 수 있다. 명종 26년(1196)에 이의민 부자를 제거한 최충헌은 봉사 10조라는 개혁안을 올려 무신 정권 초기의 혼란을 수습하려고 하였으나, 제대로 시행되지 못하였다. ① 최충헌은 국정을 총괄하는 최고 정치 기구로 교정도감을 설치하고, 그 우두머리인 교정별감이 되어 최고의 권력을 행사하였다.
오답 거르기 ② 이자겸의 난은 1126년에 일어났다. 인종이 척준경을 포섭하여 이자겸 세력을 제거하였다. ③ 고려 광종 때 쌍기에 해당한다. ④ 김부식에 해당한다. ⑤ 최우에 해당한다.

06 제시된 자료에서 '운문에 웅거한 김사미', '초전에 자리잡은 효심', '고려사' 등을 통해 고려 무신 집권기 김사미ㆍ효심의 봉기와 관련된 내용임을 알 수 있다. ④ 고려 명종 때인 1193년에 김사미는 운문(지금의 경상북도 청도), 효심은 초전(지금의 경상남도 밀양 또는 울산으로 추정)에서 지나친 수탈에 저항해 유민들을 규합하여 난을 일으켰다. 이들은 서로 연계하여 고려 후기 농민 봉기 중 최대 규모를 이루면서 한때 경상도 전역을 장악하고 토벌군에 대항하였으나, 1년여 만에 진압되었다.

07 제시된 자료의 (가)는 묘청의 난(1135), (나)는 이자겸의 난(1126)과 관련된 내용이다. (다)는 무신 정변(1170)이고, (라)는 망이ㆍ망소이의 봉기(1176)와 관련된 내용이다. 고려 인종 때인 1135년에 묘청 등은 김부식 등 개경 세력의 반발로 서경 천도가 좌절되자 서경을 근거지로 난을 일으켰다. 고려 인종 때인 1126년에 이자겸은 스스로 왕이 되기 위해 척준경과 함께 난을 일으켰다. 고려 의종 때인 1170년에 정중부, 이의방 등이 무신 정변을 일으켰다. 고려 명종 때인 1176년에 망이ㆍ망소이가 지배층의 수탈에 맞서 봉기하였다. 따라서 (나) – (가) – (다) – (라)의 순서대로 발생하였다.

08 제시된 자료에서 만적이 노비들과 모의하였으며, 최충헌을 죽이려 한다는 점 등을 통해 고려 최충헌의 집권기 사노비였던 만적이 신분 해방 운동을 꾀한 상황임을 알 수 있다(1198). 무신 정변으로 하극상의 풍조가 만연한 가운데, 각지에서 하층민의 봉기가 일어났는데, 공주 명학소의 망이ㆍ망소이의 봉기, 개경의 만적의 봉기, 전주 관노의 봉기 등이 대표적이다.
오답 거르기 ①, ⑤ 신라 말, ② 조선 후기, ④ 고려 후기에 해당한다.

03 고려의 대외 관계와 고려 후기의 정치적 변화

📖 닮은 꼴 예상 문제   76~77쪽

01 ③   **02** ①

01 제시된 지도에서 3차에 걸친 침입이라는 내용과 외교 담판의 내용을 통해 고려와 거란(요)과의 전쟁임을 알 수 있다. 거란의 1차 침입에서는 서희의 담판으로 송과 관계를 끊기로 약속하고, 그 대가로 강동 6주를 획득하였다. 3차 침입에서 강감찬이 귀주에서 큰 승리를 거둠으로써 거란과의 전쟁은 끝나게 되었고, 그 결과 고려ㆍ송ㆍ거란 사이에 세력 균형이 이루어졌다.
오답 거르기 ① 금의 사대 요구 등, ② 여진의 침입, ④ 몽골의 침입, ⑤ 몽골과의 강화와 관련이 있는 내용이다.

02 제시된 자료에서 신돈의 건의로 전민변정도감을 설치하는 내용을 통해 밑줄 그은 '왕'이 공민왕임을 알 수 있다. 14세기 중엽, 한족의 반란으로 원이 점차 쇠퇴하였다. 이를 틈타 공민왕은 적극적인 반원 정책과 함께 개혁 정치를 추진하였다. 안으로는 권문세족을 억압하고 왕권을 강화하기 위한 정책을 추진하였다. 또

한 공민왕은 전민변정도감을 설치하였고, 정방을 폐지해 국왕이 인사권을 장악했으며, 교육 · 과거제를 정비하여 신진 사대부를 적극 등용하였다.

오답 거르기 ② 공양왕, ③, ④ 광종, ⑤ 고려 고종의 재위 기간에 있었던 사실이다.

기출 및 예상 문제   78~79쪽

01 ③	02 ③	03 ③	04 ③	05 ④
06 ①	07 ③	08 ①		

01 제시된 자료에서 (가)는 강감찬이 귀주 대첩에서 승리를 거두고 난 이후의 사실로 나성은 20여 년에 걸쳐 축조되어 1029년(현종 20)에 완성되었다. (나)는 거란이 2차 침입한 1010년(현종 1)의 상황으로 양규가 분전하는 내용이다. (다)는 묘청의 서경 천도 운동에 대한 내용으로 1135년(인종 13)을 전후한 시기이다. (라)는 윤관이 별무반을 동원하여 여진을 멸하고 동북 9성을 쌓은 상황으로 1107년(예종 2)에 해당한다.

02 제시된 자료는 여진의 간청으로 동북 9성을 돌려주는 내용으로 이후 여진이 성장하면서 금을 세우고 고려에 군신 관계를 요구하였다. 당시 권력을 장악하고 있던 이자겸과 문벌 귀족들은 금의 요구를 받아들여 사대 관계를 맺었다.

오답 거르기 ①, ②, ④는 고려와 거란과의 전쟁에 관련된 내용으로 동북 9성 축조 이전의 상황이며, ⑤는 고구려가 당의 침입을 방어할 목적에서 축조한 성이다.

03 제시된 지도의 (가)는 여진(금), (나)는 거란(요), (다)는 송이다. 고려는 여진과는 윤관이 별무반을 편성하여 정벌 후 동북 9성을 축조하였고, 여진이 성장하여 금이 되어 요구한 사대 관계를 수용하였다. 거란과는 3차의 전쟁을 통해 승리를 거둔 후 강화를 맺었다. 송과는 문화 수입과 거란 견제를 위하여 지속적으로 좋은 관계를 유지하였다. ㄴ. 이자겸과 문벌 귀족들은 금의 사대 요구를 수용하였다. ㄷ. 거란의 1차 침입 때 서희는 소손녕과 담판을 벌여 강동 6주를 획득하였다.

오답 거르기 ㄱ. 강감찬이 귀주에서 격파한 군대는 (나) 거란의 군대이다. ㄹ. 윤관이 별무반을 설치한 것은 (가) 여진을 정벌하기 위한 것이었다.

04 제시된 첫 번째 자료에서 강동성을 포위하는 등의 내용을 통해 강동성에서 고려와 몽골 연합군이 거란을 공격하는 것을 파악할 수 있고, 두 번째 자료에서는 몽골 사신 저고여를 죽인 것이 고

려라고 죄를 묻는 것을 통해 (가)국가가 몽골임을 알 수 있다. 몽골과의 전쟁에서 1차 침입에서는 충주성 전투에서 다인철소 주민들이 저항하여 승리를 거두었고, 2차 침입에서는 김윤후가 지휘한 처인성 전투에서 적장 살리타를 사살하였다. 한편 최씨 무신 정권은 강화도로 옮겨 항전하였으며, 대장도감을 설치하여 팔만대장경판을 만들었다. ③ 화포를 이용하여 진포에서 대승을 거둔 상대는 왜구이다.

05 제시된 자료에서 원의 제국 대장 공주가 데려온 인물들을 귀화시켜 장군의 벼슬을 준 내용과 그들이 받았던 특혜를 거두라는 내용을 통해 원 간섭기임을 알 수 있다. 원 간섭기에는 변발과 호복 등 지배층을 중심으로 몽골의 풍습(몽골풍)이 유행하였다.

오답 거르기 ① 조선 후기, ② 통일 신라, ③, ⑤ 고려 무신 정권기에 해당한다.

06 제시된 자료에서 음서를 이용하여 도평의사사를 장악하고 대농장을 소유하였다는 점을 통해 (가)는 고려 후기 권문세족임을 알 수 있다. 원의 내정 간섭을 받게 되면서 권문세족이 새로운 지배층으로 등장하였다. 이들은 고려 전기부터 이어져 온 가문도 있었지만, 원의 세력을 배경으로 등장한 경우가 많아서 친원적 성향이 강하다. 이 시기에 원은 금 · 은 · 인삼 · 매 등 특산물과 고려의 처녀까지도 공녀로 요구하였다.

오답 거르기 ② 고려 전기 광종, ③ 고려 중기 무신 정변, ④ 몽골과의 전쟁 배경, ⑤ 고려 전기 묘청의 서경 천도 운동과 관련된 내용이다.

07 제시된 자료에서 변발, 호복 등 몽골풍을 금지시키고, 쌍성총관부를 공격했다는 내용을 통해 (가)왕이 원 · 명 교체기에 적극적인 반원 정책과 함께 개혁 정치를 추진한 공민왕임을 알 수 있다. 공민왕은 강력한 반원 자주 정책과 함께 대내적으로는 정방을 폐지해 국왕이 인사권을 장악했고, 교육 · 과거제를 정비하여 신진 사대부를 적극 등용하였다. 아울러 승려 신돈을 등용하고 전민변정도감을 설치하는 등 적극적인 개혁을 추진하여 왕권을 강화하고자 하였다.

오답 거르기 ① 고려 숙종, ② 고려 우왕, ④ 백제 무령왕, ⑤ 고려 광종에 해당하는 내용이다.

08 제시된 자료에서 우왕이 요동 정벌을 명하자 4불가론을 내세워 반대한 인물이므로 (가) 인물이 이성계임을 알 수 있다. 고려 말 이성계와 신진 사대부는 사회 모순의 개혁 방향을 둘러싸고 정치적 실권을 장악한 최영과 갈등을 빚었다. 이 무렵 명은 원이 직접 지배했던 철령 이북의 땅을 직속령으로 삼겠다고 고려에 통고해 왔다. 이에 반발하여 최영은 요동 정벌을 단행하였다. 그러나

요동 정벌에 반대한 이성계는 압록강의 위화도에서 군대를 되돌려 최영을 제거하고 정치 권력을 장악하였다(위화도 회군).

오답 거르기 ② 윤관, ③ 최무선, ④ 배중손 등, ⑤ 기철에 해당한다.

04 고려의 경제·사회·문화

📖 닮은꼴 예상 문제
86~87쪽

01 ⑤   02 ①

01 제시된 자료에서 제왕은 괴력난신의 상황이 있어야 하며, 따라서 책머리에 기이편을 둔다는 내용을 통해 제시된 내용의 책은 『삼국유사』임을 알 수 있다. 무신 정변과 몽골의 침입을 겪으면서 자주 의식을 바탕으로 전통 문화를 바르게 이해하려는 경향이 나타났다. 특히 몽골 간섭기에는 자주 의식이 더욱 강화되면서 단군을 우리 민족의 시조로 내세운 일연의 『삼국유사』와 이승휴의 『제왕운기』가 저술되었다. ⑤ 『삼국유사』는 불교사를 중심으로 고대의 민간 설화와 전래 기록을 수록하였다.

오답 거르기 ①, ③ 『삼국사기』, ② 조선 시대 『고려사』, ④ 조선 시대 『해동역사』에 해당한다.

02 제시된 자료에서 사진과 표면에 문양을 새긴 뒤 파인 자리에 다른 흙을 넣어 만든다는 내용 등을 통해 밑줄 그은 '자기'는 상감 청자임을 알 수 있다. 문벌 귀족 사회가 발달하면서 자기, 금속 공예, 나전칠기 등 정교하고 세련된 귀족 문화가 화려하게 꽃피었다. 자기는 신라의 전통 위에 송의 기술이 더해지면서 11세기에는 독자적인 경지에 이른 순수 청자가 발달했으며, 12세기에는 고려의 독특한 기술인 상감법이 개발되어 황금기를 맞이하였다. 상감 청자는 금속 공예의 은입사 기술의 영향을 받았으며, 강화도 천도를 전후한 13세기에 뛰어난 작품들이 많이 만들어졌다.

오답 거르기 ㄷ. 분청사기, ㄹ. 신라 말 선종에 해당하는 내용이다.

🎓 기출 및 예상 문제
88~91쪽

01 ②	02 ③	03 ①	04 ②	05 ④
06 ①	07 ③	08 ④	09 ⑤	10 ①
11 ②	12 ⑤	13 ④	14 ③	15 ①
16 ①				

01 제시된 자료에서 (가)는 고려의 토지 제도인 전시과이고,

(나)는 공양왕 때 제정된 내용을 통해 과전법임을 알 수 있다. 전시과 체제에서 문무 관리에게는 관직의 높낮이에 따라 전지와 시지가 과전으로 지급되었다. 관직 복무의 대가로 지급된 것이기 때문에 관리가 죽거나 관직에서 물러나면 반납해야 하였다. 과전법은 경기도 지방에 한해서 관리들에게 전지만 과전으로 지급하였는데, 관리가 죽으면 일부 토지는 수신전과 휼양전의 명목으로 세습되기도 하였다.

오답 거르기 ㄴ. 과전법, ㄹ. 시정 전시과에 해당하는 내용이다.

02 제시된 자료에서 문익점이 원나라에 갔다가 목화씨를 가지고 돌아와서 장인 정천익에 의해 재배가 확산되는 과정을 보여 주고 있으므로 고려 시대임을 알 수 있다. 고려 시대에는 농업 기술도 점차 발전했으며, 소규모의 저수지가 늘어났다. 소를 이용한 깊이갈이가 일반화되고, 시비법도 발달하였다. 이에 따라 휴경지가 줄어들면서 생산력이 더욱 향상되었다. 밭농사에서는 2년 3작의 돌려짓기가 점차 확산되었다.

오답 거르기 ① 신라, ②, ⑤ 조선 후기, ④ 조선 전기에 해당한다.

03 제시된 자료에서 선왕(고려 성종)이 철전을 주조하여 창고에 가득 차게 되었다는 내용과 술, 음식 등을 파는 상점에서만 사용하기 때문에 백성들끼리는 토산물을 사용해도 좋다고 하는 내용 등을 통해 고려 시대임을 알 수 있다. 고려 시대에는 개경 부근에 있는 벽란도가 국제 무역항으로 대두되면서 교통과 상업의 중심지가 되었다.

오답 거르기 ② 조선, ③, ④, ⑤ 조선 후기의 경제 상황이다.

04 제시된 자료에서 팔관회가 열렸다는 내용, 송 상인과 탐라국에서 특산물을 바쳤다는 내용 등을 통해 고려의 상황임을 알 수 있다. 팔관회가 열릴 때면 송의 상인은 물론 여진, 일본 등의 상인이 방문하여 왕에게 각종 물품을 바쳤다. 왕은 이들에게 답례품을 하사하고 무역을 허가하였다. 이때 아라비아의 상인도 송을 거쳐 고려에 방문하였다. 국내 상업에 있어서는 개경에 시전을 지어 상인에게 빌려 주고, 귀족의 도시 생활에 필요한 물품이나 관수품을 팔게 하였다. 이들의 상행위를 감독하기 위해 경시서를 설치하였다.

오답 거르기 ① 고구려, ③, ⑤ 조선 후기, ④ 조선 중기에 해당한다.

05 제시된 지도에서 개경 근처이며 외국 상인들이 예성강을 거쳐 들어오는 경로를 통해 (가)항구가 벽란도임을 알 수 있다. 팔관회가 개최될 때 아라비아의 상인도 송을 거쳐 벽란도를 통해 고려에 방문하였다. 교류는 몇 차례 안 되었지만, 한 번에 100여 명의 상인이 올 정도로 그 규모가 컸다. 이들은 고려에서는 볼 수 없었던 향료, 상아, 공작 등 진귀한 물건을 교역하였다.

06 제시된 그림의 대화에서 아우인 의천의 건의로 주전도감을 만들어 화폐를 발행한다고 했으므로 그림의 임금이 숙종임을 알 수 있다. 고려 시대의 화폐는 성종 때 철전인 건원중보를 시작으로 숙종 때 삼한통보, 해동통보, 해동중보 등의 동전이 주조되었으며, 고가의 활구(은병)도 만들어졌다. 그러나 널리 유통되지는 못하였다. 일반적인 거래는 주로 곡식이나 삼베를 사용하였다.

07 고려 시대에는 국가 재정 확보와 농민의 생활 안정을 위해 여러 가지 제도와 시책을 실시하였다. 의창은 평상시에 곡식을 마련해 두었다가 흉년에 빈민을 구제하는 제도였는데, 봄에 양식이나 종자 등을 빌려 주고 가을에 갚게 하였다. 개경과 서경, 12목에 설치된 상평창은 풍년에 곡가가 떨어지면 곡물을 사들이고, 흉년에 곡가가 올라가면 싸게 내다 팔아 물가를 조절하였다. 의료 기관으로는 개경에 환자 치료와 빈민 구제를 담당하는 동ㆍ서 대비원과 백성에게 의약품을 제공하는 혜민국 등이 있었다. 또한, 기금을 마련한 뒤 그 이자로 빈민을 구제하고 질병을 치료하는 제위보도 설치되었다. 『구황촬요』는 1554년(명종 9) 영양실조로 중태에 빠진 사람들의 구급법ㆍ대용식물의 조제법 등 기근을 구제하기 위하여 언해본(한글)으로 편찬된 구황 서적이다.

08 제시한 자료는 향도들이 사천 매향비에 적어 놓은 내용이다. 향도는 불교 신앙에 바탕을 둔 농민 공동체 조직으로, 고려 전 시기에 걸쳐 군현이나 촌락을 단위로 조직되어 활동하였다. 초기에는 매향 활동을 하면서 불상, 범종, 석탑, 사찰 등을 만들 때 대규모의 노동력과 비용을 제공하였다. 후기에 접어들면서 향도는 불교 신앙 활동에서 점차 다른 영역으로 활동 범위를 넓혀 마을의 공동 노역과 혼례, 상장례, 민속 신앙과 연결된 마을 제사 등을 담당하여 공동체 생활을 주도하는 농민 조직으로 변모되어 갔다.

09 제시된 자료에서 최충이 9재 학당을 설립하여 제자들을 양성하면서 이를 따르하는 11개의 사학이 더 생겼고, 사학 12도의 학생들이 관학의 학생들보다 과거에서 더 좋은 성적을 받으면서 관학이 쇠퇴했다는 내용을 통해 밑줄 그은 '정책'이 관학 진흥책임을 알 수 있다. 예종 때 국자감에 7재로 나뉜 전문 강좌를 두어 관학의 내실화를 꾀했으며, 양현고라는 장학 재단을 설치하였다. 또한 인종 때에는 전문 강좌인 경사 6학을 정비하기도 하였다.

10 제시된 자료에서 삼국에 대한 내용과 본기ㆍ열전ㆍ연표ㆍ지 등으로 찬술하였다는 내용, 왕명으로 만들어 바쳤다는 내용 등을 통해 제시된 역사서가 『삼국사기』임을 알 수 있다. 『삼국사기』는 현존하는 가장 오래된 역사서로서, 유교적 합리주의 사관에 따라 기전체 형식으로 서술되었다.

11 제시된 자료에서 귀국하여 흥왕사에서 거처, 국청사 주지, 천태교 강의 등의 내용을 통해 (가) 인물이 대각국사 의천임을 알 수 있다. 문종의 넷째 아들로 승려가 된 의천은 화엄종을 중심으로 교종을 정리한 뒤, 해동 천태종을 창시하여 교종의 입장에서 선종을 통합하였다. 그리고 이를 뒷받침하는 수행 방법으로는 교관겸수를 제시하였다.

12 제시된 자료에서 불일보조국사라는 칭호, 수선사 결사 제창 등의 내용을 통해 지눌에 대해 이야기하고 있음을 알 수 있다. 지눌은 승려 본연의 자세로 돌아가 독경과 참선, 노동에 고루 힘써야 한다는 개혁 운동을 벌여 수선사(오늘날 송광사)에서 수선사 결사를 조직하였다. 그는 돈오점수를 주장하면서 그 실천 수행 방법으로 정혜쌍수를 내세워 선ㆍ교 일치의 사상 체계를 정립하였다.

13 제시된 자료에서 (가)는 팔만대장경을 만든 방법이므로 목판 인쇄술을 의미하며, (나)는 상정고금예문을 인쇄하였다는 내용을 통해 금속 활자임을 알 수 있다. 목판 인쇄는 대량 인쇄에 유리하며, 금속 활자로 찍은 활판 인쇄는 소량 인쇄에 유리하였다. 목판 인쇄술은 통일 신라 시대의 무구정광대다라니경에서 보듯이 역사가 깊고 매우 발달한 인쇄 체계였다. 또한 금속 활자는 청동 주조 기술과 제지술의 발달을 배경으로 발전하였다. 처음에는 밀랍을 사용하여 제작되었으나, 조선 세종 이후에는 식자판을 이용하여 인쇄하였다.

14 제시된 그림의 대화에서 직지심체요절의 간행, 사천대 등의 특징을 통해 고려 시대 과학 기술의 발전상을 토론하고 있음을 알

수 있다. 고려 시대에는 세계 최초로 금속 활자를 개발하였으며, 의학에서는 우리 실정에 맞는 독자적인 의학이 발전하여 『향약구급방』이 편찬되었다. 또한 고려 말 왜구가 자주 침입하자 이를 효율적으로 방어할 수 있는 무기 개발의 필요성이 대두하였다. 이에 최무선의 건의에 따라 화통도감을 설치하여 화약과 화포를 제작하였고, 진포 해전에서 큰 효과를 거두었다.

오답 거르기 ㄱ, ㄹ. 조선 후기의 과학 기술 상황이다.

15 제시된 자료는 고려 시대 불교 미술에 대한 것이다. 안동 봉정사 극락전은 배흘림기둥에 주심포 양식으로 축조되었으며, 오층 목탑의 팔상전은 법주사에 있다. 논산 관촉사 석조 미륵보살 입상은 정제미와 이상미를 추구한 통일신라 조각과는 전혀 다른 파격적이고 대범한 미적 감각을 담고 있다. 순천 송광사는 지눌이 결사를 했던 수선사이다. 팔만대장경은 현재 합천 해인사 장경판전에 보관되어 있다. 법화 신앙을 바탕으로 한 신앙 결사 운동을 전개한 요세는 강진 백련사에서 백련결사를 제창하였다.

16 제시한 자료에서 우리나라 석조 불상 중 가장 큰 불상이라고 하는 내용, 일명 은진미륵이라고 하는 내용 등에서 논산 관촉사 석조 미륵보살 입상을 묘사하고 있음을 알 수 있다. 이들은 큰 규모에 비해 조형미는 다소 떨어지지만, 소박한 지방 문화의 모습을 잘 보여 준다.

오답 거르기 ② 영주 부석사 소조여래 좌상. ③ 서산 용현리 마애 여래 삼존상. ④ 파주 용미리 마애이불 입상. ⑤ 안동 이천동 마애여래 입상이다.

Ⅲ. 조선의 건국과 발전

01 통치 체제의 정비

닮은 꼴 예상 문제 96~97쪽

01 ⑤   **02** ②

01 제시된 자료에서 단종을 이어 왕통을 계승하고 6조 직계제를 실시했다는 내용을 통해 밑줄 그은 '내'가 세조임을 알 수 있다. 수양대군(세조)은 정변을 일으켜 김종서 등을 제거하고 권력을 장악하였다. 이후 단종을 쫓아내고 왕위에 오른 세조는 의정부 서사제에서 다시 6조 직계제를 실시하고 종친을 등용했으며, 집현전과 경연을 폐지해 언론 활동을 제한하여 왕권을 강화하였다.

오답 거르기 ① 태종, ② 중종, ③ 성종, ④ 세종에 해당한다.

02 제시된 자료에서 경연에 참석하고, 강원도 관찰사를 탄핵하며, 병조좌랑에 대한 서경을 행사하고 한성부 관리의 비리를 규찰하는 등 관리의 비리를 감찰하면서 3사의 기능을 수행하는 것을 통해 가상의 관리가 속한 기구는 사헌부임을 알 수 있다. 관리의 비리를 감찰하는 사헌부는 사간원, 홍문관과 함께 3사로서 언론 활동을 통해 권력의 독점과 부정을 방지하는 역할을 하였다.

오답 거르기 ① 홍문관, ③ 유향소, ④ 의금부, ⑤ 성균관에 해당한다.

기출 및 예상 문제 98~99쪽

01 ⑤   **02** ⑤   **03** ④   **04** ④   **05** ①
06 ⑤   **07** ②   **08** ④

01 경복궁에 있는 근정전 등 전각의 이름은 정도전이 시경 등 유교 경전에서 가져와 붙였다. 따라서 밑줄 그은 '전하'는 태조 이성계이다. 태조 때의 정치는 정도전과 조준 등 개국 공신에 의해 주도되었다. 특히 정도전은 재상 중심의 정치를 강조하였는데, 이방원(태종)을 비롯한 왕자들은 재상 중심의 정치에 불만을 품고 1차 왕자의 난을 일으켜, 정도전 등을 제거하고 정치적 실권을 장악하였다. 2차 왕자의 난은 정종 때 일어났다.

오답 거르기 ①, ② 성종, ③ 태종, ④ 숙종 등에 해당된다.

02 수장이 대사헌이라는 내용을 통해 (가) 기구가 사헌부임을 알 수 있다. 관리의 비리를 감찰하는 사헌부는 사간원, 홍문관과 함께 3사를 구성하여 언론을 담당하였으며, 간쟁, 봉박, 서경을 행사하였다.

① 소격서, ② 승정원, ③ 장용영, ④ 홍문관에 해당한다.

03 제시된 자료의 서사시는 「용비어천가」이고, 『훈민정음』으로 편찬하도록 지시한 밑줄 그은 '이 왕'은 세종이다. 세종은 태종이 마련한 강력한 왕권과 경제력을 바탕으로 의정부 서사제를 시행하면서 유교 정치의 이상을 추구하였다. 또한 민본 사상에 입각하여 공법을 정리하고 농업 생산을 늘리기 위해 『농사직설』을 편찬하여 보급하였다.

① 정조, ② 광해군, ③ 영조, ⑤ 성종 재위 시기에 해당된다.

04 제시된 자료에서 농상을 성하게 하는 일 등 7사에 대한 일을 맡아보았다는 내용 등을 통해 (가)가 수령(지방관)임을 알 수 있다. 수령은 국왕의 대리인으로 행정·사법·군사권을 행사하였다.

① 기술관, ② 홍문관, ③ 승정원, ⑤ 춘추관에 해당한다.

05 제시된 자료에서 향원(마을 사람들로부터 신망을 얻기 위하여 여론에 영합하는 사람)들이 설치하였다는 내용과 경재소가 있더라도 제대로 감시할 수 없다는 내용 등을 통해 (가)가 유향소임을 알 수 있다. 유향소는 조선 초기에 악질 향리를 규찰하고 향풍을 바로잡기 위해 지방의 품관(品官)들이 조직한 자치 기구이다.

② 성균관 등, ③ 홍문관, ④ 두레·품앗이 등, ⑤ 향도에 해당하는 내용이다.

06 제시된 도표는 정군과 보인으로 구성된 조선 초기의 군역에 대한 내용이다. 조선에서는 16세 이상 60세 미만의 모든 양인 남자는 군역의 의무를 져야 했다(양인개병). 또한 직역이 없는 농민들이 주로 근무하는 농병일치제도 바탕이 되었다. 이에 따라 현역 군인인 정군이나 정군의 비용을 부담하는 보인(봉족)으로 편성되었다.

ㄱ. 양인만이 군역의 의무를 졌다(양인개병). ㄴ. 조선의 군역은 의무병 제도로 운영되었다.

07 자료의 (가)는 고려의 과거 제도이며, (나)는 조선의 과거 제도이다. 고려에서는 무과를 실시하지 않았으며, 승과를 실시하여 승려의 품계를 정해주었다. 반면 조선의 과거 제도에서는 무과를 실시하여 무관을 선발하였으며, 주로 문과를 중심으로 과거 제도가 운영되었다.

ㄴ. 고려 시대에는 서얼의 응시 제한 내용이 없다. 조선에만 해당된다. ㄹ. 승과는 고려 시대에만 실시되었다.

08 제시된 자료의 대성전과 명륜당 사진 및 생원·진사들이 상

재생으로 정원이 된다는 내용 등을 통해 (가)가 성균관임을 알 수 있다. 성균관은 조선 시대에 인재 양성을 위하여 한양에 설치한 관립 유학 교육 기관으로 생원·진사시에 합격한 사람과 정원이 모자랄 경우 일부 유학생이 입학 자격을 얻었다. 대성전에서는 성현의 제사를 지냈다.

① 유향소, ②, ⑤ 서원, ③ 향교에 해당하는 내용이다.

02 사림의 등장과 붕당 정치의 성립

닮은꼴 예상 문제　　　　　　　102~103쪽

01 ③　　　**02** ⑤

01 제시된 자료 (가)는 무오사화(1498)의 내용이고, (나)는 기묘사화(1519)에 대한 내용이다. 따라서 그 사이 시기에는 연산군이 쫓겨나고 중종이 즉위한 사건(1506)이 들어가면 된다.

① 성종은 경국대전의 편찬을 마무리하고 반포하였다.(1485) ② 광해군 재위 기간(1608~1623), ④ 1455년, ⑤ 1459년(세조 5)에 해당한다.

02 제시된 자료는 서원의 구조도이다. 서원은 주세붕이 처음으로 백운동 서원을 건립한 이후 사림의 중앙 정계 장악과 더불어 확산되었다. 서원에서는 우리나라에 성리학을 도입한 안향을 비롯하여 이황과 이이 등 뛰어난 성리학자들을 성현으로 모셔 제사 지내는 한편 성리학 연구에 주력하였다. 백운동 서원이 소수서원으로 사액 서원이 되었고, 이후 사액 서원들은 면역과 면세의 특권을 누렸다.

ㄱ. 향교, ㄴ. 향약에 대한 내용이다.

기출 및 예상 문제　　　　　　　104~105쪽

01 ③　　**02** ②　　**03** ⑤　　**04** ②　　**05** ③
06 ④　　**07** ⑤　　**08** ⑤

01 제시된 자료에서 15세기 말 김종직을 필두로 중앙 정치 무대에 본격적으로 진출한 (가) 정치 세력은 사림 세력이다. 중소 지주적 경제 기반을 갖고 있었고, 도덕과 의리에 바탕을 둔 왕도 정치를 강조했던 사림 세력은 사화로 화를 당하였지만, 서원과 향약을 기반으로 향촌 사회에서 꾸준히 세력을 확대하여, 선조 때에는 다시 중앙 정계로 대거 진출해 정치 주도권을 장악하였다.

ㄱ, ㄹ. 훈구 세력의 특징에 해당한다.

02 제시된 자료에서 위훈 삭제 등 개혁 정치를 추진하다가 훈구의 반발로 유배되어 사사당했다는 내용을 통해 밑줄 그은 '그'가 조광조임을 알 수 있다. 조광조는 현량과를 시행하고, 경연과 언론을 활성화하였으며, 소격서를 폐지하는 등 개혁 정치를 펼쳤다. 또한 『소학』을 널리 보급하여 유교 윤리를 확산하려 했으며, 농민의 부담을 가중시키던 공납 제도의 개선을 주장하였다.

오답 거르기 ① 김종직, ③ 송시열, ④ 이황, ⑤ 박세당에 해당한다.

03 제시된 자료 (가)는 김일손이 김종직의 「조의제문」을 실었다는 내용을 통해 무오사화에 대한 것임을 알 수 있고, (나)는 조광조가 공이 없는 공신은 잘못되었다고 아뢰는 내용을 통해 중종 때의 위훈 삭제에 대한 내용임을 알 수 있다. 따라서 그 사이 시기의 사실로는 연산군의 친모인 폐비된 윤씨를 사사한 내용이 밝혀지면서 벌어진 갑자사화(1504)의 내용이 들어가면 된다.

오답 거르기 ① 윤임이 제거된 사건은 을사사화(1545)이다. ② 인현왕후가 폐위되고 남인이 정권을 잡은 사건은 기사환국(1689)이다. ③ 이괄의 난은 인조반정 이후인 1624년에 일어났다. ④ 사림이 동인과 서인으로 나누어진 것은 선조 때 나타난 상황이다.

04 제시된 자료에서 「조의제문」과 훈구 세력 이극돈에 대한 비판으로 일어난 박해라는 내용을 통해 무오사화임을 알 수 있다. 무오사화는 사림 세력의 비판에 대항하여 훈구 세력이 연산군을 부추겨 일어난 사화로, 훈구와 사림의 대립 때문에 발생하였다.

오답 거르기 ① 효종 때의 서인과 남인의 대립이다. ③ 고려 시대 무신 정변의 배경이다. ④ 고려 시대 서경파와 개경파의 대립으로 일어났다. ⑤ 고려 말의 대립 상황이다.

05 제시된 자료에서 전왕을 폐위 연산군으로 강봉하여 교동으로 옮겼다는 내용 등을 통해 중종반정(1506)에 대한 내용임을 알 수 있다. 따라서 갑자사화와(1504)와 기묘사화(1519) 사이에 벌어진 중종반정은 (다) 시기에 해당한다.

06 제시된 자료에서 임원으로 도약정, 부약정, 직월 등을 둔다는 내용과 덕업과 과실에 대한 사람들의 평판을 장부에 적어두는 풍속 교화 내용 등을 통해 (가)가 향약임을 알 수 있다. 향약의 주요 직임은 지방 사족이 차지하였으며, 향촌의 풍속 교화와 향촌 자치의 역할을 담당하였다.

오답 거르기 ㄱ. 서원, ㄷ. 향교, 성균관에 해당한다.

07 제시된 자료에서 조광조가 시행을 주장하였고, 전통 농촌 공동체 조직에 유교 윤리를 가미한 향촌 자치 규약을 통해 (가)가 향약임을 알 수 있다. 또한 주세붕이 처음 세우고 선현에 대한 제사와 성리학 연구라는 내용을 통해 (나)가 서원임을 알 수 있다. 서원과 향약은 향촌 사회에서 사람들의 농민들에 대한 지배력을 확

대시켰다.

오답 거르기 ① 조선 후기 향전 및 정조가 실시한 수령향약, ② 김종직의 「조의제문」, ③ 고려 후기 공민왕의 성균관 정비, ④ 서경 천도와 관련된 내용이다.

08 제시된 자료에서 김효원을 지지하는 사람들을 동인으로 불렀다는 내용을 통해 심의겸을 지지하는 사람들인 (가) 붕당은 서인임을 알 수 있다. 효종비 사망 이후 전개된 2차 예송(갑인예송)에서는 상복 기간을 서인이 대공설(9개월)을 주장하자, 남인들이 기년설(1년)을 주장하여 승리하였다. 이후 경신환국까지 남인이 정국을 주도하였다. 서인은 이이와 성혼의 문인을 중심으로 형성되었으며, 인조반정을 주도하고, 선조 때 왕세자 책봉 문제로 정치적 입지가 약화되기도 하였다. 또한 정여립 모반 사건을 계기로 동인을 제거한 기축옥사를 주도하였다.

03 조선 전기의 대외 관계와 양 난

닮은꼴 예상 문제 108~109쪽

01 ⑤ 02 ②

01 제시된 그림에서 한산도 대첩과 명량 해전 등에서 승리하였다는 내용을 통해 장군이 이순신임을 알 수 있으며, 밑줄 그은 '이번 전쟁'이 임진왜란임을 알 수 있다. 7년간의 전쟁을 통하여 불국사, 실록 등 많은 문화재가 소실되거나 일본에게 약탈당하였다.

오답 거르기 ①, ③ 인조, ② 효종, ④ 광해군 재위 시기에 있었던 사실이다.

02 제시된 자료에서 광해군을 내쫓고 이이첨 등을 처형하여 세상 질서를 회복했다고 칭송받는 내용을 통해 밑줄 그은 '임금'이 인조임을 알 수 있다. 인조와 서인 정권은 친명배금 정책을 내세우다가 정묘호란(1627)과 병자호란(1636)을 맞았다. 특히 병자호란에서는 인조가 청 태종 앞에 나가서 항복을 하는 삼전도의 굴욕을 겪었다.

오답 거르기 ① 연산군, ③ 성종, ④ 중종, ⑤ 광해군에 해당하는 내용이다.

기출 및 예상 문제 110~111쪽

01 ④ 02 ④ 03 ② 04 ④ 05 ⑤
06 ② 07 ① 08 ④

01 제시된 자료에서 '김종서가 두만강 일대에 흩어져 있던 야인들을 몰아내고'라는 내용에서 ㉠의 야인이 여진임을 알 수 있다. 조선은 여진에 대해서는 회유책과 강경책을 함께 쓰는 교린 정책을 적극적으로 펼쳤다. 경성과 경원에 무역소를, 한양에 북평관을 두어 국경 무역과 사절 왕래를 통한 교역을 허용하였다. 반면 강경책으로 여진을 토벌하여 4군 6진을 개척하기도 하였다.

오답 거르기 ㄱ. ㄷ. 일본에 대한 대외 정책이었다.

02 제시된 자료에서 동해에 있고, 우리 제주 남쪽에까지 이른다는 지역적 특색을 통해 밑줄 그은 '이 나라'가 일본임을 알 수 있다. 조선은 일본에 대해서 토벌과 회유의 양면 정책을 취하였다. 고려 말 이후 왜구의 침략이 그치지 않자, 세종 때에는 이종무가 왜구의 소굴인 대마도(쓰시마 섬)를 토벌하였다. 또한 회유책으로 3포를 개항하여 교역을 허락하였다(계해약조).

오답 거르기 ①, ③ 명, ②, ⑤ 여진에 대한 조선의 정책이다.

03 제시된 자료에서 왜군의 조총 부대에 맞서 조직되었다는 점, 삼수병으로 구성되었다는 내용을 통해 밑줄 그은 '이 부대'가 훈련도감임을 알 수 있다. 임진왜란을 맞은 조선은 휴전 협상을 하는 동안 전열을 정비하였다. 중앙군은 훈련도감을 설치하여 군대의 편제와 훈련 방법을 바꾸었는데, 급료를 받는 상비군을 바탕으로 포수, 사수, 살수의 삼수병 체제를 갖추었다.

오답 거르기 ① 삼별초 · 도방 등, ③ 주진군(고려 시대 지방군), ④ 영진군과 잡색군 등, ⑤ 장용영에 해당한다.

04 제시된 자료는 권율 장군이 이끌어 승리를 거둔 행주 대첩에 대한 내용이다. 행주 대첩은 진주 대첩 · 한산도 대첩과 더불어 임진왜란 3대 대첩으로 불린다. 행주 대첩을 계기로 왜군은 남해안으로의 철수를 서두르게 되었다. 조선 초기에 성립한 중앙군인 5위는 방군수포 등으로 임진왜란이 벌어지기 전부터 붕괴되었다. 임진왜란을 계기로 명이 쇠퇴하면서 여진족이 성장하였으며, 조선에서는 무너진 5위 대신에 훈련도감을 설치하였고, 의정부 체제 대신 비변사가 국정을 총괄하였다. 일본은 조선에서 활자, 그림, 서적 등을 약탈해 갔고, 성리학자와 우수한 인쇄공 및 도자기 기술자 등을 포로로 잡아가 일본의 성리학과 도자기 문화가 발달할 수 있는 토대를 마련하였다.

05 제시된 자료는 병자호란에 대한 내용이다. 정묘호란 때는 인조와 신하들이 강화도로 피신할 수 있었으나, 병자호란 때는 청군에게 길이 막혀 남한산성으로 피할 수밖에 없었다. 결국 혹한 속의 항쟁에도 불구하고 삼전도로 내려와서 항복을 하였다(삼전도의 굴욕). 청의 강요로 항복 과정과 청 태종을 찬양하는 내용의 삼전도비가 세워졌다.

오답 거르기 ① 고려 시대 대몽 항쟁, ② 임진왜란 이후 일본에 파견한 사신, ③ 고려 멸망과 조선 건국, ④ 조선 초기 삼포 개항과 관련 있는 내용이다.

06 제시된 자료의 인조의 친명배금 정책 시행과 북벌 운동 사이 시기에 해당되는 내용은 두 차례에 걸친 호란의 발생이 적절하다. 광해군은 명과 후금 사이에서 중립 외교를 펼쳐 후금의 침략을 받지 않았으나, 인조반정 이후 친명배금 정책으로 호란을 맞게 되었다.

오답 거르기 ①, ③ 임진왜란, ④ 광해군 때, ⑤ 고려 말기에 있었던 사실이다.

07 제시된 자료에서 칠언시의 내용과 척화를 주장했던 신하들과 함께 청에 볼모로 잡혀갔다 돌아온 세자라는 내용을 통해 밑줄 그은 '이 왕'이 효종임을 알 수 있다. 효종 시기에는 활발하게 북벌 운동이 전개되면서 군비가 확충되었는데, 효종 재위 시기에 청이 러시아와 국경 분쟁이 일어나자, 조선에 지원군을 요청하여 두 차례 출병하였다.

오답 거르기 ② 정조, ③ 숙종, ④ 영조, ⑤ 광해군에 해당한다.

08 제시된 그림은 통신사 행렬도의 일부이다. 기유약조 체결 이후 일본 에도 막부의 요청으로 파견된 통신사는 조선의 선진 문물을 일본에 전파하였고, 양국 간의 현안을 해결하는 역할을 하였다.

오답 거르기 ㄱ. 통신사는 조선 시대 전 기간에 걸쳐 총 20회(조선 전기 8회, 조선 후기 12회)가 이루어졌으나, 비정기적이었다. ㄷ. 통신사는 민간 사절단이 아니라 조선 정부에서 파견한 공식 사절단이었다.

04 조선 전기의 경제 · 사회 · 문화

닮은꼴 예상 문제   116~117쪽

01 ②   **02** ③

01 제시된 도표에서 시정 전시과에서 개정 전시과로 변화한 것을 통해 (가)는 경정 전시과임을 알 수 있으며, (나)는 과전법에서 변화한 것이므로 직전법임을 알 수 있다. 고려의 전시과와 조선의 과전법은 모두 처음에는 현직과 더불어 전직(산관)에게도 전부 토지의 수조권을 지급하였다. 그러나 두 제도 모두 세습이 이루어지

게 되면서(조선의 경우에는 수신전·휼양전) 신진 관료에게 지급할 토지가 모자라게 되어 경정 전시과나 직전법은 모두 현직에게만 토지의 수조권을 지급하는 것으로 변화되었다.

오답 거르기 ① 고려 초기 역분전. ③ 시정 전시과. ④, ⑤ 과전법에 해당하는 내용이다.

02 제시된 자료는 『국조오례의』에 대한 내용이다. 『국조오례의』는 조선 시대 성종 때 신숙주 등이 왕명에 따라 국가와 왕실의 여러 행사에 대한 의식 절차를 정리하여 편찬한 책이다. 『국조오례의』에는 종묘·사직에 올리는 제사에 관한 의식, 선농제, 기우제 등 국가에서 특별한 일이 있을 때 지내는 제사 의식과 사대부, 일반 백성들의 제사 등에 관한 내용을 주로 담고 있다. 따라서 성종의 재위 기간에 있었던 『동국여지승람』 편찬 사실을 찾으면 된다. 『동국여지승람』은 각 도의 지리, 풍속, 인물 등을 자세하게 기록한 우리나라의 지리서로서 조선 성종 12년(1481)에 50권을 완성하였고, 성종 16년과 연산군 5년에 수정 작업이 이루어졌다. 이후 중종 25년(1530)에는 이행, 윤은보 등이 내용을 보완하여 『신증동국여지승람』을 편찬하였다.

오답 거르기 ① 세종·문종. ② 태조. ④ 세종. ⑤ 태종에 해당한다.

기출 및 예상 문제   118~121쪽

01 ③	**02** ②	**03** ②	**04** ②	**05** ⑤
06 ④	**07** ④	**08** ③	**09** ②	**10** ①
11 ②	**12** ④	**13** ④	**14** ③	**15** ①
16 ①				

01 제시된 자료의 상황은 수신전, 휼양전의 세습으로 신진 관료에게 줄 토지가 부족해지는 것을 묘사하고 있다. 고려 말에 마련된 과전법은 조선 시대의 토지 제도로 경기 지방의 토지에 한해 관리에게 등급에 따라 수조권을 지급하는 제도였다. 과전은 받은 사람이 죽으면 국가에 반환하는 것이 원칙이었으나, 그 일부가 수신전, 휼양전이란 이름으로 세습되었다. 세습되는 토지가 늘어나면서 새로 관직에 임명된 관리에게 줄 토지가 부족해지면서 불만이 많아지자, 세조는 직전법을 실시해 현직 관리에게만 토지를 지급하였다.

오답 거르기 ① 고려 초기 태조. ② 통일 신라 신문왕. ④ 고려 전시과 체제의 공음전. ⑤ 고려 말 과전법에 해당하는 내용이다.

02 제시된 자료에서 정초와 변효문이 지은 새로운 농서가 우리 풍토에 맞는 농법을 보급하기 위한 왕의 명령이라는 점 등의 내용을 통해 『농사직설』임을 알 수 있으며, 이에 따라 밑줄 그은 '왕'은 세종임을 알 수 있다. 조선에서는 국가 재정을 확충하기 위해 전

세로 토지 1결당 30두를 거두었다. 세종 때에는 좀 더 체계적으로 전세를 걷기 위해 토지의 비옥도와 풍흉에 따라 차등 징수하는 전분 6등법과 연분 9등법을 실시하였다. 이에 1결당 최대 20두에서 최하 4두를 내게 되어 농민의 부담이 줄어들었다.

오답 거르기 ① 영조. ③ 광해군. ④ 효종. ⑤ 세조에 해당한다.

03 제시된 도표는 조선 전기의 재정 수입을 위한 수취 제도의 내용이다. (가)는 토지 소유자에게 수확량에 따라 부과한다는 내용을 통해 전세임을 알 수 있으며, (나)는 가호마다 토산물을 부과한다는 내용을 통해 공납임을 알 수 있다. 또한 (다)는 노동력을 동원한다는 내용을 통해 역임을 알 수 있다. 전세는 세종 때 전분 6등법과 연분 9등법에 따라 부과하였다. 국경이 가깝고 사신 왕래가 많은 평안도와 함경도는 거둔 조세를 현지에서 군사비와 사신 접대비로 사용하는 잉류 지역이었다.

오답 거르기 ① 고려 시대의 전세 제도. ③, ④ 역. ⑤ 공납에 해당하는 내용이다.

04 제시된 자료에서 종로 피맛골이라는 지역, 조선 정부가 상가를 조성해 상인에게 빌려준다는 내용, 육의전이 대표적이라는 내용 등을 통해 (가) 상인은 시전 상인임을 알 수 있다. 조선 정부는 정종 재위 기간인 1399년에 종로를 중심으로 공랑(公廊), 즉 상설 점포를 설치하고 상인으로 하여금 시전을 운영하게 하였다. 시전 공랑의 건조 공사가 본격적으로 착수되어 완전히 자리 잡은 것은 태종 때였다. 이와 같이하여 국초에 한성에 건조된 시전은 관청의 필수품을 공급하였다. 정부에서는 이들 시전 중 국역을 부담하는 육의전 등에 대해서는 그 대가로서 일종의 상품 독점 판매권과 금난전권(禁亂廛權)을 부여하였다.

오답 거르기 ① 혜상공국은 조선 말기 보부상 단체이다. ③ 전국에 송방을 설치한 상인은 개성(송도) 상인이다. ④ 조선 후기에 책문 후시를 통하여 대청 무역을 주도한 상인은 만상이다. ⑤ 포구에서 중개·금융·숙박업 등에 주력한 상인은 조선 후기에 등장한 객주와 여각이다.

05 제시된 자료에서 연분을 9등으로 나눈다는 내용과 6등급의 전지로 나눈다는 내용 등을 통해 세종이 실시한 전분 6등법과 연분 9등법에 대한 내용임을 알 수 있다. 따라서 시기적으로는 세종 재위 시기임을 알 수 있다. 조선 정부는 왜구의 노략질이 심해지자 대마도를 정벌하고 교역을 중단하였다. 그러나 대마도주의 간청에 따라 1438년 대마도주의 세견선에 대해 25척씩 나누어 삼포에 도착하게 하는 균박법(均泊法)과, 윤차적으로 머무르게 하는 삼포윤박법(三浦輪泊法)을 실시하였다. 그리고 입국 왜인의 수를 제한해 그 크기에 따라 대선 40인, 중선 30인, 소선은 20인으로 규정했으며 증명서 없이 왕래하는 것을 엄금하는 계해약조(1443)를 체결하였다.

오답 거르기 ①, ②, ③, ④ 고려 시대의 상황이다.

06 제시된 자료에서 임꺽정 같은 도적들이 벌떼처럼 일어나는 내용과 『명종실록』이라는 출처 등을 통해 16세기의 상황임을 알 수 있다. 이 시기에는 전세·공납·역의 수취 체제가 붕괴되고 환곡에서 부정부패가 심하였다. 특히 공납에서는 방납의 폐단이 극심하였으며 역에서는 대립과 방군수포의 문제가 대두되었다. 따라서 이 시기에는 농민들의 삶이 피폐해지면서 도적들이 많이 나타났다. 세금을 제대로 내지 못하거나 환곡을 갚지 못해 유민이 늘어나고, 병작반수제가 널리 퍼졌다. 또한 유민이 늘어나자 정부에서는 오가작통법으로 농민들을 토지에 묶어두려고 했으나, 성과를 거두지는 못하였다. ④ 결작을 대신 내는 것은 조선 후기 균역법이 시행되었을 때의 상황이다.

07 제시된 자료에서 고려 시대의 재인과 화척을 조선 초기에는 하나로 묶어서 부른 이름이라는 내용과 고려 시대에는 일반 백성을 부르는 이름이었다는 내용을 통해 (가)는 백정임을 알 수 있다. 조선 시대의 백정은 도살업을 주로 하는 계층으로 천민 취급을 받았다. 갑오개혁으로 신분제가 혁파되었으나, 여전히 천민 대접을 받았고, 일제 강점기에도 차별 대우를 받았기 때문에 진주에서 조선 형평사를 창립하고 형평 운동을 전개하였다.

오답 거르기 ①, ② 노비, ③ 역관(중인), ⑤ 서얼에 대한 내용이다.

08 제시된 자료에서 제1대 태조부터 제25대 철종에 이르는 기간의 역사를 적어 놓은 점과 정족산본·태백산본 등이 국보 제151호로 지정되었다는 내용을 통해 밑줄 그은 '이 역사서'가 『조선왕조실록』임을 알 수 있다. 『조선왕조실록』은 사초, 시정기 등을 종합 정리하여 편년체로 기록한 역사서이다. 1945년 광복 이후 정족산본과 태백산본은 서울대학교 규장각에 소장되었으나, 이후 태백산본은 1980년대 부산광역시에 있는 국가기록원 부산기록관으로 이관되었다. 또한, 일본으로 반출된 오대산본 47책은 2006년에 서울대학교 규장각으로 반환되었다. 그리고 적상산본도 구 황궁 장서각에 그대로 소장되었으나, 광복 직후의 실록 도난 사건으로 낙권이 많이 생기게 되었다. 한편 『조선왕조실록』은 그 방대한 자료와 기록의 충실함을 인정받아 유네스코 세계 기록 유산으로 등재되었다.

오답 거르기 ㄱ. 『조선왕조실록』은 사고에 보관하였다. ㄹ. 고려 시대 『삼국사기』나 조선 시대 『고려사』에 해당하는 내용이다.

09 제시된 자료에서 계미자를 사용하여 간행된 『동래선생교정 북사상절』이라는 책과 『혼일강리역대국도지도』가 제작된 시기라는 내용을 통해 밑줄 그은 '이 왕'이 태종임을 알 수 있다. 정종의 뒤를 이어 왕위에 오른 태종은 왕권을 강화하기 위해 의정부의 권

한을 약화시키고 6조 직계제를 채택하였다. 또한 대신들의 전횡을 방지하기 위하여 문하부 낭사를 분리하여 사간원을 독립시켰다.

오답 거르기 ① 광해군, ③ 성종, ④ 영조, ⑤ 세종에 해당한다.

10 제시된 자료는 1433년(세종 15)에 노중례·유효통·박윤덕 등에 의해 완성된 종합적인 향약 의서인 『향약집성방』에 대한 설명이다. 고려 중엽 이후 일반 백성들은 값비싼 중국 약재를 사용할 수 없었기 때문에 국가에서는 『향약구급방』 등의 향약방서들을 간행·보급하여 주위에서 쉽게 풍부하고 값싼 약재들을 활용하도록 했고, 조선 초기에도 이러한 정책이 지속되었다. 세종은 이러한 향약 장려 정책을 계승하여 『향약집성방』을 편찬하였다. 세종 대를 전후한 15세기에는 거북선과 신기전을 제작하여 강병책을 도모하였으며, 주자소를 설치하여 새로운 활자인 계미자(태종)와 갑인자(세종) 등의 활자를 개량하였다.

오답 거르기 ㄷ, ㄹ. 고려 시대의 문화 활동이다.

11 제시된 자료는 훈민정음의 서문이다. 따라서 밑줄 그은 '내'는 세종이다. 세종은 왕권과 신권의 조화를 이루기 위해 의정부 서사제를 실시하였으며, 4군 6진의 개척과 대마도 정벌을 통해 국방을 강화하였다. 이러한 과정에서 신기전 등 새로운 무기를 제작하기도 하였다. 또한 칠정산의 편찬, 훈민정음 창제, 갑인자 제조 등 문화 방면에서 많은 업적을 남겼다.

오답 거르기 ㄴ. 성종, ㄹ. 태조에 해당하는 내용이다.

12 제시된 자료는 15세기 조선의 과학 기술을 이끈 3인의 과학 기술인에 대한 내용이다. 이천은 금속 활자 개량에 큰 공을 세웠으며, 장영실은 신분의 벽을 뛰어 넘어 세종 대에 가장 활발하게 과학 기술 발전을 이끈 인물이고, 이순지는 한양을 기준으로 천체 운동을 계산한 역법서인 칠정산을 편찬하는데 큰 공을 세웠다.

오답 거르기 ①, ③ 정약용, ② 조선 시대 지리학자 정상기, ⑤ 조선 후기의 한의학자 이제마에 해당한다.

13 제시된 자료에서 관학파가 주도하던 시기라고 했으므로 15세기를 의미한다. 15세기 미술에서는 지배층이 유교 이외의 사상에도 포용적인 태도를 취하면서, 도교나 노장 사상의 분위기가 반영된 그림이 그려졌다. 대표적인 작품으로는 관리(문인 학자) 출신인 강희안의 「고사관수도」와 전문 화원인 안견의 「몽유도원도」가 있다. ④ 강희안의 「고사관수도」이다.

오답 거르기 ① 신윤복의 「월하정인」, ② 김정희의 「세한도」, ③ 김득신의 「파적도」, ⑤ 정선의 「인왕제색도」이다.

14 제시된 자료에서 호가 퇴계이며, 백운동 서원의 사액을 조정에 건의하고, 기대승과 사단칠정을 논하면서 예안 향약을 시

행했다는 많은 내용을 통해 검색창에 들어갈 인물은 이황임을 알 수 있다. 이황은 『주자서절요』와 『성학십도』 등을 저술하여, 주자의 학설을 조선의 현실에 맞게 체계화하였다. 인간 심성의 근원인 '이'를 강조한 이황의 사상은 김성일, 유성룡 등에게 이어져 영남 학파가 형성되었으며, 일본 성리학의 발달에 영향을 주었다. 특히 『성학십도』는 군주의 도를 도식으로 설명하였다.

오답 거르기 ① 정제두, ② 송시열, ④ 이이, ⑤ 정도전에 해당한다.

15 제시된 자료에서 조선 전기의 석탑으로 국보 제2호이며, 원나라 탑 양식의 영향을 받았다는 내용을 통해 원각사지 십층 석탑임을 알 수 있다. 높이는 12m이며, 전체를 대리석으로 건조했으며 4면두출성형(또는 亞자형)의 평면으로 된 3층의 기단, 목조 건축물의 형태를 모방한 10층의 탑신, 탑 표면의 장엄한 조각 장식 등이 그 유례가 드문 특수한 탑이다. 1348년 개성 근교에 건립된 경천사 10층 석탑을 본떠 1465년(세조 11) 원각사 창건 때 세워진 것으로 추정된다.

오답 거르기 ② 부여 정림사지 오층 석탑, ③ 경주 불국사 다보탑, ④ 감은사지 3층 석탑, ⑤ 익산 미륵사지 석탑이다.

16 제시된 자료에서 세종 대에 실용적인 학문이 발달하면서 만들어진 구체적 사례를 찾으라고 했으므로, 금속 활자인 갑인자가 해당한다. 갑인자는 1420년에 만든 경자자의 자체가 가늘고 빽빽하여 보기가 어려워지자 좀 더 큰 활자가 필요하다하여 1434년(갑인년)에 세종의 명으로 주조된 활자이다.

오답 거르기 ② 선조, ③ 정조, ④ 영조, ⑤ 고종에 해당한다.

---

(05) 조선 후기의 정치 변화

📖 **닮은 꼴 예상 문제**   124~125쪽

01 ③   **02** ②

01 제시된 자료에서 큰일이건 작은 일이건 모든 일에 관여할 정도로 많은 권한을 가지고 있다는 내용을 통해 (가) 기구가 비변사임을 알 수 있다. 비변사는 본래 왜구와 여진족에 대비해 중종 때 군사 문제를 논의하는 임시 회의 기구로 설치되었지만, 을묘왜변을 계기로 명종 때 상설 기구화되었다. 또한 비변사는 왜란을 겪으면서 구성원이 확대되고 국정을 총괄하는 역할을 맡게 되었다. 이에 따라 왕권이 약화되고 의정부와 6조의 행정 체계도 유명무

실해졌다. 이와 같은 현상은 흥선 대원군이 집권하기 전까지 유지되어 노론이나 세도 정치기의 외척들의 권력 기반으로 작용하였다.

오답 거르기 ① 규장각, ② 의금부, ④ 역참제, ⑤ 유향소에 해당한다.

02 제시된 자료에서 효종 대왕이 죽은 후 대왕대비의 복상 문제로 신하와 왕이 논의하고 있는 내용을 통해 예송에 관한 것임을 알 수 있다. 기해예송에서는 서인이, 갑인예송에서는 남인이 각각 승리하여 정권을 장악하였다. 두 차례의 예송은 둘째 아들이었던 효종의 왕위 계승을 어떻게 볼 것인가에 대한 예법상의 문제였다.

오답 거르기 ① 을사사화 이후의 상황, ③ 조선 전기의 상황, ④ 숙종 시기, ⑤ 흥선 대원군의 집권과 관련 있다.

🌾 **기출 및 예상 문제**   126~127쪽

01 ④	**02** ③	**03** ⑤	**04** ⑤	**05** ①
06 ②	**07** ②	**08** ③		

01 제시된 자료에서 임경업을 통해 임진왜란 이후의 사실이고, 공사천이 섞여 있어서 신역을 면제받지 못하면 제대로 운용되지 못한다는 점을 통해 (가)가 속오군임을 알 수 있다. 속오군은 조선 후기 양인·공사천인(公私賤人)으로 조직된 혼성군으로, 임진왜란 중 『기효신서』의 속오법에 따라 조직된 군대이다. 특히, 진관(鎭管) 중심으로 각 마을의 사정에 따라 편성되어 정유재란 때는 실전에 임하였다. 평상시에는 생업에 종사하다가 농한기에 훈련을 받고, 유사시에 동원되는 일종의 예비군 체제였다.

오답 거르기 ㄱ. 16세기의 병법 체제, ㄷ. 훈련도감과 관련된 내용이다.

02 제시된 자료에서 후금의 위협에 대비하여 세운 수어장대이므로 (가) 왕은 인조이다. 어영청은 1623년(인조 1) 인조반정으로 집권한 서인 정권이 정권을 안정시키고 후금의 침입에 대비하기 위해 설치했으며, 이괄의 난을 계기로 훈련도감과 함께 수도 방위를 담당하는 중앙군으로 정착했다. 이어 1626년(인조 4)에는 남한산성을 수축해 청(廳)을 건설하고 광주(廣州) 등의 경기 진관을 조절하는 수어청을 설치하였다.

오답 거르기 ① 정조, ② 효종, ④ 숙종, ⑤ 영조에 해당한다.

03 제시된 자료는 효종이 죽은 이후 대왕대비인 자의대비의 상복 착용 기간에 대하여 허목이 주장한 3년설을 논박하는 서인들의 주장이다. 이는 효종과 효종비가 죽었을 때 자의대비의 상복 착용 기간을 두고 일어난 예송에 대한 것이다. 1차 예송에서는 서인의 주장이 받아들여졌지만, 2차 예송에서는 남인의 주장이 받

아들여져 정치 주도권이 남인에게 넘어갔다. 이를 계기로 서인과 남인의 대립은 점차 격화되어 갔다. 이는 단순한 예법에 대한 내용이 아니라 둘째 아들인 효종이 왕위를 계승한 것에 대한 관점 차이로 벌어진 붕당 간의 대립 상황이다.

오답 거르기 ① 광해군 즉위, ② 영조와 정조, ③ 훈구와 사림의 대립, ④ 성종 대를 전후한 시기 사림의 중앙 진출과 관련된 내용이다.

04 제시된 자료는 삼복(복창군, 복선군, 복평군)의 변을 빌미로 서인이 남인을 공격했던 경신환국의 내용이다. 경신환국으로 서인이 다시 정권을 장악하였으나, 희빈 장씨가 낳은 아들(후에 경종)을 원자로 삼는 과정에서 숙종이 남인을 등용하여 서인을 내치는 기사환국이 일어났다.

오답 거르기 ① 현종, ② 선조, ③ 인조, ④ 광해군 재위 시기에 있었던 사실이다.

05 제시된 자료는 민비의 복위와 장씨의 희빈 강등, 기사환국 시에 관직을 삭탈당한 송시열의 관직을 회복시킨다는 숙종의 명령이다. 기사환국으로 송시열 등 서인이 숙청당하고 남인이 정권을 장악하였다. 이후 서인이 민비 복위 운동을 전개하면서 남인들이 공격하였으나, 숙종이 서인 편을 들면서 남인이 숙청당하는 갑술환국이 벌어졌는데, 제시된 자료의 내용에 해당한다. 이후 남인은 정계에서 배제되고 서인이 노론과 소론으로 갈라지면서 정국을 주도하였다.

오답 거르기 ② 명종, ③ 숙종 대 경신환국, ④ 광해군, ⑤ 선조와 관련 있는 사실이다.

06 제시된 자료는 「수문상친림관역도」로 한성의 홍수 예방을 위하여 시행한 청계천 준설 공사의 모습을 그린 그림이다. 청계천 준설 공사는 영조가 실시하였다. 또한 신문고를 다시 설치하였다는 내용을 통해서도 밑줄 그은 '이 왕'이 영조임을 알 수 있다. 영조는 『속대전』을 편찬하고, 『동국문헌비고』를 간행하였다. 또한 군역 부담을 줄여주기 위해 균역법을 실시하였고, 탕평비를 건립하여 붕당의 폐해를 경계하는 탕평책을 실시하였다. ② 기유약조는 광해군이 체결하였다.

07 제시된 자료에서 선대왕(영조)이 균역 · 탕평 · 준천(청계천 준설 공사)을 했다는 내용을 통해 밑줄 그은 '임금'이 정조임을 알 수 있다. 정조는 외척 세력을 제거한 후, 노론 · 소론 · 남인을 고루 관직에 기용하는 탕평책을 실시하였다. 또 자신의 권력과 정책을 뒷받침하기 위해 규장각을 설치하고 관리를 재교육하는 초계문신제를 실시했으며, 친위 부대인 장용영을 설치하였다. 그리고 자신의 정치적 이상을 담아 화성을 건설하였다.

오답 거르기 ① 정종과 세종, ③ 영조, ④ 성종, ⑤ 명종에 해당한다.

08 제시한 자료에서 제23대 임금인 순조, 제24대 임금 헌종, 제25대 임금 철종을 소개하고 있으므로 (가)는 세도 정치 시기임을 알 수 있다. 순조, 헌종, 철종으로 이어진 3대 60여 년 동안, 왕의 외척인 안동 김씨와 풍양 조씨 등 몇몇 가문이 권력을 독점하고 전제 권력을 휘두르는 정치 형태를 세도 정치라고 한다. 세도 가문은 당시까지도 국정을 총괄하던 비변사의 요직을 독점하여 권력을 남용하였으며, 훈련도감을 비롯한 군영의 지휘권을 장악해 정권 유지의 토대로 삼았다.

오답 거르기 ① 영조, ②, ⑤, 선조, ④ 성종 시기에 해당하는 내용이다.

06 조선 후기의 경제 · 사회

닮은 꼴 예상 문제   132~133쪽

01 ①   **02 ③**

01 제시된 지도에서 (가) 상인은 한성이라는 부분에 표시된 것을 통해 한강을 거점으로 운송업에 종사하여 부를 축적한 경강상인임을 알 수 있다. 한강을 거점으로 운송업에 종사한 경강상인은 서남 해안을 오가며 서울에 쌀, 어물 등을 공급하면서 거상으로 성장하였다.

오답 거르기 ② 만상, ③ 내상, ④ 송상(개성상인), ⑤ 보부상에 해당한다.

02 제시된 자료에서 정순왕후 대왕대비 김씨가 어린 임금의 수렴청정을 한다는 내용, 벽파와 시파에 대한 내용, 신유박해에 대한 내용 등을 통해 밑줄 그은 '어린 임금'이 순조임을 알 수 있다. 순조는 1800년 11세의 어린 나이에 왕위에 올라 영조의 계비인 대왕대비 정순왕후가 수렴청정을 하다가 1804년부터 순조가 직접 국정을 관장했다. 수렴청정을 하는 동안 공노비가 도망 등을 통하여 점점 줄고, 비용에 비해 효율이 적은 문제를 노출하였다. 또한 상민의 수가 줄어들어 세금 대상자가 줄자, 1801년 중앙 관서의 공노비 66,000여 명을 해방하였다.

오답 거르기 ① 1860년(철종 11), ② 1750년(영조 26), ④ 1886년(고종 23), ⑤ 1862년(철종 13)에 해당한다.

01 ⑤	02 ④	03 ①	04 ③	05 ①
06 ⑤	07 ⑤	08 ⑤	09 ③	10 ③
11 ③	12 ④	13 ①	14 ④	15 ④
16 ⑤				

01 제시된 자료에서 이원익 대감의 건의로 경기도에서 실시한다는 내용, 방납의 폐단에 대한 내용, 공물을 현물 대신 쌀로 거둔다는 내용, 선혜청 등을 통해 밑줄 그은 '이 제도'가 대동법임을 알 수 있다. 대동법은 국가 재정을 확충하고 일시적으로 농촌 경제를 안정시키는 데 기여하였다. 또한, 대동법이 실시되면서 현물을 받지 못함에 따라 국가에 관수품을 조달하는 어용상인인 공인이 등장하였다.

오답 거르기 ① 흥선 대원군이 주도한 호포법, ② 대한 제국의 양전 사업, ③ 세종 때 실시한 연분 9등법(공법), ④ 영조 때 실시한 균역법에 해당하는 내용이다.

02 제시된 자료에서 농민의 신포 부담에 대한 내용과 백골징포, 황구첨정, 징족, 징린과 같은 폐단이 제시되었음을 통해 자료의 상황은 군포에 대한 내용이다. 왜란 이후 5군영 체제가 성립되면서 그 경비를 마련하기 위해 군역 대신 군포를 징수하였다. 농민 장정은 대체로 군포 2필씩 납부하게 되었지만, 군적이 제대로 정비되지 않고 징수 기관도 통일되지 않아 이중 삼중으로 부담하는 경우가 많았다. 또 수령과 아전의 농간까지 겹쳐 실제 납부액은 훨씬 많았다. 신분을 상승시켜 양반이 되거나 군포를 피해 도망치는 농민이 생겨나면서 남아 있는 농민의 부담은 더욱 늘어났다. 이에 영조는 균역법을 실시하여 농민의 군포 부담을 1필로 줄여 주었다.

오답 거르기 ① 영정법, ② 역(役), ③ 환곡, ⑤ 대동법과 관련 있는 내용이다.

03 제시된 자료는 조선 후기에 확산된 상품 작물 재배에 대한 내용이다. 조선 후기에는 도시 인구가 증가하고 상품 유통이 활발해지면서 인삼, 면화, 담배, 채소 등의 상품 작물 재배가 확대되었다. 특히 쌀의 상품화가 활발했는데, 쌀의 수요가 늘면서 밭을 논으로 바꾸는 현상이 나타났으며, 장시에서 활발하게 거래되었다. 모내기법의 보급은 1인당 경작 면적을 확대시켰고, 소작료도 일부 지방에서는 일정 액수의 지대를 정해 곡물이나 화폐로 납부하는 도조법이 등장하였다. 1인당 경작 면적의 확대와 상품 작물의 재배로 일부는 부를 축적하여 지주가 되었으나, 대부분의 농민은 토지에서 쫓겨나 광산, 포구의 임노동자가 되거나 유민이 되기도 하였다. ① 목화가 도입되어 재배되기 시작한 것은 고려 후기의 상황이다.

04 제시된 자료에서 김매기의 수고를 줄이고, 두 땅의 힘으로 하나의 모를 기르며, 더러운 것을 제거한다는 이점과 저수지가 꼭 필요하다는 내용 등을 통해 (가)농법이 모내기법임을 알 수 있다. 모내기법의 보급으로 김매기를 하는 노동력이 크게 줄어들면서 1인당 경작 면적이 확대되었고, 수확량은 배로 늘어났다. 더불어 파종 시기를 달리하면서 벼와 보리의 이모작도 가능해졌다.

오답 거르기 ㄱ. 지주 전호제는 토지가 없는 소농과 노동력이 부족한 전주 사이의 이해가 합치되면서 나타났는데, 우리나라에서는 기록상 고려 시대부터 보인다. ㄹ. 땅을 묵히지 않고 매년 농사를 짓게 된 것은 시비법의 발달 때문이다.

05 제시된 자료에서 전기수가 살해당하는 내용과 소설을 빌려 느라고 가산을 탕진한다는 내용을 통해 가상 대화가 이루어진 시기가 조선 후기임을 알 수 있다. 조선 후기에는 소설이 수적으로 증가하였다. 향유층이 확대되면서 소설은 점차 대중적 기반을 마련하게 되었고, 소설을 읽어 주고 일정한 보수를 받던 직업적인 낭독가(전기수)가 등장하였다. 조선 후기에는 고구마와 감자가 들어와 구황 작물로 재배되었고, 상품 화폐 경제가 발달하면서 공인이나 사상 중에서 독점적 도매상인인 도고가 되는 경우도 나타났다. 또한 보부상의 활동으로 여러 장시가 하나의 유통망으로 연계되었으며, 송상, 만상, 내상 같은 사상들이 대청·대일 무역에 종사하여 부를 축적하였다. ① 건원중보는 고려 성종 때 주조된 철전이다.

06 제시된 자료에서 청에 가는 연행사를 따라간 상인들이 서양목을 수입하는 상황을 묘사하고 있다. 따라서 자료의 상황이 나타난 시기는 조선 후기이다. 조선 후기에는 백자가 계속 유행하는 가운데 푸른색으로 그림을 그려 넣은 청화백자가 만들어졌다. 청아한 한국적 정취를 잘 자아내는 청화백자는 주로 제기와 문방구 등 생활용품에 많았다. 또한, 중인과 서민층의 창작 활동이 활발해지면서 조선 전기에는 양반들의 전유물이었던 일종의 문학 동호인 모임인 시사가 많이 만들어졌다. 경제면에서는 모내기법의 확대와 더불어 상품 작물의 재배가 성행하였으며, 돈을 받고 책을 읽어주는 전기수라는 직업도 등장하였다. ⑤ 과전법은 조선 전기에 붕괴되었다.

07 제시된 자료에서 시전 상인들이 이익을 독점하면서 금난전권을 이용한 문제를 일으키는 모습을 알 수 있다. 정부에서는 육의전을 제외한 시전의 금난전권을 폐지하는 신해통공을 실시하였다. 이에 사상들의 활동이 자유로워지면서 상품 화폐 경제가 발달하였다.

08 제시된 자료에서 먼 거리를 여행하는 상인들에게 숙박을 제공하고 물건을 보관해준다는 내용 등을 통해 밑줄 그은 '이들'이 객주나 여각임을 알 수 있다. 조선 후기 상업이 발달하면서 포구와 규모가 큰 장시에서는 객주와 여각이 등장하여 활동하였다. 이들은 운송업, 숙박업, 금융업 등에 종사하면서 물품의 매매를 중개하였다.

오답 거르기 ① 내상, ② 시전 상인, ③ 송상, ④ 공인에 해당한다.

09 제시된 자료에서 전황이 극심하다는 내용을 통해 조선 후기의 모습임을 알 수 있다. 조선 후기에는 광업에서 상인 물주가 덕대에게 광산 경영을 맡겼으며, 담배와 면화 등 상품 작물의 재배가 성행하였다. 또한 송상과 만상은 대청 무역을 통해 부를 축적하였으며, 동래의 왜관에서는 내상을 중심으로 개시 무역과 후시 무역이 활발하였다. ③ 수조권이 세습되는 수신전과 휼양전은 세조 때 직전법이 시행되기 전까지만 존재하였다.

10 제시된 자료에서 두 선비가 옷차림에서 신분 구분이 안 되는 것과 시전 상인이나 군역을 지는 상민들도 서로 양반이라고 부른다는 것, 아전들조차 양반에게 절을 하지 않는 것을 한탄하고 있는 모습을 통해 조선 후기의 상황임을 알 수 있다. 이러한 상황이 나타나게 된 배경으로는 부농층이 향안에 등록하고 향회를 장악하는 향전이 벌어지고, 공명첩이 남발되어 양반의 수가 증가하여 권위가 떨어졌기 때문이다.

오답 거르기 ㄱ, ㄹ. 양반의 권위가 떨어지게 된 직접적인 동기로 보기 어렵다.

11 제시된 자료는 순조 때 실시된 공노비 해방에 대한 것이다. 18세기 후반, 공노비의 합법적인 신분 상승과 도망으로 정부는 신공을 거의 거둘 수 없게 되었다. 이에 순조 때에는 중앙 관서에 소속되어 있던 6만 6천여 명의 공노비를 해방시켰다. 따라서 자료의 모습은 조선 후기이다. 조선 후기에는 청화백자가 제작되어 제기나 문방구 등 생활용품으로 사용되었으며, 상평통보가 전국적으로 사용되었다. 또한 중인이나 상민들도 양반의 전유물로 여겼던 시사를 조직하여 문학 활동을 하였으며, 보부상들이 여러 장시를 돌아다니며 하나의 유통망을 형성하였다. ③ 제포는 조선 전기에 왜인의 입항이 허락되었지만 조선 후기에는 개항되지 않았다.

12 제시된 자료는 허균이 지은 『홍길동전』의 일부이다. 조선 후기에는 문학의 저변이 서민층까지 확대되면서 한글 소설이 유행하였다. 서얼에 대한 차별 철폐와 탐관오리 응징을 주장한 허균의 『홍길동전』과 신분을 뛰어넘는 남녀 간의 사랑 이야기를 담은 『춘향전』은 이 시기에 유행한 대표적인 한글 소설이다. 조선 후기

에는 혼인 후 여자가 남자 집에 가서 생활하는 친영이 정착되었으며, 재가한 여성의 자식에 대한 차별이 심하여 여성의 재가가 어려웠다.

오답 거르기 ㄱ, ㄷ. 고려 시대의 상황이다.

13 제시된 자료에서 향전을 금해야 한다는 내용을 통해 조선 후기임을 알 수 있다. 조선 후기 새로 성장한 부농층은 우세한 경제력을 바탕으로 사족이 장악하고 있던 향촌 사회의 지배권에 도전하였다. 이들은 수령과 결탁해 향회에 참여하고, 향임직에도 진출하여 자신들의 영향력을 확대해 나갔다. 조선 후기에는 양반의 권위가 떨어지자 사족은 서원과 사우를 세워 자신들의 지위를 유지하려고 하였다. 일부 부농들은 향회에 참여하기도 하였으나, 대부분 향회는 수령이 세금을 부과할 때 자문기구로 전락하였다. 일당 전제화 현상이 심화되면서 양반들도 일부 권반을 제외하고는 향반이나 잔반으로 전락하였다. 이러한 과정에서 향촌 사회에서 수령과 향리들의 권한은 강화되어 갔다. ① 고려 시대 향리에 대한 내용이다.

14 제시된 자료는 조선 후기 천주교 신앙 운동을 탄핵하는 여러 문헌을 모아 엮은 천주교서이다. 따라서 (가) 종교는 천주교(서학)이다. 서학이란 이름으로 불린 천주교는 17세기경 베이징을 왕래하던 사신에 의해 서양 문물의 하나로 소개되었다. 학문적 호기심에서 연구되던 서학은 18세기 후반 현실 개혁을 꿈꾸던 남인 계열의 일부 실학자에 의해 점차 신앙으로 받아들여졌다.

오답 거르기 ① 대종교, ②, ⑤ 동학, ③ 도교에 해당하는 내용이다.

15 제시된 자료에서 철종이 등장하고 소수의 외척 가문이 비변사의 요직을 장악하였다는 내용을 통해 밑줄 그은 '이 시기'가 세도 정치기임을 알 수 있다. 이 시기에는 이양선이 조선의 연해에 출몰하였으며, 군정 등 삼정의 문란으로 농민의 불만이 극심하였다. 또한 임술 농민 봉기 이후 농민들의 삼정에 대한 불만을 개혁하기 위하여 박규수의 건의로 삼정이정청을 설치하기도 하였다. 또한 새로운 세상이 열리기를 꿈꾸는 민중의 변혁 의지를 담고 있는 『정감록』 같은 비기나 미륵 신앙이 유행하였다. ④ 조선통보는 세종 때 정부에서 발행한 동전으로, 널리 이용되지는 못했다.

16 제시된 자료에서 경상 우병사 백낙신의 탐학과 향리들의 횡포에 맞서 일어났다는 내용을 통해 (가) 사건은 임술 농민 봉기의 계기가 된 진주 농민 봉기에 대한 내용이다. 진주 농민 봉기가 일어나자 이를 수습하기 위하여 정부는 박규수를 안핵사로 파견하였다. 사건의 진상을 파악한 박규수의 건의로 삼정이정청이 설치

되었으나, 큰 성과는 거두지 못하였다.

오답 거르기 ① 임오군란과 갑신정변, ② 조선 후기의 사회 혼란과 서학의 전래, ③ 의자왕·인조의 피신처, ④ 동학 농민 운동의 제2차 봉기에 해당하는 내용이다.

07 조선 후기의 문화

닮은 꼴 예상 문제

01 ①   **02** ①

01 제시된 자료에서 1여의 사람들로 하여금 공동 경작하게 하고 여장이 관리한다는 내용 등을 통하여 정약용의 여전론임을 알 수 있다. 여전론은 한 마을을 단위로 토지를 공동 소유하고 공동으로 경작하여, 노동량에 따라 그 수확량을 분배하는 일종의 공동 농장 제도였다. 하지만 정약용은 이 구상을 당장 실현하기 어렵다고 보고, 말년에는 정전제를 제시하였다. 정약용은 기술 혁신에도 관심이 많아 중국의 『기기도설』을 참조하여 거중기를 설계·제작하여 화성 건축에서 사용하였다.

오답 거르기 ② 박지원, ③ 안정복, ④ 이익, ⑤ 박제가에 해당한다.

02 제시된 자료에서 민중들의 미적 감각을 정감 있게 표현하고 자연물을 소재로 삼아 소원을 기원하였으며, 생활공간을 장식했다는 내용을 통해 민화에 대한 것임을 알 수 있다. 이름 없는 화가들이 그린 민화는 예술성을 추구하기보다는 건강과 장수 등 소박한 소망과 기원을 표현하였다. 주로 소재는 동물, 꽃, 해, 달, 나무 등 친숙한 자연물이었다.

오답 거르기 ② 고구려 무용총의 「수렵도」, ③ 조선 전기 문인 화가 강희안의 「고사관수도」, ④ 조선 후기 풍속화인 신윤복의 「단오풍정」, ⑤ 조선 후기 진경산수화인 정선의 「인왕제색도」이다.

기출 및 예상 문제

01 ②	**02** ④	**03** ④	**04** ⑤	**05** ①
06 ②	**07** ③	**08** ③	**09** ①	**10** ⑤
11 ④	**12** ③	**13** ⑤	**14** ④	**15** ④
16 ②				

01 제시된 자료에서 사람과 사물이 균등하다고 보는 관점이므로 (가)는 낙론에서 제기한 인물성동론이다. 반면에 인간은 인의

예지 전체를 가지고 있지만, 물은 일부만 가지고 있어서 다르다고 했으므로 (나)는 호론의 인물성이론이다. 18세기에 집권 노론 사이에서 서울·경기 지역의 노론은 인간과 사물의 본성이 같다는 인물성동론을 주장하였고, 충청 지역의 노론은 인간과 사물의 본성이 다르다는 인물성이론으로 이론 논쟁을 벌였다. 인물성동론은 북학파와 개화사상에 영향을 끼쳤으며, 인물성이론은 위정척사운동과 의병 운동에 영향을 끼쳤다. 인물성이론에서는 청을 오랑캐로 보았기 때문에 북벌론적인 상태를 유지하였다.

오답 거르기 ㄴ. 호론(인물성이론)에 해당한다. ㄹ. 윤휴는 남인, 박세당은 소론으로 성리학의 절대화에 반발하였다.

02 제시된 자료에서 윤휴를 사문난적으로 몰고, 명에 대한 의리를 내세우면서 기축봉사를 올렸으며, 희빈 장씨의 소생을 원자로 삼는데 반대했다는 내용을 통해 (가) 인물은 서인의 거두 송시열임을 알 수 있다. 송시열 등의 서인에서 연구가 심화된 예학에 따라 왕도 사대부의 예에 따라야 한다고 하여 효종 사후 자의대비의 복상 기간에 대해 기년설(1년설)을 주장하였다.

오답 거르기 ① 세종, ② 조광조, ③ 이간(인물성이론은 한원진), ⑤ 이익에 해당한다.

03 『하곡집』을 지은 (가) 인물은 심과 이를 구분한 주자를 비판하고 지와 행의 구분도 물욕에 의해 가려진 것으로 양지의 측면에서 보면 지행합일이 마땅하다고 하는 양명학을 수용한 정제두이다. 양명학은 성리학의 비현실성을 비판하면서 지행합일(知行合一)의 실천성을 강조했으나, 이황 등 성리학자에 의해 이단으로 배척되었다. 일부 소론 학자에 의해 명맥을 이어 오던 양명학은 18세기 초 정제두가 강화도에서 본격적으로 연구하면서 강화학파를 형성하였다.

오답 거르기 ① 집현전 학자 등, ② 신숙주, ③ 박제가 등, ⑤ 이이에 해당한다.

04 제시된 삽화에서 정제두를 비롯한 강화학파에 의해 연구가 심화되었다는 내용, 심즉리, 치양지 등을 강조하였다는 내용 등을 통해 양명학에 대한 토론 내용임을 알 수 있다. 양명학은 대한 제국 말기 박은식, 정인보 등이 주도한 국학 운동에 큰 영향을 끼쳤으며, 교조화된 성리학을 비판하면서 지행합일의 실천성을 강조하였다.

오답 거르기 ㄱ. 노론을 중심으로 한 성리학의 절대화, ㄴ. 청의 문물을 수용하자는 북학론과 관계있다.

05 제시된 자료에서 이수광, 한백겸, 김육을 거치면서 현실에 대한 사회 개혁을 주장하였다는 내용과 비판적이며 실용적인 논리를 펴며 농업과 상공업 중심의 개혁론 및 국학 연구로 확산되었

정답과 해설 • 29

다는 내용 등을 통해 밑줄 그은 '이 학문'은 실학임을 알 수 있다. 실학은 17, 18세기의 사회 · 경제적 변동에 따른 해결책을 구상하는 과정에서 서학의 전래와 청의 고증학의 영향을 받으면서 등장한 새로운 학문 경향이자 사회 개혁론이었다.

오답 거르기 ㄷ. 세도 정치 하의 농민 봉기의 배경. ㄹ. 진주 농민 봉기의 결과에 해당한다.

06 제시된 자료에서 영업전을 지정하여 매매하지 못하도록 하는 내용을 통해 한전론임을 알 수 있으며 한전론을 주장한 인물은 이익이다. 한전론은 매매를 금지한 영업전을 설정함으로써 최소한의 농민 생활을 보장하고, 그 밖의 토지는 매매를 허용해 점진적으로 토지 소유를 균등하게 하려는 것이었다. 이익은 노비 제도를 비판하면서, 당장 폐지할 수 없다면 노비 매매만이라도 금지해야 한다고 강조하였다. 또한 나라를 좀먹는 여섯 가지의 폐단(노비제, 과거제, 문벌, 사치와 미신, 승려, 게으름 – 육두론)을 지적하였다.

오답 거르기 ① 정약용. ③ 박제가. ④ 정제두. ⑤ 유형원에 해당한다.

07 제시된 자료의 지도 설명에 나오는 인물은 연암이라는 호를 썼다는 내용 등을 통해 박지원임을 알 수 있다. 박지원은 생산과 유통이 중요하다고 보고, 수레와 선박의 이용, 화폐 유통의 필요성을 강조하였다. 또한, 『양반전』과 『호질』 등의 한문 소설에서 놀고먹는 양반의 위선과 무능을 강력하게 비판하였다.

오답 거르기 ① 정제두, ② 박제가, 이덕무, 유득공 등, ④ 홍대용, ⑤ 유수원에 해당한다.

08 제시된 자료에서 초정이라는 호를 썼다는 내용과 『북학의』를 저술하였다는 내용 및 재물을 우물에 비유하여 소비를 권장했다는 내용 등을 통해 제시된 인물이 박제가임을 알 수 있다. 박제가는 청에 다녀온 후 『북학의』를 저술하여 청의 문물을 적극적으로 수용하자고 주장하였다. 또한, 수레와 선박의 이용 확대 및 소비촉진을 통한 생산력의 증대를 역설했고, 무역선을 파견하여 청에서 행해지는 세계 무역에도 참여해야 한다고 주장하였다. 박제가는 이덕무, 유득공과 함께 정조에게 발탁되어 규장각 검서관으로 진출하였다.

오답 거르기 ① 박지원, ② 김정희, ④ 이익, ⑤ 유수원에 해당한다.

09 제시된 자료에서 밑줄 그은 ㉠의 '역사에 대한 시각을 한반도 중심의 협소한 사관에서 벗어나 만주 지역으로 관심을 돌렸다.'는 내용을 통해 만주에 있었던 우리 민족의 국가에 대한 자료를 찾는 것이므로 고구려의 역사를 저술한 이종휘의 『동사』, 발해의 역사를 저술한 유득공의 『발해고』가 해당된다.

오답 거르기 ㄷ. 안정복은 『동사강목』에서 중국 중심의 사관에서 벗어나 삼한을 정통으로 하는 민족사의 독자적 정통성을 내세웠다. ㄹ. 이긍익은 『연려실기술』에서 실증적 · 객관적인 서술로 조선 시대의 정치와 문화를 정리하였다.

10 제시된 자료에서 추사 혹은 완당이고, 추사체를 창안하였으며, 세한도를 그렸다는 내용 등을 통해 카드의 인물이 김정희임을 알 수 있다. 김정희는 금석학에도 조예가 깊어 『금석과안록』이라는 책을 저술하여 북한산비가 진흥왕 순수비라는 것을 밝혔으며, 여러 필법을 연구하여 독창적인 추사체를 창안하였다.

오답 거르기 ① 정약용, ② 박지원, ③ 정상기, ④ 박제가에 해당한다.

11 제시된 자료의 가상 인터뷰에서 『어제문업』이라는 시를 통해 탕평, 청계천 준설 등 여섯 가지의 업적을 내세웠다는 내용을 통해 인터뷰 대상 왕은 영조임을 알 수 있다. 영조의 여섯 가지 업적은 탕평, 청계천 준설 이외에도 균역법, 서얼의 청직 진출, 속대전 편찬, 옛 정치 복구이다. 또한 영조는 명을 내려 우리나라의 문물 제도를 분류 · 정리한 백과전서적인 『동국문헌비고』를 1770년에 완성하였다.

오답 거르기 ① 성종, ② 숙종, ③ 고종 때 흥선 대원군, ⑤ 철종에 해당한다.

12 제시된 자료는 홍대용이 주장한 우주 무한론이다. 홍대용은 지전설과 우주 무한론(宇宙無限論)을 주장했으며, 이러한 자연관을 근거로 화이(華夷)의 구분을 부정하여 민족의 주체성을 강조하고, 인간도 대자연의 일부로서 다른 생물과 마찬가지라는 인물성동론을 주장하여 중국 중심의 세계관(성리학적 세계관)을 비판하는 근거를 제공하였다.

오답 거르기 ① 이승훈 등 남인 학자, ② 허준, ④ 유형원 등 농업 중심 개혁 실학자, ⑤ 한치윤에 해당한다.

13 밑줄 그은 '이 지도'는 모든 산천의 험하고 평탄한 곳을 표시하고, 백 리를 1척으로 하고 십 리를 1촌이 되게 하는 정밀한 지도라고 한 내용을 통해 정상기가 제작한 『동국지도』임을 알 수 있다. 『동국지도』는 영조 때 제작되었으므로 밑줄 그은 '이 지도'가 제작된 시기는 조선 후기이다. 조선 후기에는 주체적 문화와 서민 문화가 발달하였다. 대표적으로는 『춘향전』과 『홍길동전』으로 대표되는 한글 소설, 우리나라 역대 문물 제도를 정리한 『동국문헌비고』, 『언문지』 등의 훈민정음 연구, 지전설의 소개 등의 상황이 나타났다. ⑤ 『동국여지승람』은 성종 때 편찬되었다.

14 제시된 그림은 조선 후기 대표적 화가의 한 명인 김득신의 『파적도』이다. 따라서 조선 후기에 대한 내용을 찾으면 되는데, 상

평통보의 유통, 장시에서의 탈춤 공연, 중인들의 시사 조직 및 활동, 상품 작물의 재배 등의 모습을 찾을 수 있다. ④ 세조 때 시행된 직전법은 성종 대의 관수관급제를 거쳐 명종 때 폐지되었다.

15 제시된 자료에서 혜원의 풍속화 특별전의 내용을 통해 (가)에는 신윤복이 그린 풍속화를 찾아 넣으면 된다. 농촌 생활 모습을 즐겨 그렸던 단원 김홍도와는 달리 신윤복은 주로 도회지 양반의 풍류 생활, 부녀자의 풍습, 남녀 간의 애정을 감각적이고 해학적으로 묘사하였다. 대표적인 작품으로 단오풍정, 선유도, 월하정인 등이 있다.
오답 거르기 ① 김홍도의 「무동」, ② 김득신의 「노상알현도」, ③ 김홍도의 「서당」, ⑤ 김홍도의 「씨름」이다.

16 제시된 자료에서 (가) 수원 화성은 18세기, (나) 법주사 팔상전은 17세기에 건립되었다. 따라서 조선 후기에 해당하는 시기라고 할 수 있다. 조선 후기에 회화에서는 풍속화와 민화, 문학에서는 한글 소설과 사설시조, 공연으로는 탈춤과 판소리가 유행하였다. 분청사기는 조선 초기인 15세기 유행하였다가 16세기부터는 점차 백자로 바뀌었다. 조선 후기에는 푸른 색깔로 그린 그림이 들어간 청화 백자가 유행하였다.

Ⅳ. 근대 국가 수립 운동

01 외세의 침략적 접근과 조선의 대응

닮은 꼴 예상 문제
152~153쪽

01 ② **02** ①

01 제시된 자료는 만동묘를 비롯한 전국의 서원 철폐에 대해 선비들이 반발하였으나 이를 강력히 물리쳤다는 내용으로, (가) 인물은 흥선 대원군임을 알 수 있다. ② 흥선 대원군은 왕실의 위엄을 바로 세우기 위해 경복궁을 중건하였고, 국가 재정 확충을 위해 양반들에게도 군포를 징수하는 호포제를 실시하였다.
오답 거르기 ㄴ. 조선 태종은 대신을 견제하기 위해 언론 기관인 사간원을 독립시켰다. ㄹ. 조선 정조는 장용영을 설치하여 강력한 친위 부대로 육성하였다.

02 제시된 자료는 제2차 수신사로 일본에 갔던 김홍집이 귀국할 때 가져온 『조선책략』에 나오는 내용이다. 이는 중국 외교관인 황준헌이 쓴 책으로, 조선이 러시아를 막으려면 중국, 일본, 미국과 연결되어 있어야 한다고 주장하였다. 따라서 (가) 국가는 미국이다. ① 조선이 1882년 미국과 체결한 조·미 수호 통상 조약은 미국에 대한 최혜국 대우 조항을 담은 불평등 조약이다.
오답 거르기 ②, ④는 1876년 강화도 조약, ③은 1883년 조·일 통상 장정, ⑤는 1886년 프랑스와 맺은 조·프 수호 통상 조약의 내용이다.

기출 및 예상 문제
154~155쪽

01 ③ **02** ② **03** ④ **04** ③ **05** ④
06 ③ **07** ⑤ **08** ①

01 제시된 자료에서 운현궁이 그의 저택이고, 고종이 그의 아들이라는 내용을 통해 (가) 인물이 흥선 대원군임을 알 수 있다. ③ 흥선 대원군은 군정의 폐단을 시정하기 위해 양반의 반발에도 호포제를 실시하여 상민에게만 거두던 군포를 양반에게도 징수하였다.
오답 거르기 ① 조선 태종, ② 조선 영조, ④ 조선 철종, ⑤ 조선 정조의 업적에 해당한다.

02 제시된 자료는 최익현이 올린 상소문으로, 당백전과 원납전 징수의 혁파를 주장하고 있다. ② 흥선 대원군은 임진왜란 때 불탄 경복궁을 중건하면서 공사비를 마련하기 위해 당백전을 발행

하고 원납전이라는 기부금을 거두었기 때문에 최익현이 이에 반발한 것이다.

오답 거르기 ①, ⑤ 대한 제국 시기, ③ 영조 시기, ④ 임진왜란 중에 이루어진 사실이다.

03 제시된 자료에서 정족산성 전투를 지휘한 양헌수 장군과 로즈 제독 함대의 강화도 침략 등을 통해 (가)는 병인양요임을 알 수 있다. ④ 1866년에 수많은 천주교도와 프랑스 선교사를 처형한 병인박해를 구실로 프랑스 함대가 강화도를 침략하였다. 조선군의 저항에 프랑스군은 물러나면서 외규장각 도서 등 귀중한 문화재를 약탈하였다.

오답 거르기 ㄱ. 대한 제국 시기에 독립 협회 등의 노력으로 러시아의 절영도 조차 요구를 저지시켰다. ㄷ. 1871년 신미양요 때 미군의 침입에 맞서 어재연 부대가 광성보에서 결사 항전하였다.

04 제시된 자료의 수자기는 광성보를 지키던 어재연 장군이 사용하던 것이고, 당시 미 해군이 노획하여 가져갔다는 내용을 통해 (가) 사건은 1871년의 신미양요임을 알 수 있다. ③ 미국은 제너럴 셔먼호 사건에 대해 배상금 지불과 개항을 요구하였으나, 조선이 이를 거부하자 강화도를 침공하였다.

오답 거르기 ① 삼별초는 고려 시대에 몽골의 침입에 맞서 싸웠다. ② 흥선 대원군은 프랑스를 이용하여 러시아의 위협을 막으려고 하였으나 뜻대로 되지 않자 병인박해를 일으켰다. ④ 1868년, ⑤ 1882년의 사실이다.

05 제시된 자료에서 운요호 사건을 빌미로 일본이 요구한 조약을 체결하였다는 내용을 통해 밑줄 그은 '조약'은 1876년에 체결한 강화도 조약임을 알 수 있다. ④ 조선은 강화도 조약에 따라 부산 외 2곳(원산, 인천)을 개항하였다.

오답 거르기 ① 조·일 통상 장정, ② 제1차 한·일 협약, ③ 조·미 수호 통상 조약, ⑤ 을사늑약에 대한 설명이다.

06 제시된 자료에서 1876년 일본에 수신사를 파견하였다는 내용을 통해 (가) 조약은 1876년 2월에 체결된 강화도 조약임을 알 수 있다. 일본의 요청에 따라 파견된 제1차 수신사 일행은 약 2개월간 일본이 자랑하는 근대화 시설을 관람하고 돌아왔다. ③ 강화도 조약은 1875년 일본이 일으킨 운요호 사건을 계기로 체결되었다.

오답 거르기 ① 청·일 전쟁은 1894~1895년에 전개되었다. ② 척화비는 신미양요 직후인 1871년에 건립되었다. ④ 일본과 관세권이 설정된 것은 1883년의 조·일 통상 장정에 해당한다. ⑤ 임오군란 결과 제물포 조약과 조·청 상민 수륙 무역 장정이 체결되었다.

07 제시된 자료에서 수신사 편에 가져왔고, 청나라 사람이 논한

것이며, 러시아가 남쪽을 향해 나오려고 하여 위태롭다고 한 내용 등을 통해 밑줄 그은 '책자'는 중국 외교관 황준헌이 쓴 『조선책략』임을 알 수 있다. ⑤ 『조선책략』은 미국에 우호적인 분위기를 만들어 미국과 수교하는 데 큰 영향을 주었다.

오답 거르기 ① 조선 효종 때, ② 고려 말, ③, ④ 흥선 대원군 집권 시기의 사실이다.

08 제시된 자료에서 민영익이 전권대신으로 갔다 왔고, 대통령 제도가 있는 것 등을 통해 밑줄 그은 '이 조약'은 미국과 맺은 조·미 수호 통상 조약임을 알 수 있다. ① 조·미 수호 통상 조약은 우호 협력을 강조한 거중 조정 조항과 수출입 상품에 대한 관세 조항을 규정하고 있지만, 영사 재판권과 최혜국 대우의 내용을 담은 불평등 조약이었다.

오답 거르기 ② 조·프 수호 통상 조약, ③ 조·일 무역 규칙, ④ 제1차 한·일 협약, ⑤ 강화도 조약에 대한 설명이다.

02 근대적 개혁의 추진과 반발

닮은 꼴 예상 문제

160~161쪽

01 ③　　　**02** ④

01 제시된 자료에서 흥도에 대한 처벌, 일본 관서의 유족들과 부상자 및 일본국이 입은 피해에 대한 배상, 일본 공사관 경비병 주둔 등의 내용을 통해 임오군란 결과 일본과 맺은 제물포 조약임을 알 수 있다. ③ 임오군란은 구식 군인에 대한 차별 대우가 원인이 되어 일어났다.

오답 거르기 ①, ④, ⑤ 갑신정변, ② 강화도 조약 체결에 대한 설명이다.

02 제시된 자료에서 갑신년에 충군애국의 마음에서 벌인 일이라는 것을 통해 밑줄 그은 '거사'는 1884년의 갑신정변임을 알 수 있다. 박영효는 갑신정변의 주역으로, 갑신정변이 실패한 후 일본에서 망명 중이던 1888년에 고종에게 개화 정책을 담은 건백서를 올렸다. ④ 갑신정변 중 청에 대한 사대 관계 폐지, 인민 평등권 확립 등을 내용으로 하는 개혁 정강이 발표되었다.

오답 거르기 ① 영남 만인소, ② 동학 농민 운동, ③ 임오군란, ⑤ 을미사변 이후의 아관 파천에 대한 설명이다.

01 ③	**02** ③	**03** ②	**04** ②	**05** ①
06 ②	**07** ①	**08** ③	**09** ②	**10** ⑤
11 ①	**12** ③	**13** ④	**14** ⑤	**15** ②
16 ④				

01 제시된 자료는 개항 이후 정부의 개화 정책에 대한 반발로 위정척사 운동이 일어나고 임오군란이 발생하는 등 갈등이 고조되자 고종이 1882년에 내린 교서이다. ③ 고종은 교서에서 서양의 종교는 배척해야 하지만, 그들의 기계는 본받아야 한다는 동도서기론의 논리로 개화 정책을 반대하는 세력의 주장을 반박하였다.

오답 거르기 ① 흥선 대원군의 통상 수교 거부 정책, ② 을미의병, ④ 문명 개화론의 입장에 있는 급진 개화파의 주장, ⑤ 위정척사 사상을 가진 유생의 움직임과 관련된다.

02 제시된 자료에서 개화 정책을 총괄하기 위해 1880년에 설치되었고, 그 밑에 12사가 있었다는 내용을 통해 밑줄 그은 '이 기구'는 통리기무아문임을 알 수 있다. ③ 통리기무아문은 1881년 신식 군대인 별기군을 창설하고, 중앙군인 5군영을 무위영과 장어영의 2영으로 축소하였다.

오답 거르기 ①, ⑤ 제2차 갑오개혁, ② 대한 제국 황실, ④ 경복궁 중건 비용을 마련하기 위한 흥선 대원군의 정책에 해당한다.

03 제시된 자료의 (가) 사절단은 학생과 기술자를 인솔하여 청으로 갔다는 내용을 통해 영선사임을 알 수 있고, (나) 사절단은 미국에 전권대신으로 파견되어 신임장을 제출하였다는 내용을 통해 보빙사임을 알 수 있다. ② 1881년 청에 파견된 영선사는 근대 무기 제조 기술을 습득하여 귀국 후 근대 무기 공장인 기기창을 설치하는 데 주도적인 역할을 하였다.

오답 거르기 ① 2차 수신사로 간 김홍집, ③ 조선 성종 때의 신숙주, ④ 역관으로 통상 개국론을 주장한 오경석, ⑤ 1881년 일본에 파견된 조사 시찰단에 대한 설명이다.

04 제시된 자료에서 암행어사를 임명하면서 일본의 사정을 알아보라고 한 내용을 통해 1881년에 파견된 조사 시찰단에 대한 내용임을 알 수 있다. ② 당시 위정척사 운동이 전개되면서 정부의 개화 정책에 대한 반발이 컸기 때문에 고종은 부득이 암행어사 형식으로 몰래 조사 시찰단을 파견할 수밖에 없었다.

오답 거르기 ① 1882년, ③ 1895년의 을미사변, ④ 1884년의 갑신정변, ⑤ 1868년의 상황이다.

05 제시된 자료는 제2차 수신사로 일본에 갔던 김홍집이 가져

온 『조선책략』을 정부가 유포하자, 이만손 등 영남 유생들이 이를 비판하면서 올린 만인소 내용이다. 황준헌의 말을 좇아 러시아 오랑캐를 막겠다고 미국 오랑캐를 불러들여서야 되겠느냐는 것이다. ① 미국과 조약 체결 움직임에 대한 반발에도 불구하고 정부는 이를 탄압하고 조·미 수호 통상 조약을 체결하였다.

오답 거르기 ② 1871년의 신미양요, ③ 1875년의 운요호 사건, ④ 1866년의 병인양요에 해당한다. ⑤ 영남 만인소의 배경에 해당한다.

06 제시된 자료는 최익현이 올린 상소문으로, 왜인과 양적 즉 일본과 서양이 같다는 왜양일체론을 내세워 일본과 강화를 맺어서는 안 된다고 주장하였다. ② 1876년 강화도 조약의 체결을 전후하여 최익현을 비롯한 유생들은 일본과의 수교를 반대하는 개항 반대론을 주장하였다. 신미양요는 1871년, 통리기무아문 설치는 1880년의 사실이다.

07 제시된 지도에서 군민이 민겸호의 집과 일본 공사관을 습격하였고, 명성 황후가 충주 방향으로 피신하였으며, 일본 공사관도 제물포 방향으로 피신한 내용을 통해 (가) 사건이 1882년에 일어난 임오군란임을 알 수 있다. ① 임오군란이 일어나자 고종의 요청으로 다시 집권한 흥선 대원군은 통리기무아문과 별기군을 폐지하고, 5군영을 복구하는 등 개화 정책을 중단하였다.

오답 거르기 ② 1884년의 갑신정변, ③ 세도 정치 시기인 1862년, ④ 일제 강점기인 1925년, ⑤ 1866년 병인양요 때의 사실이다.

08 제시된 조약은 조·청 상민 수륙 무역 장정으로, 제1조는 청의 북양 대신과 조선 국왕의 위치를 대등하게 규정하고 있고, 제2조는 조선에서 중국 상무위원의 치외 법권을 인정하고 있어 조선을 청의 속국으로 취급하는 불평등한 내용을 담고 있음을 알 수 있다. ③ 청은 군대를 보내 1882년 임오군란을 진압한 후 조·청 상민 수륙 무역 장정을 강요하여 청 상인의 내륙 진출을 지원함으로써 경제적 침략을 강화하였다.

오답 거르기 ① 1885년, ② 1895년, ⑤ 1875년의 사실이다. ④ 시전 상인들의 철시 투쟁은 조·청 상민 수륙 무역 장정의 영향에 해당한다.

09 제시된 자료는 홍영식이 주관한 우정국 낙성연에 참가한 민영익이 칼에 맞아 쓰러지고, 왕이 경우궁으로 옮겼으며, 일본 공사가 호위하였다는 내용으로 1884년의 갑신정변을 다룬 기사임을 알 수 있다. ② 급진 개화파가 주도한 갑신정변은 3일 천하로 끝났다. 일본은 정변의 책임을 조선 측에 돌리며 배상금 지불, 공사관 신축비 보상 등을 요구하였고, 조선은 이를 받아들여 한성 조약을 체결하였다.

오답 거르기 ① 을사의병, ③ 동학 농민 운동, ④ 임오군란, ⑤ 철종 때 일어난 진주 농민 봉기에 대한 설명이다.

10 제시된 자료는 조선의 자주독립과 근대 국가 건설을 목표로 급진 개화파가 우정총국 개국 축하연을 이용하여 정변을 일으켰으나 3일 만에 끝난 갑신정변에 관한 것임을 보여 준다. ⑤ 갑신정변을 계기로 청과 일본은 톈진 조약을 체결하여 조선에서 양국의 군대를 철수하고, 앞으로 조선에 군대를 파견할 때 상대국에 미리 알리도록 하였다.

오답 거르기 ① 제2차 갑오개혁, ② 제1차 갑오개혁, ③ 독립 협회의 활동, ④ 대한 제국의 광무개혁에 대한 설명이다.

11 제시된 자료는 윤치호가 쓴 갑신정변이 일어난 둘째 날의 일기로, 어젯밤 정변이 일어나 많은 사람이 피살되었다는 소식을 전하고 있다. 갑신정변은 김옥균을 중심으로 한 급진 개화파가 일으켰다. ① 급진 개화파는 임오군란 이후 청의 내정 간섭이 심해지고 있었기 때문에 정변을 일으켜 청과의 사대 관계에서 벗어나려고 하였다.

오답 거르기 ②, ③, ④ 임오군란에 대한 설명이다. ⑤ 동학 농민 운동에서 전주 화약 이후의 상황에 해당한다.

12 제시된 자료에서 영국이 불법으로 점령하였고, 영국군 묘가 있다는 내용을 통해 해당 지역이 거문도이고, 밑줄 그은 '이 사건'은 영국의 거문도 불법 점령 사건임을 알 수 있다. ③ 갑신정변 이후 한반도를 둘러싸고 청과 일본, 영국과 러시아가 각축을 벌이는 상황에서, 1885년 영국은 러시아의 남하를 견제하기 위해 거문도를 불법 점령하였다.

13 제시된 자료에서 개국 기원 사용, 연좌제 폐지, 조혼 금지, 과부 재가 허용, 노비 제도 혁파 등을 의안으로 하고 있는 것을 통해 군국기무처가 의결하였음을 알 수 있다. ④ 정부는 동학 농민 운동의 농민군과 전주 화약을 체결한 후 교정청을 설치하여 개혁을 추진하였다. 그러나 일본은 경복궁을 점령한 후 김홍집 내각을 세워 교정청을 폐지하고 군국기무처를 설치한 후 제1차 갑오개혁을 추진하였다.

오답 거르기 ① 신민회의 활동, ② 중추원 관제, ③ 통리기무아문, ⑤ 비변사에 대한 설명이다.

14 김홍집과 박영효의 연립 내각이 주도한 개혁은 제2차 갑오개혁이다. 고종은 종묘에 나가 국정 개혁의 기본 강령이라고 할 수 있는 홍범 14조를 반포하였다. ⑤ 제2차 갑오개혁에서 고종은 국민 교육을 위한 교육 입국 조서를 반포하였고, 이에 따라 한성 사범 학교, 소학교, 외국어 학교 관제 등이 마련되었다.

오답 거르기 ①, ③ 대한 제국의 광무개혁, ② 조·청 상민 수륙 무역 장정 체결 이후 외국 상인의 내륙 침투에 맞선 일부 상인들의 노력,

④ 정부가 1881년에 추진한 개화 정책에 해당한다.

15 제시된 자료의 (가)는 일본이 명성 황후를 시해한 1895년 8월의 을미사변이고, (나)는 고종이 러시아 공사관으로 처소를 옮긴 1896년 2월의 아관 파천이다. ② 을미사변 이후 다시 구성된 친일 내각은 태양력 사용, 단발령 실시 등을 내용으로 하는 을미개혁을 추진하였다. 고종은 아관 파천 이후 단발령을 철회하였다.

오답 거르기 ① 1894년의 제1차 갑오개혁, ③ 1894년 5월, ⑤ 1876년, 1880년, 1882년의 사실이다. ④ 군국기무처는 1894년 6월에 설치되어 제1차 갑오개혁을 추진하였으나, 제2차 갑오개혁이 추진되면서 1894년 11월에 폐지되었다.

16 제시된 자료는 일본 자객들이 왕후를 죽이고 시신을 불에 태웠다는 내용으로 1895년의 을미사변에 대한 기록임을 알 수 있다. ④ 청·일 전쟁에서 승리한 일본이 청으로부터 랴오둥반도를 획득하였다가 삼국 간섭으로 되돌려 주었다. 이에 조선은 러시아를 이용하여 일본의 간섭을 막으려고 하였다. 그러자 일본이 배일 정책의 배후로 명성 황후를 지목하고 무참히 살해하였다. 을미사변 이후 신변에 불안을 느낀 고종은 러시아 공사관으로 처소를 옮기는 아관 파천을 단행하였다.

03 구국 민족 운동의 전개

닮은꼴 예상 문제 168~169쪽

01 ⑤　　**02** ④

01 제시된 자료에서 장성 황룡촌 전투, 전녹두 등을 통해 (가)는 동학 농민 운동임을 알 수 있다. 전녹두는 전봉준을 가리킨다. ⑤ 농민군이 황룡촌 전투에서 승리하고 전주성까지 점령하자, 정부는 청에 원병을 요청하였고 일본도 군대를 파견하였다. 이에 농민군은 정부와 전주 화약을 맺고 전라도 각 지역에 집강소를 설치하여 폐정 개혁안을 실천해 나갔다.

오답 거르기 ① 임오군란과 갑신정변, ②, ③ 흥선 대원군의 통상 수교 거부 정책, ④ 갑신정변에 대한 설명이다.

02 제시된 자료는 1897년에 고종이 을미사변 이후 러시아 공사관에서 자신의 심정을 밝히며 여론을 따르기로 하였다는 내용이다. '왕에 오른 지 34년'은 아관 파천 시기인 1897년을 가리키고, '변'은 을미사변을 가리킨다. ④ 고종은 1897년 러시아 공사관에서 1년 만에 경운궁으로 환궁하여 황제 즉위식을 거행하고 대한

제국의 수립을 선포하였다.

오답 거르기 ① 1896년. ② 관민 공동회가 열린 1898년. ③ 제2차 갑오개혁이 추진된 1894년. ⑤ 1907년의 상황과 관련 있다.

기출 및 예상 문제

170~171쪽

01 ⑤   **02** ③   **03** ②   **04** ③   **05** ③
06 ⑤   **07** ④   **08** ①

01 제시된 자료의 공초는 죄인을 심문한 내용을 기록한 문서로, 일본 군사가 궁궐을 침범하여 재차 기포하였다는 내용을 통해 (가) 인물은 동학 농민 운동을 주도한 전봉준임을 알 수 있다. ⑤ 1894년 9월, 일본군의 경복궁 침략에 맞서 다시 봉기한 동학 농민군은 서울을 향해 북상하다가 공주 우금치에서 일본군과 정부군을 상대로 치열하게 싸웠지만 패배하였다.

오답 거르기 ① 1905년 이후 최익현, 신돌석 등. ② 1896년 서재필. ③ 1876년 강화도 조약 체결을 반대한 최익현. ④ 1908년 이인영, 허위 등에 대한 설명이다.

02 제시된 자료는 동학 관련 판결 선고문으로, 무장 봉기에서 시작된 제1차 농민 봉기의 내용을 담고 있어, 밑줄 그은 '피고'는 전봉준임을 알 수 있다. 안핵사 이용태의 탄압에 분노한 전봉준은 손화중, 김개남과 합세하여 무장에서 봉기한 후 고부, 태인, 원평, 금구 등지로 기세를 몰아갔다. ③ 고부의 동학 지도자였던 전봉준은 고부 군수 조병갑의 탐학에 분노한 농민들을 모아 봉기하였다.

오답 거르기 ① 최익현 등 양반 유생. ② 안중근. ④ 최시형. ⑤ 대한 독립군의 홍범도 등에 대한 설명이다.

03 ① 전봉준은 동학 농민 운동의 핵심 지도자, ③ 공주 우금치는 동학 농민군이 패배한 마지막 전투, ④ 백산은 동학 농민군이 제1차 봉기를 하면서 4대 강령을 발표한 곳, ⑤ 전주성은 전주 화약이 체결된 곳으로, 모두 동학 농민 운동과 관련된 답사지이다. ② 항파두리는 고려 시대 삼별초 부대가 몽골에 맞서 제주도에서 싸웠던 항전 거점이다.

04 제시된 자료에서 만민 공동회, 관민 공동회, 황국 협회의 습격 등을 통해 (가) 단체는 독립 협회임을 알 수 있다. ③ 독립 협회는 국정 자문 기관인 중추원이 의회 기능을 일부 수행할 수 있도록 중추원 관제를 개편하려고 하였다. 고종도 이를 받아들여 새로운 중추원 관제를 반포하였으나, 보수파 관료들의 반발로 성과를 거두지 못하였다.

오답 거르기 ① 대한 자강회. ② 보안회. ④ 신민회. ⑤ 대한민국 임시 정부에 대한 설명이다.

05 제시된 자료에서 협회를 만들어 독립이라는 말을 널리 알리려고 한다는 내용을 통해 (가) 단체는 독립 협회임을 알 수 있다. 자료가 실린 『대조선 독립 협회 회보』는 독립 협회가 창간한 잡지이다. ③ 독립 협회는 시민들의 정치 참여를 이끌어 내기 위해 종로에서 민중 대회인 만민 공동회를 개최하였다.

오답 거르기 ① 신민회. ② 신간회. ④ 보안회. ⑤ 민립 대학 설립 기성회에 대한 설명이다.

06 제시된 자료에서 미국에 초대 주미 공사로 임명되었다는 내용을 통해 (가) 인물은 박정양임을 알 수 있다. 박정양은 1889년에 귀국한 후 1896년에 의정부 참정이 되었다. ⑤ 독립 협회가 1898년 10월, 정부 대신들을 참여시킨 관민 공동회를 열었을 때 참정 박정양도 함께하면서 헌의 6조 등 정치 개혁을 약속하고 중추원 관제 개편을 추진하였다.

오답 거르기 ① 신민회의 안창호. ② 유길준. ③ 양기탁. ④ 이상설, 이준, 이위종에 대한 설명이다.

07 제시된 자료는 고종이 1898년 관민 공동회의 헌의 6조를 수용한 이후 보수적 관료들이 '독립 협회가 황제를 폐위하고 공화국을 세우려 한다.'라고 모함하자 독립 협회를 해산하고 독립 협회에 협조한 대신들을 파면시키라는 내용이다. ④ 고종은 독립 협회를 해산시킨 후 곧바로 법규 교정소를 설치하여 1899년 대한국 국제를 제정하였다.

오답 거르기 ①, ③ 1894년의 제1차 갑오개혁. ⑤ 1895년의 을미개혁과 관련된다. ② 독립문은 1897년에 완공되었다.

08 제시된 자료에서 새로운 연호를 선포하였고, 황제 직속의 원수부가 설치되었다는 내용을 통해 (가)는 대한 제국임을 알 수 있다. 새로운 연호는 '광무'이다. ① 대한 제국은 광무개혁을 추진하면서 양전 사업을 실시하고, 토지 소유자에게 토지 소유권을 보장하는 문서인 지계를 발급하였다.

오답 거르기 ② 1883년. ③ 1894년의 제1차 갑오개혁. ④, ⑤ 제2차 갑오개혁의 내용이다.

04 일본의 침략 확대와 국권 수호 운동

닮은 꼴 예상 문제

176~177쪽

01 ②   **02** ①

01 (가)는 1904년 일본의 기습 공격으로 시작된 러 · 일 전쟁과 1905년 을사늑약 체결 사이에 있었던 사실이다. ② 러 · 일 전쟁에서 전세가 일본에게 유리해지자 일본은 1904년 제1차 한 · 일 협약 체결을 강요하여 메가타를 재정 고문, 스티븐스를 외교 고문으로 파견하여 고문 정치를 하였다. 한편, 전쟁 중 미국은 가쓰라 · 태프트 밀약, 영국은 제2차 영 · 일 동맹으로 일본의 한국 독점권을 인정하였다.

오답 거르기 ㄴ은 1907년, ㄹ은 1909년의 사실이다.

02 제시된 자료는 한국이 헤이그 만국 평화 회의에 참석하려고 하였으나 외교권이 없다는 이유로 거절당하자, 각국 기자단이 모인 자리에서 일본의 한국 침략 상황을 폭로하였다는 내용이다. ① 한국의 외교권을 박탈한 을사늑약이 체결되자 고종은 조약의 부당함을 국제 사회에 알리기 위해 특사를 파견하였으나, 특사는 외교권이 없다는 이유로 회의 참석조차 할 수 없었다.

오답 거르기 ② 1885년, ③, ⑤ 헤이그 특사 사건 이후인 1907년, ④ 1908년 1월에 있었던 사실이다.

기출 및 예상 문제 178~181쪽

01 ④	02 ⑤	03 ②	04 ④	05 ③
06 ①	07 ④	08 ④	09 ⑤	10 ④
11 ②	12 ①	13 ③	14 ②	15 ④
16 ⑤				

01 제시된 자료에서 이토 등이 무력으로 조약을 강요하여 통감을 임명하고 외교권을 양도하게 하였다는 내용을 통해 을사늑약 체결 이후 고종이 독일의 도움을 요청하며 보낸 전보임을 알 수 있다. ④ 고종은 을사늑약의 부당함을 세계에 알리고 열강의 지원을 얻기 위해 1907년 헤이그에서 열린 만국 평화 회의에 특사를 파견하였다.

오답 거르기 ① 1904년 러 · 일 전쟁이 일어나기 직전, ② 러 · 일 전쟁 중인 1905년 7월, ③ 러 · 일 전쟁 중인 1904년 8월에 맺은 제1차 한 · 일 협약의 내용, ⑤ 러 · 일 전쟁이 시작한 직후인 1904년 2월의 사실이다.

02 제시된 자료에서 한 · 일 의정서 체결과 우리나라의 국외 중립 선언을 통해 밑줄 그은 '전쟁'은 1904~1905년에 전개된 러 · 일 전쟁임을 알 수 있다. ⑤ 러 · 일 전쟁 중 일본은 미국과 가쓰라 · 태프트 밀약(1905. 7.), 영국과 제2차 영 · 일 동맹(1905. 8.)을 맺어 한국에 대한 지배를 승인받았다.

오답 거르기 ① 1899년, ② 1894년, ③ 1896년, ④ 러 · 일 전쟁이 끝난 이후인 1905년 11월의 사실이다.

03 제시된 첫 번째 자료는 한국의 백성은 일본의 한국 지배를 환영한다면서 일제의 한국 침략을 옹호하는 내용이고, 두 번째 자료는 전명운과 장인환이 샌프란시스코에서 일으킨 의거 내용이다. 따라서 (가) 인물은 스티븐스임을 알 수 있다. ② 스티븐스는 1904년 제1차 한 · 일 협약에 따라 대한 제국의 외교 고문으로 부임하여 활동하였던 친일 미국인이다.

오답 거르기 ① 미국인 헐버트, 길모어 등, ③ 독일인 묄렌도르프, ④ 부들러, ⑤ 미국인 알렌에 대한 설명이다.

04 제시된 자료는 장지연이 『황성신문』에 게재한 '시일야방성대곡'으로 을사늑약에 서명한 정부 대신을 규탄하는 내용이다. 을사늑약이 체결되자 이에 분노하여 자결, 상소, 언론의 반일 논설, 의병 항쟁, 5적 처단을 위한 자신회 결성, 고종의 헤이그 특사 파견 등 거센 저항이 이어졌다. ④ 유인석은 을미사변과 단발령에 항거하여 1896년 의병을 일으켰다.

05 제시된 자료는 이번 소란이 8월 20일 사변에 대한 울분 때문에 일어난 줄 알고 있으므로 이미 반역자를 법으로 처단하였고, 나머지도 다스릴 것이니 그만하라는 고종의 의병 해산 조칙이다. '8월 20일 사변'은 1895년의 명성 황후 시해 사건 즉 을미사변을 가리킨다. ③ ㉠은 을미의병으로 춘천에서 의병을 일으킨 이소응 등 위정척사 사상을 가진 유생들이 주도하였다.

오답 거르기 ① 1893년 동학 지도자의 복합 상소, ② 을사의병의 신돌석, ④ 1907년 대한 자강회 등의 활동, ⑤ 군대 해산 이후 정미의병에 대한 설명이다.

06 제시된 자료는 충북 제천에서 의병을 일으킨 유인석의 위패를 모신 자양영당을 소개하는 내용이다. ① 유인석은 명성 황후 시해와 단발령 시행에 항거하여 1896년 1월, 국모의 원수를 갚자는 기치 아래 의병을 일으켰다.

오답 거르기 ② 을사의병, ③, ④ 정미의병, ⑤ 독립 의군부의 활동에 해당한다.

07 제시된 자료는 최익현과 임병찬이 태인에서 의병을 일으켜 정읍 방면으로 향했다는 기사이다. ④ 을사늑약 이후 전국적으로 수많은 의병이 항일 투쟁에 나섰다. 최익현은 제자 임병찬 등과 함께 1906년 전북 태인에서 봉기하여 일대를 장악해 나갔다. 그러나 순창에서 체포되어 쓰시마섬에 끌려가 순국하였다. 한 · 일 의정서는 1904년, 군대 해산은 1907년의 사실이다.

08 제시된 자료에서 한 · 일 신협약과 군대 해산에 반발하여 결성되었다는 것과 각지의 유생 의병장이 결성한 의병 부대라는 내용을 통해 (가)는 정미의병의 13도 창의군임을 알 수 있다. ④ 13

도 창의군은 경기 양주에 집결하여 총대장으로 이인영, 군사장으로 허위를 선출하고 서울 진공 작전을 전개하였으나, 우세한 화력의 일본군에게 가로막히고 말았다.

오답 거르기 ① 홍범도의 대한 독립군 등, ② 대한민국 임시 정부, ③ 을미의병, ⑤ 독립 의군부에 대한 설명이다.

09 제시된 자료는 전국의 의병 연합 부대인 13도 창의군이 서울 진공 작전을 폈으나 일본군의 공격으로 실패하였다는 내용이다. ⑤ 정미 7조약(한·일 신협약)의 부수 각서에 따라 해산된 군인들이 의병에 가담하면서 의병의 전투력이 강화되었다. 이에 따라 13도 창의군이 결성되어 1908년 1월 서울 진공 작전을 전개하게 되었다.

10 제시된 자료는 캐나다 출신 신문 기자인 맥켄지가 1907년 8월 군대 해산 직후 경기도 양평에서 직접 의병들을 만난 뒤 남긴 생생한 기록이다. 맥켄지는 이때 만난 의병들을 본문의 사진으로 남겼다. 본문 내용에 '한국 정규군의 구식 제복을 입고 있었고'라는 표현을 통해서도 (가)가 정미의병임을 알 수 있다. ④ 한·일 신협약에 따라 행정 각부의 차관으로 일본인이 임명되었다. 한·일 신협약을 체결하면서 대한 제국의 군대가 해산되었다.

오답 거르기 ① 1898년, ② 1894년, ③ 1919년 이후, ⑤ 1883년의 모습이다.

11 제시된 자료에서 하얼빈 의거로 뤼순 감옥에 수감되었다는 내용을 통해 (가) 인물은 안중근임을 알 수 있다. ② 안중근은 1909년 만주 하얼빈 역에서 을사늑약의 주역인 이토 히로부미를 사살하였다.

오답 거르기 ① 이봉창, ③ 전명운, 장인환, ④ 이재명, ⑤ 윤봉길에 대한 설명이다.

12 제시된 자료는 일본 사람이 청구한 황무지 개간을 정부가 허가하면 안 된다는 내용이다. 따라서 밑줄 그은 '중요한 일'은 일본의 황무지 개간권 요구 반대 운동을 가리킨다. ① 보안회는 일본의 황무지 개간권 요구를 저지하기 위해 1904년 7월 서울 종로 백목전에서 송수만, 심상진 등을 중심으로 하여 창립된 단체로, 일본의 요구를 철회시키는 데 성공하였다.

오답 거르기 ② 한·일 신협약은 1907년에 체결되었다. ③ 1896년에 창간된 『독립신문』은 1899년에 폐간되었다. ④ 의열단의 활동 지침이 되는 조선 혁명 선언은 1923년에 작성되었다. ⑤ 조·일 통상 장정은 1883년에 체결되었다.

13 제시된 자료에서 월보를 발행하였고, 고종 강제 퇴위 반대 운동을 펴다 해산되었다는 내용을 통해 (가) 단체는 대한 자강회임을 알 수 있다. ③ 대한 자강회는 헌정 연구회를 계승하여 1906

년에 창립된 단체로, 교육과 산업 진흥 등 실력 양성을 통한 국권 수호 운동을 전개하였다.

오답 거르기 ① 독립 의군부, ②, ⑤ 신민회, ④ 신간회에 대한 설명이다.

14 제시된 자료에서 이승훈, 안창호 등이 조직하였고, 서간도에 무관 학교를 설립하였으며, 기회가 되면 독립 전쟁을 벌여 국권을 회복하고자 하였다는 내용을 통해 밑줄 그은 '이 단체'는 신민회임을 알 수 있다. ② 신민회는 서간도(남만주) 삼원보에 독립운동 기지를 건설하고 신흥 강습소를 운영하는 등 독립 전쟁을 준비하였으나, 일제가 날조한 105인 사건으로 해체되었다.

오답 거르기 ① 동아일보, ③ 한인 애국단, ④ 대한민국 임시 정부, ⑤ 독립 의군부에 대한 설명이다.

15 제시된 자료는 1909년 일제가 청과 체결한 간도 협약으로, 밑줄 그은 '이들 지방'은 간도를 가리킨다. 일제는 간도 협약을 맺어 남만주 철도 부설권을 얻는 대가로 간도를 청의 영토로 인정하였다. ④ 대한 제국은 1903년 이범윤을 간도 관리사로 임명하는 한편, 간도를 함경도의 행정 구역으로 편입하였다.

오답 거르기 ① 독도가 일본 영토가 아니라는 근거, ② 도쿄, ⑤ 독도에 해당한다. ③ 연해주에서 결성된 대한 광복군 정부는 제1차 세계 대전이 일어나자 러시아에 의해 해산되었다.

16 제시된 자료에서 1906년 일본 배가 울릉도에 와서 독도가 일본 영토가 되었다고 말하자 울릉 군수가 이를 보고하였고, 이에 대해 중앙 정부가 근거 없는 것이라고 답변하고 있는 내용을 통해 (가) 섬은 독도임을 알 수 있다. 일본은 1905년에 독도를 무주지라고 하면서 자국 영토에 불법 편입하였다. ⑤ 대한 제국은 1900년에 칙령 제41호를 통해 독도가 우리 영토임을 분명히 하였다.

오답 거르기 ① 제주도, ② 진도, ③ 강화도, ④ 절영도에 대한 설명이다.

05 개항 이후 경제와 사회의 변화

닮은꼴 예상 문제   184~185쪽

01 ④   **02** ④

01 제시된 자료는 청국 상인이 궁벽한 촌락까지도 장날이면 찾아온다는 내용이다. ④ 1882년 체결한 조·청 상민 수륙 무역 장

정으로 청 상인의 내지 통상권 등이 인정되면서 청 상인의 내륙 진출이 본격화되었다.

오답 거르기 ① 황국 중앙 총상회는 시전 상인들이 외국 상인의 침투에 대항하기 위해 1898년에 결성한 단체이다. ② 공인은 대동법 실시에 따라 등장한 어용상인이다. ③ 신해통공은 정조 때 육의전을 제외한 시전 상인의 금난전권을 폐지한 조치이다. ⑤ 중국이 청·일 전쟁에서 패배하면서 청 상인의 활동이 위축되었다.

02 제시된 자료는 함경도 관찰사 조병식이 기축년(1889년)에 흉년이 들자 조·일 통상 장정을 근거로 원산항을 통한 콩의 해외 반출을 금지하는 방곡령 시행과 그 과정에 관한 내용을 상소로 올린 글이다. ④ 일본으로의 곡물 유출에 흉년까지 들자 함경도와 황해도 등의 지방관들이 방곡령을 내렸다.

오답 거르기 ① 조선 후기, ② 1883년의 조·일 통상 장정 체결 이전, ③ 조선 세종 때인 1426년, ⑤ 1920년대 이후의 사실이다.

기출 및 예상 문제

186~187쪽

01 ③	**02** ②	**03** ①	**04** ②	**05** ⑤
06 ⑤	**07** ⑤	**08** ④		

01 제시된 도표는 개항장에서 일본인 무역 상인과 조선 상인의 거래가 이루어지고 있음을 보여 주는 것으로, 일본 상인이 내륙으로 진출할 수 없었던 시기의 모습이다. ③ 1876년 강화도 조약의 부속 조약으로 체결된 조·일 수호 조규 부록에 따라 개항장에서 일본 화폐를 사용할 수 있었다.

오답 거르기 ① 1920년대, ② 1908년, ④ 신라, ⑤ 조선 시대의 모습이다.

02 제시된 지도는 개항 이후부터 일제 강점기에 이르기까지 경제 활동과 관련된 지역을 표시한 것이다. ② 황국 중앙 총상회는 1898년 서울의 시전 상인들이 외국 상인의 국내 진출을 막고 시전 상인들의 권익과 상권을 지키기 위해 결성한 단체로, 독립 협회와 함께 상권 수호 운동을 전개하였다.

오답 거르기 ① 목포 앞에 있는 섬 암태도, ③ 대구, ④ 평양, ⑤ 진주에서 있었던 사실이다.

03 제시된 자료는 독립 협회가 외부대신에게 절영도 조차 건을 공개적으로 묻는 내용의 기사로, (가) 국가는 러시아임을 알 수 있다. 러시아가 1897년 함대의 연료 보급을 위해 절영도에 석탄고(석탄 저장 창고) 설치를 요구하였다. 이에 국내에서 거센 반대 여론이 일어나고, 독립 협회는 본격적으로 반대 운동을 벌였다. 결국 러시아는 요구를 철회하였다. ① 러시아는 1896년 두만강, 압

록강, 울릉도의 삼림 채벌권을 차지하였다.

오답 거르기 ②, ③ 일본, ④ 미국, ⑤ 청에 대한 설명이다.

04 제시된 자료는 화폐 정리 사업에 대한 내용으로, 우리나라의 백동화를 일본 제일 은행에서 발행한 화폐로 바꾸게 한 것이다. 그 결과 우리나라 상공업자들과 민간 은행들이 큰 타격을 입었다. ② 화폐 정리 사업은 제1차 한·일 협약에 따라 대한 제국의 재정 고문이 된 메가타의 주도로 1905년부터 시행되었다.

오답 거르기 ① 화폐 정리 사업으로 백동화를 발행하던 전환국이 폐지되었다. ③ 은본위제는 제1차 갑오개혁 때 실시되었다. ④ 황국 중앙 총상회는 상권 수호 운동을 전개하였다. ⑤ 함경도 방곡령은 1889년에 선포되었다.

05 제시된 자료는 아관 파천 이후 열강의 경제 침탈과 이에 맞선 경제적 구국 운동을 정리한 것이다. ⑤ ㄷ. 1904년 일제가 황무지 개간권을 요구하자, 보안회가 결성되어 이를 철회시켰다. ㄹ. 1907년 일본에 진 빚을 국민이 금주, 금연 등에 의해 모은 성금으로 갚자는 국채 보상 운동이 전개되었다.

오답 거르기 ㄱ. 대동 상회, 장통 상회 등은 개항장의 객주 등 일부 상인이 동업하여 세운 회사이다. ㄴ. 독립 협회의 반대 운동으로 러시아의 절영도 조차 요구를 저지시켰다.

06 제시된 자료에서 대략 500만 명의 여자들이 손가락을 속박할 뿐인 반지를 빼서 중대한 일을 성취하자는 주장과 대한매일신보의 기사인 점을 통해 밑줄 그은 '이 중대한 일'은 국채 보상 운동임을 알 수 있다. ⑤ 국채 보상 운동은 일제의 차관 강요로 생긴 대한 제국의 국채를 국민의 성금으로 갚아 경제적 예속에서 벗어나자는 민족 운동이다.

오답 거르기 ① 김대중 정부 시기의 금 모으기 운동이 해당된다. ② 통감부의 탄압으로 실패하였다. ③ 만민 공동회는 1898년에 있었다. ④ 일제 강점기에 일어난 형평 운동에 대한 설명이다.

07 제시된 자료에서 110주년, 단연보국채, 통감부의 탄압 등을 통해 (가)에 들어갈 민족 운동은 1907년 대구에서 시작된 국채 보상 운동임을 알 수 있다. ⑤ 국채 보상 운동은 각종 계몽 단체와 대한매일신보 등 언론 기관이 참여하는 가운데 각계각층의 호응을 받으며 전국으로 확산되었다.

오답 거르기 ①, ②, ③ 물산 장려 운동, ④ 6·10 만세 운동에 대한 설명이다.

08 제시된 자료는 양반 부인인 양성당 이씨와 양현당 김씨가 황성신문에 기고한 글로, 여성들이 교육을 통해 남성과 동일한 지식을 습득하여 동일한 권리를 행사할 수 있음을 강조하는 한국 최초의 여권 선언문으로 '여권 통문'이라고 부른다. 이들의 노력으로

1899년 순성 여학교가 설립되었다. ④ 여권 통문은 1898년 9월에 발표되었다. 대한 제국 수립은 1897년, 을사늑약은 1905년의 사실이다.

06 근대 문물의 수용과 근대 문화의 형성

📖 닮은 꼴 예상 문제   190~191쪽

01 ③   **02** ④

01 제시된 자료에서 박문국을 설치하여 외국 신문을 번역하고 국내의 일까지 기재한다는 내용을 통해 (가) 신문은 한성순보임을 알 수 있다. ③ 정부는 1883년 박문국을 설립하고 한성순보를 발간하였으나, 1884년 갑신정변이 실패한 후 급진 개화파의 주도로 설치된 박문국 역시 공격을 받아 건물과 인쇄 기계가 파괴되었고, 한성순보의 발행도 중단되었다.
오답 거르기 ① 독립신문, ② 만세보, ⑤ 제국신문에 대한 설명이다. ④ 신문지법은 1907년에 제정되었다.

02 제시된 자료에서 외국인 교사 3명을 초빙하고, 좌원과 우원을 설립한다는 내용을 통해 (가) 학교는 육영 공원임을 알 수 있다. 좌원에는 젊은 현직 관리를 학생으로 받고, 우원에는 관직에 아직 나아가지 않은 명문가 자제들을 입학시켰다. ④ 조·미 수호 통상 조약 체결 이후 미국에 보빙사로 다녀온 민영익의 건의에 따라 학교를 세우고, '영재를 육성하는 공립 학교'라는 뜻의 육영 공원으로 이름을 정하였다.
오답 거르기 ① 신흥 강습소(신흥 무관 학교), ② 한성 중학교 등, ③ 이화 학당, ⑤ 원산 학사에 대한 설명이다.

📑 기출 및 예상 문제   192~193쪽

01 ④	**02** ⑤	**03** ④	**04** ⑤	**05** ③
06 ④	**07** ②	**08** ⑤		

01 제시된 자료는 전기거가 아이를 치어 죽여 분노한 인민들이 전기거를 불태웠다는 기사이다. 전기거는 전차를 가리키는 것으로, 1899년 서대문에서 청량리 간 노선이 운행되었다. ① 배재 학당은 1885년 설립, ② 제국신문은 1898~1910년, ③ 독립문은 1897년 완공, ⑤ 명동 성당은 1898년 완공했기 때문에 모두 볼

수 있는 모습이다.
④ 덕수궁 석조전은 1910년에 완공되었기 때문에 1899년에 볼 수 없다.

02 제시된 자료의 (가)는 덕원부의 원산사에 학교를 설치하였다는 내용을 통해 원산 학사가 설치된 1883년의 기사이고, (나)는 경인 철도 개업 예식을 어제 거행하였다는 내용을 통해 1899년의 기사임을 알 수 있다. ① 전신선 가설은 1884년 이후, ② 이화 학당은 1886년 이후, ③ 제중원은 1885년 이후, ④ 한성 전기 회사 창립은 1898년에 볼 수 있는 모습이다. ⑤ 『대한매일신보』는 1904년에 창간되었기 때문에 (나) 이후의 사실이다.

03 제시된 자료에서 다른 신문과 달리 의병에 대해 우호적인 기사를 싣고, 일본인의 악행을 게재하였다는 내용을 통해 밑줄 그은 '이 신문'이 대한매일신보임을 알 수 있다. 대한매일신보는 영국인 베델이 운영자였기 때문에 치외 법권의 혜택을 누리며 일제의 침략 행위를 폭로할 수 있었다. ④ 신채호가 쓴 「독사신론」은 1908년 대한매일신보에 연재되었다.
오답 거르기 ① 동아일보, ② 독립신문, ③ 한성주보, ⑤ 황성신문에 대한 설명이다.

04 제시된 자료는 제2차 갑오개혁이 추진되던 1895년 2월에 고종이 반포한 교육 입국 조서로 국민 교육의 중요성을 강조하였다. ⑤ 교육입국 조서 반포 이후 정부는 한성 사범 학교, 외국어 학교, 각 동별 소학교 등을 건립하였다.
오답 거르기 ① 1883년, ② 1886년, ③ 1881년, ④ 1880년의 사실이다.

05 제시된 자료에서 『이순신전』, 『을지문덕전』 등의 전기와 「독사신론」을 저술하였다는 내용을 통해 밑줄 그은 '그'는 신채호임을 알 수 있다. ③ 신채호는 「독사신론」을 통해 민족을 역사 서술의 주체로 설정함으로써 민족주의 사학의 연구 방향을 제시하였다.
오답 거르기 ① 안국선, ② 이승훈, ④ 최남선, ⑤ 박은식에 대한 설명이다.

06 제시된 자료에서 한글을 사랑하고 『국어문법』 등을 저술하였다는 내용을 통해 주시경에 대한 내용임을 알 수 있다. ④ 대한 제국은 한글의 체계적인 연구를 목적으로 학부 아래 국문 연구소를 설립하였는데, 주시경은 이곳에서 국문 정리와 철자법 등을 연구하였다. '한글'이라는 이름을 만든 사람도 주시경이다.
오답 거르기 ①, ②, ③ 일제 강점기에 창설된 조선어 연구회와 이를 계승한 조선어 학회의 활동이다. ⑤ 이극로, 이윤재, 최현배, 한징 등이 조선어 학회 사건으로 옥고를 치렀다.

07 제시된 자료에서 다른 이름이 나인영이고, 을사 5적을 주살하려다 실패하였다는 내용 등을 통해 나철에 대한 내용임을 알 수 있다. ② 나철은 1909년 단군 신앙을 받드는 대종교를 창설하였다. 국권 피탈 후 대종교는 교단을 간도 지역으로 옮기고 무장 독립 투쟁에 앞장섰다.

오답 거르기 ① 천도교, ③ 개신교, ④ 한용운의 활동, ⑤ 천주교와 관련된다.

08 제시된 자료의 1908년 서울 종로에 세워진 한국 최초의 서양식 극장은 원각사이다. ⑤ 원각사에서는 「은세계」, 「치악산」과 같은 신극이 공연되었고, 변사가 이야기를 풀어 가는 활동 사진이 상영되기도 하였다.

오답 거르기 ① 1885년 광혜원(제중원), ② 1926년 단성사, ③ 1927년 청년 회관, ④ 1897년 환구단에서 행해졌다.

V. 일제 식민지 지배와 독립운동

01 일제의 식민지 지배 정책

📖 닮은 꼴 예상 문제   198~199쪽

01 ②   **02** ①

01 제시된 자료는 1910년에 반포된 회사령이다. 일제는 조선 총독에게 회사 설립에 관한 허가와 해산 권한을 부여함으로써 한국인의 기업 설립을 억제하고 일본인 기업의 산업 독점을 지원할 수 있었다. 회사령은 1920년에 폐지되었다. ② 일제는 1912년 조선 태형령을 제정하여, 헌병 경찰이 즉결 심판을 통해 태형을 집행할 수 있었다.

오답 거르기 ① 일제 강점기 이전, ③ 1898년, ④ 1929년, ⑤ 1930년대의 모습이다.

02 제시된 자료에서 '학도 보국 근로령'을 적용하여 학생들이 학교에 나오지 않고 현장에서 군수 산업과 관련된 노동을 하게 되었다는 내용을 통해 1940년대 상황임을 알 수 있다. 일제는 1941년 국민학교령에 이어 1943년에는 제4차 조선 교육령을 발표하여 학교를 전시 체제로 만들었다. 이에 따라 학교는 교련 교육과 전시에 필요한 노동력을 공급하는 곳으로 전환되었다. ① 제복을 입고 칼을 찬 교사는 1910년대에 볼 수 있는 모습이다.

🌿 기출 및 예상 문제   200~201쪽

01 ④   **02** ⑤   **03** ③   **04** ②   **05** ②
06 ⑤   **07** ④   **08** ④

01 제시된 자료는 1912년에 공포되고 1920년에 폐지된 조선 태형령이다. 한국인에게만 적용되었던 태형은 공포의 대상이었다. ④ 1910년대 일제는 군대 경찰인 헌병이 일반 경찰 업무까지 담당하는 헌병 경찰 제도를 시행하였다.

오답 거르기 ① 대한 제국의 광무개혁, ② 1925년, ③ 1938년, ⑤ 1932~1940년의 사실이다.

02 제시된 자료는 1910년대 일제의 통치 내용을 정리한 것으로, (가)에 들어갈 내용은 1910년대의 사회 모습이다. ⑤ 조선 총독부는 1911년에 제1차 조선 교육령을 제정하였다. 이는 보통 교육과 실업 교육에 치중하면서 일본어를 보급하는 데 중점을 두었으며, 보통학교 수업 연한은 일본의 6년보다 짧은 4년으로 규정하였다.

오답 거르기 ① 1968년, ② 1924년, ③ 1895년, ④ 1941년의 사실이다.

03 제시된 자료는 1919년 9월, 조선 총독으로 부임한 사이토 마코토가 조선 통치의 근본을 '문화 통치'로 변경하겠다고 선언한 유고이다. 유고란 국가의 정책을 일반에게 알리는 것을 말한다. 무단 통치라는 방식으로는 더 이상 한국을 안정적으로 통치할 수 없다는 점을 판단한 것이다. ③ 이에 따라 1920년 『조선일보』와 『동아일보』의 창간을 허용하였고, 지방 제도를 개편하여 도 평의회와 부·면 협의회 등을 설치하였다.

오답 거르기 ㄱ. 민족 말살 통치기인 1937년, ㄹ. 무단 통치기인 1910년의 사실이다.

04 제시된 자료에서 친일 단체를 조직하고 지방 유지들에게 각종 편의를 제공한다는 내용을 통해 일제가 3·1 운동 이후 실시한 이른바 문화 통치 정책임을 알 수 있다. ② 일제는 1920년대 이른바 문화 통치를 실시하면서 친일파를 육성하는 한편, 1925년 치안 유지법을 제정하여 일본에 협조하지 않는 세력 즉 사회주의 운동, 민족 운동 등에 대해서는 철저히 탄압하였다.

오답 거르기 ①, ③, ④, ⑤ 1910년대 무단 통치기의 정책이다.

05 제시된 자료는 1920년대 쌀 생산량, 일본 반출량과 함께 한국인 1인당 쌀 소비량을 표시한 도표인데, 1인당 소비량이 점차 줄고 있는 것을 알 수 있다. 이는 증산량보다 반출량이 크기 때문이다. ② 일제는 일본의 쌀 부족 문제를 해결하기 위해 한국에서 쌀 생산량을 늘려 일본으로 가져가기 위한 산미 증식 계획을 추진하였다.

오답 거르기 ① 광복 이후 이승만 정부 시기, ③ 1930년대, ④ 1910년대, ⑤ 1940년대의 상황과 관련된다.

06 제시된 자료는 1941년에 제정된 국민학교령이다. 소학교라는 명칭을 '황국 신민의 학교'라는 의미에서 국민학교로 바꾸어 침략 전쟁을 뒷받침할 수 있는 국민을 양성해 내는 교육이 목표임을 분명히 하였다. ⑤ 일제는 한국 여성을 군수 공장 등에 강제 동원하기 위해 1944년 여자 정신 근로령을 제정하였다.

오답 거르기 ① 1929년, ② 1910년대, ③ 1927년, ④ 1929년의 모습이다.

07 제시된 자료의 몸뻬, 국민복은 1940년대의 복장이다. 전시 체제가 되면서 일제는 노동에 적합한 간편 복장을 보급시켰는데, 이에 따라 남자는 한복이나 양복 대신 국방색 국민복, 여자는 치마 대신 일본 농촌 여성의 작업복인 몸뻬라는 바지가 유행하였다. ④ 1938년에 제정된 국가 총동원법에 근거하여 미곡과 금속 등을

공출하였다.

오답 거르기 ① 대한 제국 말기, ②, ⑤ 1910년대, ③ 1920년대의 정책이다.

08 제시된 자료에서 태평양 전쟁, 애국반, 징병제 등의 내용을 통해 밑줄 그은 '시기'는 1940년대임을 알 수 있다. 태평양 전쟁은 1941년에 시작되었고, 애국반은 1938년부터 조직되었으며, 징병제는 1943년에 공포되어 1944년부터 실시되었다. ④ 전시 체제 하에서 노동력이 부족해지자 일제는 1944년 여자 정신 근로령을 공포하여 한국 여성들까지 전쟁 수행을 위한 노역에 동원하였다.

오답 거르기 ① 1920년, ② 1912~1920년, ③ 1910~1918년, ⑤ 1911년의 사실이다.

02 3·1운동과 대한민국 임시 정부

📖 닮은 꼴 예상 문제   206~207쪽

    01 ⑤   **02** ②

01 제시된 자료에서 조선의 독립국 선언과 공약 3장 등을 통해 1919년 3·1 운동 때 발표된 독립 선언서임을 알 수 있다. ⑤ 3·1 운동이 일어나기 전인 1919년 2월 8일, 일본 도쿄에 있는 유학생들이 조선 청년 독립단의 이름으로 2·8 독립 선언을 하였다. 이는 곧장 국내의 민족 지도자와 학생들에게 알려져 3·1 운동이 일어나는 계기가 되었다.

오답 거르기 ① 1923년, ② 1929년 ③ 1925년, ④ 1923년의 사실이다.

02 제시된 자료에서 1923년에 국내외 대표들이 모여 회의를 하였고, 창조파와 개조파로 맞섰다는 내용을 통해 (가)는 국민 대표 회의임을 알 수 있다. ② 1920년대 초 연통제와 교통국이 일제의 삼엄한 감시망에 발각되어 모두 와해되고, 신채호 등은 이승만이 미국 대통령에게 우리나라를 국제 연맹에 위임 통치하도록 요청한 사실을 들어 임시 정부의 해산을 요구하는 상황에서 국민 대표 회의가 개최되었다.

오답 거르기 ㄴ. 윤봉길 의거는 1932년에 거행되었다. ㄹ. 국민 대표 회의가 결렬된 후 1925년에 국무령제로 개편되었다.

🌾 기출 및 예상 문제   208~209쪽

  01 ④   **02** ⑤   **03** ①   **04** ③   **05** ⑤
  06 ⑤   **07** ⑤   **08** ②

01 제시된 자료에서 부호들에게 자금을 요구하였고, 주범이 박상진이라는 내용을 통해 (가) 단체는 1915년에 결성된 대한 광복회임을 알 수 있다. ④ 박상진을 총사령으로 하여 결성된 대한 광복회는 만주에 군관 학교를 설립하여 독립군을 양성하고 전쟁을 통해 독립을 달성하려고 하였다.

오답 거르기 ① 독립 협회, ② 동아일보, ③ 독립 의군부, ⑤ 대한민국 임시 정부에 대한 설명이다.

02 제시된 자료에서 박상진, 김한종이 주도하였고, 풍기 광복단과 조선 국권 회복단의 일부 인사들이 1915년에 결성하였다는 내용을 통해 (가) 단체는 대한 광복회임을 알 수 있다. ⑤ 대한 광복회는 의병 전쟁과 계몽 운동에 참여하였던 두 세력이 모여 조직한 단체로, 공화 정부 수립을 목표로 하였다.

오답 거르기 ① 의열단, ② 독립 의군부, ③ 신민회, ④ 독립 협회에 대한 설명이다.

03 제시된 자료에서 국권 피탈 직후 이회영 일가가 이주하여 삼원보에 터를 잡고 신흥 강습소를 설립하였다는 내용을 통해 (가) 지역은 남만주(서간도)임을 알 수 있다. ① 이회영 형제 등 신민회 회원들은 1911년 삼원보에 터를 잡고 경학사를 만들었다. 이어 부민단으로 개편하여 자치 기관으로 삼고 신흥 강습소를 세워 독립군을 양성하였다.

오답 거르기 ② 하와이, ③ 미주, ④ 일본, ⑤ 연해주에서 있었던 민족 운동이다.

04 제시된 자료는 만주와 연해주 지역에서의 독립운동을 지도로 표시한 것으로, (가)는 연해주의 블라디보스토크이다. ③ 한민 학교는 1912년 권업회가 주관하여 블라디보스토크의 신한촌에 세운 4년제 한인 학교이다.

오답 거르기 ① 일본 도쿄, ② 서울(한성), ④ 일본 도쿄, ⑤ 남만주(서간도)의 삼원보에서 전개되었다.

05 제시된 자료에서 민족 대표들이 태화관에 모였다는 것, 독립 선언서, 탑골 공원, 대한 독립 만세 등을 통해 1919년에 일어난 3·1 운동에 대한 내용임을 알 수 있다. ⑤ 제1차 세계 대전이 끝난 후 평화 원칙으로 제시된 윌슨의 민족 자결주의와 1919년 도쿄에서 일어난 2·8 독립 선언 등을 배경으로 3·1 운동이 일어났다.

오답 거르기 ㄱ. 1926년의 6·10 만세 운동, ㄴ. 1927년의 신간회의 결성 배경이다.

06 제시된 자료에서 민족 대표들과 학생들이 독립 선언서를 낭독하면서 시작된 민족 운동으로, 대도시에서 중소 도시, 농촌으로 확산되는 전개 과정을 통해 (가) 운동은 3·1 운동임을 알 수

있다. ⑤ 3·1 운동이 일어나자 일제는 더 이상 무단 통치와 같은 강압적인 통치 방법으로는 한국을 통치할 수 없다는 것을 깨닫고 이른바 문화 통치를 실시하였다.

오답 거르기 ① 1896년, ② 1912년, ③ 1914년, ④ 1907년의 사실로 모두 3·1 운동 이전에 해당된다.

07 제시된 자료에서 청사가 상하이에 있었고, 임시 의정원 등이 있는 것을 통해 (가)는 대한민국 임시 정부임을 알 수 있다. ⑤ 대한민국 임시 정부는 군자금을 마련하기 위하여 국외 동포에게 독립 공채를 발행하고 의연금을 거두었고, 연통제를 통해 국내외를 연결하였다.

오답 거르기 ㄱ. 조선 의용대는 1938년 김원봉 주도로 결성한 단체이다. ㄴ. 신흥 무관 학교는 서간도의 신흥 강습소를 계승하여 1919년에 설립된 독립군 양성 학교이다.

08 제시된 자료는 대한민국 임시 정부의 헌정 체제 변화를 보여주는 것이다. ② 1923년 국민 대표 회의가 성과 없이 끝나자 대한민국 임시 정부는 이승만 대통령을 탄핵하고 박은식을 제2대 대통령으로 선출하였다. 박은식은 1925년 제2차 개헌을 통해 대통령제를 내각 중심의 국무령제로 바꾸고 대통령직에서 물러났다.

03 무장 독립 전쟁의 전개

📖 **닮은 꼴 예상 문제** 214~215쪽

01 ②   02 ④

01 제시된 자료의 (가)는 조선 민흥회의 결성 선언문이다. 조선 민흥회는 1926년 조선 물산 장려회 중심의 민족주의 세력과 서울 청년회를 중심으로 하는 사회주의 계열이 제휴하여 결성한 민족 협동 전선 운동 단체이다. (나)는 1931년에 비타협적 민족주의 계열의 대표 인물인 안재홍이 신간회 해소론을 비판하는 글이다. ② 1924년 창립된 조선 노농 총동맹은 1927년 조선 농민 총동맹과 조선 노동 총동맹으로 분화·결성되었다.

오답 거르기 ① 치안 유지법은 1925년 제정되었다. ③ 암태도 소작 쟁의는 1923~1924년까지 이어졌다. ④ 조만식이 평양에서 조선 물산 장려회를 조직한 것은 1920년이다. ⑤ 대한 광복회는 의병 계열의 풍기 광복단과 대구에서 조직한 애국 계몽 운동 계열의 조선 국권 회복단의 일부가 연합하여 1915년 박상진, 김좌진을 중심으로 조직되었다.

02 제시된 자료에서 윤세주, 이성우 등과 의열단 조직, 난징에 조선 혁명 간부 학교 설립, 조선 민족 전선 연맹 및 조선 의용대 결성 등을 통해 (가) 인물이 김원봉임을 알 수 있다. ④ 김원봉은 1935년 7월 5일, 한국 독립당·의열단·신한 독립당·조선 혁명당·미주 대한인 독립당 등 5당 대표와 난징에서 민족 혁명당을 결성하였다. 민족 혁명당은 임시 정부 옹호를 주장하던 한국 독립당계 일부 인사들이 불참하였으나, 거의 모든 독립운동 정당·단체들을 망라함으로써 민족 연합 전선적 성격을 지니게 되었다.

오답 거르기 ① 의열단 김원봉의 의뢰로 신채호가 작성하였다. ② 여운형이 건국 준비 단체로 1944년 국내에 조직한 것이다. ③ 김규식에 해당한다. ⑤ 김구에 해당한다.

기출 및 예상 문제

216~219쪽

01 ④	**02** ③	**03** ②	**04** ④	**05** ②
06 ②	**07** ③	**08** ②	**09** ②	**10** ③
11 ②	**12** ①	**13** ⑤	**14** ②	**15** ③
16 ①				

01 제시된 내용에서 순종의 인산일을 기회로 전개되었다는 점과 시내 곳곳에서 만세 시위를 전개하였다는 점을 통해 밑줄 그은 '이 운동'은 1926년에 전개되었던 6·10 만세 운동임을 알 수 있다. ④ 1926년 4월, 순종이 사망하자 사회주의 계열, 민족주의 계열, 학생층 등이 만세 시위를 계획하였다. 준비 과정에서 일부 세력의 움직임이 발각되어 학생 중심의 만세 시위가 전개되었다. 그러나 사회주의 계열과 민족주의 계열은 이때의 협력 경험을 바탕으로 서로 단결할 수 있는 토대를 마련하여 국내에서 민족 유일당 운동이 전개되는 계기가 되었다.

오답 거르기 ① 미쓰야 협정은 1925년 만주 군벌과 총독부 사이에 체결되었다. ② 신간회는 1927년 결성되어 광주 학생 항일 운동 때 조사단을 파견하였다. ③『대한매일신보』에 의해 확산된 운동으로는 국채 보상 운동이 있다. ⑤ 1931년부터 전개된 브나로드 운동에 해당한다.

02 제시된 회고록의 내용에서 박기옥의 댕기를 잡고 장난을 친 일본인 학생, 나주역 광장, 한국인 학생과 일본인 학생의 충돌 등을 통해 해당 사건이 광주 학생 항일 운동(1929)의 발단이 된 사건임을 알 수 있다. ③ 경찰과 교육 당국이 일본인 학생만 두둔하는 모습을 보이자 광주 지역 학생들은 각 학교 도서회를 중심으로 일제의 민족 차별 중지와 식민지 교육 철폐를 요구하며 궐기하였다. 광주 학생 시위 소식을 들은 서울의 청년 단체들은 이를 전국의 청년·학생 단체와 연락하여 전국 각지 학생들의 시위를 이끌어 냈다.

오답 거르기 ① 1926년 6·10 만세 운동에 해당한다. ②, ⑤ 1919년의 3·1 운동에 해당한다. ④ 조선 노동 총동맹은 1927년 결성되었다.

03 제시된 자료에서 광주에서 일어난 학생들 사건에 긴급 조사 보고를 지령하였다는 점, 구금된 학생들의 석방 교섭을 위해 노력했다는 점 등에서 (가) 단체가 광주 학생 항일 운동 당시 진상 조사단을 파견하였던 신간회임을 알 수 있다. ② 신간회는 비타협적 민족주의 세력과 사회주의 세력이 연합하여 이념과 노선의 차이를 극복하려는 민족 유일당으로 창립한 단체이다(1927).

오답 거르기 ① 김원봉이 1919년 만주 지린에서 조직한 의열단에 해당한다. ③ 신간회가 해소된 다음 민족주의 우파 계열에서 조선학 운동을 전개하였다. ④ 대한민국 임시 정부에 해당한다. ⑤ 비밀 결사로 조직된 신민회에 해당한다.

04 제시된 자료 (가)는 이광수가 한국인에게 독립의 역량이 없음을 전제로 일본 지배를 받아들이면서 제한적인 자치 운동을 펼쳐야 한다고 주장한 「민족적 경륜」의 일부 내용이다. (나)는 사회주의 계열의 사상 단체인 정우회가 1926년 경제 투쟁에서 정치 투쟁으로의 전환, 비타협적 민족주의 세력과의 제휴 등을 내용으로 발표한 정우회 선언의 일부 내용이다. ④ 일부 민족 운동 세력이 자치론을 주장하며 일제에 타협적인 태도를 보이자, 비타협적 민족주의자들은 이들에 반대하면서 사회주의자들과 연대하여 민족 운동을 강화하고자 하는 민족 협동 전선을 모색하였다.

오답 거르기 ① 1920년대 사회주의 사상이 확산되면서 1925년 조선 공산당이 결성되었다. ② 사회주의 사상을 막고 독립운동을 탄압하기 위해 치안 유지법(1925)을 제정하였다. ③ 식민지 수탈과 차별 교육에 대한 반발 등으로 일어났다. ⑤ 농민 운동과 노동 운동이 확산되는 과정에서 결성되었다.

05 제시된 자료에서 일왕의 행렬에 수류탄을 투척하였다는 점과 천장절 기념식장에 폭탄을 투척하여 다수의 일본 군부 및 정계 요인에게 부상을 입혔다는 점 등을 통해 전자는 이봉창 의거(1932), 후자는 윤봉길 의거(1932)에 대한 설명임을 알 수 있다. ② 이봉창과 윤봉길은 한인 애국단 소속이었다. 한인 애국단은 김구의 주도로 상하이에서 조직되었다.

오답 거르기 ① 한인 애국단은 1931년 창설되었다. ③ 의열단에 해당한다. ④ 의열단에 해당하며 김익상은 1921년 조선 총독부, 김상옥은 1923년 종로 경찰서에 폭탄을 던졌다. ⑤ 신민회에 해당한다.

06 제시된 자료에서 1921년에 조선 총독부에 폭탄을 투척하였다는 점 등을 통해 해당 인물은 김익상이며 그가 속한 단체는 의열단임을 알 수 있다. 의열단은 1919년 김원봉, 윤세주 등이 만주 지린에 결성한 의열 단체이다. ② 의열단은 이후 조직적 무장

정답과 해설 • **43**

투쟁을 전개하기 위해 난징에 조선 혁명 간부 학교를 설립하였다. 1935년에는 민족 혁명당 결성에 참여하였다.

오답 거르기 ①, ③ 김구가 중심이 되어 조직한 의열 단체로는 한인 애국단(1931)이 있다. 윤봉길은 한인 애국단의 단원으로 상하이 훙커우 공원 의거를 감행하였다. ④ 임병찬이 조직한 독립 의군부에 해당한다. ⑤ 일부 신민회 회원들이 설립한 신흥 강습소가 발전한 것이다.

07 제시된 자료에서 대한 독립군 총사령관이었다는 점, 소련의 강제 이주 정책으로 연해주에서 중앙아시아 지역으로 이주했다는 점 등을 통해 (가) 인물이 홍범도임을 알 수 있다. ③ 홍범도는 대한 독립군을 이끌고 최진동의 군무 도독부군과 안무의 국민회군 등과 함께 일본군을 봉오동 골짜기로 유인하여 무찔렀다. 이를 봉오동 전투라고 한다.

오답 거르기 ① 신민회는 안창호, 양기탁, 전덕기, 이동휘 등이 중심 인물이었다. 홍범도는 신민회가 결성될 무렵에 갑산·삼수 등지에서 의병 투쟁을 전개하였다. ② 여운형이 국내에서 1944년 결성하였다. ④ 신민회 회원이었던 이회영 등이 설립하였다. ⑤ 박은식이 저술하였다.

08 제시된 자료에서 백운평 너른 평야와 어랑촌 등지에서 6일에 걸친 대전투가 벌어졌다는 점을 통해 해당 전투가 청산리 전투임을 알 수 있다. 청산리 전투(1920. 10.)는 김좌진이 이끄는 북로 군정서군과 홍범도가 이끄는 대한 독립군 등 여러 독립군 부대가 연합하여 큰 승리를 거둔 전투이다. ② 봉오동 전투와 청산리 전투에서 패한 일본군은 이에 대한 보복으로 간도에 사는 한인 마을을 초토화하고 학살하는 간도 참변(경신 참변, 1920)을 일으켜 한인들이 큰 피해를 입었다.

오답 거르기 ㄴ. 만주 사변은 1931년에 일어났다. ㄹ. 만주 사변 이후 조선 혁명군이 중국 의용군과 연합하여 영릉가, 흥경성 전투 등지에서 승리를 거두었다.

09 제시된 대화에서 연길 일대에서 일어난 조선인 학살 사건, 청산리 전투 패배 후의 일본군의 만행 등을 통해 밑줄 그은 '이 사건'이 간도 참변(경신 참변, 1920)임을 알 수 있다. ② 봉오동 전투와 청산리 대첩에서 대패한 일본군은 독립군의 근거지를 없앤다는 명분으로 간도의 한인 촌락을 습격하여 한인을 학살하고, 가옥, 학교, 교회 등에 불을 질렀다. 1920년 10월부터 1921년 봄까지 행해진 일본군의 만행으로, 어린이와 부녀자를 비롯하여 수많은 민간인이 학살당하였다. 따라서 (나)에 해당한다.

10 제시된 자료 (가)의 참의부 결성 후 또 다른 대한 통의부 인사와 군정서, 광정단 등이 화뎬현에 모여 결성했다는 점을 통해 1924년 결성한 정의부임을 알 수 있다. (나)의 북로 군정서의 김좌진과 소련에서 탈출한 독립군이 중심이 되었다는 점을 통해

1925년 북만주에서 결성한 신민부임을 알 수 있다. ③ 참의부, 정의부, 신민부의 3부가 만주에서 결성된 후 3부 통합 운동이 전개되었다. 그러나 완전한 통합은 이루어지지 않았고 국민부와 혁신 의회로 나뉘었다. 따라서 신민부의 구성원 일부는 혁신 의회 결성에 참여하였다.

오답 거르기 ① 만주의 한국 독립군에 해당한다. ② 참의부에 해당한다. ④ 정의부에 해당한다. ⑤ 청산리 전투는 1920년, 정의부와 신민부의 결성은 1924년, 1925년에 있었다.

11 제시된 자료에서 총사령 지청천이 이끌었다는 점과 길림 자위군과 연합하여 쌍성보에서 만주국 군대를 격파하였다는 점 등을 통해 밑줄 친 '이 부대'는 한국 독립군임을 알 수 있다. ② 한국 독립군은 만주 사변 이후 중국군과 연합하여 일본군을 상대로 쌍성보 전투 뿐만 아니라 대전자령 전투에서도 승리를 거두었다.

오답 거르기 ① 만주에서 활동하던 동북 인민 혁명군에 해당한다. ③ 간도 참변(1920)을 겪은 후 독립군 부대는 밀산에 집결하여 자유시로 이동하였다. ④ 김좌진이 이끈 북로 군정서군으로 포함한 독립군 조직에 해당한다. ⑤ 조선 혁명군에 해당한다.

12 제시된 자료에서 만주 점령 후 총사령관에 양세봉이 선출되었다는 점, 중국인 무장 부대와 연합 활동을 통해 수많은 전과를 올렸다는 점 등을 통해 (가)는 조선 혁명군임을 알 수 있다. ① 조선 혁명군은 남만주의 국민부를 지원하는 군사 조직으로 만들어져 만주 사변 이후 흥경성 전투, 영릉가 전투 등에서 승리를 거두었다.

오답 거르기 ② 혁신 의회 산하의 군대 조직은 한국 독립군이다. 조선 혁명군은 국민부와 관련이 있다. ③ 조선 의용군에 해당한다. ④ 청산리 전투 이후 독립군은 북쪽으로 이동해 북만주의 밀산에 집결하여 자유시로 이동하였다. ⑤ 의열단은 1920년대 중반 개별 투쟁의 한계를 느끼고 조직적 무장 투쟁을 위해 활동 노선의 변화를 꾀하면서 단원들을 황푸 군관 학교에 입교시켰으며, 1932년 난징에 중국 국민당의 지원을 받아 조선 혁명 간부 학교를 세웠다.

13 제시된 자료에서 1938년 조선 민족 전선 연맹 산하에 조직된 군사 조직으로 우한에서 창설되었다는 점을 통해 (가)는 조선 의용대임을 알 수 있다. ⑤ 조선 의용대는 김원봉을 중심으로 중국 관내에서 조직된 최초의 한인 무장 부대였다. 주로 일본군에 대한 심리전이나 후방 공작 활동을 전개하였다.

오답 거르기 ① 남만주에서 활약한 조선 혁명군에 해당한다. ② 대한민국 임시 정부 산하의 한국광복군에 해당한다. ③ 만주 사변 이후 한국 독립군의 활동이다. ④ 간도 참변(1920)을 겪은 후 독립군 부대는 밀산에 집결하여 자유시로 이동하였다.

14 제시된 지도의 이동 경로에서 우한에서 창설, 뤄양에서 일

부는 옌안으로 이동하고, 일부는 충칭으로 이동한 점을 보았을 때 해당 조직은 조선 의용대임을 알 수 있다. 김원봉은 민족 혁명당을 중심으로 중도 좌파의 단체들을 결합시켜 조선 민족 전선 연맹을 결성하였고, 민족 전선은 무장 조직으로서 조선 의용대를 창설하였다(1938). ② 조선 의용대가 선전 활동에 주력하자 대원들의 불만이 고조되었고, 중국 공산당의 대일 항전이 강화되며 내부에서 중국 공산당의 근거지인 화북 지방으로 가자는 주장이 강력히 대두하였다. 결국 화북 지역에서의 무장 투쟁을 요구하던 일부 대원들은 1940년 말부터 이듬해 여름 사이 황허강을 건너 화북으로 이동하였다. 이후 남은 세력은 1942년 김원봉의 지휘로 한국광복군에 합류하였다.

오답 거르기 ① 한국 독립군, 한국광복군 등에 해당한다. ③, ④ 한국 광복군에 해당한다. ⑤ 최진동의 군무 도독부, 안무의 국민회군 등이 해당한다.

15 제시된 자료에서 대한민국 임시 정부 산하에 조직되었다는 점과 충칭에 복원하였다는 점 등을 통해 (가) 군대가 한국광복군임을 알 수 있다. 한국광복군은 1940년 충칭에서 창설되었다. ③ 한국 광복군은 영국군의 요청에 따라 인도·미얀마 전선에 일부 대원을 파견하였으며, 미국 전략 정보국(OSS)와 협력하여 국내 진공 작전을 계획하였다. 하지만 이들이 훈련을 마치고 작전을 실행에 옮기기 직전, 일본이 항복함으로써 작전을 실현할 수 없었다.

오답 거르기 ① 김좌진은 북로 군정서군을 이끌고 청산리 대첩을 승리로 이끌었다. ② 청산리 전투 이후 밀산에 집결했다가 자유시로 이동한 독립군 부대들에 해당한다. ④ 1938년 우한에서 창설된 조선 의용대에 해당한다. ⑤ 지청천이 이끌었던 한국 독립군에 해당한다.

16 제시된 자료에서 한인 정부를 대표하여 대일 선전을 축하하며 한국 전 인민이 추축국에 선전한다는 내용 등을 통해 대한민국 임시 정부의 대일 선전 포고문임을 알 수 있다. ① 대한민국 임시 정부는 충칭에 도착한 직후 한국광복군을 창설하였다(1940). 그리고 국무 위원제를 주석제로 개편하여 김구를 주석으로 하였다. 1942년 중국 군사 위원회의 요구로 조선 의용대는 한국광복군에 합류하게 되었다. 이후 임시 정부의 내각에 한국 독립당과 민족 혁명당의 인사들이 함께 참여하게 되었고 신설된 부주석에 민족 혁명당의 김규식을 선임하였다. 임시 정부는 삼균주의를 이론적 틀로 삼아 정치적으로는 의회주의에 바탕을 둔 민주 공화국 건설, 경제적으로는 대기업의 국영화, 토지의 국유화, 자영농 위주의 토지 개혁 실시 등의 내용을 담은 건국 강령을 발표하였다(1941).

오답 거르기 ㄷ, ㄹ. 조선 의용대 화북 지대에 해당한다.

04 사회·경제적 민족 운동

닮은꼴 예상 문제 222~223쪽

01 ① 02 ③

01 제시된 자료 (가)는 1924년 여러 노동, 농민 운동 단체들이 함께 조선 노농 총동맹을 결성하는 모습을 보여 준다. (나)는 1929년 일어난 원산 총파업의 과정을 보여 준다. ① 1924년 결성된 조선 노농 총동맹이 조선 노동 총동맹(1927)과 조선 농민 총동맹(1927)으로 분리되었다. 조선 노동 총동맹의 지도부는 사회주의계로서 조선 공산당 사건에 연루되어 체포되거나 내부의 분파 대립 등으로 인해 적극적으로 활동하지는 못했다는 한계가 있다.

오답 거르기 ② 백정은 자신들에 대한 차별 대우를 폐지하여 저울처럼 평등한 세상을 만들겠다는 의지를 모아, 1923년 경남 진주에서 조선 형평사를 창립하고 형평 운동을 전개하였다. ③ 1923년 조직된 조선 민립 대학 기성회는 '한민족 1천만이 한 사람이 1원씩'이라는 구호를 내걸고 모금 운동을 전개하였다. ④ 1931년의 평양 고무 공장 파업에서 여성 노동자 강주룡은 임금 삭감에 항의하며, 평양의 을밀대에 올라가 항의 농성을 하였다. ⑤ 『동아일보』는 1931년부터 문맹 퇴치와 미신 타파를 목표로 브나로드 운동을 전개하였다.

02 제시된 지도의 (가)는 용정을 중심으로 한 간도 지역, (나)는 블라디보스토크를 중심으로 한 연해주 지역에 해당한다. ③ 1937년에 소련은 연해주 지역의 한인들을 중앙아시아로 강제 이주시켰다. 당시 한인의 수는 17만여 명으로, 이 가운데 1만여 명이 이주 과정에서 추위와 굶주림 등으로 숨졌다. 오늘날 중앙아시아의 여러 나라에 거주하고 있는 이른바 카레이스키(고려인)들은 강제 이주당한 연해주 이주민들의 후손이다.

오답 거르기 ① 하와이, ② 미주 지역에 해당한다. 미주 지역 교민들이 1909년 결성한 국민회는 이듬해 대한인 국민회로 확대 개편되었다. 대한인 국민회 하와이 지방 총회는 연무부를 두어 군사 훈련을 실시하였는데, 1914년 박용만에 의해 대조선 국민 군단으로 발전하였다. ④ 1923년 일본에서 관동 대지진이 일어나 민심이 동요하자 일본은 사회 불안의 원인을 한국인 탓으로 돌려 한국인들을 학살하였다. 이때 수천 명이 학살된 것으로 추정된다. ⑤ 하와이에 해당한다. 미주로의 한인 이주는 1902년 백여 명이 인천에서 하와이 사탕수수 농장의 노동자로 떠난 것으로 시작되었다.

기출 및 예상 문제 224~225쪽

01 ④ 02 ⑤ 03 ③ 04 ⑤ 05 ④
06 ③ 07 ③ 08 ①

01 제시된 자료에서 일본 측이 일종의 일본 상품 배척 운동으로 간주한다는 점과 사회주의자들이 유산 계급의 이익을 위한 운동이라는 비판을 한다는 점을 통해 (가) 민족 운동은 물산 장려 운동임을 알 수 있다. ④ 물산 장려 운동은 일본 자본이 본격적으로 한국에 진출하고 일본과 한국 사이에 관세가 대부분 철폐되자, 일본 상품이 대량으로 밀려들어오는 상황에서 민족의 경제적 실력 양성을 주장한 운동이다. 이때 '내 살림 내 것으로', '조선 사람 조선 것' 등의 구호를 앞세우며 토산품 애용, 근검저축, 금주·단연 등을 실천하자고 주장하였다.

오답 거르기 ① 물산 장려 운동은 1920년대 전반기에 주로 추진되었으며, 조선 노동 총동맹은 1927년 결성되었다. ② 형평 운동에 해당한다. ③ 1907년에 전개된 국채 보상 운동에 해당한다. ⑤ 농민보다는 한국인 자본가와 언론을 중심으로 전개되었다.

02 제시된 지도의 철로를 감안하면 (가)는 경의선의 종착지인 신의주, (나)는 경인선의 종착지인 인천, (다)는 호남선의 종착지인 목포, (라)는 경부선의 종착지인 부산, (마)는 경원선의 종착지인 원산에 해당한다. ⑤ 1929년 원산에서는 일제 강점기 최대 규모의 노동 쟁의였던 원산 총파업이 일어났다. 1928년 라이징 선석유 회사의 일본인 감독이 한국인 노동자를 구타한 사건에서 발단하여 원산 노동자들의 총파업으로 확산되었고, 4개월 동안이나 지속되었다. 파업 당시 전국 각지에서 성금과 식량이 들어오고 일본, 중국, 소련, 프랑스의 노동자들도 격려 전문을 보내는 등 국제 사회의 주목을 받았다.

오답 거르기 ① 물산 장려 운동은 평양에서 시작되었다. ② 권업회는 연해주 지역 교민의 권익 향상을 위해 결성된 조직으로, 독립운동을 위한 실력 배양과 세력 확대에 힘을 기울여 『권업신문』을 발간하고, 각지에 지부를 두는 등 활발한 활동을 펼쳤으나, 제1차 세계 대전 발발 후 러시아 정부에 의해 강제 해산되었다. ③ 만보산 사건은 만주 지역에서 1931년 7월 한·중 농민 간에 발생한 수로 싸움에서 일본 경찰이 한국 농민을 편들면서 중국 농민에게 발포까지 했는데, 이를 계기로 국내와 만주에서 두 민족 사이에 유혈 충돌이 여러 차례 발생하였다. 그 결과 중국인의 반한 감정이 확산되어 만주 지역의 동포들과 독립군은 활동에 큰 어려움을 겪게 되었다. ④ 조선 형평사는 1923년 진주에서 조직되었다.

03 제시된 자료에서 고등 교육과 최고 학부의 존재가 가장 필요하다고 한 점, 민립 대학의 설립을 제창한다고 한 점 등을 통해 민립 대학 설립 운동에 해당됨을 알 수 있다. ③ 이상재와 이승훈 등이 중심이 된 조선 교육 협회는 민립 대학 설립 운동을 시작하여 1923년 조선 민립 대학 기성회를 만들고, '한민족 1천만이 한 사람이 1원씩'이라는 구호를 내걸고 모금 운동을 전개하였다.

오답 거르기 ① 근우회는 1927년에 조직되었다. ② 5·4 운동은 1919년에 일어났으므로 영향을 줄 수 없다. ④ 방정환 등이 중심이

된 소년 운동에 해당한다. ⑤ 1931년부터 전개된 브나로드 운동에 해당한다.

04 제시된 포스터와 표어에서 '브나로드'라는 구호가 나오고 있으며 오른쪽의 『동아일보』 기사에도 학생들에게 민중의 계몽자가 될 것을 독려하고 있다는 것을 통해 관련 민족 운동이 브나로드 운동임을 알 수 있다. ⑤ 브나로드 운동은 『동아일보』가 1931년부터 1934년까지 매년 여름마다 '힘써 배우자! 아는 것이 힘이다!', '배우자! 가르치자! 다 함께 브나로드!' 등의 구호를 내걸고 학생들을 통해 전개한 계몽 운동이었다. 이 운동은 국어 보급, 위생 의식과 협동조합에 관한 지식을 전파하고 민족애를 고취하기 위한 계몽 운동과 문화 운동으로 전개되었다. 1935년 조선 총독부의 금지령으로 중단되었으며, 언론사가 주도하고 학생들이 적극 참여하였다.

오답 거르기 ① 신간회는 1927년 창립되어 1931년 해소되었다. 신간회가 브나로드 운동을 적극 지원할 상황이 아니었다. ② 광주 학생 항일 운동은 1929년에 일어났다. ③ 민립 대학 설립 운동은 1920년대 전반, 브나로드 운동 시작 전에 추진되었다. ④ 민립 대학 설립 운동에 해당한다. 경성 제국 대학은 1924년 설립되었다.

05 제시된 자료는 1931년 평양의 평원 고무 공장 노동자 강주룡의 을밀대 고공 농성을 보여 준다. ④ 공황을 맞아 1930년 8월 초 평양 고무 공업 조합이 종래 임금의 17% 삭감을 노동자들에게 일방적으로 통고하자, 노동자들은 일제와 결탁한 자본가들을 비판하며 반대 투쟁을 일으켰고 평원 고무 공장 여공들은 단식 투쟁을 벌였다. 이를 주도하던 강주룡은 일본 경찰에 쫓겨 을밀대에 올라가 무산자의 단결과 노동 생활의 참상을 호소하였다.

오답 거르기 ① 강주룡의 투쟁은 1931년, 조선 노동 총동맹 결성은 1927년에 있었다. ② 원산 총파업은 1929년 일어났다. ③ 『대한매일신보』는 1904년부터 1910년까지 존속하였다. ⑤ 형평 운동에 해당한다.

06 제시된 자료에서 '근우(槿友)'라는 잡지명과 여성에 대한 차별 철폐, 여성의 경제적 이익 옹호 등의 구호 등을 통해 해당 단체가 근우회임을 알 수 있다. ③ 근우회는 김활란, 유영준 등이 중심이 되어 여성 단체를 통합하여 1927년 결성한 단체이다. 여성 노동자의 이익 옹호와 신생활 개선 운동을 전개하며 잡지 『근우』를 발간하였으며, 60여 개의 지회를 설립하여 강연회, 토론회, 강좌 등을 통한 선전과 계몽 활동을 전개하였다. 나아가 노동과 농민 여성의 조직화, 여학생 운동을 전개하기도 하였다. 신간회가 해소되면서 근우회도 함께 해체되었다.

오답 거르기 ① 여성에 대한 차별 철폐와 봉건적 인습 타파 등을 위해 노력하였으나, 여성의 참정권 확대 운동을 전개한 것은 아니었다. ② 조선 여성 동우회는 사회주의 계열의 여성 운동 단체로 1924년

결성되었다. ④ 근우회는 1927년, 조선 형평사는 1923년 설립되었다. ⑤ 여권통문은 1898년 북촌 양반 여성들이 여학교 설치를 주장한 것이다.

07 제시된 자료에서 '형평사 창립 대회'라는 문구 등을 통해 밑줄 그은 '이 운동'이 형평 운동임을 알 수 있다. ③ 백정은 자신들에 대한 사회적 차별을 폐지하여 저울처럼 평등한 세상을 만들겠다는 의지를 모아, 경남 진주에서 조선 형평사를 창립하고 형평 운동을 전개하였다(1923).

오답 거르기 ① 천도교의 활동에 해당한다. ② 민립 대학 설립 운동에 해당한다. ④, ⑤ 1919년의 3·1 운동에 해당한다.

08 제시된 자료에서 소년들이 이 일을 깨닫고 씩씩하게 자라나야 한다는 것을 강조한 점, 소년 운동의 뜻을 알고 살리자 등의 구호를 통해 해당 운동이 1920년대 전개된 소년 운동임을 알 수 있다. ① 천도교 청년회에서 소년부를 설치하면서 소년 운동이 본격화되었다. 방정환, 김기전 중심의 천도교 소년회에서는 1922년 5월 1일을 '어린이날'로 지정하고 1923년 잡지 『어린이』를 발간하였다. 더불어 어린이를 대상으로 하는 동화회, 토론회, 등산회, 운동회, 전람회 등의 행사를 개최하였다. 한편, 『어린이』의 성공으로 이후 수 많은 어린이 잡지가 창간되었다.

오답 거르기 ㄷ. 최남선이 잡지 『소년』을 창간한 것은 1908년이며, 소년 운동은 1920년대 전개되었다. ㄹ. 『대한매일신보』는 1904년 창간되어 1910년까지 발행된 신문이다. 『대한매일신보』의 지원으로 전국적으로 확산된 운동은 국채 보상 운동이다.

⑤ 민족 문화 수호 운동

닮은꼴 예상 문제   228~229쪽

01 ①   **02** ②

01 제시된 자료에서 국어를 상용하지 않는 자의 보통 교육을 하는 학교가 별도로 명시되어 있으며, 보통학교의 수업 연한이 6년인 점 등을 통해 해당 교육령이 1922년 발표된 제2차 조선 교육령임을 알 수 있다. 이 교육령은 1938년 제3차 조선 교육령이 나올 때까지 적용되었다. ① 단성사에서 영화 『아리랑』을 개봉한 시기는 1926년이다. 『동아일보』에 심훈의 소설 『상록수』가 연재된 시기는 1935년이었다.

오답 거르기 ㄷ. 1940년대의 상황이다. 1939년 일본은 본토에서 국민 징용령을 반포하였고, 조선에서는 모집의 형식을 빌려 민간 노동력의 동원을 시작하였다. 또 만 20세가 되는 청년들을 우선 전선에 동원하는 징병제가 조선에서도 실시되어 1945년 전쟁이 끝날 때까지 수만여 명의 청년들이 전쟁에 끌려 나갔다. 1944년 일제는 조선에서도 징용제를 실시하였고, 여자 정신 근로령을 공포하여 남녀를 불문하고 후방의 병참 지원 인력으로 동원하였다. ㄹ. 양기탁이 영국인 베델과 함께 창간했던 『대한매일신보』(1904∼1910)는 일제의 침략상을 폭로하여 국민들의 항일 의식을 높이는 데 기여하였다.

02 제시된 자료에서 '얼'을 강조하고 있는 것을 통해 민족주의 사학자 정인보의 글임을 알 수 있다. ② 정인보는 유학자 출신으로 양명학에 정통하였으며, '얼' 사상을 내세웠다. 신채호의 민족주의 역사학을 계승·발전시켜 『5천년간 조선의 얼』, 『조선사연구』 등을 저술하였다. 그리고 광개토 대왕릉비 비문에 대한 일제의 왜곡을 지적하며 새로운 해석을 제시하기도 하였다. 조선학 운동은 1934년 정인보, 문일평, 안재홍 등 민족주의 사학자들이 정약용 서거 99주년을 기념하여 『여유당전서』를 간행하는 과정에서 제창한 것이다.

오답 거르기 ① 이병도, 손진태 등은 문헌 고증을 통해 우리 역사를 객관적으로 서술하려는 실증 사학을 정립하고 1934년 진단 학회를 조직하고 『진단 학보』를 발행하여 자신들의 연구 성과를 알렸다. ③ 박은식은 1910년대 중국으로 망명하여 근대 이후 일본의 침략 과정을 서술한 『한국통사』를 지었으며, 3·1 운동 직후에는 한국 독립 운동의 과정을 서술한 『한국독립운동지혈사』를 지었다. ④ 신채호는 『조선사연구초』와 『조선상고사』를 저술하여 우리 민족 고유의 문화적 전통과 자주적 역사관을 강조하였다. ⑤ 백남운에 해당한다.

기출 및 예상 문제   230~231쪽

01 ⑤	**02** ④	**03** ⑤	**04** ④	**05** ④
06 ③	**07** ③	**08** ②		

01 제시된 자료의 밑줄 그은 '이 사건'은 일장기 말소 사건(1936)에 해당한다. ⑤ 조선어 학회 사건은 1942년에 일어났다. 조선어 학회 사건은 1942년, 영생 여자 고등보통학교 학생들이 우리말로 대화를 나누었다는 혐의로 경찰에 잡혀간 일에서 시작되었다. 일제 경찰은 한글 연구 단체인 조선어 학회를 독립운동의 배후로 간주하여 이극로, 정인승 등 조선어 학회 회원들을 체포하는 등 탄압하였다. 체포된 인사들 가운데 이윤재와 한징은 고문과 굶주림을 이기지 못하고 숨졌다.

오답 거르기 ① 1924년, ② 1925년, ③ 1926년, ④ 1927년에 해당한다.

02 제시된 대화에서 한국 고대사 관련 6편의 논문으로 구성된 『조선사 연구초』를 저술했다는 점에서 (가) 학자는 신채호임을 알 수 있다. ④ 대표적 민족주의 역사학자였던 신채호는 「독사신론」을 발표하여 역사 서술의 주체를 민족으로 설정하고, 중국 중심의 역사 인식과 일본에 의한 한국 고대사 왜곡을 강력히 비판하였다. 또한 신채호는 독립운동가로서 이승만의 위임 통치 청원서 제출 사실을 들어 임시 정부 및 임시 의정원의 해산을 요구하였다. 아울러 새로운 독립운동의 지도 기관을 세우기 위한 국민 대표 회의 소집을 요구하기도 하였다.

오답 거르기 ① 이승만, 박은식에 해당한다. 박은식은 이승만 탄핵 후 임시 정부의 제2대 대통령에 추대되었다. 그러나 그는 대통령제를 내각 중심의 국무령제로 바꾸고 1925년 8월 사임하였다. ② 이광수에 해당한다. 이광수는 1922년 「민족 개조론」, 1924년 「민족적 경륜」을 발표하여 당장 일본과 싸워 독립을 얻는 것은 불가능하므로 자치나 참정권을 획득하는 것을 목표로 해야 한다고 주장하였다. 이것은 일제로부터의 완전 독립을 포기하는 것이었기 때문에 당시에도 많은 비난을 받았다. ③ 정인보에 해당한다. ⑤ 사회 경제 사학을 연구하여 『조선 사회 경제사』, 『조선 봉건 사회 경제사』를 저술한 백남운에 해당한다.

03 제시된 자료에서 손병희가 동학을 발전시킨 종교라는 점에서 검색창에 들어갈 종교는 천도교임을 알 수 있다. ⑤ 천도교는 3·1 운동에서 중요한 역할을 하였으며, 『개벽』, 『신여성』 등의 잡지를 간행하며 문화 운동을 전개하였다. 특히 청년회와 소년회를 조직하고 잡지 『어린이』를 발간하는 등 청소년 운동에 적극 참여하여 어린이와 청소년들에게 민족의식을 심어 주었다.

오답 거르기 ① 대종교 교단에서 중광단을 결성하였는데 이는 후에 북로 군정서로 개편되었다. ②, ④ 천주교에 해당한다. ③ 개신교에 해당한다.

04 제시된 자료에서 환인·환웅·단군의 시대를 우리의 역사 시대로 포함시켰다는 점, 2대 교주가 김교헌이었다는 점, 윤세복 등이 중요 인물이었다는 점 등을 통해 (가) 종교가 대종교임을 알 수 있다. ④ 대종교는 일제 강점 이후 항일 투쟁을 적극적으로 전개하기 위해 종단의 중앙 기구를 간도로 옮겼으며, 중광단 등 항일 무장 단체를 결성하였다. 중광단은 3·1 운동 이후 북로 군정서로 개편되어 적극적인 항일 무장 투쟁을 전개하였다. 만주 일대에서 독립운동에 전념하던 대종교는 1942년에 일어난 임오교변으로 간부들이 체포되어 고문과 그 후유증으로 10명이나 순교하는 고난을 겪었다.

오답 거르기 ㄱ. 사찰령(1911)은 일제가 불교를 통제할 목적으로 사찰 재산의 처분이나 주지 임명까지 허가를 받도록 한 것으로, 한용운 등이 이에 저항하였다. ㄷ. 천도교에 해당한다. 동학을 계승한 천도교는 민족 운동에도 앞장서 3·1 운동을 주도했고, 제2의 독립 선언 운동을 계획하기도 하였다(1922). 그리고 청년회와 소년회를 만들어 청년·여성·어린이 운동을 벌였으며, 『개벽』, 『신여성』 등의 잡지를 발간하였다.

05 제시된 자료는 조선어 학회의 주요 회원이었던 이윤재의 활동을 묻고 있다. 조선어 학회는 조선어 연구회(1921)를 기반으로 1931년에 확대·개편된 조직이다. ④ 조선어 학회는 우리말 큰사전 편찬을 당면 과제로 삼고, 이를 위한 준비 작업으로 한글 맞춤법 통일안을 제정하고(1933), 한글 표준화를 위한 표준어를 정하였으며, 외래어 표기법을 통일하였다. 그러나 우리말 큰사전 편찬 사업은 조선어 학회 사건이 발생하여(1942) 잠시 중단되었다.

오답 거르기 ① 신민회가 운영하였다. ② 국문 연구소는 1907년 학부 아래 설립된 단체로 지석영, 주시경 등이 활약하였다. ③ 최초의 한글 신문은 『독립신문』이며, 1896년부터 발행되었다. ⑤ 천도교계의 활동에 해당한다.

06 제시된 자료에서 한국은 아무런 역사적 발전을 이루지 못했다는 점을 강조하고, 개항 당시 10세기 말 고대 일본 수준이라는 표현을 통해 식민 사학의 정체성론에 해당됨을 알 수 있다. ③ 일제는 타율성론과 정체성론을 내세워 조선이 주체적으로 발전할 수 있는 능력이 결여된 사회라고 주장함으로써, 조선은 일본의 도움을 받아야만 문명화될 수 있다는 일본 제국주의의 주장을 뒷받침하려고 하였다. 이는 일제의 식민 지배를 합리화하려는 목적을 가진 이론이다. 사회 경제 사학을 연구한 백남운은 이러한 정체성론을 극복하기 위해 한국사도 세계사적인 발전 과정을 따라 발전해 왔음을 주장하였다. 그리고 한국사도 고대 노예 사회와 중세 봉건 사회를 거쳐 발전해 왔음을 증명하려고 하였다.

오답 거르기 ㄱ. 식민 사학의 타율성론은 한국 역사의 주체적 성격과 한국 문화의 독자적 성격을 부인하는 이론이다. 즉 한반도 지역의 역사가 그 주민의 자발적 활동에 의해 발전된 것이 아니라, 중국·일본 등 주변 국가의 자극과 지배에 의해 이루어져 왔다는 것이다. ㄹ. 총독부는 한국사의 왜곡을 위하여 조선사 편수회를 설치하고 조선사 37권을 편찬하였다. 조선사 편수회와 경성 제국 대학의 학자들은 총독부의 어용학자들로서, 식민 사학을 확립하는 데 중심적인 역할을 하였다. 이들은 한국사의 타율성, 정체성 등을 강조하고, 일선 동조론을 내세웠다.

07 제시된 자료를 통해 민촌 이기영(1895~1984)의 문학 활동에 대해 묻는 문항임을 알 수 있다. ③ 이기영은 일제 강점기 대표적인 프로 문학 작가로, 1925년 카프(KAPF, 조선프롤레타리아 예술 동맹) 결성을 주도하였다. 또한 사실주의에 입각하여 소설 『고향』 등을 저술하여 일제 강점기 농촌 현실을 구체적으로 보여 주었다.

오답 거르기 ① 『황성신문』은 대한 제국 시기에 창간한 신문이며, 이기영은 1920년대부터 대표적인 계급 문학의 작가로 활동하였다. ② 『해에게서 소년에게』는 최남선의 신체시에 해당한다. ④ 『금수회의록』은 안국선이 쓴 신소설에 해당한다. ⑤ 『광야』는 저항 시인 이육사의 대표작이다.

08 제시된 자료에서 함흥 영생 여자 고등보통학교 여학생들이 일본어를 사용하지 않은 것에서 비롯된 사건이라는 점과 사전 편찬에 참여한 정태진을 체포한 점, 이윤재·한징·이극로·정인승 등이 검거, 구속되었다는 점을 통해 이 사건이 조선어 학회 사건(1942)이며, (가) 단체는 조선어 학회임을 알 수 있다. ② 조선어 학회는 1931년에 조선어 연구회가 개편된 단체로, 1933년 한글 맞춤법 통일안을 발표하였으며, 이듬해에는 외래어 표기법 통일안을 확정하였다. 또한 이를 기초로 하여 우리말 큰사전을 편찬하기 위한 작업에 착수하였으나, 조선어 학회 사건으로 강제로 해산되어 뜻을 이루지 못하였다.

오답 거르기 ① 실증 사학의 영향을 받은 이병도 등은 1934년에 진단 학회를 조직하고 『진단 학보』를 발간하여 한국사 연구에 힘썼다. 이들은 철저한 문헌 고증으로 한국사를 객관적으로 서술하려고 하였다. ③ 주시경의 업적에 해당한다. ④ 최남선, 박은식 등은 조선 광문회(1910)를 설립하여 실학자의 저서나 민족 고전을 정리·간행하였다. 그 결과 『삼국사기』, 『삼국유사』, 『동국통감』 등의 역사서를 비롯해 실학자의 저서나 『춘향전』, 『심청전』 등 민족 고전을 간행하였다. ⑤ 대한민국 임시 정부에 해당한다. 임시 정부는 기관지로 『독립신문』을 발간하여 독립운동 소식을 전하였고, 임시 사료 편찬소를 두고 『한·일 관계 사료집』을 간행하여 일제 침략의 부당성을 널리 알리고자 하였다.

Ⅵ. 대한민국의 발전

01 8·15 광복과 대한민국 정부 수립

📦 닮은 꼴 예상 문제   238~239쪽

01 ①   **02** ④

01 제시된 자료의 (가)에서 조선 임시 정부 구성을 위해 미국과 소련이 공동 위원회를 설치한다는 내용을 통해 (가)가 1945년 12월, 모스크바에서 열린 미국, 영국, 소련 3국 외무 장관 회의의 결정문임을 알 수 있다. (나)에서 유엔 한국 임시 위원단의 감시하에 인구에 비례하여 대표자를 선출한다는 내용을 통해 (나)가 1947년 11월에 발표된 한국 임시 위원단의 설치와 총선거에 관한 유엔 총회 결의문임을 알 수 있다. ① 미·소 공동 위원회가 결렬되자 중도파의 여운형과 김규식 등은 위기를 타파하기 위해 좌우 합작 위원회를 결성하였다. 좌우 합작 위원회는 1946년 10월 좌우 합작 7원칙을 발표하였다.

오답 거르기 ② 이승만은 1945년 10월 16일, 미군 군용기 편으로 귀국한 후 10월 23일, 독립 촉성 중앙 협의회를 결성하였다. ③ 조선 건국 준비 위원회가 조선 인민 공화국 수립을 선포한 것은 1945년 9월 6일이었다. ④ 김구와 김규식이 남북 협상에 참여한 것은 1948년 4월이었다. ⑤ 제주 4·3 사건은 1948년에 일어났다.

02 제시된 자료에서 '3·1 운동의 독립 정신을 계승하여 단기 4281년에 구성된 국회에서 헌법을 제정하였다는 점, 대통령과 부통령은 국회에서 무기명 투표로 선거한다는 점 등을 통해 해당 헌법이 1948년 5·10 총선거로 구성된 제헌 국회에서 제정한 제헌 헌법임을 알 수 있다. ④ 제헌 국회에서는 농지 개혁법을 제정하여 1949년 공포하였다. 이 법에 따라 유상 매수, 유상 분배의 방식으로 추진되어 전통적 지주·소작제가 붕괴되고 농민들이 토지를 소유하게 됨으로써 경자유전의 원리가 관철될 수 있었다. 또한 제헌 국회는 친일 민족 반역자를 처벌하기 위한 반민족 행위 처벌법을 통과시켜, 반민족 행위 특별 조사 위원회(반민 특위)와 특별 재판부를 구성하였다(1948. 9.). 반민 특위는 약 7,000명의 반민족 행위자를 선정하고 주요 인물들의 검거에 나섰다.

오답 거르기 ㄱ. 4·19 혁명으로 이승만이 하야한 후 내각 책임제와 양원제를 뼈대로 하는 헌법 개정을 추진하여 1960년 7월 총선거가 실시되었다. 민주당과 함께 혁신 정당들이 대거 참여한 이 선거에서, 민주당이 3분의 2를 넘는 의석을 차지하였다. 곧이어 국회에서 대통령에 윤보선이 선출되고 국무총리에 장면이 인준되어 장면 내각이 출범하였다. ㄷ. 6·25 전쟁 중 임시 수도 부산에서 1952년 대통령 직선제 안을 골자로 한 발췌 개헌안을 통과시킨 국회는 1950년 5월 제2대 총선을 통해 구성된 국회였다.

기출 및 예상 문제   240~243쪽

01 ①	02 ③	03 ①	04 ③	05 ③
06 ③	07 ①	08 ③	09 ⑤	10 ①
11 ④	12 ①	13 ②	14 ②	15 ②
16 ④				

01 제시된 대화에서 광복을 대비하여 조선 건국 동맹을 결성하고, 광복 이후에는 조선 건국 준비 위원회 위원장을 맡았다는 것을 통해 가상 인터뷰의 주인공이 여운형임을 알 수 있다. ① 1946년 미·소 공동 위원회가 무기 휴회된 상황에서 이승만의 정읍 발언이 나오는 등 분단의 위기가 높아지자, 중도파의 여운형과 김규식 등은 통일 정부 수립을 위해 좌우 합작 위원회를 만들고 좌우 합작 운동을 전개하였다.

오답 거르기 ② 김구에 해당하며 여운형은 남북 협상 전인 1947년에 암살되었다. ③ 안창호에 해당한다. ④ 이승만에 해당한다. ⑤ 김원봉에 해당한다.

02 제시된 자료는 조선 건국 준비 위원회 준비 위원으로 안재홍이 1945년 8월 16일, 서울 중앙 방송국에서 한·일 양 민족이 자유 호양(互讓)의 태도를 견지하여 조그만 마찰도 없도록 하자고 호소한 내용이다. 따라서 (가)는 조선 건국 준비 위원회(건준)에 해당한다. ③ 건준은 조선 건국 동맹을 기반으로 발족하여 위원장 여운형, 부위원장 안재홍을 비롯해 다양한 성향의 민족 운동 지도자들이 대거 참여하여 치안 회복과 질서 유지, 식량 대책 확보에 힘썼다. 건준은 미국이 진주하기 직전 서울에서 전국 인민 대표자 대회를 열고, 1945년 9월 6일 인민 공화국 수립을 선포하였다.

오답 거르기 ① 좌우 합작 위원회에서는 1946년 10월, 좌우 합작 7원칙을 발표하였다. ② 신탁 통치 반대 운동은 1945년 12월에 열린 모스크바 3국 외상 회의의 결과 소식이 전해진 이후 전개되었다. 건준은 1945년 9월 6일 이후에는 조선 인민 공화국으로 전환되었다. ④ 모스크바 3국 외상 회의 결과 구성된 조직은 미·소 공동 위원회이다. ⑤ 인구 비례에 따른 총선거 실시를 결의한 것은 제2차 미·소 공동 위원회 결렬 후 1947년 11월에 열린 유엔 총회에서였다.

03 제시된 자료 (가)는 제1차 미·소 공동 위원회가 무기 휴회된 이후 1946년 6월 이승만이 남한만의 임시 정부 혹은 위원회 조직 등을 주장한 정읍 발언이며, (나)는 김구가 1948년 4월, 38도선을 넘어 남북 협상을 위해 평양으로 향하는 모습을 보여 준다. ① 여운형과 김규식을 중심으로 구성된 좌우 합작 위원회는 1946년 10월, 임시 정부의 수립, 유상 매수·무상 분배 원칙에 따른 토지 개혁 등의 내용을 담은 좌우 합작 7원칙을 발표하였다.

오답 거르기 ② 조선 건국 준비 위원회는 1945년 8월 결성되었다가 9월 조선 인민 공화국이 수립되면서 해체되었다. ③ 모스크바 3국 외상 회의는 1945년 12월에 미국·영국·소련의 외무 장관이 참여한

회의이다. ④ 반민족 행위 특별 조사 위원회는 제헌 국회에서 제정한 반민족 행위 처벌법에 따라 1948년 10월 설치되었다. ⑤ 농지 개혁법은 1949년 6월 제정되었다.

04 제시된 자료에서 충칭을 떠나 조국 강산에 돌아왔다는 점과 한갓 평민의 자격으로 돌아왔다는 점 등을 통해 대한민국 임시 정부의 대표인 김구 주석의 환국 인사임을 알 수 있다. ③ 김구는 모스크바 3국 외상 회의 결과가 보도되었을 때 적극적으로 신탁 통치 반대 운동을 전개하였다. 또한 남쪽만의 선거는 민족 분단의 길이라고 생각하고 반대하며 김규식 등과 함께 1948년 4월 평양으로 가서 북쪽의 김일성·김두봉 등과 만나 남북 제정당 사회단체 지도자 협의회(남북 협상)를 개최하였다.

오답 거르기 ① 한국 민주당은 송진우, 김성수 등을 중심으로 결성되었다. ② 이승만에 해당한다. ④ 제1차 미·소 공동 위원회가 결렬되었을 때 이승만이 정읍 발언을 하였다. ⑤ 여운형에 해당한다.

05 제시된 자료에서 모스크바 3국 외상 회의의 결정에 의한 좌우 합작으로 민주주의 임시 정부를 수립한다는 점, 토지 개혁에 몰수, 유조건 몰수, 체감 매상 등으로 토지를 농민에게 무상으로 분여한다는 점 등을 통해 이것이 좌우 합작 위원회에서 밝힌 좌우 합작 7원칙 중 일부 내용임을 알 수 있다. ③ 좌우 합작 위원회는 1946년 제1차 미·소 공동 위원회가 결렬되어 무기 휴회한 상황과 이승만의 정읍 발언으로 분단 위기 상황에서 중도파인 여운형과 김규식이 중심이 되어 결성하였다.

오답 거르기 ① 제2차 미·소 공동 위원회 결렬, 좌우 합작 운동에 대한 미군정의 지원 철회, 여운형의 암살 등의 상황에서 1947년 10월경 좌우 합작 위원회는 해산하였다. 남북 협상은 1948년에 추진되었다. ② 유엔 감시하의 5·10 총선거는 1948년에 있었다. ④ 반민족 행위 특별 조사 위원회는 1948년 10월에 만들어졌다. 이 위원회의 활동을 방해한 것은 이승만 정부의 일부 친일 세력이었다. ⑤ 귀속 재산 처리법은 1949년 제정되었다. ①, ②, ④, ⑤ 모두 좌우 합작 위원회 해산 이후에 일어난 사실이다.

06 제시된 그래프의 총 의석수 200석, 무소속 85석, 대한 독립 촉성 국민회 55석, 한국 민주당 29석 등을 통해 해당 선거가 1948년 5·10 총선거임을 알 수 있다. ③ 유엔 총회에서 결의된 남북한 총선거가 소련측의 유엔 한국 임시 위원단의 입북 거절로 불가능해지자, 1948년 2월 유엔 소총회에서는 가능한 지역에서의 선거를 결의하였다. 이에 유엔 한국 임시 위원단의 감시 아래 남한에서는 5월 10일 역사상 최초로 국민의 대표인 국회 의원을 지역별로 선출하는 총선거가 시행되었다. 이 선거는 만 21세 이상의 유권자에게 투표권을 부여한 최초의 민주적 선거였다. 이 선거에는 김구와 김규식 등의 남북 협상파와 좌익 세력은 참여하지 않았다. 등록 유권자의 95.5%인 740여 만 명이 투표에 참가하여 제

주도 2개 선거구를 제외한 198명의 국회 의원을 선출하였다. 이 두 곳에서는 다음 해인 1949년에 추가로 국회 의원이 선출되었다. 선거 결과 이승만이 이끄는 대한 독립 촉성 국민회가 55석을 차지하여 원내 제1당이 되었는데, 무소속이 85석으로 가장 많았다.

오답 거르기 ㄱ. 이 선거에는 남한만의 단독 선거를 반대하였던 세력들, 김구와 김규식 등의 남북 협상파와 좌익 세력은 참여하지 않았다. ㄹ. 유엔 총회와 유엔 소총회의 결정에 따라 시행된 선거였다. 모스크바 3국 외상 회의에서는 임시 민주 정부 수립과 이를 위한 미·소 공동 위원회 설치, 최고 5년간 4개국에 의한 신탁 통치 등을 결정하였다.

07 제시된 (가)에서 통일된 조국의 건설을 열망하며 단독 정부 수립에 협력하지 않겠다는 발언을 통해 1948년 4월 남북 협상에 임하는 김구가 발표한 내용임을 알 수 있다. (나) 문서는 1948년 제헌 국회가 구성되어 헌법을 제정(7. 17.)하고 대한민국 정부가 수립(8. 15.)되었음을 밝히고 있다. 따라서 ① (가)와 (나) 사이에 우리나라 최초의 보통 선거인 5·10 총선거(1948)가 있었다.

오답 거르기 ② 이승만의 정읍 발언은 1946년 6월에 있었다. ③ 조선 건국 준비 위원회의 조직은 1945년 8월에 있었다. ④ 좌우 합작 7원칙에 합의한 것은 1946년 10월이었다. ⑤ 이승만을 중심으로 독립 촉성 중앙 협의회가 결성된 시기는 1945년 10월이었다.

08 제시된 자료에서 양쪽의 의견 대립이 있는데 대립하는 한쪽은 신탁 통치에 반대하는 자들도 협의에 참여시켜야 한다는 입장이며, 다른 한쪽은 모스크바 결정을 지지하는 세력만 참여시켜야 한다는 것을 통해 모스크바 3국 외상 회의의 결정에 따라 구성된 미·소 공동 위원회에서 미국(전자)과 소련(후자)의 입장임을 알 수 있다. ③ 미·소 공동 위원회는 한국의 임시 민주 정부 수립을 위해 구성된 것이다. 모스크바 3국 외상 회의에 참석한 나라는 미국, 영국, 소련이다.

오답 거르기 ㄱ. 광복과 동시에 결성된 조선 건국 준비 위원회는 1945년 9월 6일, 조선 인민 공화국 수립을 선포하고 건준의 각 지부는 인민 위원회로 전환하였다. ㄹ. 제2차 미·소 공동 위원회가 결렬된 후 미국이 한국 문제를 유엔에 이관하였고 유엔 총회에서 남북한 총선거 실시를 통한 정부 수립을 결정하였다.

09 제시된 자료에서 1948년 토벌대의 제주도 중산간 마을에 대한 초토화 작전 등을 통해 (가) 사건이 제주 4·3 사건임을 알 수 있다. ⑤ 1947년 3·1절 기념 시위에서 경찰의 발포로 사상자가 발생하자, 제주도민들은 이를 규탄하는 시위를 벌였다. 미군정은 경찰과 우익 청년 단체를 보내 이를 진압하여 미군정에 대한 반감이 높았다. 이런 가운데 1948년 4월 3일, 제주도에서는 남로당 제주도당의 주도 아래 남한만의 단독 선거 반대와 통일 정부 수립

을 주장하는 무장 봉기가 일어났다.

오답 거르기 ①, ④ 1972년 제정된 유신 헌법과 관련 있다. ② 신군부가 5·18 민주화 운동을 진압하고 국회를 해산한 후 국가 보위 비상 대책 위원회를 설치하여 권력을 장악하였다. ③ 1987년 6월 민주 항쟁의 결과였다.

10 제시된 자료에서 우리의 북행, 남북 제정당 사회단체 연석회의의 개최를 언급하며 단선단정에 반대한다는 내용, 미·소 양군의 철퇴를 요구하는데 의견이 일치했다는 점을 통해 해당 성명서가 남북 협상 후 나온 전조선 제정당 사회단체 지도자 협의회 명의의 공동 성명서임을 알 수 있다. 그러나 이 성명은 이남의 단독 선거 추진 세력들에게 환영받기 힘들었으며, 유엔이나 미군정도 단독 선거 일정을 변경하거나 중지하지 않았다. ① 이후 1948년 5월 10일, 5·10 총선거가 실시되었다.

오답 거르기 ② 미군정은 좌우 합작 운동을 지원하면서도 한편으로 남조선 과도 입법 의원의 창설을 공포하였다(1946. 12.). 의장은 김규식이었다. ③ 제2차 미·소 공동 위원회는 1947년 5월 개최되어 10월 종결되었다. ④ 제2차 미·소 공동 위원회가 결렬되자, 미국이 한국 문제를 유엔에 이관하면서 1947년 11월 유엔 총회에서 남북한 총선거 실시를 결정하였다. ⑤ 여운형은 1947년에 암살되었다.

11 제시된 공적 개요에서 1919년 파리 강화 회의에 민족 대표로 파견된 점, 1935년 민족 혁명당 결성에 참여한 점, 1944년 임시 정부의 부주석을 역임한 점 등을 통해 해당 인물이 김규식임을 알 수 있다. ④ 김규식은 중도 우파에 속하는 인물로, 광복 이후 여운형과 좌우 합작 운동을 전개하였으며, 민족 자주 연맹을 이끌고 김구와 함께 남북 협상에 참여하기도 하였다.

오답 거르기 ① 김원봉은 1919년 만주 지린에서 의열단을 조직하였다. ② 흥사단은 1913년 안창호가 샌프란시스코에서 기독교인 중심으로 설립하여, 실력 양성과 외교 활동에 중점을 두었던 단체이다. 무실역행(務實力行)을 내세웠으며, 국내에서는 수양 동우회(1925)를 설립하고 잡지 『동광』을 발행하였다. 수양 동우회는 1929년 동우회로 개칭하였다가 1937년 해산되었다. ③ 이회영 등의 신민회 인사들이 만주 삼원보에 독립운동 기지를 만들고 신흥 강습소를 세웠다. 신흥 강습소가 이후 신흥 무관 학교로 개편되었다. ⑤ 여운형에 해당한다.

12 제시된 자료에서 경찰을 체포하여 치안의 혼란을 조장하였다는 점을 비난하면서 군정 3년간 못했던 친일파 숙청을 지금 와서 단행하는 것은 여러 가지 지장을 초래한다고 한 점 등을 통해 볼 때 1949년 반민족 행위 특별 조사 위원회(반민 특위)의 활동을 비판하면서 내놓은 담화문에 해당한다. 따라서 밑줄 그은 '특위'는 반민 특위에 해당한다. ① 이승만 정부는 반민 특위의 일부 위원이 공산당과 내통했다는 구실로 국회 프락치 사건을 조작하여 반민 특위 위원들을 구속했고, 경찰을 동원하여 반민 특위를 습격

하고 산하 특경대를 강제로 해산시켰다. 이어 특별 위원회 활동을 대법관과 대검찰청으로 이관하며, 반민법의 공소 시효를 1950년 6월 20일에서 1949년 8월 31일로 단축한 개정 법안이 국회에서 통과됨으로써 반민 특위는 해체되었다.

오답 거르기 ㄷ. 반민 특위는 제헌 국회에서 1948년 9월에 공포한 특별법이었다. 4·19 혁명 이후 제4차 개헌에 따라 소급 입법 특별법을 제정하여 부정 선거 관련자 및 4·19 혁명 당시의 발포 책임자, 부정 축재자에 대한 처벌을 단행하고자 하였다. ㄹ. 반민법은 진상 규명만이 아닌 일제 강점기의 친일 행위 등 악질적인 반민족 행위를 한 사람들을 처벌하고 재산을 몰수하며 공민권을 제한하는 것을 내용으로 하고 있다.

13 제시된 자료에서 인천항이 여러 난점을 안고 있어서 적군 역시 작전 수행이 불가능할 것으로 판단하기 때문에 적을 기습하는 작전으로 충분하다는 의견을 통해 밑줄 그은 '이 작전'이 인천 상륙 작전임을 알 수 있다. ② 1950년 6월 25일, 북한의 공격으로 전쟁이 시작되어 3일 만에 서울을 점령당하였다. 유엔군의 참전으로 전쟁은 국제전으로 확대되었으며, 낙동강을 사이에 두고 북한군과 치열한 전투를 벌이던 국군과 유엔군은 인천 상륙 작전(1950. 9. 15.)에 성공하여 전세를 역전시켰다. 국군과 유엔군은 9월 28일, 서울을 탈환하였다.

14 제시된 법령의 내용에서 농지를 농민에게 적절히 분배한다는 점, 1가구당 3정보를 초과하지 못한다는 점 등을 통해 1949년 제정된 농지 개혁법임을 알 수 있다. ② 이 법은 유상 매수, 유상 분배의 방식으로 추진되었다. 그 결과 전통적 지주·소작제가 붕괴되고 농민들이 토지를 소유할 수 있게 됨으로써 자영농이 증가하고 식민지 지주제를 극복할 수 있게 되었다.

오답 거르기 ① 농지 개혁법은 제헌 국회에서 제정하여 공포하였으나 정부에서는 재정 부담이 크다는 이유로 시행하지 않다가 보상액과 상환액을 같도록 개정한 후 1950년 3월 공포하여 시행하였다. ③ 농지 개혁은 3정보 이상 지주의 농지를 국가에서 연평균 생산량의 1.5배로 유상 매입하여 5년 연부 상환의 지가 증권을 발급하고, 영세 농민에게 3정보 한도로 유상 분배하여 5년간 수확량의 30%씩을 상환하도록 하였다. ④ 미군정은 신한 공사를 설립하여 동양 척식 주식회사 소유 재산과 일본인의 재산을 관리하게 하였다가 이후 신한 공사를 해체하고 신한 공사가 관리하던 일본인 소유 농지의 대부분을 원래의 소작 농민에게 매각하였다. ⑤ 북한의 토지 개혁은 1946년 결성된 북조선 임시 인민 위원회가 무상 몰수, 무상 분배 방식으로 실시하였다.

15 제시된 자료에서 국제 연합군 사령관, 조선 인민군 최고 사령관, 중국 인민 지원군 사령원 등이 등장하며 막대한 고통과 유혈을 초래한 한국에서의 충돌을 정지시키기 위한 것이라는 점을

통해 해당 조약이 정전 협정(1953. 7. 27.)임을 알 수 있다. ② 정전 협정을 체결하기 위한 정전 회담에서 가장 큰 걸림돌은 포로 송환 문제였다. 북한은 포로의 자동 송환을, 유엔군은 자유 송환을 주장하였다. 양측은 좀처럼 타협하지 못하다가 결국 송환을 원하지 않는 포로는 중립국 포로 송환 위원회에 넘겨 처리한다는 타협안에 합의하였다. 유엔군과 중국군, 북한군은 1953년 7월 27일에 비무장 지대 설치, 군사 정전 위원회와 중립국 감시 위원단의 설치 등을 내용으로 한 정전 협정에 조인하였다.

오답 거르기 ㄴ. 1948년 8월, 9월 대한민국 정부와 북한 정권의 수립으로 미국과 소련의 군정이 종식되었다. ㄹ. 정전 협정은 1953년에 조인되었으므로, 1950년 1월에 발표된 애치슨 선언에 영향을 줄 수 없었다.

16 제시된 자료의 (가)는 방위선이 알류산 열도에서 일본을 거쳐 류큐, 필리핀 군도로 이어지고 있다고 밝힌 점을 통해 1950년 1월 미국 국무장관 애치슨이 발표한 애치슨 선언임을 알 수 있다. (나)는 북한군이 대한민국을 무력 공격하여 평화를 파괴했다는 점과 북한의 공격을 격퇴하기 위해 대한민국에 원조를 제공한다는 것을 명시한 점을 통해 6·25 전쟁 발발 이후 유엔에서 안전 보장 이사회가 소집되어 미국 주도의 유엔군 파견을 결정한 문서(유엔 안전 보장 이사회 결의 제84호, 1950. 7. 7.)임을 알 수 있다. ④ 북한의 기습 남침에 아무런 준비가 없었던 남한 측은 3일 만에 북한군에 의해 서울이 함락되고 대한민국 정부는 수원, 대전을 거쳐 부산까지 피난길에 올랐다.

오답 거르기 ① 인천 상륙 작전 성공 후 국군과 유엔군이 38도선을 돌파하고 압록강까지 다다랐을 때(1950. 10.), 중국군이 전쟁에 개입하였다. ② 1950년 9월 15일 전개되어 9월 28일 서울을 수복하였다. ③ 38도선 부근에서 전선이 고착된 상황에서 소련이 정전을 제안하였다. 유엔군과 공산군이 이를 받아들이면서 1951년 7월부터 정전 회담이 시작되었다. 정전 회담은 2년에 걸쳐 전개되었다. ⑤ 유엔 안전 보장 이사회에서 북한을 침략자로 규정하고 미국 주도의 통합군 사령부 설치를 결정한 후, 이에 따라 16개국이 참전한 가운데 한국 정부는 유엔군 사령관 맥아더에게 한국군의 작전권을 이양하였다.

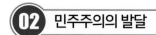

02 민주주의의 발달

닮은 꼴 예상 문제 248~249쪽

01 ③ 02 ③

01 제시된 자료는 박정희 유신 정권에서 발표한 긴급 조치 1호에 해당한다. 이에 따르면 헌법을 부정·반대·비방하는 일체의 행위를 금지하면서 위반하는 사람은 영장 없이 구속하여 비상 군법 회의에 넘겨 처단하도록 하였다. ③ 1974년 4월에는 긴급 조치 4호를 선포하여 당시 학생들의 유신 반대 운동을 주도하던 전국 민주 청년 학생 총연맹(민청학련)을 탄압하였다. 이 사건의 배후에 인민 혁명당 재건 위원회가 있다고 발표하고, 수많은 사람을 구속·기소하여 그중 8명을 사형에 처하였다. 이는 대법원에서 사형이 확정된 지 18여 시간 만에 사형이 집행된 것이었다.

오답 거르기 ① 4·19 혁명으로 이승만이 하야하자 허정 과도 정부가 수립되었는데, 이 과도 정부에서 추진된 개헌안의 내용이다. ② 4·19 혁명은 이승만 정부의 부정과 부패에 대한 저항이었다. ④ 박정희 정부가 1979년 10·26 사태로 무너진 후 12·12 사태로 권력을 장악한 신군부는 5·18 민주화 운동을 진압한 후 국가 보위 비상 대책 위원회를 설치하고 정권을 장악하였다. ⑤ 1987년 전두환 정부 시기에 해당된다.

02 제시된 선언문에서 국민 합의를 배신한 4·13 호헌 조치라는 표현과 꽃다운 젊은이를 야만적인 고문으로 죽여 놓았다는 점 등을 통해 박종철 고문 살인·은폐 조작을 규탄하고 민주 헌법 쟁취를 위한 1987년 6월 민주 항쟁임을 알 수 있다. ③ 민주화 운동 과정에서 6월 9일 연세대에서 민주화 시위를 벌이던 이한열이 최루탄에 맞아 쓰러지자, 이후 최루탄 추방 대회를 비롯한 크고 작은 시위가 전국 각지에서 진행되었고, 6월 26일 하루에만 전국 37개 도시에서 100만여 명이 넘는 시민들이 시위에 참여하였다. 결국 정부 여당은 6월 29일 대통령 직선제 수용을 주요 내용으로 하는 시국 수습 방안으로 6·29 민주화 선언을 발표하였다.

오답 거르기 ① 6월 민주 항쟁으로 전두환은 하야하지 않았다. 대통령이 하야한 민주화 운동으로는 4·19 혁명이 있다. ② 5년 단임의 대통령 직선제 개헌이 이루어졌다. ④ 신군부 세력이 무자비하게 진압한 민주화 운동은 5·18 민주화 운동이다. ⑤ 김대중 납치 사건은 1973년에 이루어졌다.

🌾 기출 및 예상 문제

250~253쪽

01 ④	**02** ④	**03** ⑤	**04** ①	**05** ④
06 ④	**07** ①	**08** ④	**09** ②	**10** ④
11 ②	**12** ①	**13** ①	**14** ⑤	**15** ③
16 ③				

01 (가)는 반민 특위가 본격적으로 활동을 전개하자 이승만 정부는 반민 특위를 주도하던 김약수 등 국회 의원을 공산당과 연결되었다는 구실로 구속하는 등 국회 프락치 사건을 조작하고 경찰이 반민 특위 사무실을 습격(1949. 6.)하는 등의 상황을 보여 준

다. (나)는 1954년에 부결되었던 '초대 대통령에 한해 중임 제한 조항을 적용하지 아니한다.'라는 내용의 개헌안을 사사오입의 논리로 통과시키는 상황을 보여 준다. ④ 6·25 전쟁 직전에 실시된 제2대 총선에서 이승만을 지지하는 후보의 상당수가 탈락하자, 다음 대선 때 국회에서 재선될 가능성이 낮다고 판단한 이승만은 자유당을 창당하고 대통령 직선제를 골자로 하는 개헌안을 제출하였다. 전쟁 중 임시 수도 부산 일대에 계엄을 선포하고 대통령 직선제를 주요 내용으로 하는 이른바 발췌 개헌안을 통과시켰다.

오답 거르기 ① 4·19 혁명 결과 이루어진 개헌을 통해 수립된 장면 내각(1960)에 해당한다. ② 유신 헌법은 1972년에 공포되었다. ③ 진보당의 조봉암이 구속된 것은 1958년이었다. ⑤ 1960년의 3·15 부정 선거는 4·19 혁명의 도화선이 되었다.

02 제시된 표에서 선거 결과로 무소속이 126석으로 다수를 점하고 이승만 계열이 30석, 민주 국민당이 24석 당선된 것으로 볼 때 1950년 5월 실시된 제2대 총선으로 구성된 국회(1950~1954)임을 알 수 있다. ④ 민주 국민당은 1949년 한국 민주당(한민당)의 주도하에 탄생된 정당으로 한민당이 제헌 국회 의원 선거에서 예상 밖의 패배를 맛본 데다가 초대 내각의 구성 과정에서 소외당하자 이승만에 대한 반감으로 결성된 정당이다. 1948년에 공포된 제헌 헌법에 대통령과 국회 의원의 임기는 4년으로 정하였으나, 초대 국회 의원인 제헌 국회 의원은 2년으로 정하였다. 이에 따라 1950년 5월에 제2대 총선거가 실시되었다. 이 선거에서 이승만 반대 세력이 국회에 다수 진출하여 국회에서 치르는 간선제로는 이승만의 대통령 당선이 어렵게 되었다. 이에 이승만은 임시 수도 부산에 비상계엄을 선포하고 야당 국회 의원들을 연행하는 등의 부산 정치 파동을 일으켰고, 곧이어 대통령 직선제안을 뼈대로 하고 야당의 내각 책임제안의 일부 조항을 합쳐 발췌 개헌안을 만들어 제출하였다. 연행된 국회 의원들까지 임시 석방시켜 강압적 분위기에서 기립 투표로 개헌안이 통과되었다.

오답 거르기 ① 6·3 시위는 1964년 전개된 한·일 회담에 대한 반대 시위였다. ② 국가 보안법은 1948년 여수·순천 10·19 사건을 계기로 만들어졌으며, 1958년 이적 행위의 개념을 확대하고 언론 보도 규제를 주요 내용으로 하는 개정안(신국가 보안법)을 통과시켰다. ③ 3·15 부정 선거는 1960년에 있었다. ⑤ 1969년의 사실이다.

03 제시된 자료에서 제3대 대통령 선거가 실시된 시기, 진보당을 이끌던 조봉암을 간첩 혐의로 체포해 처형한 진보당 사건 등이 일어난 점 등을 고려할 때 (가) 정부는 이승만 정부에 해당한다. ⑤ 조봉암을 처형한 후 이승만 정부는 정치 활동과 언론 자유를 광범위하게 제한할 수 있는 새로운 국가 보안법('대통령을 비난하는 자는 10년 이하의 징역에 처한다.'라는 내용을 담은 국가 보안법 개정안)을 국회에 상정하여 통과시켰다(1958). 또한 정부에 대

한 비판적인 기사를 자주 게재하던 『경향신문』을 폐간시켰다.

오답 거르기 ① 통일 주체 국민 회의는 1972년 공포된 유신 헌법에 의해 만들어졌다. ② 새마을 운동은 박정희 정부 시기인 1970년대부터 추진되었다. ③ 삼청 교육대는 신군부의 권력 기구였던 국가 보위 비상 대책 위원회에서 만든 것으로, 사회의 악을 없앤다는 명분으로 일제 검거령을 내려 수만 명을 영장 없이 체포하여 삼청 교육대에 보내 가혹한 군사 훈련을 받게 하였다. 이 중에는 무고하게 끌려간 사람이 많았으며, 심각한 인권 탄압이 자행되었다. ④ 서독으로의 광부 파견은 박정희 정부에서 이루어졌다. 광부는 1964년부터 1978년까지 8천여 명에 달하는 인원이 파견되었으며, 간호사는 1966년부터 1976년까지 1만여 명이 파견되었다.

04 제시된 자료에서 8·15 해방 이후 11년이 지난 오늘날이라는 표현에서 1956년 결성된 정당임을 알 수 있으며, 대통령 선거에서 216만 표를 획득한 대중적 지지를 기반으로 결성되었다는 점을 통해 (가) 정당이 진보당임을 알 수 있다. ① 1956년 제3대 대통령 선거에서 민주당 대통령 후보 신익희는 선거 유세 도중 사망하였지만, 유효 투표의 20%에 이르는 표가 그를 지지하는 추모 표였다. 또한 무소속의 조봉암은 216만여 표를 얻어 돌풍을 일으켰다. 이후 조봉암은 평화 통일론을 내세우며 진보당을 창당하였다. 이러한 조봉암의 선전에 놀란 이승만 정권은 1958년 조봉암을 비롯한 진보당 간부들을 간첩죄와 국가 보안법 위반 등의 혐의로 구속하였다. 대부분의 간부들이 무죄 석방되었으나, 무수한 조작설에도 불구하고 조봉암은 결국 사형되었다.

오답 거르기 ② 건국 준비 위원회에서 좌익들의 세력 장악에 안재홍은 건준을 탈퇴하고 이후 국민당을 창당하여 신민족주의와 신민주주의를 제창하였다. ③ 한국 민주당이 1949년 당명을 민주 국민당으로 바꾼 후 내각 책임제 개헌을 추진하여 이승만 대통령을 견제하려고 하였다. ④ 1956년 대통령 선거에서 야당이었던 민주당에서 내걸었던 구호이다. ⑤ 임정 계열 인사들로 조직된 정당은 한국 독립당이었다.

05 제시된 자료에서 국민이 원하면 대통령직을 사임한다는 내용이 있으며, 정·부통령 선거에 많은 부정이 있었다는 점, 이기붕 의장이 공직에서 완전히 물러나겠다고 결정하였다는 점 등을 통해 해당 내용이 3·15 부정 선거로 촉발된 4·19 혁명 때 나온 이승만 대통령의 하야 성명임을 알 수 있다. ④ 4·19 혁명으로 이승만이 하야한 후 허정 과도 정부가 수립되어 내각 책임제와 양원제 국회를 골자로 하는 개헌이 이루어졌다. 이를 바탕으로 1960년 7월 총선이 이루어져 양원제 국회가 구성되고 장면 내각이 출범하게 되었다.

오답 거르기 ① 1987년 6월 민주 항쟁에서 나온 구호이다. ② 1980년 5·18 민주화 운동에서 계엄군의 무자비한 진압에 맞서 자발적으로 시민군이 조직되었다. ③ 신군부 세력이 1980년 5월 17일 비상계

엄을 전국으로 확대하고 광주 시민의 민주화 시위를 폭력적으로 진압하였다. 이것이 5·18 민주화 운동으로 발전하였다. ⑤ 1976년 명동 성당에서 함석헌, 김대중, 윤보선 등 인사들이 유신 체제를 비판하는 3·1 민주 구국 선언을 발표하였다.

06 제시된 자료에서 4월 혁명으로 이루어진 새 헌법하의 초대 국무총리직에 취임하게 되었다는 점을 통해 해당 정부가 4·19 혁명 후 수립된 장면 정부임을 알 수 있다. ④ 장면 민주당 정부는 경제 제일주의 정책을 내걸고 경제 개발 5개년 계획안을 마련하였다. 경제 계획 추진 자금은 미국의 원조를 바탕으로 하고, 군대의 축소를 통해 마련하려고 하였다. 5·16 군사 정변 이후 군사 정부가 장면 내각의 계획을 바탕으로 1962년 제1차 경제 개발 5개년 계획을 실시하였다.

오답 거르기 ① 화폐 개혁은 1950년, 1953년, 1962년 시행되었다. 장면 정부 때는 시행되지 않았다. 특히 1962년 화폐 개혁은 5·16 군사 정변 후 군사 정부에서 누적된 과잉 통화를 흡수하여 물가 상승 요인을 미연에 제거하고, 부정 축재자가 은닉하고 있을 것으로 예상되는 퇴장 자금을 양성화하여 경제 개발 계획에 필요한 산업 자금으로 활용하기 위해 통화 단위를 10분의 1로 절하하고 통화 명칭을 '환'에서 '원'으로 변경하였다. ② 1948년 제정된 국가 보안법은 1958년 정치 활동과 언론의 자유를 광범위하게 제한할 수 있는 신국가 보안법으로 국회에 상정되어 강행 처리되었다(보안법 파동). ③ 사사오입 개헌은 1954년 이승만 정부에서 있었다. ⑤ 베트남 파병은 박정희 정부에서 추진되었다.

07 제시된 공약에서 반공을 국시의 제일로 삼는다는 점, 미국 등 자유 우방과 유대를 공고히 한다고 밝힌 점, 부패와 구악을 일소한다고 한 점, 과업이 성취되면 양심적인 정치인들에게 정권을 이양하고 본연의 임무에 복귀하겠다고 한 점 등을 통해 5·16 군사 정변 때 군부 세력이 밝힌 혁명 공약임을 알 수 있다. ① 박정희를 중심으로 한 일부 군인들은 군사 정변 후 군사 혁명 위원회와 중앙정보부를 통해 국가 권력을 장악한 후 혁명 공약을 제시하였다. 이들은 헌법의 일부 효력을 정지시키고 군사 혁명 위원회를 국가 재건 최고 회의로 바꾸어 군정을 실시하였다.

오답 거르기 ㄷ. 『경향신문』이 이승만과 자유당 정부에 비판적인 무기명 칼럼을 게재하자 1959년 『경향신문』을 폐간하였다. ㄹ. 5·18 민주화 운동을 무력 진압한 것은 전두환을 비롯한 신군부 세력이다.

08 제시된 자료 (가)에서 영사 관계를 수립하고 외교 사절을 교환하기로 한 점, 1910년 8월 29일 이전에 한국과 일본이 체결한 조약 및 협정은 무효라고 규정한 점 등을 통해 1965년 체결된 한·일 기본 조약임을 알 수 있다. (나)는 대한민국 국군의 현대화 계획에 장비 제공과 월남 공화국에 파견되는 추가 병력에 필요한 장비를 제공한다는 점 등을 통해 1966년 베트남 파병의 대가

로 미국과 교환한 브라운 각서임을 알 수 있다. ④ 야당과 일부 지식층은 베트남 파병을 적극적으로 반대하였으나 경제 발전에 대한 국민의 기대와 한·미 동맹 관계에 따른 파병의 당위성이 반대를 압도하는 상황이었기 때문에 반대 시위에 비상계엄 선포 등은 없었다.

오답 거르기 ① 한·일 기본 조약 체결에 앞서 1964년 굴욕적 한·일 회담에 반대하는 6·3 시위가 전개되었다. ② 한·일 기본 조약은 1965년 6월 22일, 대한민국과 일본국 간의 기본 관계에 관한 조약(기본 조약)과 이에 부속된 4개의 협정 및 25개 문서의 총칭이다. 부속 협정에는 어업에 관한 협정, 재일 교포의 법적 지위 및 대우에 관한 협정, 재산 및 청구권에 관한 문제의 해결과 경제 협력에 관한 협정, 문화재 및 문화 협력에 관한 협정 등이 있다. ③ 브라운 각서에 따라 한국군의 장비가 현대화되었으며, 한국은 베트남 현지의 건설 사업에 참여하였다. 베트남으로의 수출도 증가하여 외화 획득과 경제 성장에 기여하였다. ⑤ (가)는 1965년, (나)는 1966년 모두 박정희 정부 시기에 이루어졌다.

09 제시된 자료는 1974년 인민 혁명당 재건위 사건 관련 글이다. 1975년 사건 관계자 8명이 대법원 사형 판결 확정 후 18시간 만에 사형이 집행되었지만, 2007년 재심에서 서울 중앙 지방 법원은 사형당한 8명에게 무죄를 선고하였다. 따라서 (가)는 박정희 정부에 해당한다. ② 박정희 정부 시기였던 1979년 8월에 가발 업체였던 YH 무역의 여성 노동자들이 회사의 폐업 조치에 항의하며 야당인 신민당 당사에서 농성을 벌였다. 그런데 경찰이 진압하는 과정에서 농성자 한 명이 사망하는 사건이 발생하였다. 이 일을 계기로 야당은 박정희 정부를 강력하게 비난하고 나섰다. 김영삼의 비판이 거세지자 여당은 그를 국회 의원직에서 제명하였다. 이에 김영삼의 정치 근거지인 부산과 마산에서는 부·마 항쟁이 일어났다.

오답 거르기 ① 한·미 상호 방위 조약은 6·25 전쟁의 정전 협정(1953. 7. 27.)이 체결된 후 1953년 10월 체결되었다. ③ 금융 실명제는 김영삼 정부에서 시행되었다. ④ 삼청 교육대는 1980년 5·18 민주화 운동을 무력 진압한 후 신군부 세력이 설치한 국가 보위 비상 대책 위원회에서 설치, 운영한 것이다. ⑤ 진보당 사건은 이승만 정부 시기인 1958년에 일어났으며, 조봉암은 이 사건으로 1959년 사형에 처해졌다.

10 제시된 자료에서 공수 부대의 투입을 계획하였다는 점, 광주에서 시위를 조속히 진압하여 다른 곳으로 확산되는 것을 막지 않으면 내란의 목적을 달성할 수 없는 상황이 있었다는 점, 계엄 군에게 광주 재진입 작전을 강행하여 다수의 시민을 사망하게 하였다는 점 등을 통해 밑줄 그은 피고인들은 5·18 민주화 운동을 강제 진압하고 권력을 장악한 신군부 세력임을 알 수 있다. ④ 전두환을 비롯한 신군부 세력은 1980년 5월에 국가 보위 비상 대책

위원회를 구성하고 사실상 국가 권력을 장악하였다. 국가 보위 비상 대책 위원회는 주요 정치인들의 활동을 규제하고, 그들에게 비판적이던 언론인과 대학교수들을 내쫓았으며, 언론 기관을 통폐합하였다. 또한 사회의 악을 없앤다는 명분으로 일제 검거령을 내려 수만 명을 영장 없이 체포하여 삼청 교육대에 보내 가혹한 군사 훈련을 받게 하였다.

오답 거르기 ㄱ. 인민 혁명당 재건 위원회 사건은 박정희 정부 시기인 1974~1975년에 있었다. ㄷ. 유신 헌법은 1972년 박정희 정부에서 공포한 것이다.

11 제시된 자료에서 광주 시민들이 공수 부대가 학생들의 시위에 잔인하게 대응하여 발생한 사건이라고 한 점, 계엄령 해제와 야당 지도자 석방을 요구한 시위였다는 점, 군인들의 무차별적이고 폭력적인 시위 진압이 있었다는 점 등을 통해 해당 민주화 운동이 5·18 민주화 운동임을 알 수 있다. ② 광주에서 신군부 세력의 부당한 권력 장악에 항거하여 일어난 5·18 민주화 운동의 발발과 진압, 그리고 이후의 진상 규명과 보상 등의 과정 등 방대한 자료를 포함하고 있는 5·18 민주화 운동 기록물은 2011년 5월 25일에 유네스코 세계 기록유산으로 등재되었다.

오답 거르기 ① 한·일 국교 정상화에 반대하여 일어난 시위는 1964년 6·3 시위가 대표적이다. ③ 4·19 혁명으로 이승만이 하야한 후 의원 내각제와 양원제를 골자로 한 개헌이 이루어졌다. ④ 3·1 민주 구국 선언은 1976년 유신 체제 반대 운동으로 전개되었다. ⑤ 1987년 6월 민주 항쟁에 해당한다.

12 제시된 뉴스에서 대학 입학 본고사 폐지와 대학의 졸업 정원제 실시, 도서·벽지에 중학교 의무 교육 처음 도입 등을 통해 해당 정부가 전두환 정부 시기임을 알 수 있다. ① 5·18 민주화 운동을 진압한 신군부 세력은 국가 보위 비상 대책 위원회를 두고 권력을 장악하였다. 여기에서 실시한 교육 개혁(1980. 7·30 교육 개혁)에 따르면 대학 입학에서 본고사를 폐지하고 내신 성적과 대학 입학 예비 고사 성적으로 정원의 130%를 선발하는 졸업 정원제를 실시한다는 것이다. 또한 1984년 8월 2일에 교육법을 개정하고 중학교 의무 교육 실시의 법적 기반을 마련함으로써 1985년 2월 21일에 중학교 의무 교육을 도서·벽지 중학교부터 실시하기로 결정하였다. 전두환 정부는 서울 올림픽을 유치한 후 유화 정책을 펴, 중·고등학생의 교복과 두발 자유화, 야간 통행금지의 해제, 학도 호국단 폐지, 제적 학생 복학과 민주 인사의 복권, 해외여행 자유화 등을 시행하였다. 이와 함께 프로 야구와 프로 축구가 출범하였다.

오답 거르기 ② 김대중 정부에서 시작되었다. ③ 박정희 정부에서 추진되었다. ④ 외환 위기 극복을 위한 금 모으기 운동은 김대중 정부에서 전개되었다. ⑤ 금융 실명제는 김영삼 정부에서 전격 실시되었다.

13 제시된 자료 (가)에서 대통령의 계속 재임은 3기에 한한다라는 점을 통해 1969년 제정된 3선 개헌안임을 알 수 있다. (나)는 대통령의 임기는 6년이며 통일 주체 국민 회의에서 토론 없이 무기명 투표로 선거한다는 점에서 1972년 제정된 유신 헌법임을 알 수 있다. (다)는 대통령을 대통령 선거인단에서 선출하며 임기가 7년이라는 점에서 1981년 제정된 제8차 개헌의 헌법임을 알 수 있다. (라)는 대통령 임기가 5년이며 중임할 수 없다는 점에서 1987년 9차 개헌에 의해 만들어진 헌법임을 알 수 있다. ① 공포된 순서는 (가) – (나) – (다) – (라)가 된다.

14 제시된 신문 자료에서 공화당과 유정회 소속 국회 의원들이 김영삼 신민당 총재를 국회에서 제명하였다는 내용을 통해 1979년의 상황임을 알 수 있다. ⑤ 김영삼 신민당 총재는 반독재 투쟁을 강화하고 있었다. 이때 가발 업체인 YH 무역의 여성 노동자들이 회사의 일방적인 폐업에 항의하는 농성을 야당인 신민당 당사에서 벌였다. 이 농성을 경찰이 진압하는 과정에서 노동자 한 명이 사망하는 사건이 발생하였고, 신민당 의원들은 이에 강경하게 항의하고 책임자 문책을 요구하였다. 이를 계기로 김영삼은 총재 직무가 정지되고 의원직에서 제명되었다. 이 사건으로 부산 지역에서 유신 체제에 반대하는 반정부 시위가 일어났다. 이에 정부는 비상계엄을 선포하였지만 시위는 마산과 창원으로 번져 갔다 (부·마 항쟁, 1979.10.).

오답 거르기 ① 김영삼 총재 제명은 부산과 마산에서 민주화 시위가 전개되는 배경이 되었다. ② 금융 실명제는 1993년 김영삼 정부에서 시행하였다. ③ 신군부 세력은 1980년 5월 17일 비상계엄을 전국으로 확대하고 광주 시민의 민주화 시위를 폭력적으로 탄압하였다. ④ 박종철 고문치사 사건과 이를 은폐하려는 움직임은 1987년에 있었다.

15 제시된 자료에서 신민당, 통일 민주당 총재, 민주화 추진 협의회 공동 의장, 제14대 대통령 등을 통해 (가) 인물은 김영삼임을 알 수 있다. (나) 인물은 제7대 대선의 신민당 후보, 민주화 추진 협의회 공동 의장, 제15대 대통령 등을 통해 김대중임을 알 수 있다. ③ 김영삼 정부는 지방 자치제를 전면적으로 실시하였고, 공직자 윤리법을 제정하여 고위 공직자의 재산을 공개하고, 탈세와 부정부패를 뿌리 뽑기 위해 금융 실명제를 실시하였다. 신군부의 뿌리인 하나회를 해체하여 군의 정치적 중립을 확보하였으며, '역사 바로 세우기'를 내세워 전두환, 노태우 두 전직 대통령을 반란 및 내란죄로 수감하였다. 김대중 정부는 남북 관계 개선을 위한 대북 화해 협력 정책을 적극 추진하여, 분단 이후 처음으로 남북 정상 회담을 개최하고 6·15 남북 공동 선언을 이끌어 냈다 (2000). 그해 김대중 대통령은 남북 화해 협력과 민주화 투쟁 등의 업적으로 한국인 최초로 노벨 평화상을 수상하였다.

오답 거르기 ㄱ. 1991년 노태우 정부에 해당한다. ㄹ. 노무현 정부에 해당한다.

16 제시된 자료는 민주 정의당과 통일 민주당, 신민주 공화당의 3당이 민주 자유당으로 합당되는 상황을 보여 준다. ③ 1988년 국회 의원 선거에서 여당인 민주 정의당이 과반을 확보하지 못해 여소야대 정국이 연출되었다. 국회는 5공 청문회를 열어 전두환 정부의 비리와 5·18 민주화 운동에 대한 진상 규명에 나섰다. 이에 위기를 느낀 노태우 정부는 1990년 통일 민주당의 김영삼과 신민주 공화당의 김종필을 끌어들여 3당이 합당한 민주 자유당이라는 거대 여당을 만들어 냈다.

03 경제 성장과 사회·문화의 변화

📖 **닮은 꼴 예상 문제**   **258~259쪽**

01 ③   **02 ④**

01 제시된 자료는 근면, 자조, 협동의 기치 아래 새마을 운동이 시작되었음을 보여 준다. ③ 새마을 운동은 1970년대 박정희 정부에서 추진하였다. 박정희 정부는 외국에서 차관을 도입하여 부족한 산업 시설을 갖추고, 높은 교육열로 배출된 우수한 산업 인력을 활용하여 국가 주도하에 수출 주도형 공업화 전략을 추진하여 큰 경제 성장을 이루었다. 그러나 외국 자본에 대한 의존도가 높아졌으며, 값싼 노동력을 활용하여 수출을 늘리는 경제 정책을 추진하는 데 집중하면서 노동 조건의 개선 및 노동자 권익 향상에는 소홀하였다.

오답 거르기 ① 1993년 김영삼 정부, ② 1995년 김영삼 정부에 해당된다. ④ 1980년대 중반 이후 전두환 정부 시기에 해당한다. ⑤ 김영삼 정부 시기에 외환 위기를 겪게 되었다.

02 제시된 자료는 1970년 11월에 서울 동대문 평화 시장에서 재단사 전태일이 분신자살한 사건을 보도하는 신문 기사에 해당한다. ④ 박정희 정부는 1969년에 초등학생의 중학교 입시 과열을 막기 위해 중학교 입학 제도를 서울부터 시작해 점차적으로 무시험 추첨제로 바꾸었다.

오답 거르기 ① 한·일 월드컵은 2002년에 있었다. ② 농산물 시장 개방 반대 운동은 1990년대 우루과이 라운드의 타결과 세계 무역 기구의 설립 등으로 인한 쌀 시장 개방, 자유 무역 협정 체결 등의 상황에서 전개되었다. ③ 박정희 정부는 한·일 협정으로 얻게 된 자본의 일부를 제철소의 설립에 투자하여 1973년 포항 제철소가 준공되었다. ⑤ 수출 100억 달러 달성은 1977년에 이루어졌다.

260~263쪽

기출 및 예상 문제

01 ③	02 ②	03 ⑤	04 ④	05 ②
06 ⑤	07 ③	08 ①	09 ①	10 ③
11 ④	12 ②	13 ②	14 ①	15 ②
16 ④				

01 제시된 자료는 1948년에 체결된 한·미 원조 협정에 해당된다. ③ 대한민국 정부 수립 전에 미국은 국무성 관할의 점령지 행정 구조 원조에 따라 식료품, 의약품, 농업용품 등 소비재를 중심으로 긴급 구호를 실시하였다. 정부 수립 이후에는 한국 정부 수립에 따라 국가 대 국가의 경제 원조를 위해 한·미 원조 협정을 체결(1948)하고 경제 협력처 소관의 원조 자금을 집행하였다. 그러나 1957년 이후에는 미국의 경제 악화로 무상 원조 자금이 점차 유상 차관으로 변화하였다. 1950년대에는 미국의 원조 물자를 바탕으로 하는 삼백 산업(밀가루, 설탕, 면화)이 발달하였다.

오답 거르기 ① 1970년에 경부 고속 국도가 개통되었다. ② 경제 협력 개발 기구에 가입한 것은 1996년이었다. ④ 1980년대 중반 전두환 정부 시기에 해당한다. ⑤ 1993년 김영삼 정부에 해당한다.

02 제시된 자료에서 귀속 재산을 유효 적절히 처리하라는 조항을 통해 해당 법령이 귀속 재산 처리법임을 알 수 있다. 귀속 재산은 광복 당시 국내에 남겨진 토지와 공장 등 일본의 모든 재산을 의미한다. 미군정은 1947년 3월부터 소규모 귀속 사업체, 도시 지역에 소재한 일반 주택, 선박, 광산을 민간에 매각하기 시작하였다. 미군정 기간에 처분된 것 이외의 귀속 재산은 정부 수립 후 대한민국 정부로 이관되어 민간 기업들에 매각되었다. ② 자료의 귀속 재산 처리법은 1949년 제헌 국회에서 제정한 법령이다. 정부는 이 법령에 따라 기업체를 민간에 불하하여, 민간 자본에 의한 경제 발전을 추구하였다. 이 과정에서 자유 시장 원리를 강조하는 자유 기업주의적 자본주의가 뿌리를 내리기 시작했고, 정경 유착이나 독점과 같은 부작용도 나타났다.

오답 거르기 ㄴ. 농지 개혁법의 시행 결과 지주 계급이 소멸하였다. ㄹ. 국가 재건 최고 회의는 1961년 5·16 군사 정변을 주도한 세력이 설치한 기구이다.

03 제시된 뉴스 보도는 서울과 부산을 연결하는 경부 고속 국도가 개통되었다는 것이다. 경부 고속 국도는 1970년 박정희 정부 시기 개통되었다. ⑤ 1960~1970년대 박정희 정부 시기의 고도성장에는 열악한 환경 속에서 피땀 흘린 대다수 노동자의 희생이 중

요한 역할을 하였다. 성장 위주의 경제 정책에 따라 저임금과 장시간의 노동에 시달린 노동자들은 생존권을 위협받는 처지에 내몰리는 경우도 있었다. 이런 상황에서 전태일은 근로 기준법을 준수하라고 외치며 분신자살하였다(1970.11.). 그 후 지식인과 대학생이 노동 문제에 관심을 기울이면서 노동 운동이 본격화되었지만 박정희 정부는 이러한 움직임을 강경하게 탄압하였다.

오답 거르기 ① 김영삼 정부는 사회 정의 실현과 경제 활성화를 도모한다는 목적 아래 금융 실명제, 부동산 실명제를 도입하였다. ② 서울 올림픽은 1988년 노태우 정부 시기에 개최되었다. ③ 박종철 고문 치사 사건은 1987년 전두환 정부 시기에 발생하였다. ④ 반민족 행위 특별 조사 위원회는 제헌 국회에 의해 구성되었다(1948).

04 제시된 자료의 대충 자금 흐름도, 한·미 합동 경제 위원회(1952~1963) 등을 통해 미국의 경제 원조를 받던 시기에 해당함을 알 수 있다. ④ 미국은 전후 한국의 정치적 안정을 추구하고, 한편으로는 미국의 잉여 농산물을 처분하려는 의도로 1953년부터 1960년까지 20억 달러 이상의 경제 원조를 제공하였다. 이때 원조는 식료품과 의복 등의 생활 필수품이나 설탕과 밀가루 등 소비재 중심으로 이루어졌다. 특히 원조 물자의 대부분이 설탕, 밀가루, 면화 등이었으므로 이를 가공하는 제당, 제분, 면방직 공업을 중심으로 한 소비재 산업, 삼백 산업이 발달하였다.

오답 거르기 ① 새마을 운동은 1970년대 초반부터 추진되었다. ② 외환 위기로 인한 구제 금융 신청은 1997년이었다. ③ 3저 호황은 1980년대 중반 이후의 상황이었다. ⑤ 중화학 공업 중심의 경제 개발 계획은 제3차 경제 개발 계획(1972~1976)부터였다.

05 제시된 인물 카드에서 재단사이자 노동 운동가, 서울 평화 시장에서 활동, 바보회 조직, 근로 기준법 준수를 외치며 분신 등을 통해 해당 인물이 전태일임을 알 수 있다. ② 박정희 정부의 수출 위주 성장 정책은 수출 상품의 가격 경쟁력 확보를 위해 노동자들에게 저임금, 장시간의 노동을 강요하였다. 근로 기준법 등 노동 관계법은 지켜지지 않았고, 저학력 노동자들은 이를 접하기조차 어려웠다. 평화 시장 재단사였던 전태일은 어렵게 근로 기준법을 공부하면서 희망을 품고 정부와 대통령에게 진정하는 등 노력하였으나, 이 요구가 묵살되고 시위 자체가 불법으로 취급되자 '근로 기준법 준수'를 요구하며 분신자살하였다. 전태일의 죽음은 노동자는 물론 대학생, 지식인 계층에게도 자성의 분위기를 가져왔고, 전태일은 1970년대 노동 운동의 상징적인 존재가 되었다.

오답 거르기 ① 1987년 1월 서울대생 박종철이 치안 본부 남영동 대공 분실에서 조사를 받던 중 고문·폭행으로 사망하였다. 당시 경찰과 검찰의 사건 은폐 조작으로 정부의 도덕성에 결정적인 타격을 주었으며, 이 사건과 관련된 추모 집회와 규탄 대회가 개헌 논의와 연결되면서 6월 민주 항쟁의 촉발제가 되었다. ③ 1987년 6월 민주 항

쟁 당시 민주 헌법 쟁취 국민 운동 본부가 개최하는 박종철 고문치사 사건 조작·은폐 규탄 및 호헌 철폐 국민 대회의 하루 전인 6월 9일, 연세대 학생 이한열이 출정식을 마치고 시위 도중 경찰의 최루탄에 맞아 사경을 헤매다 결국은 사망하였다. ④ 장준하는 일본군에 징집되었으나 탈출해 충칭에 있는 대한민국 임시 정부를 찾아가 한국광복군에 합류하였다. 미국 전략 정보국(OSS)이 주관하는 특수 훈련을 받으며 국내 진공 작전을 준비하던 중 광복을 맞았다. 1953년 피난지에서 『사상계(思想界)』를 창간하여 언론인으로 활동하였으며 국회 의원을 역임하였다. 여러 차례 민주화 운동으로 옥고를 치렀으며 1975년 개헌 청원 백만인 서명 운동을 벌여 나갔다. 그러나 1975년 8월 포천군에 있는 약사봉에서 등산하다가 의문의 사고로 사망했다. ⑤ 윤상원은 야학과 노동 운동가로 활동하였으며, 1980년 5·18 민주화 운동 당시 시민군의 대변인으로 활동하다가 계엄군의 진압으로 사망하였다.

06 제시된 자료 (가)는 1970년 11월 전태일의 분신 사건을 다루고 있다. (나)는 전두환 정부의 9·27 조치(1980)를 설명하고 있다. ⑤ 1979년 가발 제조 업체인 YH 무역이 부당한 폐업을 공고하자 노동조합원들이 회사 정상화와 노동자의 생존권 보장을 요구하며 8월 신민당사에서 농성을 벌였다. 이에 대한 경찰의 폭력 진압 과정에서 노동자가 사망하는 사건이 발생하였으며, 강경한 진압에 대한 반발이 커져 감으로써 유신 반대 투쟁이 활성화되었다.

오답 거르기 ① 노사정 위원회는 1998년 김대중 정부에서 발족하였다. ② 공무원 노조 합법화는 2004년 노무현 정부 시기에 있었으며 단결권과 단체 교섭권을 인정받았다. ③ 1991년 유엔 가입과 함께 국제 노동 기구에 가입하였다. ④ 1995년 민주노총이 결성되었다.

07 제시된 자료에서 성별을 알아볼 수 없을 정도의 장발을 한 남자와 저속한 옷차림을 한 자를 경범죄로 추가하여 장발과 미니스커트 착용을 단속했다는 점을 통해 유신 체제의 박정희 정부임을 알 수 있다. ③ 박정희 정부는 농촌 근대화를 표방하며 새마을 운동을 전개하였다.

오답 거르기 ① 프로 야구단이 정식 출범한 것은 전두환 정부 시기이다. ② 호주제 폐지는 2005년이다. ④ 전두환 등 신군부 세력은 국가 보위 비상 대책 위원회를 통해 과외 전면 금지와 대학 졸업 정원제를 시행하였다. ⑤ 외환 위기는 1997년 김영삼 정부에서 겪게 되었으며, 이후 김대중 정부에서 이를 극복하기 위한 금 모으기 운동이 전개되었다.

08 제시된 자료에서 서울 시장이 오지 않자 흥분한 주민들이 성남 사업소, 출장소, 파출소 등을 파괴·방화하였다는 점을 통해 해당 사건이 1971년에 일어난 광주 대단지 사건임을 알 수 있다. ① 1968년 서울시는 도시 환경을 정비하고 서울로 집중된 인구를 분산시킨다는 명분하에 무허가 판잣집을 정리하면서 철거민들을

경기도 광주 대단지(현재의 성남시)로 집단 이주시켰다. 그러나 철거민의 처지를 고려하지 않은 무리한 사업 추진으로 이주민들은 여러 가지 생활고에 시달렸다. 결국 1971년 이주민들이 집단으로 서울시에 항의하고 몇몇 관공서를 습격하는 등의 광주 대단지 사건이 일어났다. 이를 이해하기 위해서는 산업화 과정에서 형성된 도시 빈민층의 삶을 탐구하는 것이 필요하다.

오답 거르기 ② 도시와 농어촌 사이의 소득 격차를 극복하기 위한 방법으로 새마을 운동 등이 추진되었다. ③ 제2차 석유 파동은 1970년대 후반에 발생하였다. ④ 저출산·고령화 등은 최근 2000년대 이후의 중요한 사회 문제가 되었다. ⑤ 전국민 의료 보험 제도는 1989년에 도입되었다.

09 제시된 신문 기사의 제목이 야간 통행금지 해제인 점을 통해 보도된 시기는 전두환 정부 시기임을 알 수 있다. ① 전두환 정부는 1981년에 서울 올림픽을 유치한 후 유화 정책을 폈다. 중·고등학생의 교복과 두발의 자유화, 과외 금지, 야간 통행금지의 해제, 학도 호국단 폐지, 해외여행 자유화 등을 시행하였다. 또한 프로 야구와 프로 축구를 출범시켰다. 이때 프로 야구는 1982년에 OB 베어스, MBC 청룡, 해태 타이거즈, 롯데 자이언츠, 삼성 라이온즈, 삼미 슈퍼스타즈 등 6개 구단의 출범으로 시작되었다. 또한 전두환 정부는 언론 통폐합을 단행하였으며 언론 기본법을 제정하였다.

오답 거르기 ㄷ. 1968년 박정희 정부는 정부 차원에서 가정 의례 준칙을 제정하고 생활 전반에 걸쳐 통제를 강화하였다. ㄹ. 1960년대 혼·분식 장려 운동은 재건 국민 운동 본부 산하 식생활 개선 추진 위원회에서 업무를 담당하여 추진되었다. 이후 관할 기관이 바뀌면서 1970년대에도 추진되었는데, 1977년 그 행정 명령을 해제하였다.

10 제시된 자료는 민주 언론 운동 협의회와 천주교 정의 구현 사제단이 보도 지침을 함께 밝히고 있는 것을 보여 준다. 따라서 1986년 보도 지침 사건 관련 자료이며 밑줄 그은 정부는 전두환 정부임을 알 수 있다. ③ 전두환 정부는 국가 보위 비상 대책 위원회에서 제정한 언론 기본법을 통해 언론을 통제하였다. 언론 기본법은 1987년 폐지되었다.

오답 거르기 ① 1974년 10월에는 정부의 신문 제작 간섭에 항의하며 『동아일보』 기자 1백 80여 명이 자유 언론 실천 선언을 발표하면서 언론 자유 수호 운동이 본격화되었다. ② 1940년대 일제의 민족 말살 정책이 극에 달했던 시기에 일어난 사건이다. ④ 『동아일보』와 동아방송의 자유 언론 실천에 정부가 광고 탄압이라는 방식을 동원하면서 『동아일보』에 대한 무더기 광고 해약이 속출하였다. 광고 탄압의 장기화 및 경영주와 정부의 타협으로 자유 언론 실천 투쟁에 앞장섰던 기자들과 방송 제작사 직원 대부분이 해고되었다. ⑤ 『경향신문』 폐간은 이승만 정부 시기인 1959년에 있었다.

11 제시된 대화를 통해 김영삼 정부의 금융 실명제가 실시된 시기를 찾는 문제임을 알 수 있다. ④ 금융 실명제는 1993년 전격 실시되었다. 금융 실명제는 은행이나 금융 기관과 거래를 할 때 실제 명의로 하도록 한 제도로, 이를 통해 금융 거래 정상화와 합리적 과세의 기반을 마련하였다.

12 제시된 자료 (가)에서 정비석의 소설 『자유 부인』을 둘러싼 논쟁이 전개된 시기는 1950년대에 해당한다. (나)는 조세희의 소설 『난장이가 쏘아올린 작은 공』이 출간되어 노동 문제와 빈민 문제 등 사회 문제를 비판한 점, 포크송이 유행했던 시기 등을 고려하면 1970년대임을 알 수 있다. ② (가)는 1950년대인 A, (나)는 1970년대인 C에 해당한다.

13 제시된 뉴스에서 금융, 외환 시장의 어려움을 극복하기 위해 국제 통화 기금에 자금 지원을 요청했다는 내용이 보도되었다. 따라서 해당 시기는 1997년 김영삼 정부 시기에 해당된다. ② 김영삼 정부 시기였던 1996년 경제 협력 개발 기구(OECD)에 가입하였다.

오답 거르기 ① 제1차 경제 개발 5개년 계획은 박정희가 5·16 군사 정변으로 권력을 잡은 후인 1962년부터 추진되었다. ③ 한·미 자유 무역 협정은 노무현 정부 시기에 체결되었다. ④ 제2차 석유 파동은 1970년대 후반에 있었다. ⑤ 농지 개혁법은 1949년에 제정되었다.

14 제시된 각서의 주요 내용은 고금리 기조, 경제 성장률 3% 이내, 부실 금융 기관 구조 조정, 자본 자유화 등이다. ① 이는 충분한 준비 없는 개방 정책의 결과 1997년 외환 보유고 부족으로 국제 통화 기금(IMF)으로부터 긴급 구제 금융을 받게 되면서 한국 정부가 국제 통화 기금과 합의한 양해 각서의 주요 내용에 해당된다. 이 각서에 따라 한국은 IMF 관리 체제로 들어갔다.

오답 거르기 ② 제2차 석유 파동은 1970년대 후반에 있었다. ③ 미국의 무상 원조가 유상 차관으로 바뀐 것은 1950년대 말이었다. ④ 3저 현상은 1980년대 중반 이후에 나타났다. ⑤ 화폐 개혁은 1950년, 1953년, 1962년에 있었다.

15 제시된 대화에서 처음으로 남북 정상 회담 성사, 여·야 간 평화적 정권 교체, 국민 기초 생활 보장법 제정 등을 통해 밑줄 그은 '이 정부'가 김대중 정부임을 알 수 있다. ② 김대중 정부에서는 제1차 남북 정상 회담을 통해 6·15 남북 공동 선언을 발표하였고 개성 공단 조성에 합의하였다.

오답 거르기 ① 1980년대 중반 이후 3저 호황이 있었다. ③ 1962년부터 제1차 경제 개발 5개년 계획이 추진되었다. ④ 서독에 광부와 간호사를 파견하기 시작한 것은 1960년대부터였다. ⑤ 원조 물자로

삼백 산업이 성장한 시기는 1950년대였다.

16 (가)는 2011년 고등학교 체제의 변화를 보여 준다. 이명박 정부 이후 특목고나 자율형 고등학교가 크게 증가하면서 공교육 체제에 큰 변화가 나타났다. (나)의 국민 교육 헌장은 1968년 박정희 정부에서 제정되었으며 이와 함께 각종 국가주의적 의례가 전면적으로 시행되었다. (다)는 1980년 신군부 세력이 국가 보위 비상 대책 위원회에서 내세운 7·30 교육 개혁 내용에 대한 설명이다. ④ (나), (다), (가)의 순이다.

04 남북 화해와 통일을 위한 노력

닮은 꼴 예상 문제
266~267쪽

| 01 ① | 02 ① |

01 제시된 자료에서 7·4 남북 공동 성명에서 천명된 조국 통일 3대 원칙을 재확인한다는 점, 긴장 완화와 평화를 보장하며 다각적인 교류·협력을 실현하고자 한다는 점, 쌍방 사이의 관계가 나라와 나라 사이의 관계가 아닌 통일을 지향하는 잠정적으로 형성되는 특수 관계라는 것을 인정한다는 점 등을 통해 해당 합의서가 1991년 노태우 정부에서 채택한 남북 기본 합의서임을 알 수 있다. ① 남북 기본 합의서 채택 전인 1991년 9월에 남북한이 유엔에 동시에 가입하였다.

오답 거르기 ② 7·4 남북 공동 성명은 1972년 박정희 정부 시기 남북이 공동으로 발표하였다. ③ 문재인 정부는 2018년 4월 27일에 판문점 평화의 집에서 남북 정상 회담을 가졌다. ④ 최초의 이산가족 상봉은 1985년 전두환 정부 시기에 있었다. ⑤ 2000년 최초의 남북 정상 회담 후 발표된 6·15 남북 공동 선언의 내용이다.

02 제시된 공동 선언에서 남측의 연합제 통일 방안과 북측의 낮은 단계의 연방제 안이 서로 공통성이 있다고 인정한 점 등을 통해 해당 선언이 2000년 최초의 남북 정상 회담 후 나온 6·15 남북 공동 선언임을 알 수 있다. ① 이후 남북 교류와 경제 협력이 활성화되면서 이산가족 상봉 및 면회소 착공, 철도(경의선)와 도로 연결 사업 시작, 금강산 육로 관광(2003년 시작), 개성 공단 건설 합의, 남북 장관급 회담, 남북 적십자 회담, 남북 경협 실무자 회담, 남북 국방 장관 회담이 줄지어 이루어졌고, 이산가족과 예술단의 교환도 이루어졌다.

오답 거르기 ㄷ. 남북한 유엔 동시 가입은 1991년에 이루어졌다. ㄹ. 최초의 이산가족 상봉은 1985년에 있었다.

기출 및 예상 문제

268~269쪽

01 ②	02 ③	03 ③	04 ②	05 ⑤
06 ④	07 ③	08 ⑤		

01 제시된 자료에서 평화 통일 제의, 대한 적십자사가 제의한 인도적 남북 회담, 제26주년 광복절 경축사 등을 통해 1971년 광복절 경축사임을 알 수 있다. 대한 적십자사는 1971년 8월 남북 적십자 회담을 제의하였다. 따라서 박정희 정부 시기에 해당한다. ② 박정희 정부는 1972년 비밀 특사의 교환을 통해 7·4 남북 공동 성명을 발표하였다. 또한 서울과 평양 사이에 상설 직통 전화를 개설하고, 통일 문제를 협의하기 위해 남북 조절 위원회 설치를 합의하였다.

오답 거르기 ㄴ. 남북 기본 합의서, ㄹ. 한반도 비핵화 공동 선언 모두 1991년 12월에 채택되었다.

02 제시된 자료에서 이후락 중앙정보부장이 평양을 방문하고, 박성철 제2 부수상이 서울을 방문하여 회담을 진행하였다는 점 등을 통해 1972년 7·4 남북 공동 성명을 발표하기 전의 특사 교환을 통한 회담임을 알 수 있다. ③ 회담 결과 한반도의 통일은 자주, 평화, 민족 대단결의 원칙에 입각하여 이루어져야 한다는 평화 통일 3대 원칙이 천명되었다.

오답 거르기 ① 비핵화 공동 선언(1991.12.), ⑤ 남북한 유엔 동시 가입(1991. 9.)은 노태우 정부 시기에 여러 차례의 남북 고위급 회담 등을 통해 이루어졌다. ② 금강산 관광 사업은 1998년 김대중 정부 시기 정주영 현대 회장의 소떼 방북을 계기로 이루어졌다. ④ 제2차 남북 정상 회담은 2007년 노무현 정부에서 이루어졌다.

03 제시된 자료에서 작년에 국민 기초 생활 보장법(1999)을 제정하였다는 표현을 통해 2000년도의 신년사임을 알 수 있다. 당시는 김대중 정부 시기였다. ③ 김대중 정부는 2000년 최초로 남북 정상 회담을 개최하여 6·15 남북 공동 선언을 발표하였다. 이후 이산가족 상봉 및 면회소 착공, 경의선 철도와 도로 연결 사업, 개성 공단 조성 등을 추진하였다.

오답 거르기 ①, ④ 1991년 노태우 정부, ② 1985년 전두환 정부, ⑤ 1972년 박정희 정부의 통일 노력이다.

04 제시된 자료 (가)의 자주적 통일, 평화적 통일 등에서 1972년 7·4 남북 공동 성명임을 알 수 있다. (나)의 내용을 통해 1991년 12월에 남북이 채택한 비핵화 공동 선언임을 알 수 있다. ② 노태우 정부는 북방 외교 정책을 추진하면서 북측과 여러 차례 고위급 회담을 가졌고, 이를 통해 1991년 9월 남북한이 동시에 유엔에 가입하였다.

오답 거르기 ① 금강산 관광은 1998년 김대중 정부에서 시작되었다.

③ 1968년 1월에 발생하였다. ④ 진보당은 1956년 결성되었으며, 평화 통일론을 내세우다 1958년 진보당 사건으로 조봉암이 이듬해 사형당했다. ⑤ 제1차 남북 정상 회담은 2000년에 있었다.

05 제시된 신문 기사의 제목이 개성 공단 착공식 개최(2003)라는 점에서 해당 정부가 노무현 정부임을 알 수 있다. 김대중 정부 시기 제1차 남북 정상 회담 이후 개성 공단 건설에 합의하였지만 착공은 2003년 노무현 정부에서 이루어졌다. ⑤ 노무현 정부에서는 2007년 제2차 남북 정상 회담을 개최하고 10·4 남북 공동 선언을 발표하였다.

오답 거르기 ①, ③ 1991년 노태우 정부, ② 1985년 전두환 정부, ④ 1972년 박정희 정부의 통일 노력에 해당한다.

06 제시된 자료의 (가)는 1969년 닉슨 독트린 발표 이후 냉전 체제가 완화되는 국제 정세를 보여 주고 있으며, (나)는 1985년 이후 소련의 고르바초프가 개혁 개방 정책을 추진하는 상황을 보여 준다. 이후 고르바초프의 정책은 동유럽의 정치 민주화와 경제 자유화의 바람을 불러일으켜 사회주의 체제가 빠른 속도로 붕괴되어 냉전이 붕괴되어 갔다. ④ 북한은 중국의 경제 특구 전략을 부분적으로 모방하여 제한적 경제 개방 정책으로 나진·선봉 자유 경제 무역 지대 설치를 공포하였다.

오답 거르기 ① 남로당 세력의 축출은 1953년 무렵에 이루어졌다. ② 1998년 헌법 개정에서 이루어졌다. ③ 1968년, ⑤ 1972년에 있었다.

07 제시된 자료 (가)의 7·4 남북 공동 성명은 1972년, (나)의 남북 학생 회담 요구 집회는 1960년 4·19 혁명 후 수립된 장면 정부 시기에, (다)의 10·4 남북 공동 선언 채택은 2007년 노무현 정부에서 제2차 남북 정상 회담을 개최한 결과이며, (라)의 정주영이 소떼를 몰고 북한을 방문한 것은 1998년 김대중 정부 시기에 있었다. ③ 일어난 순서대로 나열하면 (나) – (가) – (라) – (다)가 된다.

08 제시된 선언문은 6·15 공동 선언을 고수하고 구현하겠다고 밝히고 있으며 정전 체제를 종식시키고 항구적인 평화 체제를 구축해 나가기 위해 협력하며, 해주 지역과 주변 해역을 포괄하는 서해 평화 협력 특별 지대를 설치하고 공동어로 구역과 평화 수역 설정, 경제 특구 건설과 해주항 활용, 민간 선박의 해주 직항로 통과, 한강 하구 공동 이용 등을 적극 추진하기로 한 점 등에서 2007년 제2차 남북 정상 회담에서 밝힌 10·4 남북 공동 선언(2007)임을 알 수 있다. ⑤ (마) 시기에 발표되었다.

실전 모의고사 ①회 심화

본문 272~283쪽

01 ②	02 ②	03 ①	04 ③	05 ④
06 ⑤	07 ①	08 ⑤	09 ④	10 ⑤
11 ③	12 ⑤	13 ②	14 ④	15 ③
16 ②	17 ⑤	18 ①	19 ③	20 ③
21 ②	22 ④	23 ⑤	24 ⑤	25 ③
26 ①	27 ②	28 ③	29 ①	30 ④
31 ①	32 ①	33 ④	34 ④	35 ③
36 ①	37 ②	38 ⑤	39 ①	40 ④
41 ②	42 ①	43 ④	44 ②	45 ②
46 ②	47 ⑤	48 ①	49 ①	50 ②

01 여주 흔암리 유적에서 발견된 탄화된 쌀로 이 쌀의 연대가 최소한 기원전 7세기까지 올라간다는 내용을 통해 (가) 시대는 청동기 시대임을 알 수 있다. ② 고인돌은 청동기 시대를 대표하는 무덤으로, 피장자는 많은 노동력을 동원할 수 있는 지배층이었음을 짐작할 수 있다.

오답 거르기 ① 철기 시대, ③, ⑤ 신석기 시대, ④ 구석기 시대의 사회 모습이다.

02 제시된 자료는 민며느리제로 옥저에서 유행한 결혼 풍습이다. ② 옥저는 왕이 없었고 읍락마다 읍군, 삼로라고 불리는 군장이 있어 자기 부족을 다스렸다.

오답 거르기 ① 고구려, ③ 부여, ④ 동예, ⑤ 삼한에 대한 설명이다.

03 제시된 자료에서 고구려 평양성을 공격하여 고구려 왕 사유가 죽었다는 내용을 통해 밑줄 그은 '왕'은 백제의 근초고왕임을 알 수 있다. 고구려 왕 사유는 고국원왕을 가리킨다. ① 근초고왕 때 박사 고흥이 『서기』라는 역사책을 편찬하였다. 그러나 이 책은 현재 전하지 않기 때문에 그 내용과 성격을 정확히 알 수 없다.

오답 거르기 ② 고려 성종, ③ 조선 정조, ④ 백제 무령왕, ⑤ 신라 진흥왕 때의 사실이다.

04 제시된 자료의 공주는 백제가 고구려에게 한성을 빼앗기고 두 번째 수도로 삼은 웅진이다. 송산리 고분군의 무덤에서 묘지석이 발견되었다는 내용을 통해 (가) 문화유산은 무령왕릉임을 알 수 있다. ③ 무령왕릉의 벽돌무덤 양식은 중국 남조의 영향을 받은 것으로 당시 중국 양나라와 교류가 이루어졌음을 보여준다.

오답 거르기 ① 승탑, ② 통일 신라의 굴식 돌방무덤(경주 김유신 묘 등), ④ 고구려 고분 벽화가 남아 있는 굴식 돌방무덤, ⑤ 신라의 천마총 등이 해당된다.

05 제시된 자료는 백제 성왕이 신라를 공격하였다가 죽음을 당한 관산성 전투 내용이다. 명농은 성왕을 가리킨다. ④ 성왕은 신라와 연합한 뒤 고구려 남부를 공격하여 한강 하류 유역을 회복하였으나, 신라에게 다시 빼앗겼다. 이에 백제의 성왕은 554년 신라를 공격하였다가 전사하였다.

오답 거르기 ① 의자왕 때인 642년, ② 장수왕 때인 427년, ③ 698년, ⑤ 7세기 중반의 사실이다.

06 제시된 자료에서 일본 스에키 제작에 영향을 주었다는 내용을 통해 (가) 국가는 가야임을 알 수 있다. 스에키는 일본 아스카 시대의 대표적인 토기이다. ⑤ 가야는 규슈를 비롯한 일본 지역에 덩이쇠, 철제 무기, 갑옷 등과 함께 낙랑을 통해 수입한 선진 문물을 전해 주면서 낙랑과 왜를 연결하는 중계 무역으로 번영하였다.

오답 거르기 ① 백제와 고구려, ② 신라, ③ 백제, ④ 발해에 대한 설명이다.

07 제시된 자료에서 김흠돌 등을 숙청하였다는 내용을 통해 교서를 내린 왕이 신문왕임을 알 수 있다. 신문왕은 즉위 직후 김흠돌의 난을 진압하고 왕권에 도전하는 진골 귀족을 대거 숙청하였다. ① 신문왕은 관료전을 지급하고 녹읍을 폐지하여 귀족의 경제적 기반을 약화시켰다.

오답 거르기 ② 원성왕, ③ 고려 광종, ④ 진흥왕, ⑤ 문무왕의 업적에 해당한다.

08 제시된 자료에서 중국 지린성, 문왕의 둘째 딸 정혜 공주 등을 통해 (가) 국가는 발해임을 알 수 있다. ⑤ 발해는 당의 3성 6부제를 수용하였으나 운영 방식이 달랐다. 행정을 담당하는 정당성에 권력이 집중되었고 그 장관인 대내상이 국정을 총괄하였다.

오답 거르기 ① 고구려, ② 부여, ③ 통일 신라, ④ 동예에 대한 설명이다.

09 제시된 자료는 신라의 희강왕이 시해된 후 진골 귀족의 왕위 다툼이 일어나는 상황에서 장보고가 군사를 보내 신무왕을 옹립하는 내용으로 839년에 있었던 사실이다. 신라 말 진골 귀족들이 왕위 쟁탈전을 벌이던 어지러운 상황을 보여준다. ④ 최치원은 당에 유학을 갔다가 885년 귀국한 후 진성여왕 때 시무 10여 조의 개혁 방안을 제시하였다.

오답 거르기 ① 654년, ② 822년, ③, ⑤ 백제 멸망 직후인 7세기 중반의 사실이다.

10 제시된 자료에서 양길에게 의탁하였고, 스스로 왕이라 칭하면서 고구려의 원수를 갚겠다고 한 내용을 통해 (가) 인물은 궁예임을 알 수 있다. ⑤ 901년 개성을 수도로 후고구려를 세운 궁예는 905년 철원으로 천도하고 911년에 국호를 태봉으로 고쳤다.

오답 거르기 ① 장보고, ② 견훤, ③ 고려 왕건, ④ 발해 무왕에 대한 설명이다.

11 제시된 자료는 묘청이 서경에서 반란을 일으킨 사건을 다룬 기사이다. ③ 이자겸의 난(1126년) 이후 고려 인종은 왕권 회복을 위한 변화를 모색하였다. 이 과정에서 묘청을 중심으로 한 서경 세력과 김부식을 중심으로 한 개경 귀족들이 대립하였다. 서경 세력은 서경 천도를 추진하였으나 개경 세력이 반대하자 1135년 서경에서 난을 일으켰으나 실패하였다. 망이·망소이의 봉기는 1176년에 일어났다.

12 제시된 자료에서 군사 문제를 다루고 원 간섭기에 도평의사사로 바뀌었다는 등의 내용을 통해 도병마사에 대한 대화임을 알 수 있다. ⑤ 도병마사는 중서문하성과 중추원의 고관인 재신과 추밀이 모여 국가의 중대사를 결정하는 회의 기구였다. 무신 정변 이후 무신 회의 기구인 중방이 최고 기구 기능을 하면서 도병마사의 역할이 무의미해졌다.
오답 거르기 ① 중추원, ② 상서성, ③ 삼사, ④ 어사대에 대한 설명이다.

13 제시된 자료에서 흑수 말갈, 대식국에서 왔고, 팔관회를 열자 송 상인 등이 특산물을 가져왔다는 내용을 통해 고려의 모습임을 알 수 있다. 대식국은 아라비아를 가리킨다. ② 고려는 대외 교류에 개방적이어서 송, 여진 등과 교류하였으며, 무역이 활발하여 벽란도가 국제 무역항으로 번성하였다.
오답 거르기 ①, ③, ④, ⑤ 모두 조선 후기에 볼 수 있는 모습이다.

14 제시된 자료는 고려의 대표적인 승려들과 활동을 정리한 것이다. ④ ㄴ. 지눌은 선종을 중심으로 교종을 포용하자는 정혜쌍수와 깨달음을 얻은 뒤 꾸준히 수행할 것을 강조하는 돈오점수를 주장하였다. ㄹ. 요세는 천태종 신앙 결사체인 백련사를 조직하였다. 백련사는 법화 신앙을 내세우며 불교의 혁신과 민중 교화에 힘썼다.
오답 거르기 ㄱ. 통일 신라의 혜초, ㄷ. 통일 신라의 원효에 대한 발표 주제로 적합하다.

15 제시된 자료는 윤관이 여진족을 토벌하고 9성을 쌓으면서 고려의 영토임을 표시하기 위해 세운 비석이라는 내용이다. ③ 고려는 기병 중심의 여진족을 상대하기 위해 윤관의 건의에 따라 별무반이라는 특별 부대를 편성하였다. 윤관은 별무반을 이끌고 여진족을 소탕하고 동북 9성을 쌓았다.
오답 거르기 ① 고려 시대 몽골의 침입에 맞선 항쟁, ② 조선 세종 때의 여진 축출, ④ 고려 공민왕 때의 반원 정책, ⑤ 거란의 1차 침입 격

퇴와 관련된다.

16 제시된 자료에서 공민왕 때 폐지하여 인사 선발 권한을 조정으로 돌렸다는 내용을 통해 (가) 기구는 인사 선발을 담당했던 정방임을 알 수 있다. ② 최씨 무신 정권의 최우는 자기 집에 정방을 설치하여 문무백관의 인사 행정을 마음대로 하였다.
오답 거르기 ① 전민변정도감, ③ 어사대 관원과 중서문하성의 낭사로 구성된 대간, ④ 중방, ⑤ 조선 시대의 의정부에 대한 설명이다.

17 제시된 자료에서 상국 즉 명나라의 경계를 범하면 화가 닥칠 것이라는 내용, 회군을 청하였으나 왕도 최영도 듣지 않는다는 내용 등을 통해 위화도 회군을 단행한 이성계의 주장임을 알 수 있다. ⑤ 이성계는 고려 말인 1380년 전라도 지리산 부근의 황산에서 왜구를 크게 격퇴시켜(황산 대첩) 왜구 토벌의 전기를 마련하였다.
오답 거르기 ①, ② 정도전, ③ 조선 태종(이방원), ④ 정제두에 대한 설명이다.

18 제시된 자료에서 백성을 다스리는 관리가 마땅히 해야 할 일에 대해 대화하는 것을 통해 (가) 관직은 수령임을 알 수 있다. 조선 시대 수령이 지방을 통치함에 있어서 힘써야 할 일곱 가지 사항을 수령 7사라고 하는데 경국대전에도 실려 있다. ① 조선 시대 모든 군현에 파견된 수령의 임기는 경국대전 규정에 따르면 5년이고, 상피제라고 하여 일정한 범위 내의 친족 간에 동일한 관아 또는 연관성이 있는 관아에 근무하지 못하게 하거나 연고지의 벼슬을 피하게 하였다.
오답 거르기 ② 유향소, ③ 관찰사, ④ 홍문관의 관리, ⑤ 향리에 대한 설명이다.

19 제시된 자료에서 벼슬에서 물러나면 1결의 토지도 가질 수 없게 된다면서 제도 실시의 부정적인 측면을 주장하는 내용을 통해 밑줄 그은 '이 제도'는 조선 세조 때 실시된 직전법임을 알 수 있다. 세조는 수신전·휼양전 등의 명목으로 세습 토지가 증가하여 신진 관료에게 지급할 토지가 부족해지자 현직 관료에게만 수조권을 지급하는 직전법을 실시하였다. ① 세조는 왕권 강화를 위해 6조 직계제를 실시하는 한편, 집현전과 경연을 폐지하여 언론 활동을 제한하였다.
오답 거르기 ② 정조, ③ 세종, ④, ⑤ 영조의 정책에 해당한다.

20 제시된 자료에서 천상열차분야지도, 칠정산을 통해 민족 문화가 발달하였던 조선 전기의 과학 기술에 대한 내용임을 알 수 있다. ③ 세종 때 편찬된 농사직설은 중국의 농업 기술을 수용하면서도 우리 풍토에 맞는 독자적 농법을 정리하였다.

① 조선 후기 실학자 홍대용 등, ② 조선 후기 실학자 정약용, ④, ⑤ 고려 시대에 해당한다.

21 제시된 자료에서 중종 때 개혁 정치를 펴면서 위훈 삭제 추진으로 훈구 세력의 반발을 사 결국 기묘사화로 죽음을 당한 인물은 조광조이다. ② 조광조는 현량과를 실시하여 많은 사람을 3사 언관직에 등용해 경연과 언론을 활성화하였다.
① 영조와 정조, ③ 주세붕, ④ 흥선 대원군, ⑤ 이이와 관련된다.

22 제시된 자료에서 의병, 명나라가 보낸 구원병, 화의 진행 및 결렬 등을 통해 (가) 전쟁은 임진왜란임을 알 수 있다. ④ 임진왜란이 일어나자 처음에는 관군이 잇따라 패배하였으나, 수군과 의병의 활약, 명군의 참전 등으로 전세가 바뀌었다. 명군의 공격으로 일본군은 평양에서 밀려나고 행주산성에서 권율이 이끄는 조선군에게 패하자 남해안으로 철수하며 강화 교섭을 벌였다.
① 병자호란, ② 고려 시대 몽골과의 항쟁, ③ 인조반정과 정묘호란 사이인 1624년, ⑤ 정묘호란 중에 있었던 사실이다.

23 제시된 자료에서 명은 임진년에 재조해 준 은혜의 나라인데, 다른 뜻을 품고(명을 배신하고) 오랑캐(후금)에게 투항하였다고 죄를 물으며 폐위한다고 한 내용을 통해 (가) 왕은 광해군임을 알 수 있다. 광해군은 인조반정으로 1623년 폐위되었다. ⑤ 임진왜란 이후 즉위한 광해군은 전후 복구 사업에 힘쓰는 한편, 백성의 생활 안정을 위해 경기도에 대동법을 시행하였다.
① 효종, ② 태종과 세조, ③ 숙종, ④ 성종에 대한 설명이다.

24 제시된 자료는 1659년에 있었던 1차 예송을 나타낸 것으로 (가)는 남인의 주장이고, (나)는 서인의 주장이다. ㄷ. 서인은 숙종 때 남인을 배척하는 과정에서 강경파인 노론과 온건파인 소론으로 분화되었다. ㄹ. 서인은 이이와 성혼의 학문을 계승하여 기호 학파를 형성하였다.
ㄱ. 인조반정은 서인이 주도하였다. ㄴ. 호론과 낙론 논쟁은 18세기에 '사람과 사물의 본성이 같은가, 다른가'하는 문제를 두고 노론을 중심으로 일어난 성리학 논쟁이다.

25 제시된 자료에서 화성 행차, 혜경궁 등을 통해 (가) 왕은 정조임을 알 수 있다. 수원 화성은 정조가 자신의 정치적 이상을 담아 건설한 계획도시이고, 혜경궁은 정조의 어머니이자 아버지 사도세자의 부인이다. ③ 무예도보통지는 정조의 명으로 규장각 검서관인 이덕무와 박제가가 장용영 소속 장교 백동수 등과 함께 편찬한 무예 교본이다.

① 영조, ② 효종, ④ 세종, ⑤ 숙종 때의 사실이다.

26 제시된 자료에서 관서 지방(평안도) 차별과 임금의 나이가 어려 김조순·박종경 등 권세가들이 횡포를 부린다는 내용을 통해 홍경래의 난 때 발표된 격문임을 알 수 있다. 홍경래의 난이 일어난 1811년은 세도 정치가 이루어진 순조 때이다. ① 세도 정치 시기에는 정치 기강이 해이해지고 관리들의 부패가 심해 전정, 군역, 환곡의 폐단이 심각했는데, 이를 삼정의 문란이라고 하였다.
② 명종 때인 16세기, ③ 현종 때인 17세기, ④ 1894년 갑오개혁, ⑤ 1862년의 진주 농민 봉기 때 볼 수 있는 모습이다.

27 제시된 자료에서 장시를 하나의 유통망으로 연결시키고 전국적인 상인 조합을 결성하였다는 내용을 통해 (가)는 보부상임을 알 수 있다. 본래 보부상은 촌락을 중심으로 열렸던 장시에서 소비자를 상대로 소량의 상품을 매매하였지만 조선 후기에는 상단을 갖춘 전문적인 상인으로 발전하였다. ② 임오군란을 계기로 정부는 1883년 혜상공국을 설립하고 보부상 단체에게 상업적 특권을 부여하였다.
① 시전 상인, ③ 공인, ④ 경강 상인, ⑤ 송상에 대한 설명이다.

28 제시된 자료는 문체반정에 대한 것으로 『열하일기』를 썼다는 내용을 통해 (가) 인물은 박지원임을 알 수 있다. 정조 당시는 개성주의에 입각한 참신한 문체가 크게 유행하였는데, 정조는 이를 바로잡으려 하면서 잘못된 문체의 사례로 당시 인기를 누렸던 『열하일기』를 들었던 것이다. ③ 『양반전』은 정조 때 박지원이 쓴 한문 소설로 당시의 현실을 날카롭게 풍자하고 있는데, 특히 시대에 걸맞지 않는 무능한 양반의 모습을 해학적으로 그렸다.
① 김정희, ② 박제가, 유득공, 이덕무 등, ④ 홍대용, ⑤ 이중환에 대한 설명이다.

29 제시된 자료는 조선 후기 회화인 진경 산수화, 풍속화, 민화를 소개하는 내용이다. ②는 민화인 까치와 호랑이, ③은 풍속화인 김홍도의 씨름, ④는 진경 산수화인 정선의 인왕제색도, ⑤는 풍속화인 신윤복의 단오풍정이다. ①은 조선 전기에 그려진 강희안의 고사관수도이다.

30 제시된 자료의 반계수록은 조선 후기 실학자인 유형원의 저술이다. ④ 유형원은 반계수록에서 균전론을 내세워 관리, 선비, 농민 등 신분에 따라 차등을 두어 토지를 분배하여 자영농을 육성하자고 주장하였다.
① 김석문과 홍대용의 지전설, ② 정약용의 기예론, ③ 이익의 나라를 좀먹는 여섯 가지 폐단, ⑤ 박제가의 주장에 해당한다.

31 제시된 자료는 흥선 대원군이 1871년 신미양요 직후 서양과의 통상 수교 거부 의지를 널리 알리기 위해 전국에 세운 척화비이다. ① 1875년 일본은 운요호를 조선에 보내 무력시위를 하며 통상 수교할 것을 강요하였다.

오답 거르기 ② 1868년, ③ 1871년의 신미양요, ④, ⑤ 1866년에 일어난 사실이다.

32 제시된 자료의 (가) 조약은 1882년 임오군란 결과 일본과 맺은 제물포 조약이고, (나) 조약은 일본인 피해자에 대한 배상금 지불과 일본 공사관 신축비 보상을 요구하는 내용을 통해 한성 조약임을 알 수 있다. ③ 급진 개화파의 주도로 1884년에 갑신정변이 일어나 개화당 정부가 수립되었으나, 청군의 개입으로 3일 만에 실패로 끝났다. 그 결과 일본과 한성 조약이 체결되었다.

오답 거르기 ① 1881년, ② 1885년, ④ 1895년~1896년, ⑤ 1881년에 있었던 사실이다.

33 제시된 자료에서 일본의 강요로 시작되었고, 군국기무처를 중심으로 개혁이 이루어졌다는 내용을 통해 밑줄 그은 '개혁'은 1894년의 제1차 갑오개혁임을 알 수 있다. ④ 제1차 갑오개혁의 경제 분야에서는 탁지아문으로 국가 재정을 일원화하였고, 은본위 화폐 제도와 조세 금납제 실시 등이 이루어졌다.

오답 거르기 ① 흥선 대원군의 개혁 정치, ② 을미개혁, ③ 제2차 갑오개혁, ⑤ 대한 제국의 광무개혁 내용이다.

34 제시된 자료에서 각 읍마다 도소를 설치하고 집강을 세웠다는 내용을 통해 동학 농민 운동에 관련된 내용이고, (가) 인물은 호남 지역의 동학 농민 운동을 이끌었던 전봉준임을 알 수 있다. ④ 고부 군수 조병갑이 만석보를 쌓게 하고 수세를 징수하는 등 학정을 하자 전봉준 등이 봉기하여 고부 관아를 습격하였다.

오답 거르기 ① 임병찬, ② 손병희, ③ 전명운, 장인환, ⑤ 의병장 신돌석 등에 대한 설명이다.

35 제시된 자료에서 관리와 백성의 협상이 있는 회의에 참가하여 여섯 가지 조항의 강령으로 된 의견을 올렸다는 내용을 통해 의정부 참정 박정양이 관민 공동회에 참석하여 헌의 6조를 듣고 왕에게 보고한 것임을 알 수 있다. ③ 독립 협회가 주도한 관민 공동회는 1898년 10월에 개최되었다. 대한 제국 수립은 1897년, 대한국 국제 반포는 1899년의 사실이다.

36 제시된 자료는 독립신문 1897년 10월 14일자 기사로 10월 12일에 있었던 고종의 황제 즉위식을 보도한 내용이다. ③ 아관파천 시기인 1896년 4월 서재필의 주도로 독립신문이 창간되었다. 독립신문은 1899년 12월까지 간행되었다.

오답 거르기 ① 1886~1894년, ② 1898년, ④ 1895년 11월~1896년 2월, ⑤ 1905년 이후에 볼 수 있는 모습이다.

37 제시된 자료에서 74세의 나이로 태인에서 의병을 일으켰고, 쓰시마섬 감방에서 별세하였다는 내용을 통해 최익현의 연보이고, 을사늑약 체결 다음 해인 병오년 즉 1906년에 있었던 사실임을 알 수 있다. ② 일제는 을사늑약으로 대한 제국의 외교권을 빼앗고, 통감부를 두어 내정을 간섭하였다.

오답 거르기 ① 1896년, ③ 1907년, ④ 1895년, ⑤ 1908년의 모습이다.

38 제시된 자료에서 새로 씨(氏)를 설정하여 신고하라는 개정 민사령의 내용과 내선일체에 따른 획기적인 개정이라는 해설을 통해 1939년에 실시된 일본식 성명 강요(창씨개명)에 대한 것임을 알 수 있다. ⑤ 일제는 중·일 전쟁 이후 전시 체제를 강화하면서 1941년에 소학교를 '황국 신민의 학교'라는 의미의 국민학교로 이름을 바꾸었다.

오답 거르기 ① 1910년, ② 1912~1920년, ③ 1925년, ④ 1910~1918년의 사실이다.

39 제시된 자료에서 통합된 임시 정부의 소재지, 외교 활동에 유리한 곳이라는 내용을 통해 (가) 지역은 중국 상하이임을 알 수 있다. ⑤ 신한 청년당은 중국 상하이로 망명하여 독립운동을 하던 한국 청년들이 1918년 8월에 창립한 단체로, 1919년 3·1 운동 전후에 크게 활약하였다.

오답 거르기 ① 연해주, ② 중국 충칭, ③ 미국 샌프란시스코, ④ 남만주(서간도) 삼원보에서 전개된 민족 운동이다.

40 제시된 자료는 1919년 3·1 운동이 일어난 당일 조선 총독이 발표한 글(유고문)이다. 고종의 국장(장례식)이 3월 3일 거행되는데 경거망동하면 엄중히 처벌하겠다는 내용으로 민족 운동을 강력히 탄압하겠다는 의지를 담고 있다. ④ 1919년 3월 1일, 민족 대표들은 태화관에서, 학생들과 시민들은 탑골 공원에서 독립 선언서를 발표하고 대한 독립 만세를 불렀다. 이에 대해 조선 총독은 유언비어를 퍼뜨리고, 무리를 지어 소란을 피우는 행동이라고 평가하였다.

오답 거르기 ① 1929년, ② 1927년의 사실이다. ③ 1929년의 광주 학생 항일 운동, ⑤ 1926년의 6·10 만세 운동과 관련된다.

41 제시된 첫 번째 자료는 중산 계급의 운동으로 이해관계가 다른 노동 계급의 후원을 갈구한다고 비판하고 있고, 두 번째 자료는 조선인의 경제적 실력을 기르는 적절한 운동이라고 평가하고 있다. 이를 통해 밑줄 그은 '이 운동'은 물산 장려 운동임을 알 수 있다. ② 1920년대 초 조만식 등이 전개한 물산 장려 운동은 '내

살림 내 것으로'라는 구호를 내걸고 국산품 애용을 호소하였다.
오답 거르기 ① 국채 보상 운동, ③ 보안회의 활동, ④ 형평 운동, ⑤ 노동 운동, 여성 운동 등에 대한 설명이다.

42 제시된 자료는 이봉창 의사가 한인 애국단에 가입하면서 작성한 선언문이다. 대한민국 13년은 1931년을 가리킨다. 이봉창은 1932년 1월 8일, 도쿄에서 관병식을 마치고 돌아가는 일본 천황에게 폭탄을 투척했으나 암살에 실패했고, 곧 체포된 뒤 사형을 당하였다. ① 김구는 1931년 대한민국 임시 정부의 침체를 극복하고 활력을 불어넣기 위해 상하이에서 한인 애국단을 조직하였다.
오답 거르기 ② 독립 의군부, ③ 자신회, ④ 신민회, ⑤ 의열단에 대한 설명이다.

43 제시된 자료는 1919년 4월부터 독립운동에 투신하였던 독립군 병사 출신 이우석이 펴낸 수기이다. 이우석은 삼원보, 연해주, 청산리, 자유시, 밀산부 등 여러 지역에서 독립운동의 족적을 남겼다. 제시된 자료에서 백운평 전투, 완루구 전투 등을 통해 청산리 전투에 대한 기록임을 알 수 있다. ④ 1920년 10월, 김좌진의 북로 군정서, 홍범도의 대한 독립군 등 연합 부대는 일본군에 맞서 백운평, 완루구 등 청산리 일대에서 6일간 10여 차례의 치열한 전투를 벌여 대승을 거두었다.
오답 거르기 ① 1936년 이후, ② 1942년 이후 조선 의용군의 활동, ③ 1920년의 봉오동 전투, ⑤ 1930년대 전반의 모습이다.

44 제시된 자료에서 의열단, 민족 혁명당 등을 조직하였다는 내용을 통해 김원봉 연보이고, 1938년에 창설된 (가) 단체는 조선 의용대임을 알 수 있다. ② 1942년 조선 의용대의 일부가 화북으로 이동하여 조선 의용군으로 개편되자, 나머지는 한국광복군에 합류하였다.
오답 거르기 ① 자유시 참변은 1921년에 일어났다. ③ 1930년대 지청천이 지휘하는 한국 독립군, ④ 의열단, ⑤ 한국광복군에 대한 설명이다.

45 제시된 자료는 제1차 미소 공동위가 결렬되자, 남쪽만이라도 임시 정부를 수립하자는 주장으로, 1946년 6월 이승만이 정읍에서 한 발언이다. ② 1945년 12월 열린 모스크바 3국 외상 회의에서 한국에 대한 신탁 통치가 결정되었다는 소식이 전해지자 이승만과 김구 등 민족주의 세력은 격렬한 신탁 통치 반대(반탁) 운동을 전개하였다.
오답 거르기 ① 송진우, 김성수 등, ③ 여운형과 김규식, ④ 김구, ⑤ 서재필에 대한 설명이다.

46 제시된 자료는 제주 4·3 평화 기념관에 있는 백비(이름을 짓지 못한 비)에 대한 설명이다. ② 제주 4·3 사건은 1948년 5·10 총선거를 앞두고 제주도 내의 좌익 세력 등이 단독 정부 수립을 반대하며 무장 봉기를 한 사건으로, 진압 과정에서 수많은 제주도민이 희생되었다.
오답 거르기 ① 4·19 혁명, ③ 한·일 회담 반대, ④ 6·25 전쟁, ⑤ 신탁 통치 반대 운동과 관련된다.

47 제시된 자료는 국회 의원 203석의 3분의 2는 135가 맞으므로 개헌안이 통과되었다는 정부의 담화문이다. 이것은 1954년의 2차 개헌안으로 사사오입 개헌이라고도 한다. ⑤ 사사오입 개헌은 이미 두 차례 대통령직을 수행한 이승만이 계속 집권하려는 야욕으로 헌법을 고쳐 헌법 공포 당시의 대통령 즉 이승만 대통령의 중임 제한을 없앤 것이었다.
오답 거르기 ① 1969년 박정희 정부의 3선 개헌, ② 유신 헌법, ③ 1987년 6월 민주 항쟁 결과 개정된 헌법, ④ 제헌 헌법의 내용이다.

48 제시된 자료는 1979년 10월 16일 부산에서 일어난 민주화 시위를 진압하기 위해 18일 정부가 비상계엄을 선포한다는 보도 기사이다. 그러나 시위는 마산으로 확산되었는데, 20일까지 전개된 부산과 마산의 민주화 운동을 부·마 민주 항쟁이라고 한다. ① 부·마 민주 항쟁은 대책을 둘러싼 정권 내 권력 암투를 자극하여 박정희 대통령이 시해되는 10·26 사태로 이어졌다.
오답 거르기 ②, ③ 이승만 정부, ④ 5·16 군사 정변 직후, ⑤ 6·25 전쟁 종결 직후인 1953년의 사실이다.

49 제시된 자료에서 대통령 선거인단에서 대통령을 선출하고 대통령 임기는 7년 단임이라는 내용을 통해 전두환 정권이 5·18 민주화 운동을 진압한 후 개정한 헌법임을 알 수 있다. 전두환은 새 헌법에 따라 간선으로 1981년에 대통령이 되었다. ① 전두환 정부 시기인 1987년에 6월 민주 항쟁이 일어나 대통령 직선제를 골자로 하는 헌법 개정이 이루어졌고, 이 헌법에 따라 1988년 노태우 정부가 수립되었다.
오답 거르기 ② 노태우 정부, ③ 김영삼 정부, ④ 김대중 정부, ⑤ 박정희 정부 시기의 사실이다.

50 제시된 자료의 첫 번째 사진은 1980년의 5·18 민주화 운동 모습이고, 마지막 사진은 노태우 정부 시기인 1991년에 이루어진 남북 기본 합의서 교환 장면이다. 따라서 (가)에 들어갈 사진은 1987년의 6월 민주 항쟁과 관련된 내용이 적절하다. ② 전두환 정부 시기인 1987년 1월 박종철이 수사 과정에서 물고문으로 사망하자 이를 추도하는 시위가 전개되었다. 이후 5월 정부가 사건을 축소 조작한 사실이 폭로되고 이는 6월 민주 항쟁을 촉발시켰다.
오답 거르기 ① 1970년 ③ 1964~1973년, ④ 1972년, ⑤ 1960년의 사실이다.

실전 모의고사 2회 심화

본문 284~295쪽

01 ③	02 ④	03 ①	04 ①	05 ③
06 ⑤	07 ②	08 ①	09 ④	10 ⑤
11 ⑤	12 ③	13 ①	14 ④	15 ①
16 ②	17 ①	18 ①	19 ③	20 ②
21 ⑤	22 ④	23 ①	24 ②	25 ⑤
26 ①	27 ②	28 ④	29 ②	30 ②
31 ①	32 ③	33 ②	34 ②	35 ④
36 ③	37 ⑤	38 ⑤	39 ②	40 ④
41 ②	42 ②	43 ③	44 ④	45 ②
46 ①	47 ②	48 ③	49 ⑤	50 ②

01 제시된 토기의 모양과 달걀 모양의 몸체 위에 높은 아가리가 올려져 있고 손잡이가 달려 있다는 설명 등을 통해 해당 토기는 청동기 시대의 대표적 토기인 미송리식 토기임을 알 수 있다. ③ 청동기 시대에는 지배층의 무덤으로 고인돌이나 돌널 무덤을 제작하였다.

오답 거르기 ① 신석기 시대, ② 구석기, 신석기 시대, ④, ⑤ 구석기 시대에 해당한다.

02 제시된 자료는 진한 교체기에 고조선에 들어온 위만이 준왕을 몰아내고 왕이 된 후 고조선에 나타난 변화를 묻고 있다. 위만은 집권한 후 한과 협력하여 국경을 안정시키고 주변 군장 세력들의 무역을 중계하는 한편, 중국의 우수한 철기 문화를 받아들였다. ④ 철기 문화가 본격적으로 발전하고 중계 무역을 통한 부의 축적이 이루어졌다.

오답 거르기 ㄱ. 위만이 집권했을 때에는 한 건국 초기였기 때문에 전국 시대의 연과 대립할 수 없다. 고조선이 연과 대립한 시기는 기원전 3~4세기경이었다. ㄷ. 태학을 설립한 왕은 고구려의 소수림왕이었다.

03 제시된 나라 (가)는 형사취수제의 결혼 풍습, 오곡이 영글지 않으면 왕을 바꾸거나 죽여야 한다고 하는 등의 사실을 통해 부여임을 알 수 있다. (나)는 후·읍군·삼로가 다스리고 책화의 풍습이 있는 것을 볼 때 동예임을 알 수 있다. ① 부여는 가축의 이름을 딴 마가, 우가, 저가, 구가 등이 사출도를 다스렸다.

오답 거르기 ② 변한, ③ 고구려, ④ 고조선, ⑤ 삼한에 대한 설명이다.

04 제시된 자료의 임금 시기에 상대등이라는 관직이 생겼다는 점, 금관국 김구해의 항복을 받았다는 점 등을 통해 상대등을 설치하고 금관가야를 정복한 신라의 법흥왕임을 알 수 있다. ① 법흥왕은 상대등 외에도 병부를 설치하였으며 관리들을 17등급으로 나누어 복색으로 서열을 구분하는 등 통치 체제를 정비해 나갔다. 또 율령을 반포하고 불교를 공인하였다.

오답 거르기 ②, ④는 진흥왕, ③ 내물왕, ⑤ 지증왕에 해당한다.

05 제시된 자료 (가)는 백제왕(근초고왕)의 평양성 공격으로 고구려의 고국원왕이 전사하였다는 내용을 통해 371년 평양성 전투임을 알 수 있다. (나)는 백제 동성왕과 신라 소지왕이 결혼 동맹(493)을 맺는 등 나·제 동맹을 돈독히 해 가는 과정임을 알 수 있다. ③ 백제 개로왕 때 고구려 장수왕의 공격으로 수도 한성이 함락되고 개로왕이 사망하였다. 이후 백제는 수도를 웅진성으로 옮겼다.

오답 거르기 ① 대가야와 신라는 522년 결혼 동맹을 맺었다. ② 고구려의 미천왕은 4세기 초에 낙랑군과 대방군을 몰아냈다. ④ 백제는 6세기 성왕 때 도읍을 사비로 옮기고 국호를 남부여로 하였다. ⑤ 고구려는 3세기 동천왕 때 위의 장군 관구검의 침략으로 위기를 겪었다.

06 제시된 자료는 경주 호우총에서 발견되었다는 점, 5세기 고구려와 신라의 밀접한 관계를 보여주는 문화유산이라는 점에서 호우명 그릇에 대한 설명임을 알 수 있다.

오답 거르기 ① 금관총에서 출토된 신라 시대의 금관이다. ② 칠지도로 4세기 후반에 백제에서 만들어 일본에 보낸 것으로 추정된다. 표면에 금으로 상감한 글씨가 새겨져 있어 백제의 제철 및 금속 가공 기술의 우수함을 잘 보여 주고 있다. ③ 고구려의 금동 연가 7년명 여래 입상이다. ④ 백제의 무령왕릉의 무덤 입구에서 외부 침입자와 사악한 기운을 막아 내는 진묘수이다.

07 제시된 인물 카드에서 진지왕의 손자, 용춘의 아들이며 진덕 여왕을 이어 왕위 계승 등의 내용을 통해 해당 인물이 태종 무열왕인 김춘추임을 알 수 있다. ② 백제 의자왕의 공격으로 대야성이 함락되었을 때 사위 김품석이 사망하자 김춘추는 고구려에 도움을 요청하였으나 실패하였다. 이후 당으로 건너가 군사 동맹을 체결(648, 진덕여왕)하였다.

오답 거르기 ① 신라 진흥왕 때 관산성 전투에서 성왕을 전사시킨 인물은 김무력이다. ③ 백제 무령왕, ④ 고구려의 광개토 대왕, ⑤ 백제의 근초고왕에 해당한다.

08 고령의 지산동 고분이 대표적 문화유산이라는 점을 통해 (가)는 대가야임을 알 수 있다. ① 5세기 이후 고령의 대가야가 안정된 농업 기반과 철광 개발을 바탕으로 급속히 성장하여 후기 가야 연맹의 중심이 되었다. 이후 대가야는 중국 남조의 제에 조공하기도 하였으며, 6세기 전반 신라와 결혼 동맹을 맺었다. 관산성 전투에서 백제와 함께 신라에 맞서다 패하면서 급속히 쇠퇴하였다.

오답 거르기 ② 화백은 신라의 귀족 대표자 회의이다. ③ 영락은 고구려 광개토 대왕 때 연호이다. ④ 고구려에 해당한다. ⑤ 고구려 광개토 대왕 때의 사실이다.

09 제시된 구조에서 나무덧널과 돌무지, 그 위의 봉토 등을 통해 해당 무덤 양식이 신라의 돌무지 덧널무덤임을 알 수 있다. ④ 돌무지 덧널무덤은 도굴이 어려워 비교적 많은 껴묻거리가 남아 전해지고 있다.

오답 거르기 ① 장군총은 돌무지무덤에 해당하며, 돌무지 덧널 무덤으로는 천마총, 금관총 등이 있으며 신라 고유 양식에 해당한다. ② 돌무지덧널무덤에는 벽화를 그리기 어렵다. 벽화는 굴식 돌방무덤에 많이 남아 있다. ③ 백제 무령왕릉이 대표적이다. ⑤ 고구려와 백제의 돌무지무덤은 두 나라의 건국 세력이 같은 계통임을 보여준다.

10 제시된 자료의 문화유산 소개에서 익산시 금마면에 세워진 석탑이라는 점과 가장 오래되고 규모가 큰 탑 중 하나라는 점, 목탑에서 석탑으로 이행하는 과정을 보여주는 석탑이라는 점 등에서 익산 미륵사지 석탑임을 알 수 있다.

오답 거르기 ① 경주 분황사 모전석탑, ② 구례 화엄사 사사자 삼층 석탑, ③ 경주 감은사지 3층 석탑, ④ 부여 정림사지 5층 석탑이다.

11 제시된 자료는 매소성 전투(675)와 기벌포 전투(676)에서 벌어진 나 · 당 전쟁에서 신라가 당군을 물리치고 삼국 통일을 달성하는 과정임을 알 수 있다. 백제와 고구려가 멸망하자 당은 웅진도독부와 안동도호부를 각각 설치하여 백제와 고구려의 옛 땅을 직접 지배하려 하였으며, 나아가 신라마저 지배하려는 야욕을 드러냈다. 이에 신라는 고구려와 백제의 유민들과 함께 당에 대항하면서 나 · 당 전쟁이 시작되었다.

12 제시된 자료에서 동해 바다 가운데의 큰 바위에서 장사 지내고 대왕석이라 하였다는 점에서 '그'는 신라의 문무왕임을 알 수 있다. ③ 문무왕은 나 · 당 전쟁을 승리로 이끌고 삼국 통일을 이루었다.

오답 거르기 ①, ④ 신문왕, ② 성덕왕, ⑤ 원성왕에 해당한다.

13 제시된 자료에서 화왕을 빗대어 왕에게 간사하고 아첨하는 자를 멀리하고 정직한 자를 가까이 할 것을 내용으로 한 점을 통해 설총이 지은 것으로 알려진 「화왕계」임을 알 수 있다. ① 설총은 원효의 아들로 전해지며, 강수 · 최치원과 더불어 신라 3문장으로 불린다. 유교 경전에 조예가 깊었으며, 이두를 정리하여 한문 교육의 보급에 공헌하였다. 특히 신문왕에게 「화왕계」라는 글을 바쳐 임금도 향락을 멀리하고 도덕을 엄격하게 지킬 것을 강조하였다.

오답 거르기 ② 의상, ③ 원효, ④ 강수, ⑤ 최치원에 해당한다.

14 제시된 자료는 정혜 공주 묘 앞의 돌사자상이며 정혜 공주는

발해 문왕의 딸이다. 따라서 (가)는 문왕에 해당한다. ④ 문왕 때에는 당과 우호를 맺고 문물을 받아들여 체제를 정비하였다. 문왕은 황상이라는 칭호를 사용하였고, 일본에 보낸 외교 문서에서 천손(하늘의 자손)이라고 표현하는 등 대내외적으로 발해의 위상을 자신감 있게 표방하였다. 발해의 왕들은 대부분 독자적 연호를 사용하였는데 문왕은 대흥, 보덕 등의 연호를 사용하였다.

오답 거르기 ① 통일 신라의 신문왕에 해당한다. ② 발해 무왕에 해당한다. ③ 발해 선왕에 해당한다. ⑤ 발해를 건국한 대조영에 해당한다.

15 제시된 자료에서 신무왕이 왕이 되기 전 해상 세력 장보고의 도움으로 왕위에 오른 내용이 나온다. 또 장보고의 딸을 왕비로 삼고자 하였으나 신하들이 장보고의 신분이 미천하기 때문에 반대하는 내용도 나오고 있다. ① ㄱ. 장보고처럼 왕위 쟁탈전에 군사력을 보탤 만큼 사병을 거느린 지방 세력이 성장하였음을 알 수 있다. ㄴ. 골품제에 따른 신분 차별도 여전히 남아 있는 통일 신라 말기의 상황임을 알 수 있다.

오답 거르기 ㄷ. 신라 중대에 왕권의 전제화로 귀족 세력이 약화되었으나 신라 말기에는 귀족들의 왕위 쟁탈전 속에 왕권은 약화되었다. ㄹ. 신라는 당과의 전쟁을 통해 삼국 통일을 달성하였다. 이 시기에는 당과 전쟁을 치르지 않았다.

16 제시된 자료에서 일본도, 신라도, 조공도, 영주도, 거란도 등 발해 5도가 나오는 것을 통해 해당 국가는 발해임을 알 수 있다. 발해의 이불병좌상은 동경 용원부 유적지에서 발견된 불상으로 석가와 다보의 두 부처가 나란히 앉은 불상이다. 불상의 얼굴, 광배, 그리고 의상 등 그 제작 기법이 고구려 양식을 계승하고 있다. 고구려 후기 법화 사상과 관련이 있다.

오답 거르기 ① 고려 시대에 만든 영주 부석사 소조 여래좌상, ③ 백제의 미소로 불리는 서산 용현리 마애여래 삼존상, ④ 고려 시대에 만든 하남 하사창동 철조 석가 여래좌상, ⑤ 통일신라에서 만든 석굴암 본존불에 해당한다.

17 제시된 자료에서 낙타 50필을 보내왔지만 고려는 만부교에 묶어 굶어 죽게 하였다는 점과, 고려를 침략하면서 고구려 옛 땅을 차지하겠다고 했을 때 담판을 해보겠다는 주장 등을 통해 (가)는 거란임을 짐작할 수 있다. ① 고려는 건국 당시부터 거란을 적대시하고, 송과 친교를 유지하였다. 송과 대립하였던 거란(요)은 송을 공격하기에 앞서 후방의 안정을 확보하기 위해 고려를 공격하였다(993). 거란은 고려가 차지하고 있는 옛 고구려 땅을 내놓고, 송과의 교류를 단절하라고 요구하였다. 거란의 침략에 당황한 고려에서는 서경 이북의 땅을 넘겨주고 평화 조약을 맺자는 주장이 나오기도 하였다. 그러나 거란의 침략 의도가 송과의 외교 관계를 단절하는 것에 있다고 파악한 서희는 거란의 장수 소손녕과

외교 담판을 벌였다.

오답 거르기 ②, ③, ⑤ 몽골(원), ④ 여진에 해당한다.

18 제시된 자료에서 아우로서 왕위를 계승했다는 점, 쌍기를 등용한 점, 옛 신하들과 이름 난 장수들이 살육당한 점 등을 통해 (가) 왕이 고려 광종임을 알 수 있다. ① 광종은 형인 정종의 뒤를 이어 왕위를 계승하였으며 노비안검법을 시행하여 호족 세력을 약화시키고 국가의 재정 기반을 확대하였다. 이어서 과거제를 실시하여 유교적 교양을 갖춘 신진 인사를 등용하고 신구 세력을 교체하려 하였다. 또한 관리의 공복을 제정하여 관료의 위계 질서와 기강을 확립하였다. 광종은 '광덕', '준풍'이라는 독자적 연호를 사용하고 개경을 '황도'라 부르는 등 고려의 국가적 위상과 왕권을 과시하였다.

오답 거르기 ② 전시과 제도는 광종 이후인 경종 때 처음 만들어졌다. ③ 성종. ④ 성종 이후. ⑤ 현종 때의 상황이다.

19 제시된 자료에서 (가)에 들어갈 내용은 무신 정변의 발발(1170)과 만적의 난(1198) 실패 사이에 들어갈 사실이다. ③ 무신 정변이 일어난 후 1174년 서경유수 조위총은 지방군과 농민을 모아 중앙의 무신들에게 3년간 항거하였으나 실패하였다. 처음에는 무신 정권에 저항하는 권력 쟁탈전의 성격을 띠었으나, 지배층의 가혹한 수탈을 견디지 못한 농민과 천민이 합류하여 농민 항쟁의 성격도 띠었다.

오답 거르기 ① 최우의 강화도 천도는 1232년. ② 인종 즉위년인 1122년에 일어났다. ④ 1217년 최광수는 서경에서 고구려 부흥 운동을 일으켰다. ⑤ 김위제가 남경 천도를 주장한 것은 고려 숙종 때였다.

20 제시된 자료는 응방과 겁령구 등이 농장을 확대하고 조세를 제대로 내지 않는 등 횡포를 부리는 모습을 보여 주고 있다. 이를 통해 당시는 원 간섭기임을 알 수 있다. ② 원 세조가 조서를 내려 공납을 요구하자 고려 정부는 처녀 열 명을 선발하여 공녀로 원에 보냈다. 이후 계속되는 공녀 요구에 하는 수 없이 결혼도감을 설치하고 공민왕 때까지 약 80년간 50회 이상의 공녀 진상이 이루어졌다. 고려와 원 두 나라 사이에 많은 사람이 오가면서 문물 교류가 활발하게 전개되면서 몽골인, 중국인, 색목인 등 다양한 민족이 고려와 원 사이를 오고 가는 가운데 고려 개경에는 회회인이 운영하는 상점이 생겨나기도 하였다.

오답 거르기 ㄴ. 전주 관노의 난(1182)은 무신 집권기 때 일어났다. ㄹ. 특별 부대 별무반을 편성하여 여진 정벌에 나선 시기는 12세기 초반이었다.

21 제시된 자료의 호장은 신라 말부터 지방을 다스리다가 고려의 통일 이후에도 지방의 일과 백성을 처리했다는 점, 이직을 개

정하여 당대등을 호장으로 바꾸었다는 점 등을 통해 밑줄 그은 '호장'은 고려 시대 지방의 상층 향리임을 알 수 있다. ⑤ 고려 시대 향리들은 향직에 따라 세습하는 토지인 외역전을 지급받았다.

오답 거르기 ① 고려 시대 향리는 과거 응시에 제한이 없었다. ② 외거 노비에 해당한다. ③ 문벌 귀족에 대한 설명이다. ④ 고려 시대 백정은 직역이 없는 농민층을 지칭한다.

22 제시된 자료 (가)에서 제왕들이 일어날 때는 큰 변란 속에서 대업을 이루는 것이어서 이를 신이편으로 편성했다는 내용을 통해 일연이 쓴 『삼국유사』임을 알 수 있다. (나)에서는 『구삼국사』의 동명왕본기를 바탕으로 시를 지어 이를 기념하고자 했다는 점 등에서 이규보가 쓴 「동명왕편」임을 알 수 있다. ④ 두 역사서는 무신 정변과 몽골 침략을 겪으면서 나타난 민족적 자주 의식을 바탕으로 전통문화를 이해하려는 모습을 보이고 있다.

오답 거르기 ① 「동명왕편」은 고구려 계승 의식을 보이고 있다. ② 16세기 조선 시대 사림의 역사 인식이다. ③ 고려 말 이제현의 역사 인식에서부터 나타나고 있다. ⑤ 대표적인 역사서로 안정복이 쓴 『동사강목』이 있다.

23 제시된 자료에서 12세기부터 13세기 전반에 전성기였으며 강진과 부안의 자기소에서 생산되었다는 점 등을 통해 해당 문화유산이 고려 청자임을 알 수 있다. ① 청자 상감 운학무늬 매병이다. 12세기에 이르러 청자 제작에 상감 기법이 적용되었다. 상감 기법은 청자의 겉 부분을 파낸 후에 그 자리에 백토나 흑토를 메워 무늬를 만들어내는 방법이다.

오답 거르기 ② 신라의 토우장식 장경호, ③ 조선 시대에 제작된 청화 백자, ④ 고려말 조선 초에 많이 제작하여 사용한 분청사기, ⑤ 백제 금동 대향로이다.

24 제시된 자료에서 남은, 심효생과 함께 여러 왕자들을 해치려 꾀하다가 성공하지 못하고 참형을 당하였다는 점, 서자를 세자로 세우려 했다는 점 등을 통해 (가)는 정도전임을 알 수 있다. (나)는 건국 공로가 여러 왕자들이 견줄만한 이가 없다는 점 등을 통해 태종 이방원임을 짐작할 수 있다. ② 정도전은 불씨잡변을 서술하여 성리학의 입장에서 불교의 존재론·도덕론을 논리적으로 비판하였다.

오답 거르기 ① 고려 말 이제현. ③ 이성계. ④ 조선 세종이 대표적. ⑤ 정도전에만 해당한다.

25 제시된 자료에서 중종 때 등용되었다가 기묘사화로 사사되었으며 호가 정암이라는 점에서 (가) 인물은 조광조임을 알 수 있다. ③ 조광조는 유교적 도덕 정치의 시행을 주장하며 경연의 강화, 소격서 혁파, 공납제 개선, 현량과 실시 등을 주장하였고, 중

종반정 공신의 책정이 잘못되었다며 위훈 삭제를 주장하였다.

오답 거르기 ㄱ. 조의제문은 김종직이 지었다. ㄹ. 이황은 『성학십도』를 저술하여 군주 스스로 성학을 따를 것을 제시하였다.

26 제시된 자료에서 배정된 품목이 토산물이 아닌 경우가 있으며 토산물의 납부에서도 방납의 폐단이 나타난다는 점을 통해 이문제를 해결하기 위해 대동법이 시행되었다는 것을 알 수 있다. ① 공납 제도의 개혁 방안인 대동법은 임진왜란 이후 피폐해진 농민을 보호하고 국가 재정을 확보하기 위해 시행되었다. 경기도에서 먼저 시행된 대동법은 토지 결수를 부과 기준으로 하여, 공물을 현물 대신 쌀, 무명이나 베, 동전 등으로 징수하는 제도였다.

오답 거르기 ② 영조 때 시행한 균역법. ③ 인조 때 시행한 영정법. ④ 조선 전기에 일반적이었던 관영 수공업. ⑤ 조선 세종 때 제정한 전분 6등법의 내용이다.

27 제시된 자료에서 여러 도의 감사에게 명해 주현의 노농(老農)을 방문하여 그 경험을 담도록 하였다는 점과 정초와 변효문이 편찬 과정에서 중요한 역할을 하였다는 점 등에서 (가)농서가 농사직설임을 알 수 있다. ② 농사직설은 세종의 명에 따라 편찬되었다. 그 내용은 실제 농민들의 농사 경험을 바탕으로 씨앗의 저장, 시비법, 토질 개량법, 작물 종류에 따른 재배법 등을 수록하였다.

오답 거르기 ㄴ. 강희맹이 쓴 『금양잡록』에 해당한다. ㄹ. 박세당의 『색경』이 대표적이다. 고추는 조선 전기에 경작되지 않은 작물이다.

28 자료의 (가)~(라)는 임진왜란의 전개 과정을 보여준다. (나) 임진왜란 발발 전 조선에서는 황윤길과 김성일을 일본에 파견하여 정세를 살피도록 하였다. (가) 임진왜란 발발 후 일본군의 침입에 패전을 거듭하자 선조는 의주로 피난하고 명에 원군을 요청하였다. 전쟁 초 불리했던 전세가 의병과 수군의 활약으로 역전되고 명군의 참전으로 조·명 연합군이 평양성을 탈환하고 (라) 권율은 행주 산성에서 큰 승리를 거두었다. 일본군이 남쪽 해안 지방으로 밀려난 가운데 명과 일본 사이에 휴전 협상이 진행되었다. 3년에 걸친 협상이 결렬되자 일본군은 다시 정유재란을 일으켰다. (다) 이때 이순신이 명량 해전에서 큰 승리를 거두었다. ④ 순서대로 하면 (나) – (가) – (라) – (다)가 된다.

29 지도의 행로가 조선의 한성에서 출발하여 일본의 에도로 향하고 있는 점을 통해 조선 통신사의 이동 경로임을 알 수 있다. ② 임진왜란 후 조선과 일본 간의 외교는 도쿠가와 이에야스의 요청에 따라 조선이 일본에 통신사를 보냄으로써 재개되었다. 일본의 에도 막부는 명과 외교가 단절된 상태였기 때문에 조선과의 외교와 교역이 무엇보다 중요하였고, 조선에서 파견한 통신사를 맞이하는 일은 막부의 국제적 지위를 다이묘와 주민에게 과시할 수 있는 기회이기도 하였다. 막부는 비용 부담이 컸음에도, 쇼군이 바뀔 때마다 통신사의 파견을 요청하였다.

오답 거르기 ① 강화도 조약 이후 수신사를 일본에 파견하였다. ③ 명과 청 등 중국에 파견한 사절단이다. ④ 통신사가 아닌 안용복의 활동이다. ⑤ 중국을 통해 소개되었다.

30 제시된 자료는 고려 가요 '동동'의 일부이다. ② 음력 5월 5일은 단오로 창포 삶은 물에 머리를 감고, 씨름, 널뛰기, 그네타기 등을 하였다. 음력 6월 보름은 유두일로 문인들이 술과 안주를 마련하여 산천의 계곡이나 정자를 찾아 풍류를 즐겼으며, 국수와 떡을 만들어 사당에 제를 올렸다. 음력 7월 보름은 백중으로 동네 머슴에게 하루 쉬게 하고 돈을 주어 즐기게 하였다. 불필요한 농기구를 씻어 손질해 준다는 의미로 호미씻이라고 하였다.

오답 거르기 ① 음력 11월, 양력으로 12월 22일경인 동지에 해당한다. ③ 음력 7월 7일인 칠석에 해당한다. ④ 음력 1월 15일인 정월 대보름에 해당한다. ⑤ 음력 8월 15일인 추석에 해당한다.

31 제시된 자료에서 주사라 하며 군국기무를 담당한다는 점, 변경의 사정에 통한 자로 겸임, 4조의 판서 및 강화유수를 상례적으로 겸임, 군무를 아는 사람이 상주 등에서 해당 기구가 비변사임을 짐작할 수 있다. 원래 비변사는 변방 방어를 위한 임시 회의 기구였다. 그러나 임진왜란을 계기로 국방뿐 아니라 내정, 인사, 재정, 외교 등 국정 전반을 총괄하게 되었다. 전란이 끝난 이후에도 국정 최고 기구로서의 지위를 유지하였으며 점차 붕당 정치가 변질되면서 집권 붕당이 비변사의 고위 관직을 독점하며 권력을 독차지하는 폐단이 나타났다. ① 비변사는 고종이 즉위하고 흥선 대원군이 권좌에 있을 때 그 기능을 축소·폐지하였다.

오답 거르기 ② 삼포왜란 이후 설치되었다. ③ 세도 정치기에 기능이 강화되었다. ④ 규장각에 해당한다. ⑤ 비변사 구성원들은 주로 당상관이므로 겸직을 많이 하여 상피제가 엄격하게 적용되지 않았다.

32 제시된 자료는 과거 시험에서 이옥의 문장에 패관잡기의 기풍이 있다고 하여 논책하고, 문체가 불순한 자는 과거에도 응시하지 못하도록 하는 조치를 내리고 있다. 이를 통해 정조의 문체반정과 관련된 명령임을 알 수 있다. 정조는 서양학, 패관잡기, 명말 청초의 문집을 사(邪)로 규정하고, 이를 배격함으로써 순정한 고문의 문풍을 회복하고자 문체반정을 주도하였다. ② 정조는 초계문신제를 실시하여 신진 인물이나 중하급 관리 중에서 유능한 인사를 재교육하고자 하였다.

오답 거르기 ①, ③은 숙종. ④는 태종, 영조. ⑤는 효종에 해당한다.

33 제시된 자료는 정약용이 주장한 「기예론」에 해당한다. ② 정약용은 인간이 다른 동물보다 뛰어난 것은 기술 때문이라고 보고,

기술의 발달이 인간 생활을 풍요롭게 한다고 믿었다(기예론). 그리하여 스스로 많은 기계를 제작하거나 설계하였다.(거중기, 배다리 등)

오답 거르기 ① 한원진 등이 해당된다. 호락 논쟁은 노론 내부에서 일어난 논쟁이다. ③ 박지원 등, ④ 김석문, 홍대용 등, ⑤ 유형원이 해당된다.

34 제시된 자료의 (가)는 1923~1924년에 일어난 암태도 소작 쟁의에 대한 설명이며, (나)는 1931년 평양 평원 고무 공장에서 임금 삭감 등에 반대하는 시위를 벌일 때 강주룡이 을밀대에서 고공 농성을 한 사건에 대한 설명이다. ② 조선 노동 공제회는 1920년 결성되었다.

오답 거르기 ① 1927년, ③ 1929년에 일어났다. ④ 1926년의 6 · 10 만세 운동에 해당한다. ⑤ 1929년의 사실이다.

35 제시된 자료에서 흉적 이승훈이 서양의 책을 가져왔다고 한 점, 야소라고 이르는 자가 천주로 내려오셨다가 죽어서 다시 올라가 천주가 되었다 등의 표현을 통해 (가)에 들어갈 종교가 천주교임을 알 수 있다. ④ 천주교는 17세기 무렵 청나라를 통해 서양 학문, 즉 서학으로 소개되었다. 18세기 후반 일부 남인 학자들은 서학을 신앙으로 받아들였고, 이승훈이 베이징에서 영세를 받고 오면서 신자의 수가 늘어나기 시작하였다.

오답 거르기 ① 각종 비기, 도참서, 예언서 등에 해당한다. ② 양명학, ③ 동학, ⑤ 미륵 신앙에 대한 설명이다.

36 (가)는 부산과 두 개의 항구 개항, 연해 측량권 허용 등을 통해 강화도 조약임을 알 수 있다. (나)는 대조선 군주와 대미국 대통령 및 그 인민은 영원히 화평하고 우애 있게 지낸다는 내용과 미국 상인이 조선에서 무역할 때 관세를 낸다는 내용 등을 통해 조 · 미 수호 통상 조약임을 알 수 있다. ③ 조 · 미 수호 통상 조약에서는 미국에 최혜국 대우를 인정하고 있다.

오답 거르기 ① 청의 알선으로 조선은 미국과 여러 서양 국가들과 통상 조약을 체결하였다. 강화도 조약에는 해당하지 않는다. ② 조선의 관세권에 대한 언급이 없다. ④ 두 조약 모두 영토 할양 조항은 포함하고 있지 않다. ⑤ 거중 조정 조항은 조 · 미 수호 통상 조약에만 포함되어 있다.

37 조선 왕조의 중심지 한성의 궁궐 등을 돌아보는 답사와 문화 유산에 대한 문항이다. 덕수궁은 처음 월산대군의 집터였던 것을 임진왜란 이후 선조의 임시 거처로 사용되어 정릉동 행궁으로 불리다가 광해군 때에 경운궁으로 개칭되었다. 이후 1907년 순종에게 양위한 고종이 이곳에 머무르게 되면서 고종의 장수를 빈다는 의미에서 덕수궁(德壽宮)이라고 다시 바꾸었다. ⑤ 경덕궁이라고 불렸던 곳은 경희궁에 해당한다.

오답 거르기 ① 성균관은 명륜당, 대성전, 동재, 서재 등이 중심을 이루고 있다. ② 1997년에 유네스코 세계 문화유산으로 등재되었다. ③ 좌묘우사의 원칙에 따라 경복궁 왼쪽(동쪽)에 종묘, 오른쪽(서쪽)에 사직이 설치되었다. ④ 경복궁 안의 왕과 왕비의 침전으로는 강녕전과 교태전이 있다.

38 제시된 자료 『조선책략』은 조선이 아시아의 요충지로 러시아의 남하 정책이 추진된다면 피해를 입게 될 것이기 때문에 러시아를 막아야 한다고 주장하고 있다. 따라서 (가)는 러시아이다. ⑤ 러시아는 1898년 무렵 군사 기지 건설을 위해 목포와 진남포 해역의 도서 지역의 매도를 요구해 왔다. 이에 독립 협회가 반대 운동을 전개하여 러시아의 토지 매도 요구를 좌절시켰다.

오답 거르기 ① 영국, ② 프랑스 등, ③ 미국, ④ 청에 해당한다.

39 제시된 자료에서 난병들이 대궐을 침범하고 중궁(왕비)은 밖으로 피신했으며 민겸호 등이 피살되었다는 점, 대원군이 난병을 따라 입궐했다는 점 등을 통해 해당 사건이 1882년의 임오군란임을 알 수 있다. ② 임오군란의 결과 조선과 일본은 제물포 조약을 체결하였다.

오답 거르기 ①, ③, ④ 모두 갑신정변에 대한 설명에 해당한다. ⑤ 동학 농민 운동을 진압하기 위해 정부가 청에 원병을 요청하면서 발생한 상황이다.

40 제시된 자료에서 전쟁 초부터 러시아가 일본에 이웃 나라를 점거하지 말라고 경고했다는 점, 조선에 대한 보호 통치를 인정할 수 없다고 한 점, 뤼순을 언급한 점 등을 통해 해당 내용은 러시아가 일본의 랴오둥반도 진출에 불만을 표하는 것으로 삼국 간섭과 관련된 문서임을 알 수 있다. ④ 청 · 일 전쟁으로 승리한 일본이 시모노세키 조약을 맺어 랴오둥반도를 차지하자, 만주와 조선에 진출할 야심을 갖고 있던 러시아가 프랑스와 독일을 끌어들여 일본이 랴오둥반도를 포기하도록 하였다. 이를 삼국 간섭이라고 한다.

41 제시된 자료에서 우리 폐하께서 나라 이름을 고치고 법규 교정소를 두어 국제를 세웠다는 점에서 밑줄 그은 국제는 대한제국 수립을 선포하고 황제에 즉위한 고종이 1899년 8월 반포한 대한국 국제임을 알 수 있다. ② 대한국 국제를 반포한 후인 9월 청과 대등한 입장에서 한 · 청 통상 조약을 체결하였다.

오답 거르기 ① 1894년 제1차 갑오개혁, ③ 제2차 갑오개혁, ④ 을미개혁의 내용이다. ⑤ 아관 파천 이후의 조치에 해당한다.

42 제시된 자료에 따르면 데라우치 총독 암살 미수 사건을 조작한 사건에 의해 단체의 주요 인물들이 체포되었다는 점을 통해 해당 사건은 105인 사건이며 (가) 단체는 신민회임을 알 수 있다. 신

민회는 대한 제국 시기에 결성된 비밀 결사 조직인 애국 계몽 운동 단체였다. ② 신민회는 국권 상실 위기 속에서 장기적인 무장 독립 투쟁을 위한 해외 독립운동 기지 건설에 나섰다.

오답 거르기 ① 독립 의군부, ③ 독립 협회, ④ 보안회, ⑤ 대한민국 임시 정부에 해당된다.

43 제시된 법령 제1조 회사의 설립은 조선 총독의 허가를 받아야 한다는 것에서 1910년 공포된 회사령임을 알 수 있다. 1920년 회사령이 폐지되고 회사 설립은 신고제로 바뀌었다. 따라서 1910년대의 사실을 찾는 문제이다. ③ 1917년 이광수는 소설『무정』을 『매일신보』에 연재하였다. 1915년 일제는 대대적으로 식민 지배를 홍보하기 위해 경복궁의 일부 건물을 훼손하면서 경복궁에서 조선 물산 공진회를 열었다.

오답 거르기 ㄱ. 조선 영화령은 1940년에 공포되었다. ㄹ. 카프 (KAPF)는 1925년에 결성되었다.

44 제시된 자료에서 대한민국 임시 정부 내의 독립운동 노선을 둘러싼 갈등, 임시 대통령의 독선 등으로 겪게 된 임정의 위기를 극복하기 위해 박은식, 원세훈 등이 소집을 요구하였다는 점을 통해 (가) 회의가 국민 대표 회의임을 알 수 있다. ③ 임시 정부의 활로를 모색하기 위해 국민 대표 회의를 열었지만(1923) 임시 정부를 해산하고 새로운 정부를 세우자는 창조파와 임시 정부를 개혁하여 존속시키자는 개조파로 나뉘어 대립하다가 회의는 별다른 성과를 거두지 못하고 끝났다.

오답 거르기 ① 구미 위원부는 1919년부터 두었다. ② 충칭에서 1941년에 채택하였다. ④ 1919년에 파견하였다. ⑤ 1931년 결성하였다.

45 제시된 자료에서 난징에서 한국 독립당, 의열단, 조선 혁명당 등이 1935년 결성한 당이라고 한 점을 통해 민족 혁명당임을 알 수 있다. ② 김원봉이 이끄는 민족 혁명당은 중도 좌파의 단체들과 함께 조선 민족 전선 연맹을 결성하고, 그 산하 무장 조직으로 조선 의용대를 창설하였다(1938). 그리고 대한민국 임시 정부 중심으로 연합 전선이 형성되자 임시 정부에 참여하였다.

오답 거르기 ① 김원봉이 주도하였다. ③ 의열단에 대한 설명이다. ④ 한국 광복 운동 단체 연합회는 김구의 한국 국민당을 비롯해 민족 혁명당을 이탈한 조소앙의 한국 독립당, 지청천의 조선 혁명당 등이 결성하였다. ⑤ 조선 독립 동맹은 화북 조선 청년 연합회가 개편된 것이다.

46 제시된 자료에서 (가)는 나라와 역사를 형체와 정신으로 비유한 것을 볼 때 박은식의 글이며, (나)는 역사를 아와 비아의 투쟁으로 표현한 것을 볼 때 신채호의 주장임을 알 수 있다. ① 박은식은『한국통사』를 지어 일본의 침략 과정을 폭로하였으며, 『한국

독립운동지혈사』를 통하여 한국 독립운동의 역사를 서술하였다.

오답 거르기 ② 정인보, 안재홍, 문일평 등. ③ 이승만, 박은식. ④ 이병도, 손진태 등. ⑤ 백남운 등에 해당한다.

47 제시된 자료에서 이승만 정권이 피난지 부산 일대에 비상계엄을 선포하고 야당 국회 의원을 통근 버스 통째로 연행하는 등의 부산 정치 파동을 일으키고 개헌을 단행한 점을 통해 1952년의 발췌 개헌임을 알 수 있다. ② 발췌 개헌안은 대통령 직선제안을 기본으로 하고 야당의 내각 책임제안의 일부 조항을 합쳐 발췌한 것이다.

오답 거르기 ① 1969년 박정희 정권에서 추진한 개헌이다. ③ 1987년 9차 개헌의 결과이다. ④ 1954년 사사오입 개헌안이다. ⑤ 1972년 유신 헌법의 내용이다.

48 제시된 자료에서 (가)는 1964년 한·일 회담을 반대하는 민족적 민주주의 장례식 및 성토 대회에서 나온 성명서이며, (나)는 유신 반대 운동인 1976년의 3·1 민주 구국 선언이다. (다)는 1987년 6월 민주 항쟁에서 나온 선언문이며, (라)는 1980년 5·18 민주화 운동에서 나온 광주 시민 궐기문이다. ③ 유신 체제는 한국적 민주주의를 표방하였다. 따라서 3·1 민주 구국 선언은 유신에 대한 저항이자 이른바 한국적 민주주의에 대한 저항이라 할 수 있다.

오답 거르기 ① 순서대로 하면 (가)-(나)-(라)-(다)이다. ② 한·일 회담 반대 운동이 개헌의 계기가 되지는 않았다. 1960년 4·19 혁명, 1987년 6월 민주 항쟁 이후 개헌이 이루어졌다. ④, ⑤ 4·19 혁명에 해당한다.

49 제시된 자료에서 3선 개헌 이후 처음 치르는 대통령 선거라는 점을 통해 1971년의 대선임을 알 수 있다. ⑤ 이 선거에서 김대중 후보를 누르고 당선된 박정희 대통령은 1972년 유신 헌법을 제정하여 통일 주체 국민 회의에서 6년 임기의 대통령을 선출하도록 하였다.

오답 거르기 ① 1961년 5·16 군사 정변 후 설치한 것이다. ② 1980년 8차 개헌의 내용이다. ③ 4·19 혁명 후 3차 개헌의 내용이다. ④ 1960년대 박정희 정부에서 추진한 정책이다.

50 제시된 자료에서 (가)는 2000년 최초의 남북 정상 회담 후 발표한 6·15 남북 공동 선언, (나)는 2007년 제2차 남북 정상 회담 후 발표한 10·4 선언의 내용이다. ② (가) 선언 후 남과 북은 개성 공단 조성에 합의하였으며, 2003년 개성 공단 착공식을 가졌다. 이후 개성 공단이 건설되어 2004년부터 본격 가동되다가 박근혜 정부 때 중단되었다.

오답 거르기 ① 1991년, ③ 1991년, ④ 1972년, ⑤ 1985년의 사실이다.

memo

급수 체계 개편에 따른

한국사
능력검정시험

최신 교재도, 지난 교재도 한눈에!
EBS 공식 네이버 스마트스토어!

EBS
북스토어
OPEN

EBS 북스토어   🔍

https://smartstore.naver.com/ebsmain

EBS

급수 체계 개편에 따른

한국사
능력검정시험

심화 · 1·2·3급 대비서

시험장 노트

한국사능력검정시험
시험장 노트

EBS 한국사능력검정시험
심화

🌿 방대한 한국사를 맥락으로 정리할 수 있도록 구성하였습니다.

🌿 포인트를 주고 싶은 부분에 직접 형광펜으로 체크해 보세요.

🌿 시험장에 잘라서 가지고 가는 마무리 노트로 활용할 수 있습니다.

Ⅰ. 우리 역사의 형성과 고대 국가의 발전

선사 시대

구분	구석기 시대	신석기 시대	청동기 시대	철기 시대
도구	• 뗀석기: 주먹도끼, 찍개, 긁개, 밀개, 찌르개 • 뼈 도구	• 간석기: 갈돌과 갈판, 돌괭이, 돌삽 등 • 토기: 빗살무늬 토기 • 수공업: 뼈바늘, 가락바퀴 → 옷과 그물 제작	• 청동기: 비파형 동검, 거친무늬 거울 • 간석기: 반달 돌칼 등 • 토기: 민무늬 토기, 미송리식 토기, 붉은 간 토기 • 무덤: 고인돌, 돌널무덤	• 독자적인 청동기 문화 발달: 세형 동검, 거푸집, 잔무늬 거울 • 철기: 철제 농기구와 무기 • 토기: 덧띠 토기, 검은 간 토기 • 중국과의 교류: 명도전, 반량전, 오수전, 다호리 붓 • 무덤: 독무덤, 널무덤
주거	바위그늘, 동굴이나 강가의 막집	바닥이 원형, 모서리가 둥근 사각형의 움집	• 배산임수의 취락 • 직사각형 바닥의 움집 → 지상 가옥화	
경제	채집과 사냥으로 식량 마련	농경(잡곡류 경작)과 목축	밭농사 중심, 일부 저습지에서 벼농사 시작	벼농사 발달
사회	무리 사회, 이동 생활, 평등 생활	씨족을 바탕으로 한 부족 사회, 평등 생활	• 잉여 생산물의 사적 소유 → 사유 재산 발달 • 계급 발생 → 군장(족장) 출현	

고조선과 여러 나라의 성장

❶ 고조선의 발달

기원전 2333년	기원전 3세기	기원전 194년	기원전 108년
단군왕검이 건국	왕위 세습, 관직 설치, 중국의 연과 대립	위만 왕조의 고조선 성립, 철기 문화의 본격적 수용, 중계 무역	한 무제의 침략으로 멸망 → 한 군현 설치

❷ 철기 시대 여러 나라의 성장

배경	부여	고구려	옥저	동예	삼한
정치	5부족 연맹: 중앙과 사출도	• 주몽이 졸본에서 건국 • 5부족 연맹체, 제가 회의	왕이 없고 읍군 · 삼로라고 불린 군장이 지배 → 고구려의 압박으로 성장 늦음		• 목지국이 삼한 전체 주도 • 군장(신지, 읍차)이 부족 지배, 천군(제사장), 소도(신성 지역) → 제정 분리
경제	• 농경과 목축 • 특산물: 말, 주옥, 모피	산악 지대에 위치 → 주변 지역 정복(약탈 경제)	해산물 풍부, 토지 비옥	특산물: 단궁 · 과하마 · 반어피	• 벼농사 발달: 저수지, 보 축조 • 변한의 철: 낙랑 · 왜에 수출
			고구려에 공납을 바침		
사회	• 순장, 형사취수제 • 영고(12월)	• 서옥제, 형사취수제 • 동맹(10월)	민며느리제, 가족 공동 무덤	• 족외혼, 책화 • 무천(10월)	• 계절제(5월, 10월)

삼국과 가야의 성립과 발전

구분	고구려	백제	신라	가야
1세기	태조왕: 계루부 고씨의 왕위 세습			
2세기	고국천왕: 왕위의 부자 상속			
3세기	동천왕: 위나라의 침입(관구검)	고이왕: 한강 유역 장악, 관등제 · 관복제 마련		전기 가야 연맹(금관가야 중심) 형성
4세기	• 미천왕: 서안평 점령, 낙랑군 · 대방군 축출 • 고국원왕: 전연의 침입, 백제의 공격으로 평양성에서 전사 • 소수림왕: 율령 반포, 태학 설립, 불교 공인	• 근초고왕: 마한의 잔여 세력 정복, 고구려 평양성 공격, 동진 · 가야 · 왜 등과 교류 • 침류왕: 불교 수용	내물왕: 김씨의 왕위 세습 확립, 왕호를 '이사금'에서 '마립간'으로 변경, 광개토 대왕의 도움을 받아 왜의 침입 격퇴	

구분	고구려	백제	신라	가야
5세기	• 광개토 대왕(4세기 말~5세기 초): 만주 지역 정복, 신라에 침입한 왜 격퇴(가야 공략) • 장수왕: 평양 천도, 백제 공격(한성 함락, 한강 유역 확보)	• 문주왕: 웅진 천도, 귀족 세력의 국정 주도, 왕권 약화 • 동성왕(5세기 후반~6세기 초): 나 · 제 동맹 강화	눌지왕: 백제 비유왕과 나 · 제 동맹 체결 → 고구려 장수왕의 남진 정책에 대항	• 4세기 말~5세기 초: 고구려 군의 공격으로 전기 가야 연맹 해체 • 5세기 후반: 후기 가야 연맹(대가야 중심) 형성
6세기	정치 혼란으로 세력 약화	• 무령왕: 22담로에 왕족 파견 • 성왕: 사비 천도, 신라와 함께 고구려 공격 → 한강 유역 일시 회복 → 신라 공격으로 한강 유역 상실	• 지증왕: 우산국 복속 • 법흥왕: 율령 반포, 불교 공인, 금관가야 병합 • 진흥왕: 한강 유역 차지, 대가야 정복	• 금관가야 멸망(532) • 대가야 멸망(562) → 가야 연맹 해체
7세기	• 살수 대첩, 안시성 싸움 • 668년 멸망	660년 멸망	매소성 전투 · 기벌포 전투에서 당군 격퇴 → 삼국 통일(676)	

삼국의 경제·사회·문화

구분	고구려	백제	신라
경제	중국의 남북조와 교역	중국의 남조 및 왜와 교역	동시, 동시전 설치
사회	• 왕족 고씨, 5부 출신의 귀족이 지배층 • 형사취수제, 서옥제, 진대법	• 왕족 부여씨와 8성의 귀족이 지배층 • 언어, 풍속, 의복 등이 고구려와 비슷	화백 회의, 골품 제도, 화랑도 운영
문화	• 금동 연가 7년명 여래 입상 제작 • 돌무지무덤(장군총), 굴식 돌방무덤(무용총 등) 축조 • 일본에 종이 · 먹 제조법 전파(담징) • 일본 쇼토쿠 태자의 스승(혜자)	• 서산 용현리 마애여래 삼존상 제작 • 돌무지무덤(석촌동 고분군), 굴식 돌방무덤(송산리 · 능산리 고분군), 벽돌무덤(무령왕릉) • 유교와 불교를 일본에 전파(아직기, 왕인, 노리사치계)	• 황룡사 9층 목탑(호국 불교) 제작 • 돌무지덧널무덤(천마총, 황남대총 등) • 조선술, 축제술을 일본에 전파 → '한인의 연못' 축조에 영향

남북국의 성립과 발전

구분	통일 신라	발해
7세기 후반~ 8세기	• 왕권의 전제화 • 신문왕: 전제 왕권 확립, 관료전 지급, 녹읍 폐지 • 혜공왕 피살 이후 왕위 쟁탈전 전개, 호족 성장	• 고왕(대조영): 발해 건국 • 무왕: 당과 대립, 산동반도 공격 • 문왕: 당과 친선 관계, 상경으로 천도
9세기	왕위 쟁탈전 지속, 농민 봉기 확산(원종과 애노의 난 등)	선왕: 지방 제도 완비(5경 15부 62주) → 이후 '해동성국'이라 불림
10세기	후삼국 시대(후백제, 후고구려, 신라) → 935년 고려에 항복	926년에 거란에 멸망

남북국의 경제·사회·문화

구분	통일 신라	발해
경제	• 관료전 지급, 녹읍 폐지, 정전 지급, 민정 문서 작성 • 무역: 당과의 무역, 이슬람 상인의 왕래, 장보고가 청해진 설치 • 신라인의 대당 진출: 신라방, 신라소, 신라관, 신라원 설치	• 밭농사 중심, 목축과 수렵 발달(말이 주요 수출품) • 무역: 당, 신라, 거란, 일본과 교역
사회	민족 융합 정책(9서당), 골품제 변화(3~1두품 평민화)	지배층은 주로 고구려 유민, 피지배층은 대다수 말갈인
문화	• 유학: 국학, 독서삼품과, 김대문, 설총, 최치원 • 불교: 원효와 의상의 불교 대중화, 혜초의 『왕오천축국전』 저술, 선종 유행(호족의 후원) • 건축 · 예술: 불국사, 석굴암, 경주 감은사지 3층 석탑, 화순 쌍봉사 철감선사탑, 무구정광대다라니경, 성덕 대왕 신종 • 고분: 굴식 돌방무덤(둘레돌에 12지 신상 조각)	• 유학: 주자감 • 불교: 고구려 불교 계승, 이불병좌상 • 건축 · 예술: 상경성의 주작대로(당의 장안성 모방), 온돌 장치(고구려 계승), 영광탑, 발해 석등 • 고분: 정혜 공주 묘(굴식 돌방무덤, 모줄임천장 구조), 정효 공주 묘(당의 영향)

Ⅱ. 고려의 건국과 발전

고려의 건국과 통치 체제의 정비

❶ 고려의 건국 과정

고려의 건국	후삼국 통일
왕건을 왕으로 추대 → 송악(개경) 천도, 고구려 계승 표방	신라 흡수 → 후백제군 격파 → 후삼국 통일(936)

❷ 집권 체제의 구축

태조	사심관 제도·기인 제도 실시, 훈요 10조, 『정계』, 『계백료서』 저술, 서경 중시, 흑창 설치, 역분전 지급
정종	거란의 침입에 대비하고 왕권 강화를 위해 광군(일종의 예비군) 설치
광종	노비안검법 실시, 과거 제도 도입(쌍기의 건의), 백관의 공복 제정, 공신과 호족 세력 숙청, 칭제건원(광덕, 준풍)
경종	신진 세력 제거, 전시과 제도 실시
성종	최승로의 시무 28조 수용, 12목 설치(→ 지방관 파견), 향리 제도 정비, 국자감 정비, 12목에 경학박사·의학 박사 파견

❸ 통치 체제 정비

중앙	• 2성 6부: 중서문하성(최고 관서로 국정 총괄), 상서성(6부를 두고 실제 정무를 나누어 집행) • 중추원과 삼사: 중추원(군사 기밀과 왕명 출납), 삼사(화폐와 곡식의 출납, 회계) • 도병마사와 식목도감: 재신과 추밀이 참여하여 국가 중대사를 결정하는 임시 회의 기구 • 대간: 어사대의 관원과 중서문하성의 낭사로 구성, 간쟁·봉박·서경 등의 권한
지방	• 5도: 일반 행정 단위, 안찰사 파견, 주·군·현 설치(지방관 파견) • 양계(동계와 북계): 군사 행정 구역, 병마사 파견, 진 설치 • 특징: 지방관이 파견되는 주현보다 파견되지 않은 속현이 다수 차지, 특수 행정 구역(향·부곡·소 등), 향리가 실무 담당
군사 제도	• 중앙군: 2군(국왕의 친위 부대)과 6위(수도와 국경 방어), 직업 군인 • 지방군: 주현군(5도, 지역 방위와 치안), 주진군(양계의 상비군, 국경 수비)
관리 등용 제도	• 과거제: 문관을 뽑는 문과(제술과, 명경과), 기술관을 뽑는 잡과, 승관을 선발하는 승과 시행, 법제적으로 양인 이상 응시 가능 • 음서제: 공신·5품 이상 고위 관료의 자손은 과거를 거치지 않고도 관리가 될 수 있는 혜택을 받음

문벌 귀족 사회와 무신 정권

❶ 문벌 귀족 사회의 형성과 동요

개념	문벌 귀족 사회: 정치적으로 음서, 경제적으로 공음전 등 특권을 향유한 사회
성립	성종 이후 중앙 집권 체제 확립에 따라 문벌 귀족 사회 형성(개국 공신·지방 호족 출신의 중앙관료, 6두품 계통의 유학자)
동요	이자겸의 난과 묘청의 서경 천도 운동을 계기로 문벌 귀족 간의 대립과 갈등 표출
붕괴	무신 정변(1170)으로 문벌 귀족 사회 몰락

❷ 무신 정권의 성립과 변천

배경	문벌 귀족 지배 체제의 동요, 무신에 대한 차별 대우, 하급 군인들의 불만 누적 → 무신 정변으로 무신들이 권력 장악
변천	이의방 → 정중부 → 경대승 → 이의민 → 최충헌(최씨 무신 정권 성립)
최씨 무신 정권	최충헌(봉사 10조, 교정도감, 도방 설치) → 최우(삼별초, 정방, 서방 설치) → 최항 → 최의
사회 변화	중방이 최고 권력 기구(초기), 전시과 체제 붕괴, 하극상 풍조 만연
하층민 봉기	망이·망소이(공주 명학소), 김사미(운문), 효심(초전), 만적(개경, 신분 해방 운동 꾀함)
삼별초 항쟁	강화도에서 개경 환도에 반발하여 봉기(배중손) → 진도 이동, 용장성 축조 → 제주도 이동(항파두리성, 김통정)

🍃 고려의 대외 관계와 고려 후기의 정치 변화

❶ 고려의 대외 관계

구분	거란 · 여진 · 몽골과의 관계	고려의 대응
거란(요)	고려의 친송 정책 추진, 만부교 사건(거란 배척)	• 1차 거란의 침입 → 서희의 외교 담판(강동 6주 획득) • 2차 거란의 침입 → 양규의 활약 • 3차 거란의 침입 → 강감찬의 귀주 대첩
여진(금)	고려의 별무반 편성, 동북 9성 축조, 여진의 금 건국	금의 사대 요구 → 금과 사대 관계 수립(이자겸)
몽골(원)	고려가 몽골의 조공 요구를 거부, 몽골 사신 피살	몽골의 침입 → 강화 천도, 김윤후와 하층민의 저항(처인성), 삼별초 항쟁

❷ 고려 후기의 정치 변화

원 간섭기	• 원이 정동행성 설치(일본 원정 단행), 쌍성총관부 · 동녕부 · 탐라총관부 설치, 만호부 설치, 물적 · 인적 자원 수탈(공물 · 공녀 등 요구, 응방 설치) • 원과의 교류: 고려 – 몽골풍(몽골의 풍습), 원 – 고려양(고려의 풍습) 유행 • 권문세족의 성장: 친원적 성격, 음서를 통해 관직 진출, 도평의사사 장악, 대농장 경영
공민왕의 개혁	• 반원 자주 정책: 몽골풍 금지, 기철 등 친원 세력 숙청, 정동행성 이문소 폐지, 관제 복구, 쌍성총관부 공격(철령 이북 지역 수복) • 왕권 강화 정책: 정방 폐지, 전민변정도감 설치(신돈 등용) → 권문세족 약화와 재정 기반 확대 추진

🍃 고려의 경제·사회·문화

경제	토지 제도	역분전(태조) → 시정 전시과(경종) → 개정 전시과(목종) → 경정 전시과(문종)
	수취 제도	조세(생산량의 10분의 1), 공물(호당 토산물 부과, 상공과 별공), 역(정남의 노동력을 무상으로 징발, 군역과 요역)
	농업	시비법 발달(휴경지 감소), 2년 3작의 윤작법, 고려 후기 남부 지방 일부에 모내기법(이앙법) 보급, 중국의 『농상집요』 소개, 목화 재배
	수공업	관청 수공업 · 소 수공업 중심(고려 전기) → 사원 수공업 · 민간 수공업 발달(고려 후기)
	상업	시전 설치(경시서에서 감독), 관영 상점 운영(다점, 주점, 약점), 화폐 발행(건원중보, 해동통보, 은병 등)
	대외 무역	벽란도 번성, 송 · 거란 · 여진 · 일본 · 아라비아와 무역, 고려 이름(코리아) 서방에 소개
사회	신분 제도	귀족(왕족, 5품 이상 관리), 중류층(서리, 남반, 향리, 하급 장교 등), 양민(백정 농민, 수공업자, 상인, 향 · 부곡 · 소 주민), 천민(노비)
	사회 제도	의창(춘대추납), 상평창(물가 조절), 동 · 서 대비원(환자 치료, 빈민 구제), 구급도감(재난 구호), 제위보
문화	교육 기관	• 관학: 중앙의 국자감(유학부와 기술학부), 지방의 향교 • 사학: 최충의 문헌공도(9재 학당)를 비롯한 사학 12도 융성 → 관학 교육 위축 → 관학 진흥책 실시(서적포 설치, 양현고 마련, 경사 6학 정비 등)
	사서 편찬	• 중기: 『삼국사기』(김부식) – 신라 계승 의식, 기전체 서술 • 무신 집권기: 『해동고승전』(각훈), 「동명왕편」(이규보) – 전통문화에 관심 • 원 간섭기: 『삼국유사』(일연), 『제왕운기』(이승휴) – 단군의 고조선 건국 이야기 수록 • 말기: 『사략』(이제현) – 성리학적 유교 사관 반영
	불교 통합	• 중기: 의천이 해동 천태종 창시, 교종을 중심으로 선종 통합 시도, 교관겸수 제창 • 후기: 지눌이 수선사 결사 조직, 선종의 입장에서 교종을 포용하는 선 · 교 일치 사상 체계화, 돈오점수 · 정혜쌍수 강조
	대장경	초조대장경(현종, 몽골 침입 때 불탐) → 교장(의천) → 재조대장경(팔만대장경, 합천 해인사에 현존)
	건축 · 공예	• 주심포 양식(고려 전기 유행, 영주 부석사 무량수전, 예산 수덕사 대웅전) → 다포 양식(사리원 성불사 응진전) • 자기(순청자 → 상감 청자), 나전 칠기, 은입사 기술(청동기에 은으로 장식)
	과학 기술	천문학(사천대, 원의 수시력 채용), 의학(태의감, 『향약구급방』 편찬), 인쇄술(금속 활자 발명)

Ⅲ. 조선의 건국과 발전

조선의 건국과 정치 체제의 변화

❶ 조선의 건국

위화도 회군(1388)		과전법 실시(1391)		조선 건국(1392)
요동 정벌 시도 → 위화도 회군 → 이성계의 권력 장악	⇒	부족한 국가 재정과 신진 사대부의 경제적 기반 마련	⇒	신진 사대부의 분화 → 급진 개혁파와 이성계의 연합 → 조선 건국

❷ 국가 기틀 마련과 통치 체제 정비

국가 기틀 마련	태조	한양 천도, 성리학적 통치 규범 확립 및 재상 중심 정치(정도전)
	태종	6조 직계제 실시, 사병 혁파, 사간원 독립, 호패법 실시, 신문고 설치
	세종	의정부 서사제, 집현전 설치, 공법 실시 → 유교적 민본주의 실현, 4군 6진 개척, 쓰시마(대마도) 정벌
	세조	6조 직계제 부활, 직전법 실시, 경연과 집현전 폐지
	성종	경국대전 완성, 홍문관 설치, 경연 확대
체제 정비	중앙	• 의정부(국정을 총괄하는 최고 정무 기구) · 6조(정책 집행 담당) 체제 • 언론 활동(사간원, 사헌부, 홍문관), 왕권 강화(승정원, 의금부), 과거제 실시(문과, 무과, 잡과), 5위(군사)
	지방	• 전국을 8도로 나누고, 그 아래 부 – 목 – 군 – 현 설치 • 8도에는 관찰사 파견, 모든 군현에 수령 파견(수령은 지방의 행정 · 사법 · 군사 업무 담당)

사림의 성장과 붕당 발생

훈구와 사림의 대립		사화 발생		사림의 성장		붕당 형성(동인 · 서인)
• 훈구: 대지주, 중앙 집권 주장 • 사림: 왕도 정치 지향, 향촌 자치 강조 → 사림이 훈구의 비리 비판	⇒	사림에 대한 훈구의 반격 → 무오사화 · 갑자사화 · 기묘사화 · 을사사화 발생	⇒	서원과 향약을 기반으로 재도약 → 선조 때 정치 주도권 장악	⇒	동인(영남 학파 위주)과 서인(기호 학파 위주)으로 분당 → 정파적 성격 + 학파적 성격

조선 전기의 대외 관계와 양 난

❶ 조선 전기의 대외 관계

명과의 관계	사대 외교를 통해 친선 관계 유지 (자주적 실리 외교, 사절 교환, 조공 실시)	
여진과의 관계	4군 6진 개척(세종), 무역소 설치	강경책과 회유책 사용
일본과의 관계	대마도 정벌, 3포 개항, 계해약조 체결(제한적 무역 허용)	

❷ 양 난의 발생

왜란의 발생		광해군의 중립 외교		호란의 발생
• 과정: 일본의 침입 → 수군과 의병의 활약 → 명의 지원 → 격퇴 • 영향: 국토 황폐화, 문화재 소실, 일본의 정권 교체, 명의 쇠퇴와 여진의 성장	⇒	• 대내 복구 사업: 양안과 호적 재작성, 경기도에 대동법 실시, 『동의보감』 완성 • 중립 외교: 명과 후금 사이에서 실리를 취하는 중립적인 외교 전개	⇒	• 정묘호란: 서인 세력의 친명 배금 정책 → 후금 침입 → 형제 관계 맹약 체결 • 병자호란: 청의 군신 관계 요구 → 주화론과 주전론의 대립(주전론의 우세) → 청의 침입 → 군신 관계 체결

조선 전기의 경제와 사회

❶ 조선 전기의 경제

토지 제도	과전법(경기에 한정, 전·현직 관리에게 수조권 지급, 수신전·휼양전 인정) → 직전법(세조, 신진 관료에게 지급할 토지 부족, 현직 관리에게만 수조권 지급, 수신전·휼양전 폐지) → 관수관급제(성종, 관청에서 직접 수조하여 관리에게 지급, 국가의 토지 지배권 강화) → 녹봉제 (명종, 관리들에게 수조권 지급 폐지, 직접 곡식이나 베 등 현물 지급)
수취 제도	• 조세(전세): 수확량의 1/10 수취 → 전분 6등법과 연분 9등법 실시(세종) • 공납: 중앙에서 필요한 토산물을 가호마다 부과 → 방납의 폐단 발생 • 역: 16세 이상 60세 미만의 정남에게 군역과 요역 부과

❷ 조선 전기의 사회

신분 제도	• 양천제: 실제적으로는 반상제의 4신분제(양반·중인·상민·천민) • 양인: 양반(고위 관직 독점 및 각종 국역 면제), 중인(전문 기술·행정 실무·서얼 포함), 상민(조세·공납·역 부담) • 천인: 대다수 노비(매매·상속·증여 대상)
향촌 사회	• 유향소: 지방 사족으로 구성(좌수 및 별감)된 향촌 자치 기구, 수령 보좌·향리 비리 감시·풍속 교정 • 향약: 전통적 농촌 공동체 조직에 유교 윤리를 가미한 향촌의 자치 규약 혹은 조직, 사림의 농민 지배 강화 • 서원: 선현에 대한 제사, 학문 연구 → 성리학과 향촌의 문화 발전에 기여, 학풍과 정치 여론 형성

조선 전기의 문화

편찬 사업	역사서	『조선왕조실록』(편년체), 『고려사』(기전체), 『고려사절요』(편년체), 『동국통감』(성종)
	지도·지리서	『혼일강리역대국도지도』(태종), 『동국여지승람』(성종)
	윤리·의례서	『삼강행실도』(세종, 삼강에 뛰어난 사람의 행적 편찬), 『국조오례의』(성종, 국가의 행사에 필요한 의례 정비)
	법전	『조선경국전』(정도전), 『경국대전』(성종)
과학 기술	천문	『천상열차분야지도』(태조), 『칠정산』(세종), 간의(천체 관측 기구), 앙부일구(해시계), 자격루(물시계), 측우기(강우량 측정)
	의학	『향약집성방』(세종), 『의방유취』(세종)
	인쇄술	주자소(태종) 설치, 활자 개량(태종 때 계미자, 세종 때 갑인자), 조지서(종이 생산) 설치
	무기	거북선 제작(태종), 신기전 제작(세종), 병서 편찬(문종 때 『진법』 편찬 → 영조 때 『병장도설』로 복간)
예술	공예	분청사기(15세기) → 백자(16세기)
	그림	안견의 「몽유도원도」, 강희안의 「고사관수도」(15세기) → 신사임당의 「초충도」, 이정의 「묵죽도」(16세기)
	음악	박연의 활약(세종), 조선 시대의 의궤와 악보를 교정하기 위한 『악학궤범』 편찬(성종)

조선 후기의 정치 변화

❶ 정치 구조의 변화와 붕당 정치의 전개

정치 구조의 변화	붕당 정치의 변화	탕평책과 개혁 정치
• 정치: 의정부·6조 중심 → 비변사(모든 업무 총괄) 체제 • 군사: 5위 → 5군영으로 변화, 지방군은 속오군 체제로 정비	동인과 서인으로 분화(선조) → 정여립 사건 (동인이 남인과 북인으로 나뉨) → 북인의 권력 장악 (광해군) → 인조반정(서인) → 예송 발생(현종) → 환국 발생(숙종) → 서인의 일당 전제화(노론·소론으로 분화)	• 영조: 탕평파 중심 정국 운영, 이조 전랑의 권한 축소, 서원 정리, 균역법 실시 등 • 정조: 노론·소론·남인의 세력 균형 유지, 초계문신제 실시, 장용영 설치, 규장각 육성, 화성 건설 등

❷ 세도 정치의 전개와 폐단

전개	정조 사후 어린 순조가 즉위하면서 일부 외척 세력이 권력 장악 → 3대(순조, 헌종, 철종) 60여 년
폐단	왕권이 약화되고 정권의 사회적 기반이 약화됨, 삼정의 문란 → 농민 봉기(홍경래의 난, 임술 농민 봉기)

조선 후기 경제의 변화

❶ 수취 제도의 개편

영정법	전세의 정액화: 풍흉에 관계없이 전세를 토지 1결당 쌀 4~6두 징수
대동법	공납의 전세화 및 금납화: 공납을 토지 결수에 따라 쌀(1결당 12두), 무명이나 베, 동전 등으로 징수 → 상품 화폐 경제의 발달
균역법	농민에게 군포 1필 징수 → 결작, 선무군관포 등으로 부족분 보충

❷ 산업의 변화

농업	모내기법과 견종법의 확대, 상품 작물 재배 활발, 지대 납부 방식의 변화(도조법의 등장)
수공업	대동법 실시와 상품 화폐 경제 발달 → 민영 수공업 발달, 선대제 수공업 등장
광업	민간인에게 광산 채굴 허가(설점수세제), 잠채 성행, 광업의 분업과 협업(물주와 덕대)
상업	통공 정책의 실시와 사상의 활발한 활동, 도고의 성장, 장시의 발달(보부상), 대외 무역 활발(만상, 내상, 송상), 상평통보 유통

조선 후기 사회의 변화

신분제의 변화	양반층의 분화 및 상민·노비의 수 감소, 납속책·공명첩 등으로 신분 상승 → 양반 중심의 신분제 동요
향촌 질서의 변화	부농층의 향권 도전, 몰락 양반의 등장 → 향촌 사회에서 양반의 지배력 약화, 수령·향리의 권한 강화
가족 제도의 변화	부계 중심의 가족 제도 강화(양자 제도 일반화, 부계 위주의 족보 편찬, 동성 마을 형성 등), 친영제 확산
새로운 사상의 확산	• 예언 사상의 확산: 『정감록』·미륵 신앙 등 확산 • 서학(천주교): 평등과 내세 사상을 내세우며 확산됨 → 정부의 탄압(신유박해) • 동학: 최제우가 창시함(인내천 사상, 현세구복과 보국안민, 후천개벽 강조) → 동학교도 탄압

조선 후기의 문화

❶ 실학과 과학 기술의 발달

실학	농업 중심 개혁론	유형원(균전론, 『반계수록』), 이익(한전론, 『성호사설』), 정약용(여전론·정전제, 『목민심서』 등)
	상공업 중심 개혁론	유수원(『우서』), 홍대용(지전설, 우주 무한론, 『임하경륜』), 박지원(『열하일기』), 박제가(우물론, 『북학의』)
	국학연구	• 역사: 안정복(『동사강목』), 이긍익(『연려실기술』), 유득공(『발해고』), 이종휘(『동사』) • 지리: 이중환(『택리지』), 한백겸(『동국지리지』), 김정호(『대동여지도』), 정상기(『동국지도』) • 언어: 신경준(『훈민정음운해』), 유희(『언문지』) • 백과전서: 이수광(『지봉유설』), 이익(『성호사설』), 이덕무(『청장관전서』)
과학 기술		• 서양 및 중국 과학: 곤여만국전도·시헌력·지전설(중국 중심의 세계관 타파), 천리경, 자명종, 화포 등 전래 • 의학: 허준(『동의보감』), 이제마(『동의수세보원』), 정약용(『마과회통』) • 농업 및 기타: 신속(『농가집성』), 서유구(『임원경제지』), 박세당(『색경』) 등, 정약전(『자산어보』), 정약용(거중기·한강 배다리 설계)

❷ 문화의 새로운 경향

서민 문화 발달	• 한글 소설 유행(『홍길동전』, 『춘향전』 등), 사설 시조 유행, 판소리와 탈춤 유행 • 시사 조직: 중인층과 서민층의 문학 창작 활동 활발
예술	• 회화: 진경수산화(정선, 「인왕제색도」·「금강전도」), 풍속화(김홍도, 신윤복), 민화 • 서예와 공예: 이광사의 동국진체·김정희의 추사체, 청화백자 유행 • 건축: 김제 금산사 미륵전, 구례 화엄사 각황전, 보은 법주사 팔상전, 부안 개암사, 수원 화성

Ⅳ. 근대 국가 수립 운동

외세의 침략적 접근과 조선의 대응

❶ 흥선 대원군의 정치

구분	배경	개혁 내용	결과
정치 개혁	세도 정치의 폐단	• 비변사 폐지 → 의정부와 삼군부의 기능 부활 • 『대전회통』, 『육전조례』 편찬 • 경복궁 중건(원납전 징수, 당백전 발행)	• 왕권 강화 • 경복궁 중건에 따른 백성의 고통 가중
민생 안정	삼정 문란, 서원의 농민 수탈	• 전정: 양전 사업으로 은결 색출, 토지 겸병 금지 • 군정: 호포제 실시(양반에게도 군포 징수) • 환곡: 사창제 실시 • 서원 철폐: 전국에 47개소만 남기고 철폐	• 삼정 문란 시정 • 호포제, 서원 철폐에 따른 양반의 반발

❷ 통상 수교 거부 정책과 양요

병인박해(1866)	러시아 견제를 위한 프랑스와의 교섭 실패 → 프랑스인 선교사를 포함한 천주교도 처형
제너럴 셔먼호 사건(1866)	대동강을 거슬러 평양까지 온 제너럴 셔먼호의 통상 요구와 약탈 → 평양 관민이 침몰시킴
병인양요(1866)	병인박해를 구실로 프랑스군이 강화도 침략 → 한성근(문수산성)·양헌수(정족산성)의 활약 → 프랑스군 철수(외규장각 도서 등 문화재 약탈)
오페르트의 남연군 묘 도굴 사건(1868)	독일 상인 오페르트가 흥선 대원군의 아버지인 남연군 묘 도굴 시도 → 실패
신미양요(1871)	제너럴 셔먼호 사건을 구실로 미국이 강화도 침략 → 어재연의 분전(광성보 전투) → 미군 철수
척화비 건립(1871)	신미양요 직후 전국에 척화비 건립 → 서양과의 통상 수교 거부 의지 천명

❸ 개항과 서양 열강에 대한 문호 개방

강화도 조약(조·일 수호 조규, 1876)	운요호 사건이 계기, 일본에 영사 재판권(치외법권)과 해안 측량권 인정
조·일 수호 조규 부록(1876)	개항장에서 일본 화폐 사용, 거류지 설정(10리 제한)
조·일 무역 규칙(1876)	일본 상인의 양곡 수출입 허용, 일본 상선의 항세 면제(이후 수출입 상품에 무관세 허용)
조·미 수호 통상 조약(1882)	청의 알선으로 미국과 수교, 미국에 영사 재판권과 최혜국 대우 인정, 협정 관세, 거중 조정 규정
조·일 통상 장정(1883)	관세권 설정, 방곡령의 근거 마련, 일본에 최혜국 대우 규정

근대적 개혁의 추진과 반발

개화 정책 추진
• 통리기무아문 설치, 별기군 창설 • 사절단 파견(수신사, 조사 시찰단, 영선사)

⇒

임오군란(1882)
• 구식 군인과 하층민의 봉기 → 청의 진압과 내정 간섭 • 제물포 조약, 조·청 상민 수륙 무역 장정 체결

⇒

갑신정변(1884)
• 급진 개화파 주도 • 개혁 정강 발표 → 청의 진압 • 한성 조약, 톈진 조약 체결

⇒

제1차 갑오개혁(1894. 7.)
• 군국기무처 주도 • 과거제 폐지, 신분제 폐지, 봉건적 악습 타파

⇒

제2차 갑오개혁(1894.12.)
• 독립 서고문 발표, 홍범 14조 반포 • 지방관의 권한 축소, 사법권 독립 • 교육입국 조서 반포

⇒

을미개혁(1895)
• 을미사변 후 김홍집 내각 구성 • 태양력 사용, 단발령 실시 • 아관파천으로 중단

구국 민족 운동의 전개

❶ 동학 농민 운동

고부 농민 봉기
조병갑의 탐학 → 전봉준과 농민들이 고부 관아 점령

⇒

제1차 봉기
안핵사 이용태의 농민 탄압 → 농민군의 무장 봉기 → 황토현·황룡촌 전투에서 농민군 승리 → 전주성 점령

⇒

집강소 개혁
전주 화약 체결 → 농민군이 전라도 일대에 집강소를 설치하고 폐정 개혁 실천

⇒

제2차 봉기
일본의 경복궁 침범 → 농민군의 재봉기 → 우금치 전투 패배 → 전봉준 등 지도부 체포

❷ 독립 협회의 활동과 대한 제국

독립 협회	창립	아관파천 이후 개혁적 관료와 지식인들이 주도(서재필 중심), 독립문 건립 추진
	활동	민중 계몽(독립 신문), 자주 국권(열강의 이권 침탈 저지), 자유 민권, 자강 개혁(의회 설립) 운동 전개
	의의	국권 수호와 민중 계몽 및 민권 신장에 기여
대한 제국	수립	연호 '광무' 제정, 환구단에서 황제 즉위식 거행, '대한 제국' 수립 선포
	광무개혁	구본신참의 원칙, 양전 사업(지계 발급), 상공업 진흥책, 각종 실업 학교 설립, 근대적 시설 마련
	황제권 강화	대한국 국제 반포, 원수부 설치

일본의 침략 확대와 국권 수호 운동

❶ 일제의 침략과 국권 침탈

조약	한 · 일 의정서(1904)	제1차 한 · 일 협약(1904)	을사늑약(1905)	한 · 일 신협약(1907)	한국 병합 조약(1910)
내용	군사적 요충지 사용	고문 정치	외교권 박탈, 통감부 설치	차관 정치, 군대 해산	국권 피탈

❷ 국권 수호 운동

항일 의병 운동	을미의병	명성 황후 시해(을미사변)와 단발령을 계기로 거병 → 아관 파천 후 고종의 해산 권고 조칙으로 중단
	을사의병	을사늑약 체결을 배경으로 거병, 민종식, 최익현, 신돌석(평민장) 활약
	정미의병	고종 강제 퇴위와 군대 해산 배경, 13도 창의군의 서울 진공 작전 전개
애국 계몽 운동	특징	교육 · 언론 · 산업 진흥 등 실력 양성을 통한 국권 수호 추구, 을사늑약 전후로 활발히 전개
	단체	보안회, 헌정 연구회, 대한 자강회, 신민회(삼원보에 독립운동 기지 건설)
의거		장인환 · 전명운(스티븐스 저격), 안중근(이토 히로부미 처단), 이재명(이완용 처단 시도)

개항 이후 경제와 사회 변화~근대 문물의 수용과 근대 문화의 형성

❶ 열강의 경제 침탈과 경제적 구국 운동

경제 침탈	일본의 곡물 유출	외국 상인의 내륙 진출	일본의 황무지 개간권 요구	일본의 강제적인 차관 제공
경제적 구국 운동	방곡령 실시	상권 수호 운동(황국 중앙 총상회)	보안회의 반대 운동	국채 보상 운동

❷ 근대 문물의 수용과 근대 문화의 형성

근대 문물의 수용		전기와 전차, 철도(경인선, 경부선, 경의선), 전신과 전화, 근대적 의료 기관(광혜원) 등
근대 문화의 형성	언론 활동	한성순보, 독립신문, 제국신문, 황성신문, 대한매일신보 등
	근대 교육	원산 학사, 동문학, 육영 공원 → 교육입국 조서 반포로 근대적 학제 마련
	국학 연구	• 역사: 신채호의 「독사신론」 → 민족주의 사학의 연구 방향 제시 • 국어: 국문 연구소 설립(지석영, 주시경 활동)
	종교 활동	• 천도교: 손병희가 동학 개칭 • 대종교: 나철 · 오기호가 단군 신앙을 바탕으로 창시 → 국외 무장 독립 투쟁에 공헌

V. 일제 식민지 지배와 독립운동

일제의 식민지 지배 정책

통치 방식	시기	내용
무단 통치	1910년대	• 조선 총독이 입법 · 사법 · 행정 · 군사권 등 전권 장악 • 헌병 경찰제, 헌병 경찰의 즉결 처분권 행사, 조선 태형령, 일부 관리와 교원들도 제복 입고 칼 착용, 언론 · 집회 · 출판 · 결사의 자유 등 기본권 박탈 • 토지 조사 사업 실시, 회사령 제정(1910)
민족 분열 통치 (이른바 문화 통치)	1920년대	• 3 · 1 운동으로 무단 통치의 한계 인식 → 친일파 양성을 통한 민족 분열 도모, 치안 유지법 제정(1925) • 보통 경찰제, 신문 발행 허용(조선일보, 동아일보 창간), 교육 기회의 확대 표방 • 산미 증식 계획 추진, 회사령 철폐(1920)
민족 말살 통치	1930년대 이후	• 침략 전쟁을 확대하면서 전쟁에 필요한 인적 · 물적 자원 수탈을 위해 민족 의식 말살 • 황국 신민화 정책: 황국 신민 서사 암송, 신사 참배, 궁성 요배, 일본식 성명 강요 • 남면북양 정책, 농촌 진흥 운동, 병참 기지화 정책 추진 • 국가 총동원법 제정(1938): 징용, 징병, 일본군 '위안부' 강제 동원, 미곡 · 금속 공출

3·1 운동과 대한민국 임시 정부

❶ 3·1 운동

배경	윌슨의 민족 자결주의 제창, 2 · 8 독립 선언(도쿄), 고종의 사망(독살설)
전개	민족 대표 33인의 독립 선언(태화관), 탑골 공원의 학생 만세 시위 → 도시로 확산 → 농촌으로 확산, 국외로 확산
결과	일제의 무력 진압(제암리 학살 사건, 유관순 순국 등)
의의 및 영향	• 거족적으로 전개된 최대 규모의 민족 운동 → 세계에 한국인의 독립 의지 천명 • 대한민국 임시 정부 수립의 계기, 일제 식민 통치의 방식 변화(무단 통치에서 이른바 문화 통치로 전환) • 평화적 독립운동의 한계 인식 → 무장 독립 투쟁 활성화의 계기 • 아시아 각 지역의 민족 운동에 영향: 중국의 5 · 4 운동, 인도의 반영 운동 등

❷ 대한민국 임시 정부의 수립과 활동

수립	3 · 1 운동 이후 여러 임시 정부 수립 → 상하이에 있는 대한민국 임시 정부로 통합(1919.9)
체제	대통령 중심제(초기), 삼권 분립(임시 의정원, 법원, 국무원)에 입각한 민주 공화제 정부
활동	• 국내 연락망 조직: 연통제, 교통국 운영 • 외교 활동: 파리 강화 회의에 파견된 김규식을 전권대사로 임명, 구미 위원부 설치 • 군자금 조달: 독립 공채 발행, 의연금 모금 • 기타: 독립신문 간행, 임시 사료 편찬회 설치(한 · 일 관계 사료집 간행)
침체	• 연통제 · 교통국 조직 와해, 외교 활동 성과 미흡, 독립운동 노선의 갈등 • 국민 대표 회의 개최(1923) → 창조파와 개조파의 대립 → 성과 없이 결렬

무장 독립 전쟁의 전개

❶ 국내 항일 민족 운동

6 · 10 만세 운동(1926)		일제의 수탈과 식민지 교육에 대한 반발 → 순종의 인산일에 만세 시위 전개
광주 학생 항일 운동(1929)		한 · 일 학생 간의 충돌로 발생 → 전국적으로 확산(3 · 1 운동 이후 최대 민족 운동)
의열 투쟁	의열단	김원봉 등이 만주 지린에서 결성(1919), 조선 혁명 선언을 지침으로 활동, 김익상 · 김상옥 · 나석주 등 의거
	한인 애국단	김구가 상하이에서 조직(1931), 이봉창 · 윤봉길 의거

❷ 국외 독립 투쟁

1910년대	만주와 연해주에 독립운동 기지 건설(항일 독립 전쟁 준비), 민족 교육과 군사 훈련 실시
1920년대	• 봉오동 전투(1920.6): 홍범도의 대한 독립군 등이 봉오동 지역에서 매복 작전으로 일본군 격퇴 • 청산리 대첩(1920.10): 김좌진의 북로 군정서 등 연합 부대가 청산리 일대의 10여 차례 전투에서 대승을 거둠 • 간도 참변(1920): 봉오동 전투 · 청산리 대첩에서 패배한 일본군의 보복 → 일제가 간도 지역의 한인 무차별 학살 자행 • 자유시 참변(1921): 일본군을 피해 자유시로 이동한 독립군이 소련 적색군에게 무장 해제를 당하고 피해를 입음 • 3부 성립: 만주의 독립운동 단체 통합 → 참의부 · 정의부 · 신민부 조직 • 미쓰야 협정(1925): 조선 총독부와 만주 군벌 간에 체결 → 독립군 활동 위축 • 3부 통합 운동: 북만주의 혁신 의회와 남만주의 국민부 성립
1930년대	• 만주에서의 한 · 중 연합 작전(지청천이 이끄는 한국 독립군과 양세봉이 이끄는 조선 혁명군의 활동) • 중국 관내의 조선 의용대 결성(1938): 중국 관내에 결성된 최초의 한인 독립군 부대
1940년대	한국 광복군 창설(1940): 대한민국 임시 정부의 직속 군대, 일본에 선전 포고, 연합군과 함께 미얀마 · 인도 전선에 참전, 국내 진공 작전 준비
국내외 건국 준비 활동	• 대한민국 임시 정부(충칭): 삼균주의에 기초한 건국 강령 공포(1941) • 조선 독립 동맹(옌안): 화북 지방에서 활동하던 사회주의계 인사 참여(김두봉 주도) • 조선 건국 동맹(국내): 여운형 주도, 사회주의자와 민족주의자 모두 참여 → 광복 직후 조선 건국 준비 위원회로 계승

사회·경제적 민족 운동~민족 문화 수호 운동

❶ 실력 양성 운동

물산 장려 운동	일본 상품 배격과 토산품 애용 운동, 평양에서 조만식 주도로 조선 물산 장려회 조직(1920) → 전국 확산
민립 대학 설립 운동	이상재 등이 조선 민립 대학 기성회 조직(1923), 모금 운동 전개 → 일제 방해, 일제가 경성 제국 대학 설립(1924)
문맹 퇴치 운동	문자 보급 운동(조선일보사 주도, 1929년 시작), 브나로드 운동(동아일보사 주도, 1931년 시작)

❷ 민족 협동 전선 운동

배경	3 · 1 운동 이후 사회주의 사상 유입, 민족 운동의 분열 → 이념을 초월한 단일화된 민족 유일당 운동 추진
조선 민흥회	조선 물산 장려회 계열의 민족주의자들과 일부 사회주의자들의 제휴로 결성(1926.7)
정우회 선언	사회주의 계열의 정우회가 비타협적 민족주의 세력과의 협동 전선 주장(1926.11)
신간회 결성	• 비타협적 민족주의 세력과 사회주의 세력의 연합(1927), 각지에 지회 설치, 일제 강점기 최대 규모의 합법적 단체 • 강령: 정치적 · 경제적 각성을 촉진함, 단결을 공고히 함, 기회주의를 일체 부인함

❸ 국학 운동

국어 연구	조선어 연구회(1921)	가갸날(한글날) 제정, 잡지 '한글' 창간
	조선어 학회(1931)	조선어 연구회의 확대 개편, 한글 맞춤법 통일안 제정, 우리말 큰 사전 편찬 준비 → 일제의 조선어 학회 사건으로 해체(1942)
한국사 연구	민족주의 사학	• 우리 역사의 주체적 발전과 자주성 강조 • 신채호: 고대사 연구, 『조선상고사』 저술, 역사를 '아(我)'와 '비아(非我)'의 투쟁으로 파악 • 박은식: 『한국통사』, 『한국독립운동지혈사』 저술, 민족혼 강조 • 1930년대 정인보, 문일평 등으로 계승
	사회 경제 사학	• 세계사의 보편성 속에서 한국사의 역사 발전 법칙 규명 → 식민사관의 정체성론 비판 • 백남운: 『조선 사회 경제사』 저술
	실증 사학	• 문헌 고증을 통해 한국사를 실증적으로 연구 • 손진태, 이병도 등: 진단 학회 결성(1934), 『진단 학보』 발간

Ⅵ. 대한민국의 발전

8·15 광복과 대한민국 정부의 수립

❶ 8·15 광복과 통일 정부의 수립 노력

8·15 광복과 국내 정치 상황	• 8 · 15 광복: 독립 운동의 결과이자 연합국 승리의 결과 • 광복 직후의 정치 세력 　– 우익: 한국 민주당(송진우, 김성수), 독립 촉성 중앙 협의회(이승만), 한국 독립당(김구) 　– 좌익: 조선 인민당(여운형), 조선 공산당(박헌영)
미군정 실시	조선 인민 공화국과 대한민국 임시 정부 등 부정 → 직접 통치, 조선 총독부의 관료와 경찰 조직을 이용하여 군정 실시
모스크바 3국 외상 회의	• 결정 사항: 임시 정부 수립, 미 · 소 공동 위원회 개최, 최고 5년간의 신탁 통치 실시 • 좌 · 우익 세력의 갈등 심화: 우익(반탁 운동 전개), 좌익(회의 결정에 대한 총체적 지지)
좌우 합작 운동	• 배경: 제1차 미 · 소 공동 위원회 결렬, 이승만의 단독 정부 수립 주장(정읍 발언) • 주도 인물: 여운형, 김규식 등 중도 세력 • 전개: 좌우 합작 위원회 결성 → 좌우 합작 7원칙 발표 → 좌 · 우익 모두 반발 • 결과: 이승만, 김구 등 주요 세력 불참, 미군정의 지원 철회 → 실패
남북 협상	• 목적: 한반도에서 통일 정부 수립 • 주도 인물: 김구, 김규식 등 단독 정부 반대 세력 • 전개: 김구, 김규식 등의 평양 방문 → 남북 협상 개최 → 외국 군대 철수 및 단독 정부 수립 반대 등 발표 • 결과: 성과 없이 끝남, 남북이 각각 정부 수립 → 실패

❷ 대한민국 정부의 수립과 활동

대한민국 정부 수립		제2차 미 · 소 공동 위원회의 결렬 → 한반도 문제 유엔에 이관 → 유엔 총회에서 인구 비례에 따른 총선거 실시안 가결 → 소련과 북한의 입북 거절 → 유엔 소총회에서 '위원단이 접근 가능한 지역의 총선거' 실시 결의 → 5 · 10 총선거(김구, 김규식 등 불참) → 제헌 국회(헌법 제정, 대통령 선출) → 대한민국 정부 수립(1948.8.15.)
제헌 국회의 활동	친일파 청산 노력	반민족 행위 처벌법 제정, 반민족 행위 특별 조사 위원회 설치 → 이승만 정부의 소극적 태도와 비협조, 친일 경찰의 방해 등으로 좌절
	농지 개혁	• 내용: 유상 매수와 유상 분배의 원칙, 농지 소유 제한(1가구당 3정보) • 결과: 지주제 소멸, 농민 중심의 농지 소유 실현

❸ 6·25 전쟁

배경	미 · 소 양군의 철수, 북한의 남침 준비(소련과 중국의 지원), 미국의 애치슨 선언 등
전개	북한의 남침(1950.6.25.) → 낙동강 유역까지 후퇴 → 인천 상륙 작전 → 서울 수복 → 압록강 유역 진출 → 중국군의 개입 → 1 · 4 후퇴 → 38도선 부근에서 교착 상태 → 휴전 협정 체결(1953.7.27.)
영향	인적 · 물적 피해, 남북간 적대감 심화, 한 · 미 동맹 강화

민주주의의 발전

❶ 이승만 정부와 4·19 혁명

이승만 정부	장기 집권 시도 • 발췌 개헌: 전쟁 중 임시 수도 부산에서 대통령 직선제와 양원제 국회를 내용으로 하는 개헌안 통과 • 사사오입 개헌: 헌법 공포 당시 대통령에게는 중임 제한 조항을 적용하지 않는다는 내용의 개헌안 통과
4 · 19 혁명 (1960)	3 · 15 부정 선거 → 부정 선거 규탄 시위 → 김주열 시신 발견 → 시위 확산 → 비상 계엄 선포 → 대학 교수단의 시국 선언 및 가두 시위 → 이승만 대통령의 하야 → 허정 과도 정부 수립 후 개헌(내각 책임제와 양원제 국회)
장면 내각	대통령 윤보선, 장면 국무총리로 선출, 경제 제일주의 정책과 지방 자치 실시

❷ 5·16 군사 정변과 유신 체제

5 · 16 군사 정변	• 박정희 등 일부 군인들이 정변으로 정권 장악(1961) → 혁명 공약 제시, 국가 재건 최고 회의와 중앙 정보부 설치, 군정 실시 • 농어촌 고리채 정리, 부정 축재자 처리법 제정, 화폐 개혁, 제1차 경제 개발 5개년 계획 실시
박정희 정부	• 대통령 중심제와 단원제 국회를 골자로 한 개헌 → 박정희 대통령 당선 • 한 · 일 회담 추진 → 굴욕 외교에 반대하는 6 · 3 시위 전개 → 한 · 일 협정 체결 • 베트남 파병 → 미국의 군사 · 경제 지원 약속 받고 파병(브라운 각서 체결) → 베트남 특수로 경제 성장, 고엽제 등 문제 발생 • 3선 개헌 추진 → 야당과 학생의 반대 투쟁 → 1971년 대선에서 박정희의 당선
유신 체제와 저항	• 10월 유신: 대통령 간선제, 대통령 중임 제한 조항 삭제, 대통령에게 막강한 권한 부여 → '한국적 민주주의'라는 명분 • 유신 반대 운동: 유신 헌법 개정 운동(1973), 3 · 1 민주 구국 선언(1976), 부 · 마 민주 항쟁(1979) → 10 · 26 사태

❸ 5·18 민주화 운동과 6월 민주 항쟁

5 · 18 민주화 운동	12 · 12 사태로 신군부 세력의 권력 장악 → 서울의 봄 → 신군부의 비상 계엄 전국 확대 → 광주의 학생과 시민들의 시위 → 계엄군의 폭력적 진압(시위대에 발포) → 학생과 시민들이 시민군 조직, 무력 저항 → 계엄군의 시민군 진압(5.27.)
전두환 정부	• 국가 보위 비상 대책 위원회로 권력 장악 → 전두환의 대통령 선출 (11대, 8차 개헌으로 12대 대통령) • 두발, 교복 자율화 등의 유화 정책과 민주화 운동 탄압 등 강압 정책 추진
6월 민주 항쟁	• 배경: 박종철 고문치사 사건 및 은폐 조작, 4 · 13 호헌 조치 → 전국적인 민주화 시위 전개 • 결과: 6 · 29 민주화 선언(대통령 직선제 개헌안 수용 등)

❹ 민주주의의 발전

노태우 정부	여소야대 국회의 성립과 5 · 18 민주화 운동 관련 국회 청문회 실시, 북방 정책 추진, 남북한 유엔 동시 가입
김영삼 정부	고위 공직자 재산 공개, 금융 실명제와 부동산 실명제 실시, 전면적 지방 자치제 실시, 역사 바로 세우기, 외환 위기
김대중 정부	최초의 여야 간 평화적 정권 교체, 국제 통화 기금 관리 체제 극복, 대북 화해 협력 정책 추진, 제1차 남북 정상 회담 성사
노무현 정부	정경 유착 단절, 권위주의 청산, 과거사 정리, 한 · 미 FTA 체결, 제2차 남북 정상 회담(2007)

경제 성장과 사회 · 문화의 변화

경제 발전	1950년대	미국의 원조와 전후 삼백 산업의 성장 → 재벌의 등장
	1960년대	제1 · 2차 경제 개발 계획: 경공업 육성, 노동 집약적 산업, 사회 간접 자본 확충, 베트남 전쟁 특수
	1970년대	• 제3 · 4차 경제 개발 계획: 중화학 공업 및 자본 집약적 산업 육성 • 제1차 석유 파동 → 건설업의 중동 진출로 극복(오일 달러 획득), 제2차 석유 파동 – 경제 위기
	1980년대	중화학 공업에 대한 중복 투자 조정, 부실 기업 정리 → 3저 호황(1980년대 중 · 후반)
	1990년대 이후	• 경제 협력 개발 기구(OECD) 가입 • 신자유주의 경제 정책: 시장 개방 확대, 규제 완화 등 • 외환 위기: 1997년 말에 국제 통화 기금(IMF)에 긴급 자금 지원 요청
사회 변화	산업 구조	1차 산업 비중 감소, 2 · 3차 산업 비중 증가, 농촌 인구 감소와 고령화, 도시와 농촌의 소득 격차 심화
	노동 운동	6월 민주 항쟁 이후 노동 조합 결성 확대 → 1990년대 이후 비정규직 노동자 증가, 외국인 노동자 유입, 실업 문제

남북 화해와 통일을 위한 노력

7 · 4 남북 공동 성명(1972)	남북 적십자 회담으로 시작, 자주 · 평화 · 민족 대단결의 3대 통일 원칙 합의 → 남북 조절 위원회 설치
남북 기본 합의서 (1991)	고위급 회담, 남북한 유엔 동시 가입, 남북 기본 합의서 채택, 한반도 비핵화 공동 선언
6 · 15 남북 공동 선언(2000)	남북 정상 회담과 6 · 15 남북 공동 선언 발표 → 이후 경의선 복구 사업 추진, 개성 공단 설치 추진, 이산가족 상봉 및 면회소 설치 등
10 · 4 선언(2007)	노무현 정부의 제2차 남북 정상 회담 개최 후 발표

한국사능력검정시험
시험장 노트

급수 체계 개편에 따른

한국사

능력검정시험